es 1192

edition suhrkamp

Neue Folge Band 192

Was ist Feminismus? Feminismus ist eine Frage: gestellt von den falschen Personen (Frauen) an die falschen Adressen (Politik, Militär, Wissenschaft usw.) zu jeder unpassenden Gelegenheit. Die Frage lautet: Was haben *wir* davon? Sie zerstört die Fundamente des Patriarchats.

Das Handbuch versammelte Aufsätze feministischer Wissenschaftlerinnen über ihre Arbeitsgebiete und deren von Männern verantwortete Defizite.

Feminismus
Inspektion der Herrenkultur

Ein Handbuch
Herausgegeben von
Luise F. Pusch

Suhrkamp

Redaktionelle Mitarbeit: Jutta Wasels

edition suhrkamp 1192
Neue Folge Band 192
Erste Auflage 1983
© Suhrkamp Verlag Frankfurt am Main 1983
Suhrkamp Taschenbuch Verlag
Alle Rechte vorbehalten, insbesondere das
des öffentlichen Vortrags, der Übertragung
durch Rundfunk und Fernsehen
sowie der Übersetzung, auch einzelner Teile.
Satz: Wagner, Nördlingen
Druck: Ebner Ulm · Printed in Germany
Umschlagentwurf Willy Fleckhaus

1 2 3 4 5 6 – 88 87 86 85 84 83

Inhalt

5

Luise F. Pusch
Zur Einleitung:
Feminismus und Frauenbewegung
Versuch einer Begriffsklärung

Die Begriffe ›Frauenbewegung‹ und ›Feminismus‹ hängen zusammen – aber wie? Handelt es sich um zwei Bezeichnungen für ein und dieselbe Sache, wie bei dem Wortpaar *Korrektur* und *Berichtigung*? Ist demnach vielleicht das Wort *Feminismus* nur eine praktische Erfindung, um das Reden über das, was mit der Frauenbewegung zusammenhängt, ein bißchen zu vereinfachen? *Frauenbewegte Frau* oder *Anhängerin der Frauenbewegung* sind lange, komplizierte Ausdrücke – viel schneller spricht sich *Feministin*. Auch ist es nützlich, ein Wort wie *feministisch* zu haben, denn *frauenbewegt* wirkt nicht in allen Kombinationen überzeugend: *Frauenbewegte Theologie?* Da grinsen ja die Gegner noch breiter als über *Feministische Theologie.*

Oder verweisen die Begriffe ›Feminismus‹ und ›Frauenbewegung‹ auf zwei verschiedene (wenn auch verwandte) »Sachen«? Feministische Publikationen (oder soll ich sagen: Publikationen der/zur Frauenbewegung?) kümmern sich nicht um diese anscheinend unerhebliche Frage einer Sprachwissenschaftlerin und Feministin. Sie haben wahrhaftig auch dringlichere Probleme zu lösen. Trotzdem – mich beschäftigt diese Frage, seit ich gebeten wurde, einen Sammelband zum Thema Feminismus herauszugeben. Wie kann ich auch eine solche Aufgabe übernehmen, ohne den Unterschied zwischen Feminismus und Frauenbewegung zu kennen, ja ohne zu wissen, ob es überhaupt einen gibt?

Meine erste Reaktion auf die selbstgestellte »Frage nach dem kleinen Unterschied« fiel ziemlich schlicht und kindlich aus. Unter Feminismus stellte ich mir »eher etwas Theoretisches« vor, unter Frauenbewegung »eher etwas Praktisches, Konkretes«. Diese Reaktion ist darauf zurückzuführen, daß das Lateinische auch heute noch die Sprache der Wissenschaft/Theorie beliefert und *Feminismus* ein aus dem Lateinischen gebildetes Fremdwort ist. *Frauenbewegung* dagegen wirkt als einheimisches Wort vertrauter, näher, »praxis-näher«.

Der Griff zum Lexikon brachte auch keine Klarheit, sondern nur eine Überraschung, ein großes Staunen. Aber das Staunen ist ja oft der Anfang einer Klärung.

Der »Große Meyer«, derzeit das umfassendste enzyklopädische Lexikon in deutscher Sprache, bringt folgende Definition:

> *Feminismus* (lat.),
> das Auftreten weibl. Eigenschaften bei einem männl. Tier oder beim Mann.[1]

In Wahrigs Großem Deutschen Wörterbuch[2] heißt es:

> *Feminismus:* weibisches Wesen beim Mann
> (bes. Homosexuellen)
> *feministisch:* auf Feminismus beruhend, weibisch

Das Duden-Fremdwörterbuch[3] meldet:

> *Feminismus:* das Vorhandensein od. die Ausbildung weiblicher Geschlechtsmerkmale beim Mann od. bei männlichen Tieren.

Diese Definitionen stammen aus den Jahren 1973 (Meyer) und 1974 (Wahrig, Duden) – und die Lexikographen sind sich einig wie selten. Offenbar verstehen wir aber inzwischen, nur neun bzw. acht Jahre später, alle etwas ganz anderes unter Feminismus als uns hier weisgemacht werden soll. Es ist fast unglaublich und doch symptomatisch, daß ›Feminismus‹, ein gesellschaftspolitischer Schlüsselbegriff der Gegenwart, noch vor so kurzer Zeit dem herrschenden Wissenskanon so fremd war, daß er dem enzyklopädisch-lexikographischen Zugriff einfach entgehen konnte. Hingegen stimmt die gleichzeitig gelieferte Meyer-Definition von ›Frauenbewegung‹ mit unserem Alltagswissen davon durchaus überein.[4]

Im Gegensatz zum Meyer-Lexikon weiß der Volksmund nicht nur über die Frauenbewegung gut Bescheid, sondern auch über den Feminismus – und vor allem über Feministinnen. Auch herrscht ein feines Empfinden für den Unterschied zwischen Frauenbewegung und Feminismus. Nach weit verbreiteter Auffassung setzt sich die Frauenbewegung für die Gleichberechtigung ein, und das ist ganz in Ordnung so, es liegt da ja auch noch allerhand im argen. Feministinnen aber kämpfen für die Weiberherrschaft, und das ist unerträglich; diesem hysterischen Terror muß schleunigst ein Ende gesetzt werden. Ein kürzlich (28. Sept. 1982) veröffentlichter Leserbrief an die Neue Westfälische artikuliert diese Überzeugung recht deutlich:

Ich war stets für die Frauenrechtlerinnen, die eine echte Gleichberechtigung der Frauen erkämpfen wollen. Aber ich habe etwas gegen die Sorte von Frauen, die sich Feministinnen nennen. Erstere sind m. E. ein positiver, letztere ein negativer Faktor unserer ohnedies schon kranken Industriegesellschaft.

[. . .] keine ehrliche Frau kann bestreiten, daß Frauen emotioneller als Männer sind. Deshalb verneine ich die Behauptung der Feministinnen, die ja noch mehr als nur Gleichberechtigung der Frauen wollen sondern schlicht auf die Herrschaft der Frauen hinarbeiten, daß sie eine friedlichere Welt als die Männer schaffen würden.

So einfach ist das. – Wenn der Briefschreiber die Feministinnen deshalb ablehnt, weil sie »die Herrschaft der Frauen anstreben«, so wiederholt er damit einen weit verbreiteten Denkfehler, der für Frauen nicht ohne bittere Ironie ist. Man stellt sich nämlich vor, diese Herrschaft müsse (mit umgekehrtem Vorzeichen) genauso aussehen wie das, was wir alle täglich vor Augen haben: die Männerherrschaft. Diese ist, in der Tat, die Herrschaft der Männer über die Frauen. Wenn die Feministinnen sich und alle Frauen aus dieser Herrschaft befreien wollen, bedeutet das nicht, daß sie damit automatisch den Spieß umdrehen. Es bedeutet »lediglich«, daß wir die Herrschaft über uns selbst, Autonomie, Selbstbestimmung anstreben – also letztlich durchaus so etwas wie die allseits bereitwillig befürwortete Gleichberechtigung insofern, als *wir* Männern das Recht auf Selbstbestimmung niemals genommen haben. In dem hier umschriebenen Sinne wird auch ›Demokratie‹, einer unserer »heiligsten« Begriffe, verstanden: Herrschaft des Volkes – über sich selbst. Nicht Herrschaft des einen Volkes über ein anderes.

Die Befragung der drei Informationsquellen – feministische Literatur, Lexika und Volksmund – ergibt also folgendes:

Die feministische Literatur ignoriert die Frage. Die Lexika verstehen unter Feminismus etwas *völlig* anderes als wir und scheiden damit als Informanten aus. Der Volksmund diagnostiziert einen deutlichen Unterschied zwischen Frauenbewegung und Feminismus/Feministinnen, da aber Feministinnen sich gewöhnlich als Mitglieder der Frauenbewegung verstehen, ist diese Unterscheidung unakzeptabel – eine Verzerrung zum Zweck der Diffamierung. Diese Verzerrung schlägt sich übrigens sogar im Duden-Fremdwörterbuch nieder. Über *Feministin* heißt es da, gleich nach der Information, daß Feminismus das Vorhandensein weibl. Geschlechtsmerkmale beim Mann sei:

Feministin, die: (oft abwertend) [junge] Frau, die [in einer Organisation] für die soziale Gleichstellung der Frau in der Gesellschaft eintritt u. die traditionelle Rollenverteilung zwischen Mann u. Frau bekämpft.

Interessant bei den Recherchen ist – und das hilft vielleicht weiter – daß die Unklarheiten ausschließlich den Begriff ›Feminismus‹ betreffen, nicht den der Frauenbewegung. Zwar ist das Wort *Feminismus* (in seiner heute gebräuchlichsten Verwendung) in deutschen Wörterbüchern seit 1912 verschiedentlich belegt, aber es fristete anscheinend immer nur ein Kümmerdasein und wurde schließlich von den Nazis ausradiert. Demgegenüber ist der Begriff ›Frauenbewegung‹ schon sehr alt, vielleicht nicht ganz so alt wie diese Bewegung selbst (ca. 200 Jahre), aber doch wesentlich älter als ›Feminismus‹ und daher auch viel besser im gesellschaftlichen Bewußtsein verankert.

Die Frauenbewegung wird bekanntlich in zwei Phasen eingeteilt. Die erste Phase umfaßt in Deutschland etwa die Zeit von 1848 bis 1933 und wird »ältere« oder »erste Frauenbewegung« genannt. Die zweite Phase beginnt Ende der sechziger Jahre und heißt »Neue Frauenbewegung«. Zwischen beiden Phasen gibt es viele Gemeinsamkeiten und erhebliche Unterschiede.[5] Ein Unterschied, der m. W. bisher nicht thematisiert wurde, ist eben der, daß erst seit und mit der *Neuen* Frauenbewegung der Feminismus (was immer das nun sein mag) international präsent und in aller Munde ist.

Es liegt daher nahe anzunehmen, daß »Feminismus« mit dem in Verbindung zu bringen ist, was die Neue Frauenbewegung von der ersten unterscheidet.

Die Neue Frauenbewegung bescheinigt sich selbst eine starke »Theorielastigkeit«, die frau der ersten Frauenbewegung nicht nachsagen kann. Deren Schwerpunkt lag eindeutig im Praktischen, vor allem in der Organisation. Es wurden Vereine und Verbände gegründet in einem Ausmaß, das der Neuen Frauenbewegung durchaus wesensfremd ist. Erst in jüngster Zeit mehren sich die Stimmen, die darauf hinweisen, daß der Zeitpunkt für eine straffere Organisation, ja überhaupt für Organisation, erneut gekommen ist.

Theoriebildung also als Spezifikum und Schwerpunkt der Neuen Frauenbewegung. Und die Theorie, die sie allmählich herausbildet, durchaus unter ständigem Rückgriff auf Ideen, Programme,

Theoriefragmente der ersten Frauenbewegung, ist – der Feminismus. Natürlich.

Feminismus ist die Theorie der Frauenbewegung. – Dieser Satz, wenn er schließlich dasteht, wirkt ganz simpel und einleuchtend, fast wie eine Platitüde. Jedoch wird es uns, wie ich gezeigt habe, keineswegs leicht gemacht, zu dieser dann so platt und selbstverständlich klingenden Aussage hinzufinden.

Ähnlich wie *Sozialismus* sowohl die Lehre als auch die Bewegung des Sozialismus bezeichnet, kann *Feminismus* sowohl die Theorie/Lehre der Frauenbewegung bezeichnen als auch die Bewegung selbst. Aber die Umkehrung gilt nicht: *Frauenbewegung* bezeichnet nicht die Theorie der Frauenbewegung, logisch. – Kein Wunder, wenn frau sich in diesem Kuddelmuddel nicht gleich zurechtfindet.

Warum die Neue Frauenbewegung zunächst den größten Teil ihrer Kräfte auf die Theoriebildung konzentriert hat, ist leicht zu erklären: Es war diejenige Art von Arbeit, die historisch »fällig« war. Zur Zeit der ersten Frauenbewegung fehlten dafür ja weitgehend die praktischen Voraussetzungen und Möglichkeiten. Diese mußten vielmehr den Männern erst mühsam abgerungen werden. In Deutschland haben Männer die Frauen erst 1908 allgemein zum Studium zugelassen – 75 Jahre, *ein* Menschen- bzw. Frauenleben, ist das erst her! Doch kaum war dieses Ziel nach sechzig Jahren Kampf erreicht, folgte eine nicht abreißende Serie massivster Rückschläge: der Erste Weltkrieg samt Nachkriegsdepression, das Hitlerregime (Festsetzung des Anteils weiblicher Studierender auf zehn Prozent), der Zweite Weltkrieg, erneute Nachkriegsdepression samt Weiblichkeitswahn in den fünfziger Jahren. Nach den ersten Erfolgen also wieder ein langer Zeitraum, in dem Frauen aus verschiedensten Gründen am systematischen Überdenken ihrer Lage und an einer systematischen Kritik der Kräfte, die uns in diese Lage gebracht haben, gehindert wurden. Erst Ende der sechziger Jahre waren genügend geistige, materielle und institutionelle Barrieren aus dem Wege geräumt, hatte eine hinreichende Anzahl hinreichend geschulter Frauen genügend Energien frei, die Schulung im kritischen Denken radikal auf die Praxis anzuwenden, die uns umstellt. Wir erkannten immer deutlicher, daß die Wissenschaft, von deren Eroberung unsere kämpferischen Vorfahrinnen sich noch die endgültige Befreiung erhofft hatten, in Wirklichkeit ein höchst fragwürdiges Konglomerat aus Brauchbarem, Plunder und hochgiftigen Schadstoffen darstellt. Unsere Vorkämpferinnen *konnten* das höchstens ahnen (und einige ahnten es!) – am eigenen Geiste erfahren, überdenken, kritisieren und »nach draußen tragen« konnte es erst die Generation der siebziger Jahre.

Der Feminismus ist eine Theorie, die alle Bereiche des Menschlichen betrifft und den patriarchalen Gehalt aller kulturellen Hervorbringungen des Mannes (der sich traditionell als Mensch schlechthin definiert) bloßlegt und kritisiert. Dabei bietet sich als Hauptgegenstand der Kritik die zentrale männliche Kulturleistung namens »Wissenschaft« an; sie drängt sich geradezu auf. Der vorliegende Band vermittelt ein ziemlich umfassendes Bild der ernüchternden bis verheerenden Erfahrungen von Frauen mit den Disziplinen, denen wir uns, zunächst meist gutgläubig und ahnungslos, verschrieben hatten. Es werden die Defizite und die riesigen weißen Flächen auf der Landkarte gezeigt, die dadurch entstanden sind, daß jahrhundertelang immer nur Männer, als selbsternannte Vertreter der Menschheit, offiziell geforscht, gepredigt, gelehrt und publiziert haben.

Feministische Wissenschafts- und Kulturkritik ist jedoch nur der erste Teil unserer Aufgabe. In einem zweiten Schritt sind Gegenentwürfe zum Bestehenden zu entwickeln, in denen der weibliche Standpunkt autonom und gleichberechtigt zum Ausdruck kommt.

Es ist klar, daß die Entwicklung einer solchen Theorie eine ungeheuer anstrengende, aufwendige, langwierige und komplexe Aufgabe ist. Wir stehen mit dieser Arbeit noch ziemlich am Anfang. Es sind noch weite Wege, die wir zurücklegen müssen, um erstmals in der Geschichte über ein vollständiges Weltbild zu verfügen, denn bisher blieb die weibliche Hälfte ausgeblendet.

Der vorliegende Sammelband zeigt einige dieser Wege. Die Autorinnen, in der Mehrzahl feministisch engagierte Wissenschaftlerinnen, wurden gebeten, die wichtigsten Ergebnisse feministischer Forschung in ihrem Fach allgemeinverständlich darzustellen. Die Sache des Feminismus ist einerseits so wichtig, andererseits sind darüber so viele Vorurteile in Umlauf, daß es an der Zeit schien, authentisches und fundiertes Informationsmaterial in Form eines möglichst umfassenden Überblicks bereitzustellen, der einem großen Leser/innenkreis zugänglich und verständlich sein sollte.

Es ist keine komplette Bestandsaufnahme geworden; z. B. fehlen so zentrale Themen des Feminismus wie Geschichte, Psychologie, Presse/Medien und Gewalt gegen Frauen – aber diese und andere Lücken können eventuell in einem Folgeband geschlossen werden.

Ich danke Gottfried Honnefelder, Hans-Ulrich Müller-Schwefe und vor allem den Autorinnen sehr herzlich, daß sie das Zustandekommen dieses Buches ermöglicht haben.

Niedermehnen, Oktober 1982

Anmerkungen

1 *Meyers enzyklopädisches Lexikon in 25 Bänden*, Band 8: Enz-Fiz, Mannheim 1973.
2 Gerhard Wahrig, *Großes deutsches Wörterbuch*, Rheda 1974.
3 *Duden Fremdwörterbuch*, 3., völlig neu bearbeitete und erweiterte Auflage, Mannheim 1974.
4 Es ist (nicht nur für Linguist/inn/en) sehr aufschlußreich, die Geschichte der Wörter *Frauenbewegung, Frauenemanzipation, Frauenfrage, Feminismus* und *Feminist/in* in deutschen und ausländischen Wörterbüchern und Enzyklopädien zu verfolgen. Aber es würde den Rahmen dieser Einleitung sprengen, hier detailliert darauf einzugehen. Interessent/inn/en verweise ich auf das entsprechende Kapitel in meinem Buch *Alle Menschen werden Schwestern: Zur Kritik der Frauen an Sprache, Sprachgebrauch und Sprachwissenschaft*, das hoffentlich 1983 fertig wird.
Hier nur eine kurze Zusammenfassung der Geschichte der Wörter *Feminismus* und *Feminist/in* (ich danke Helmut Walther von der Gesellschaft für deutsche Sprache, Wiesbaden, für wertvolle Auskünfte):
Alexandre Dumas d. J. soll 1872 in seiner Schrift *L'homme-femme* das Wort *féministe* (nach dem lat. *femina*) gebildet haben. Andere Quellen verweisen auf den Frühsozialisten Charles Fourier (1772-1837) als Urheber des Begriffs ›féminisme‹. 1899 finden sich die Personenbezeichnungen *die/der Feministe* – also noch nicht eingedeutscht – in Looffs *Allgemeinem Fremdwörterbuch*. 1902 veröffentlichte Hedwig Dohm ihre Streitschrift *Die Antifeministen*. 1912 finden wir erstmals *Feminismus* sowohl in Koenigs *Großem Wörterbuch der deutschen Sprache* als auch in Genius' *Neuem Großen Fremdwörterbuch*, definiert als »Streben nach Gleichstellung des

weiblichen mit dem männlichen Geschlecht«. Genius nennt außerdem *der Feminist:* ›Anhänger dieser Richtung‹. *Die Feministin* gab es 1912 also noch nicht. 1918, nach dem verlorenen Krieg, veröffentlichte Eduard Engel ein »Verdeutschungswörterbuch« mit dem bezeichnenden Titel *Entwelschung.* Darin wird vorgeschlagen, das »neue Modewort« *Feminismus* durch *Weibserei, Geweibse, Verweibung, Weiblerei, Weiblingstum, Weiberwirtschaft* oder *Weiberherrschaft* zu »entwelschen«.

Verfolgen wir die Geschichte des Wortes *Feminismus* im Rechtschreibungs-Duden, so erschließt sich uns ein bemerkenswertes Kapitel der deutschen Lexikographie. Ich zitiere aus dem Gutachten der Gesellschaft für deutsche Sprache (H. Walther):

»Im Duden (Rechtschreibung) findet sich *Feminismus* erst 1929 (10. Aufl.), und zwar gleich mit der Angabe der *beiden* Bedeutungen, der politisch-gesellschaftlichen und – wenigstens mit einem Anflug – der biologisch-medizinischen: ›Frauenemanzipation; Betonung des Weiblichen‹. So bis 1932 (3. Neudruck der 10. Aufl.); 1934 aber durfte es die Frauenbewegung und damit die ›Frauenemanzipation‹ nicht mehr geben. Jetzt lautet der Eintrag: ›überstarke Betonung des Weiblichen; Vorherrschaft unmännlicher Anschauungen‹. So bis . . . nein, nicht nur bis zum letzten Drittes-Reich-Duden (1942; Normalschriftausgabe der 12. Aufl.), sondern bis 1958 (14. Aufl.). Und auch in der folgenden Ausgabe (1961, 15. Aufl.) gab es noch kein Zurück zur ›Frauenemanzipation‹, sondern: ›Verweiblichung bei Männern; Überbetonung des Weiblichen‹. Dieser Zustand hielt an bis 1973 (17. Aufl.), und erst 1980 (18. Aufl.) lesen wir die uns heute befriedigenden Erklärungen: ›Richtung der Frauenbewegung, die ein neues Selbstverständnis der Frau und die Aufhebung der traditionellen Rollenverteilung anstrebt; Med., Zool.: Ausbildung weibl. Merkmale bei männl. Wesen; Verweiblichung‹.« Soweit das Gutachten.

Zwar ging 1945 die Naziherrschaft zu Ende, nicht aber ihr massiver Antifeminismus. Der blieb uns erhalten bis heute – warum hätte man diese willkommene Errungenschaft auch gleich mit aufgeben sollen?

Die Geschichte des Wortes *Feminismus* in den deutschen Wörterbüchern und Enzyklopädien von 1933 bis heute ist nur *ein* Beweis für das ungebrochene Fortleben faschistischer Grundsätze – dafür aber einer, der an Deutlichkeit kaum zu übertreffen ist.

5 Literatur zur Geschichte der Frauenbewegung in Deutschland:
Elke Frederiksen (Hg.), *Die Frauenfrage in Deutschland 1865-1915,* Texte und Dokumente, Stuttgart 1981
Cordula Koepcke, *Geschichte der deutschen Frauenbewegung, von den Anfängen bis 1945,* Freiburg 1979

Renate Möhrmann (Hg.), *Frauenemanzipation im deutschen Vormärz,* Texte und Dokumente, Stuttgart 1978

Herrad Schenk, *Die feministische Herausforderung,* 150 Jahre Frauenbewegung in Deutschland, München 1980

Hannelore Schröder (Hg.), *Die Frau ist frei geboren,* Texte zur Frauenemanzipation, Band I: 1789-1870, Band II: 1870-1918, München 1979 und 1981

Margrit Twellmann-Schepp, *Die deutsche Frauenbewegung,* Ihre Anfänge und erste Entwicklung 1843-1889, Meisenheim am Glan 1972, Kronberg/Ts. 1976

Renate Wiggershaus, *Geschichte der Frauen und der Frauenbewegung,* In der Bundesrepublik Deutschland und in der Deutschen Demokratischen Republik nach 1945, Wuppertal 1979

Janet Radcliffe Richards
Welche Ziele der Frauenbewegung sind feministisch?

Nichts als Schaden kann entstehen, wenn frau/man sich in den Kampf stürzt, ohne ganz genau zu wissen, wofür sie/er eigentlich kämpft. Die Formulierung feministischer Ziele muß der feministischen politischen Aktivität vorausgehen, und wenn der Feminismus in dem Gedanken wurzelt, wie er es meiner Ansicht nach sollte, daß Frauen von der Gesellschaft schlecht behandelt werden und daß wir etwas dagegen tun müssen, dann sollte für jede Feministin die erste Aufgabe darin bestehen, diese schlechte Behandlung sorgfältig zu identifizieren. Ich beabsichtige, das zu tun, indem ich eine Unterscheidung zwischen zwei radikal verschiedenen Arten der Benachteiligung treffe und dann zeige, daß nur von einer gesagt werden kann, sie treffe die Frauen.

Es ist wahr, daß viele Feministinnen die Beseitigung von Ungerechtigkeit nicht als das primäre Ziel der Bewegung betrachten, und dieser Aufsatz stellt ihre Position nicht unmittelbar in Frage. Meine Argumente haben jedoch wichtige Konsequenzen für solche anderen Auffassungen der feministischen Ziele. Insbesondere weisen sie auf die beträchtlichen Schwierigkeiten hin, in die uns die bei vielen heutigen Feministinnen sehr populäre Vorstellung bringt, das Ziel der Bewegung sei es, die männlichen Wertvorstellungen, auf denen unsere Gesellschaft basiert, durch weibliche zu ersetzen.

1. Doppeldeutigkeiten

Wenn der Feminismus auf der Idee basiert, daß Frauen einer unfairen Behandlung durch die Gesellschaft unterworfen sind, dann muß er in irgendeiner Weise darauf abzielen, die Situation der Frauen zu verbessern. Diese Aussage ist jedoch doppeldeutig. Nach einer möglichen Interpretation könnte der Feminismus als eine Bewegung zur Verbesserung der Situation *aller Individuen* gesehen werden, *die zufällig Frauen sind.* Und bestimmte verbreitete feministische Aktivitäten deuten in der Tat darauf hin, daß die Bewegung von ihren Anhängerinnen oft so gesehen wird. Feministische Aktivität hat zur Einrichtung der verschiedensten Dienstleistungen geführt, die ausschließlich Frauen zugute kommen sollen: Beratungsdienste für Frauen, Urlaubszentren für Frauen, Forschungseinrichtungen, deren Organisatorinnen nicht einmal mit Männern am Telefon sprechen, Cafés, von denen Männer ausgeschlossen sind, und so weiter.[1] Wenn wir den Feminismus so sehen, haben wir jedoch Schwierigkeiten, seinen Zweck zu erklären. Warum sollte die Bewegung Essen, Dienstleistungen, Ferieneinrichtungen und andere Angebote nur für Frauen bereitstellen, die diese wünschen, und nicht auch für Männer?

Das Argument taugt nichts, daß Frauen alle diese Dinge dringender brauchen als Männer; daß Männer aufgrund ihrer besseren Bildung und ihres größeren Selbstvertrauens weniger des Rats und der Hilfe bedürfen als Frauen oder daß Frauen Urlaub und Verköstigung brauchen, weil sie sich im Dienste ihrer Familien selbst vernachlässigen. In gewissem Sinne trifft dies zweifellos zu, aber nicht in dem Sinn, in dem es für das Argument nötig wäre. Richtig ist, daß Männer *im Durchschnitt* in allen diesen Punkten besser dran sind als Frauen, aber es ist unmöglich, eine Politik zu rechtfertigen, die nur den Angehörigen *eines* Geschlechts zugute kommt, indem wir bloß auf die durchschnittliche Lage der beiden Geschlechter hinweisen, und zwar aus dem einfachen logischen Grund, daß es unmöglich ist, herauszufinden, was für eine Gruppe im Durchschnitt gilt, bevor man sie als Gruppe identifiziert hat. Daß Frauen im Durchschnitt schlechter dran sind, mag ihre bevorzugte Behandlung erklären, *nachdem man beschlossen hat, daß sie und die Männer verschieden behandelt werden sollten*, aber es könnte nicht den Beschluß erklären, die beiden von vornherein unterschiedlich zu behandeln. Das könnte man nur erklären, wenn *alle* Frauen bedürftiger wären als *alle* Männer (oder wenn zumindest das Geschlecht in der Praxis der zuverlässigste Indikator von Bedürftigkeit wäre). Dies ist jedoch offensichtlich nicht der Fall. Es gibt viele tüchtige, gutgenährte Frauen und unzählige hilflose, überarbeitete Männer. Ja weit davon entfernt, durch die Idee gerechtfertigt zu sein, daß Bedürftigen geholfen werden sollte, hätte eine Politik der Hilfestellung für Frauen die Folge, daß viele Personen unterstützt würden, die keine Unterstützung brauchen, während diese einer noch größeren Zahl vorenthalten wird, die dieser bedürften.

Um dies zu vermeiden, ist es nötig, den Grundsatz, »die Lage der Frauen zu verbessern«, auf andere Weise zu interpretieren. Wir sollten ihn nicht so verstehen, daß es darum geht, »die Lage aller Individuen zu verbessern, die Frauen sind«, sondern daß es gilt, »die Nachteile zu beseitigen, unter denen Menschen zu leiden haben, *weil* sie Frauen sind« oder »die gesellschaftliche Behandlung des Frauseins zu verbessern«. Nach dieser Interpretation wird der Feminismus (zumindest zunächst) kein spezielles Interesse für Probleme zeigen, die einzelne Frauen haben mögen, weil sie beispielsweise alt oder behindert sind oder der Arbeiterklasse angehören; er wird sich nur für die Probleme interessieren, die sie *als Frauen* haben. Und wenn wir es als Ziel der Bewegung ansehen, nicht bloß die Scherben aufzusammeln, nachdem der Schaden entstanden ist, sondern die Gesellschaft zu verändern, um die Wurzel der Übel zu beseitigen, dann wird unser Hauptanliegen gar nicht einzelne betreffen, sondern die Qualität des Frauseins. Das Ziel der Bewegung muß sein, die Art und Weise zu verbessern, wie das Frausein von der Gesellschaft behandelt wird.

Das Ziel des Feminismus ist somit nicht, all jenen Personen Vorteile zu verschaffen, die zufällig weiblichen Geschlechts sind, sondern die gesellschaftliche Behandlung des Frauseins zu verbessern, unter der einzelne Frauen heute *als* Frauen leiden. Diese Unterscheidung mag offenkundig erscheinen, aber sie wird überraschend oft sowohl von Feministinnen als auch von deren Gegnern verfehlt, wie beispielsweise seitens der vielen Leute, die zu glauben scheinen, die Behauptung, daß Frauen ungerecht behandelt werden, widerlegen zu können, indem sie auf erfolgreiche Frauen und schlecht gestellte Männer hinweisen. Die Behauptung der Ungerechtigkeit gegenüber Frauen bedeutet nicht, daß jeder einzelnen Frau eine größere Summe an Unheil widerfährt als jedem Mann. Sie bedeutet, daß das Frausein als solches schlecht behandelt wird und daß damit durchaus vereinbar ist, daß viele einzelne Frauen aufgrund der zahllosen anderen Eigenschaften und Attribute, die jede Frau abgesehen von ihrem Frausein hat, ein sehr erfolgreiches Leben führen, während umgekehrt viele Männer sehr schlecht dran sind.

Die Frage ist nun, inwiefern, falls überhaupt, das Frausein von der Gesellschaft schlecht behandelt wird.

2. Eine Art von Benachteiligung

Die Vorstellung, daß Menschen schlecht behandelt werden, bedeutet, grob gesprochen, daß sie weniger von den guten und mehr von den schlechten Dingen des Lebens bekommen als der Fall sein sollte. Von der Argumentation des obigen Abschnittes ausgehend bedeutet also die Annahme, die Gesellschaft behandle Frauen schlecht, daß die sozialen Gegebenheiten – die Regeln, Konventionen und Institutionen, nach denen die Gesellschaft organisiert ist – das Frausein mit weniger Gutem und mehr Schlechtem in Verbindung bringen als der Fall sein sollte. Wie könnte es dazu gekommen sein?

Eine Erklärung zeichnet sich in einer sehr häufig gehörten Klage über die Gesellschaft ab: daß sie prinzipiell die falschen Dinge hoch bewertet, belohnt, toleriert und kompensiert. Solche Klagen kommen sowohl von der politischen Linken als auch von der Rechten: manche behaupten, ehrliche Arbeit werde ungenügend belohnt, während andere dasselbe von geistiger Brillanz oder vom Unternehmertum behaupten; manche meinen, die Behinderten sollten größere Entschädigungen erhalten, andere finden, diese stünden Personen zu, denen ihr ererbter Landbesitz weggenommen wird, und so weiter. Diesen Auffassungen zufolge könnte man von all jenen Gruppen, die besser dran wären – durch bessere Entlohnung, Entschädigung oder was auch immer –, wenn die Gesellschaft wäre, wie sie sein sollte, sagen, sie würden von der Gesellschaft, wie sie ist, schlecht behandelt. Kann die Behauptung, daß Frauen schlecht behandelt werden, mit solchen Argumenten verteidigt werden?

Sicherlich vermitteln viele Punkte, die von Feministinnen häufig vorgebracht werden, den Eindruck, daß das getan werden kann und sollte. Das große Problem für Frauen besteht aus dieser Sicht darin, daß sie in einer Gesellschaft *männlicher Wertvorstellungen* leben, in der weibliche Attribute und Aktivitäten natürlich unzulänglich belohnt werden.

So wird beispielsweise häufig gesagt, daß weibliche Qualitäten wie Selbstlosigkeit, Sensibilität und Fähigkeit zur Zusammenarbeit in der Gesellschaft viel zu wenig geschätzt würden. Auch die Arbeit der Frauen werde unterbewertet, heißt es: sie ist oft sehr schwer, der Arbeitstag der Frau ist lang, die Arbeitsbedingungen sind schlecht, gleichzeitig ist die Arbeit unterbezahlt und verleiht der Frau kein soziales Ansehen. Es wird behauptet, die Gesellschaft bemühe sich zu wenig darum, die Schwachen zu schützen, und liefere die Frauen Vergewaltigern und prügelnden Ehemännern aus. Es wird auch gesagt, daß Frauen in ihrer Eigenschaft als Kindererzieherinnen ausgebeutet werden und daß sie oft furchtbar zu kämpfen haben, um ihre Kinder großzuziehen, während die staatliche Unterstützung hoffnungslos unzulänglich ist.

Lassen wir einmal außer acht, ob Klagen dieser Art berechtigt sind. Die interessante Frage im Zusammenhang mit meiner Argumentation ist, ob es sich bei all diesen Dingen, falls sie echte Gründe zur Klage *sind,* um Beispiele schlechter Behandlung von *Frauen* handelt. Und dies scheint mir, wenn man vom bisher Gesagten ausgeht, eindeutig nicht der Fall zu sein. Ich habe argumentiert, daß Ungerechtigkeit gegenüber Frauen als Ungerechtigkeit zu verstehen sei, die sich gegen die Qualität des Frauseins richtet und unter der einzelne Frauen *als Frauen* leiden. Und obwohl sicher zahllose Frauen unter den sozialen Gegebenheiten zu leiden haben, über die geklagt wird, deutet immer noch nichts darauf hin, daß sie *als Frauen* darunter leiden. Sie leiden nur als Sensible, als Schwache, als Kindererzieherinnen oder was auch immer, und es sind diese Gruppen – die Gruppen, die aus sensiblen, schwachen oder kindererziehenden Personen bestehen –, nicht die Frauen, die schlechte Behandlung zu erdulden haben.

Dies mag als Haarspalterei erscheinen: wenn Frauen schwach sind, ist es dann nicht gleichgültig, ob wir sagen, die Ungerechtigkeit werde den Schwachen oder den Frauen zugefügt? Es ist nicht gleichgültig. Zum Teil deshalb, weil es auf jeden Fall potentiell gefährlich ist zuzulassen, daß sich Ungenauigkeiten in die Argumentation einschleichen. Selbst wenn alle Frauen und nur Frauen schwach wären, so daß eine Bewegung zum Schutz der Schwachen de facto nur Personen beträfe, die auch weiblichen Geschlechts sind, wäre es in der Tat sehr fragwürdig, eine Bewegung zum Schutze der Schwachen als Bewegung zum Schutze der Frauen zu bezeichnen. Aber es liegt ja noch unübersehbarer auf der Hand, daß keine der fraglichen Kategorien alle oder nur Frauen umfaßt. Alle schließen manche Männer ein und manche Frauen aus, und das bedeutet, daß eine Kampagne zur Veränderung der betreffenden sozialen Wertvorstellungen nicht einmal eine Kampagne für Frauen als Individuen, geschweige denn als

Frauen ist: ihr Erfolg würde eine Höherbewertung kooperativer und sensibler Männer bedeuten, mehr Unterstützung für alleinerziehende Väter, höheren Lohn für ausgebeutete männliche Arbeiter und den Schutz schwacher Männer vor starken Frauen. Selbst wenn sich die Diskussionen über Gerechtigkeit auf Einzelne und nicht auf Eigenschaften konzentrieren, ist die Anteilnahme an den Schwachen oder Ausgebeuteten deshalb eindeutig eben bloß diese und nicht eine Anteilnahme an den Frauen.

Die Schwierigkeit ist mit anderen Worten dieselbe wie diejenige, mit der wir es im vorigen Abschnitt zu tun hatten: wir können eine Bewegung zur Verbesserung der gesellschaftlichen Behandlung des Frauseins nicht dadurch erklären, daß wir die schlechte Behandlung irgendeiner *anderen* Eigenschaft nachweisen, die oft mit dem Frausein verbunden ist, genausowenig, wie wir es rechtfertigen können, Frauen mit der Begründung Leistungen zur Verfügung zu stellen, daß diese sie *im Durchschnitt* dringender brauchen als Männer. In beiden Fällen wird in der Praxis das erreicht, was dem Prinzip nach nicht geschehen sollte. Frauen Leistungen zur Verfügung zu stellen kann nicht mit dem Prinzip der Bedürftigkeit gerechtfertigt werden, da de facto damit auch Personen geholfen wird, die nicht der Hilfe bedürfen, und anderen Hilfe verweigert wird, die sie bräuchten; Bemühungen zur Verbesserung der gesellschaftlichen Behandlung des Frauseins sind nicht zu rechtfertigen durch den Nachweis, daß die Schwachen, Sensiblen oder eine andere derartige Gruppe besser entlohnt oder betreut werden sollte, denn die Lage der Frauen zu bessern heißt, die Lage vieler Personen zu bessern, die weder schwach noch sensibel sind (starke, unsensible Frauen), während die Lage vieler, die dies sind (schwache, sensible Männer) unverändert bleibt.

Wir Feministinnen müssen deshalb erst noch ein gesellschaftliches Übel finden, das sich spezifisch auf unser Frausein bezieht; das die Frauen als Frauen betrifft.

Wäre es möglich, den Feminismus auf gynäkologischer Basis zu verteidigen? Vielleicht könnten wir argumentieren, daß Probleme der Menstruation oder der Menopause allgemein zu wenig beachtet werden oder daß Gebären zu wenig belohnt wird. Eine solche Argumentationsweise würde zwar unser Anliegen auf Frauen begrenzen, aber sie gäbe nur eine sehr dünne und prekäre Grundlage für den Feminismus ab: sie würde nicht entfernt an die Gesamtheit der Ungerechtigkeiten heranreichen, unter denen nach

Ansicht der Feministinnen Frauen als Frauen zu leiden haben. Selbst wenn uns die Forderung als berechtigt erscheint, beispielsweise das Gebären von Kindern besser zu belohnen (was in unserer Zeit der Übervölkerung allerdings zweifelhaft ist), so könnte doch keine Feministin allen Ernstes versuchen, ihr Plädoyer auf einen derartigen Anspruch zu konzentrieren.[2] Richtiger wäre es wohl zu sagen, unsere eigentliche Klage sollte sein, daß Frauen nie für irgend etwas anderes entsprechend geschätzt wurden.

Es scheint deshalb völlig unmöglich zu sein, die schwerwiegende und systematische gesellschaftliche Benachteiligung, unter der Frauen nach Ansicht der Feministinnen leiden, auf die obengenannte Weise zu erklären. Klagen über falsche gesellschaftliche Wertbegriffe mögen an sich durchaus begründet sein, und die gesellschaftlichen Normen, die über die Verteilung der guten Dinge des Lebens entscheiden, mögen viele Wünsche offen lassen, aber nur wenige der behaupteten Ungerechtigkeiten scheinen Frauen *als Frauen* zu betreffen. Die Ungerechtigkeit gegenüber Frauen muß in etwas anderem bestehen.

3. Eine zweite Art der Benachteiligung

Eine Antwort auf die Frage, was mit der Lage der Frauen nicht stimmt, finden wir am ehesten, wenn wir uns die Haltungen und Äußerungen der Leute ansehen, die dem Feminismus gegenüber feindlich eingestellt sind. Trotz aller Varianten im Detail ist ihr Standpunkt im Grunde klar. Sie halten an der traditionellen Überzeugung fest, daß Männer ebenso wie Frauen ihre traditionellen Bereiche haben und daß die Feministinnen böses Unheil anrichten werden, wenn es ihnen gelingt, diese Situation zu verändern und die beiden Geschlechter in das Gebiet des jeweils anderen zu drängen.

Wenn frau solche Leute fragt, warum sie für getrennte Bereiche sind, wird als Begründung meistens die bessere Eignung angeführt. Männer und Frauen seien *verschieden,* so wird behauptet, und deshalb verstehe es sich von selbst, daß Männer und Frauen in einer Gesellschaft, die erfordert, daß die Menschen (um ihrer selbst und um anderer willen) das tun, wozu sie geeignet sind, verschiedene Dinge tun. Die allgemeine Form der Erklärung besteht mit anderen Worten aus einer Hauptprämisse, die besagt, die Gesellschaft sorge dafür, daß die Menschen tun, wozu sie geeignet sind, und aus einer Nebenprämisse, nämlich daß Frauen anders sind als Männer und sich deshalb zu anderen Dingen eignen, und der Schlußfolgerung, daß sie letztlich deshalb verschiedene Dinge tun. Damit erklären sich die separaten Bereiche.

Die Auseinandersetzung über Argumente dieser Art scheint sich auf die Nebenprämisse zu konzentrieren, was nicht überraschend ist, wenn man in Betracht zieht, was traditionell über die Geschlechter gesagt wurde. Wenn man von den Männern behauptet, daß sie stark, dominant, intellektuell, genial und all das übrige seien, und Frauen passiv, fügsam, zur Häuslichkeit neigend und ansonsten Nullen, dann ist ja zu erwarten, daß sich Frauen gegen diese Beleidigung zur Wehr setzen. Doch obwohl ich nicht daran zweifle, daß die Feministinnen in solchen Fällen fast immer die besseren Argumente haben, finde ich doch, daß wir einen gravierenden Fehler machen, wenn wir die Diskussion diese Form annehmen lassen. Obwohl die Nebenprämisse sicherlich sehr interessant und wichtig ist, zieht diese ganze Debatte über die allgemeinen Eigenschaften von Männern und Frauen die Aufmerksamkeit von der Hauptprämisse ab, und diese bedarf einer näheren Prüfung.

Was die Hauptprämisse besagt, ist, daß die sozialen Spielregeln nichts anderes fordern, als daß die Menschen tun sollten, wozu sie *geeignet* sind, und sie stützt dadurch die Schlußfolgerung, daß Männer und Frauen aufgrund der Annahmen, die über die Natur der beiden Geschlechter gemacht werden, in entsprechender Weise behandelt werden. In Wirklichkeit bedarf es jedoch kaum tiefgehender Untersuchungen, um zu erkennen, daß viele der am tiefsten verwurzelten gesellschaftlichen Regeln keineswegs festlegen, daß die Menschen tun sollten, wozu sie geeignet sind. Was sie eindeutig festlegen, ist die Trennung nach dem *Geschlecht*.

Es ist nicht nötig, in der Geschichte sehr weit zurückzugehen, um die Festlegung, die Absonderung nach dem Geschlecht in fast jedem Bereich des gesellschaftlichen Gefüges zu erkennen. Große Teile des Rechts waren unterschiedlich für Männer und für Frauen, Institutionen aller Art ließen jeweils nur ein Geschlecht zu (in der Regel natürlich Männer), und fast alle anderen Lebensbereiche wurden durch feststehende gesellschaftliche Konventionen geregelt, die verschiedene Verhaltensweisen von Männern und Frauen forderten und Zuwiderhandelnde mit harten Strafen belegten. Diese Situation hat sich natürlich in den letzten hundert Jahren in vieler Hinsicht verändert, aber obwohl die getrennten Bereiche ihrem Umfang nach abgenommen haben und die Sanktionen gegen Übertretungen nicht mehr so hart sind, ist es nicht zu leugnen, daß sie immer noch existieren. Die Steuer- und Nationalitätsgesetze sind für beide Geschlechter verschieden; Frauen sind von der Priesterschaft der etablierten Kirche ausgeschlossen; es gibt immer noch zahllose Konventionen, denen zufolge Verhalten, das bei einem Geschlecht als richtig oder bewundernswert gilt, beim anderen nicht akzeptiert wird.

Wenn darauf hingewiesen wird, versuchen die meisten Traditionalisten immer noch am ursprünglichen Argumentationsmuster festzuhalten und beharren darauf, daß diese geschlechtsspezifischen Normen ja auch von Prinzipien der Eignung abgeleitet seien. Aber Argumente der Art, wie ich sie in den obigen Abschnitten vorgebracht habe, zeigen, daß dieser Trick nicht verfängt.

Erstens, wenn die Regeln wirklich den Sinn haben, daß die Menschen das tun sollten, wozu sie geeignet sind, dann sollten sie genau das besagen, statt Unterscheidungen nach dem Geschlecht zu treffen. Wenn man es beispielsweise für sinnvoll hält, daß die Starken schwere Lasten für die Schwachen tragen, dann sollten die Regeln *das* besagen und nicht, daß Männer Lasten für Frauen tragen sollten. Selbst wenn man annimmt, daß alle Männer stärker sind als alle Frauen, gibt es immer noch keinen Grund, daß die Regel etwas anderes besagt, als sie angeblich beabsichtigt. (Selbst wenn es in der Praxis plausibel wäre, von der allgemeinen Annahme auszugehen, daß Männer stärker sind als Frauen, wäre es immer noch nicht gerechtfertigt, daß die *Regel* nicht nach der Stärke, sondern nach dem Geschlecht unterscheidet.)

Aber noch offenkundiger haben wir es ja auch hier wieder mit der Frage des Durchschnitts zu tun. Wenn jemand behauptet, daß Männer stärker, klüger, unternehmender, führungsfähiger und so weiter seien als Frauen, dann impliziert er gewöhnlich, daß er über universelle Unterschiede zwischen den Geschlechtern spricht; aber selbst dem eingefleischtesten männlichen Chauvinisten würde es schwerfallen, unter Druck daran festzuhalten, daß alle Männer auch nur in *irgendeiner* (nicht rein sexuellen) Hinsicht mehr seien oder mehr hätten als alle Frauen. Selbst wenn an diesen allzu pauschalen Verallgemeinerungen über Geschlechtsunterschiede etwas Wahres dran ist (was meistens sehr zweifelhaft ist), dann machen sie doch *höchstens* etwas dingfest, was für die Geschlechter im *Durchschnitt* zutrifft. Wenn dem aber so ist, dann ist völlig klar, daß jede Regel, die besagt, daß Männer das eine und Frauen das andere tun sollten, weit davon entfernt ist zu bewirken, daß Menschen tun, wozu sie geeignet sind, ja daß sie im Gegenteil dafür sorgt, daß viele Menschen *nicht tun können*, wozu sie geeignet sind. Diese Regeln sorgen dafür, daß die Männer und Frauen, die anders sind als die durchschnittlichen Angehörigen ihres Geschlechts, die Grenze zwischen den beiden Geschlechterreservaten nicht überschreiten können und deshalb nicht tun können, was ihnen als Individuen entspricht. Die Regeln erreichen also das, was sie nach Behauptung ihrer Verfechter vermeiden sollen.

Es sieht also so aus, als ob viele gesellschaftliche Regeln in der Tat verschieden für Männer und Frauen seien; verschieden anscheinend im Endeffekt, und nicht durch Hinweis auf Eignung zu rechtfertigen. Und wenn dem so ist, dann scheint mir, daß wir Feministinnen *hier* nach dem Charakter der Ungerechtigkeit suchen sollten, unter der Frauen als Frauen zu leiden haben. Eine solche Ungerechtigkeit kann nicht in der Beschaffenheit allgemeiner Regeln gefunden werden, die bestimmen, wie verschiedene Eigenschaften belohnt werden, da wenige dieser Eigenschaften die Frauen *als solche* betreffen. Aber vielleicht ist die Ungerechtigkeit im Vorhandensein von zwei getrennten Normenkatalogen zu sehen; eine Trennung, auf die hingewiesen und die erörtert werden kann, ohne auf die Frage einzugehen, ob die Regeln als solche von guten oder schlechten gesellschaftlichen Wertvorstellungen zeugen.

Ich sage, daß wir Feministinnen hier *suchen* sollten, da das Argument, daß hier eine Ungerechtigkeit vorliegt, noch nicht vollständig ist. Um es zu vervollständigen, bedürfte es einer adäquaten Darstellung, was es eigentlich bedeutet, zwei Gruppen völlig verschiedenen Normen zu unterwerfen; es bedürfte des Beweises, daß die den Männern und Frauen vorgeschriebenen Normen wirklich völlig verschieden sind, und eines weiteren Beweises, daß diese völlig verschiedenen Normenkataloge als solche ungerecht sind. Ich glaube, daß all das möglich ist, aber nicht in wenigen Worten. Was jedoch ohne große Schwierigkeit gezeigt werden kann, ist, daß die vorhandenen Regelunterschiede systematisch zum Nachteil der Frauen funktionieren. Es gibt keine Gleichheit in der Differenz.

Dies ist am augenfälligsten an den älteren Regeln abzulesen, von denen unsere gegenwärtigen nur Modifizierungen darstellen. Sie hatten traditionell und völlig unmißverständlich die Folge, Frauen der Macht und dem Dienst der Männer zu überantworten. Und obwohl die schlimmsten Auswüchse inzwischen beseitigt sind, springt es immer noch ins Auge, daß Gesetze, Institutionen und Konventionen *in dem Maße,* in dem sie zwischen Männern und Frauen als solchen unterscheiden, nahezu vollständig dem Grundmuster folgen, die Kontrolle, die Führung und die Verantwortung den Männern zu übergeben. Wenn man über Frauen die Stirn runzelt, weil sie etwas tun, was man eigentlich als den Männern zustehend betrachtet, dann betrifft das Dinge wie die Führung übernehmen, sexuelle Avancen machen, Männer herumkommandieren und so weiter. Wo umgekehrt Männer mit Mitleid oder Verachtung gestraft werden (und es ist signifikant, daß der Tadel diese Form annimmt), weil sie etwas tun, was mit Frauen assoziiert wird, dann betrifft das Dinge wie unter dem Pantoffel stehen, eine Frau haben, die ihnen bei der Arbeit überlegen ist, Hausarbeit machen und so weiter. Das Vergehen der Frauen heißt Anmaßung, das der Männer Selbsterniedrigung. Das ist die Essenz der Trennung nach Geschlecht in fast allen Varianten des Grades und Ausmaßes. Es ist der Grund, warum Frauen durch die Regeln, welche die Geschlechter trennen, ungerecht behandelt werden.

4. Schluß

Was ich gemacht habe, ist, zwei völlig verschiedene Arten zu identifizieren, wie Gruppen infolge der sozialen Gegebenheiten unter unfairer Benachteiligung leiden können. Mit der ersten haben wir es zu tun, wenn die Gesellschaft falsche Wertvorstellungen hat und ihre gesellschaftlichen Normen den Effekt haben, die falschen Dinge mit Belohnungen und Entschädigungen zu bedenken, zum Nachteil all jener Gruppen, die belohnt oder entschädigt werden sollten, aber es nicht werden. Kaum eine dieser Ungerechtigkeiten richtet sich gegen die Frauen als Gruppe, deshalb bildet diese Art der sozialen Benachteiligung kein feministisches Anliegen. Die zweite Art hat nichts mit der Beschaffenheit sozialer Normen zu tun, sondern tritt ein, wenn Gruppen verschiedenen Normenkatalogen unterworfen werden, mit dem typischen Effekt, eine Gruppe gegenüber der anderen systematisch zu benachteiligen. Frauen werden auf diese Weise benachteiligt, und es ist das eigentliche Anliegen des Feminismus, dieses doppelte Normensystem zu bekämpfen.

Jede Feministin mag als Individuum durchaus den Wunsch haben, beide Arten von Ungerechtigkeit zu beseitigen. Das beweist jedoch nicht, daß beides feministische Anliegen sind. So wie jede einzelne Frau unter beiden Arten der Benachteiligung zu leiden haben mag, aber *als Frau* nur unter der zweiten Art leidet, so kann jede einzelne Feministin die verschiedensten gesellschaftlichen Kampagnen unterstützen, ohne daß daraus folgt, daß sie für all diese *als Feministin* eintritt. Die obigen Argumente scheinen zu zeigen, daß das einzige echte feministische Anliegen die nach Geschlechtern unterscheidenden Normen, Konventionen und Institutionen der Gesellschaft sind. Alle anderen politischen Fragen, wie wichtig sie auch sein mögen, sind keine feministischen Anliegen.

Wenn eine Feministin glaubt, wie das viele tun, daß die Durchsetzung einer angemessenen Behandlung der Frauen den zusätzlichen günstigen Effekt haben wird, die gesellschaftlichen Wertvorstellungen zu verbessern (weil Frauen in der Regel bessere Wertvorstellungen haben als Männer und die Emanzipation der Frauen bewirken wird, daß ihre Präferenzen zum ersten Mal gehört werden), dann zeigt das, daß sie glaubt, die Erreichung ihres *feministischen* Zieles werde gleichzeitig dazu beitragen, andere Ziele zu verwirklichen, die sie ebenfalls für wichtig hält. Es wäre sehr erfreulich, wenn das zuträfe, aber dennoch wären die beiden Zielsetzungen logisch auseinanderzuhalten – beide wären für sich genommen wünschenswert – und nur eine davon wäre feministisch. Und wenn jemand für die Emanzipation der Frauen *nur deshalb* eintritt, weil sie/er glaubt, dies hätte zur Folge, daß auch andere wichtige gesellschaftliche Ziele verwirklicht würden, dann wäre diese Person gar keine Feministin. Eine Feministin muß sich für die faire Behandlung der Frauen als eigenständiges Ziel einsetzen, ganz ungeachtet, ob daraus auch ein anderer Nutzen erwachsen könnte.

Die Konsequenzen all dessen für den Feminismus sind weitreichend und können hier unmöglich behandelt werden. Eine sehr wichtige Frage, die sich offensichtlich an diesem Punkt stellt, kann jedoch nicht völlig ignoriert werden: das Gefühl vieler heutiger Feministinnen, das eigentliche Ziel der Bewegung sollte sein, eine Welt anderer – weiblicher – Wertbegriffe, Gepflogenheiten und Institutionen zu schaffen.

Dies ist für sich genommen eine äußerst komplizierte Angelegenheit, und meine eigenen Einwände dagegen, daß der Feminismus diesen Weg einschlägt, würden ein Buch füllen. Aber es lohnt sich, hier ganz knapp darauf hinzuweisen, wie sich die von mir vorgetragenen Argumente auf diesen Standpunkt auswirken.

Es wird behauptet, daß die Welt ein besserer Ort wäre, wenn ihr weibliche Wesenszüge und Wertvorstellungen zugrunde lägen. Lassen wir einmal die Frage beiseite, ob Frauen wirklich die Eigenschaften haben, die ihnen zugeschrieben werden, und ob diese tatsächlich gesellschaftlich so wünschenswert sind, wie frau sagt – sind die fraglichen Eigenschaften tatsächlich *nur* bei Frauen zu finden oder manchmal auch bei Männern? Ich fordere jede Feministin heraus, eine einzige weltverbessernde Eigenschaft zu benennen, die nicht auch bei vielen Männern zu finden ist – und die außerdem zahlreichen Frauen offensichtlich fehlt. Aber wenn dem so ist, warum sollte dann eine Bewegung zur Höherbewertung dieser Dinge als *Frauen*bewegung bezeichnet werden? Warum bezeichnet man sie nicht als das, was sie *ist* – eine Bewegung zur Veränderung sozialer Werte – und macht von Anfang an klar, daß entsprechende Männer als Mitstreiter willkommen sind, während nichtentsprechende Frauen draußen bleiben sollen?

Es mag durchaus sein, daß Frauen im Schnitt mehr gute Eigenschaften haben als Männer. Aber um es nochmals zu sagen, wir können erst dann herausfinden, was für eine Gruppe gilt, wenn wir sie als Gruppe identifiziert haben. Wenn wir etwas als Frauenbewegung bezeichnen, mit der Begründung, daß Frauen mehr von den fraglichen Eigenschaften aufweisen als Männer, dann zeigt das, daß wir *von vornherein* beschlossen haben, Männer und Frauen als separate Gruppen zu behandeln und uns *danach* entschieden haben, die Frauengruppe zu unterstützen, weil sie eher geeignet erscheint, die richtige Art von Welt herbeizuführen. Wenn diese Weltverbesserungsbewegung als Frauenbewegung angesehen werden soll, ist es deshalb notwendig zu erklären, warum die Geschlechter von vornherein getrennt behandelt werden sollten.

Es ist äußerst schwierig, einen akzeptablen Grund zu finden, warum wir das tun sollten. Es nützt nichts zu argumentieren, daß Frauen kooperativ oder nicht konkurrenzsüchtig sind oder besser miteinander auskommen, weil alle Argumente dieser Art sofort wieder in die »Durchschnittsfalle« führen. Und solange Feministinnen keinen guten Grund anführen können, ist anzunehmen, daß wir es de facto, obwohl sie nicht als solche anerkannt wird, mit einer Perpetuierung der alten patriarchalischen Idee getrennter Bereiche zu tun haben.

Seit Männer Frauen einem getrennten Normenkatalog unterworfen haben, der darauf abzielte, sie in einer untergeordneten Position festzuhalten, haben sie versucht, die Situation zu rechtfertigen, indem sie eine Liste passender weiblicher Eigenschaften ersannen, um zu zeigen, wie geeignet die Frauen für ihre geringere Position sind (wobei sie natürlich mit den Begriffen »alle Frauen« und »Frauen im Durchschnitt« jonglierten, um die Falschheit ihrer Aussagen zu verdecken, die die Argumentation ruiniert, selbst wenn man alle Märchen über die weibliche Natur akzeptierte). Wenn Feministinnen darauf mit der Versicherung reagieren, daß die weiblichen Eigenschaften die Unterdrückung der Frau nicht rechtfertigen, sondern im Gegenteil dazu führen sollten, daß Frauen hochgeschätzt werden und einflußreich sind, *akzeptieren* sie den ersten falschen Schritt der gegnerischen Argumentation und lassen sich zu der Annahme verführen, daß die Geschlechter voneinander zu trennen seien und wir ihnen verschiedene Charakterzüge zuschreiben sollten. Die Vorstellung, daß der Feminismus eine Bewegung zur Aufwertung weiblicher Wertbegriffe und weiblicher Verhaltensweisen sei, ist deshalb in Wirklichkeit, so radikal sie auch klingen mag, gefährlich konservativ.

Es mag vielleicht *wichtiger* sein, gesellschaftliche Wertbegriffe zu verändern, als die Gleichbehandlung von Männern und Frauen zu erreichen, aber wenn dem so ist, so zeigt dies nur, daß andere Anliegen wichtiger sind als der Feminismus, und nicht, daß diese anderen Zielsetzungen feministische Anliegen sind. Vielleicht haben Frauen im Schnitt von Natur aus mehr gesellschaftlich wünschenswerte Eigenschaften als Männer, so daß die Emanzipation der Frauen zu einer allgemeinen Verbesserung der gesellschaftlichen Praktiken führen würde, aber wenn ja, dann zeigt dies nur, daß wir durch die Erreichung feministischer Ziele auch andere Ziele verwirklichen können, und nicht, daß diese anderen feministische Ziele sind. Vielleicht könnte es sich sogar herausstellen, daß es unmöglich ist, für das eine zu kämpfen, ohne gleichzeitig auch für das andere einzutreten, aber wenn dem so wäre, so würde das lediglich bedeuten, daß der Kampf zur Erreichung zweier verschiedener Zielsetzungen gemeinsam geführt werden sollte, und nicht, daß es nur eine Kategorie von Zielsetzungen gibt.

Wenn meine Argumente richtig sind, dann besteht das Anliegen des Feminismus in der Beseitigung der Normen, welche die Geschlechter voneinander trennen. Wenn unsere eigenen sozialen Zielsetzungen darüber hinausgehen, bedeutet das, daß wir mehr sind als bloß Feministinnen.

Anmerkungen

1 Daraus resultierende Argumente verfolgen nicht die Absicht, *diese Aktivitäten* als ungerechtfertigt zu bezeichnen; sie mögen aus anderen als den hier genannten Gründen gerechtfertigt sein.

2 Aus der Argumentation dieses Aufsatzes geht klar hervor, daß es durchaus auch männliche Feministen geben kann. Die weibliche Form des Wortes wird hier nur der Einfachheit halber benutzt.

Senta Trömel-Plötz
Feminismus und Linguistik

In unserer Arbeit versuchen wir immer, unsere Interessen zu verwirklichen, das einzubringen, woran uns am meisten liegt. Die
Berufswahl und innerhalb eines Berufes die Wahl der spezifischen
Arbeit wird gesteuert von diesen Interessen, Vorlieben, Sympathien und Bedürfnissen. In der Wissenschaft ist das nicht anders.
Es ist nicht zufällig, in welchem Gebiet wir arbeiten, und es ist
nicht zufällig, welchen Spezialisierungen innerhalb eines Gebietes
wir uns zuwenden. Wir schaffen auch neue Spezialisierungen,
wenn unser Interesse an einem neuen Gebiet überhandnimmt,
durch *ein* Gebiet nicht mehr befriedigt wird. Interdisziplinarität
entsteht: Psycholinguistik, anthropologische Linguistik, Sozio-
linguistik, Kinderspracherwerb, Sprache und Psychotherapie,
Patholinguistik und andere Teilgebiete der Linguistik entstanden.
Feministische Linguistik entstand, als bestimmte Feministinnen
einen Blick auf ihr eigenes Fachgebiet warfen oder eher, als bestimmte Linguistinnen feministische Ideen auf ihre eigene Wissenschaft anwendeten. Zwei Interessen stießen zusammen.[1]
Natürlich genügt das nicht zur Etablierung eines Gebietes; in unserer patriarchalischen Kultur müssen sich erst Männer diesem
Gebiet zuwenden, auf diesem Gebiet Arbeit leisten, damit es als
Wissenschaft anerkannt wird. Feministische Linguistik ist so
lange nicht Linguistik, bis nicht einige Männer auf diesem Gebiet
Ruhm und Forschungsgelder erlangen. Zum Glück für das Gebiet
Kinderspracherwerb gab es gleich einige männliche Linguisten
und Psychologen mit Kindern, deren Interesse an diesen Kindern
stark genug war: Kinderspracherwerb, obwohl hauptsächlich
Frauen auf diesem Gebiet arbeiten, wurde ein legitimes Teilgebiet
der Linguistik. Solches Glück ist uns in der Feministischen Linguistik glücklicherweise noch nicht beschieden. Feministische
Linguistik ist also nach vorherrschenden Definitionen bis jetzt
noch nicht Linguistik. Deshalb der etwas bescheidenere Titel meines Beitrags.
»Sprache der Frauen«, »Sprache und Geschlecht«, »Frauensprache« hießen die ersten Veranstaltungen in feministischer Lingui-

stik (der Begriff ›feministische Linguistik‹ wurde später von Luise F. Pusch geprägt) an drei deutschen Universitäten: Berlin, Osnabrück und Konstanz, resp. sie fanden ohne Absprache der Veranstalterinnen und Veranstalter[2] zur gleichen Zeit statt: im Sommersemester 1978. Soviel ich weiß, war nur Trier weit voraus: dort hatte Ingrid Guentherodt schon im Wintersemester 74/75 ein Hauptseminar zum Thema »Rollenverhalten der Frau und Sprache« abgehalten.

Interessant ist, daß, obwohl inzwischen ansehnliche Arbeit geleistet wurde und großes Interesse herrscht, das Angebot an Universitätsveranstaltungen nicht aufsehenerregend gestiegen ist; es gibt jetzt noch zusätzlich regelmäßige Kurse in Hannover (Hellinger), Trier (Guentherodt), Osnabrück (Andresen), Konstanz (Pusch, Trömel-Plötz), Berlin (Sobeck, Werner) und (bezeichnend für eine wirklich progressive Reformuniversität) den einen oder anderen Kurs in Bielefeld zu dem Thema, ganz von Studentinnen organisiert, geplant und veranstaltet und – da keine qualifizierte Frau zur Verfügung steht – von profeministischen männlichen Professoren mit Unterschriften auf nötigen Scheinen versehen.

Ohne nun weiter auf die spärliche Geschichte der feministischen Linguistik in Deutschland einzugehen, denn wie üblich kommen auch hier die wegweisenden Arbeiten aus den USA,[3] möchte ich jetzt einfach deren wichtigste Fragestellungen, Hypothesen, Einsichten, Erklärungen und Ergebnisse behandeln. Notgedrungen ist meine Sicht subjektiv in der Auswahl der Probleme und in der Einschätzung der Wichtigkeit der Beiträge.

Auf der syntaktischen Ebene haben Amerikanerinnen uns Hinweise gegeben, wo wir auch im Deutschen sexistische Ausdrucksweise finden dürften.

Viel diskutiert wurde die Obligatorik der maskulinen Personalpronomina, die wir inzwischen schon als sehr störend empfinden.

Manch einer hat sein . . .

Jemand, der . . .

Wer sein . . ., der

Frauen wählen andere Formulierungen.

Längst bekannt sind auch die Asymmetrien in Titeln, Anrede und Beschreibungen von Frauen und Männern:

Bundeskanzler Schmidt und Frau Loki

Frau, Fräulein und dagegen: *Herr*

Wollten wir faire, symmetrische, semantisch äquivalente Titel, müßten wir folgende Entsprechungen verwenden:

Frau Kohn – Herr Kohn, er ist verheiratet.

Fräulein Kohn – Herr Kohn, er ist nicht verheiratet.

Frauen insistieren auf der Anrede *Frau,* auch für junge Frauen, auch für unverheiratete Frauen (die Duden-Redakteure wissen noch nichts davon). Manche Frauen stellen mit *Herrlein* die Symmetrie her und machen so auf die Asymmetrie aufmerksam.

Frau Staatsminister Hamm-Brücher wird verwendet auf einer Programmankündigung der Westdeutschen Rektorenkonferenz, wo bei einem Mann nur *Staatsminister Sowieso* stünde.

Mädchen und *Damen,* beliebteste Beschreibung für Frauen, durch die Frauen gleich welchen Alters und gleich welchen Status als identisch behandelt werden, haben keine Entsprechungen für Männer. Der Gebrauch von *Junge* und *Herr* ist ganz anders: Ein Junge bleibt kürzer ein Junge und wird schneller zum Mann, in besonderen Situationen avanciert er zum Herrn; ein Mädchen wird, wenn es gut geht, eine Dame, vielleicht nie eine Frau.

Aber bei genauerem Hinsehen stoßen wir auf tiefere Probleme: der Sexismus geht viel weiter, als wir erwartet hätten, er ist kein Oberflächenphänomen: so wie das *du* in den Zehn Geboten männlich ist:

Du sollst nicht begehren deines Nächsten Weib,

so referiert *der Mensch* häufig nur auf Männer:

Alle Menschen werden Brüder,

und selbst *wir* in ganz neutralen Kontexten heißt plötzlich nur *wir Männer.*[4]

Die Menschheit fällt zusammen mit dem männlichen Geschlecht. Unsere Vorstellung ist so geprägt von dem Übergewicht der Männer, daß wir uns keine Frauen vorstellen, selbst wenn es in bestimmten Kontexten auch um Frauen geht. Als typischer Mensch, als Durchschnittsmensch, als Mensch schlechthin kommt uns nur ein Mann in den Sinn. Alle Soziologie-, Biologie-, Anthropologie-, Psychologietexte bestätigen das. Sogar *die Schildkröte* wird trotz femininem Genus als männliches Tier vorgestellt, wenn wir plötzlich am Ende einer Geschichte hören, daß sie auf Brautschau geht.[5]

Die Semantik »geschlechtsindefiniter« Begriffe ist männlich.

Ohne über linguistische Kenntnisse über die Maskulinität des deutschen Sprachsystems zu verfügen, formen Frauen ihren Intuitionen folgend in einer einzigartig schöpferischen Weise neue Kreationen im Deutschen: Pusch zeigt in ihrem Buch *Alle Menschen werden Schwestern – Frauenbewegung und Sprachwandel* eine Vielfalt von Richtungen, in denen Frauen ihre implizite Sprachkritik zeigen: sie ändern die Sprache da, wo sie mit ihr unzufrieden sind, wo sie ihrem Ausdruckswillen nicht mehr genügt.

Diese gesellschaftliche Änderung, daß heute mehr und mehr Frauen ein Bewußtsein entwickeln, das sich vom Bewußtsein des Patriarchats absetzt, schlägt sich sofort in neuem Sprachgebrauch nieder. Diesen neuen kritischen und kreativen Sprachgebrauch beschreiben wir in der Linguistik – das ist die eine Richtung. In der anderen Richtung propagieren wir als feministische Linguistinnen neuen fairen Sprachgebrauch, wir versuchen, ihn durchzusetzen und schaffen damit neue gesellschaftliche Bedingungen, Bewußtseinsänderung, und so gesellschaftliche Änderung. Gesellschaftliche Änderung und sprachliche Änderung, gesellschaftliches Handeln und sprachliches Handeln sind eng verwoben. Sprache ist ja eine der wichtigsten gesellschaftlichen Bedingungen, unter denen wir leben, mit Sprache werden gesellschaftliche Unterschiede konstruiert, mit Sprache schaffen wir unseren Lebenszusammenhang, unsere Wirklichkeit, unsere Sicht der Welt. Mit Hilfe von Sprache geben wir unsere Weise, die Welt zu erleben, weiter an unsere Kinder, in der Schule, in der Familie, in unseren Märchenbüchern und in unseren Medien. Viele unserer gesellschaftlichen Handlungen, z. B. das Unterrichten von Kindern oder das Rechtsprechen im Gericht oder das Debattieren in politischen Gremien, sind sprachliche Handlungen. Sprechen ist soziales Handeln. Deshalb sind auch die »kleinen« sprachlichen Änderungen, die wir vorschlagen, nicht trivial. Auch der große Widerstand gegen sie zeigt ihre Nicht-Trivialität. Von der Sicht derer, die die Sprache beherrschen, die Sprache schaffen und sich als Arbiter des Sprachgebrauchs fühlen, von der Sicht der Besitzenden aus, erscheint es als Anmaßung, daß Frauen, wenn auch noch so wenig, Vorstöße machen, sich die Sprache anzueignen, ihrerseits Besitzansprüche anmelden.

Abgelehnt wurde an der Universität Hannover, daß eine Dekanin, die allen Aufgaben und Pflichten des Amtes nachkommen darf, auf offiziellem Briefkopf den Terminus *Dekanin* verwendet. Die Besitzenden wiesen sie zurecht, die Organbezeichnung (sic!) sei *der Dekan*. Die Aneignung der Sprache für Frauen hat ihre Grenzen. Welchem Mann, der in einen Frauenberuf vordringt, wäre verwehrt, sich auch die männliche Berufsbezeichnung anzueignen. Welcher Mann muß sich als Kindergärtnerin, Kinderfrau, Putzfrau, Sekretärin, Hebamme und Krankenschwester bezeichnen lassen, wenn er diese Tätigkeiten ausübt. Nur den Frauen, mit Ausnahme von Königinnen, ist es zuzumuten, sich als Dekan, Staatsminister und Botschafter identifizieren zu müssen. Diese sogenannten geschlechtsindefiniten Personenbezeichnungen sind nicht neutral, genausowenig wie sie symmetrisch sind. Wir können nicht sagen

Der Dekan und ihr Mann kamen zur Einladung des Rektors.
Aber bei

Der Dekan und seine Frau kamen zur Einladung des Rektors.

ist nichts einzuwenden, auch nicht bei

Die Dekanin und ihr Mann kamen zur Einladung des Rektors.

obwohl dieser Satz etwas weniger häufig vorkommen dürfte. Diese Personenbezeichnungen sind männlich. Ich habe an anderer Stelle[6] vom semantischen Kern dieses Konzepts und vom semantischen Rand gesprochen. Erschwerend ist, daß diese Semantik des Kerns und des Randes bestehen bleibt bei Ausdrücken, wo es die weibliche Form gar nicht gibt:

Obwohl die Engländer und Amerikaner hauptsächlich Männer sind (sie können mit ihren Frauen, aber nicht so gut mit ihren Männern auftauchen), sind die Deutschen und die Eskimos sicher Frauen und Männer. Es gibt keine Deutschinnen oder Eskimoinnen. Aber trotzdem verhalten sich diese Bezeichnungen so wie die für andere Nationalitäten:

Die Deutschen und ihre Männer
Die Eskimos und ihre Männer

sind so deviant wie

Der Dekan und ihr Mann
Die Schweizer und ihre Männer.

Frauen sind deshalb skeptisch geworden, und um sicherzustellen, daß Frauen gemeint sind, bilden sie auch bei grammatikalisch wirklich neutralen Ausdrücken wie

die Abgeordneten
die Mitglieder

weibliche Formen
   die Abgeordnetinnen
   die Mitgliederinnen

Mit ähnlich guter Intuition stürzten sich Frauen auf das kleine Pronomen *man* und auf den Titel *Fräulein*. Erst nachträglich haben wir Linguistinnen die systematischen Zusammenhänge in der Sprache aufgezeigt und gesehen, daß diese spontanen und leidenschaftlichen Änderungen, die Frauen sehr zum Mißfallen vieler Leute mit Deutschlehrermentalität vornahmen, linguistisch gut fundiert waren. Die Neuerungen, die jeden Tag von Frauen gemacht werden, haben deshalb mehr als Hinweisfunktion für uns Linguistinnen. Es ist erstaunlich, daß sie bis jetzt von den offiziellen Wärtern der Sprache, männlichen Literatur- wie Sprachwissenschaftlern, gleichermaßen ignoriert werden.

Worauf sich Frauen noch nicht gestürzt haben, sich aber demnächst stürzen sollten, ist die Unterdrückung, die uns in konkreten Gesprächen mit Männern widerfährt. Ein Bewußtsein dafür, was uns in jedem Gespräch an Trivialisierung, Abwertung, Nichtbeachtung und Mißachtung angetan wird, würde jede Frau zur radikalen Feministin werden lassen.

Die vielen Frauen, die sich zurückziehen in Frauengruppen und Frauenfreundschaften, lassen sich auch hier wieder von ihren guten Intuitionen leiten; etwas widerstrebt und mißfällt ihnen in Gesprächen mit Männern.

Soziolinguistische Untersuchungen von gemischtgeschlechtlichen Gesprächen geben eine fundierte Erklärung für diese Intuitionen und spontanen Rückzugsreaktionen.

Andere Frauen, die meisten, begeben sich immer noch in Gespräche mit Männern hinein im Glauben, daß sie gleichrangig gehört werden und gleichrangig sprechen können. Vor allem Frauen in anerkannten Positionen sind häufig des Glaubens, daß ihr Rang, ihre Leistung, das Prestige ihres Berufes ihnen Gleichbehandlung garantiert. Sie nehmen dann auch nicht wahr, daß auch sie in jedem Gespräch, in jeder Diskussionsrunde benachteiligt und unterdrückt werden. Sie sehen sich als Ausnahmen; die übrigen Frauen sind selbst schuld, daß sie es nicht geschafft haben, Ausnahme zu sein, selbst schuld an ihrer Unterdrückung.

Die Analysen gemischtgeschlechtlicher Gespräche in allen möglichen Situationen, ob an der Universität, im Krankenhaus, vor der Fernsehkamera, in der Schule, in Cafés oder zu Hause, zeigen gemeinsame Eigenschaften, die einmal erstaunlich sind, weil sie den gängigen Vorstellungen über unterschiedliches Redeverhalten von Frauen und Männern widersprechen, dann aber auch plausibel, weil sie genau die Mechanismen der Machtausübung der Männer aufzeigen. Diese Eigenschaften sind mit hoher Wahrscheinlichkeit vorhersagbar. So wird mir immer wieder von Frauen, die zum ersten Mal von den Ergebnissen gesprächsanalytischer Untersuchungen gemischtgeschlechtlicher Gespräche hören, berichtet, daß sie diese Eigenschaften bei ihrem nächsten Gespräch mit einem Mann beobachteten.

Diese Eigenschaften sind nicht zufällig oder arbiträr. Sie sind vermittelt, wir haben sie von klein auf gelernt und praktiziert – in der Tat gibt es Untersuchungen von Gesprächen von Eltern mit ihren kleinen Töchtern und Söhnen, die schon Unterschiede in der Behandlung der Kinder zeigen – und sie passen in einen größeren Kommunikationszusammenhang und gesellschaftlichen Rahmen. Es geht nämlich in gemischtgeschlechtlichen Gesprächen um die Einschränkung der Rechte von Sprecherinnen. Männer haben mehr Rechte als Frauen, sie sprechen öfter, länger, ungestörter, in ihrem Tempo, über ihre Themen, sie kontrollieren den Ablauf des Gesprächs und sie können ausreden. Frauen werden eingeschränkt, sie dürfen nicht so oft und lang sprechen, müssen warten, bis sie das Wort bekommen, werden öfter durch Unterbrechungsversuche gestört, müssen schneller sprechen, können weniger Themen zu Ende führen, müssen aufmerksam und ermunternd zuhören und dürfen nicht ausreden. Dies zeigt sich schon bei kleinen Mädchen: Eltern unterbrechen ihre Töchter mehr als ihre Söhne.[7]

In Paaren von Mädchen und Jungen, die sich nicht kannten, sprachen die Jungen signifikant mehr als die Mädchen.[8] Die Einschränkung auf der sprachlichen Ebene wird widergespiegelt auf der nichtverbalen Ebene: Mädchen und Frauen werden in ihrer Bewegungsfreiheit eingeschränkt, sie dürfen nicht so viel Raum einnehmen wie Männer, man darf in ihren persönlichen Raum eher eindringen, ihre Zeit ist verfügbar. So wie ihre Sprache gefällig, angenehm für das Ohr, zurückhaltend, bittend eher als fordernd sein soll, so sollen auch ihre Körpersprache und ihr Gesichtsausdruck sein: lieblich, bescheiden, lächelnd, zuvorkommend. Diese Einschränkung von Rechten bei Mädchen und Frauen ist ganz automatisch: wenn sie Erfolg hat, ist das Ergebnis ein feminines Wesen.[9] Interessant ist, daß dieselben Indikatoren, die Femininität beweisen, auch anzeigen, daß die Trägerinnen dieser Eigenschaften niedrigeren Status haben. Auch statusniedrigere Personen sind gegenüber statushohen Personen in ihren Rechten eingeschränkt, sie müssen sich unterwürfig verhalten. Es ergibt sich, daß, wenn Frauen sich feminin verhalten, sie sich automatisch wie Untergebene verhalten, und wenn sie sich nicht wie Untergebene verhalten, ihnen die Femininität abgesprochen wird. Ein Ergebnis meiner eigenen Untersuchung von Fernsehdiskussionen ist: Niederer Status und Frausein fallen zusammen: es wird Frauen gar nicht erlaubt, sich anders denn als eine Untergebene zu verhalten. In jedem Gespräch wird ein niedriger Status für Frauen konstruiert, als ihnen auf Grund ihrer Eigenschaften zustünde. Sie werden einfach so behandelt, als hätten sie einen niedrigeren Status, und sie müssen sich damit zufrieden geben.

Wir alle haben Situationen erfahren, in denen hauptsächlich die Männer unter sich reden und sich nicht um die Meinung der Frauen kümmern, in denen ein Mann den Alleinunterhalter spielt und Frauen, auch solche, die viel mehr zu sagen hätten, zum Zuhören zwingt, in denen Frauen falsch identifiziert werden, indem MAN ihnen weniger Kredit gibt und den niedrigeren Rang zuteilt: den einer Krankenschwester anstatt den einer Ärztin, den einer Assistentin eines Mannes anstatt einer selbständigen Expertin, den einer Begleiterin eines Mannes anstatt einer eigenständigen Person, Situationen, in denen ein Vorschlag einer Frau erst angenommen wurde, nachdem ein Mann ihn unterstützte, Situationen, in denen Männer eigene Gespräche begannen, während eine Frau redete, Situationen, in denen eine Frau gefragt wurde und ein Mann antwortete, Situationen, in denen ein Mann erklärte, was seine Frau »eigentlich« sagen wollte. Situationen, in denen der Expertin die trivialeren Fragen gestellt wurden, dem Experten die wichtigen. Situationen, in denen wir mit einem dummen Mann redeten, ohne daß ihm je der Gedanke kam, der ihm sofort bei einem männlichen Gesprächspartner gekommen wäre: daß er der intellektuell Unterlegene ist. Diese Liste läßt sich beliebig fortsetzen.

Diese Situationen haben damit zu tun, was Männer für eine Einschätzung davon haben, welche Position Frauen in Gesprächen einnehmen können (nämlich die unterste) und was Frauen zu sagen haben (nämlich sehr wenig). Mit dieser Einschätzung und Erwartung produzieren sie dann in Gesprächen genau dieses Ergebnis: Sie reden mehr als Frauen und interessieren sich nicht für ihre Meinung, sie fühlen sich verantwortlich für die Unterhaltung, sie behandeln Frauen so, als hätten sie weniger zu sagen, so als wären ihre Vorschläge nicht kompetent, so als müßte man ihnen nicht zuhören, so als könnten sie sich nicht ausdrücken, so als wüßten sie über ihr eigenes Gebiet weniger Bescheid als ein Mann. D. h. in den Gesprächen, die wir führen, wird eine Situation produziert, die so ist, daß das, was wir sagen, weniger Gewicht bekommt als wenn es ein Mann sagen würde. Die gleiche Äußerung, von einem Mann gemacht, wird anders gehört und anders interpretiert. Deshalb ist verständlich, daß Frauen zu anderen Mitteln greifen und zu anderen Mitteln greifen müssen, um überhaupt etwas sagen zu können. Sie reden dann tatsächlich anders als Männer.

In Untersuchungen von Gesprächen zwischen Ärztinnen und ihren Patientinnen und Patienten im Vergleich mit den Beratungsgesprächen von Ärzten (West, im Druck) stellt sich heraus, daß der professionelle Status und die professionelle Kompetenz der Ärztin nicht selbstverständlich vorausgesetzt wird, sondern in jedem Gespräch hergestellt und verteidigt werden muß. Patientinnen und Patienten scheinen eine Ärztin primär in die Kategorie *Frau* einzuordnen, d. h. hauptsächlich als Frau zu behandeln, und erst sekundär in die Kategorie Ärztin/Arzt, d. h. als Ärztin zu akzeptieren. Das heißt dann für die Ärztin, daß sie ständig ihre Kompetenz beweisen muß, daß ihren Diagnosen und Therapievorschlägen weniger Autorität beigemessen wird, daß sie ihre Entscheidungen verteidigen muß. Und da ihr Erfolg davon abhängt, wie gut sie ihre Entscheidungen in den Gesprächen den Patient/inn/en gegenüber durchsetzen kann, ist sie benachteiligt, wenn sie in diesem Gespräch weniger Rechte hat als ein Mann. In ihrer Untersuchung zeigt West, daß Ärzte ihre Patienten mehr unterbrechen als ihre Patienten sie: 69% aller Unterbrechungen werden von den Ärzten getätigt, 31% von den Patienten. Ärztinnen dagegen werden mehr unterbrochen als sie selber unterbrechen: 68% aller Unterbrechungen werden von Patienten getätigt, 32% der Unterbrechungen machen die Ärztinnen. Dabei werden sie von Männern mehr unterbrochen: 75% der Unterbrechungen in ihren Gesprächen mit männlichen Patienten werden von diesen getätigt, 25% von den Ärztinnen. Bei ihren weiblichen Patienten dagegen sind die Unterbrechungen gleich verteilt. Ärztinnen und Patientinnen unterbrechen sich gegenseitig etwa gleich oft; das sind die Proportionen, die wir von Frauengesprächen her kennen, und diese Tatsache gibt uns einen wichtigen Hinweis, daß in einem wesentlichen Aspekt des Gesprächsablaufs statusunterschiedliche Frauen einander als statusgleich behandeln. Überwiegt die Solidarität der Frauen den Statusunterschied?

Dieselbe Untersuchung von West (West, im Druck) gibt ein Gespräch wieder, das die Schwierigkeiten einer Ärztin gegenüber einem männlichen Patienten zeigt. Die Ärztin muß, um ihm ein Medikament verschreiben zu können, gegen das er Zweifel hat, immer stärkere Argumente ins Feld führen, die der Mann alle ablehnt, so daß die reale Beziehung ›medizinische Expertin – Laie‹ sich fast umdreht.

Wie sehr müssen Rechtsanwältinnen, Politikerinnen, Journalistinnen dieser Benachteiligung ausgesetzt sein, da ihr Beruf verbale Aktivität beinhaltet, deren Ziel es ist, andere zu beeinflussen und zu überzeugen.

Häufig ist es diesen Frauen nicht bewußt, daß sie weniger Rechte haben als ihre Kollegen und daß sie anders behandelt werden als ein Mann behandelt würde. Vielleicht setzen sich die begabtesten, aktivsten Frauen wirklich auf Grund ihrer Intelligenz und Kompetenz über alle Einschränkungen hinweg – und erreichen dann so viel, wie ein, im Vergleich zu ihnen, mittelmäßiger Mann mit der Hälfte an Arbeit erreicht, oder sehen, wie ein Mann mit vergleichbarer Begabung und Leistung sie auf der Stufenleiter der Beförderungen überrundet.

Aber den meisten Frauen, die denken, daß sie auf Grund ihrer Qualifikation gleich anerkannt sind, werden Inhalte oder Gebiete oder Spezialisationen zugeteilt, die weniger wichtig sind als die Gebiete der Männer. Die Frauen dürfen dann da zuständig sein – sie konkurrieren nicht mit Männern – und sie dürfen dann da auch reden und werden sogar gehört. Nur ihr Reden hat keine Konsequenzen, sie sind abgestellt auf Bereiche, die nicht so sehr zählen, die nicht so viel oder gar kein Prestige haben. In der großen Politik haben wir dann die Bundesministerin für Jugend, Familie und Gesundheit, die stellvertretenden Vorsitzenden, die Vizepräsidentin des Bundestages, in den Zeitungen haben wir dann die Frauenseiten und im Rundfunk das Ressort Familie oder den

Frauenfunk, in der Rechtsprechung die Richterinnen des Sozialgerichts, des Familiengerichts, des Jugendgerichts. (Siehe die spannende Sammlung *Juristinnen* von Fabricius-Brand et al.) In der Kunst ist es nicht anders. In ihrem wunderbaren Buch schreibt die Malerin Gisela Breitling: »In der Kunst, wie überall sonst, gehören Männern und Frauen unterschiedliche Bereiche – den ersteren das Eigentliche, Wichtige, Menschheitsbewegende, den letzteren das Nette, Kleine, das was man im Ernstfall besser vergißt. Niemand brauchte mir das zu erklären, es war so, und so wie es war, war es richtig.« (Breitling, 1980, S. 22)

Aber das ist nicht die Mehrheit: Frauen, die mit Männern in gleichrangigen hohen Positionen sind und dann in bestimmte Ecken und Randgebiete abgedrängt werden. Die Mehrheit der Frauen ist beruflich in niedrigeren Rängen, in denen sie nicht mit Männern konkurrieren und die Männer deshalb nicht bedrohen.[10] Dort werden sie als Sekretärinnen, Sachbearbeiterinnen, Assistentinnen, Mitarbeiterinnen von ihren jeweiligen Chefs zumeist zuvorkommend behandelt. Sie dürfen ausreden, wenn der Chef gerade Zeit hat, werden nicht zu auffällig unterbrochen und können sich dem Glauben hingeben, daß MAN ihnen zuhört. Häufig haben sie für die Männer wichtige Kenntnisse und Informationen. Aber auf Grund ihres Status sind sie natürlich keine Gefahr für die Männer, und je nötiger sie sind, desto besser werden sie vielleicht behandelt. Es ergeben sich keine Konflikte bei dieser Arbeitsteilung und bei der Aufteilung von Macht und Entscheidungskompetenz und von öffentlichem Erfolg. Die Dominanz der Männer ist für Frauen, die ihnen in untergeordneten Stellen gegenüberstehen, unproblematisch. Sie ist legitim. Problematisch wird die Situation nur, wenn die Frauen zu kompetent werden oder wenn kompetente Frauen weniger kompetenten Männern unterstellt sind.

Aber die eigentliche Problematik entsteht bei sogenannter Statusgleichheit. Hier, wo gleiche Rechte zu erwarten wären, finden wir unterschiedliches Verhalten und unterschiedliche Behandlung, gleich ob es sich um Journalistinnen, Schriftstellerinnen, Studentinnen, Dozentinnen oder Politikerinnen handelt.[11]

In meiner eigenen Arbeit habe ich versucht zu zeigen, wie diese ungleichen Rechte in den Gesprächen selbst konstruiert und verstärkt werden. Ich habe drei verschiedene Paare in zwei Fernsehdiskussionen des Schweizer Fernsehens untersucht: eine Vertreterin und einen Vertreter der Zürcher Jugendbewegung (Alter: Mitte 20), eine Fernsehredakteurin und einen Rundfunkredakteur (Alter: Mitte 30) und eine Stadträtin und einen Stadtrat (Alter: Mitte 50). Frau und Mann in diesen Paaren waren jeweils nach den üblichen Kriterien statusgleich. In den Diskussionen waren aber jeweils die Männer erfolgreicher als die Frauen.

Der Erfolg der Männer sowie der relative Mißerfolg der Frauen kam zustande, obwohl die Frauen verbal aktiver waren als die Männer. Er leitet sich einfach daher, daß den Aktivitäten der Männer zum Erfolg verholfen wurde, während die Aktivitäten der Frauen ignoriert, behindert oder verhindert wurden.

So wurden zum Beispiel beim Journalistenpaar die Versuche der Frau, zu Wort zu kommen, einfach ignoriert. Von 11 Versuchen gelang ihr nur einer. Beim Mann dagegen gelangen von 5 Versuchen 4. Die Frau leistete also sehr viel mehr Arbeit, war konversationell zweimal so aktiv wie der Mann, aber mit sehr viel weniger Erfolg. Dieser Mißerfolg wurde bei der Frau konstruiert, indem ihre Versuche, zu Wort zu kommen, von den Moderatoren und ihren Kollegen übersehen oder übergangen wurden; ein Handsignal oder ein Redeeinsatz des Mannes dagegen wurden bei der nächsten Gelegenheit mit Wortvergaben honoriert. Die unterschiedliche Behandlung produziert die unterschiedlichen Rechte: Frauen müssen warten, bis ihnen das Wort erteilt wird, Männer können davon ausgehen, daß sie das Wort bekommen. Frauen warten auch, bis sie das Wort bekommen, während Männer unterbrechen und sich das Wort nehmen.

In der zweiten Diskussion mit einem anderen Moderator wird die Regel, daß Frauen warten müssen, bis sie aufgerufen werden, noch stärker angewendet. Die Politikerin wird einfach übergangen, sie wartet vergeblich auf die Worterteilung und nimmt sich dann, nachdem jeder Mann schon zweimal vom Moderator aufgerufen war, selbst das Wort. Auch das ändert nichts an der Situation. Die Wortvergabe geht erst an sie, als sie drohte, die Diskussion zu verlassen. Zu dem Zeitpunkt war mehr als Dreiviertel der Diskussionszeit vergangen.

Wenn in einer Diskussion verhindert wird, daß eine Sprecherin redet, wird dadurch ihre Inkompetenz und ihre Machtlosigkeit konstruiert. Dies geschieht am besten, indem ihre Präsenz ignoriert wird und sie keine Worterteilung bekommt und, sollte sie sich selbst das Wort nehmen, durch rasche Unterbrechung.

Letzteres wurde bei der Vertreterin der Jugendbewegung praktiziert. Sie bekam während der ganzen Diskussion keine einzige Worterteilung vom Moderator, war aber sehr aktiv und nahm sich 15mal selbst das Wort. Damit hatte sie doppelt so viele Redebeiträge wie die Diskussionsteilnehmer im Durchschnitt, aber sie wurde meist nach kürzester Zeit unterbrochen. Ein Beitrag dauerte bei ihr durchschnittlich nur 10 Sekunden, d. h. sie wurde, so aktiv sie war, auch aktiv am Reden gehindert. Ihre Gesamtredezeit war die geringste von allen Teilnehmenden und lag auch noch unter der zweitniedrigsten Redezeit der Politikerin.

Dagegen bekam ihr Kollege bei acht Redebeiträgen viermal durch den Moderator das Wort, d. h. er mußte weniger Arbeit leisten, und er durfte zweimal so lang reden. Seine Gesamtredezeit ist doppelt so lang wie ihre. Ein Redebeitrag dauerte bei ihm durchschnittlich 40 Sekunden, also viermal so lang wie ein Beitrag der Frau. Er beendete seine Beiträge überwiegend selbst, während die Frau unterbrochen wurde. D. h. die anderen Diskussionsteilnehmer geben ihm Raum zu sprechen, erlauben sogar, daß er sie unterbricht, lassen ihn ausreden, geben ihm so das Recht, selbst zu bestimmen, wann er genug gesagt hat. Durch solche Unterstützung konstruieren sie seinen Erfolg. Für den Vertreter der Jugendbewegung mit unterstem sozialen Rang in dieser Gesprächsrunde wurde ein Status geschaffen, der sich an den höheren Status der Männergruppe anglich.

Bei den Frauen wird Unterstützung verweigert: sie werden unterbrochen; auch Journalistin und Politikerin können nur je einen ihrer Beiträge selbst zu Ende bringen, d. h. andere bestimmen, wann sie genug gesagt haben, sie werden durch ständige Unterbrechungsversuche während des Redens massiv gestört, sie erfahren keine Hilfe, wenn sie das Wort verloren haben, es zurückzugewinnen. Dadurch wird ihre Inkompetenz produziert.

Interessant ist, daß nicht nur jeweils in einem Frau-Mann-Paar für die Frau ein niedrigerer Gesprächsstatus konstruiert wird als für den Mann, sondern daß in der 2. Diskussion, in der die Stadträtin und der Vertreter der Jugendbewegung zusammen vorkommen, auch noch für den statusniedrigsten Mann ein höherer Gesprächsstatus konstruiert wird als für die statushohe Politikerin. Nach der Länge der Redezeit, nach der Anzahl der Worterteilungen, nach dem Muster von Unterbrechungen ergibt sich eine Skala, in der zuerst alle anwesenden Männer rangieren und dann erst die Stadträtin, und zuletzt die Vertreterin der Jugendbewegung. Vom professionellen und gesellschaftlichen Status her sollte aber die Stadträtin mindestens vor dem Polizeikommandanten und dem Vertreter der Jugendbewegung rangieren.

Professionelle Kompetenz und höherer Status garantieren Frauen nicht gleiche Rechte. Sie garantieren ihnen nicht, daß sie gehört und gleichbehandelt werden. Ihr Gesprächsstatus paßt sich dem niedrigen Status von Frauen generell an: niedriger Status und Frausein fallen zusammen.

Aber auch konversationelle Leistung und Aktivität, ihre Arbeit im Gespräch, wird bei Frauen nicht honoriert. Mehr Arbeit führt noch lange nicht zum Erfolg. Erfolg wird für die Mächtigen konstruiert, d. h. gewöhnlich für Männer, und nicht für die konversationell aktivsten, kompetentesten und fairsten. Das ist für uns Frauen eine wichtige, wenn auch bittere Einsicht.

Es braucht uns nicht zu wundern, daß wir diese Ergebnisse so zögernd aufnehmen, daß wir unser Bewußtsein nicht geschärft haben in diesem Bereich, daß wir sogar unsere Erfahrungen, die wir in jedem Gespräch mit Männern machen, ignorieren oder umdefinieren.

Die Einsicht, daß Leistung im Gespräch nicht bessere Behandlung bringt, daß Anders-Reden nicht genügt, daß wir trotz beruflicher Erfahrung und Kompetenz behandelt werden wie Anfängerinnen, Laiinnen ist bitter. Unser Leben wird dadurch schwieriger, unbewältigbar.

Wenn West (1979) zeigt, daß die Unterbrechungen, die Frauen tätigen, von den betroffenen Männern nicht als bedrohlich wahrgenommen werden, während die Dominanzgeste registriert wird, wenn sie von Männern unterbrochen werden, oder wenn Wagner zeigt, daß Frauen trotz der Qualität ihrer Vorschläge wahrgenommen werden, als machten sie keine guten Vorschläge, daß sie trotz der höheren Qualität ihrer Lösungen die Gruppenentscheidung nicht beeinflussen können und nicht für weitere Zusammenarbeit ausgewählt werden, dann können wir uns fragen, wann endlich Frauen für das gehört werden können, was sie sagen, und nicht dafür, daß sie Frauen sind.

Wegen unserer negativen Erwartungen ist unsere Wahrnehmung nicht vorurteilsfrei und unsere Bewertung belastet. Wir sind deshalb noch weit davon entfernt, das, was Frauen tun, als Kompetenzen zu schätzen. Da Männer die Werteskala festlegen und definieren, was als Leistung zählt, werden für Frauen keine Kompetenzen konstruiert.

Wenn wir z. B. Unterschiede im verbalen Verhalten von Mädchengruppen und Jungengruppen ansehen (Goodwin, 1980) und feststellen, daß Jungen mehr Direktiva verwenden, also Befehle an andere erteilen, und Mädchen mehr kollektive Vorschläge, in denen ihre eigene Aktivität eingeschlossen ist,[12] dann könnten wir die größere Kooperation und Herstellung von Gleichrangigkeit bei den Mädchen als Kompetenz bewerten, weil der Dialog fairer und humaner ist als der von Jungen, in dem eine hierarchische Rangordnung mit der Überordnung einiger über die anderen konstruiert wird. Aber von dieser Bewertung sind wir noch weit entfernt.

Aries (1976) zeigt ähnliche Unterschiede bei Frauen- und Männergruppen. In Männergruppen wird sofort eine Hierarchie hergestellt, in der die beiden obersten Plätze feststehen, in Frauengruppen wechselt die Führung. Der Dialog ist »herrschaftsfreier«. In Männergruppen ist mehr Aggressions- und Wettstreitverhalten; Frauen unterhalten sich offener und persönlicher; die Themenwahl in Frauen- und Männergruppen unterscheidet sich. Auch hier, wenn wir frei von den männlichen Wertungen urteilen würden, müßten wir sagen, daß Frauen kompetenteres Gesprächsverhalten zeigen. Die subjektiven Reaktionen von Männern, die Gruppen mit Frauen den reinen Männergruppen vorzogen, bestätigen das Urteil.

Aber die Definition von Kompetenz wird von den Männern konstruiert, und kompetent ist deshalb das, was Männer machen. Diese Definition siegt in allen Kontexten, außer vielleicht dem psychotherapeutischen, über die Definition von Kompetenz als einer Gesprächsleistung, die es anderen ermöglicht, sich akzeptiert zu fühlen, angstfrei zu sein, kreativ zu sein, human zu sein.

Diese Einsicht in die Machtstrukturen und ihre Konkretisierung in männlicher Herrschaft und Überlegenheit sollte Wut in uns erzeugen, die Wut der Unterdrückten, und uns zum Aufstand führen.

Feministische Linguistik enthält nicht nur subversives, sondern revolutionäres Potential.

1 Heute ist das Gebiet fruchtbringend auf zwei Weisen: Frauen, die sich mit Sprache, Literatur, Kommunikation befassen, stoßen auf feministische Linguistik und kommen darüber zum Feminismus und feministisch orientierte Frauen stoßen auf feministische Linguistik und kommen darüber zur Linguistik.

2 Gisela Klann (Berlin) – Helmut Glück, Juliane Hofmann, Ellen Thörner (Osnabrück) – Senta Trömel-Plötz, Mike Roth (Konstanz).

3 Lakoff (1975), Thorne und Henley (Hrsg.) (1975), Butturff und Epstein (Hrsg.) (1978), Dubois und Crouch (Hrsg.) (1979), McConnell-Ginet et al. (Hrsg.) (1980), Spender (1980), Kramarae (Hrsg.) (1980), Kramarae (1981).

4 Im Gedicht für Erwachsene von Adam Wazyk lese ich:

> Wenn wir nicht mehr über die Erde, die wir kennen, sprechen
> wollen,
> sagen wir: Der Himmel ist nicht leer.
> Hier gehen die Menschen sorglos in Lumpen,
> unsere Frauen altern früh.
> Wenn wir nicht mehr über die Erde, die wir kennen, sprechen
> wollen,
> sagen wir: Der Himmel ist nicht leer.

Der Monat 2 (1982), S. 48.

5 Siehe dazu die Diskussion in Trömel-Plötz (1978) und Pusch (1979), die ersten Richtlinien für nicht sexistischen Sprachgebrauch für das Deutsche, Trömel-Plötz et al. (1981) und Trömel-Plötz (1982).

6 Frauen und Sprache: Unterschied und Unterdrückung. Erscheint im *Jahrbuch für Internationale Germanistik* (1983).

7 Greif (1980).

8 Mueller (1972).

9 Diese Einschränkung auf bestimmte Eigenschaften fängt wahrscheinlich bei der Geburt an. Bei einem 9-monatigen Baby zeigen Condry und Condry (1976), daß Versuchspersonen identisches Verhalten anders wahrnehmen, wenn das Kind als Mädchen identifiziert wird. Ein Kind zeigt eine Reaktion auf ein Spielzeug. Diejenigen, die meinen, einen Jungen vor sich zu haben, sehen eine Wutreaktion, diejenigen, die meinen, ein Mädchen vor sich zu haben, sehen eine Angstreaktion. Einem Mädchen werden so die Eigenschaften *ängstlich, furchtsam, schüchtern, abhängig* zugeschrieben und die autonomen Eigenschaften *Wut-Ausdrücken* und *Sich-wehren-Können* abgesprochen. Dies ist eine Einschränkung des Verhaltens bei Mädchen auf Züge, die für Jungen nicht erstrebenswert und für Mädchen nicht erfolgversprechend sind.

10 Die Reaktion von Frauen, die sich beruflich nur in dieser Situation Männern gegenüber fanden, ist deshalb häufig Unverständnis gegenüber Forschungsergebnissen, die die Benachteiligung von Frauen in Gesprächen aufzeigen. Auch Frauen, die nur bei gesellschaftlichen Anlässen mit Männern ins Gespräch kommen, haben keine Erfahrung von Unterdrückung gemacht. Im Gegenteil, hier wird ihnen ein Bereich zugestanden, in dem sie Kompetenzen entwickeln können, die Männern sogar schwerfallen, z. B. Anteilnahme am Familienleben der Kollegen des Mannes, Herzlichkeit, Leichtigkeit des Umgangs, Gastgeberinneneigenschaften. – Diese Erklärung von ablehnenden Reaktionen bei Frauen verdanke ich Helga Kotthoff. – Die ablehnenden Reaktionen von ranghohen Frauen, die ihren Rang nicht über ihren Mann beziehen, sind sehr selten, sehr viel schwächer und bei genauerer Analyse der Situation auflösbar.

11 Rahel Hutmacher, eingeladen zum Wettbewerb um den Ingeborg-Bachmann-Preis 1982, lehnte in einem Offenen Brief ab teilzunehmen. Unter ihren Argumenten findet sich folgendes:

> In Ihrer Jury-Liste lese ich: Zehn Männer und eine Frau sind die Jury. Ich bin eine Frau, meine Texte empfinde ich – empfinden auch, soweit ich das beurteilen kann, meine Leser(innen) – als weiblich; meine bisherige Erfahrung mit Männern und Frauen als Leser(innen) und Kritiker(innen) war: Viele Frauen können mit meinen Texten etwas anfangen; viele Männer ängstigen sich davor, sind befremdet oder verständnislos. Mein Bedenken: Wie wird mir bei einer Zehn-Männer-eine-Frau-Jury zugehört (die seltsamerweise doch den Namen der Frau Ingeborg Bachmann trägt)?
>
> Ich glaube: Mir würde bei Ihnen gar nicht zugehört. Bewertung, welcher Art auch immer, schließt Zuhören aus. Mit mir wird bei Ihnen auch gar nicht gerechnet: In Ihren Unterlagen ist durchgehend von »der Autor«, »die Autoren«, »der Preisträger« die Rede. Ich bin zu kränkbar, zu gutgläubig, für Show zu wenig begabt; ich möchte zu dieser »Begegnung« nicht kommen.

> *Zürcher Tages-Anzeiger,* 21. Juni 1982, S. 23

12 Bei den Jungen: *Mach das! Gib mir die Zange! Hau ab!* versus *Wir könnten einen Öffner verwenden! Wir müssen es auf dem Boden machen! Vielleicht können wir sie so aufschneiden!* bei den Mädchen.

Elizabeth Aries (1976), Interaction Patterns and Themes of Male, Female, and Mixed Groups, in: *Small Group Behavior* 7, no. 1, 7-18

Gilsela Breitling (1980), *Die Spuren des Schiffs in den Wellen*, Eine autobiographische Suche nach den Frauen in der Kunstgeschichte, Berlin, Oberbaum

Douglas Butturff / Edmund L. Epstein (Hrsg.), (1978), *Women's Language and Style,* in: Studies in Contemporary Language, No. 1, Akron, Ohio, University of Akron

John Condry and Sandra Condry (1976), Sex Differences: A Study of the Eye of the Beholder, in: *Child Development* 47, 812-819

Betty Lou Dubois / Isabel Crouch (Hrsg.) (1979), *The Sociology of the Languages of American Women,* San Antonio, Texas, Trinity University

Margarete Fabricius-Brand/Kristine Sudhölter/Sabine Berghahn (1982), *Juristinnen,* Berichte, Fakten, Interviews, Berlin, Elefanten-Press

Marjorie Harness Goodwin (1980), Directive-Response Speech Sequences in Girls' and Boys' Task Activities, in: McConnell-Ginet et al.

Esther Blank Greif (1980), Sex Differences in Parent-Child Conversations, in: *Women's Studies International Quarterly* 3, 253-258

Cheris Kramarae (Hrsg.) (1980), The Voices and Words of Women and Men. Sonderheft, in: *Women's Studies International Quarterly* 3 (1981), *Women and Men Speaking,* Rowley, Mass., Newbury House Publishers

Robin Lakoff (1975), *Language and Woman's Place,* New York, Harper and Row

Sally McConnell-Ginet (1980), Ruth Borker, Nelly Furman (Hrsg.), *Women and Language in Literature and Society,* New York, Praeger

Edward Mueller (1972), The Maintenance of Verbal Exchanges Between young children, in: *Child Development* 43, 930-938

Luise F. Pusch (1980), Das Deutsche als Männersprache – Diagnose und Therapievorschläge, in: *Linguistische Berichte* 69, 59-74 (in Vorb.), *Alle Menschen werden Schwestern – Frauenbewegung und Sprachwandel*

Dale Spender (1980), *Man Made Language,* London, Routledge & Kegan Paul

Barrie Thorne and Nancy Henley (Hrsg.) (1975), *Language and Sex: Difference and Dominance,* Rowley, Mass., Newbury House

Senta Trömel-Plötz (Hrsg.) (1983), *Gewalt durch Sprache,* Die Vergewaltigung von Frauen in Gesprächen, Frankfurt, Fischer (1978), Linguistik und Frauensprache, in: *Linguistische Berichte* 57, 49-68 (1982), *Frauensprache: Sprache der Veränderung,* Frankfurt, Fischer

Senta Trömel-Plötz, Marlis Hellinger, Luise F. Pusch, Ingrid Guentherodt (1981), Richtlinien zur Vermeidung sexistischen Sprachgebrauchs, in: *Linguistische Berichte* 71, 1-7

Angelika Wagner (1981), Geschlecht als Statusfaktor im Gruppendiskussionsverhalten von Studentinnen und Studenten: eine empirische Untersuchung, in: *Linguistische Berichte* 71, 8-25

Candace West (1979), Females' Interruptions in Cross-Sex Conversation:

Seldom Seen, Soon Forgotten, Vortrag, Tagung der American Socio-
logical Association, September 1979. Erscheint in Trömel-Plötz
(Hrsg.)

(im Druck), When the Doctor is a Lady: Power, Status and Gender in
Physician-Patient Conversations, in: Ann Stromberg (Hrsg.), *Women,
Health and Medicine*, Palo Alto, Mayfield

Fritjof Werner (1982), *Gesprächsverhalten von Frauen und Männern*,
Dissertation, Freie Universität Berlin

marianne wex
»weibliche« und »männliche« körpersprache im patriarchat

»der herr der welt sitzt mir in der U-bahn gegenüber, vier männer auf einer bank, die für fünf menschen platz bietet, mit klaffenden beinen, wattierten schultern, die gespreizten hände auf den knien. rechts und links von mir breit stehende männerbeine. ich sitze eng an mich gedrückt mit zusammengepreßten knien. die beine sind geschlossen zu halten. sie sind nur zu öffnen bei einem wildfremden mann, der gynäkologe heißt, und bei dem mann, bei dem frau im selben bett liegt. die übrige zeit sind sie geschlossen zu halten. die entsprechenden muskeln sind den ganzen tag anzuspannen. ich schließe die augen. diese unterdrückerische haltung wegwerfen, so tun, als ob ich unbehelligt mit lockeren beinen sitzen könnte.«

diese sätze von verena stefan, in ihrem buch *häutungen,* geschrieben 1974, empfinde ich immer noch als besonders beeindruckende beschreibung patriarchalischer körpersprache, als symbol der situation von uns frauen im hinblick auf den uns von männern zugewiesenen lebensraum.[1]
seit beginn der 70er jahre hat mich unsere körpersprache so fasziniert, daß ich im laufe der folgenden jahre zirka 6000 fotoaufnahmen machte, vorwiegend auf straßen und plätzen der stadt hamburg, wo ich damals lebte. ich achtete beim fotografieren darauf, nicht bemerkt zu werden, da es mir um das eher unbewußte einnehmen von haltungen ging. gleichzeitig fotografierte ich auch beispiele von körperhaltungen aus den medien (zeitschriften, kataloge, tv usw. – werbung und redaktioneller teil). das interesse an diesem thema hatte sich, allmählich immer stärker werdend, aus meiner malerei entwickelt. zu dieser zeit fand ich jedoch keinerlei literatur, durch die ich über die sprache unserer körper mir wesentlich erscheinendes erfahren konnte. das war zunächst der anstoß, selbst zu forschen. im laufe der arbeit mit dem fotoapparat wurde mir dann immer klarer, wie nötig es

---

1 verena stefan, *häutungen,* verlag frauenoffensive, münchen 1975, s. 37.

Bein- und Fußhaltungen

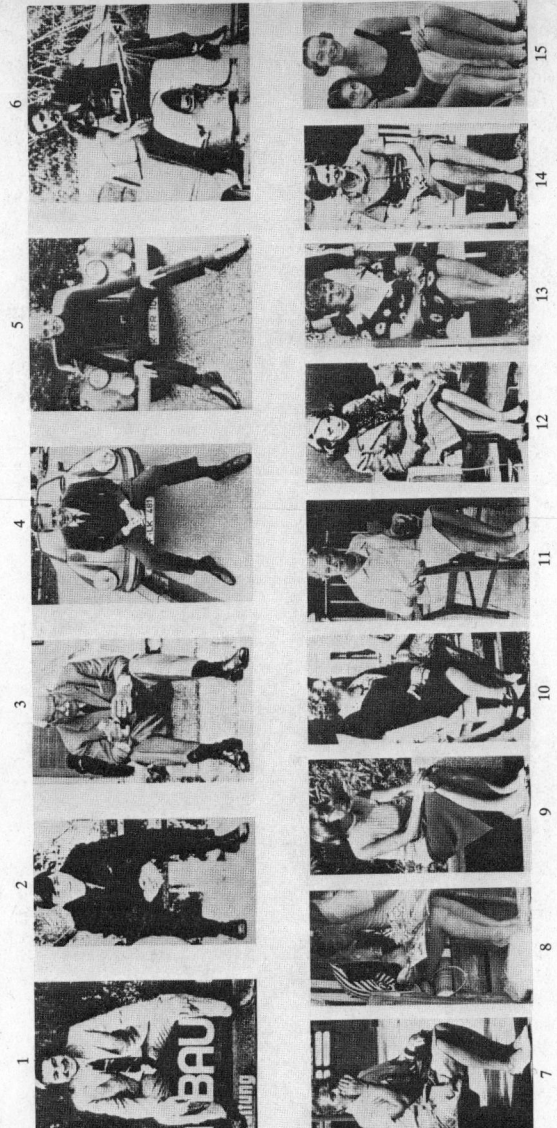

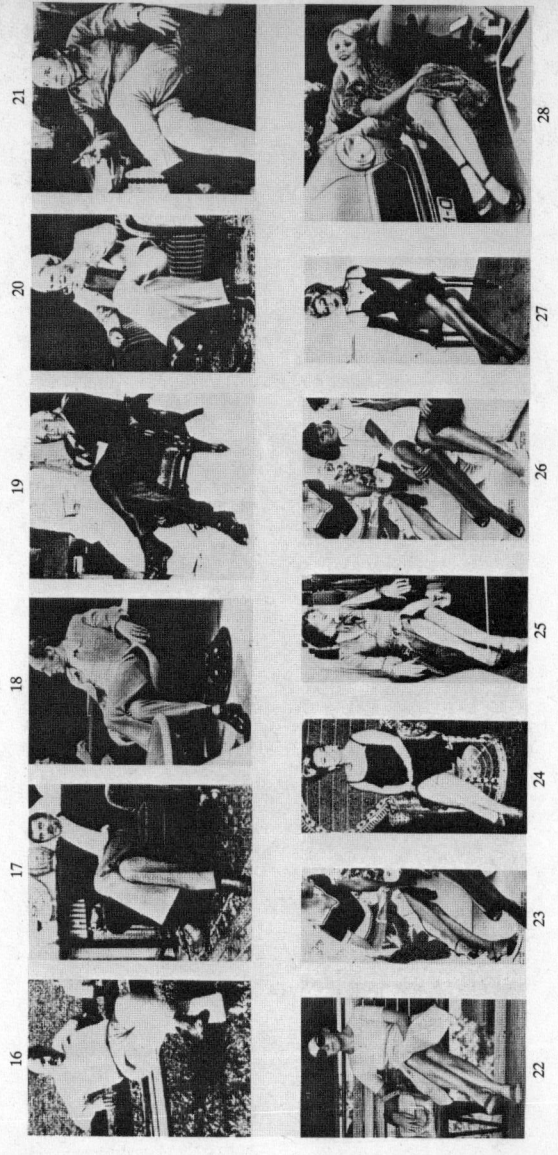

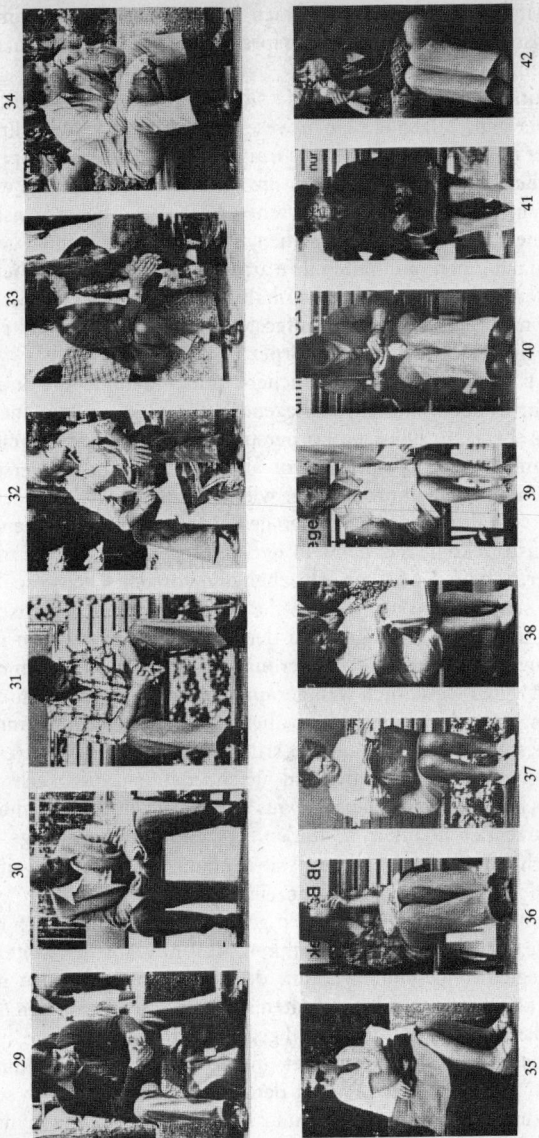

war, möglichst viele aufnahmen zusammenzutragen, um die grundstruktur unserer körpersprache deutlicher erkennen zu können.

die auffälligsten merkmale, die sich herausstellten, waren, daß männer ganz allgemein einen wesentlich größeren raum für ihre körper in anspruch nehmen als frauen und daß die körpersprache zwischen frauen und männern nie so unterschiedlich war wie in unserem jahrhundert. frauen stehen oder sitzen heute meist mit eng aneinandergedrückten beinen, stellen ihre fußspitzen gerade oder nach innen und halten ihre arme eng am körper. für heutige männer sind weitgespreizte beinhaltungen typisch, wobei die füße meist nach außen weisend aufgestellt sind. ihre arme halten sie meist im abstand zu ihrem körper.

bei der untersuchung »weiblicher« und »männlicher« körpersprache in der weiter zurückliegenden geschichte war meine vergleichsebene zur heutigen körpersprache das ideal der jeweiligen zeit. anhand von beispielen, vor allem skulpturen, der verschiedensten kulturen, wurde immer wieder sichtbar, wie sehr sich die machtverhältnisse zwischen den geschlechtern in der körpersprache ausdrückten; das heißt in der haltung und in der form der körper, z. b. in der frühgriechischen und vorrömischen geschichte (siehe seite 74 und 75) werden die körper der frauen breitschultriger und schmalhüftiger und deutlich selbstbewußter in ihren haltungen dargestellt als die der männer. ganz allgemein sind aus diesen zeiten wesentlich weniger männer- als frauenskulpturen zu finden. auch das spiegelt die frühere untergeordnete stellung des mannes wider. ganz besonders trifft das auf sitzende figuren zu, denn sitzend war mit thronend gleichbedeutend. noch schwieriger als bei den griechen war es, aus vorrömischer zeit abbildungen von sitzenden männern zu finden. ich fand nur eine einzige, sehr fragliche. fraglich deshalb, weil sie in einigen büchern als weiblich und in einigen als männlich bezeichnet wird.

im hinblick auf die nördlicheren gebiete europas mußte ich mich auf die christliche zeit beschränken, weil hier aus der weiter zurückliegenden geschichte kaum darstellungen, auf denen menschen abgebildet wurden, erhalten sind. sie wurden von den männern des christentums im kampf gegen die mutterrechtliche kultur auf das gründlichste vernichtet. meine untersuchung beginnt in diesem gebiet deshalb erst mit dem 11. jahrhundert. doch selbst noch zu dieser zeit und zudem im rahmen einer ganz von männern

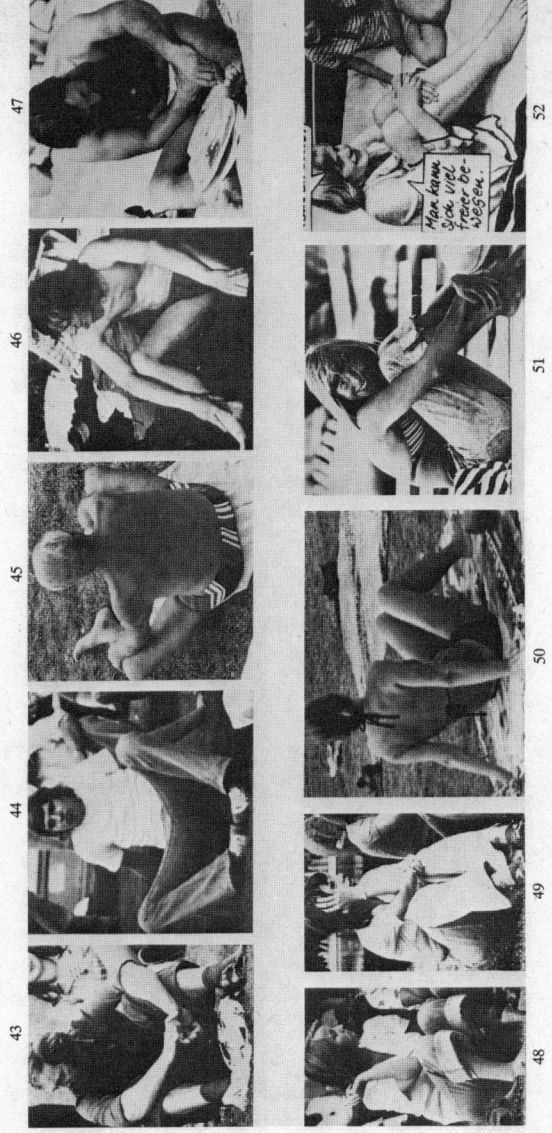

Arm- und Handhaltungen

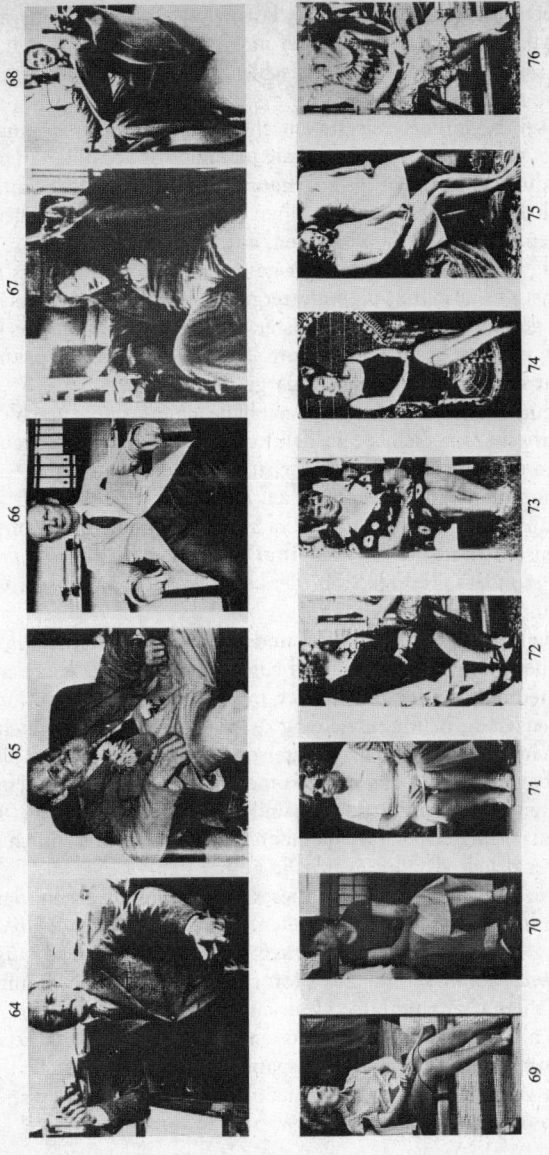

59

beherrschten kunst zeigen die körperhaltungen noch bis in das 13. jahrhundert hinein (bis auf im ritual festgelegte gesten, z. b. zur segenserteilung) keine geschlechtsspezifischen unterschiede (siehe seite 72).

erst seit beginn der zeit des entscheidenden kampfes des mannes gegen die frau, um 1300, als die planmäßige verfolgung und ermordung von frauen als sogenannte hexen begann, tauchte das ideal der eng zusammengestellten knie in den darstellungen der frauen, besonders der sitzenden, auf.

wenig später wurde die in der geschichte des patriarchats ranghöchste frau, maria, die »muttergottes« allgemein nur noch mit dem gesicht nach kindchenmuster, glatt, unausgeprägt, das köpfchen meist schräg haltend, oft lächelnd, mit völlig passivem, leicht verblödetem ausdruck dargestellt (siehe seite 76).

in keiner kultur und zu keiner zeit habe ich je größere geschlechtsspezifische unterschiede in den kopfdarstellungen von frau und mann gefunden als bei den christen seit der renaissance.

der mann als gottvater, prophet, apostel usw. stellte sich selbst mit ausgeprägtem gesicht und markanten falten, vor allem stirnfalten dar. im gegensatz zur frau ließ ihn diese aufmachung so als besonders erfahren, reif, denkend, handelnd und so fort erscheinen.

wie wir alle wissen, sind diese und eine unzahl weiterer ideale für männer und gegen frauen bis heute gültig und kennzeichnen uns bis heute als opfer männlicher macht. vor allem mit hilfe der medien ist die heutige erziehung zu »frau« und »herr«, wie sie uns täglich vom kleinkind bis ins greisenalter trifft, gerade mit all den mechanismen, die uns zur verinnerlichten, also kaum mehr bewußten »selbst«unterordnung und er-niedrigung zwingen, für die stabilisierung der hierarchie mann/frau ein noch wesentlich massiverer druck als alles, was es je vorher gab.

es würde über den rahmen dieses artikels hinausgehen, das gesagte hier noch weiter zu vertiefen. in meinem buch, »*Weibliche« und »männliche« körpersprache als folge patriarchalischer machtverhältnisse* (mit 2037 fotografien) habe ich mich mit diesem thema sehr umfassend auseinandergesetzt. das buch, dem auch alle hier abgebildeten fotos entnommen sind, liegt jetzt auch in einer englischsprachigen ausgabe vor und ist zu bestellen, zum preis von 28 mark, beim frauenliteraturvertrieb, schloßstr. 94, 6000 frankfurt 90, tel. (06 11) 70 07 17.

Bein- und Fußhaltungen

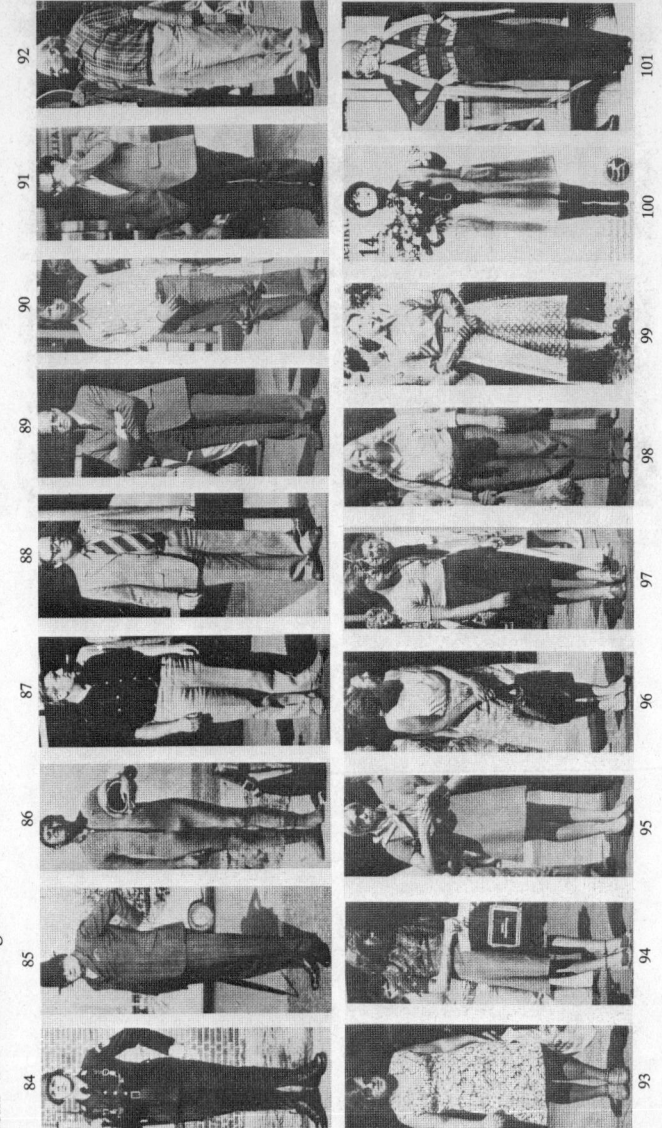

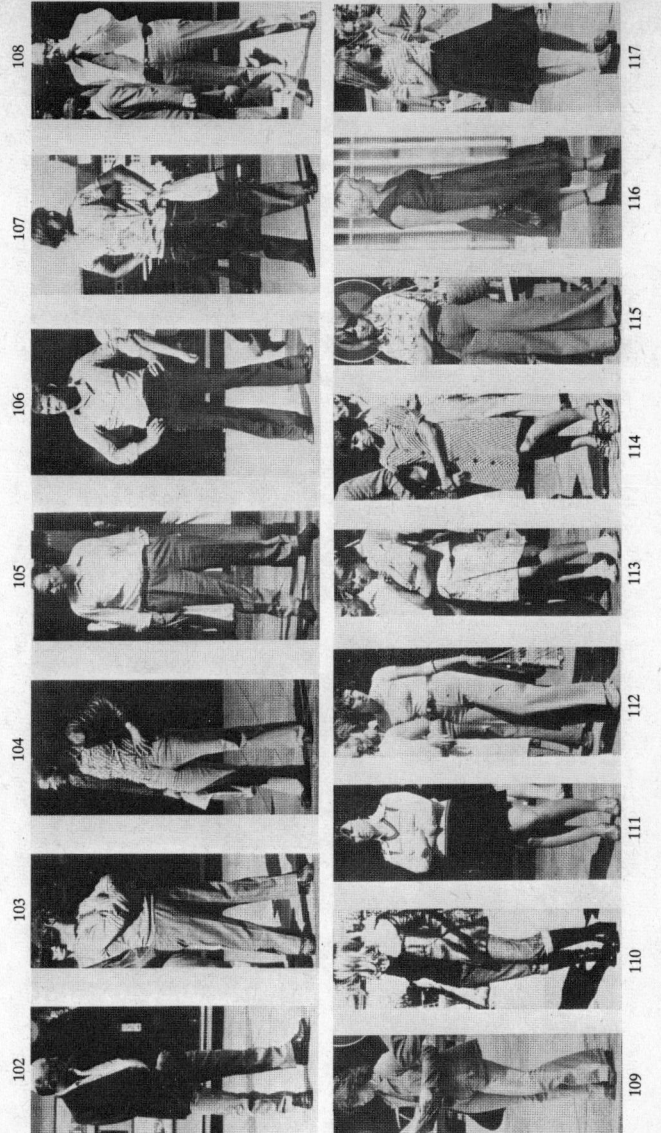

63

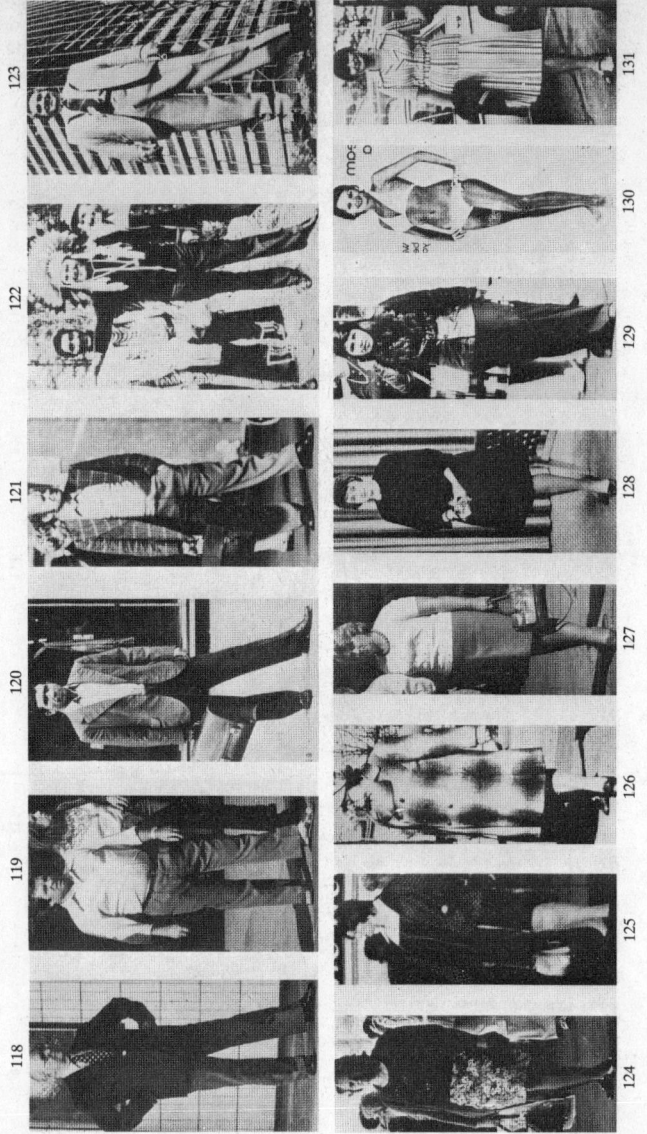

64

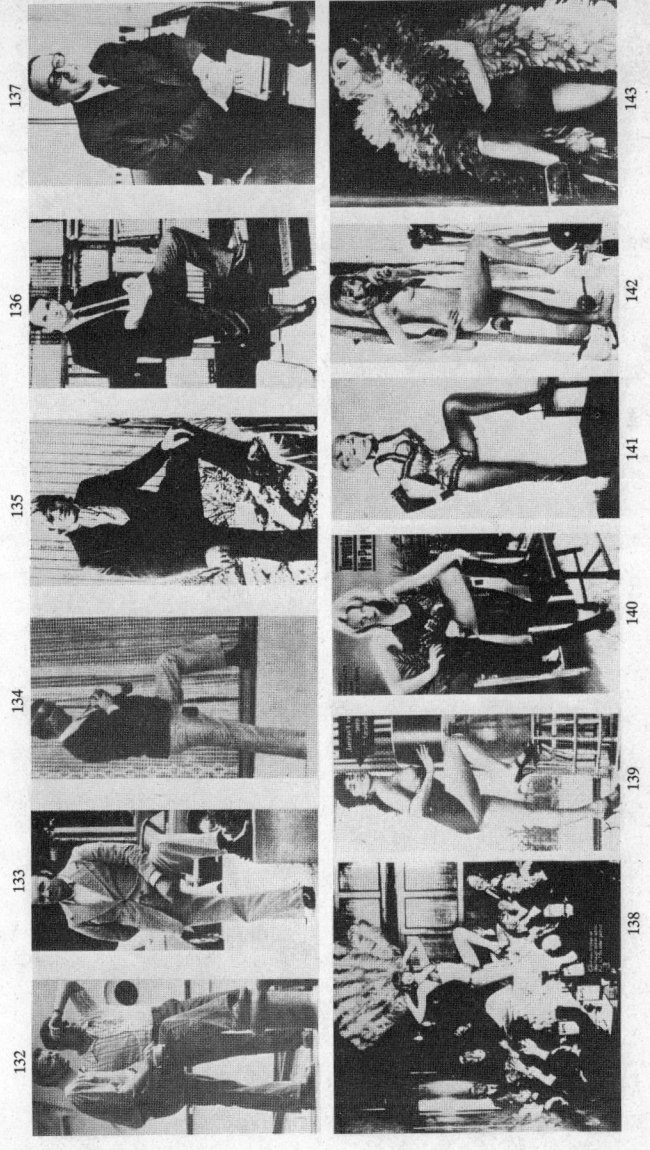

Arm- und Handhaltungen

144 145 146 147 148 149 150

151 152 153 154 155 156 157 158 159

die fotoreihen der männer habe ich auch in meinem buch über denen der frauen angeordnet, um so die hierarchischen machtverhältnisse zwischen den geschlechtern noch weiter zu verdeutlichen.

allgemein ist zu beobachten, daß sich die ideale der körperformen und der haltungen durchgehend erst lange nach veränderung der machtverhältnisse zwischen den geschlechtern wandelten. ich nehme an, daß der grund hierfür darin liegt, daß solche dinge wie die ausbildung der formen und bewegungen unserer körper so stark verinnerlicht bzw. im unterbewußten verankert sind, daß sie sich deshalb so langsam daraus lösen und verändern.

Bein- und Fußhaltungen

1 Unternehmer Kun, Stern 38/1974
2 R. W. Fassbinder in »Katzelmacher«, Spiegel 38/1973
3 Unternehmer Schickedanz, Spiegel 4/1975
4 Politiker Walter Leisler Kiep, Spiegel 10/1976
5 Bauherr Rüger, Spiegel 23/1973
6 Spiegel 41/1975
10 Königin Juliane, Spiegel 8/1976
11 Frau Heinemann, Spiegel 42/1973
12 Spiegel 22/1976
13 Frau Gierek, Foto: Fred Ihrt, Stern 24/1976
14 Auf der Verlobung von Prinzessin Beatrix, Spiegel 8/1976
15 Schauspielerin Romy Schneider, Stern 47/1975
16 Politiker Genscher, Praline 40/1975
17 Pfandhausbesitzer J. Reichardt, Stern 47/1975
18 Manfred Köhnlechner, Spiegel 9/1974
19 Generalgouverneur Kerr, Spiegel 9/1974
20 TV-Moderator R. Münchhagen, Foto: R. Joedecke, Brigitte 4/1974
21 Rassist aus Queens, Archie Bunker, Spiegel 12/1974
22
23 Werbung für Medicus Schuhe, Nürnberg, Brigitte 4/1976
24 Schauspielerin Zsa Zsa Gabor, Hot 12/1975
25 Lufthansa-Werbung, Spiegel 25/1975
26 Werbung
27 Pornoheft, Club Caprice Nr. 5
28 Autowerbung für Mini/Leyland, Stern 21-22/1976

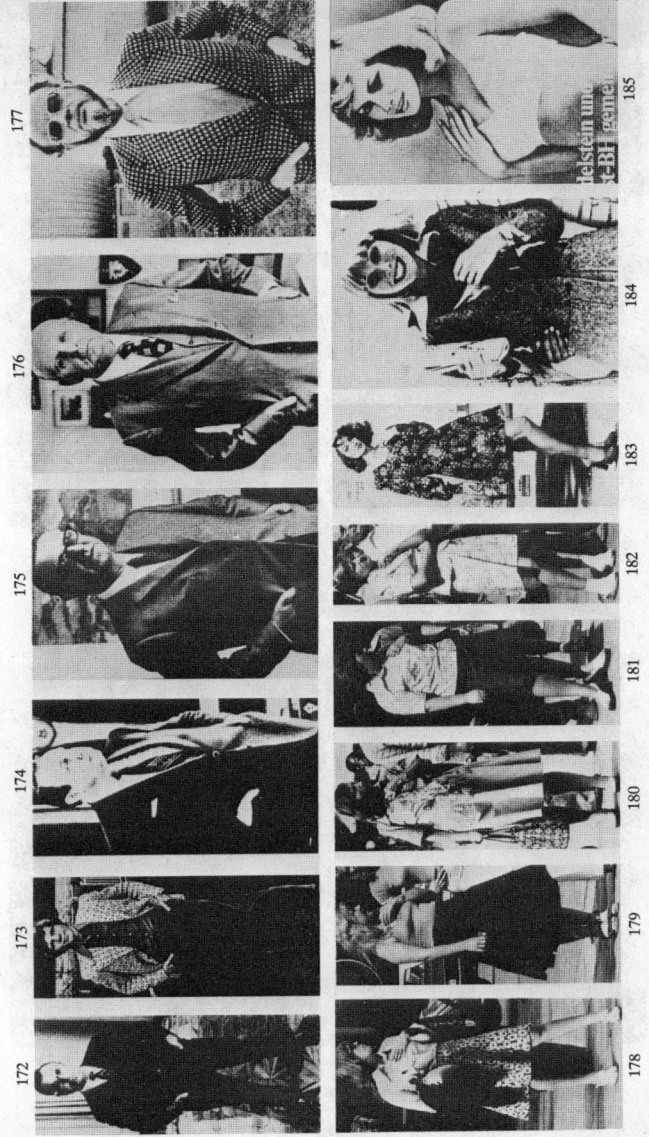

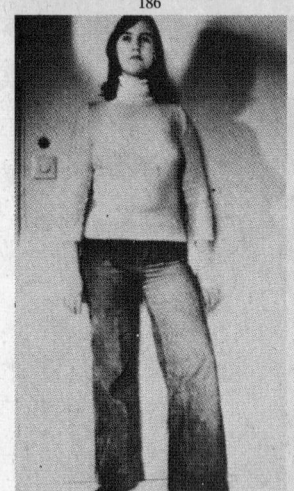

186

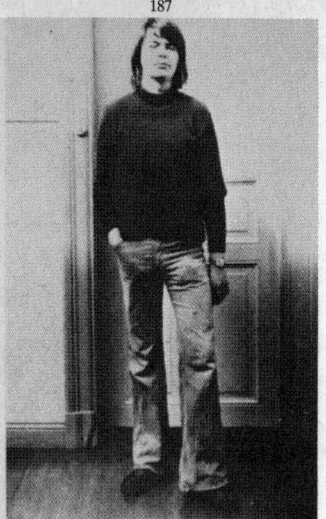

187

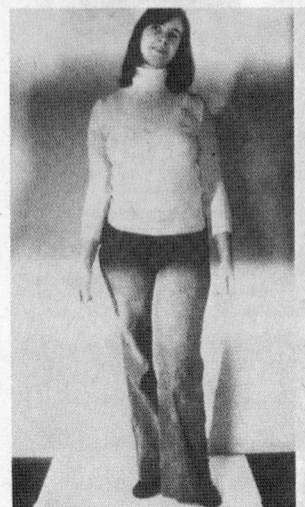

188

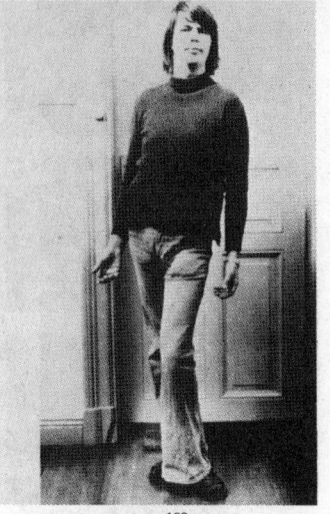

189

Mitteleuropäische Skulpturen, Sitzende 11.–20. Jhdt. unserer Zeit.

199 200 201 202 203 204 205 206
207 208 209 210 211 212 213 214

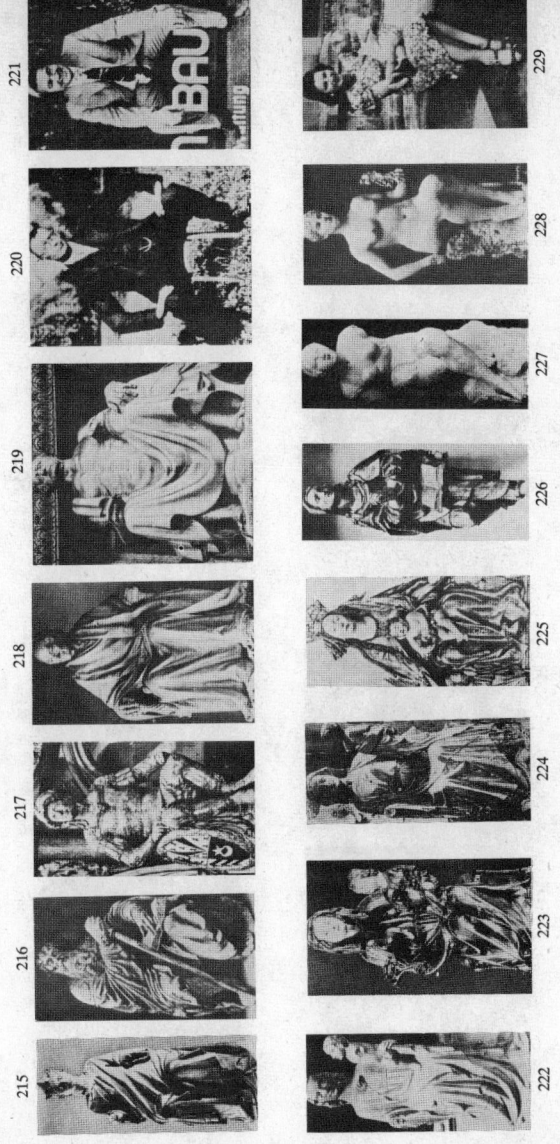

73

Vorrömische und römische Skulpturen, Stehende

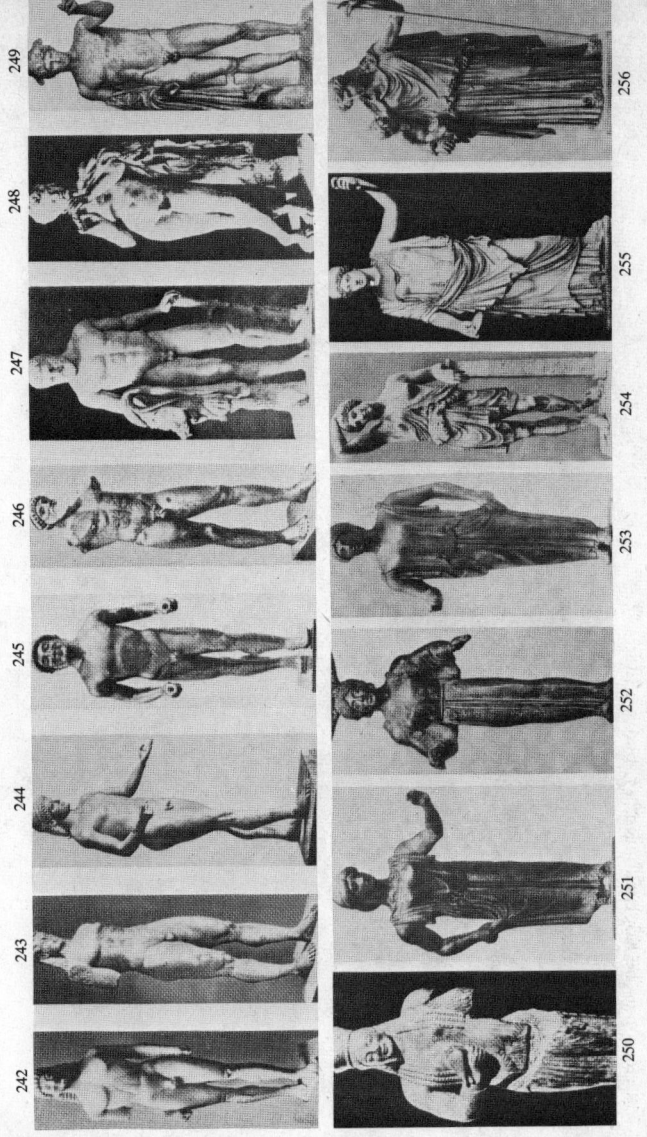

Mitteleuropäische Kopfstellungen, 15. und 16. Jhdt.

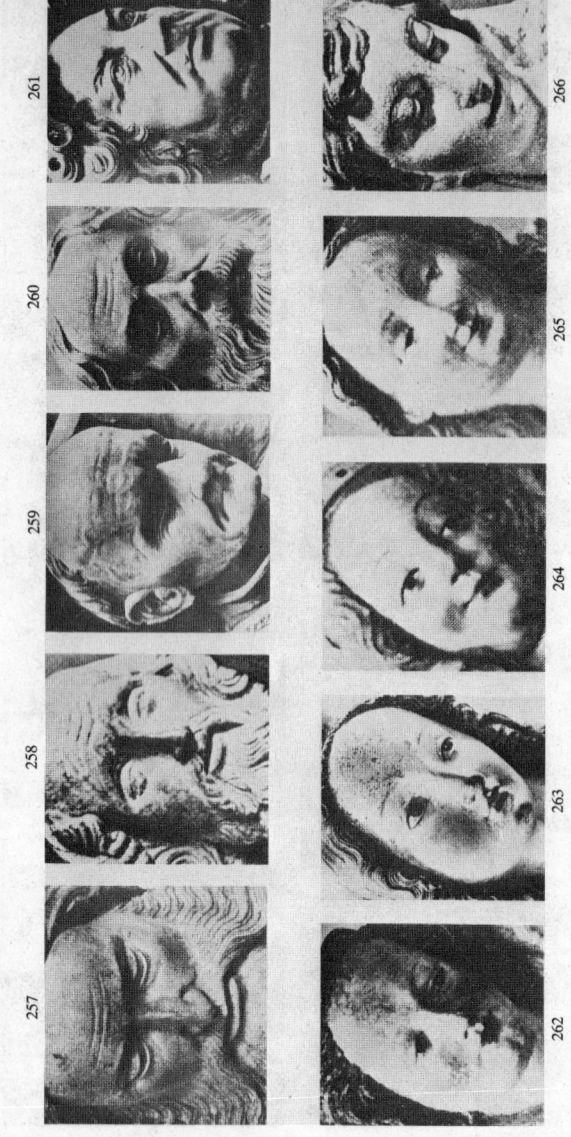

Auf dem Boden Sitzende und Liegende, Arm- und Beinhaltungen

51 Werbung für Kodak Filme
52 Werbung für Liasan Intimpflege, Bravo 40/1975
53
54 Schauspieler Kuhlenkampf, Fernsehwoche 37/1975
55 Künstler J. Beuys, Spiegel 18/1974
56 Marshall Thompson im Fernsehfilm »Daktari«
57 Autor Rühmkorf, Spiegel 17/1972
58
59 Werbung für CD Seife, Schaumbad, Stern 8/1976
60 Werbung für CD Seife, Schaumbad, Brigitte 25/1975
61 Werbung für Multi Bionta Forte, Spiegel 1-2/1974
62 Werbung für Texas Instruments-Rechner, Spiegel 49/1973
63 Foto: Derry Moore, Vogue
64 Chefredakteur Holzer, Spiegel 3/1976
65 Maler Friedrich Schröder-Sonnenstern, Spiegel 37/1972
66 Bildungsforscher Edding, Spiegel 28/1974
67 Journalist Günter Amendt, Stern 46/1977
68 Fiat Chef U. Agnelli, Spiegel 13/1974
72 Auf der Verlobung von Prinzessin Beatrix, Spiegel 8/1976
73 Frau Gierek, Foto: Fred Ihrt, Stern 24/1976
74 Zsa Zsa Gabor, Hot 12/1975
75 Werbung für Wäsche und Mieder von Karstadt, Hamburg, Prospekt HWA 4/72
76 Prinzessin Beatrix, Spiegel 8/1976
77 Werbung für Hamburger Tip (Ausschnitt), Außenwerbung 1976
78 Havemann, Schriftsteller, Spiegel 52/1976
79 Werbung für IBM Computer, Stern 34/1977
80 Foto: Metta, Brigitte 14/1976
81 Werbung für die Zigarette Ernte 23, Außenwerbung, Hamburg 1977
82 Foto: Beate Hansen, Stern 21-22/1976
83 Stern 30/1976

Bein- und Fußhaltungen

84 Foto: C. Meffert, Stern 20/1976
85 Verleger Ledig Rowohlt, Spiegel 41/1973
86 Stern 7/1976
99 Neue Welt, 40/1975
100 Fleurop Werbung, Stern 7/1976

177 Sternwartendirektor Kaminski, Spiegel 19/1975
183 Versandhauskatalog Wenz
184 Werbung für Rüttgers Club Sekt
185 Werbung für Playtex Büstenhalter
186/187 »Männlich«
188/189 »Weiblich«
190-194 »Männlich«
195-198 »Weiblich«

Mitteleuropäische Skulpturen, Sitzende 11. bis 13. Jhdt.
(in unserer Zeit)

199 Um 1170 i.u.Z., Klosterkirche zu Gröningen, Berlin, Deutsches Museum
200 Um 1170, Klosterkirche zu Gröningen, Berlin, Deutsches Museum
201 Um 1190, Apostel Andreas, Dreikönigsschrein, Köln, Dom
202 1160-1170, Apostel, Köln, St. Heribert
203 12. Jh., Joseph, Köln, Schnütgen-Museum
204 13. Jh., Apostel, Halberstadt, Liebfrauenkirche
205 Nach 1204, Christus, Chartres, Kathedrale Notre-Dame
206 1225-30, Christus, Paris, Kathedrale Notre-Dame
207 Um 1070 i.u.Z., Weibliche Heilige, Werden an der Ruhr, Abteikirche
208 Um 1070, Weibliche Heilige, Werden an der Ruhr, Abteikirche
209 Um 1060, Madonna des Bischofs Imad, Paderborn, Diözesanmuseum
210 Um 1170, Sog. Madonna des Dom Rupert, Lüttich, Museum
211 Um 1180, Maria, Reims, Kathedrale Notre-Dame
212 12. Jh., Muttergottes, Halberstadt, Liebfrauenkirche
213 Nach 1204, Maria, Chartres, Kathedrale Notre-Dame
214 Um 1235, Madonna, Bamberg, Dom
215 Um 1314, Heinrich VII, Pisa, Camposanto
216 1542, Der hl. Jakobus, von J. Beldensnyder, Münster, Museum
217 1622, Grabmahl des Francis Holles, Nicholas Stone d. Ä., London, Westm. Abbey
218 1779, Voltaire, Jean A. Houdon, Paris
219 1919, Schriftsteller Goethe, von Hermann Hahn, Wiesbaden
220 1926, Schriftsteller Hermann Hesse, Stern 28/1977
221 Unternehmer Kun, Stern 38/1974
222 Um 1300 i.u.Z., Maria, Angerkloster Bayr. Nationalmuseum
223 Um 1300, Maria, Roncesvalles, Stiftsmuseum
224 Um 1325, Madonna, Maulbronn, Pfarrkirche

225 Um 1515, Schutzmantelmadonna, Gregor Erhart, Frauenstein, Pfarrkirche
226 1642, Altaraufsatz, Klaus Heim, St. Annen, Dithmarschen
227 1794, Parze, A. J. Cartens, Weimar, Schloßmuseum
228 1890, Leon Gerome, Paris, Louvre-Museum
229 20. Jhdt., aus einem Fotoalbum

Vorrömische und römische Skulpturen, Stehende

230 6. Jhdt. v.u.Z., Krieger, vorrömisch-etruskisch, Chieti, Museo Nazionale
231 Rückenansicht von 230
232 3. Jhdt. v.u.Z., Herkules, vorrömisch, Cagliari, Museo Nazionale
233 Um 330 v.u.Z., Bildnis eines Mannes, vorrömisch-etruskisch, Rom, Museo Nazionale Villa Giulia
234 300-200 v.u.Z., Bildnis eines Mannes, vorrömisch-etruskisch, London, British Museum
235 40-50 i.u.Z., Statue eines Opferdieners, Rom, Konservatorenpalast
236 7. Jhdt. v.u.Z., Muttergöttin, vorrömisch
237 Rückenansicht von 236
238 7. Jhdt. v.u.Z., Statue einer Frau, vorrömisch, etruskisch, Florenz
239 Rückseite von 238
240 3. Jhdt. v.u.Z., Votivstatue einer Frau, vorrömisch
241 Um 330-300 v.u.Z., Bildnis einer Frau, vorrömisch

Griechische Skulpturen, Stehende

242 6. Jhdt. v.u.Z., Kuros, München, Glyptothek
243 Um 530 v.u.Z., Kuros, Athen, Nationalmuseum
244 5. Jhdt. v.u.Z., Apollon, Paris, Louvre-Museum
245 Um 500 v.u.Z., männl. Statuette, Athen, Nationalmuseum
246 480-470 v.u.Z., Poseidon, Athen, Nationalmuseum
247 Um 460 v.u.Z., Herakles, Boston, Museum of Fine Arts
248 4. Jhdt. v.u.Z., Satyr, Paris, Louvre-Museum
249 Um 440 v.u.Z., sog. Hermes Ludovisi, Kopie nach Phidias, Rom, Museo Nazionale Romano
250 Um 550 v.u.Z., Kore, Lyon
251 6. Jhdt. v.u.Z., Weibl. Statuette, Kopenhagen
252 5. Jhdt. v.u.Z., Weibl. Statuette, Paris
253 5. Jhdt. v.u.Z., Weibl. Statuette, Boston

Renate Möhrmann

Gibt es eine feministische Theater-, Film- und Fernsehwissenschaft?

»Ich kann nichts dafür«, sagte Alice voller Sanftmut, »ich wachse.«

»Du hast hier nicht zu wachsen«, sagte die Haselmaus.

»Rede doch kein so dummes Zeug«, sagte Alice schon etwas mutiger; »du wächst ja selber, das weißt du ganz genau.«

»Schon«, sagte die Haselmaus, »aber ich wachse auf eine vernünftige Art und Weise und nicht in einem derart lächerlichen Ausmaß.«

Lewis Carroll, *Alice im Wunderland*

Für E. jedenfalls war das kein Problem. Logik, Systematik und Theorie ließen sich nicht in ›männlich‹ oder ›weiblich‹ aufteilen. Ein feministischer Zugriff auf die Philosophie wäre ein Anachronismus, führe zwangsläufig in die wissenschaftliche Barbarei. Darin gab es für sie keinen Zweifel. E. war ›ordentliche‹ Professorin für Philosophie an einer süddeutschen Universität. Auf eine feministische Theorie wollte sie sich nicht einlassen. Schließlich ginge es in der Philosophie um die Wahrheit und diese sei unteilbar. Damit vertrat sie eine Position, die noch heute – nicht nur in der Philosophie – von der überwiegenden Mehrheit der Wissenschaftler eingenommen wird.

Doch inzwischen mehren sich die Unmutszeichen gegen solche Absolutheitsansprüche der Fachgelehrten. Vor allem Frauen stellen den herrschenden Wissenschaftsbetrieb zunehmend in Frage und wehren sich gegen den ›Nebenprodukt-Status‹, den sie darin einnehmen. Im Zuge dieser Entwicklung fiel die Forderung nach einer feministischen Wissenschaft.

Doch was ist eine feministische Wissenschaft?

Angefangen hatte das alles in der tumultuarischen Zeit der Studentenbewegung, zu Ende der 60er Jahre, als im Zuge einer generellen Revision der bestehenden Autoritätsverhältnisse auch die Rollenbilder von Mann und Frau grundsätzlich in Frage gestellt wurden. Doch schon bald sahen sich die Studentinnen von ihren politischen Genossen im Stich gelassen, weil sie erfahren mußten, daß die männliche Linke in ihren Organisationen die gleichen Paschaattitüden hervorkehrte, die auch gesamtgesellschaftlich die Regel waren. So bekamen sie zwar die ›Teeküchengewalt‹, nicht aber das ›Rednerrecht‹. Die spezifische Frauenproblematik war offensichtlich kein Thema für den Sozialistischen Deutschen Studentenbund. Mit dem Unmutsausbruch »Genossen, eure Veranstaltungen sind unerträglich«,[1] mit dem Helke Sander in ihrer Rede des »Aktionsrates zur Befreiung der Frauen« während der 23. Delegierten-Konferenz des Sozialistischen Deutschen Studentenbundes im September 1968 in Frankfurt ihre Wut zum Ausdruck brachte, geschah so etwas wie ein erster feministischer Protest. Die Kehrtwende zu den autonomen Frauengruppen, die Konzentration auf die eigene Identitätsfindung, welche die zornigen jungen Frauen daraufhin vollzogen, das sind die Marksteine und Merkzeichen auf dem Weg zu einem neuen Feminismus in der Bundesrepublik.

Aber was läßt sich aus all dem für eine feministische Wissenschaft herausfiltern? »Wir kritisieren die herrschende Wissenschaft«, betonten Berliner Dozentinnen in programmatischer Pauschalisierung auf der ersten Sommeruniversität für Frauen. »Eine Wissenschaft«, so heißt es weiter, »die es, was uns betrifft, mit der Wahrheit nie sonderlich ernst gemeint hat. Hat sie doch entweder unsere Existenz, oder wenn nicht unsere Existenz, so doch unsere Kämpfe verschwiegen oder unterschlagen. In ihren Büchern tauchen wir entweder gar nicht auf oder verzerrt: positiv, unterwürfig, häuslich, konservativ, sittsam. Diese Lüge der Wissenschaft dient der gesellschaftlichen Realität, in der entweder unsere Existenz unbeachtet blieb oder unsere Kämpfe zerschlagen, verschwiegen oder reduziert wurden auf bloßes Schlafzimmer-und-Küchengezänk; [...] In der Frauenbewegung [...] erkannten wir, daß wir anders sind als diese Gesellschaft uns haben will, definiert, zugerichtet, anders als das Bild, das man sich von uns macht. Wir stellten damit die Frage nach unserer realen und möglichen Erfahrung, nach unseren Bedürfnissen, nach unserer Identität, nach unserer Macht, sie zu entfalten. [...] Wir wollen nicht nur die akademische Wissenschaft um einen sogenannten Frauenaspekt additiv ergänzen, wir wollen nicht nur Forschungslücken erst entdecken und dann ausfüllen. Wir wollen mehr als nur Objekt der Wissenschaft werden, wir wollen sie und die Gesellschaft verändern. Radikal.«[2] Aus diesen Thesen wird dreierlei deutlich:

1. Feministische Wissenschaft ist parteiliche Wissenschaft und stellt den herrschenden akademischen Betrieb radikal in Frage.

Sie setzt dem von Männern gestellten Objektivitätspostulat kein neues weibliches entgegen. Sie entthront die Kategorie der Objektivität ganz generell. Was nicht heißt, daß damit etwa der subjektiv-emotionalen Betrachtungsweise Tür und Tor geöffnet wären. Es heißt eher, daß nicht an der Tatsache vorbeigesehen wird, daß das Erkenntnisinteresse eines Forschers entscheidend mitbestimmt ist durch den Platz, den er in der Gesellschaft innehat. Und der ist noch heute – wie aus den jüngsten Untersuchungen über frühkindliche Konditionierung hervorgeht[3] – vom ersten Lebenstag an in hinreichendem Maße dadurch bestimmt, ob man als Junge oder als Mädchen geboren wird. Daraus folgt jedoch nicht, daß ein männlicher Wissenschaftler keinen feministischen Ansatz vertreten könnte, wohl aber, daß das erwähnte geschlechtsspezifische Erkenntnisinteresse zum Gegenstand der Reflexion gemacht und die Erfahrungen von Frauen ernst genommen werden müssen. Ausgangspunkt einer feministischen Wissenschaft ist die Auseinandersetzung mit den traditionellen Wissenschaften in Geschichte, Theorie und Praxis hinsichtlich ihrer sexistischen Ideologie. Ohne die genaue Kenntnis der verschiedenen Formen und des unterschiedlichen Funktionierens von sexistischen Mechanismen läßt sich eine eigene Theorie nicht entwickeln.

2. Feministische Wissenschaft beschäftigt sich mit der Funktion von Wissenschaft und stellt das herkömmliche akademische Selbstverständnis in Frage. Sie zieht Konsequenzen aus der Tatsache, daß in den letzten fünf Jahren die Zahl der Studentinnen an den westdeutschen Hochschulen um die Hälfte zugenommen hat (die Zahl der Studenten ist lediglich um ein Viertel gestiegen) und ihr Anteil heute bei etwa 35%, in den geisteswissenschaftlichen Fächern sogar bei 70% liegt. Schon in Anbetracht solcher Zahlen hält sie es für unverantwortlich, mit den traditionellen wissenschaftlichen Beurteilungskriterien über die authentischen Erfahrungen und Bedürfnisse der auszubildenden Frauen hinwegzuargumentieren und mit einem Weiblichkeitsideal zu operieren, das das männliche Establishment im vorigen Jahrhundert als ästhetische Norm gesetzt hat. Sie polemisiert offenkundig gegen die Dissoziation von Erfahrung und Wissenschaft, von gesellschaftlicher Lebenspraxis und ästhetisch abgesicherter Fragestellung. Insofern bewegt sich feministische Wissenschaft durchaus auf materialistischem Boden. Nur: während sich in den aufbruchsoffenen, studentenbewegten 60er Jahren traditionsmüde Wissen-

schaftler mittels des historischen Materialismus zu neuen gewichtigen Erkenntnissen vorarbeiten konnten, hatten die Genossinnen keine vergleichbare Orientierungshilfe.

3. Arbeitspragmatisch gesprochen wird feministische Wissenschaft zunächst Defizite aufdecken müssen. Dabei wird sie weitgehend interdisziplinär zu verfahren haben und ihre Lehr- und Forschungsinitiative auf die Rekonstruktion von historischen Materialien legen, aus denen sich Erklärungen für den geringen Anteil von Frauen auf dem kulturellen, wissenschaftlichen und wirtschaftlichen Sektor herleiten lassen. Insofern wird ihr Fragenkatalog notwendig umfangreicher sein als der in den herkömmlichen Fächern. Untersuchungen über Mädchenbildung und Lesestoffe von Mädchen, über Frauenzimmerbibliotheken und Wochenzeitschriften, über die Funktion von Klöstern und Stiften als potentiellen Emanzipationsenklaven, Analysen über die rechtliche Stellung der Frau und ihre Möglichkeiten in der Öffentlichkeit, über Frauen in der Psychologie und ihre Erfahrungen mit männlichen Therapeuten, über Medienpolitik und ihre Folgen für Frauen werden den Rahmen abgeben, in dem sich eine feministische Wissenschaft bewegen wird. Parallel dazu wird es die Aufgabe sein, die vergessenen Leistungen von Frauen wieder zugänglich zu machen. Dabei sollte der Frageansatz wohl überlegt sein. Die Ausschau nach dem weiblichen Goethe oder Rubens wäre eine verfehlte Vorgehensweise. Auch Genies brauchen schließlich einen besonderen Boden, der die Erzeugung von Genialität überhaupt erst ermöglicht. Frauen aber konnten zu ihrer Inspiration nicht einmal auf Musen zurückgreifen. Ein weibliches Pendant zu Apollon musagète bieten weder Mythos, Geschichte noch Gegenwart.

Wie sieht es nun diesbezüglich in der Theater-, Film- und Fernsehwissenschaft aus? Wenn ich an das Gespräch mit meiner philosophischen Kollegin E. denke, so scheint mir, daß wir uns ihr gegenüber im Vorteil befinden. Theater-, Film- und Fernsehwissenschaften sind junge – jüngste Disziplinen, Wissenschaften in Angriffsstellung sozusagen, ins Leben gerufen von dynamischen Einzelpersönlichkeiten, welche die ausgefahrenen Gleise der etablierten Fächer verlassen hatten und wissenschaftliches Neuland ansteuerten. Aus solchen Grenzüberschreitungen ergeben sich zwangsläufig veränderte Fragekonstellationen und neue methodologische Konzepte, Möglichkeiten also, neue Wissenschaftsansätze und Tatsachenzusammenhänge zu diskutieren. Darin lag – jedenfalls theoretisch – gewiß auch eine Chance für feministische Aspekte. Diese Chance ist von den Theaterwissenschaftlern einerseits und den Film- und Fernsehwissenschaftlern andererseits recht unterschiedlich genutzt worden.

Betrachten wir zunächst die Theaterwissenschaft und rufen uns ins Gedächtnis, daß sich diese Wissenschaft ja nicht nur auf die Analyse von dramatischen Texten beschränkt, sondern nach der Entstehungsgeschichte von Theater fragt, die besonderen Organisationsformen der Institution ›Theater‹ untersucht, Darstellungsästhetik und Rezeptionsforschung betreibt, sowie sich mit den Ausführenden selber, den Schauspielern befaßt. Erinnern wir uns weiter daran, daß wir heute auf eine rund vierhundertjährige Tradition der berufsmäßigen Schauspielkunst zurückblicken können – wandernde italienische Schauspielertruppen, Repräsentanten der commedia dell'arte, sind urkundlich seit dem letzten Drittel des 16. Jahrhunderts belegt – und daß seit diesen Anfängen die Frau als Schauspielerin präsent war. »Solange es eine Schauspielkunst im modernen Sinne gibt, gibt es auch Schauspielerinnen, die nach Leistung und Ansehen ihren männlichen Kollegen vollkommen ebenbürtig sind.«[4] Das ist ein außerordentliches Phänomen. Denn eine ähnliche »Ebenbürtigkeit« und Aufstiegschance hatte die Frau bisher auf keinem anderen Sektor erreichen können. Hier müßte eine feministische Theaterwissenschaft hellhörig werden und zu fragen ansetzen.

In unsere zweieinhalbtausendjährige abendländische Theatertradition, die sich durch eine zweitausendjährige Abwesenheit von weiblichen Darstellern auszeichnet, hält am Ausgang der Renaissance plötzlich die Schauspielerin ihren Einzug. Zweitausend Jahre lang wurden Frauenrollen von Männern dargestellt, den sogenannten Mädchen-Schauspielern, oder, in den Mysterienspielen, von ehrwürdigen Klerikern, die übrigens ein besonderes Vergnügen darin fanden, Maria, die Engel oder die büßende Magdalena darzustellen. Diese Tradition wird im 16. Jahrhundert endgültig durchbrochen; zunächst in Italien, bald darauf erstaunlicherweise in Spanien, wo sich Schauspielerinnen – trotz kirchlicher Proteste – schon 1579 auf der Bühne durchsetzen konnten, dann in Frankreich, mit einiger Verzögerung in England – man erinnere sich daran, daß das große Elisabethanische Theater noch sämtliche Frauenrollen von Männern spielen ließ – und schließlich, in der Mitte des 17. Jahrhunderts, auch in Deutschland.

Wie nun hat die Theaterwissenschaft auf diese gewichtige Veränderung reagiert? Welche Erklärungs- und Analysemodelle hat sie entwickelt, um ein so bahnbrechendes Ereignis verstehen zu können? Die Antwort fällt kurz aus: keine. Doch ich möchte nicht mißverstanden werden. Gewiß gibt es ältere und neuere Arbeiten zur weiblichen Schauspielkunst wie etwa die von Paul Schlenther: *Der Frauenberuf am Theater* (Berlin, 1895), Julius Bab: *Die Frau als Schauspielerin* (Berlin, 1915), Rosamond Gilder: *Enter the Actress* (London, 1931) oder Gisela Schwanbek: *Sozialprobleme der Schauspielerin im Ablauf dreier Jahrhunderte* (Berlin, 1957). Und auch in den älteren wie neuesten Untersuchungen zur commedia dell'arte wird das Auftauchen der Schauspielerin ganz gewiß nicht unterschlagen. Nicht darum geht es hier. Was ich in all diesen Untersuchungen vermisse, ist das Problembewußtsein für ein derartiges Novum, die Bereitschaft, hierfür ein entsprechendes Frage- und Erklärungsinstrumentarium zu entwickeln, kurz das hinreichende Interesse an dieser weiblichen Kulturarbeit. Unwillkürlich gehen mir die Worte der Berliner Dozentinnen durch den Kopf ... »eine Wissenschaft, die es, was uns betrifft ... nie sonderlich ernst gemeint hat«.

An diesem Beispiel läßt sich der Vorwurf der »Pseudoobjektivität«, den Feministinnen der herrschenden Wissenschaft immer wieder gemacht haben, anschaulich demonstrieren. Denn die Parteilichkeit des Wissenschaftlers beginnt schon mit seiner Blickrichtung, d. h. mit den Fragen, die er an seinen Untersuchungsgegenstand heranträgt, bzw. auch *nicht* heranträgt. Der Unterschied zwischen feministischen und traditionellen Wissenschaftler/innen (wobei es sich von selbst versteht, daß es sich bei dieser Polarisierung um ein Konstrukt handelt, was mir als Arbeits- und Abgrenzungsmittel dennoch brauchbar zu sein scheint), äußert sich darin, daß die erste Gruppe auf dem Recht ihres individuellen Erkenntnisinteresses beharrt, ›ich‹ sagt, wo sie ›ich‹ meint, und folglich die Parteilichkeit ihrer Vorgehensweise unumwunden zugibt (womit sie sich allerdings den Tadel der ›Unwissenschaftlichkeit‹ zuzieht), während die zweite Gruppe – meist hinter der geborgten Autorität eines Verfasser-*wir* – stillschweigend davon ausgeht, daß ihr persönliches Interesse identisch mit dem allgemeinen ist und damit die Kategorie der Objektivität einseitig für sich reklamiert.

Doch zurück zu den Schauspielerinnen, denn dieses Phänomen läßt mir keine Ruhe. Hier geht es ja nicht nur um die hinlänglich bekannte Defizitsituation, um das leidige Aufweisen von Leerstellen in der Kulturgeschichte der Frau. Hier gibt es Fülle. Schauspielerinnen erobern sich ihr Publikum auf dem Marktplatz wie auch bei Hofe, spielen mit und steigen auf, werden ›Theaterchefinnen‹ ihrer nicht immer nur kleinen Truppen. Wie war das plötzlich möglich geworden? Welche gesellschaftspolitischen Faktoren waren hier wirksam gewesen? Was für ein Theaterbedürfnis verbarg sich hinter dieser Neuheit?

Ich diskutiere mit meinen theaterwissenschaftlichen Kollegen. G. sagt, daß er sich mit diesem Problem bisher nicht befaßt habe, gibt zu, daß es ihm nicht aufgefallen sei. L. meint, daß das Auftreten der Schauspielerinnen zweifellos mit der Professionalisierung der Schauspielkunst, wie sie sich als Folge gesellschaftlicher Umstrukturierung, d. h. der Frühkapitalisierung in den italienischen Stadtstaaten herausgebildet hatte, zu erklären sei. Nicht wenige Arbeitslose hätten damals auf dem Theater nach neuen Beschäftigungsfeldern gesucht. L.s Auffassung enthält gewiß Zutreffendes hinsichtlich der Professionalisierung der Schauspielkunst ganz generell, hilft mir als Erklärung für die spezielle Erscheinung der weiblichen Darsteller jedoch nicht weiter. Denn die Tatsache, daß zu einem bestimmten Zeitpunkt eine Tätigkeit professionell betrieben wird, hat ja keineswegs auch den Einbezug der Frau zur Folge gehabt. Ein Blick auf welche Ecke der Kulturgeschichte auch immer macht deutlich, welche dichten Vergitterungen die berufshinführenden Institute – gleichgültig, ob sie sich Meisterschulen, Akademien oder Universitäten nennen – vor weiblichen Bewerbern jahrhundertelang errichtet haben.

Ich suche nach weiteren Erklärungen in der Theatergeschichtsschreibung. Von den wenigen Autoren, die sich hierzu überhaupt geäußert haben, findet sich als häufigstes Argument die »Wesensverwandtschaft« zwischen »Theater und Frau« angeführt. »Da die Schauspielkunst etwas Elementares hat, um einen Grad naturnäher ist als jede andere Kunst«, so argumentiert Julius Bab, ist »sie damit weiblichem Wesen zugänglicher als jede andere Kunst.«[5] Auch Heinrich Stümcke sieht die »weibliche Psyche« als geradezu »prädestiniert« für den »Bühnenberuf« und ihre Anpassungsfähigkeit als die schönste theatralische Mitgift.[6] Doch solche mythologisch-biologistischen Zuschreibungen sind nicht nur Produkte von Männerphantasien. Auch Rosamond Gilder ist der Ansicht, daß »of all arts that mankind has invented [. . .] none is more suited to the genius of the female of the species than that of the theatre.«[7] Neben solchen durchaus freundlich gemeinten Thesen gibt es andere, weniger freundliche. Da ist von der »weiblichen Heuchelei« die Rede, von einer schon früh zu beobachtenden Eigenschaft, »sich zu verleugnen und zu verstellen«,[8] welche die Frau für die Bühnenkunst so geeignet mache, oder – im verspäteten Einklang mit den kirchenväterlichen Maßregelungen – von ihren unkeuschen sexuellen Ambitionen, für die ihr das Theater den geeigneten Tummelplatz böte. Von daher erklärt sich auch das zunächst recht verblüffende Phänomen, daß eine Reihe von Untersuchungen zur weiblichen Bühnenkunst mit einer Abhandlung über Sexualität beginnen.[9]

In der Theatergeschichte von Eduard Devrient finde ich bezüglich meiner Fragestellung die folgende Erläuterung: »Sie [die von Magister Velthen eingeführte Neuerung der weiblichen Schauspielkunst in Deutschland] war von tief eingreifender Wichtigkeit, und es darf ihr ein großer Antheil an der Anziehungskraft, welche Velthens Aufführungen übten, zugeschrieben werden. Aber abgesehen von dem heftigen Verstoß gegen die Sitte, den das Theater damit beging, war mit Einführung der Frauen [. . .] doch für alle Zeiten der Geschmack und das Urtheil des männlichen, also des tonangebenden Publikums durch das geschlechtliche Interesse getrübt.«[10] Das ist eine bemerkenswerte Ungeheuerlichkeit. Denn ganz davon abgesehen, daß die Frau hier wieder einmal für das ›Prinzip Sünde‹ steht und als allein verantwortlich für die Zerstörung des ›interesselosen Wohlgefallens‹ gilt, wird ihr im gleichen Atemzug auch die eigene Sexualität abgesprochen. Schließlich ist es nicht einleuchtend, daß durch das Auftreten der männlichen Darsteller, die ja ebenfalls nicht körperlos waren und gleichfalls über gewisse Attraktionswerte verfügten, das weibliche Geschlechtsinteresse nicht auch »getrübt« werden sollte, um bei der ›trüben‹ Terminologie Devrients zu bleiben. Solche Auffassungen spiegeln die allseitige Mißachtung der weiblichen Lust und ihren geringen Stellenwert im libidinösen Wertsystem unserer Gesellschaft wider.

Wie wenig es sich hierbei um den Staub von gestern handelt,

veranschaulicht ein Blick auf die heutige Theaterlandschaft. Der Handlungsort ist London, die Handlungszeit die Spielzeit 1981/82. Peter Hall hat dort im Olivier-Theater die Orestie von Aischylos inszeniert, und zwar in der stilisierten Form nach antikischem Muster unter Verzicht auf alle weiblichen Darsteller. Ein Experiment – so könnte man sagen. Das Theater in seiner augenblicklichen Legitimationskrise greift zu allen nur erdenklichen Mitteln, um seinen Innovationswert zu steigern. Und wo schließlich hat man in der gegenwärtigen Situation eine reine Männertruppe Tragödie spielen sehen? Selbst Schüler aus nicht-koedukativen Instituten pflegen sich für solche Aufführungen die Mädchen aus Nachbarschulen auszuleihen.

So weit – so nachvollziehbar. Das wirklich Verblüffende ist abermals die theoretische Explikation, die Kommentierung dieses Phänomens durch die literarische Kritik. »Der Verlust kehrt sich in Gewinn«, behauptet Karl Heinz Bohrer in der FAZ bezüglich der fehlenden Frauen und meint weiter: »Wir laufen nicht länger Gefahr, Voyeure atemberaubender weiblicher Perversionen oder Kühnheiten zu werden. Uns streift im Blick auf die reine tragische Maske eine Ahnung des Schreckens, den Aischylos hier verarbeitete.«[11] Einmal abgesehen von der Tatsache, daß »Perversionen und Kühnheiten« auf dem antiken Theater durchaus nicht nur von der weiblichen Hälfte der Menschheit allein begangen wurden, so hält Bohrer offensichtlich das weibliche Element auf der Bühne noch immer für einen Störfaktor, der den ungetrübten, reinen Kunstgenuß beeinträchtigt. Denn wie sonst könnte er annehmen, daß nur männliche Darsteller diesen Eindruck der Reinheit vermitteln und als Bollwerk gegen »Voyeurismus« fungieren können.

Aufgabe einer feministischen Theaterwissenschaft wäre es, solche Widersprüche bloßzulegen und zur Diskussion zu stellen. Schon deshalb, weil auf dem Theatersektor »die Frau nicht als gelegentliche Ausnahme, als Helferin, als Kraft zweiten Ranges« wirkt, sondern »von vornherein, in jeder Epoche, bei jeder Gesellschaftslage [...] vollsten, ebenbürtigen Anteil hat [...] und die höchstmögliche Spitze erreichen« kann,[12] sollte darüber nachgedacht werden, wie diese Ebenbürtigkeit sich hat entwickeln können, ob sie tatsächlich so allumfassend war, wie Julius Bab behauptet, und welcher Preis dafür zu zahlen war. Auszugehen wäre von der commedia dell'arte, als der ersten Organisationsform von Theater, in der Frauen berufsmäßig mitgewirkt haben. Diese Partizipation läßt sich gewiß nicht monokausal erklären. Es sind sehr verschiedene und unterschiedlich zu gewichtende Faktoren, die für diese Entwicklung maßgeblich waren. Auch wenn sich meine Überlegungen zum Teil noch auf der Ebene der Mutmaßungen befinden, möchte ich sie als Anregungen und Theoriebausteine für eine feministische Theaterwissenschaft in diesem Zusammenhang zur Diskussion stellen. Bei dem Versuch, eine erste, grobe Systematik in die Genese der Verhinderungen weiblicher Kulturarbeit zu bringen, lassen sich meiner Ansicht nach die folgenden fünf Behinderungsfaktoren erkennen, die im Ablauf der Kulturgeschichte auf unterschiedliche Weise wirksam gewesen sind: 1. die Kirche, 2. die Geschichtsschreibung, wobei nicht nur speziell die historische Wissenschaft gemeint ist, sondern alle Zweige der Wissenschaft, die mit der Auflistung und Einordnung des kulturellen Erbes befaßt sind, 3. das aufstrebende Bürgertum mit seinem aufgabenteiligen Arbeitsethos, 4. der patriarchalische Kulturbetrieb und 5. die Internalisierung solcher patriarchalischen Ausklammerungen durch die Frauen selbst.

Für unsere Argumentation ist zunächst die Institution ›Kirche‹ als Behinderungsfaktor von Bedeutung. Denn nicht zufällig geschah das berufsmäßige Auftreten der Schauspielerinnen am Ende jener Epoche, in der sich erstmals eine einschneidende Emanzipation von sakraler Vorherrschaft vollzogen hatte. Solche Prozesse blieben nicht ohne Auswirkung auf die von der Kirche vertretene Auffassung des Weiblichen – ausgehend von seiner zweitrangigen Stellung in der Schöpfungsgeschichte – als etwas »Minderwertigen« und »von Natur aus Lasterhaften« (wovon der Marienkult nur die Kehrseite war), das von jeder öffentlichen Tätigkeit fernzuhalten war.[13] Zu Recht hat Ginerva Conti Odorisi darauf aufmerksam gemacht, daß der erste weibliche Protest, der sich am Ende des 16. Jahrhunderts artikulieren konnte, ein Protest gegen diese kirchlich sanktionierte »l'inferiorità femminile«, gegen die Minderwertigkeit der Frau, gewesen ist.[14]

Nun wäre es kurzschlüssig, solche Proteste schon in einem direkten Zusammenhang mit der Herausbildung der weiblichen Bühnenkunst zu sehen. Wesentlich ist die Tatsache, daß im Zeitalter der Renaissance der kirchlichen Bestimmung des Weiblichen erster Widerstand geleistet wird. Zwar ist die offizielle klerikale

Meinung weiterhin die maßgebliche, dennoch entstehen ›Gegen-bilder‹. Eines der ersten, das ich entdecken konnte, auf dem Ge-biet der Malerei, ist Giottos Madonna mit dem Kind, die »Ma-està« (1305-10), in der Galleria degli Uffizi in Florenz. Maria, in blauem Gewand, das Jesuskind auf dem Schoß, erhöht auf einem goldenen Thron sitzend, umgeben von stehenden und knieenden Engeln, ein altvertrautes Bild – so scheint es. Doch dieser Schein trügt. Giottos Gottesmutter fällt aus dem Rahmen der christli-chen Madonnen heraus. Gerade aufgerichtet, ohne die vertraute Kopfneigung, ohne den andächtigen Blick auf das Kind, sieht diese Madonna aus dem Bild *heraus*. Ihre Aufmerksamkeit ist nicht auf den ihr zugewiesenen Handlungsraum gerichtet, ihre Wahrnehmung nicht mehr auf das heilige Umfeld konzentriert, sondern auf etwas Entferntes, außerhalb des Bildinnern gelenkt; eine Blickautonomie, die – wie Laermann/Schneider nachgewie-sen haben – in der Regel bloß der männlichen Bildfigur gestattet wird.[15] Kühl und prüfend, eine weltliche junge Frau, wählt sie sich ihr Betrachtungsfeld selbst und unterwirft den Beschauer ih-rem persönlichen Wahrnehmungswillen. Er muß sich ein Bild ma-chen von ihrem Bild, muß Frauenbilder nachvollziehen. Diese Madonna ist nicht mehr die entäußerte, andächtige Gottesmutter des christlichen Mittelalters, sondern eine individuelle weibliche Figur, die selbstbewußt ihre Wahl trifft. Eine feministische Thea-ter-, Film- und Fernsehwissenschaft, die es im doppelten Sinn mit Bildern zu tun hat, mit Abbildungen und mit Rollenbildern, sollte nicht versäumen, die Bildenden Künste mit heranzuziehen. Sie können ihr wichtige Impulse geben.

Zwar sind die ersten Breschen, die während der Renaissanceepo-che in das mittelalterliche Dunkel geschlagen wurden, in ihrer generellen Bedeutung nicht hoch genug zu veranschlagen, als spe-zielle Erklärung für das Auftreten der Berufsschauspielerin allein aber noch nicht ausreichend. Denn solche emanzipatorischen Im-pulse hätten sich sonst auch auf anderen Kunstsektoren auswir-ken müssen. Tatsächlich aber ist es nur die Schauspielkunst, die der Frau eine gleiche Berufschance gibt. Hier kommt etwas ande-res hinzu, nämlich das geringe Ansehen, welches das Komödian-tentum in der Hierarchie der gesellschaftlichen Werte besaß. Schließlich gehörten die fahrenden Leute noch bis in das 18. Jahr-hundert hinein zu den »unehrlichen Leuten«, denen der Zugang zu bürgerlichen Berufen entweder verboten oder zumindest erschwert war. Insofern hatte der 4. Behinderungsfaktor, der patriarchalische Kulturbetrieb, gar keine Wirksamkeit. Eine Theorie, die belegte, daß Frauen für den Bühnenberuf qua Natur nicht ausgerüstet wären, wie es sie für andere künstlerische Bereiche bis ins 20. Jahrhundert hinein gegeben hat,[16] mußte in diesem Fall gar nicht erst herbeibemüht werden. Fahrendes Volk, das waren die ›Outlaws‹, die Vogelfreien, die man zwar zum persönlichen Amüsement gelegentlich zu Hofe rief, aber unbekümmert wieder entließ, wenn der Vergnügungssinn in andere Richtung ging.

Es ist ein höchst aufschlußreiches Phänomen, daß Frauen der Zugang zu den unterschiedlichsten Künsten in der Regel nur über die am wenigsten reputierliche Gattung gelungen ist. So fanden sie den Anschluß an die Literatur über den Briefroman, den an die Malerei über das Genrebild und an den Film über den noch heute als weniger attraktiv geltenden Dokumentarfilm. Das Theater hatte eine so geringe Reputation, daß die patriarchalischen ›Standesbarrieren‹ gar nicht erst errichtet werden mußten. Für die Frauen allerdings hatte sich dieses Manko positiv ausgewirkt. Ihnen ermöglichte diese Geringschätzung eine erste künstlerische Berufstätigkeit.

Und noch etwas kommt hinzu. Die commedia dell'arte war kein klassisches, an der Antike orientiertes Theater. Sie nahm ihre Stoffe nicht aus der griechischen Mythologie oder der römischen Schlachtengeschichte. Sie »entstand als ein Theater, das seine Aufgabe darin sah, das Leben seiner Zeit widerzuspiegeln«.[17] Und so waren ihre Figuren weder Könige noch Heerführer oder sonstige Gipfelpersonen, sondern Kaufleute, Ärzte, Bauern, Spaßmacher, verliebte junge Leute und Diener, also ganz gewöhnliche Alltagspersonen. Damit fällt das Stichwort: Alltag. Eine Domäne, die der Frau in besonderem Maße vertraut war. In dem Augenblick, wo der Alltag das Stigma des Belanglosen und Unattraktiven für die Kunst verlor und als Beschreibungs- und Darstellungsgegenstand ›kunstwürdig‹ wurde, bot sich auch für die Frau eine Einstiegsmöglichkeit in die kulturelle Produktion. Denn hier kannte sie sich aus. Nicht nur die sogenannte Niedrigkeit der Gattung, auch die ›niedrigen‹ Inhalte also wirkten sich für die künstlerische Partizipation der Frau höchst günstig aus. Solche Wechselbeziehungen sollten von einer feministischen Theater-, Film- und Fernsehwissenschaft genau beobachtet werden, um die auch heute noch kursierende Behauptung von der besonderen

Begabung der Frau für die sogenannten kleinen Gattungen wie
Kurzgeschichte, Dokumentarfilm und Feature endgültig zu widerlegen und die viel zitierte weibliche Ästhetik aus ihrer mate-
rialistischen Basis herzuleiten.

Die Theaterwissenschaft hat sich zu all diesen Fragen bisher nur
sehr spärlich geäußert. Anders die Film- und Fernsehwissenschaft. Sie verfügt – zumindest ansatzweise – über eine feministische Theoriebildung, auch wenn sich diese größtenteils im Off des
akademischen Lehrbetriebs abspielt. Das hat zwei Ursachen.
Zum einen bietet der Film den Feministinnen ganz besondere An-
griffsflächen. Ein Produktionsbereich, der so offensichtlich sexistisch strukturiert und an der Stereotypisierung der Frau so hochgradig beteiligt ist, fordert eine solche Auseinandersetzung geradezu heraus. Denn mehr noch als die alten Medien Theater und
Literatur hat das neue Medium Film die Frau in eine beschränkte
Anzahl immer wiederkehrender Stereotypen gepreßt und ihren
Handlungsspielraum auf das ›Sich-rumkriegen-lassen‹ oder ›Wi-
derstand-leisten‹ reduziert. Hinzu kommt, daß der Film bis in die
70er Jahre hinein – ebenfalls sehr viel hartnäckiger als Theater
und Literatur – der Frau die Ehe als das einzige erstrebenswerte
Lebensziel suggeriert und eine Ehevorstellung propagiert, die
größtenteils im Romantizismus des 19. Jahrhunderts wurzelt. Die
Konfliktsituationen, in welche die Heldinnen geraten, sind infolgedessen in der überwiegenden Mehrzahl durch die Wirrsale des
Herzens bestimmt und entsprechen kaum den realen Bedingungen moderner, berufstätiger Frauen.
Zum anderen hatten sich die ersten feministischen Proteste nicht
auf dem Theater oder in der herkömmlichen Gutenbergliteratur
artikuliert, sondern im Film. Eine Erscheinung übrigens, die sich
ebenfalls für Italien, England und Frankreich beobachten ließ.
Innerhalb der autonomen Frauengruppen hatten sich sehr bald
Filmkollektive gebildet, die es sich zum Ziel setzten, durch eigene
Filmarbeit auf die Diskriminierung von Frauen aufmerksam zu
machen. Durch solche Aktivitäten wurden die audiovisuellen Medien Film und Fernsehen zum Gegenstand intensiver Diskussion
und erster feministischer Theoriebildung. In diesem Zusammenhang kommt der 1974 von Helke Sander gegründeten feministischen Filmzeitschrift *frauen und film* eine wichtige Funktion zu.
»Es gibt bis jetzt nur eine patriarchalische kultur, in der wir auf-

gewachsen sind, die uns geprägt (verstümmelt) hat«, heißt es im Vorwort der Redaktion zum Nachdruck der Nr. 1. »Die anerkannte kulturkritische norm ist ausschließlich männlich. frauen und film muß daher nicht nur diese normen erkennen, sondern vor allem einen beitrag zur entwicklung feministischer filmtheorie leisten.«[18] Und so wird *frauen und film* zu einer ersten Sammelstelle, auf der Bausteine zu einer feministischen Film- und Fernsehwissenschaft zusammengetragen werden. Die Palette der Themenstellung ist breit gefächert. Untersucht werden die Arbeitsbedingungen von Filmemacherinnen, Kamerafrauen, Cutterinnen, von Schauspielerinnen sowie von Frauen auf den Film- und Fernsehhochschulen. Breiten Raum nehmen die Bemühungen um die Entwicklung einer feministischen Filmkritik ein. Dabei geht es ebenfalls um Zuschauerinnenverhalten, um weibliche Wahrnehmungsformen und die Herausbildung einer weiblichen Ästhetik. Ebenso werden filmpolitische und -wirtschaftliche Maßnahmen erörtert und hinsichtlich ihrer Auswirkung auf weibliche Filmarbeitende untersucht.

Leitmotivisch durchzieht fast alle Hefte die Auseinandersetzung mit dem verschleierten oder auch offenen Sexismus im Produktionsbereich Film und Fernsehen. Helke Sanders detaillierter ›Eröffnungsaufsatz‹ »Sexismus in den Massenmedien« war durchaus programmatisch gemeint. Ihre Hauptkritik richtet sich gegen die Unterrepräsentanz von Filmemacherinnen in den Sendeanstalten. Schon die Rahmenrichtlinien für Programmgestaltung – so argumentiert Sander – enthalten ein nur notdürftig kaschiertes ›Berufsverbot‹ für Filmemacherinnen, denn sie untersagen »die Herabwürdigung«, ja bereits die »kritische Infragestellung« von »Ehe und Familie«.[19] Vergegenwärtigt man sich die Tatsache, daß sich der erste feministische Protest vornehmlich gegen die traditionelle Familienform, die festgefahrene Rollenverteilung und das vom Patriarchat verordnete Sexualverhalten (inklusive des Abtreibungsparagraphen) gerichtet hat, wird deutlich, wie gravierend solche Beschränkungen für die Filmemacherinnen waren. Schließlich war es ihre Alltagserfahrung gewesen, ihr Widerstand gegen die ganz alltägliche Unterdrückung, der die Frauen zu einer ersten Artikulation auf dem Filmsektor bewegt hatte. Hier zeigt sich, wie wirkungsmächtig der vierte Behinderungsfaktor in bezug auf die weibliche Kunstproduktion, der patriarchalische Kulturbetrieb, auch heute noch ist.

Inzwischen wird – gewiß noch vereinzelt – auch außerhalb von *frauen und film* eine feministische Filmkritik diskutiert. Hier wären Zeitschriften wie *Ästhetik und Kommunikation, Kürbiskern, medium, Theater heute, Kursbuch* wie auch einige der rein feministischen Zeitschriften zu nennen. Im Rahmen des akademischen Lehrbetriebs entstehen diesbezügliche Abschlußarbeiten, werden Dissertationen vorgelegt wie die von Renate Holy: *Fernsehcutterinnen,* Frauenarbeit in der Medienproduktion (Köln, 1979) oder von Regine Halter: *Zum Verhältnis von Sinnlichkeit und Geschichte.* Ein Beitrag zur Diskussion über die konstitutiven Bedingungen für eine feministische Ästhetik (Köln, 1979), eine Arbeit, die sich an Filmen der Marguerite Duras orientiert. Im Auftrag von »Aktion Klartext e. V. – Gleichstellung der Frauen in den Medien« wurde von Elke Baur die Studie erstellt: *... und Frauen kommen vor.* Eine Untersuchung über Anzahl und Positionen der Frauen in der privaten Film- und Fernsehproduktion (Baden-Baden, 1980). Um das Funktionieren von Kinobildern, um die Frau als Schauobjekt und Zuschauerin, um »weibliche Aneignungsweisen in der Filmrezeption« und ihre Voraussetzungen geht es in den Sammelbänden *Frauen in der Kunst* von Gislind Nabakowski, Helke Sander und Peter Gorsen (Frankfurt, 1980).

Doch wie unterscheidet sich feministische Filmtheorie von herkömmlichen filmtheoretischen Überlegungen? Auch hier gilt, was für die feministische Theaterwissenschaft bereits dargelegt wurde, nämlich die wechselseitige Beeinflussung von Frauenbewegung und Wissenschaft. Die neuen theoretischen Erkenntnisse in bezug auf die Frau werden in die Wissenschaft hineingetragen und haben veränderte Argumentationsweisen zur Folge. »Die feministische filmkritik«, schreibt Gertrud Koch, »unterscheidet sich von der herrschenden filmkritik vor allem durch ihre parteinahme. Obwohl sie nicht im gegensatz zu ihr steht, unterscheidet sie sich auch von der antikapitalistischen, linken filmkritik noch dadurch, daß ihr erkenntnisinteresse und ihre wahrnehmungsperspektiven auf die kapitalistische gesellschaft durch die lage der frauen in dieser gesellschaft vermittelt ist. [...] Feministische filmkritik ist also eine filmkritik, die sexistische ideologien in filmen aufzeigt.«[20]

Damit sind die Belange einer feministischen Filmwissenschaft nur angedeutet. Eine weitere wesentliche Aufgabe muß darin bestehen, die filmspezifischen Modalitäten, die besondere Suggestivkraft der Bilder und ihre starken Identifikationsappelle, die sie auch an kritische Frauen richtet, einer genauen Analyse zu unterziehen. Die Filmpublizistin Bice Curiger hat ja richtig beobachtet, wenn sie feststellt, »wie sehr man als Mann oder Frau aus dem Kino rauskommen kann, wo man geglaubt hat, als Mensch hineingegangen zu sein«, und dies als »eine ernstzunehmende Eigenschaft des Films [. . .] im Unterschied zu andern Künsten« bezeichnet.[21] Man hat diese Wirkungsmächtigkeit des Kinos dem unmittelbaren Realitätseindruck zugeschrieben, den er beim Publikum hervorruft. In den unterschiedlichen Phasen der filmtheoretischen Diskussion hat überwiegende Einigkeit darüber bestanden, daß der Film, verglichen mit anderen Künsten, über die stärkste Realitätsausstrahlung verfügt und daß diese Eigenschaft durchaus positiv zu bewerten sei.[22] Gerade hierauf hatten sich ja die hochgespannten Erwartungen der engagierten Intelligenz in den 20er Jahren gegründet. Bei seinen Untersuchungen »Zum Realitätseindruck im Kino« macht Christian Metz darauf aufmerksam, daß der Filmzuschauer – etwa im Gegensatz zum Theaterzuschauer – »seinen Blick auf ein lebendiges Da-sein« richtet.[23] Diese Gegenwärtigkeit ergibt sich aus der Tatsache, daß das Geschehen auf der Leinwand, ebenso wie das Geschehen des realen Lebens, in Bewegungen abläuft. Die Bewegung konkretisiert die Erscheinungen und verschafft ihnen damit ein zusätzliches Indiz für Realität. Metz verweist auf die Eigentümlichkeit der Bewegung, schon von dem Augenblick an »als wirklich« erfahren zu werden, wo sie bemerkt wird. Aus diesem Grund erscheint die Bewegung im Bereich unserer Alltagserfahrung auch als Zeichen für Leben schlechthin. Alles, was sich bewegt, ist lebendig, und alles, was lebendig ist, ist wirklich. Die kinematografische Bewegung wird daher nicht nur als ein Abbild von Bewegung, d. h. als Reproduktion von Gewesenem erfahren, sondern als Realität selbst. Die Wirklichkeitsillusion verstärkt sich im Kino, »weil der Eindruck der Realität durch die Realität des Eindrucks« legitimiert ist.[24] Wie fast alle Filmologen bewertet Metz diese potenzierte Wirklichkeitssuggerierung als positiv.

Hier sollte feministische Filmwissenschaft ihr Veto einlegen. Denn gerade ein solcher Wirklichkeitsüberfall wird eine kritische Rezeption wenn nicht gar verhindern, so doch erschweren. Das mächtige kinematografische ›es ist so‹ schwächt unseren Widerstand gegen die stereotypen Leinwandfrauen und bewirkt, daß wir das Kino wieder als die ›alte‹ Frau verlassen, wo wir doch gemeint haben, »als Mensch hineingegangen zu sein . . .«. Ähnliche Mechanismen wirken sich gewiß auch auf die männlichen Zuschauer aus. Jedoch mit dem Unterschied, daß die Riege der männlichen Helden sich von den weiblichen Heldinnen dadurch unterscheidet, daß sie in erster Linie durch berufliche Kriterien gekennzeichnet ist, als Cowboy, Gangster, Sheriff, Arzt, Staatsanwalt etc. auftritt und über ein weit gestecktes Aktionsfeld verfügt, während die Frauen fast ausschließlich durch ihr Verhältnis zur Sexualität definiert sind und nur ein allseitig reduziertes Handlungsplätzchen ihr eigen nennen.

Feministische Theater-, Film- und Fernsehwissenschaft sollte die verfügbaren methodischen Vorgehensweisen nicht von vornherein außer Kurs setzen, sondern daraufhin überprüfen, ob sie sich für die uns angehende Fragestellung benutzen lassen.

Anmerkungen

1 Helke Sander, Rede des »Aktionsrates zur Befreiung der Frauen«, in: *Frauenjahrbuch 1*, Frankfurt 1975, S. 13.

2 Gisela Bock, Frauenbewegung und Frauenuniversität. Zur politischen Bedeutung der ›Sommeruniversität für Frauen‹, in: *Frauen und Wissenschaft*, Berlin 1977, S. 17 f.

3 Vgl. Ursula Scheu, *Wir werden nicht als Mädchen geboren – wir werden dazu gemacht*, Zur frühkindlichen Erziehung in unserer Gesellschaft, Frankfurt 1978.

4 Julius Bab, *Die Frau als Schauspielerin*, Berlin 1915, S. 27.

5 Ebd., S. 33.

6 Vgl. Heinrich Stümcke, *Die Frau als Schauspielerin*, Leipzig 1905, S. 51.

7 Rosamond Gilder, *Enter the Actress*, The First Women in the Theatre, London 1931, S. xv.

8 Vgl. Bernhard A. Bauer, *Komödiantin – Dirne?*, Wien/Leipzig 1928, S. 11.

9 So z. B. die von Julius Bab oder auch von Bernhard Bauer, um hier nur zwei Beispiele herauszugreifen.

10 Eduard Devrient, *Dramatische und dramaturgische Schriften*, Bd. 5, Leipzig 1848, S. 259.

11 Karl Heinz Bohrer, Ritual im Maskenstil, FAZ Nr. 282, 5. 12. 81.

12 Julius Bab, *Die Frau als Schauspielerin*, S. 24.

13 Vgl. Shulamith Shahar, *Die Frau im Mittelalter*, Königstein/Ts. 1981, S. 15.

14 Vgl. Ginerva Conti Odorisio, *Donna e società nel seicento*, Roma 1979, S. 20.

15 Vgl. Gisela Schneider / Klaus Laermann, *Augen-Blicke*, Über einige Vorurteile und Einschränkungen geschlechtsspezifischer Wahrnehmung, in: *Kursbuch 49*, S. 37 ff.

16 Vgl. Renate Möhrmann, Feministische Ansätze in der Germanistik seit 1945, in: *Jahrbuch für Internationale Germanistik*, Jg. XI, Heft 2, S. 65 f., und auch in: Magdalene Heuser (Hrsg.), *Frauen-Sprache-Literatur*, Paderborn 1982, S. 93.

17 A. K. Dshiwelegow, *Commedia dell'arte*, Berlin 1958, S. 8.

18 Helke Sander: Vorwort der redaktion zum nachdruck der nr. 1, in: *frauen und film* Nr. 1, S. 2.

19 Vgl. Renate Möhrmann, *Die Frau mit der Kamera, Filmemacherinnen in der Bundesrepublik Deutschland*, Situation, Perspektiven, zehn exemplarische Lebensläufe, München 1980, S. 20.

20 Gertrud Koch, Was ist und wozu brauchen wir eine feministische filmkritik?, in: *frauen und film* Nr. 11, S. 4 f.

21 Bice Curiger, Neue Frauen in einer alten Landschaft, Eine Favoritinnengeschichte, in: *Cinema* 3/1977, S. 46.

22 Renate Möhrmann, Kinorealität oder Hat der Film seine Revolution verpaßt?, in: *Diskussion Deutsch*, Heft 25 (1975), S. 462 f.

23 Christian Metz, *Semiologie des Films*, München 1972, S. 24.

24 Ebd., S. 28.

Eva Rieger
Feministische Ansätze
in der Musikwissenschaft

I

Vor fünfzig Jahren suchte eine Amerikanerin, die einen kleinen Laien-Frauenchor gegründet hatte, nach Gesangsstücken für Frauenstimmen. Das Wenige, das sie zutage förderte, war fade und trivial und stand in einem auffälligen qualitativen Gegensatz zu den zahlreich vorhandenen Männerchorstücken. Sie beließ es nicht bei ihrer Unzufriedenheit. Wie kommt es, fragte sie sich, daß Frauen nichts dagegen haben, in einem Frauenchor ausschließlich von Männern geschriebene Musik aufzuführen? Warum beanspruchen sie das Medium Musik nicht für sich selbst, haben doch Philosophen und Ästhetiker seit je die vertiefte Erlebnisqualität des Musizierens, ja die Bedeutung der Musik für unsere seelische Entwicklung überhaupt, betont? Und warum sind Frauen an der Musikkultur unbeteiligt gewesen?

Der Zufall wollte es, daß die Frau, die sich diese Fragen stellte, es sich auch finanziell leisten konnte, auf die Suche nach ihrer Beantwortung zu gehen. Über zehn Jahre lang bereiste Sophie Drinker verschiedene Kontinente, suchte in Bibliotheken und Archiven und führte Gespräche mit Forschern. Das, was sie zusammentrug, war zu umfangreich für ein Buch, so daß sie das Material in zwei Universitätsbibliotheken hinterlegte. Einen Teil ihrer Ergebnisse veröffentlichte sie unter dem Titel *Music and Women* 1948 in New York, eine gekürzte Ausgabe erschien 1955 in der Schweiz.[1] Drinker fand heraus, daß die Unterdrückung weiblicher Musikbetätigung eine relativ kurze Vergangenheit hat, verglichen mit zahllosen Quellen, die Hinweise auf sarazenische, griechische, römische, chinesische, ostindische, arabische und jüdische Musikerinnen gaben. Sie wies nach, daß sich Frauen an der frühen christlichen Musik beteiligt haben, ehe die kirchliche Institution sie ausschloß; daß es eine lebhafte musikalische Betätigung von Nonnen im Mittelalter gab und daß Frauen in der italienischen Renaissance an der Musikkultur teilnahmen. Sie zeigte aber auch auf, wie sehr die kirchliche Monopolstellung über die Kulturmusik Männer begünstigte und wie stark diese Tradition auch nach der Säkularisierung der Musik weiterwirkt.

Sophie Drinkers Buch erschien 1955 zu einem ungünstigen Zeitpunkt. Die Bundesrepublik war im Begriff, ihr »Wirtschaftswunder« aufzubauen. Frauen, die im Krieg traditionell-männliche Arbeiten verrichtet hatten, waren ins Hausfrauen- und Mutterdasein zurückgekehrt. Eine konservative Regierung in Bonn war bemüht, alte Werte und Normen aufrecht zu erhalten, die die Rollenpolarisierung von Mann und Frau festschrieben. Das Buch traf auf eine uninteressierte Leserschaft, die die wichtigen Aussagen nicht wahrnehmen konnte oder wollte. Die etablierte Musikwissenschaft gar überging das Buch.

Der Musikwissenschaft haftet nicht zu Unrecht der Ruf an, zu den konservativsten Fachdisziplinen zu gehören. Im Zuge der Studentenbewegung Ende der sechziger Jahre wurde auch sie ideologiekritischen Fragen ausgesetzt, die ihr Selbstverständnis zu erschüttern drohten. Die junge Linke warf ihr vor, elitär zu sein und durch die Ignorierung sozialer Belange letztendlich den Machtanspruch der bürgerlichen Klasse zu rechtfertigen. Der Kapitalismus sei daran schuld, daß der Fetischcharakter der Ware auch die Musik erfaßt habe; das musikalische Produkt werde abstrakt betrachtet und die Beziehungen zur Gesellschaft dadurch ausgeblendet. Indem man aber die Musik als zweckfreien Gegenstand begreife, diene man unter dem Vorwand, allgemeine Interessen zu vertreten, in Wirklichkeit partikularen Interessen. Der Musikwissenschaft wurde nicht zuletzt angekreidet, die Arbeiterkultur sowie den gesamten Bereich der Trivial- oder Unterhaltungsmusik beiseite geschoben zu haben.
In den siebziger Jahren wurden die Inhalte und Methoden vorsichtig revidiert. Themen wie »Musik zwischen Engagement und Kunst«, »Musik und Politik« oder »Musik und Gesellschaft« kamen auf. Der Schönberg-Schüler und DDR-Komponist Hanns Eisler (»ich bemühe mich, Musik zu schreiben, die dem Sozialismus nützt«) wurde zum bevorzugten Vorzeigeobjekt, hatte er sich doch stets dafür eingesetzt, gesellschaftliches Bewußtsein in die musikalische Produktion zu integrieren. Vieles war noch unausgegoren in diesen Jahren, manches überzogen, aber ein Anfang war gemacht. Neben der ausschließlichen Beschäftigung mit no-

tierter Musik wurde das soziale Umfeld, in dem Musik geschaffen und gehört wird, untersuchungswürdig. Untersuchungen entstanden zur Volkslied- und Arbeiterliedkultur, zur Jugendmusikbewegung, über die Musik der Weimarer Zeit, der NS-Zeit und der fünfziger Jahre. Die Frage aber, warum Frauen aus der musikalischen Kultur weitgehend ausgeschlossen waren, ist von den progressiven Musikologen aller Couleurs nicht verfolgt worden. Zwar wurde das Thema 1969 im Rahmen der Tagung des AStA der Berliner Musikhochschule »Hundert Jahre Staatliche Hochschule für Musik – ein Grund zum Feiern?« angeschnitten. Eine der Veranstaltungen war der »Degradierung weiblicher Orchestermitglieder« gewidmet. Zwei zuvor erschienene Aufsätze in der *Zeit* hatten die Aufmerksamkeit für einen Augenblick auf diesen Mißstand gelenkt. Das Bewußtsein aber für das Ausmaß der Frauenunterdrückung, hier speziell der ausübenden Musikerin, war selbst unter Frauen zu gering ausgebildet, als daß daraus ein dauerhaftes Erkenntnisinteresse hätte entstehen können.

Nachdem im Zuge der 2. Frauenbewegung Grundsätzliches zur Rolle der Frau in der Gesellschaft erschienen und gelesen worden war (Millett, 1971; Firestone, 1975; Janssen-Jurreit, 1976), gingen Frauen daran, in einzelnen Fachdisziplinen erste Spezialuntersuchungen vorzunehmen. In allem gingen die Amerikanerinnen voraus, so auch in der Musikforschung. Während sich in der Bundesrepublik noch kaum etwas rührte, kam es zu Beginn der siebziger Jahre in den USA zu einer breitgefächerten musikalischen Forschungstätigkeit. Eine Fülle von Nachschlagewerken[2] wurde publiziert. Zu den wichtigsten Bibliographien kann die jüngst vorgelegte Zusammenstellung *Women in American Music* gezählt werden. Sie umfaßt nicht nur zahlreiche literarische Quellen zum Thema »Frau und Musik«, sondern auch mehr als dreitausend Musikwerke von Amerikanerinnen von der Kolonialzeit bis 1920. Die Herausgeberinnen unterscheiden dabei zwischen Salon-, Kunst- und Gebrauchsmusik (Jazz, Märsche, Suffragettenlieder u. a.). Diese umfassende Sammlung, die auch Nachlässe aus entlegensten amerikanischen Bibliotheken verarbeitet, wird zweifelsohne zu einem unentbehrlichen Nachschlagewerk werden.[3]

Die beliebteste Form der historischen Aufarbeitung stellt die Biographie dar. Schon bevor sich Feministinnen musikalischen Untersuchungen widmeten, waren zahlreiche Biographien von Musikerinnen (vornehmlich Sängerinnen) erschienen, z. B. von Pauline Viardot-Garcia, Elisabeth Mara, Nadia Boulanger, Henriette Sontag, aber auch Autobiographien, so z. B. von Lilli Lehmann, Frida Leider, Frances Alda, Maria Stader, Yvette Guilbert u. a. Der rührige Arno-Press Verlag hat eine Reihe alter Sängerinnen-Biographien im Reprint-Verfahren wieder aufgelegt; es erschien in den letzten Jahren aber auch neue Biographien über Komponistinnen, Dirigentinnen, Sängerinnen und Instrumentalistinnen.[4] Es gab in den USA bisher zwei Tagungen unter dem Motto »Women and Music«: 1981 in New York und 1982 in Los Angeles.

Die ersten Veröffentlichungen auf dem deutschen Markt nahmen sich dagegen spärlich aus. Als erstes erschien bezeichnenderweise eine Übersetzung aus dem Italienischen: *Hexen-Musik* von Meri Franco-Lao. Trotz punktueller Unrichtigkeiten und unzulänglicher Übersetzung wurde für ein deutsches Lesepublikum erstmalig versucht, die sexistische Dimension der patriarchalischen Kultur in der Musik nachzuweisen.[5] Ein Jahr darauf gab die feministische Musikpädagogin und Komponistin Inge Latz eine Sammlung von Frauenliedern heraus. Sie enthielt schwerpunktmäßig Lieder von Gruppen oder einzelnen Frauen, die innerhalb oder im Umfeld der Frauenbewegung von feministischen Ideen angesteckt worden waren. Obwohl es sich hierbei um keine Forschung im strengen Sinn handelt, war diese Zusammenstellung wichtig, weil sie die selbstgemachten Lieder von Frauen ernstnahm.[6] Innerhalb der Reihe »Die Frau in der Gesellschaft – Frühe Texte« erschien 1980 eine Quellensammlung mit Beiträgen von Frauen aus den Jahren 1850-1930. Sie vereinigte neben theoretischen Erörterungen über das Geniale, die Kreativität und Frauenkunst sowie Schilderungen aus dem musikpädagogischen Sektor auch Situationsberichte von Komponistinnen und Sängerinnen in Tagebüchern, Buchveröffentlichungen und Briefen.[7] 1981 erschien eine materialreiche Zusammenstellung von *Komponistinnen aus fünf Jahrhunderten*. Auf fast vierhundert Seiten werden Biographien und Werkbeispiele von Komponistinnen vorgestellt, freilich mit Schwerpunkt auf der bürgerlichen Frau des 19. Jahrhunderts, dennoch in diesem Umfang eine einmalige deutsche Veröffentlichung. Die Musikwissenschaftlerin Eva Weissweiler ist bemüht aufzuzeigen, daß Frauen durchaus große und gehaltvolle Musik geschrieben haben. Eine solche Studie, die die Künstlerin aus dem

Dunkel der Archive ins Licht der Öffentlichkeit rückt, wird als Quellengrundlage für künftige vertiefte Arbeiten dienen.[8] Mit dem unter Federführung der Bremer Musikologin Freia Hoffmann zusammengestellten *Frauen-Volksliederbuch* wurde ein weiterer wichtiger Beitrag zur Quellenforschung geleistet. Die Volksliedkultur wurde weitgehend von Frauen getragen; seit Aufkommen der Volksliedforschung im 18. Jahrhundert war man jedoch bemüht, die weiblichen Spuren auszulöschen. Die Herausgeberinnen sammelten Volkslieder von Frauen oder solche, die den Alltag aus der Sicht weiblicher Stärke betrachten: ein bisher einmaliges Unterfangen, zumal in diesem Band auch die bekannten Volkslieder einer kritischen inhaltlichen Betrachtung unterzogen werden.[9]

Die Frauenforschung krankt im Musiksektor derzeit daran, daß Frauen angesichts der bislang übergangenen oder verfälschenden Bearbeitung weiblicher Belange kaum wissen, wo sie ansetzen sollen. Das zu bearbeitende Feld ist noch unübersehbar. Die Arbeit von Sophie Drinker, so sorgfältig sie auch recherchiert wurde, mußte angesichts der mehreren tausend Jahre, die sie umspannt, zwangsläufig darunter leiden. Während in der männlich-dominierten Forschung die Atomisierung voranschreitet und Wissenschaftler es sich leisten können, über »Ähnlichkeiten und Gleichklingendes in der Musik« oder »Die Flankenwirbelinstrumente in der bildenden Kunst der Zeit zwischen 1300 und 1550« Gelehrtes zu schreiben, können die bisher erschienenen Frauenstudien höchstens als notwendige Pionierarbeiten angesehen werden, denen sich die Detailarbeit anzuschließen hätte. Wie dies angesichts der desolaten Lage an den Universitäten umzusetzen ist, bleibt allerdings unklar. Bis heute hat sich ein Schwerpunkt Frauenmusikgeschichte noch an keiner bundesdeutschen Universität etablieren können. Seminare haben eher zufälligen Charakter und sind von der subjektiven Motivation einzelner Dozentinnen abhängig.[10]

Wenn also zum Thema »Frau und Musik« im Vergleich zu früher derzeit viel publiziert wird, ist angesichts der noch bestehenden Lücken vor übertriebenem Optimismus zu warnen. Die Rolle der Frau in der Schlagerbranche, im Jazz, als Musikpädagogin, Liedermacherin, Rockmusikerin sowie ihre Mitarbeit in der Volksmusikkultur oder im Verlagswesen – diese Aspekte sind lediglich marginal behandelt worden. Die steigende Zahl von Veröffentli-

chungen sollte neben diesem quantitativen Aspekt auch aus qualitativen Gründen nicht zu feministischer Euphorie verleiten. Der
amerikanische Begriff der »Women's Studies« ist schillernd und
durchaus nicht eindeutig feministisch definiert. Jüngst vorgelegte
allgemein-musikwissenschaftliche Arbeiten zur Jazz-, Volks- und
Unterhaltungsmusik haben gezeigt, daß eine soziologische und
interdisziplinäre Herangehensweise den ideengeschichtlichen Untersuchungen überlegen ist. Manche Autorinnen neigen jedoch
dazu, es beim herkömmlichen Ansatz zu belassen, der zum einen
die Kultmusik des 19. Jahrhunderts vorzieht, zum anderen das
herkömmliche Wertsystem unangetastet läßt (wenn beispielsweise zum männlichen »Genie« eine »Kleinmeisterin« gestellt
wird, die »fast so gut wie ein Mann« gewesen sein soll). Auf die
Problematik solcher Vorgehensweisen wird im folgenden noch
eingegangen.

II

Feministische Musikforschung steckt in den Kinderschuhen. Sie
muß schier Unmögliches leisten, was zum einen das riesige Feld
historischer Aufarbeitung, zum anderen methodologische und er-
kenntnistheoretische Erörterungen betrifft. Es soll hier gar nicht
erst versucht werden, Vorschläge für noch zu leistende Studien
oder Schwerpunkte zu machen, sondern es wird anhand einzelner
Details aufgezeigt, wie vielschichtig inhaltlich und methodisch
vorgegangen werden muß, will man nicht auf einer vulgär-femi-
nistischen Ebene verharren.
Zu den mißlichsten Voraussetzungen, die der Forschungswilligen
begegnen, gehört die Quellenlage. Da Frauen abseits vom öffentlichen Musikleben tätig waren, muß man die Quellen häufig
abseits offizieller Zeugnisse suchen. Historisches Material wird
gemeinhin nur dann aufgehoben, wenn Menschen ein Interesse
haben, daß es überliefert wird. Institutionen haben sich jedoch
selten für weibliche Belange verantwortlich gefühlt. Zudem ist
das, was in der Musikgeschichtsschreibung existiert, in bezug auf
weibliches Musikschaffen oft von Vorurteilen und Stereotypen
geprägt. Es würde folglich nicht ausreichen, würde man es dabei
belassen, vorhandene Lücken zu schließen, sondern das Bestehende muß zugleich kritisch befragt und einer Neubewertung un-

terzogen werden: eine wahrhaft gigantische Arbeit, die übrigens natürlich nicht nur die Musikforschung betrifft.

Ein Schwerpunkt künftiger Frauen-Musikforschung liegt sicherlich darin, neben der Aufarbeitung der Ergebnisse weiblichen Musikschaffens in Vergangenheit und Gegenwart zu untersuchen, wie Musikerinnen auf den auf sie ausgeübten gesellschaftlichen Druck reagierten. Noch heute geben Frauen ihre Karrieren auf, um den Ehemännern beizustehen; Frauen lassen ihre Kompositionen in Schubläden liegen, andere scheitern an der Spaltung ihrer Kräfte in Haushalt und Musikausübung. Wiederum anderen fehlt es an Selbstbewußtsein und Ich-Stärke. Hier gilt es, die zahlreichen Faktoren, die die Schaffung der erforderlichen Freiräume für kreatives Verhalten bei Frauen verhindern oder fördern können, zu untersuchen. Dies wirft zugleich Fragen nach der methodologischen Vorgehensweise auf.

Für die Entwicklung eines methodologischen Ansatzes war Linda Nochlins Aufsatz »Why have there been no great women artists?« ein Meilenstein.[11] Nochlin bezeichnet es als unzureichend, in Beantwortung dieser Frage die Archive nach Kunstwerken zu durchforsten und sie als denen der Männer ebenbürtig zu deklarieren. Damit, so Nochlin, begäbe man sich auf eine männliche Legitimationsebene und zugleich in einen Konkurrenzkampf, der von vornherein verloren wäre. Denn die Männer hatten jahrhundertelang die künstlerischen Produktionsmittel in der Hand. Zwar hat sich allgemein die Erkenntnis durchgesetzt, daß Kunst der materiellen und geistigen Freiräume bedarf, um sich zu entfalten. Trotzdem durchzieht der Glaube an das göttlich begnadete Genie hartnäckig die Biographien und Werkdeutungen: Die Natur wird höher eingestuft als die Gesellschaft. Nur wenn die Soziologie als ein notwendiger Bestandteil der Forschung nicht nur theoretisch postuliert, sondern tatsächlich integriert wird, kann sich Entscheidendes ändern.

Die Anmerkungen Nochlins machen eine Gefahr deutlich. Das biographische Stadium, bleiben die Forschungsansätze auf dieser Stufe und einseitig stehen, bekommt eine Legitimationsfunktion gegenüber dem Patriarchat. Es kann langfristig nicht genügen, nur diejenigen Frauen hervorzuheben, die – meist trotz zahlloser Verpflichtungen als Mütter, Ehe- und Hausfrauen – Großes leisteten. Es ist zweifelsohne wichtig, das versteckte kulturelle Erbe solcher »Ausnahmefrauen« auszugraben und zu zeigen, daß die

Beteiligung von Frauen am Musikleben eine lange Tradition hat. Aber es kann sich langfristig nur etwas ändern, wenn man neben der notwendigen Entdeckung vergessener Künstlerinnen darangeht, die Ideologien, die zu deren Ausschluß oder Ignorierung führten, zu analysieren. Frauenforschung kann nur dann die etablierte Musikforschung herausfordern, wenn über die Auflistung von Namen sowie die Klassifizierung, Sichtung und Aufführung von Musikwerken hinaus eine Parteilichkeit entsteht, die die Machtverhältnisse aufdeckt und kritisiert. Die Rolle der Frau als pietätvolle Handlangerin und Idealisierungsobjekt männlichen Schaffens, wie sie uns vermittelt wurde, darf nicht mit einer einseitigen Glorifizierung weiblichen Schaffens beantwortet werden. Die immer wieder aufgeworfene Frage »Warum gab es keinen weiblichen Beethoven?« würde dann als borniertet Versuch entlarvt, Frauen daran zu hindern, sich ein umfassendes und realistisches Bild von den Bedingungen der Möglichkeit für Teilnahme bzw. Nichtteilnahme am Musikleben zu machen. (Im übrigen empfiehlt es sich, auf eine solche Frage mit einer Gegenfrage zu reagieren: »Was wäre wohl aus Beethoven geworden, wenn man ihn frühzeitig in ein Korsett gesteckt oder in seiner Jugend täglich mehrere Stunden mit Hausarbeit oder Sticken beschäftigt hätte?«[12])

So problematisch es mithin wäre, sich damit zu begnügen, einzelne Frauen, die es schafften, »so gut wie ein Mann« zu sein, hervorzuheben, so einseitig wäre es andererseits, würde man blind nachzuweisen versuchen, daß Frauen allein aufgrund ihrer gesellschaftlichen Benachteiligung es nie zu einer hervorragenden Leistung bringen konnten. Zweifelsohne wird eine feministische Forschung den veralteten Wissenschaftsbegriff ablehnen müssen, der sich an der »hohen« Musik orientiert, mit einem verengten Musikbegriff vorliebnimmt und soziologische Verfahren ausklammert. Es wäre aber verkürzt, würde man die Rolle der Gesellschaft verabsolutieren: Dann wären überragende Musikwerke von Frauen Ausnahmeerscheinungen, die nicht ins vorgefaßte Schema passen und sich folglich nicht erklären lassen. Not täte eine differenzierte Vorgehensweise. Wie läßt sich beispielsweise erklären, daß Nadia Boulanger (1887-1979) als Kompositionslehrerin Geniales leistete, jedoch selber darauf verzichtete, zu komponieren? Und wie soll man das Leben der Sängerin Pauline

Viardot-Garcia (1821-1910) einordnen, die alles, auch ihre Liebesbeziehungen und ihre Kinder, der Karriere unterordnete? Ihre gesellschaftlich unterlegene Stellung kompensierten Frauen zuweilen durch psychische Stärke. Diese Fakten müssen analysiert und eingeordnet werden, will man bei der feministischen Biographik nicht auf Stereotypes rekurrieren. Die Suche nach Freiräumen schaffender Frauen ist in der Literaturforschung bereits im Gange.[13] Wenngleich sich solche Forschungsergebnisse nicht geradlinig auf die Arbeitsbedingungen der Musikerin übertragen lassen, werden interdisziplinäre Studien unabdingbar sein, wobei darauf zu achten wäre, daß nicht vom aktuellen Stand feministischer Hypothesenbildung ausgegangen wird, sondern stets von den musikalischen Erscheinungen selbst.

Gehen wir noch einigen exemplarischen Schwierigkeiten nach, die sich derjenigen entgegenstellen, die es nicht dabei belassen möchte, innerhalb der Musikforschung lediglich eine Lücke zu schließen. Wer die männlich-dominierte Musikkultur einer kritischen Neueinschätzung unterziehen will, tut gut daran, die Entstehung des Bürgertums in Augenschein zu nehmen. Kennzeichnend für die theoretischen und ästhetischen Anschauungen der späten Jahrzehnte des 18. Jahrhunderts ist das Aufkommen des Begriffs des »originalen« Schaffens. Musik diente nicht mehr wie im Absolutismus dazu, Gott sowie die »aus Gottes Gnaden« eingesetzten Fürsten und Landesherrscher zu verherrlichen, sondern sie half aktiv bei der Verwirklichung bürgerlicher Individualität und Subjektivität. Der spontane Ausdruckswille der Seele und die Entwicklung eines eigenen Selbstbewußtseins kennzeichneten das Bürgertum, das auch in der Musik nach eigenem Ausdruck suchte. Die Musikhistoriker versäumten freilich mitzuteilen, daß es dabei um die Bestätigung des männlichen Bürgers ging. Die Polarisierung der Geschlechtscharaktere, die parallel zu dieser Entwicklung verlief und den Mann als das nach außen gerichtete, energisch-aktive Subjekt, die Frau als das passive Naturwesen charakterisierte, mußte zwangsläufig die Musik berühren. Daß dieses polarisierte Schema in die Sonatenform einging, verwundert nicht; und es ist nur logisch, daß Musikhistoriker vom »männlichen ersten Thema« und »weiblichen zweiten Thema« sprechen.[14] Zweifellos wird mit der verbalen Beschreibung musikalischer Verläufe ein ideologischer Sachverhalt transportiert. Rhythmisch prägnante, kraftvoll aufsteigende, großschrittige

Themen gelten als »männlich«, lyrisch-kantable, kleinschrittige und in sich zurückfallende Themen als »weiblich«. Ganze Musikepochen bekamen ein geschlechtsspezifisches Etikett aufgesetzt. Die Barockmusik galt als männlich-stark und majestätisch gegenüber der gefühlig-schwülen Romantik, die als »verweiblicht« getadelt wurde.

Der Sachverhalt kompliziert sich, bedenkt man, daß Frauen die ihnen zugeschriebenen Eigenschaften verinnerlichten. »Männer wollen nicht nur den Gehorsam der Frauen, sie wollen ihre Gefühle« (John Stuart Mill). Die der Frau eingebaute Hemmschwelle, die effektvoller funktionierte als von außen errichtete Verbote, stellt einen inhärenten Bestandteil unserer Kultur dar. Diese »Hemmschwelle« hat ebenfalls ihren Ursprung im 18. Jahrhundert, als das Bürgertum – wie oben skizziert – sich vom Adel löste und als eigenständige Klasse manifestierte. Mit der Ausprägung bürgerlicher Werte war es der sich formierenden Mittelschicht nicht mehr möglich, die Frau offen als Unperson zu behandeln. Sie mußte geachtet, gleichzeitig auf eine bestimmte, dem Mann genehme Rolle konditioniert werden. Das Dogma von ihrer »natürlichen Bestimmung« zur Hausfrau und Mutter wurde etabliert. Zu dieser natürlichen Bestimmung gehörte, daß die Frau keinerlei Ambitionen verspürte, in die Kultur aktiv einzugreifen. Sie hatte sich mit spezifischen, abseits gelegenen Nischen (heimischer Salon, pädagogische Aufgaben u. a.) zufrieden zu geben.

Die männlichen Bürger ihrerseits identifizierten sich mit ihrer »natürlichen« Dominanz. Diente die Kunst in der Aufklärung noch der moralischen Erbauung, wurde sie nun zum unmittelbaren Ausdruck des Edel-Erhabenen. Begriffe wie »Originalgenie« und »Genie« erwuchsen aus dem ästhetischen Diskurs. Je mehr der Gottesbegriff an Inhalt verlor, desto ungenierter bedienten sich bürgerliche Männer dieses Etiketts. Carl Maria von Weber und Franz Liszt verstanden sich als »Priester der Kunst«. Den Höhepunkt der Vergöttlichung des Künstlers bildete Richard Wagner, der es wie kaum ein anderer verstand, sich und seine Musik mit metaphysischen Vorstellungen und Weihrauch zu umgeben. Sicherlich spielte bei Wagner eine individuelle neurotische Fehlentwicklung eine Rolle. Wagner hätte jedoch nicht eine so ungeheure Resonanz erfahren, wenn seine charakterliche Disposition nicht einer gesellschaftlichen Norm entsprochen hätte, derzufolge männliche Künstler von göttlicher Schöpferkraft gesegnet sein konnten und sich demnach als Übermenschen gebärden durften.

Wer sich in artifizieller Weise über andere erhöht, muß zwanghaft bemüht sein, den einmal erreichten Abstand abzusichern. Im soziologischen Sektor weisen Benard/Schlaffer darauf hin, daß die Fachausdrücke »harte« und »weiche Daten« eine sexuelle Metaphorik ausdrücken.[15] »Aufsteigende Tonreihen werden immer etwas Erhebendes, Erhabenes, Freudiges von sich ausströmen, absteigende eher etwas Drückendes, Gedämpftes, Wehmütiges«.[16] Daß in der Musik das Aufsteigende (Erigierte), nach außen Drängende und Spannungsgeladene als positiv, das nach unten Gekehrte (Impotente), in sich Ruhende, Weiche als traurig gilt, bestätigt diese Annahme. Die große Rolle der Militärmusik, die breiten Eingang in die absolute Musik gefunden hat, läßt darauf schließen, daß sich der männliche Bürger seine Überlegenheit immer wieder zu bestätigen suchte. »Siegesjubel und Orgasmus sind beides ekstatische Endzustände«[17] – so ein Psychologe. Läßt dies psychologisch auf eine Verbindung zwischen soldatischem Gebaren und männlicher Konditionierung, sprich: dem Drang nach Überlegenheit, schließen? Schon im 16. Jahrhundert gab es Musik, in der Schlachten und Schlachtenlärm einschließlich Kanonensalven imitiert wurden. Um die Wende des 18. Jahrhunderts schwoll die Anzahl der Schlachtensinfonien und Musik heroischen Inhalts an. Die Vermutung drängt sich auf, daß es sich hierbei nicht nur um die musikalische Widerspiegelung der Befreiung vom Absolutismus handelte. Die Übernahme staatlicher und familiärer Macht durch den männlichen Bürger erforderte eine spezifische Betonung und Ausprägung wünschenswert-»männlicher« Charaktereigenschaften. Gibt es gar Verbindungen zwischen dem Zwang des Patriarchats, sich die Natur, andere Völker und die Frauen untertan zu machen, und den künstlerischen Manifestationen, die parallel zu diesen Bestrebungen entstanden? Diese Fragen zeigen, wie sehr feministische Forschung noch in den Anfängen steckt und deshalb vielfach noch im Dunkeln tappt. Hinzu kommt, daß die ökonomischen Grundlagen kultureller Erzeugnisse mitsamt den klassenspezifischen Faktoren genauso zu berücksichtigen wären wie die geschlechtsspezifischen. Dem Feminismus ist es bislang nicht gelungen, marxistische

Theorien zu integrieren.[18] Dies ist der Zukunft vorbehalten, wobei die angstbesetzten Widerstände zwischen Marxistinnen und Feministinnen die Theoriebildung derzeit zusätzlich erschweren.

Die Frauenforschung hat in anderen Wissenschaftsdisziplinen elementare Erkenntnisse gewonnen, die auf alle historischen Wissenschaften übertragbar sind. Als Beispiel ist die Aufspaltung der Frau in die »femme fragile« und »femme fatale« aus der Sicht männlicher Imagination zu nennen, wozu Germanistinnen und Soziologinnen Untersuchungen vorgelegt haben. Die Soziologie gehört zu den wichtigsten Nachbardisziplinen. Aber auch die Psychologie ist als Hilfswissenschaft unentbehrlich. In der Deutung unbewußter Motiv- und Sinnzusammenhänge bei Kompositionen, aber auch bei Kunstschaffenden, können psychoanalytische Untersuchungsmethoden feministischer Musikforschung dienlich sein. Vorsicht ist aber geboten: Da die übliche akademische Qualifizierung interdisziplinäre Studien erschwert, besteht die Gefahr des Dilettierens. Eine feministisch orientierte Wissenschaft kann es sich noch weniger als andere Wissenschaften leisten, reduktionistische Deutungsverfahren zu praktizieren, weil sie sich erst etablieren und legitimieren muß. Vereinfachungen würden eher schaden denn nützen.

III

Ein Bericht über Ansätze in der feministischen Musikforschung wäre unvollständig, würde er nicht das diffizile Feld der weiblichen (oder feministischen) Ästhetik thematisieren. Im Bereich der Bildenden Kunst und der Literatur wird darüber seit einigen Jahren diskutiert. Die Frage, ob Frauen eine spezifisch weibliche Kompositionsweise haben, ist innerhalb der Musikforschung kaum gestellt, geschweige denn annähernd beantwortet worden.[19] Da es Frauen innerhalb der abendländischen Kultur kaum möglich war, frei von patriarchalischen Zwängen zu schaffen, wären zunächst die komplexen Ursachen für die Bevorzugung bestimmter Formen und Inhalte im weiblichen Musikschaffen bloßzulegen. Wie schädlich eine verfrühte Behandlung sein kann, läßt sich an der Entwicklung der marxistisch-leninistischen Ästhetik in der DDR nach Kriegsende verfolgen. Man belegte Musik mit einem Etikett oder einem Programm und glaubte, eine sozialistische Musik geschaffen zu haben. Im Bestreben, möglichst breitenwirksame Musik zu schreiben, wurde auf historisch überholtes musikalisches Material zurückgegriffen. Aufgrund solcher vulgärmarxistischer Simplifizierungen stagnierten kreative Impulse und es dauerte lange, ehe sich die Komponisten davon erholt hatten. Eine spezifische Ästhetik läßt sich wegen der beschränkten Möglichkeiten weiblichen Schaffens, die die Psyche und erst recht die Kreativität berührten, gar nicht aus der Vergangenheit herausfiltern. Da die öffentlichen Musikstätten die Werke von Frauen ignorierten und ihnen daher allein der heimische Salon zur Musikausübung übrig blieb, schufen Frauen notgedrungen vorrangig kleine Stücke für kleine Besetzung. Seit aber als erwiesen gelten kann, daß im sinfonischen Schaffen des 19. Jahrhunderts männliches Prestigedenken mit männlichem Selbstbewußtsein zuweilen zu hohem Pathos degenerierte, ist zu fragen, ob Frauen den sinfonischen Bereich nicht auch deswegen (sei es bewußt oder unbewußt) mieden, weil es ihnen schwerfiel, sich mit solcher Musik zu identifizieren. Hieraus aber geradlinig schließen zu wollen, daß Frauen das Durchsichtig-Filigranhafte oder das kleine Charakterstück vorzogen, wäre gerade angesichts der den Frauen vorgehaltenen Klischees spekulativ.

Erst wenn Frauen einen gleichberechtigten Zugang zu den künstlerischen Produktionsmitteln, zu den sie ökonomisch entlastenden Hochschulstellen, zu den Medien und zum Musikleben haben, kann daran gedacht werden, solche Problemfelder zu bearbeiten. Solange es bei der männlich-dominierten Musikkultur bleibt, werden sich Frauen ihren künstlerischen »Frei«raum innerhalb zweier Pole abstecken müssen: von der kritiklosen Anpassung an Normen männlicher Kultur (die am ehesten allgemeinen Applaus zeitigt) bis zur Abwendung mit dem Wunsch, eine autonome Gegenkultur aufzubauen. Musik aber, die sich sektiererisch in einem Ausnahmeraum verschließt und die ausschließlich der subjektiven Selbsterfahrung dient, wird wohl genauso wenig als Identifikationsobjekt dienen können wie Musik, die allein die von Männern erfundenen Formen und Inhalte kopiert.

Feministische Musikforschung muß folglich auf mehreren Füßen stehen. Sie braucht Hilfe von der etablierten Musikwissenschaft, denn sie kann nicht mehrere tausend Jahre Geschichte aufarbeiten und zugleich neue Methoden entwickeln. Sie benötigt qualifizierte Frauen, die die Spielregeln des eingefahrenen Wissenschaftsbetriebs so gut kennen, daß sie sie sowohl anwenden als auch durchbrechen können. Sie ist nicht zuletzt auf die Unterstützung der betroffenen Frauen, nämlich der Künstlerinnen, angewiesen.

Dieses Dreigespann »Musikwissenschaft/feministische Musikwissenschaftlerin/Künstlerin« ist von vornherein labil. Innerhalb der traditionellen Musikwissenschaft wird man schwerlich bereit sein zuzugeben, daß sie jahrhundertelang ein gesamtes Forschungsfeld beiseite geschoben hat, und wohl noch weniger bereit, sich an einer Forschung zu beteiligen, die einen Großteil der bestehenden Ergebnisse als einseitig und von männlichen Interessen bestimmt anprangert. Was die Musikforscherin betrifft, so befindet sie sich angesichts der Tatsache, daß Frauen im akademischen Bereich eklatant unterrepräsentiert sind, in einer nicht einfachen Lage. Wer eine Vertragsverlängerung oder eine Stelle anstrebt, ist häufig gezwungen, in tradierten Bahnen zu wandeln. Machtpositionen sind oft nur um den Preis des taktischen Manövrierens zu erlangen: Teilhabe an der Macht ist jedoch unabdingbar, wenn an den bestehenden Verhältnissen gerüttelt werden soll. Dies alles stellt die Forscherin vor Probleme, die sich auf die inhaltliche Arbeit niederschlagen können. Freiberuflerinnen wie z. B. Journalistinnen können in den Sog der raschen Vermarktung geraten. Es wird immer wieder zu prüfen sein, ob feministisch gefärbte Publikationen als farbige Tupfer in der Männerkultur fungieren oder echte Schritte zur Veränderung des Bestehenden anstreben. Besonders problematisch gestaltet sich der Bezug von der feministischen Musikwissenschaft zur Künstlerin selber. Viele Musikerinnen, die sich auf dem beschwerlichen Weg zu einer Karriere befinden oder es bereits geschafft haben, sich in der Öffentlichkeit bekannt zu machen, neigen dazu, diesen Erfolg ausschließlich der eigenen Leistung zuzuschreiben. Musikschriftsteller und -historiker haben sich ja erfolgreich über zweihundert Jahre lang bemüht, der Leserschaft einzureden, daß das Künstlerische alleine der Natur entspringt. Viele dieser Künstlerinnen negieren die gesellschaftlichen Hindernisse, die trotz aller Erfolge bestehen. Sie fallen sowohl denjenigen Frauen in den Rücken, die es trotz unstreitiger Begabung und Leistung und trotz unsäglicher Mühen nicht schafften, erfolgreich zu sein, als auch denjenigen, die das gesellschaftliche Ausmaß der Frauenbenachteiligung aufzuzeigen bemüht sind.

Vieles konnte an dieser Stelle nur angerissen werden. Eines scheint zwar selbstverständlich, aber dennoch der Erwähnung wert. »Elite-Frauen« sind in der Frauenforschung unerwünscht. Frauen, die aufgrund ihres Wissensvorsprungs ein Monopol für sich beanspruchen und dieses als Machtmittel zur Abgrenzung benutzen, würden den Interessen des Feminismus diametral entgegenlaufen. Frauenforscherinnen im Fach Geschichte haben jüngst gezeigt, wie eindrucksvoll eine breite kollegiale Solidarisierung wirken kann.[20] Daher sind alle engagierten Musikstudentinnen aufgerufen, sich mehr zuzutrauen: den Kampf mit ihren Prüfern aufzunehmen und ein feministisches Thema zur Bearbeitung durchzusetzen. Frauen, die sich trotz aller Hindernisse entschließen, ihre Arbeitskraft Frauen zu widmen, besitzen den unschätzbaren Vorteil, sich mit ihrer Arbeit identifizieren zu können. Sie entgehen Entfremdungstendenzen und erleben nicht selten das beglückende Gefühl, eine neue, spannende und unerforschte Seite in der Geschichtsschreibung aufzuschlagen – und dies wiegt gewiß viele Nachteile auf.

Anmerkungen

1 Sophie Drinker, *Die Frau in der Musik,* Zürich 1955. Ein Reprint der englischen Fassung erschien 1977 bei Zenger, Washington, USA.
2 Hier die wichtigsten Lexika und Nachschlagewerke: Julia Smith (Hg.), *A Directory of American Women Composers,* Chicago 1970; Don L. Hixon / Don Hennessee, *Women In Music,* A Biobibliography, Metuchen N. J. 1975; Jeannie Pool, *Women in Music History,* A Research Guide, New York 1977; Carolyn Raney (Hg.), *Nine Centuries of Music by Women,* New York 1978; Susan Stern, *Women Composers,* A Handbook, Metuchen N. J. 1978; JoAnn Skowronski, *Women in American Music,* A Bibliography, Metuchen N. J. 1978; Anya Lawrence, *One Thousand Women Composers born before 1900,* New York 1978; Women's Jazz Festival Inc., *National Directory of Female Jazz Performers,* Kansas City 1979. Den folgenden Hinweis auf einen Aufsatz, der eine breite Übersicht

bietet, verdanke ich Lising Pagenstecher: Elisabeth Wood, »Women in Music«, in: *Signs* Vol. 6 No. 2/1980, S. 283-297.

3 Adrienne Fried Block / Carol Neuls Bates (Hg.), *Women in American Music,* A Bibliography of Music and Literature, Westport 1979.

4 Z. B. Mary Matilda Gaume, *Ruth Crawford Seeger,* Her Life and Works, Diss. Indiana University 1973; Julia Schlam, *Ruth Crawford Seeger,* A Composer with a Bifurcate Influence on Music in America, New Haven, Conn. 1975; Alan Kendall, *The Tender Tyrant,* Nadia Boulanger, Wilton 1976; Léonie Rosenstiel, *The Life and Works of Lili Boulanger,* Rutherford 1978; Laurine Elkins-Marlowe, *Gena Branscombe,* American Composer and Conductor, Diss., Austin University, Texas 1978; Bea Friedland, *Louise Farrenc,* Composer, Performer, Scholar, Ann Arbor 1980.

5 Meri Franco-Lao, *Hexen-Musik,* München 1979; vgl. auch Eva Rieger in: *Courage* 7/1979.

6 Inge Latz (Hg.), *Frauen-Lieder,* Frankfurt 1980. Während sich die DDR als Sachwalterin der Arbeiterliedkultur sieht und Forschungen hierzu in breitem Umfang fördert, wird sich wohl kaum ein ost- oder westdeutscher Staat für die Frauenliedkulturforschung interessieren.

7 Eva Rieger (Hg.), *Frau und Musik,* Frankfurt 1980.

8 Eva Weissweiler, *Komponistinnen aus 500 Jahren,* Eine Kultur- und Wirkungsgeschichte in Biographien und Werkbeispielen, Frankfurt 1981.

9 Freia Hoffmann u. a. (Hg.), *Die Frau, die wollt ins Wirtshaus gehn,* Frauen-Volksliederbuch, Frankfurt 1981.

10 Mir wurde in meiner Eigenschaft als Dozentin für Musikerziehung an der Universität Göttingen ein Zuschuß zu einer Reise nach New York zum Kongreß »Women and Music« 1981 mit der Begründung abgelehnt, daß dieser Schwerpunkt nicht in der Studienordnung verankert sei, es sich mithin um ein Privatvergnügen handele.

11 Linda Nochlin, Why have there been no great women artists?, in: Thomas B. Hess / Elizabeth C. Baker (Hg.), *Art and Sexual Politics,* New York 1973.

12 Freia Hoffmann in: Programmheft zur 1. Tagung »Frauen in der Musikpädagogik«, Bremen 1982.

13 Vgl. Elisabeth Lenk, Pariabewußtsein schreibender Frauen seit der Romanik, in: *Courage* 10/1981.

14 Ausführlicheres hierzu in Eva Rieger, *Frau, Musik und Männerherrschaft.* Zum Ausschluß der Frau aus der deutschen Musikpädagogik, Musikwissenschaft und Musikausübung, Berlin 1981.

15 In: *Beiträge zur feministischen Theorie und Praxis* 2/1978, S. 156.

16 Kurt Singer, *Vom Wesen der Musik,* Psychologische Studie, Stutt-

gart 1924, S. 26.

17 Deszö Mosonyi, *Psychologie der Musik,* Darmstadt 1975, S. 29.

18 Vgl. die Beiträge in: *Das Argument* Nr. 132/1982, Schwerpunkt »Frauen und Theorie«.

19 Vgl. Is there a Feminist Aesthetic in Music?, in: *Heresies* 10/1980, Schwerpunktheft »Women and Music«. Mit Ausnahme Judith Ticks geben die Frauen ihre persönliche Meinung wieder; für die Entwicklung einer Theorie sind die Antworten der Befragten daher nicht zu verwerten.

20 Vgl. den Offenen Brief der Berliner Historikerinnen-Gruppe, in: *Beiträge zur feministischen Theorie und Praxis* 5/1981, S. 124 ff.

Magdalene Heuser

Literatur von Frauen / Frauen in der Literatur
Feministische Ansätze in der Literaturwissenschaft

I

Seit dem Beginn der Neuen Frauenbewegung (1968) und dem Höhepunkt des öffentlichen Interesses an Fragen der Frauenemanzipation (1975) hat sich einiges verändert. Da ist einerseits eine Art von Tendenzwende unübersehbar, die sich im deutlich spürbaren Rückgang von Sympathie und Offenheit zugunsten einer Haltung der Abwehr und des Distanzierungsbedürfnisses ebenso bemerkbar macht wie im Aufschwung von Gegenideologien.[1] Zeiten von Arbeitslosigkeit und mangelnder Berufsperspektive insbesondere für Frauen, wie wir sie augenblicklich erleben, lassen die Aktualisierung der alten geschlechtsspezifischen Rollenzuweisungen als opportun erscheinen. Es ist die einfachste Lösung, gesellschaftlich und individuell, wenn Frauen wieder den ihnen seit jeher zugewiesenen Platz »an Heim und Herd« einnehmen sollen. Während aber auf der einen Seite die Modewelle Frauenemanzipation und mit ihr viel oberflächliche Identifikationsbereitschaft zurückgegangen sind, haben auf der anderen Seite jene vorwissenschaftlich geführten und intensiv weiterentwickelten Diskussionen aus der Frauenbewegung inzwischen auch in der Forschung ihren Niederschlag gefunden, und zwar in Fragestellungen, die nun von engagierten Frauen, nicht selten gegen erhebliche Widerstände ihrer Kollegen, erarbeitet und zunehmend im Detail und gründlich untersucht werden. Es findet also in der Bundesrepublik, wenn auch gegenüber anderen Ländern mit deutlicher Verspätung, der Prozeß einer allmählichen Fundierung von feministisch orientierten Forschungstätigkeiten statt, allerdings noch lange nicht im Sinne einer Anerkennung und Verankerung im Wissenschaftsbetrieb, sondern immer noch als Einzelarbeit und -leistung.

Mein Beitrag bezieht sich auf feministische Aspekte in der Literaturwissenschaft: Mit welchen Fragen setzt sie sich mit welchen Resultaten auseinander, wenn es um die Themenbereiche ›Literatur von Frauen‹, ›Frauen in der Literatur‹ und ›weibliche Ästhetik‹

geht? Dabei ist im einzelnen sicher zu unterscheiden zwischen einer eher distanziert-kognitiven Annäherung an die Thematik als einer unter vielen, durch die man sich wissenschaftlich profiliert, und einem Erkenntnisinteresse, das seinen Ausgang nimmt aus einer Auseinandersetzung des tua res agitur, bei dem die Ergebnisse wissenschaftlicher Klärungsversuche wiederum in Diskussions- und Handlungszusammenhänge der Praxis eingebracht werden. Nur für die zuletzt genannte Position läßt sich das Attribut ›feministisch‹ anwenden, das, so umstritten und problematisch es ist, dennoch zumindest für eine Weile unumgänglich scheint, will man die Aufmerksamkeit auf diesen Bereich versäumter Lektionen und Fragestellungen lenken.[2]

Soweit ich es überblicke, gibt es bisher drei Forschungsberichte, die einen Überblick bieten über Feminismus und Literaturwissenschaft: Möhrmann (1979), Boch (1981) und Heuser (1981).[3] Es ist das Verdienst von Renate Möhrmann, als erste und vor internationalem professionellem Kollegenkreis über »Feministische Ansätze in der Germanistik seit 1945« referiert und dadurch diesen neuen Forschungsansatz salonfähig gemacht zu haben. Mein eigener Beitrag ist unabhängig davon entstanden und kommt, wenn auch teilweise an anderem Material gewonnen und anders aufgebaut, zu gleichen bzw. ähnlichen Fragestellungen und Ergebnissen. Es erscheint mir vom Standpunkt der Autorschaft her gesehen sinnvoll, daß ich mich auch in den folgenden Ausführungen auf meinen früheren Aufsatz stütze und dagegen solche Publikationen am ehesten aussparen, die im Beitrag von Möhrmann, der nach Möglichkeit ebenfalls gelesen werden sollte, ausführlich behandelt worden sind. Gudrun Bochs Bilanz und Plädoyer einer feministischen Literaturwissenschaft dagegen bezieht sich, was der Titel nicht erkennen läßt, auf die anglo-amerikanische Literaturwissenschaft, die hier mit feministischer Literaturwissenschaft gleichgesetzt wird. Die Lektüre dieses Aufsatzes macht vor allem eins deutlich, wie wenig bzw. überhaupt nicht die anglo-amerikanische Literatur für den entsprechenden Diskussionszusammenhang in der germanistischen Literaturwissenschaft bisher herangezogen und inhaltlich-kritisch verarbeitet worden ist. Hier läge also bereits eines der Aufgabengebiete für eine feministisch orientierte Literaturwissenschaft, die herauszuarbeiten und zusammenzustellen ein Hauptziel meines folgenden Überblicks sein soll.

Der Anteil und die Bedeutung der von Frauen geschriebenen Literatur ist im literarischen Leben der Gegenwart inzwischen ein Faktum geworden, das sich nicht länger übersehen läßt. Nicht übersehen lassen ist hier im doppelten Sinn des Wortes gemeint: Einmal behauptet die von Frauen geschriebene Literatur einen Platz in der Literaturszene und läßt sich als Teil des Literaturbetriebs in der BRD nicht länger übergehen oder in ihrer Bedeutung herunterspielen. Zum anderen aber ist es angesichts der Fülle der unter diesem Schlagwort angebotenen und rezipierten Texte kaum mehr möglich, sich einen Überblick über dieses Gebiet zu verschaffen.

Wenn wir uns der letzten drei Jahre erinnern, haben mehr weibliche als männliche Autoren mit ihrem Debüt Furore gemacht. Bücher wurden geschrieben, die bewußt eine Auseinandersetzung mit der Frauensituation waren. Es sieht wie ein Aufbruch aus. Eine (wieder!) neue literarische Dimension. Der weibliche Autor ist sich seines Aktionsraumes bewußt geworden.[4]

Zu diesem Ergebnis kommt Angelika Mechtel 1977 in einem Aufsatz über »Die schreibende Frau im Literaturbetrieb«. Sie bezieht sich dabei auf Namen wie Karin Struck, Verena Stefan, Elisabeth Plessen, Brigitte Schwaiger, Ursula Ziebarth und auf Brigitte Reimann und Irmtraud Morgner als DDR-Autorinnen. Andere und zum Teil bekanntere Namen wie Gabriele Wohmann, Ingeborg Bachmann und Gisela Elsner werden zwar genannt, aber deutlich von jener ersten Gruppe abgegrenzt:

Jene Autorinnen also, die sich vom Ende der fünfziger bis Mitte der sechziger Jahre ihre Anerkennung erschrieben hatten, blieben mit ihrer Literatur im abgesteckten Bereich männlicher Maßstäbe. Ich habe mich selbst nicht anders verhalten.[5]

Die Orientierung an männlichen Maßstäben literarischer Ästhetik liefert hier das Kriterium für die Grenzziehung zwischen jenen schreibenden Frauen, die als Ausnahmeerscheinungen »weiße Raben im Schwarm« ihrer männlichen Autoren-Kollegen waren, und solchen, die inzwischen »fliegen gelernt« haben, weil sie über die Entwicklung eines neuen Selbstbewußtseins als Frau schließlich auch zu einem neuen Selbstbewußtsein als schreibende Frauen und entsprechenden Ausdrucksformen gekommen sind.

»Frauenliteratur als Impulsgeber. Frauenliteratur im Sinne einer engagierten antitraditionalistischen Problemstellung.«[6]

Mechtel nennt in ihren Ausführungen die sechziger Jahre als zeitlichen Einschnitt für ihre Grenzziehung, die sie quantitativ und qualitativ ausweist: Weibliche Autoren sind, wie sie meint, keine Ausnahmeerscheinungen und Renommierfrauen mehr im ansonsten von Männern beherrschten Literaturbetrieb, und sie haben sich neue literarische Ausdrucksdimensionen erschlossen. Die literaturgeschichtliche Bedeutung dieses Datums läßt sich erst im nachhinein erkennen, und zwar als eine Folge jener einschneidenden gesellschaftlichen und politischen Veränderungsprozesse, die damals in Gang gekommen sind und die wir heute mit dem Stichwort ›Studentenbewegung‹ kennzeichnen. In diese Zeit fällt auch der Beginn der Neuen Frauenbewegung. Von ihr sind die entscheidenden Denk- und Handlungsanstöße ausgegangen, die die Voraussetzung dafür sind, daß es heute einmal eine reiche Literatur von Frauen und als Folgeerscheinung eine Literaturkritik gibt, die diese Literatur und die Fragen, die durch sie aufgeworfen werden, ernstnehmen und sich mit ihnen auseinandersetzen muß.

Durch den selbstbewußten Eintritt derjenigen Frauen, deren Bewußtsein und Wahrnehmungsvermögen für geschlechtsspezifische Bedingungen der eigenen Situation durch die Diskussionen der Frauenbewegung geschärft worden sind, in die Literaturgeschichte und das literarische Leben ist ein Prozeß in Gang gekommen, innerhalb dessen auch die »Präsentationsformen des Weiblichen«[7] in Bewegung geraten sind. Die Konturen dieses Prozesses bleiben vorerst noch verschwommen und treten nur an einzelnen Stellen schon in Erscheinung. Wichtig für das Verständnis dessen, was sich hier entwickelt, scheint mir der Hinweis auf den Zusammenhang zwischen gesellschaftlicher Veränderung, wie sie durch die Frauenbewegung in Angriff genommen worden ist, und Schreiben. Es ist der Zusammenhang zwischen Erkennen, Beschreiben und Analysieren der eigenen Situation und ihrer gesellschaftlichen Bedingungen und dem Selber-das-Wort-Ergreifen. Emanzipationsprobleme sind so gesehen auch in diesem Fall Sprachprobleme. »Wenn aber die Sprachlosigkeit der Frauen im Grunde Ausdruck ihrer Ichlosigkeit, ihres Nicht-Subjekt-Seins ist, dann kann die Selbstdarstellung der erste und möglicherweise unumgängliche Schritt auf dem Wege zu einer volleren weiblichen

Identität sein.«[8] Dabei vollzieht sich die Selbstreflexion überwiegend, so zumindest am Anfang der Bewegung, in Gruppen und durch Gespräche und gelegentlich auch durch Aktionen. Fragen des Problembewußtseins, der Perspektive und des Adressatenbezugs, die entscheidende Fragen des Schreibens werden, haben sich hier aus der Praxis gemeinsamen Handelns ergeben. So wird man Mechtel zustimmen können, daß »der Boden für eine spezifische Literatur von Frauen [...] eigentlich an der Basis vorbereitet« wurde.[9]

Weitere Gesichtspunkte verdienen Beachtung, wenn man das Phänomen Frauenliteratur der Gegenwart, das im Kontext einer bestimmten gesellschaftlichen Bewegung entstanden und zunächst auch überwiegend rezipiert worden ist, beschreiben will. Da ist einmal der beträchtliche Einfluß zu berücksichtigen, der von der entsprechenden ausländischen Übersetzungs-Literatur ausgegangen ist, z. B. von den Werken der Doris Lessing, Simone de Beauvoir, Anaïs Nin, Marie Cardinal, Anja Meulenbelt und Marilyn French. Es erscheint daher unumgänglich, von einem Ansatz vergleichender Literaturkritik im Sinne der Comparative Literature Studies auszugehen. Weiter ist die Diskussion um einen erweiterten Literaturbegriff zu nennen, durch die marginale Textsorten verstärkt ins Blickfeld der Forschung gerückt worden sind. Autobiographische Schriften, Briefe, Tagebücher, Bekehrungsgeschichten tauchen auch in den Literaturproduktionen von Frauen besonders häufig auf. Und schließlich gehört in diesen Zusammenhang die Diskussion um das Nebeneinander bzw. die fließenden Übergänge und wechselseitige Beeinflussung von erster und zweiter Kultur, von Literatur und Schreiben, von Schriftstellern und Gelegenheitsschriftstellern.[10]

Von den Themenbereichen, die in den literarischen Werken zur Darstellung kommen, kann ich hier nur die wichtigen benennen: Frage nach den geschlechtsspezifischen Bedingungen der Sozialisation von Frauen; Auseinandersetzung mit meist bürgerlichen Elternhäusern und deren Normen, mit der Töchter-Mütter- bzw. der Töchter-Väter-Beziehung; Brüchigwerden von oder Ausbruch aus Ehen; neue sexuelle Erfahrungen; Versuche der Selbstfindung und der Entwicklung von alternativen Lebensmöglichkeiten in Beziehungen, mit Kindern und in der Arbeit, die Frauen gerechter werden; Spiel mit Rollentausch als Entwurf utopischer Möglichkeiten; Neurosen und Wahnsinn als (im Unterschied zum

19. Jahrhundert) vorübergehende Folgen von oder Verweigerungsformen gegenüber den eingeschränkten und fixierten Rollenzuschreibungen für Frauen; der Kampf um Selbstbewußtsein, das bei Frauen aufgrund ihrer Situation in der Gesellschaft unterentwickelt ist, als »Reise nach innen« und Verarbeitung psychoanalytischer Erfahrungen;[11] und auffallend häufig taucht das Motiv des Schreibens (auch im Zusammenhang mit sozialem Engagement) auf, und zwar bezeichnenderweise im Kontext von Selbstvergewisserung durch Wahrnehmen sozialer und psychischer Realität, die sowohl als erstarrt als auch zerfallend und sich entziehend empfunden wird. Entscheidend ist, daß alle Themenbereiche aus der Perspektive von Frauen dargestellt werden, die zunehmend lernen, ihre eigenen Wahrnehmungen und Erfahrungen zu machen, wie sie durch *ihre* Lebenszusammenhänge und *ihr* geschichtlich geprägtes Selbstbewußtsein geprägt sind, den Prozessen ihres Denkens und Empfindens zu folgen und dafür nach adäquaten, ihnen entsprechenden Ausdrucksmöglichkeiten zu suchen. Frauen, die bisher als »imaginierte Weiblichkeit« überwiegend Objekte der Literatur gewesen sind, rücken nun in die Position des Subjekts, das als »imaginierende Weiblichkeit« eigene Imaginationen entwirft und zur Darstellung bringt.[12] Darin liegt das eigentlich spannende Moment der Entwicklung, die durch den selbstbewußten Eintritt der Frauen in das literarische Leben und in die Literaturgeschichte in Gang gekommen ist.

Diesen ersten Abschnitt über das Entstehen einer neuen bzw. neu beachteten Literatur von Frauen im Zusammenhang mit und als Folge der Neuen Frauenbewegung möchte ich mit einigen kritischen Bemerkungen zur Terminologie abschließen.

›Frauenliteratur‹ ist der sprachlich am leichtesten eingängige und deshalb in Medien und von der Werbung am häufigsten gebrauchte Begriff. Was er dagegen bezeichnen soll, scheint weniger leicht auszumachen. Da gibt es formale Bestimmungsversuche, von denen der weiteste, offensichtlich in Analogie zur Begriffsbildung ›Kinder- und Jugendliteratur‹, von Frauenliteratur als einer Literatur *von* Frauen, *über* Frauen und *für* Frauen ausgeht. »*Frauendichtung,* das von Frauen verfaßte und bes. weibliche Gefühlswelt und Interesse spiegelnde Schrifttum« lautet die Definition im Wilpertschen Sachwörterbuch.[13] Hier wird eine Festlegung auf einen bestimmten Adressatenkreis – nämlich weibliche Leser – vermieden, gegen die sich vor allem auch zeitgenössische

Autorinnen zunehmend wehren, weil sie mit Recht eine Ghettoisierung ihrer literarischen Produkte befürchten und damit auch
der Probleme, die in ihrer Literatur zur Darstellung kommen.[14]
Doch auch eine Eingrenzung auf frauenspezifische Inhalte stößt
auf Widerspruch, der unterschiedlich begründet wird, etwa durch
Hinweise auf Enge und auf eine neue Zementierung der alten
Dichotomie Männlich – Weiblich,[15] auf die eigentlich entscheidenden Fragen der Wahrnehmung und der Standpunkte bzw. Interessen, und schließlich auf die Gefahr einer unerwünschten und
auch sachlich falschen Nachbarschaft zum trivialen Frauenroman.[16] Beinahe Übereinstimmung scheint also nur in bezug auf
Autorschaft zu bestehen: Unter ›Frauenliteratur‹ versteht man im
weitesten Sinn ›von Frauen verfaßte Literatur‹, im engeren Sinn
aber solche Literatur von Frauen, die bewußt eine Auseinandersetzung mit der Frauensituation bringt. Um die genannten Gefahren und Mißverständnisse zu vermeiden, geht man neuerdings
immer häufiger dazu über, ›Literatur von Frauen‹ als den eher
zutreffenden Begriff zu verwenden.

Der Einbruch von Frauen in eine bisher überwiegend Männern
vorbehaltene Berufsdomäne spiegelt sich (wie auch bei anderen
Tätigkeitsbereichen) in Benennungsunsicherheiten: Den aus dem
Maskulinum abgeleiteten Formen *Schriftstellerin, Autorin, Dichterin* stehen die – zunehmend als unschön bis diskriminierend
empfundenen – »Zwitterformen« aus *weiblich* plus Maskulinum
gegenüber: *weiblicher Schriftsteller, Autor, Dichter*. Bezeichnungen wie *schreibende Frauen* und Titel wie *Frauen schreiben*[17] machen deutlich, daß Schreiben und Publizieren fest mit ›Mann‹ assoziiert ist, denn Ausdrücke wie *schreibende Männer* oder *Männer schreiben* wirken tautologisch-absurd.

Deutlich scheint mir, daß die Begriffe ›Frauenliteratur‹ oder besser ›Literatur von Frauen‹ ein Konstrukt dieser Gesellschaft, daß
sie politische Begriffe sind, nur zu verstehen und wohl auch zu
rechtfertigen im Zusammenhang der Sozialgeschichte von
Frauen. Literatur von Frauen meldet erst in jüngster Zeit mit
Nachdruck, auch mit politisch kaum zu vermeidender Einseitig-
keit und unübersehbar den Anspruch von Frauen an, ihre Imaginationen des Weiblichen zu entwerfen und damit genauso wahrgenommen und ernstgenommen zu werden wie ihre männlichen
Kollegen. Und da die Sozialgeschichte der Frauen eine Geschichte
ihres Ausgeschlossenseins von Teilnahmemöglichkeiten an Öf-

fentlichkeit und in der öffentlichen Überlieferung daher auch die der Sprachlosigkeit gewesen ist, darf es nicht wundern, wenn zunächst die Auseinandersetzung mit den Lebenszusammenhängen von Frauen, den Möglichkeiten und Behinderungen ihrer Entfaltung einen so breiten Raum einnimmt, ja wohl auch einnehmen muß. Sowohl für die Produktion als auch die Rezeption und Rezension der Literatur von Frauen wird in Zukunft sicher stärker als in den letzten Jahren, die eine Zeit des Nachholbedarfs und erst einmal anzumeldender und durchzusetzender Geltungsansprüche war, darauf zu achten sein, daß ästhetische Gesichtspunkte nicht von Fragen des politischen Engagements einseitig überlagert werden.[18]

III

In welcher Weise hat nun die Literaturkritik von dem, was unter dem Begriff ›Literatur von Frauen/Frauenliteratur‹ neu entstanden und präsentiert worden ist, Kenntnis genommen?
Als eine der ersten setzt sich Ingeborg Drewitz[19] mit der Frage auseinander, wie die Gegenwartsliteratur den Wandel des Rollenverständnisses Frau – Mann spiegelt und ihrerseits wiederum auf Veränderungsprozesse in der Gesellschaft einwirkt:

Nach den Frauengestalten in der deutschen Gegenwartsliteratur fragen heißt doch wohl, die Widerspiegelung des vieldiskutierten Emanzipationsprozesses erwarten. [. . .] Nimmt die Literatur diese Unruhe auf, die schließlich nicht nur die Frauen betrifft? Reflektiert sie die gestörte Polarisation der Geschlechter und in der Folge die Veränderung des Frauenlebens und -erlebens?[20]

Ihre Durchsicht der von Männern bzw. Frauen verfaßten Gegenwartsliteratur führt Drewitz zu einer Bilanz, in der Irritation, Zweifel und Kritik in bezug auf das vorgefundene Frauenbild positiv akzeptierte Ergebnisse noch überwiegen. Wichtig und für literaturkritische Analysen wegweisend ist die bei Drewitz deutlich herausgestellte Wechselwirkung von gesellschaftlicher Emanzipationsbewegung und Literatur.

Wie aber sollte, wie kann die zum Schlagwort gewordene Forderung nach der sozialen Emanzipation der Frau durch die differenzierten und durchaus nicht [sc. notwendigerweise] emanzipationsfreundlichen Erfahrungen angereichert werden, die die Literatur beiträgt?[21]

Theresia Sauter-Bailliet[22] bezieht sich auf die zeitgenössische nordamerikanische Gesellschaft und Literatur, an deren Beispiel sie die Bedeutung einer von feministischen Fragestellungen getragenen Auseinandersetzung mit Literatur deutlich macht. Sie berichtet zunächst über psychologische Untersuchungen, in denen Versuchspersonen unterschiedliche Bewertungsskalen für psychische Gesundheit vorgelegt worden sind. Dabei konnte man »ein hartnäckiges Festhalten an Vorurteilen, die früher unter anderem Vorzeichen auftauchten, ablesen«.[23] Tauchen bei einer Frau gesellschaftlich an sich höher bewertete, aber als männlich geltende Verhaltensweisen auf, so falle sie aus ihrer »Rolle« und habe leicht in den Augen des Psychiaters – und nicht nur in seinen – neurotische Züge:[24]

Wie kommt es, daß das von Vorurteilen beladene Bild der Frau allen Frauen zum Trotz, die es durch ihr Leben und Wirken infrage stellen, nach all den Errungenschaften auf dem Gebiet der Frauenemanzipation, in der öffentlichen Meinung sich so wenig verändert hat? Warum ist es so schwierig, selbst mit stichhaltigen Beweisen und Fakten diese Maske, die die Frau als Individuum verzerrt, bloßzustellen?[25]

Die Antwort sei nur durch einen Rückgriff auf soziale Mythen zu gewinnen, die menschlichen Sehnsuchts- und Angstgefühlen entspringen und die die gesellschaftlichen Tatsachen in obsoleter Weise überlagern. Literatur kann solche Mythen in stereotypen und archetypischen Formen sowohl tradieren als auch durch neue Bilder und Symbole für neue Lebensmöglichkeiten empfänglich machen.

Die weiblichen Stereotypen, die sich in der Literatur abzeichnen, lassen sich aus der Art und Weise, wie sie dem Mann zugeordnet sind, definieren. Je nachdem, ob die weibliche Gestalt den männlichen Wünschen entgegenkommt, sich ihm beugt, oder ihn beunruhigt, ihn herausfordert, erscheint sie unter einem negativen [sc. Typ der ›castrating bitch‹] oder positiven [sc. Griselda-Typ] Vorzeichen.[26]

Sauter-Bailliet kommt zu dem Ergebnis, daß die stereotypisierten Frauengestalten überwiegen, die individualisierten Gestalten dagegen immer noch die Ausnahme bilden. Wichtig scheint mir aber vor allem der hier gewählte methodische Ansatz zu sein, der inhaltsanalytisch und ideologiekritisch orientiert ist:

- Definition und Vergleich literarischer Stereotypen
- Frage nach deren Verankerung in der Gesellschaft und ihrer Geschichte, nach ihrem Wirklichkeits- und Scheinwert
- Suche nach und Beschreibung von Abweichungen vom Stereotyp, den »individualisierten Frauengestalten«.[27]

Im Heft der Zeitschrift LILI, das der »Literatur der 70er Jahre« gewidmet ist, beschäftigen sich gleich zwei Beiträge mit Frauenliteratur und tragen damit dem anfangs angesprochenen Gewicht Rechnung, das diesem Bereich literarischen Schaffens heute bereits zukommt.

Als spezifische zeitgenössische Erfahrungen, über die Frauen schreiben, nennt Barnouw die Beschreibung der sich verändernden sexuellen Erfahrungen und die Mutter-Tochter-Beziehung.[28] Eine Fülle von Texten aus der anglo-amerikanischen, der bundesdeutschen und der DDR-Literatur wird unterschiedlich ausführlich besprochen. Dabei dient als Kriterium, wie die Widersprüche und Konflikte der zeitgenössischen Realität von Frauen in den Texten von Frauen über Frauen dargestellt werden. »Der Wert dieser Texte hängt ab von der sozialen Intelligenz, der Umsicht und Offenheit für die Existenz des anderen, mit denen diese Konflikte und Widersprüche gesehen und ausgesprochen wurden.«[29]

Positiv und in der Kritik anregend ist der komparatistische Blick von außen, der Gefahren und eine Tendenz zur Enge in der deutschen Frauenbewegung und der entsprechend beeinflußten Literatur deutlich werden läßt. So kommt Barnouw zu dem Ergebnis, daß in den Texten bundesdeutscher Autorinnen diese in der Tochter-Rolle befangen blieben und dieses Stadium der Entwicklung als einen gültigen Versuch der Selbstbestimmung betrachteten. Unter dieser Perspektive findet dann auch Verena Stefans *Häutungen* eine eher positive Wertung, da der Text von einer »für den Entwicklungsprozeß und das Weltverständnis außerordentlich schädlichen Bindung an die Rolle am wenigsten betroffen sei«,[30] während es zu Gabriele Wohmann heißt, die »Fiktion einer ehrlichen Selbstanalyse, die nicht ehrlich sein kann, weil es kein Selbst und damit keine Konflikte gibt«, sei das »ärgerlichste Element« in ihren Texten.[31] Nach den oben genannten Kriterien leuchtet ein solches Ergebnis durchaus ein, doch müßte man weiter im Auge behalten und jeweils bedenken, ob der Akzent nicht zu einseitig auf inhaltsanalytischen und psychologischen

Fragen liegt und ob nicht statt dessen stärker ästhetische und gesellschaftliche Gesichtspunkte berücksichtigt werden müßten.

Böhmer, die sich auf einen speziellen Aspekt der französischen Literatur beschränkt, geht von dem Zusammenhang zwischen Frauenbewegung ab 1968 und Sprachproblematik aus, wozu in Frankreich eine Reihe von theoretischen Veröffentlichungen erschienen und aufmerksam rezipiert worden sind.[32] Insgesamt seien die Vorstellungen von einer eigenen Sprache noch sehr verschwommen, doch spiele »der Gedanke vom Zusammenhang Körper-Stimme-Sprache-Schreiben« eine wesentliche Rolle.[33] Der Psychoanalyse komme auf der Suche nach Emanzipation und einer eigenen Sprache deswegen eine besondere Bedeutung zu, weil im psychoanalytischen Prozeß unbewußte psychische Strukturen, die aufgrund der gesellschaftlichen Situation der Frau vermutlich solche der Unterdrückung seien, ins Bewußtsein gehoben werden. Unbewußte Interaktionsformen und verdrängte Impulse, die sprachlich nicht zugänglich, gleichwohl aber handlungsbestimmend sind, müssen sprachlich beschrieben, beim richtigen Namen genannt werden. So setzt sich Böhmer konsequenterweise auch mit solchen Texten auseinander: Auf der einen Seite die Hysterikerin (und ihre Vorform, die Hexe) als ein Exempel weiblicher Sprachlosigkeit in den Darstellungen bei Freud und Hélène Cixous, auf der anderen Seite die Aufzeichnungen einer Psychoanalyse als »Sprechen und Schreiben in der 1. Person Femininum«, für das Marie Cardinals *Schattenmund* von anderen eher mißglückten Versuchen positiv abgesetzt wird.[34] Die Stärke des Aufsatzes von Böhmer liegt darin, daß sie die Auseinandersetzung mit der entsprechenden Theorie und deren untersuchungssteuernde Funktion deutlich macht. Klar werden an den Gelenkstellen auch die Fragen expressis verbis formuliert, denen die Literaturwissenschaft im Zusammenhang der Untersuchung von literarischen Texten sowohl der Gegenwart als auch der Vergangenheit noch nachgehen muß:

– Fragen nach einer weiblichen Ästhetik
– Vorstellungen von einer eigenen Sprache
– Verschollene Autorinnen
– Korrektur des Kanons und Erweiterung des Literaturbegriffs, Untersuchung kleinerer Gattungen der Selbstdarstellung
– Veränderungen der Autobiographie durch Psychoanalyse, Psychoana-

lytische Erfahrungsberichte und die Kategorie ›Entwicklungsroman‹, ›Detektivroman‹, ›Bekehrungsgeschichte‹.

Impulse und Bedeutung, die von der ausländischen bzw. auf ausländische Literatur bezogenen, fortgeschrittenen Literaturkritik auf die noch in Anfängen befindliche Entwicklung feministisch orientierter Fragestellungen und Untersuchungen in der bundesrepublikanischen Germanistik ausgehen können, veranschaulichen die Beiträge von Beck/Russian (1979) und Beck/Martin (1980). Ähnlich wie Barnouw vertreten auch diese Verfasserinnen einen komparatistischen und integrativen, gesellschaftspolitische Bewegung und Literaturproduktion verbindenden Ansatz, der allerdings besonders bei Beck/Martin anders als bei Barnouw in die Richtung eines autonomen Feminismus geht. Im Artikel über »Die Schriften der modernen Frauenbewegung« schließen Beck/Russian[35] den ersten, ausführlichsten und gründlich informierenden Teil über die USA mit einem Überblick über die Auswirkungen feministischer Theorie auf Literaturwissenschaft und Literaturproduktion ab. Dabei ergibt sich folgender Katalog von Aufgabengebieten und Fragestellungen, die vorerst allgemein für eine feministisch orientierte Literaturwissenschaft gelten sollten:

– die überlieferte Literatur »gegen den Strich lesen«
– Gründe bzw. Druck, die Frauen vom Schreiben abgehalten haben
– Beschränkungen für weibliche Helden in der Literatur
– Möglichkeiten einer feministischen Ästhetik und Stilanalyse
– Beeinflussung der Literaturproduktion durch feministische Literaturkritik
– Neubewertung und Interpretation der Werke von weiblichen Autoren aller Epochen
– Neue kritische Biographien
– Lesbische Literaturtradition
– Einbeziehung marginaler Textsorten
– Wiederentdeckung verschollener Autorinnen
– Schriftstellerinnen der sog. Wahnsinns- und Suizid-Tradition
– Autobiographisches Schreiben und Themen
– Feministische Zeitschriften, Zeitungen; unabhängige Verlage; Women's Studies.[36]

Die selbstgesetzte Aufgabe für den Bericht von Beck/Martin über »Westdeutsche Frauenliteratur der siebziger Jahre«[37] ist es, die radikalen Möglichkeiten der Frauenliteratur aufzuzeigen, und zwar auf ihrer eigenen Grundlage und im Rahmen der von der Frauenbewegung gemachten kollektiven Erfahrungen.[38] Es werden Bereiche der Entfremdung, des Verschweigens bzw. der Sprachlosigkeit aufgeführt – Familie, Doppelrolle und Berufe, männliche Autoritäten in Familie und Alltag – und durch Beispiele aus der zeitgenössischen Literatur jeweils veranschaulicht. Beck/Martin machen schließlich den Versuch einer Typologie von literarischen Texten aus der Neuen Frauenbewegung:

1. Texte der Unterdrückung mit allenfalls individuellem Ausweg (Beispiel: Brigitte Schwaiger)
2. Texte einer Entwicklung auf Autonomie und Selbstverwirklichung hin, die allgemeinere Bedeutung haben (Beispiel: Verena Stefan)
3. Radikale Texte, die Unterdrückung darstellen *und* neue Möglichkeiten und Chancen der Selbstbestimmung, und zwar im Rahmen eines kollektiven Handelns und eines sich verändernden Bewußtseins (Beispiel: Margot Schroeder)[39]

Vom gewählten Ansatz her ist die ausführliche Besprechung und sehr positive Einschätzung der beiden Romane von Margot Schroeder nur konsequent. Gleichzeitig zeichnen sich hier aber Gefahren ab, die in einer Vernachlässigung bzw. Ausklammerung der allgemein geführten Literaturdiskussion und ästhetischer Gesichtspunkte liegen.

Auf die besonderen Umstände des Diskussionsstands zur Frauenliteratur in der DDR möchte ich nur kurz eingehen.[40] Kennzeichnend für die gesellschaftliche Situation ist nämlich, daß das »Streben der Frau nach Gleichberechtigung [...] Bestandteil und Ausdruck der menschlichen Emanzipation im Sozialismus und durch ihn«, also nur ein Nebenwiderspruch im Hauptwiderspruch ist.[41]

So stellen Damm/Engler ihre Analysen ausdrücklich unter die Frage, welche Rolle die Literatur spiele »im Prozeß der Überprüfung sowie Um- und Neuprägung überkommener Lebensvorstellungen und Werte«.[42] Für literaturwissenschaftliche Theorie und literarische Praxis ist hier selbstverständlich, was in der bundesdeutschen Diskussion als ein Charakteristikum und zugleich als Problematik und Anfechtbarkeit feministischer Literatur herausgearbeitet worden ist. »Literatur will das Eingreifen in den Gang der gesellschaftlichen Entwicklung provozieren, zur Aufmerksamkeit gegenüber gesellschaftlichen Widersprüchen und Konflikten zwingen, diese bewußt machen.«[43] Welche Konsequenzen sich daraus für die Literatur in einer fortgeschrittenen sozialistischen Gesellschaft ergeben, wird folgendermaßen beschrieben:

Das Nachdenken über Liebe und Partnerschaft, Ehe und Familie nimmt einen bedeutenden Platz ein. Der angestrengte Versuch der Literatur, in die geistige Welt des Menschen, in seine Psyche als Sphäre moralischer Entscheidungen einzudringen, signalisiert zweifellos die Tatsache, daß die sich entfaltende sozialistische Gesellschaft den Individuen immer größere Handlungsräume zuweist. Das äußert sich in dem poetischen Bemühen, die ›kleine Welt‹ der intimen menschlichen Beziehungen und die ›große Welt‹ der gesellschaftlichen Umwälzungen als unlösbar ineinander verkettet, sich gegenseitig bedingend darzustellen.[44]

Was hier als gesamtgesellschaftliche Entwicklung gesehen wird – die Betonung des subjektiven Moments in der Literatur und der Versuch einer Überwindung der Dichotomie von öffentlich und privat –, das begegnet in der bundesrepublikanischen Diskussion gerade an solchen Punkten, an denen die Frauenbewegung deutliche Impulse gesetzt hat. Damm/Engler beziehen sich in ihren Untersuchungen im wesentlichen auf die Sammlung motivgleicher Erzählungen zum Thema ›Geschlechtertausch‹, *Blitz aus heiterm Himmel*, eine Auftragsarbeit.[45] Im Bereich des Privaten werden Fragen aufgeworfen und Handlungsmuster durchgespielt, die für die Weiterentwicklung der Gesellschaft eine utopische Funktion gewinnen können. Trotz einiger Parallelen und Bezugspunkte zur bürgerlichen Literatur, die auch sie sehen, insistieren Damm/Engler jedoch darauf, daß unübersehbar sei der

grundsätzlich andere Ausgangspunkt [...]: die gesetzlich fest fundierte schöpferische Stellung und Tätigkeit der Frauen in unserer sozialistischen Gesellschaft. [...] Die Autoren wissen, daß die Aufhebung der sozialen Benachteiligung der Frauen in konfliktreicher Vorgang des Erwerbs von Selbstbewußtsein, einer Vielzahl von Fähigkeiten und Einsichten, ein Prozeß der Aneignung des Reichtums menschlicher Beziehungen und des gegenständlich entfalteten menschlichen Reichtums ist. Dieser Prozeß bedarf zugleich ökonomischer und sozialpolitischer Voraussetzungen [...][46]

Wer sich mit der deutschsprachigen neuen Literatur von Frauen auseinandersetzen will, wie ich es für eine Vorlesung zu dem Thema im Sommersemester 1982 tun mußte, bleibt angewiesen auf sehr unterschiedliche Sammelwerke zur zeitgenössischen Literatur, von denen nur zwei auf Literatur von Frauen spezialisiert sind. Serke[47] lenkt mit seinen 33 Autorinnen-Porträts und dem geschichtlichen Rückblick auf die Tradition schreibender Frauen den Blick einer literaturinteressierten Öffentlichkeit auf das, was er »ein neues Kapitel deutschsprachiger Literatur« nennt. Allerdings legt er den Akzent auf biographische Informationen, wobei der Ausweis über die Bedeutung der schreibenden Frauen allzu häufig über ihre Männerbeziehungen als Statussymbole läuft. Hier schlägt die männliche und beschränkte Sicht der Frau als Geschlechtswesen immer noch durch und prägt beeinträchtigend die Wahrnehmungsmöglichkeiten. Aus diesem und anderen Gründen ist das Buch letzten Endes ärgerlich, auch wenn es vorerst weiter eine Lücke füllen muß.

Eine zum Glück nur erhellende Funktion kommt dem Biographischen dagegen in den 45 Porträts deutschsprachiger Autorinnen der Gegenwart zu, deren Edition Heinz Puknus besorgt hat.[48] Die einzelnen Artikel zu den nach dem Prinzip ›Symptomatik‹ und ›literarische Bedeutung‹ ausgewählten Autorinnen sind von verschiedenen Schriftstellern/-innen und Literaturwissenschaftlern/-innen geschrieben und bieten daher eine breitere und eher verläßliche Palette der Zugangsmöglichkeiten, Akzentsetzungen und Einschätzungen. Überwiegend stehen hier die literarischen Werke im Mittelpunkt, und zwar deutlich mit einem Übergewicht des Interesses an Fragen des Inhaltlichen wie Selbstverständnis der Frau, weibliche Imaginationen des Mannes, Beziehungen Frau-Mann und allgemein zeitgenössische Probleme. Auch in den Beiträgen dieses Bands zeigt sich die u. a. bei Beck/Martin beobachtete Unsicherheit im Umgang mit neuen literarischen Texten von Frauen und die Tendenz, sie überwiegend inhaltsorientiert als Dokumente, Zeugnisse zu lesen.[49]

Zusammenfassend läßt sich zum Stand der literaturkritischen Reaktion auf und Untersuchung der neuen Literatur von Frauen festhalten: Die wesentlichen Anstöße für eine theoretische Auseinandersetzung, die nicht nur tagespublizistische Reaktion ist, gehen von der ausländischen Germanistik aus. Das entspricht und ist eine Folge der dort fortgeschrittenen Diskussion in der feministischen Theorie und Praxis. Die Zurückhaltung der Literaturwissenschaft gegenüber zeitgenössischer Literatur, die noch nicht in den Kanon des Anerkannten aufgenommen und eingeordnet worden ist, kennzeichnet allgemein die germanistische universitäre

Tradition in der Bundesrepublik. Sie wird im vorliegenden Fall nur noch verstärkt durch den engen Zusammenhang dieser Literaturproduktion mit der Neuen Frauenbewegung und die Schwierigkeit, die wissenschaftlich als erstrebenswert geltende Distanz zu den dargestellten und zu verhandelnden Problemen auch hier zu gewinnen. Eine Trennung der feministischen von der allgemeinen Literaturdiskussion, so politisch verständlich und punktuell erforderlich sie auch ist, halte ich längerfristig allerdings für gefährlich, führt sie doch allzu leicht zu Überschätzungen bzw. Fehleinschätzungen, einseitiger Inhaltsorientierung und Ghettoisierung, die weder der Sache der Literatur noch der Emanzipation der Frau bzw. des Mannes dienen können. Die Einbindung feministischer Aspekte der Literaturkritik in den Gesamtzusammenhang der Diskussion um und Entwicklung von Ästhetik und Literatur erscheint mir als eine der wichtigen Aufgaben für eine feministisch orientierte wissenschaftliche Auseinandersetzung mit Literatur.

IV

Der kritischen Auseinandersetzung mit literarischen Texten schreibender Frauen nach 1968 habe ich mich deshalb zunächst zugewandt, weil sie die aktuelle literarische und gesellschaftliche Diskussion am unmittelbarsten bestimmt haben und von dieser ihrerseits wiederum bestimmt worden sind. Daneben gibt es eine zweite, literaturhistorische Richtung des Erkenntnisinteresses, die danach fragt, ob und welche geschichtliche Tradition schreibender Frauen es gibt, und diese darzustellen versucht. Untersucht werden in dem Zusammenhang einerseits die Rezeption von Frauenliteratur in der Geschichtsschreibung sowohl der bekannten Literaturgeschichten, in denen Frauen kaum vorkommen[50], als auch in den historisch zurückliegenden, vereinzelten Versuchen, dem Phänomen Frauenliteratur gerecht zu werden, und andererseits die literarischen Quellen selber am Beispiel von Epochen, Gattungen und einzelnen Autorinnen.[51] Bei dieser Suche nach der unbekannten, historischen Identität weiblicher Autoren geht es einmal darum, die Bausteine der Unterdrückung von Frauen in der Geschichte freizulegen und sichtbar zu machen, zum anderen aber darum, aus den verschütteten Zeugnissen einer Tradition von Frauen, die gegen Widerstände und im Verborgenen geschrieben haben, den Zusammenhang der eigenen Identität herzustellen.

Ich möchte im folgenden Beispiele einer solchen Suche nach den Spuren von Frauen in der Literaturgeschichte herausgreifen. Es handelt sich um die Untersuchungen von Brinker-Gabler, Bovenschen, Möhrmann und Becker-Cantarino. Sie schreiben kenntnisreich und beteiligt im Hinblick auf die Diskussionen in der Frauenbewegung *und* in der Literaturwissenschaft.

Brinker-Gablers Anthologie *Deutsche Dichterinnen vom 16. Jahrhundert bis zur Gegenwart* stellt den Versuch dar, »eine Tradition weiblicher Lyrik zu erschließen, an der die Entfaltung weiblichen Selbstbewußtseins ablesbar ist«.[52] Das geschieht auf zweifache Weise. Einmal sprechen die Gedichte selbst – sowohl in ihrer thematischen und formalen Orientierung an Männernormen als auch in ihrem Protestpotential gegen solche sozialen und ästhetischen Festschreibungen – eine deutliche Sprache; zum andern stellt Brinker-Gabler in ihrer ausführlichen Einleitung die Entwicklungsgeschichte literarischer Produktionsmöglichkeiten für Frauen im Kontext der jeweiligen historischen Verhältnisse dar. Frauen konnten schon allein deswegen nur Randfiguren im literarischen Leben ihrer Zeit bleiben, weil die ihnen aufgrund ihrer Natur von der Gesellschaft zugeschriebene »Wesensbestimmung« ihnen einen anderen Lebensbereich zuwies, der ihre Zeit und Kräfte aufzehrte.[53] Darüber hinaus wurden die Zugangsmöglichkeiten und -grenzen zur allgemeinen Bildung für Frauen nicht von diesen selbst, sondern von Männern gesetzt, die sich so die Kontrollfunktion über eine wesentliche Bedingung ihrer Superiorität sicherten. Das gilt in besonderer Weise auch für den Bereich der Dichtung, in dem Männer die poetischen Normen formulierten und Frauen der Zutritt zu den entsprechenden Institutionen der Ausbildung und des Austauschs verwehrt wurde, wie Brinker-Gabler am Beispiel von Universitäten und Sprachgesellschaften des 17. Jahrhunderts eindrucksvoll aufzeigt.[54] So erklärt sich, daß Frauen, wenn sie überhaupt geschrieben haben, nur Randfiguren der Gesellschaft waren. Dafür steht das Beispiel der Klosterdichtungen von Frauen im Mittelalter, die »ein Leben fern vom normalen Frauenalltag mit Sorge für Haus und Kind führten. In Kloster und Klause hatten sie Zeit und Muße, sich ihren Arbeiten und Begabungen zu widmen und ihr Wissen zu vertiefen.«[55] Das läßt sich noch um 1800 in den Lebensbedingungen einer Caroline von

Günderode wiederfinden. Ein weiteres Ergebnis des historischen Überblicks ist die Festlegung der Frauen auf literarische Genres oder Stilebenen,[56] denen nur eine geringe ästhetische Wertschätzung zukam und die, wie der Roman bis zum Ende des 18. Jahrhunderts, sich noch im Vorstadium literarischer Salonfähigkeit befanden. Das galt im übrigen auch für die Möglichkeiten der Rezeption, die den Frauen als Leserinnen zugestanden wurden. So läßt sich auch für das Gebiet des literarischen Lebens jener circulus vitiosus konstatieren, der kennzeichnend ist für die Situation der Frau in einer männerorientierten Gesellschaft: »[...] man drängt Frauen in den Bereich der ›bescheidenen‹ Ansprüche, der Unterhaltungsliteratur und spricht ihnen dann im nachhinein ›die Talente der Männer‹ ab.«[57]

»Auf der Suche nach dem geschichtlichen Einfluß der Frauen läßt sich an den historischen Dokumenten vor allem die Geschichte eines Verschweigens, einer Aussparung, einer Absenz studieren.«[58] Von solchen Ergebnissen historischer Forschungen geht auch Bovenschen aus. Frauen haben in den Dokumentationen des öffentlichen Lebens, weil sie zu diesen keinen Zutritt gehabt haben, auch keine Spuren hinterlassen; zugleich fehlen Dokumentationen des häuslichen Alltags, der ihnen als ihr Bereich zugewiesen worden ist. Nur scheinbar anders sieht es auf dem Gebiet der Literatur aus, in der die Frau »stets eine auffällige und offensichtliche Rolle gespielt hat«.[59] Doch gilt das nur für ein Moment des Literarischen: »[...] nur in der Fiktion, als Ergebnis des Phantasierens, des Imaginierens, als *Thema* ist es üppig und vielfältig präsentiert worden; als Thema war es eine schier unerschöpfliche Quelle künstlerischer Kreativität; als Thema hat es eine große literarische Tradition.«[60]

Während die Frauen aber als beschriebene Objekte, als Thema also durchaus wichtig und unübersehbar präsent gewesen sind, tauchen sie als imaginierende Subjekte, als selber Schreibende nur am Rande auf. »Meist jedoch blieb das Schweigen der Frauen unbemerkt, es wurde zugedeckt vom Lärm der nie unterbrochenen stellvertretenden Rede über das Weibliche.«[61]

In welchem Verhältnis der Beeinflussung die imaginierten Bilder des Weiblichen und ihre Rückwirkung auf die realen Lebensmöglichkeiten von Frauen stehen, formuliert Bovenschen folgendermaßen:

Der Begriff des Weiblichen erschöpft sich nicht in den sozialen Existenz-
formen der Frauen, sondern er gewinnt seine Substanz aus der Wirklichkeit der Imaginationen. Die mythologisierte, zuweilen idealisierte, zuweilen dämonisierte Weiblichkeit materialisiert sich in den Beziehungen der
Geschlechter und in dem aus diesem fremden Stoff gewonnenen Verhältnis der Frauen zu sich selbst. Weibliche Realität ist mehr als soziale Stellung plus ein wenig Ideologie. Die Morphogenese der imaginierten Weiblichkeit schiebt sich im Rückblick an die Stelle der weiblichen Geschichte.
Die Grenzen zwischen Fremddefinition und eigener Interpretation sind
nicht mehr auszumachen.[62]

In der Aufdeckung solcher stereotyper Bilder in der Literatur, die
als kaum verdeckte Ideologie eine sich verändernde gesellschaftliche Wirklichkeit weiter prägen und bei Frauen heute zu einem
tendenziell gespaltenen Bewußtsein führen und sie in der Entfaltung ihrer Lebensmöglichkeiten immer noch lähmen oder zumindest behindern, wird eine der langfristigen und wichtigsten Aufgaben für eine feministisch orientierte Literaturwissenschaft liegen.[63]
Bovenschen untersucht am Beispiel des 18. Jahrhunderts die
»kulturgeschichtlichen Präsenzen und Präsentationen des Weiblichen«.[64] Sie arbeitet zwei Stereotypien des Weiblichen heraus und
stellt sie, auf dem Hintergrund von Reduktions- und Ergänzungs-
theorien, einander gegenüber: die ›weibliche Gelehrsamkeit‹ (tendenziell geschlechtsegalitär) und als Kritik und Reaktion darauf
die ›weibliche Empfindsamkeit‹ (ergänzungstheoretische Ge-
schlechtsbestimmungen). Aufgrund ihrer am begrenzten literaturhistorischen Material gewonnenen Einsichten kommt Bovenschen zu einer Generalisierung, die die »Struktur einer vermehr-
ten Partizipation der Frauen im Rahmen kultureller Bewegungen
und Gruppenbildungen« erkennen läßt: »[. . .] daß sich die ernst
zu nehmenden Kulturtätigkeiten von Frauen fast immer auf der
Grundlage von Kulturprogrammen und -bewegungen vollzogen,
die sich kritisch – im Fall der Romantiker auch im Sinne eines
auf Kommunikationsweisen erweiterten Kunstbegriffs – zu dem
herkömmlichen Kanon künstlerischer Produktivität verhiel-
ten.«[65]
Es bleibt die Frage, ob das nicht auch noch für die Frauenbewegung von heute und die in ihrem Kontext entstehende Literatur
von Frauen gilt. Wichtig scheint mir, daß Bovenschen am Schluß
ihre literaturhistorischen Ergebnisse und Überlegungen in den

aktuellen Diskussionszusammenhang der Frauenbewegung zurückführt, indem sie vor ahistorischen ursprungsmythischen Sehnsüchten und einer neuen, nun von den Frauen selbst proklamierten Geschichtslosigkeit warnt, die, im 20. Jahrhundert, Lächerlichkeit und Sektierertum bedeute und schließlich nichts anderes sei »als die schlechte Wiederholung dessen, was mit dem Weiblichen immer schon geschah: Ausbürgerung aus der Realität«.[66]

Einer anderen Epoche der historischen Entwicklung wendet sich Möhrmann zu, der Frauenemanzipation im Vormärz. »Das entscheidend Neue ist, daß sich in dieser Epoche erstmals eine größere Anzahl Frauen ihrer untergeordneten Stellung in der Gesellschaft bewußt wird und publizistisch darauf aufmerksam macht.«[67] Wichtig für diese Generation schreibender Frauen ist, daß sie die eigene Situation, die weiblichen Sozialisierungsbedingungen und Lebensmöglichkeiten, in ihren Schriften ausdrücklich thematisieren, und zwar sowohl beschreibend als kritisch reflektierend und auch Veränderungsansätze aufzeigend und fordernd. Das tun sie nicht nur für sich selbst, sondern für alle Frauen. So kommt Möhrmann zu dem Ergebnis, daß die Frauen des Vormärz »die erste Frauengeneration wurden, die sich die Schriftstellerei als Profession eroberten«.[68] Und es ist nicht zufällig, daß ihnen das nur gelang, weil sie in ihrer Schriftstellerei den Weg der Tendenzliteratur einzuschlagen sich nicht scheuten und so das Entstehen einer Frauenbewegung auf breiter Basis vorbereiteten, die im unterbrochenen Prozeß von über hundert Jahren erst die sozialen, politischen, ökonomischen Bedingungen erkämpfen mußte dafür, daß Frauen heute im literarischen Leben nicht länger Randfiguren sein müssen.[69]

Besondere Aufmerksamkeit für eine feministisch orientierte literaturgeschichtliche Forschung, die bei uns ja noch in ersten Anfängen steckt, verdient der von Barbara Becker-Cantarino herausgegebene Band *Die Frau von der Reformation zur Romantik,* und darin besonders der Beitrag der Herausgeberin.[70] Die einzelnen Aufsätze zu Detailfragen und die Grundsatzüberlegungen von Becker-Cantarino beziehen sich auf den Zeitraum von 1500 bis 1800, der als ein Zeitabschnitt der »Gesichts- und Geschichtslosigkeit der Frau« bezeichnet wird.[71] Es geht diesen Literaturwissenschaftlerinnen nicht um den Anspruch einer neuen Methode, sondern darum, »eine neue Perspektive, eine neue Fragestellung an das jeweilige Thema« heranzutragen,[72] d. h. es »aus der *Sicht* der Frau und unter *Infragestellung* der Rolle oder Situation der Frau zu behandeln«.[73] Becker-Cantarino macht nachdrücklich und überzeugend klar, daß für die Untersuchung des Themas »Frau und Literatur« ein sozialgeschichtlicher Ansatz unumgänglich ist, die entsprechende Forschung also interdisziplinär vorgehen und ausgerichtet sein müßte. In diese Richtung geht die Herausgeberin mit ihrem eigenen Beitrag am Schluß des Bandes, einem Forschungsbericht zur »(Sozial-)Geschichte der Frau in Deutschland 1500-1800« mit angehängter Auswahlbibliographie, die den vorher angesprochenen Themenkreisen folgt:[74]

1. Zur Aufgabe und Problematik: Frauenbilder, Gesichts- und Geschichtslosigkeit der Frau (S. 243-248)
2. Sozialgeschichten und die Geschichte der Frau (S. 248-253)
3. »Hausmutter« und Familie (S. 253-256)
4. Außerfamiliäre Rollen: Mätresse, Hexe, Kindsmörderin, Schauspielerin (S. 256-262)
5. Bildung und Erziehung (S. 262-267)
6. Leserin und Autorin (S. 267-275)

Obwohl der Akzent in diesem Bericht auf den sozialgeschichtlichen Grundlagen liegt, werden diese doch gesichtet und ausgewertet im Hinblick auf Querverbindungen zur Literaturgeschichte und Ansatzpunkte für feministisch orientierte literaturwissenschaftliche Forschungsaufgaben, die Becker-Cantarino jeweils deutlich herausstellt und formuliert. Dabei wird durchgehend der Zusammenhang zwischen Bildungsstand als einer Folge von Zugangsmöglichkeiten zur Bildung und aktiver Teilnahme von Frauen am literarischen Leben deutlich, auch wenn Becker-Cantarino diese erst im letzten Abschnitt über »Leserin und Autorin« ausdrücklich thematisiert. Die Perspektiven auf Weiterarbeit, die dieser Band eröffnet, sind reich und faszinierend, und es bleibt zu hoffen, daß sie auch von der bundesrepublikanischen Forschung wahrgenommen und weiterentwickelt werden in dem Sinne, daß »die individuellen und die kollektiven Erfahrungen, Beobachtungen und Leistungen von Frauen und ihr Selbstverständnis« im jeweils untersuchten Zeitabschnitt aufgedeckt werden.[75]

Aus der Suche nach den Spuren von Autorinnen in der Geschichte und wiederum auch auf diese hinleitend sowie aus der kritischen Auseinandersetzung mit den neuen Ausdrucksmöglichkeiten schreibender Frauen heute ist die Frage erwachsen, ob es so etwas wie eine weibliche Ästhetik gebe. Sie steht, vorerst als Hypothese, zur Diskussion. Im folgenden möchte ich, damit zum Schluß kommend, kurz darstellen, welche Überlegungen und Beschreibungsversuche zur Klärung dieser Frage bereits vorliegen.

In den bisherigen Ausführungen und besprochenen Arbeiten ist das Thema weiblicher Ästhetik bereits mehrfach berührt worden. Schon die Terminologie läßt einen Teil der Problematik erkennen. Enthält der Begriff ›Frauenliteratur‹ den Hinweis auf Autorschaft, Adressatenkreis, Darstellungsgegenstand, oder geht er darüber hinaus und deutet eine spezifische Weise des Wahrnehmens und der Ausdrucksformen an? Wenn von ›schreibenden Frauen‹ die Rede ist, steckt darin nicht der Versuch, den ästhetischen Fragestellungen zunächst auszuweichen? Es handelt sich hier um ein Aufgabengebiet, das neu ist und auf dem es bis heute nur erste Ansätze des Überlegens, der Theoriebildung und analytischer Untersuchungen und Bestimmungsversuche gibt.[76]

Der Einfluß von Cixous und Irigaray ist bereits in dem Essay von Elisabeth Lenk spürbar, wenn sie in ihren Ausführungen von folgenden Gedanken ausgeht:[77]

Das ›Weibliche‹ ist in Bewegung geraten. Es läßt sich auf ein Ensemble von Attributen, gar auf eine unveränderliche Charakterstruktur nicht mehr reduzieren. Und so kann auch die weibliche Ästhetik nicht einfach die Wiederkehr ›typisch‹ weiblicher Elemente in der Kunst sein. In den Augen der Männer existiert die weibliche Ästhetik gar nicht, denn sie existiert vorerst nur als ein unterirdischer Prozeß, eine Dynamik, die gleichermaßen produktiv und bedrohlich ist: produktiv, weil die Frauen anfangen, frei über ihre Phantasien zu verfügen, und bedrohlich (fürs Bestehende), weil die nur scheinbar versteinerte Frau, Fundament der patriarchalischen Gesellschaft, also der Boden, auf dem die Männer so lange standen, anfängt sich zu bewegen.[78]

In der traditionellen, von Männern definierten Ästhetik sei das Rätsel Schönheit immer unauflöslich mit dem Rätsel Frau verknüpft gewesen. Das löse sich aber nun, mit dem Eintritt der

Frauen als Subjekte in den Bereich der Ästhetik, vermutlich auf. Die fetischistischen Betrachtungen ihres Erscheinungsbilds und damit der Objektcharakter der Kunst gingen verloren, weil Frauen aufhörten, dieses betrachtete und entfremdete Ich zu sein, und statt dessen anfingen, zu sich selbst und zu anderen Frauen in ein Verhältnis zu treten.

Im neuen Verhältnis der Frau zu sich ist sie Viele, oder vielmehr: sie löst sich augenblicksweise auf in reine Bewegung. Weiblichkeit ist ihr dann so fern wie Männlichkeit und die ganze von Eigenschaften durchfurchte Welt. Es ist dies eine Bewegung, die lange Zeit träumend war, die aber, wo sie zum Bewußtsein erwacht, sich vervielfacht: ein Handeln von außen nach innen und insofern ein seitenverkehrtes, spiegelbildliches: das ästhetische Handeln.[79]

Lenk weist abschließend auf den Zusammenhang hin, der für Frauen, die sich auf einen solchen Prozeß einlassen, zwischen Sich-selbst-verdoppeln und Sich-verrückt-glauben besteht, doch sei dieser Wahnsinn nur scheinbar und stelle sich bei genauerem Hinsehen oft als erster Schritt zur Heilung dar.[80]
Als positive Bestimmungen einer weiblichen Ästhetik zeichnet sich hier zweierlei ab: einmal die Aspekte der Bewegung und des Gleitens, und zum anderen eine Veränderung der Wahrnehmungsrichtung in der »sich selbst verdoppelnden Frau«. Darin stecken wichtige Ansätze, die aufgenommen und weitergedacht werden müssen. Bei Lenk erscheint das alles noch ein wenig verschwommen, sie zeigt die von ihr beschriebenen ästhetischen Ausdrucksformen nicht an Beispielen auf. Es bleibt also weiterhin die Frage, wie tragfähig die Anwendung der Kategorien der Bewegung und des Gleitens oder die Veränderung der Wahrnehmungsrichtung auf Inhalte und Formen sein kann, wenn man den Anspruch einer »weiblichen Ästhetik« nicht nur stellen, sondern auch einlösen will.
Die Frage, wie »die spezifisch weiblichen Formen der Wahrnehmung kommunizierbar« seien, stellt Silvia Bovenschen im gleichen Heft der Zeitschrift *Ästhetik und Kommunikation* und macht dabei ihre Vorbehalte gegenüber einem voreiligen Programm »feministischer Ästhetik« geltend.[81]
Sie begründet das mit den Schwierigkeiten, »weibliche Kreativität begrifflich zu fassen«, die einmal Schwierigkeiten einer von tradierten Dichotomien geprägten Sprache seien, dann aber auch darin lägen, daß ihr die »[...] schematische Aufteilung oder Neu-

zuteilung von ›Qualitäten‹ im Vorgang der einfachen Umkehrung und Umwertung [. . .] bei der Frage nach den Möglichkeiten weiblicher Kreativität nicht sehr ergiebig«[82] zu sein scheint. Und schon hier zeichnet sich der Fortgang der weiteren Arbeit für Bovenschen ab, wenn sie darauf hinweist, daß »eine weibliche Sensibilität des Schreibens« für sie nur faßbar sei an »einzelnen Beispielen weiblicher Subversion, weiblicher Imagination, formaler Konstruktion in den jeweiligen Werken. Dort mithin, wo die Spezifika der weiblichen Erfahrung und Wahrnehmung selbst formbestimmend sind, und nicht dort, wo ein ›feminines Anliegen‹ einer traditionellen Form aufgesetzt ist. [. . .] Feminine Qualität läßt sich schwerlich allein an die Sujets ketten.«[83]

Die Überzeugungskraft der theoretischen Bemühungen von Bovenschen liegt darin, daß sie zwar die Frage nach einer weiblichen Ästhetik bejaht, daß sie aber sehr zurückhaltend umgeht mit voreiligen konkreten Bestimmungsversuchen. »Der Nachweis eines anderen (weiblichen) Verhältnisses zu Detail und Allgemeinem, Statik und Bewegung, Rhythmik und Gebärde ist nicht erbracht. Das bleibt zunächst alles nur Behauptung.«[84] Es bedürfe eines zähen Stücks Arbeit, die kaum erst begonnen habe, um die Fragen des »ästhetischen Sensoriums« und der »Formen des sinnlichen Erkennens« zu klären, die die entscheidenden Fragen einer weiblichen Ästhetik seien.[85]

In einem neueren Aufsatz von Friederike Hassauer-Roos[86] wird weibliche Ästhetik stärker als bei Lenk und Bovenschen als das ganz Andere, Unerhörte, Ungedachte beschrieben und deutlicher als bei den Vorgängerinnen in Beziehung zur weiblichen Körpererfahrung gesetzt:

Die Körpererfahrung ist das materialisierte ›Andere‹, das Imaginäre, dessen Verkörperung an den Rändern des Spiegels der männlichen Kultur die Frau darstellt. Körpererfahrung mit Emotionalität und Intellektualität zusammenzubringen, das Schlachtfeld der Dissoziationen aufzuräumen ist der utopische Entwurf, den weiblicher Diskurs befördern will. Das gleichermaßen lustvolle wie bedrohliche Potential ihrer Begabungen, das Frauen selbstzerstörerisch in Schweigen und Wahnsinn neutralisieren und gegen sich kehren, soll ausgelebt, freigesetzt werden als Sprengsatz wider männliches Entweder-Oder.[87]

Hervorzuheben scheint mir für Hassauer-Roos, daß sie einmal das Utopische einer weiblichen Ästhetik betont, und daß sie zum anderen sowohl den Gedanken der Körpererfahrung als eines wichtigen Moments ästhetischer Wahrnehmung ins Spiel der Überlegungen bringt als auch die positiven Möglichkeiten sieht und ins Bewußtsein hebt, die aus der Erfahrung und Verarbeitung einer marginalen Existenzform für Frauen erwachsen können. So verbinden sich hier biologisch und sozialgeschichtlich bedingte Aspekte der Lebenszusammenhänge von Frauen, die Ausgangspunkte einer weiblichen Ästhetik werden könnten.[88]

»Das weibliche Imaginäre, das Ungedachte, Unerhörte also ist die Chance, die die Frau als das ganz Andere, das Nicht-Definierte hat. Ihr Mangel, ihr Defizit, ihre Nicht-Existenz an den Rändern des männlichen Spiegels ist ihre Chance.«[89] Auch bei Hassauer-Roos bleibt es also »bei ärgerlich Vorläufigem, Irritierendem, sich festen Definitionen Entziehendem [...] Ein Raum für weibliche Imagination muß erst noch geschaffen werden [...]«[90]

Gisela Schneider und Klaus Laermann gehen in ihrem Aufsatz »Augen-Blicke« von einer Analyse der Blickrichtungen von Frauen bzw. Männern aus, wie sie auf Familienporträts der klassischen Malerei, Familienphotos des 19./20. Jahrhunderts und in der Illustriertenwerbung begegnen. »Diese Darstellung ist ein bildgewordenes Ideologem geschlechtsspezifischen Wahrnehmungsverhaltens.«[91] Die Frage nach einer weiblichen bzw. männlichen Ästhetik wird hier zu einer Frage der gesellschaftlich bedingten Wahrnehmungsfähigkeiten und -möglichkeiten,[92] die bei Frauen zum Verlust der Wahrnehmung ihrer selbst geführt haben, der nicht einfach »unemanzipiert«, sondern krank mache,[93] und bei Männern zu einem »einäugigen Blick«, der dem Wahrnehmungsideal der Entsubjektivierung, Entsinnlichung und Distanzierung folge und so Herrschaft erst möglich gemacht habe.[94]

Brigitte Wartmann nimmt den abendländischen, patriarchalen Dualismus von Geist und Sinnlichkeit und die damit verbundene hierarchische Wertung zum Ausgangspunkt ihrer Überlegungen zu Möglichkeiten einer weiblichen Ästhetik, die sie dagegen als ein mehrwertiges statt des einseitig dualistischen Konzepts entwirft.[95] Weiblich schreiben, reden könne deshalb nur heißen, »daß zunächst die *Möglichkeiten* für eine veränderte Form der Kultur, die nicht den Körper gegen den Geist ausspielt, als Lebensform entdeckt werden soll«.[96] In dem Bemühen, Strategien der Befreiung von jenem fremden, dualistischen Zurichtungsmuster zu entwickeln, gewinne das Schreiben von Frauen als Ausweg aus ihrer nicht selbstverschuldeten gesellschaftlichen Sprachlosigkeit eine zentrale Bedeutung.[97]

In den Zusammenhang eines Nachdenkens über Fragen einer weiblichen Ästhetik gehören auch die Arbeiten von Heide Göttner-Abendroth, auch wenn sie von einem ganz anderen Ansatz ausgehen und Zielvorstellungen entwerfen, die inkommensurabel mit vertrauten Literaturvorstellungen und literaturwissenschaftlichen Analyse- und Beschreibungsverfahren sind.[98] Ich meine damit die Bestimmung von matriachaler Kunst, »weder Werk noch Ware noch Fetisch, sondern ein energetischer Prozeß« zu sein und »jenseits des Fiktionalitätsprinzips« zu stehen.[99] Im Rahmen ihrer Matriarchatsforschung entwickelt Göttner-Abendroth unter Rückgriff auf Mythologie und vor-patriarchales Matriarchat die Utopie einer *neuen* matriarchalen Ästhetik, deren Prinzipien sie folgendermaßen beschreibt:

1. jenseits des Fiktionalitätsprinzips; Magie als ein symbolischer Eingriff in die Realität mit realitätsverändernder Wirkung
2. fester vorgegebener Rahmen, universelle Struktur, die jeweils verschieden konkret ausgefüllt werden könne, also Vielfalt in der Einheit erlaube
3. kein »Text«, sondern ein Prozeß, an dem alle beteiligt seien
4. keine Trennung von Autor und Rezipient, da matriarchale Kunst »Totalaktion« sei
5. kein Dingcharakter
6. keine Trennung von Kunstgattungen
7. ein zum patriarchalen entgegengesetztes Wertesystem, d. h. ein Prozeß komplexer gesellschaftlicher Gegenpraxis, die nicht von Herrschaft durchsetzt sei
8. Ästhetisierung der ganzen Gesellschaft
9. Fähigkeit, Leben zu gestalten.[100]

Wichtig ist, daß es sich bei dieser neuen matriarchalen Ästhetik nicht um eine neue Kunstform, sondern um eine neue Lebensform handeln soll, die »fortwährende Gestaltung und Umgestaltung des Lebens im Kleinen wie im Großen«.[101] Die Überlegungen von Göttner-Abendroth sind zugleich faszinierend und irritierend: faszinierend, insofern sie verschüttete Ausdrucksformen ins Blickfeld rücken, irritierend, insofern sie sich weiter an den dualistischen Denk- und Lebensmodellen von Matriarchat und Patriarchat orientieren und Gefahren einer ghettoisierten und ahistorischen Gegenwelt in sich bergen. Im Zusammenhang der Diskussion um eine weibliche Ästhetik, die sich ja noch im Stadium der Hypothesenbildung befindet, erfordern die Theorien von Göttner-Abendroth jedoch kritische Aufmerksamkeit.

Wenn wir davon ausgehen, daß »eine unterschiedliche soziale Situation des ästhetischen Subjekts auch sprach-, form- und bildbestimmend ist«,[102] dann erscheint es mir ratsam, die Kategorien ›das Weibliche‹, die ›weibliche Ästhetik‹ in Zukunft weniger absolut und ahistorisch zu gebrauchen, als das häufig geschieht, und sie stärker in Beziehung zu den jeweiligen historischen, sozialen und individuellen Bedingungsfaktoren zu beschreiben, die Veränderungen unterworfen und für sie offen sind. Ein weites Feld also für eine feministisch orientierte Literaturwissenschaft, die ich als *einen* Forschungsansatz neben anderen in dieser Disziplin sehe, allerdings einen eminent wichtigen und spannenden, aber bisher vernachlässigten. Es bleibt zu wünschen und diesen Anspruch mit Nachdruck geltend zu machen, daß endlich auch in der Bundesrepublik solchen Forschungsansätzen weniger Widerstände entgegengesetzt werden und ihnen entschieden mehr Förderung zukommt.[103]

Anmerkungen

1 Vgl. Sprachgebrauch und Haltungen in Rezensionen, Medien u. a., wo es üblich geworden ist, Begriffe wie ›feministisch‹ und ›Frauenemanzipation‹ pejorativ zu gebrauchen und entsprechend positiv hervorzuheben, wer bzw. was nichts damit zu tun hat.

2 Simone de Beauvoir, Über den Kampf für die Befreiung der Frau, in: *Kursbuch* 35, 1974, S. 60, definiert den Begriff so: »Feministin sein nenne ich also, wenn man nicht im Rahmen der männlichen Organisation für eine allgemeine Revolution kämpft, sondern mit Frauen – und vielleicht manchmal auch mit Männern –, aber auf jeden Fall mit dem Ziel kämpft, die Frauen zu emanzipieren.« – Ausführlicher und in literaturwissenschaftlichem Zusammenhang Renate Möhrmann, Feministische Ansätze in der Germanistik seit 1945, in: Magdalene Heuser (Hrsg.), *Frauen – Sprache – Literatur,* Paderborn 1982 (= ISL 38), S. 91-115, S. 95 f.

3 Gudrun G. Boch, Feministische Literaturwissenschaft, Eine Bilanz und ein Plädoyer, in: *Frauenstudien,* Berlin 1981 (= *Argument*-Sonderband AS 71), S. 38-55. – Magdalene Heuser, Frauen – Literatur – Sprache, in: *DD* 60 (1981), S. 383-405. – Keinen Überblick,

sondern eher einen theoretischen Begründungsversuch, punktuell vorgetragen, liefert Marianne Schuller, Die Nachtseite der Humanwissenschaften, einige Aspekte zum Verhältnis von Frauen und Literaturwissenschaft, in: Gabriele Dietze (Hrsg.), *Die Überwindung der Sprachlosigkeit*, Darmstadt, Neuwied 1979 (= SL 276), S. 31 bis 50. – Auf den Beitrag von Barbara Becker-Cantarino, der auch in diesem Zusammenhang herangezogen werden sollte, gehe ich später ein, vgl. Anm. 70.

4 Angelika Mechtel, Die schreibende Frau im Literaturbetrieb, Der weiße Rabe hat fliegen gelernt, in: *ZEIT* 39/1977.

5 Ebd.

6 Ebd.

7 Silvia Bovenschen, *Die imaginierte Weiblichkeit,* Frankfurt/M. 1979 (= es 921), passim.

8 Ursula Böhmer, se dire – s'écrire: Frauen, Literatur, Psychoanalyse in den siebziger Jahren in Frankreich, in: *LiLi* 9 (1979), H. 35, S. 60-81, S. 62.

9 A. Mechtel, Die schreibende Frau.

10 Hierzu vgl. *Literaturmagazin* 11, Schreiben oder Literatur, Reinbek 1979 (= dnb 129).

11 Anaïs Nin, *Sanftmut des Zorns,* Bern 1979, S. 267.

12 S. Bovenschen, *Die imaginierte Weiblichkeit,* passim.

13 Gero von Wilpert, *Sachwörterbuch der deutschen Literatur,* 6. erw. Aufl. Stuttgart 1979, S. 279-281.

14 Ruth Römer, Was ist ein Frauenroman?, in: *NDL,* 1956, H. 6, S. 115-120, setzt sich kritisch mit dem Begriff auseinander und befürwortet ihn allenfalls als »provisorische Unterscheidung«, S. 117.

15 Eine scharfe Formulierung dieser Kritik bringt Marlis Gerhardt, Wohin geht Nora? Auf der Suche nach der verlorenen Frau, in: *Kursbuch* 47, 1977, S. 77-89, bes. S. 82 ff.

16 Vgl. Evelyn Torton Beck / Biddy Martin, Westdeutsche Frauenliteratur der siebziger Jahre, in: P. M. Lützeler / E. Schwarz (Hrsg.), *Deutsche Literatur in der Bundesrepublik seit 1965,* Königstein/Ts. 1980, S. 135-149, S. 135. – Ingrid Laurien, »Man steht für die meisten Männer plötzlich da wie ein Monster«, Schriftstellerinnen im Literaturbetrieb, in: H. L. Arnold (Hrsg.), *Literaturbetrieb in der BRD,* 2. Aufl. München 1981, S. 341-355, S. 351.

17 Vgl. hierzu die Titel der Bände von Jürgen Serke, *Frauen schreiben* (Anm. 47), und Heinz Puknus, *Neue Literatur der Frauen* (Anm. 48).

18 Peter Beicken, »Neue Subjektivität«: Zur Prosa der siebziger Jahre, in: P. M. Lützeler / E. Schwarz (Hrsg.), *Deutsche Literatur in der Bundesrepublik seit 1965,* S. 164-181, S. 181.

19 Ingeborg Drewitz, Frauen-Emanzipation in der deutschen Gegen-
    wartsliteratur, in: *NDH* 22, 1975, H. 4, S. 773-784.
20 A.a.O., S. 773.
21 A.a.O., S. 782.
22 Theresia Sauter-Bailliet, Versuch einer feministischen Interpretation
    stereotypisierter Verhaltensform in der amerikanischen Literatur in:
    M. Heuser (Hrsg.), *Frauen – Sprache – Literatur*, 1982, S. 116 bis
    130.
23 A.a.O., S. 119.
24 A.a.O., S. 118.
25 A.a.O., S. 119.
26 A.a.O., S. 125.
27 A.a.O., S. 129.
28 Dagmar Barnouw, »Sweet Daughters of Chaos«: Frauen über
    Frauen in den siebziger Jahren, in: *LiLi* 9, 1979, H. 35, S. 43-59.
29 A.a.O., S. 59.
30 A.a.O., S. 53.
31 Ebd. – Vgl. den informativen Problemüberblick über die nordame-
    rikanische Frauenbewegung von Dagmar Barnouw, »Das hat mein
    Leben verändert«, in: *NRs* 88, 1977, S. 255-280.
32 U. Böhmer, se dire – s'écrire, S. 61-65.
33 Der Einfluß der Überlegungen von Hélène Cixous, Catherine Clé-
    ment und auch Luce Irigaray, deren Werke u. a. im Merve-Verlag
    Berlin in Übersetzung erschienen sind, ist deutlich ablesbar.
34 S. Böhmer, a.a.O., S. 74 ff. – M. Cardinal, *Schattenmund*, Roman
    einer Analyse, Reinbek 1979 (= rororo 4333. Reihe neue frau).
35 Evelyn Torton Beck / Patricia Russian, Die Schriften der modernen
    Frauenbewegung, in: Jost Hermand (Hrsg.), *Literatur nach 1945*, II,
    Themen und Genres, Wiesbaden 1979 (= Handbuch der Literatur-
    wiss. 22), S. 357-386.
36 A.a.O., S. 365 ff.
37 Vgl. Anm. 16.
38 A.a.O., S. 135 – Wichtig ist die Abgrenzung der neuen Literatur von
    Frauen von zwei weiteren Ansätzen zum Problem der Identität in der
    zeitgenössischen Literatur, S. 141.
39 A.a.O., S. 142.
40 Hier sei auf die besondere Problematik der Rezeption von DDR-
    Literatur von Frauen in der BRD hingewiesen, wobei einmal deutlich
    zu unterscheiden ist zwischen Analysen und unterschiedlichen
    Standpunkten von Literaturwissenschaftlern aus der DDR und der
    BRD, zum anderen der fortgeschrittene Prozeß der realen Emanzi-
    pation der Frauen in der DDR, der dort staatlich gesteuert und un-
    terstützt wird, zu beachten ist.

41 Sigrid Damm / Jürgen Engler, Notate des Zwiespalts und Allegorien der Vollendung, in: *Weimarer Beiträge* 7, 1975, S. 37-69, S. 43.

42 A.a.O., S. 37.

43 A.a.O., S. 40.

44 A.a.O., S. 39.

45 Edith Anderson (Hrsg.), *Blitz aus heiterm Himmel*, Rostock 1974. – Vgl. hierzu Sarah Kirsch / Irmtraud Morgner / Christa Wolf, *Geschlechtertausch*, Neuwied 1980 (= SL 315).

46 Damm/Engler, a.a.O., S. 67.

47 Jürgen Serke, *Frauen schreiben*, Ein neues Kapitel deutschsprachiger Literatur, Hamburg 1979 (auch Fischer Tb 3721).

48 Heinz Puknus (Hrsg.), *Neue Literatur der Frauen*, Deutschsprachige Autorinnen der Gegenwart, München 1980 (_= BSR 227).

49 Vgl. auch Heinz Ludwig Arnold (Hrsg.), *Kritisches Lexikon zur deutschsprachigen Gegenwartsliteratur*, 3 Bde., München 1981; ferner Lützeler/Schwarz (Hrsg.), *Deutsche Literatur in der Bundesrepublik seit 1965*, vgl. Anm. 16.

50 Renate Möhrmann, *Die andere Frau*, Emanzipationsansätze deutscher Schriftstellerinnen im Vorfeld der Achtundvierziger Revolution, Stuttgart 1977, S. 2 ff., führt hierfür eindrucksvolle Beispiele an.

51 Vgl. hierzu Wolfgang Paulsen (Hrsg.), *Die Frau als Heldin und Autorin*, Bern, München 1979, und dazu R. Möhrmann (vgl. Anm. 2), S. 102 ff. – Barbara Becker-Cantarino (Hrsg.), *Die Frau von der Reformation zur Romantik* (vgl. Anm. 70) – Marianne Burkhard (Hrsg.), *Gestaltet und Gestaltend*, Frauen in der deutschen Literatur, Amsterdam 1980 (= Amsterdamer Beiträge zur neueren Germanistik 10).

52 Gisela Brinker-Gabler, *Deutsche Dichterinnen vom 16. Jahrhundert bis zur Gegenwart*, Geschichte – Lebensläufe – Gedichte, Frankfurt/M. 1978 (= Fischer Tb 1994), S. 13.

53 A.a.O., S. 18.

54 A.a.O., S. 31.

55 A.a.O., S. 21.

56 A.a.O., S. 27 f. geistliche Lieddichtung, S. 33 f. Gelegenheitsdichtung, S. 47 f. Roman, S. 59 Lebensbeschreibungen und -erinnerungen. – Vgl. zum Brief Reinhard M. G. Nickisch, Die Frau als Briefschreiberin im Zeitalter der deutschen Aufklärung, in: G. Schulz (Hrsg.), *Wolfenbütteler Studien zur Aufklärung*, Bd. 3, Bremen, Wolfenbüttel 1976, S. 29-65.

57 G. Brinker-Gabler, *Deutsche Dichterinnen*, S. 18.

58 S. Bovenschen, *Die imaginierte Weiblichkeit* (vgl. Anm. 7), S. 10.

59 A.a.O., S. 11.

60 Ebd.

61 A.a.O., S. 41.

62 A.a.O., S. 40 f.

63 Vgl. Th. Sauter-Bailliet (Anm. 22), S. 119 und S. 128 ff.

64 S. Bovenschen, a.a.O., S. 9.

65 A.a.O., S. 259. – Zu den Frauen in der Romantik vgl. Gisela Dischner, *Bettina von Arnim*, Berlin 1977 (= Wagenbachs Tb 30). – Dies., *Caroline und der Jenaer Kreis*, Berlin 1979 (= Wagenbachs Tb 61). – Hannelore Schlaffer, Frauen als Einlösung der romantischen Kunsttheorie, in: *JbDSG* 21 (1977), S. 274-296.

66 S. Bovenschen, a.a.O., S. 264.

67 Renate Möhrmann (Hrsg.), *Frauenemanzipation im deutschen Vormärz*, Texte und Dokumente, Stuttgart 1978 (= Reclam 9903), S. 9.

68 A.a.O., S. 11.

69 Vgl. auch die ausführliche Darstellung von R. Möhrmann, *Die andere Frau* (Anm. 50).

70 Barbara Becker-Cantarino (Hrsg.), *Die Frau von der Reformation zur Romantik,* Die Situation der Frau vor dem Hintergrund der Literatur- und Sozialgeschichte, Bonn 1980 (= Modern German Studies 7).

71 A.a.O., S. 2 und S. 246 f.

72 A.a.O., S. 2.

73 A.a.O., S. 1.

74 A.a.O., S. 243-293.

75 A.a.O., S. 6.

76 Vgl. u. a. folgende Zeitschriften-Hefte: *alternative* 108/9, 1976: Das Lächeln der Medusa. Frauenbewegung, Sprache, Psychoanalyse. – *Ästhetik und Kommunikation* 7, 1976, H. 25: Frauen/Kunst/Kulturgeschichte. – *Ästhetik und Kommunikation* 10, 1979, H. 37: Weibliche Utopien – männliche Verluste. – Frauenoffensive (Hrsg.), *Journal* 5, 1976: Aufständische Kultur. – *Kursbuch* 47, 1977: Frauen. – Theater 1978, Sonderheft *Theater heute,* Kap. 6: Frauen – Literatur Theater Film, S. 115-145.

77 Elisabeth Lenk, Die sich selbst verdoppelnde Frau, in: *Ästh. u. Komm.* 25, 1976, S. 84-87.

78 A.a.O., S. 84.

79 A.a.O., S. 85.

80 A.a.O., S. 87.

81 Silvia Bovenschen, Über die Frage: gibt es eine ›weibliche‹ Ästhetik?, in: *Ästh. u. Komm.* 25, 1976, S. 60-75, S. 67.

82 A.a.O., S. 67.

83 A.a.O., S. 71.

84 A.a.O., S. 74.

85 A.a.O., S. 74 und S. 67.

86 Friederike Hassauer-Roos, Gibt es eine weibliche Ästhetik? Über den ver-rückten Diskurs der Sprachlosen, in: Theater 1978, S. 116 bis 123.

87 A.a.O., S. 122, auch S. 116.

88 Ich nehme an, daß Hassauer-Roos hier nicht jenen fatalen Projektions- und Verdrängungsleistungen, die in einer Gegenwelt Weiblichkeit liegen können, das Wort redet, warnt sie doch anfangs im Zusammenhang ihrer Ausführungen über Phasen des bundesdeutschen Feminismus ausdrücklich davor.

89 A.a.O., S. 120.

90 Ebd.

91 Gisela Schneider / Klaus Laermann, Augen-Blicke, Über einige Vorurteile und Einschränkungen geschlechtsspezifischer Wahrnehmung, in: Kursbuch 49, 1977, S. 36-58, S. 42.

92 A.a.O., S. 42 ff.

93 A.a.O., S. 45.

94 A.a.O., S. 47. – Vgl. auch R. Möhrmann (Anm. 2), S. 114 f.

95 Brigitte Wartmann, Schreiben als Angriff auf das Patriarchat, in: Lit. mag. 11, 1979, S. 108-132, S. 128.

96 A.a.O., S. 126.

97 A.a.O., S. 108 und passim. – Vgl. weiter zum Thema ›weibliche Ästhetik‹: Hiltrud Gnüg, Gibt es eine weibliche Ästhetik?, in: Kürbiskern 1, 1978, S. 131-140. – Ferner der Abschnitt »Ästhetik« in G. Dietze (Hrsg.), Die Überwindung der Sprachlosigkeit, S. 60 ff., mit Beiträgen von Ursula Krechel, Karin Petersen, Silvia Bovenschen (vgl. Anm. 81), Gertrud Koch.

98 Heide Göttner-Abendroth, Kunst als Ghetto, Eine kritische Betrachtung der Geschichte der Kunstöffentlichkeit, in: manuskripte, Zeitschrift für Literatur 66, 1979, S. 44-51. – Dies., Die tanzende Göttin, Prinzipien einer matriarchalen Ästhetik, in: manuskripte 68, 1980, S. 70-82. – Dies., Hexen-Kunst, Interpretative Bemerkungen zu Frauenkunst der Gegenwart, in: manuskripte 71, 1981, S. 13-22.

99 H. Göttner-Abendroth, Hexen-Kunst, S. 14.

100 H. Göttner-Abendroth, Die tanzende Göttin, S. 73 ff.

101 H. Göttner-Abendroth, Hexen-Kunst, S. 22.

102 G. Brinker-Gabler, Deutsche Dichterinnen, S. 13.

103 Ich weise noch auf zwei Bände hin, die erst nach Fertigstellung dieses Aufsatzes erschienen sind, aber in den vorliegenden Themenzusammenhang gehören: Marlis Gerhardt, Kein bürgerlicher Stern, nichts, nichts konnte mich je beschwichtigen, Essays zur Kränkung der Frau, Darmstadt/Neuwied 1982 (= SL 393); Sara Lennox (Hrsg.), Auf der Suche nach den Gärten unserer Mütter, Feministische Kulturkritik in Amerika, Darmstadt/Neuwied 1982 (= SL 392).

Berta Lösel-Wieland-Engelmann
Die wichtigsten Verdachtsmomente für eine weibliche Verfasserschaft des Nibelungenliedes

Das Nibelungenlied liegt u. a. auch in einer recht modernen englischen Übersetzung vor, und auf diesem Umwege lernte ich das alte mittelhochdeutsche Epos zum ersten Male in seinem vollen Umfang kennen – und nicht nur ausschnittweise, wie vor 40 Jahren in der Oberschule. Auch der Übersetzer A. T. Hatto hat sich – wie das die Herausgeber des Werkes oft tun – mit dem bis heute noch unbekannten Autor befaßt, und er tat das auf die übliche Weise: der Dichter soll »eingekreist« werden, indem man herauszufinden trachtet, welchem Stande er angehört haben könnte. Nachdem uns Hatto darauf aufmerksam gemacht hat, zu welcher sozialen Schicht der NL-Dichter eventuell gehört haben könnte, fügt er auch noch eine kleine Liste derjenigen Menschengruppen an, aus denen der Dichter auf keinen Fall hervorgegangen sein kann (z. B. Kaufleute oder Bauern). Wenn man sich die »möglichen« Dichter zusammen mit den »undenkbaren« einmal genau ansieht, fällt auf, daß die Hälfte der um 1200 in Deutschland lebenden Personen – nämlich die Frauen – weder den dichtenden noch den nichtdichtenden Gruppen zugezählt wurden: sie wurden schlicht vergessen.

Die Suche nach dem NL-Dichter krankt also daran, daß die entsprechende Frage zu eng formuliert wurde. Sie hieß immer: »War es nun ein Ritter, ein Spielmann oder ein Kleriker?« Während diese drei Möglichkeiten fleißig durchdiskutiert wurden, blieben die Frauen außerhalb aller Erörterungen. Auch ich, die die Frage »Verdanken wir das NL einer Niedernburger Nonne?« schließlich zum ersten Male öffentlich stellte – in *Monatshefte* 72 (1980), Madison, Wisconsin – hatte eine verhältnismäßig lange Zeit gebraucht und eine Reihe von wütenden Reaktionen gegen männliche Verdammung der beiden Frauengestalten des NL mitgemacht, bevor mir überhaupt der Verdacht kam, es beim Nibelungenlied mit einem von einer Frau geschaffenen Werke zu tun zu haben.

Als guten Fingerzeig hätte ich es von vornherein nehmen können, mit welchen Worten verschiedene männliche Gelehrte das NL charakterisieren.

Viele von diesen Worten ähneln denen, die immer schon gern auf Frauen angewandt wurden: Seltsam wäre das Nibelungenlied und rätselhaft, geheimnisvoll und undurchsichtig; es hätte keinen erkennbaren »Sinn«, an dem man sich orientieren könnte; es wäre problematisch und »widerspenstig«. Als ich das NL zum ersten Mal ganz gründlich las, fand ich es dagegen sehr einfach und »goldrichtig«: eine Frau wird von einer Männergruppe unter Führung eines starken und sieggewohnten Mannes zum Narren gehalten und schlägt zurück. Eine andere Frau wird von einer Männergruppe unter Führung eines hinterhältigen und verschlagenen Ellenbogenmenschen ins Unglück gestürzt und schlägt auch zurück. Was gibt es wohl Einfacheres und Gradlinigeres? Was ist daran rätselhaft? Wo bleibt noch etwas Ungelöstes? Aktionen und Reaktionen entsprechen einander doch in ganz perfekter Weise. Und ich fand, daß die »Schwierigkeiten«, welche das NL angeblich bot, von den Männern nur deshalb hineingeheimnist worden waren, weil sie die dort geschilderten weiblichen Empfindungen und Absichten nicht begriffen. Meine so ganz isolierte Überzeugung, das NL – von den Frauenschicksalen ausgehend – spontan und gründlich verstanden zu haben, ließ dann schließlich nur noch die Schlußfolgerung zu, daß das Epos einmal von einer Frau geschrieben worden sein mußte. Man erschüttert aber sogenannte wissenschaftliche Ergebnisse, die noch dazu auf ein ehrwürdiges Alter zurückblicken können, nicht allein dadurch, daß man nur mit einem recht logisch klingenden Verdacht aufkreuzt.

Ich studierte deshalb das NL immer wieder von der ersten bis zur letzten Zeile und las alle Bücher und Artikel, deren ich hier habhaft werden konnte. Die Verdachtsmomente mehrten sich von Woche zu Woche. Und bei dieser Suche gab es allerhand Dinge, die einen für mich ausgesprochen komischen Anstrich hatten. In den Charakteristiken, die man über »den« Dichter geschrieben hatte, fehlte es nicht an Hinweisen auf sein weiches Gemüt und seine Rührseligkeit. Er wurde für seinen Mut gelobt, es zur Abwechslung mal gewagt zu haben, eine Frau als Zentralgestalt eines Epos darzustellen, und »ihm« wurde dabei auch gleich bescheinigt, daß »er« (durch diese Versenkung in die Frauenseele) eine psychologische Meisterleistung vollbracht hatte. Die heitersten Momente meiner Forschung schenkte mir aber Helmut Berndt mit seiner Bemerkung, »der« Dichter weise »fast feminine« Züge auf. So hatte es also immer schon Gelehrte gegeben, die sich sozusagen auf Haaresbreite an die Wahrheit herangepirscht hatten. Nur den allerletzten Schritt machten sie dann nicht. Hier gab es eine Art »Schallmauer«, deren Durchbrechung jenseits der männlichen Fähigkeiten lag.

Ich konnte also viele nützliche Hinweise aufhäufen, die von der NL-Forschung schon längst registriert worden waren, wenn dies auch teilweise mit Staunen, Stirnrunzeln und hilflosem Achselzucken geschehen war. Die bisher geleistete unbeabsichtigte (und gerade deshalb um so wertvollere) Vorarbeit war so beachtlich, daß ich meine Hypothese von einer Frau als Verfasserin des Nibelungenliedes bereits als abgesichert ansah. Schließlich sprach ich ja in so manchen Fällen letzten Endes nur das aus, was die Gelehrten – beinahe – selbst schon gesagt hatten.

Doch ganz so einfach stehen die Dinge in der Wissenschaft nicht. Während ich bei jeder Gelegenheit über das Nibelungenlied sprechen wollte und über die Passauer Verhältnisse um 1200 sowie die ungarischen um 1000, mußte ich erfahren, daß für meine sehr präzisen und gut belegten Einzelheiten nur ein begrenztes Interesse vorhanden war. Bevor ich in die Spezialdiskussion einsteigen durfte, sollte ich zuerst einmal die nötige »soziologische Grundlage« für alles schaffen, indem ich Beweisgänge dafür antrat, daß Frauen überhaupt bestimmte Fähigkeiten besitzen und daß sie dieselben auch ausüben konnten und wollten. Ich wurde also erst einmal kräftig in die Defensive gedrängt und mußte öfters dort anfangen, wo die Feministinnenbewegung vor vielen Jahren schon stand. Wie geht man nun daran zu beweisen, daß Frauen für »so etwas« überhaupt in Frage kommen können?

Frauen sind – so hörte ich – im Kulturellen mehr für die »Kleinkunst« geeignet. Lang ausgedehnte geistige Anstrengungen lägen ihnen dagegen weniger, und deshalb hätte man auch noch nie etwas von einem durch eine Frau geschriebenen Epos gehört. Zum Schreiben von Sinfonien taugten sie ebensowenig. – Glücklicherweise konnte ich da aber auf von Frauen geschriebene umfangreiche Romane hinweisen, und somit war wenigstens die weibliche Ausdauer beim Schreiben gerettet. Gewiß, das Zahlenverhältnis sieht sehr schlecht aus, aber das geht ja wohl recht einfach zu erklären. Ein schöpferisch arbeitender Mann findet fast immer eine Frau (Mutter, Schwester, Ehefrau, Tochter), die ihn gegen den lästigen Alltag und alle unliebsamen Unterbrechungen kräftig abschirmt. Wo aber ist der Vater, Bruder, Ehemann oder Sohn, der es übernimmt, zu kochen und die Wäsche zu waschen, die Wohnung sauber zu halten, einkaufen zu gehen und eventuell vorhandene Kinder zu betreuen?

Es ist gerade die Betrachtung dieser »normalen« Verhältnisse, die vor unsere Augen das Bild der »emanzipierten« Frauen des Mittelalters hinstellt: die Klosterfrauen, deren Leben nicht von der Sorge um Ehegatten und Kinder beschwert war. Für eine Reihe von alltäglichen Verrichtungen hatten sie Hilfskräfte und bei geistig schöpferischer Tätigkeit hatten sie sogar »Forschungsgehilfinnen«, »Kritikerinnen« und »Sekretärinnen«. Eine idealere Umwelt für das Schreiben eines anspruchsvollen Werkes läßt sich wohl kaum vorstellen.

Doch die Idylle, die ich da für manche Männer aufmalte, überzeugte immer noch nicht. »Ja«, so hieß es, »geschrieben haben die Klosterfrauen wohl, aber doch nichts Weltliches! Davon haben sie sich doch vollkommen distanziert und sich nur um geistliche Dinge gekümmert.«

Haben sie das wirklich? Immer und alle? – Unter Karl dem Großen gab es bereits eine Art Verwarnung, welche direkt an die Adresse von Nonnenklöstern gerichtet war: die Schreibkunst sollte nicht dazu mißbraucht werden, weltliche Dinge aufzuzeichnen. – Wo Rauch ist, da ist auch Feuer, und Verbote sind dann besonders nötig, wenn bestimmte »Mißstände« schon recht verbreitet sind. Doch selbst wenn wir diesen Beweis von weiblicher Neigung zu mancher »zweifelhaften« schriftlichen Betätigung nicht hätten, so lehrt doch unsere allgemeine Lebenserfahrung, daß sich nirgends auf der Welt jemals hundertprozentige »Linientreue« durchsetzen ließ. »Dissidenten« beiderlei Geschlechts hat es bisher unter jeglicher Ideologie gegeben, und so können wir es auch den Klosterfrauen des Mittelalters zutrauen, daß sie nicht immer ganz genau das taten, was man ihnen vorschrieb und was man von ihnen erwartete. Besonders naiv ist diese Erwartung, wenn wir daran denken, mit welchem Typ von Klosterfrauen wir es da zum großen Teil zu tun haben. Es waren nicht hauptsächlich demutsvolle und fügsame Jungfrauen, die in die Klöster eintraten, sondern viele adlige Witwen. Solche Frauen in mittleren Jahren verwandeln sich nicht radikal beim Überschreiten der Klosterschwelle. Sie hatten ausgedehnte und manchmal sehr bittere Lebenserfahrungen hinter sich, hatten feste Ansichten über die Dinge dieser Welt entwickelt, und ihnen war wohl auch öfters ein gutes Maß an Kampfes- und Durchsetzungsbereitschaft aufgezwungen worden. Ihr geistiges »Gepäck« (Geschichtskenntnisse, Märchen und Sagen) gaben sie sicher keineswegs an der Klosterpforte ab.

Soviel über die allgemeinen, sehr günstigen Möglichkeiten, welche die Klöster damals ihren Insassinnen bieten konnten. Wenn wir aber vom NL sprechen, haben wir es mit einem ganz bestimmten Kloster zu einer ganz bestimmten Zeit zu tun, und wir wissen sehr viel über den »Chef«, dem jene Nonnen unterstanden. Wolfger von Erla (oder Ellerbrechtskirchen?), Passauer Bischof von 1191 bis 1204, war ein sehr weltlich eingestellter Mensch, der erst in vorgerücktem Alter, als er schon einen erwachsenen Sohn hatte, die Priesterweihe empfing. Seine in Aquileja (wo er nach 1204 als Patriarch tätig war) ausgegrabenen Reiserechnungen zeigen, daß er stets eine offene Hand für Sänger, Tänzer und Gaukler hatte und für Walter von der Vogelweide einen Pelzrock kaufen ließ. Daß Wolfger weltliche Literatur begünstigte, wird also von niemandem bezweifelt. Bei so einem geistigen »Klima« dürfen wir dann auch erwarten, daß der Bischof – der ein sehr praktischer Mann war – wenig Interesse daran hatte, die Niedernburger Nonnen recht viel beten zu lassen. Viel naheliegender ist es dagegen, daß er sie mit dem Kopieren von literarischen Werken, die ihm gefielen, beschäftigte.

Wie jeder weiß, kann es niemals schaden, sich seinen »Chef« günstig zu stimmen, und so könnte das NL sehr gut ein Geschenk der Nonnen für Wolfger gewesen sein (ein früher weggenommenes und 1198 returniertes Zollprivileg sieht beinahe wie ein Gegengeschenk aus). Was man um jene Zeit in Rom über diverse »weltliche« Umtriebe gedacht haben mag, hat in Passau sicher nicht den Ausschlag gegeben. Für das Schaffen von weltlichen Werken waren in erster Linie die örtlichen Verhältnisse entscheidend – und die waren überaus günstig.

Doch selbst dieser Hinweis – der schon ins einzelne geht – genügt nicht, und so wird mir gleich etwas anderes als Ersatz für meine »Basis« angeboten: Nicht *von* einer Frau stamme das NL, sondern die »weiblichen« Merkmale wären deshalb drin, weil es *für* die Frauen geschrieben worden wäre. Zur Stauferzeit hätte es nämlich einen großen weiblichen Einfluß auf die weltliche Literatur gegeben. – Das stimmt. Doch was heißt hier schon »groß«? War nicht *jeder* weibliche Einfluß auch zu den besten Zeiten nur ein »Auch«-Einfluß? Wann hätte es das schon mal gegeben, daß die Frauen wirklich die Macht an sich gerissen und die Männer in Statisten und Ja-Sager verwandelt hätten? – Und schließlich: Warum sollte ein Dichter, der sich bei den Frauen »einschmeicheln« wollte, dann ausgerechnet auf die Idee gekommen sein, der Hauptdarstellerin keinerlei Triumph zu gönnen und sie sofort erschlagen zu lassen, nachdem sie ihr Ziel erreicht hatte?

In der Literatur wird es weitgehend als selbstverständlich angesehen, daß der Verfasser eines Werkes sehr oft ein Stück seines eigenen Erlebens in seinem Werke nachgestaltet hat. Im NL ist die Zentralgestalt eine adlige Witwe, deren Leidensgeschichte uns erzählt wird. Ist es wirklich so abwegig anzunehmen, daß es einmal eine adlige Witwe gab, die die Geschichte einer adligen Witwe niederschrieb?

Die mir durch männliche Einwände immer wieder aufgezwungene Defensivhaltung möchte ich nun zugunsten der Aufzählung meiner positiven Forschungsergebnisse aufgeben.

Die Hauptgestalten alter Epen sind gewöhnlich Männer, die sich wegen irgendwelcher grundsätzlicher Gegensätze – seien sie nun religiöser, völkischer oder regionaler Natur – feindlich gegenüberstehen. Im NL aber fehlt ein derartig klar definierter Freund-Feind-Gegensatz. Obwohl die Hunnen Heiden sind und auch sonst grundverschieden von den Burgundern, passiert doch längere Zeit nichts. Nicht zum Erobern oder zum Bekehren sind die Burgunder gekommen, sondern nur zu einem freundschaftlichen Besuch. Zum späteren Blutbad kommt es überhaupt nur deswegen, weil Kriemhild – eine eigenwillige und mächtige Frau – finster entschlossen ist, einen der Gäste (Hagen) zur Rechenschaft zu ziehen für das ihr einst durch ihn zugefügte Leid. Hier, und nur hier verläuft somit die eigentliche »Frontlinie« im NL, und nur hier sind die geballtesten Haß- und Rachegefühle und die elementarste Feindseligkeit zu finden: in der erbitterten Auseinandersetzung zwischen einem mächtigen weiblichen Vernichtungs- und einem mächtigen männlichen Behauptungswillen.

Am Anfang jener Feindschaft steht eine niederträchtige männliche Verschwörung gegen Kriemhilds Lebensglück. Wegen Siegfrieds Hornhaut war es zur Förderung der Hagenschen Mord-

pläne nötig geworden, Kriemhild das Geheimnis der einzigen ver-
wundbaren Stelle ihres Mannes zu entlocken. Während man ihr
ein Theater vorspielte über eine angebliche Kriegsgefahr, bot Hagen sich an, Siegfried beim Kriegszug zu »schützen«. Natürlich
mußte er deshalb genau wissen, wo dieser »Schutz« am dringend-
sten gebraucht wurde. In der liebenden Sorge um ihren Mann
verriet Kriemhild das Geheimnis und wurde somit vom Mörder in
zynischer Weise zu seiner unfreiwilligen Handlangerin gemacht.

Schon vor dieser Begebenheit schildert das NL die Manipulation
einer Frau durch eine Gruppe von Männern. Brunhild, die selbst
als Königin ein Land regiert, will nicht nur einen anderen x-
beliebigen König zum Manne nehmen, sondern stellt die recht
vernünftige Bedingung, daß er ihr durch seine Überlegenheit im-
ponieren soll. Für Siegfried aber, der ein solcher überlegener Bewerber gewesen wäre, war die Erringung von Brunhild nichts
weiter als das Sichern des »Kaufpreises«, den er an Gunther für
die Erlaubnis, Kriemhild heiraten zu dürfen, entrichten wollte. Es
war hier also ein einfaches Männergeschäft abgemacht worden:
Siegfried sollte danach trachten, daß Gunther bei Brunhild ans
gewünschte Ziel kommen konnte, und dafür sollte er dann
Kriemhild heiraten dürfen. Um nun mit der betroffenen Frau
auch hier leichter fertig werden zu können, wurden von den vier
beteiligten Männern die tatsächlichen Verhältnisse weitgehend
gefälscht: Siegfried spielte die Rolle eines »Dienstmannes« von
Gunther, um Brunhilds Aufmerksamkeit gleich von Anfang an
auf den »richtigen« Mann zu lenken. Dieser sehr wichtigen vor-
bereitenden Lüge, mit der Brunhild gründlich an der Nase herum-
geführt wurde, folgte dann erst der tatsächliche Betrug bei den
Kampfspielen. Die Männer hatten sich also nicht gescheut, Brunhilds Selbstbestimmungsrecht aufs Schwerste zu verletzen und
ihre Zukunftspläne zu durchkreuzen.

Weder Kriemhild noch Brunhild besitzen jene Eigenschaft, die
Männer an einer Frau so besonders zu schätzen wissen: Passivität
und die Bereitschaft zum Erdulden von Unrecht (»Sah ein Knab
ein Röslein stehn . . . mußt es eben leiden«). Statt dessen verfolgen beide Frauen, unbeirrt durch Hindernisse und Widerstände,
ihre einmal anvisierten Ziele. Brunhild wird durch ihren Arg-
wohn, daß man ihr etwas Wichtiges verschwiegen oder sie ange-
logen hat, zur rastlosen Wahrheitssuche beflügelt. Als sie erkennt,

wie übel ihr mitgespielt wurde, fordert sie den Tod des Frevlers. Kriemhild ist später ebenso rastlos in ihrem Bemühen, Hagen für sein Verbrechen einer gerechten Sühne zuzuführen.

Bemerkenswert ist, wie negativ die männliche Hauptperson, der große Widersacher der weiblichen Zentralgestalt, im NL gezeichnet wird. Hagen ist ein »Ritter«, der so manchen »Kampf« gegen Wehrlose und Unterlegene gewinnt. Er ist nicht nur der Meuchelmörder des ahnungslosen Siegfried, sondern er erschlägt auch einen Fährmann, er versucht einen Priester zu ertränken, er köpft ein Kind und tötet dessen Erzieher, und er schlägt einem Spielmann die Hand ab. Mitten in einem Kampf auf Leben und Tod – der überhaupt nur seinetwegen entbrannt ist – kündigt er in kaltblütiger Treulosigkeit seinen Königen die Gefolgschaft auf und erklärt zynisch, es wäre ihm gleichgültig, wie viele Burgunder deswegen umkämen. Der Witwe Siegfrieds raubt er Geld und Gut, und bei jeder Gelegenheit provoziert und verhöhnt er die trauernde Frau.

So hat der/die Dichter(in) sehr scharfe Kontraste zwischen der weiblichen und der männlichen Hauptperson geschaffen und hat uns somit eine klare Schwarz-Weiß-Zeichnung geliefert. Für irgendwelche Fehldeutungen über seine/ihre Sympathien sollte deshalb kaum Raum vorhanden sein. Nun geschah aber leider im 13. Jahrhundert etwas sehr Eigenartiges mit unserem NL: jemand nahm eine Reihe von Änderungen an den Charakterzeichnungen vor, und seitdem besitzen wir nicht *ein* NL, sondern deren zwei zur gefälligen Auswahl. Die Gesamtüberlieferung (zu der etwa drei Dutzend verschiedene Handschriften gehören) zerfällt in zwei große Gruppen, wovon nur die eine die wirkliche Meinung des Dichters/der Dichterin wiedergibt, die andere aber eine weitgehend verfälschte »2. Auflage« darstellt. Jene Fälschungen aber – und das ist für uns Frauen das Interessante – richten sich gegen uns und haben einen großen Einfluß auf die Art, wie so manche Deutschstunde gestaltet wird. Die zweisträngige Überlieferung hat nämlich einer Reihe von seltsamen Ausdeutungen Tür und Tor geöffnet. Sie gestattet es, gegen zwei wichtige Vertreterinnen des weiblichen Geschlechts viel Ungünstiges zu sagen, sie als »Teufelin« oder »Unmensch« oder »Monstrum« zu deklarieren und Predigten darüber zu halten, wie sehr es sich rächen kann, wenn Frauen die »gottgegebene« Ordnung verletzen und sich Rechte »anmaßen«, die angeblich nur den Männern vorbehalten sind. Sehen wir uns also diese Unterschiede zwischen der »1. Auflage« und der »2. Auflage« des NL einmal näher an.

In seiner ganzen gnadenlosen Schärfe kommt der große Kontrast zwischen der weiblichen Lichtgestalt und dem männlichen Schurken nur in der sogenannten C-Gruppe der Handschriften vor. Hier sparte der/die Dichter(in) nicht mit schärfstem Tadel gegen Hagen und einer vollkommenen Verurteilung seines Handelns. Nun gibt es aber daneben auch noch die sogenannte B-Gruppe. Dort fehlt so mancher Tadel, und die großen Gegensätze zwischen der guten Kriemhild und dem bösen Hagen sind stellenweise weitgehend verwischt worden. Obendrein strebt diese letztere Fassung auch danach, die Frauen so weit wie möglich »von ihrem hohen Roß herunterzuholen«, und geht schließlich so weit, Kriemhild einen monströsen Vorwurf zu machen: Es wäre allein ihre Schuld, daß ihr Sohn Ortlieb beim Festmahle von Hagen geköpft wurde, denn sie hätte diesen Tod bewußt provoziert und kaltblütig einkalkuliert, weil sie dadurch in ihrer Rachgier den sich nur schleppend entwickelnden Kampf schneller in Gang zu bringen hoffte! In C finden wir an jener Stelle eine ganz neutrale Schilderung: Der Sohn von Etzel und Kriemhild wird in den Saal gebracht, um den Gästen vorgestellt zu werden. Als Hagen etwas später die Nachricht von einem Überfall erhält, den die Hunnen auf burgundische Knechte verübt haben, ist seine erste Reaktion, dem am Tische sitzenden Kinde den Kopf abzuschlagen. Hier ist also Hagen, der ein wehrloses Kind tötet, der ganz und gar verachtenswerte Mensch. B aber macht eine völlig verdrehte Geschichte daraus: Kriemhild sei an allem schuld, weil sie mit lauter seltsamen Hintergedanken das Kind überhaupt in den Saal hätte hereinbringen lassen.

Solche Dinge drängen uns die Frage auf: Welche von den beiden Fassungen ist echt und welche ist die Fälschung? Welche Gedanken stammen vom Dichter/von der Dichterin und wer hat was aus welchem Grunde später ganz anders gestaltet?

Theoretisch gibt es nun zwei Möglichkeiten:

1. Falls C (diese so einseitig Kriemhild-freundliche Form) die Originalfassung ist, dann ist wohl folgendes passiert: Den »rauhen Rittersleut'« paßte es nicht, daß Hagen – die Gestalt, mit der sie sich am ehesten identifizieren mochten – als ein erzschlechter Kerl geschildert wurde. Sie erzwangen durch ihre Proteste, daß das abgeändert wurde, und so entstand eine Fassung, in

der Kriemhild schlechtgemacht und Hagens Charakter »aufpoliert« wurde.

2. Falls B (diese etwas »ausgeglichenere« Form) zuerst da war, dann hat sich tatsächlich das ereignet, was heutzutage durchweg behauptet wird: Gleich nach dem Erscheinen des Epos wurde ein edelmütiger Mann von Erbarmen und Empörung darüber ergriffen, daß über Kriemhild allerhand Schlechtes im NL stand. In seinem Drange, den guten Ruf der armen Frau zu retten, tilgte dieser wunderbare Mensch dann alle Bosheiten des ursprünglichen Dichters. Dabei stattete er auch nebenbei ihren Widersacher Hagen mit einer kohlpechrabenschwarzen Seele aus.

Die Germanisten erzählen liebend gerne diese Geschichte von der blitzschnell zupackenden, mühevollen, großartig-selbstlosen Ehrenrettung einer weiblichen Eposfigur durch einen aufopferungswilligen Superkavalier. Leider hat sie ein paar Schönheitsfehler. Die Existenz der C-Fassung wird nämlich zu einem recht *frühen* Zeitpunkt bezeugt (weil Wolfram von Eschenbach in seinem »Parzival« auf einige Stellen anspielt, die nur in C vorkommen), so daß es höchst sonderbar anmuten muß, wenn sie uns als eine revidierte *Spät*-Fassung angepriesen wird. Der wichtigste Fehler aber ist, daß die ganze Entwicklungsgeschichte von B zu C viel zu schön ist, um wahr zu sein. Männer sind keine Engel; und deshalb fällt es mir sehr schwer, an die Existenz des Superkavaliers zu glauben. Wesentlich einfacher ist es nun einmal, sich einen Mann vorzustellen, der ein sehr frauenfreundliches Werk deshalb änderte, weil es an Hagen kein einziges gutes Haar ließ. – Und was sollte einen Mann – der möglicherweise sogar ein Mönch war – dazu motiviert haben, sich für eine fiktive Frau so rastlos einzusetzen? Wie sollte sich das Ganze psychologisch erklären lassen? Hat wohl sonst ein Mann irgendwo und irgendwann ein Dichtkunstwerk nur deshalb umgeschrieben, weil eine Frau darin schlecht wegkommt? Ist es nicht wesentlich natürlicher, daß ein Mann zugunsten der *männlichen* Seite seine Änderungen vornimmt?

Doch lassen wir diese sehr verdächtigen und uns von der Literaturgeschichte wahrscheinlich verkehrt herum präsentierten »Verbesserungen«, die jemand einmal entlang sexistischer Linien ins NL hineinbrachte, vorläufig auf sich beruhen. Die beiden Hauptformen haben ja auch vieles gemeinsam, was auf eine weibliche

Herkunft schließen läßt.

Auf dem Gebiete der Jagd und des Kampfes stimmt im NL so manches nicht, so daß der (?) Dichter oft einen recht uninformierten und unerfahrenen Eindruck in Männerangelegenheiten macht. Andererseits zeigt er (?) in den sogenannten »Schneiderstrophen«, daß »er« sich aufs Nähen von Prachtgewändern recht gut versteht. Es gibt dabei allerhand interessante Einzelheiten: Wir erfahren, was für Stoffe benutzt werden, wer die Kleider zuschneidet, wie viele Frauen wie viele Tage mit der Arbeit beschäftigt sind, was als Futter für die Gewänder dient, usw. Es ist auch irgendwie rührend anzusehen, wie die »Helden« sich bei den fleißigen Frauen ihre Kleider abholen, sie anprobieren (um zu sehen, ob sie zu kurz oder zu lang geraten sind) und sich dann artig für die geleistete Mühe bedanken.

Immer dann, wenn im NL eine Festlichkeit bald losgehen soll, dürfen wir bei den Vorbereitungen zuschauen: diese bestehen hauptsächlich darin, daß die Frauen »aus den Kisten« und »aus den Schränken« ihre schönsten Kleider hervorholen. Sogar die kleine hausfrauliche Einzelheit, daß so ein Gewand aus seiner schützenden Hülle herausgenommen wird, erfahren wir. Wenn Männer nicht gerade etwas Neues geschneidert bekommen – was ja offensichtlich nur dazu dient, um die Wichtigkeit der fraulichen Geschicklichkeit ins rechte Licht zu rücken –, dann brauchen wir uns um deren Vorbereitungen (wie z. B. um die Waffen) nicht zu kümmern. Wichtig ist vor allem, daß die Herren zur rechten Zeit in richtiger Anzahl als dekorative Eskorte und dankbares Publikum für die sich entfaltende Frauenschönheit zur Stelle sind.

Die damalige fehdelustige Zeit sollte sich im NL eigentlich durch lebhaftes Hurra-Geschrei widerspiegeln, doch suchen wir in ihm vergeblich nach der entsprechenden Begeisterung für Kampf und Krieg. Statt dessen verdirbt uns der/die Dichter(in) jegliche Freude an Sieg und Triumph, an Mannestum und Frontbewährung durch die dauernde Erinnerung daran, welche Bedeutung ein Kampf für Frauen und Mädchen hat: Tränen und nochmals Tränen.

Bei jeder der drei uns geschilderten Heiraten legt die betreffende Frau viel Wert darauf, eigenes Geld und Gut ins Land ihres Mannes mitzunehmen. Nötig hat sie es nie, denn Siegfried, Gunther und Etzel sind keine Mitgiftjäger und selber unermeßlich reich. Warum also dieser so überflüssige Zeilenaufwand über materielle

Dinge? – Immer dort, wo Geld und Gut keinen praktischen Wert haben, können wir an ihren symbolischen denken: eigener Besitz ist hier wohl als ein Zeichen für die Selbständigkeit und Unabhängigkeit der Frau anzusehen.

Mit Genuß und Hingabe schildert uns der/die Dichter(in) Gunthers schmachvolle Niederlage im Bett. Als er seiner frisch angetrauten Frau zu sehr auf die Nerven geht, bindet sie ihn kurzerhand zusammen und hängt das daraus resultierende Bündel an den nächsten Pflock in der Wand. – Und weil wir schon beim Bett sind: das Vergnügen der Männer scheint dabei nicht die Hauptsache zu sein. Das traute Beisammensein im Schlafzimmer ist für eine kluge Königin eine nützliche Situation, weil sie ihren Mann dort für sich allein hat (ohne lästige männliche Berater drumherum), er ihr zuhören muß und sie im Sinne ihrer größeren Ziele bearbeiten kann. Sollte diese Art von »Bettgeflüster« wohl der üblichen männlichen Vorstellung am besten entsprechen?

Der Hauptzweck des Bettes wird vom NL-Dichter sowieso vernachlässigt, denn von der »natürlichen Bestimmung des Weibes« hat er nicht die richtige Vorstellung. Wenn der König eines Landes frisch verheiratet ist, erwartet man, daß sich binnen Jahresfrist der Erbe einstellt. Der/die Dichter(in) denkt aber anscheinend nicht in dieser männlich-selbstverständlichen Manier über das obligatorische Kinderkriegen. Statt dessen läßt er/sie sich Zeit damit – sehr viel Zeit. Erst nach zehnjähriger Ehe kriegen Gunther und Siegfried die Bestätigung ihrer Virilität geliefert, denn erst dann wird beiden Männern endlich ein Sohn geboren. Hätte nicht wenigstens der Supermann Siegfried eine etwas bessere Leistung angedichtet bekommen können?

Ab und zu beliebt es dem/der Dichter(in), die Männer unter Zuhilfenahme von Frauennamen zu benennen. So wird der große Superheld Siegfried – kaum, daß er aufgehört hat, »Sieglindes Kind« zu sein – nicht selten als »Kriemhildes Mann« bezeichnet. Die drei Könige – die keineswegs unehelich geboren wurden – sind mitunter »Utes Söhne«, und vom Markgrafen Rüdiger wird auch mal als »Gotelindes Mann« gesprochen. Die normale Art der Bezeichnung von Menschen – wo doch der Mann die Bezugsperson für die Frau ist – wird also ins Gegenteil verkehrt. Es ist die Art, wie Frauen bei einem Kaffeekränzchen sprechen würden: »Helgas Mann war vor kurzem krank« und »Barbaras Kinder sind für eine Woche bei ihrer Großmutter«.

Diese Liste von Spuren eines weiblichen Blickwinkels ginge noch um einiges zu verlängern. Wenn wir dann noch an die überaus aktiven und selbstbewußten Frauen, an die so unsympathische männliche Hauptfigur und an das Umschreiben des Originals nach sexistischen Kriterien denken, sind wir wohl berechtigt, die Frage nach einer weiblichen Verfasserschaft zu stellen.

Im Falle der Odyssee, dieses anderen Epos, das sich ebenfalls des Verdachtes auf eine weibliche Verfasserschaft rühmen kann, genügten dem Engländer Samuel Butler und dem Franzosen Raymond Ruyer bereits solche rein textlichen Hinweise, um eine weibliche Verfasserschaft als sehr wahrscheinlich anzusehen. Beim viel jüngeren NL haben wir es dagegen wesentlich leichter. Hier sind wir nicht nur auf textliche Besonderheiten angewiesen. Wir bekommen darüber hinaus aufschlußreiche Hinweise, sobald wir nach den Verhältnissen zur Entstehungzeit des Epos fragen. Die bereits festgestellten rein inhaltlichen Punkte passen nämlich ausgezeichnet zu gewissen tatsächlichen geschichtlichen und soziologischen Gegebenheiten in Passau um das Jahr 1200. Die Persönlichkeit des damaligen Passauer Bischofs wurde schon näher geschildert, und wir wollen uns noch kurz der Geschichte des Frauenklosters Passau-Niedernburg zuwenden.

Bereits im 8. Jahrhundert wurde es gegründet, und in der »kritischen Zeit« um 1200 beherbergte es Damen aus adligen Kreisen – meist Witwen. Von 1010 bis 1161 hatte diese Frauengruppe großartige Zeiten gekannt. Kaiser Heinrich II. hatte das Kloster mit reichen Schenkungen ausgestattet, und der jeweilige Kaiser blieb auch fernerhin der einzige Oberherr, den die Nonnen anerkennen mußten. Diese vollkommene Selbständigkeit und der große Reichtum jener Frauengemeinschaft waren ein Pfahl im Fleische der Passauer Bischöfe, die den großen Grundbesitz und die wertvollen Zollprivilegien gern selbst übernommen hätten. Im Jahre 1161 gab Kaiser Barbarossa endlich dem entsprechenden Drängen nach. Die Niedernburger Nonnen wurden quasi über Nacht in Armut und Abhängigkeit gestürzt und hingen von da an vollkommen von der Gnade des jeweiligen Bischofs ab.

Der Schock muß für die Insassinnen des Klosters verheerend gewesen sein, und ihre Gefühle gegenüber der sie beraubenden Männerwelt werden eine Mischung aus Empörung und Bitterkeit, Resignation und Pessimismus gewesen sein – ein Stimmungspanorama, das wir auch im NL erspüren können.

Noch wichtiger jedoch als die tief enttäuschten und ihrem früheren Reichtum nachtrauernden Nonnen jener auf das Jahr 1161 folgenden Jahrzehnte ist für das NL eine ehemalige Äbtissin von Niedernburg, die 150 Jahre vor der Schaffung des NL dem Kloster vorgestanden hatte. Zwischen ihr und der Hauptgestalt des NL gibt es zahlreiche starke Ähnlichkeiten, die man auf keinen Fall als rein zufällig abtun kann.

Die Äbtissin Gisela war zwar als bayerische Prinzessin aufgewachsen, stammte aber mütterlicherseits aus dem burgundischen Königshause. Diese Enkelin und Nichte von Burgunderkönigen kannte als junges Mädchen noch den im NL vorkommenden Bischof Pilgrim, der ein sehr großes Interesse an Ungarn hatte. Genau wie Kriemhild hatte auch Gisela drei Brüder, und auch bei ihr traf wahrscheinlich der älteste von ihnen alle Entscheidungen für sie, da bei ihrer Verheiratung ihr Vater schon tot war. Ähnlich wie es Kriemhild nach Siegfrieds Tode geplant hatte, wollte auch Gisela ursprünglich ins Kloster gehen – beide Frauen führten ihren Vorsatz nicht aus, weil ein in Ungarn lebender Herrscher um sie warb und sie dort zur Königin machen wollte. Gisela lernte ähnliches Leid wie Kriemhild kennen, als auch bei ihr ein geliebter Mensch von einer Jagd nicht mehr zurückkehrte: bei ihr war es der Kronprinz und einzige überlebende Sohn Emmerich, der das Opfer eines Jagdunfalles wurde. Für beide Frauen gilt, daß dieser während einer Jagd erlittene Tod den Weg freimachte für die spätere Beraubung einer Königin durch einen schurkischen Verwandten.

Bereits im letzten Jahrhundert gab es genügend Forscher, die sich darüber wunderten, daß das NL allerhand Einzelheiten über die um die Jahrtausendwende in Ungarn herrschenden Verhältnisse enthält. Man machte dafür Besucher verantwortlich, die ihre Eindrücke nach Rückkehr von einer Ungarnreise niedergeschrieben hätten. Mit Einzelheiten konnte man nicht aufwarten.

Dabei war die gesamte Informationsübermittlung höchstwahrscheinlich ganz einfach. Gisela hatte von 995 bis 1045 (von 1000 bis 1038 als Königin) in Ungarn gelebt. In den letzten 20 Jahren ihres Lebens – als Äbtissin von Niedernburg – konnte sie den dortigen Nonnen vieles von jenem fremden Land erzählen. Doch sie konnte nicht nur ihre persönlichen Erlebnisse schildern, sondern auch über die Familienüberlieferung des burgundischen Königshauses berichten sowie schließlich große Teile der hunnisch/ungarischen Geschichte und Sagenwelt mitteilen. Sie könnte dabei auch sehr gut etwas über die äußerst blutige »Crumheld«-Schlacht am Nedao in Pannonien gesagt haben, wo es um Attilas Erbfolge ging (Felix Genzmers Reclam-Ausgabe des NL erwähnt diese Sache). – Wir können es als sicher annehmen, daß Giselas ehrfürchtige Jüngerinnen diese Dinge nicht der Vergessenheit anheimfallen ließen, und so konnte ein weibliches Genie 150 Jahre später in den Niedernburger Archiven eine solche Fülle von herrlichem Stoff, so viele »alte Mären« finden, daß es sich zutraute, daraus ein dichterisches Kunstwerk zu formen, das den von Männern niedergeschriebenen abenteuerlichen Geschichten in nichts nachstand. Aber natürlich wählte diese Frau als Zentralgestalt eine Frau.

Die schon erwähnten »Korrekturen«, die das NL im 13. Jahrhundert über sich ergehen lassen mußte, sind nicht die einzigen geblieben. Korrigiert wird auch heute noch, selbst wenn man das Werk als solches nicht mehr anrührt. Dafür aber gibt es genügend Kommentare, Erklärungen und Deutungen, die unsere Einstellung zu den einzelnen Eposgestalten im Sinne männlichen Denkens regeln sollen. Ohne sich wirklich intensiv mit dem Text (dem richtigen oder dem gefälschten) zu beschäftigen, gibt es Vorwürfe und Tadel für Kriemhild und Brunhild und immer wieder neue Anläufe, das Hagen-Bild zu glorifizieren (eine sehr schöne Ausnahme ist »und ouch hagene« von J. Stout, Groningen, 1963, der die negativen Absichten des Dichters gut erkannt hat). Weibliche Gegenschläge gegen verbrecherische männliche Machenschaften werden als schlimmste Entgleisungen denunziert, während eine empörende Behandlung einer Frau mitunter als »gelungener Scherz« mit Beifall bedacht wird. Der Mann aber, der sich als Hauptfeind nicht einen anderen Mann, sondern eine Frau herausgesucht hatte, wird viel zu oft als »heroische« Gestalt gefeiert. Aus dem Text herauslesen kann man viele dieser Dinge nicht, und so müssen wir annehmen, daß sie mit männlichem Wunschdenken immer wieder von neuem in ihn hineingelesen werden.

Da gibt es z. B. den schönen Heuslerschen Satz über Brunhild: Siegfrieds »Betrug an dem fremden Weibe empfand die Welt nicht als Makel«. Welch herrlicher Freibrief, eine Frau zu belügen und zu betrügen! Und wieso eigentlich »fremdes Weib«? Hatte sich etwa Brunhild unfugtreibenderweise in den Kaschemmen von Worms herumgetrieben? Oder war es nicht vielmehr so, daß sie in ihrem eigenen Lande vier böswillige *Fremdlinge* empfing?

Auch für die Schluß-Strophen des NL gibt es eine seltsame Kommentierung. Dort passiert folgendes: Weil sich kein Mann findet, der den Meuchel- und Kindesmörder Hagen aus der Welt schaffen will, bleibt Kriemhild nichts anderes übrig, als die Aufgabe selbst zu übernehmen. Mit Siegfrieds Schwert, das Hagen einige Zeit vorher mit einmaliger Bosheit in aufreizender Weise vor Kriemhilds Augen paradiert hatte, schlägt sie ihm nun eigenhändig den Kopf ab. In diesem Moment sollte eigentlich ein jeder aufatmen, daß dieses Monstrum endlich aus der Welt geschafft ist. Doch gleich darauf geschieht etwas Ungeheuerliches: Hildebrand, der unter anderem auch die Aufgabe hat, Kriemhild zu beschützen, da er ein Gefolgsmann ihres Ehemannes Etzel ist, erschlägt sie! Der Untergebene tötet aus eigenem Entschluß seine Herrin! Und was ist es wohl, das ihn zu diesem unbegreiflichen, empörenden Vorgehen treibt? Ist er etwa ein Verwandter von Hagen und zur Blutrache verpflichtet? Oder ist Hagen ein alter Freund von ihm? – Nichts von alledem. Vor ganz kurzer Zeit standen sich Hildebrand und Hagen noch im Kampfe gegenüber, und nur durch seine Flucht konnte sich Hildebrand vor dem sicheren Tode retten. Was also ist hier eigentlich los?

Die Dichterin zeigt uns ein klassisches Beispiel für männliche Solidarität. Es gibt nur ein einziges Band zwischen Hildebrand und Hagen: beide sind Männer. Diese elementare Bruderschaft genügt hier vollkommen als Anstoß zum Mord an Kriemhild. Daß sie im Recht ist, ist Hildebrand gleichgültig und ebenso, daß sie die Frau seines königlichen Herrn ist.

Die Dichterin hat hier ein besonderes Fanal gesetzt, hat eine unerhört empörende Episode mit einigen meisterhaften Strichen gezeichnet. Aber: verstanden worden ist diese ihre Anprangerung des absoluten männlichen Herrschaftsanspruches nicht. Ganz im Gegenteil haben auch sieben Jahrhunderte später die Männer zu dieser Szene immer noch beifällig genickt. Heusler sagt mit schönster Selbstverständlichkeit: »Hildebrand . . . erfüllt unser, der Zuschauer, Bedürfnis.« Wirklich? Das Bedürfnis aller? Auch der weiblichen Zuschauer? Friedrich Panzer haut in die gleiche Kerbe: ». . . wenn gerade Hildebrand die Königin tötet, so mochte das dadurch gerechtfertigt scheinen, daß er überall für Recht und Ordnung zu sorgen hat.« Welch ein seltsames Recht haben wir hier, und welch eine seltsame Ordnung! Und wie blind sind auch die Männer des 20. Jahrhunderts noch gegenüber der Ungeheuerlichkeit der Hildebrandschen Tat! So wurde die von der Dichterin offensichtlich beabsichtigte Bloßstellung eines unerhörten männlichen Übergriffs nicht nur nicht richtig gewürdigt, sondern gleich ins Gegenteil umfunktioniert: Kriemhilds Tod wurde als die Wiederherstellung einer »natürlichen«, nämlich männlich orientierten Weltordnung interpretiert.

Das Erschrecken darüber, wie gründlich ihr Werk schon gleich von Anfang an mißverstanden wurde – denn Männer und Frauen haben nun einmal eine verschiedene »Wellenlänge« für bestimmte Signale – muß für die Niedernburger Nonnen recht heftig gewesen sein. Doch beim bloßen Erschrecken beließen sie es nicht. Recht bald wurde »Die Klage« geschaffen, eine Art Fortsetzung des NL, die aber zugleich einen sehr kräftigen Kommentar enthält. Und dort bemühte(n) sich die Schreiberin(nen), den bisherigen falschen Eindruck umzukehren und mit allen Fehldeutungen aufzuräumen. Sie betonte(n) ausdrücklich, daß Kriemhild frei von jeglicher Schuld und alles im NL geschilderte Unglück ausschließlich Hagen anzulasten ist. Aber anscheinend kam diese Erläuterung schon zu spät, denn die deutsche Männerwelt hatte Hagen bereits als ihren ganz besonderen Freund erkannt und mit Rührung an die haarige Brust gedrückt . . . und dort ruht er heute noch. Ob es uns Frauen nun paßt oder nicht, Hagen bleibt ein »Pfundskerl«, da er es eben so schön versteht, mit einer »schwierigen« Frau radikal zu verfahren und sie in ihre Schranken zu verweisen.

Es ist vor allem diese große, nur aus Emotionen geborene Begeisterung, die den meisten Männern den Weg zum Verständnis des NL für immer versperren wird. Es ist auch diese gleiche, die Jahrhunderte umspannende Hagen-Begeisterung, die letzten Endes darüber entschieden hat, daß man die Hagen-freundliche Handschrift B zur Basis sämtlicher Studien, Kommentare, Deutungen und Übersetzungen machte. Man zog die Fälschung vor, um der eigenen Gefühlswelt keinen Zwang auferlegen zu müssen. Was hätten die Männer schon mit der Kriemhild-freundlichen C-Version anfangen sollen?

Den wissenschaftlich geschulten Lesern/Leserinnen mag meine Anklage, daß sich deutsche Wissenschaftler bei einer wichtigen Entscheidung nur nach ihrem »dumpfen Gefühl« gerichtet hätten, unglaublich erscheinen. Die Fachleute werden auf unzählige gedruckte Stellen verweisen, wo zu lesen steht, daß der Vorrang von B vor C seit über 100 Jahren »feststeht« und ganz »unbestritten« ist. – Diese Forscher lade ich ein, mir dasjenige Werk zu nennen, das in sorgfältiger Arbeit die Vergleiche angestellt und mit wissenschaftlichen Argumenten den Nachweis erbracht hat, daß der Handschrift B tatsächlich der Vorrang gebührt.

Als ich mit meiner NL-Forschung begann und darauf stieß, wie wichtig es für die Bewertung der männlichen und der weiblichen Hauptperson war, ob man nun der einen oder der anderen Handschrift den Vorzug gab, nahm ich es als selbstverständlich an, daß es gründliche Untersuchungen darüber gab und daß diese ein eindeutiges Ergebnis erzielt hatten. Doch so viele Bücher ich auch in die Hand nahm, es blieb immer das gleiche: jeder Gelehrte hatte die diesbezüglichen Stellen nur seinem früheren Lehrer nachgeredet oder sie irgendwo abgeschrieben. Der ursprüngliche gründliche Forscher, dessen Buch ich so gern lesen wollte, blieb stets unauffindbar – weil es ihn nicht gab. Die NL-Forschung hatte hier eben ein Loch. Mit der Zeit aber hatte man ein paar geschickte Redensarten erfunden zum Zudecken dieses Lochs. Man sagte, es wäre ja »allgemein bekannt«, »ganz sicher« und »unzweifelhaft«, daß das Kriemhild-feindliche B das echte Werk sei, das dem Original am nächsten stünde. Dunkel blieb, woher die Kenntnisse stammten, wie man zu jener Sicherheit gekommen war und wer einmal die Zweifel ausgeräumt hatte.

Diese »Sicherheit«, mit der man etwas weiß und die keines Beweises mehr bedarf, erinnert schmerzlich an eine andere männlich-weibliche Konfrontation, bei der die Männer auch alles genau »wußten«. Dreihundert Jahre lang hatte in Europa der Hexenwahn gewütet. Nicht nur brachte er Hunderttausende von Frauen in die Folterkammern und auf die Scheiterhaufen, sondern er hatte auch das Nebenprodukt, die anderen Frauen beizeiten einzuschüchtern. Woher nun – ganz konkret – »wußten« die Männer in den Machtstellungen damals so genau, daß es Hexen überhaupt gab oder geben konnte? Auch dort fiel jegliche Begründung aus, weil eben die Existenz des Hexentums »allgemein bekannt« war, es sowieso »jeder schon wußte« und das Ganze »unzweifelhaft feststand«. Über diese »bekannte« Grundtatsache brauchte man sich also nicht mehr weiter den Kopf zu zerbrechen. Man(n) hatte schließlich genug damit zu tun, sich um die Einzelheiten der Hexenumtriebe zu kümmern. Wackere Landesväter proklamierten ihre Entschlossenheit, dem Unwesen ein Ende zu bereiten; katholische und protestantische Theologen wetteiferten im Aufstellen von Theorien über die Einzelheiten der bei den Hexentreffen begangenen Gotteslästerungen und die Möglichkeit des Geschlechtsverkehrs mit dem Teufel, da man derlei Dinge aufgrund der »Geständnisse« der Hexen methodisch erfassen konnte; Richter machten sich Gedanken darüber, welche Behandlung den »geständigen« zum Unterschiede von den »verstockten« Hexen zuteil werden sollte; Ärzte mußten sich darüber äußern, ob und wie und wo der Teufel einer Hexe Schmerzunempfindlichkeit verleihen konnte (damit sich die Folterknechte neue Systeme ausdenken konnten); und »Humanisten« standen dieser Seuche, die so vielen hochgelehrten Herren ein ergiebiges Feld zu »wissenschaftlicher« Betätigung bot, verständnisvoll und wohlwollend gegenüber.

An diesem monströsen Beispiel aus der nicht-zu-fernen Geschichte können wir also sehen, wie vorsichtig man immer dann sein sollte, wenn man Dinge präsentiert bekommt, die man nur vom Hörensagen kennt und die dennoch jeder ganz genau »weiß«.

Zur Ehre der Germanisten kann aber gesagt werden, daß sie nicht stets alle die »offizielle« Meinung teilten, sondern daß es unter ihnen immer wieder scharf und logisch denkende Männer gab, denen die ganze Prioritätenfrage noch zweifelhafter erschien als mir und die der Ansicht zum Durchbruch verhelfen wollten, daß C weitaus ursprünglicher ist als B. Da meine eigenen Analysen noch in den Anfängen stecken, waren es ja diese – stark in der Minderheit befindlichen – Forscher, die mir überhaupt die Augen für einen der Grundirrtümer der Altgermanistik öffneten. Vor allem waren es die Ausführungen Walter Falks, die mich geradezu elektrisierten (*Das Nibelungenlied in seiner Epoche . . .*, Heidelberg 1974). Auch Werner Betz vertritt in seinem »Plädoyer für C als Weg zum älteren NL« die einzig vernünftige Meinung. – Wunderbar bestärkt in dieser Richtung haben mich schließlich die Untersuchungen und die eindrucksvolle Beweisführung von Holtzmann und Zarncke (1854).

Doch die »offizielle« Altgermanistik läßt sich von solchen Forschern ihr inniges Liebesverhältnis zum Hagen-freundlichen B nicht nehmen. Zarncke und Holtzmann starben verhältnismäßig jung und überließen schon dadurch das Kampffeld ihren Gegnern. Mit einem Mann wie Falk wird man dagegen anders fertig: Statt sich mit einer recht aussichtslosen Widerlegung seiner Forschungsergebnisse abzuplagen, geht man den bequemeren Weg, die diesbezüglichen Thesen einfach totzuschweigen. Das ist schon deshalb leicht zu machen, weil Falk so unvorsichtig war, seine großartige – da mehrsträngige – Beweisführung zu einem Teil eines umfangreichen Buches zu machen, in dem die »harten« Tatsachen der Prioritätenfrage nur einen verhältnismäßig kleinen Prozentsatz seiner Ideen darstellten. Das gibt den anderen Forschern die Möglichkeit, sich intensiver um Randthemen zu kümmern und um den eigentlichen Kern – jene These, die ins Altgermanistentum wie ein Blitz hätte einschlagen sollen – einen ganz, ganz großen Bogen zu schlagen. Ein gleich großer Bogen wird auch um ein 1945 von Panzer veröffentlichtes Werk gemacht, weil seine detaillierten Untersuchungen über die Thidreksage der bisherigen recht krummen »Beweisführung« den Boden entziehen, die sich mit der Zementierung jenes bereits beschriebenen Greuelmärchens befaßt, wonach Kriemhild den Tod ihres Sohnes bewußt aus Rachgier provoziert haben soll.

Keiner der sonst recht schreibfreudigen Altgermanisten hat sich bisher an die dringende, weil grundlegende Aufgabe herangewagt, sich ohne Scheuklappen mit Holtzmann und Zarncke auseinanderzusetzen oder die Panzerschen »Nibelungenliedstudien« zu analysieren oder sich der Falkschen »Bombe« zu nähern. Es sind das alles sehr undankbare Aufgaben, weil man das Ergebnis – sich nämlich gegen seine Kollegen stellen zu müssen – von vornherein absehen kann. Vor solchen Gefahren macht man lieber kehrt und verfolgt die alte Mauslochstrategie. Nur wird sie bald nicht mehr viel nützen, wenn sich nach und nach die Frauen mehr um das NL kümmern und einige sehr naheliegende Fragen stellen werden.

Kriemhild und Brunhild als Vertreterinnen eines zu selbständigen und zu selbstbewußten Frauentums sind über Jahrhunderte hinweg abgewertet worden. Durch den Taschenspielertrick des Benutzes einer gefälschten Handschrift hat man sich dann bestens gegen frauenfreundliche Kommentare über das NL abgesichert. So gibt es nun für feministisch engagierte Germanistinnen einige wunderschöne Aufgaben zu lösen. Leider werden dann doch viele darauf verzichten, verschiedene Dinge einmal genau nachzuprüfen, da in einer männlich regierten Welt die Anstellungs- und

Beförderungsmöglichkeiten mehr für die »braven« Frauen reserviert sind und die anderen Gefahr laufen, ein Leben lang »Hilfskraft« zu bleiben. Wer will das schon? So kommen für den »Endkampf« um das Nibelungenlied nur fleißige und intelligente Millionärstöchter in Frage – oder Nonnen.

Ganz gleich aber, was von hier an mit dem NL noch geschehen wird, eines steht jetzt schon fest: Das »Helden«-Epos hat mit Heldentum herzlich wenig zu tun. In erster Linie beschäftigt es sich mit der Schilderung von weiblichem Erleben und weiblichem Leiden: Wir sehen, wie der einen Frau von der Männerwelt ein Ehemann aufgezwungen wird, den sie nicht haben wollte, und der anderen einer weggenommen wird, den sie sehr liebt. Wir sehen auch das Aufbäumen dieser Frauen, welche sich keinesfalls als Schachfiguren behandeln lassen wollen, die von den Männern nach Belieben hin- und hergeschoben werden können. Sie wollen sich auch nicht abfinden mit der Doppelmoral, wonach Frauen bestimmte Dinge nicht tun sollen, weil es sich dabei um »Männersachen« handelt. Kriemhild und Brunhild sind beide sehr aktive, selbständige und selbstbewußte Frauen, die es nicht dulden wollen, daß Männer »korrigierend« in ihre Lebensgestaltung eingreifen.

So sind wir deutschen Frauen in der eigenartigen Lage, in der Form des Nibelungenliedes ein sehr frühes »feministisches Manifest« zu besitzen, und wir sollten dieses schöne Erbe nach und nach der Alleinverwaltung entziehen, die bisher seitens der Männer zu Ungunsten der Frauen auf diesem Literatursektor ausgeübt wurde.

Der hier vorliegende, volkstümlich-polemisch konzipierte Aufsatz, ist keine wissenschaftliche Arbeit im engeren Sinn, sondern weist lediglich auf die Ergebnisse zweier solcher Arbeiten hin: »Verdanken wir das Nibelungenlied einer Niedernburger Nonne?« in: *Monatshefte,* 72, 1980, Madison/Wisconsin; »Ein Beitrag zur ›Fehde‹ zwischen Wolfram und Gottfried: Galt Gottfrieds Tadel tatsächlich dem Wolframschen Werke?« in: *Amsterdamer Beiträge zur älteren Germanistik,* Band 16, 1981, Amsterdam.

Die Leserinnen und Leser, die sich mit dem hier aufgezeigten Problemkreis näher beschäftigen wollen, finden die nötigen Literaturangaben im jeweils richtigen Zusammenhange in dem in den USA veröffentlichten Artikel. Außer aus den dort aufgeführten entnahm ich noch aus folgenden weiteren Werken wertvolle Hinweise:

Berndt, Helmut, *Das 40. Abenteuer. Auf den Spuren der Nibelungen*, Oldenburg und Hamburg, 1968

Betz, Werner, »Plädoyer für C als Weg zum älteren Nibelungenlied«, in: Ursula Hennig und Herbert Kolb (Hrsg.), *Mediaevalia litteraria*, Festschrift für Helmut de Boor, 1971, S. 331–341

Holtzmann, Adolf, *Untersuchungen über das Nibelungenlied*, Stuttgart, 1854

Holtzmann, Adolf, *Kampf um der Nibelunge Hort gegen Lachmanns Nachtreter*, Stuttgart, 1855

Panzer, Friedrich, *Studien zum Nibelungenlied*, Frankfurt am Main, 1945

Stout, J., *und ouch hagene*, Groningen, 1963

Zarncke, Friedrich, *Zur Nibelungenfrage*, Leipzig, 1854

Wichtig für Vergleichszwecke waren mir zwei Werke, die die Ansicht vertreten, daß die Odyssee von einer Frau geschrieben wurde:

Butler, Samuel, *The Authoress of the Odyssey*, Chicago, 1967

Ruyer, Raymond, Homère Au Feminin, Paris, 1977

Heide Göttner-Abendroth
Du Gaia bist Ich
Matriarchale Religionen früher und heute

die erde zittert, wo ich gehe in diesen zonen der reife, und wirft
sanfte merkliche wellen

durch alle dinge vibriert es in mir, wo immer auf den driftenden
schollen ich gerade bin

du bist das rätsel unter meinen füßen, der abgrund in mir, wo ich
bin bist du überall –

denn Du Gaia bist Ich

Zunehmend verbreitet sich heute unter Frauen, die aus der Frauenbewegung und der Frauenforschung heraus sich eine eigene
kulturelle Umgebung aufbauen, das, was ich »matriarchale Spiritualität« nenne. Künstlerinnen, Literatinnen, Philosophinnen,
Wissenschaftlerinnen und Frauen, die in der Frauenbewegung
eine neue Lebensform fanden, praktizieren die matriarchale Spiritualität und integrieren sie als Teil in ihre Existenz. Einige
bilden sogar feste Zirkel, die sie »Covens« nennen und die klo-
sterähnliche Zusammenschlüsse darstellen, wo sie mit verteilten
Priesterinnenfunktionen die matriarchale Spiritualität weiterent-
wickeln. So betrachtet zeigt die matriarchale Spiritualität alle Anzeichen einer neuen Religion ohne Religionsstifter, und ich
möchte hier untersuchen, ob und wie sie dies tatsächlich ist.
Voraussetzung dafür ist, sich eine möglichst genaue Kenntnis zu
erwerben, was »matriarchale Religionen« einmal waren. Das
Wissen über sie ist in unseren Gesellschaften weitgehend ver-
schüttet, und wir verdanken es nur der mühsamen Forschungs-
und Rekonstruktionsarbeit einzelner Religions- und Kulturhisto-
riker (wie Johann Jakob Bachofen[1] und Robert von Ranke-Graves[2]), daß eine Wiederentdeckung dieser Religionsform in der Gegenwart möglich war. Ich selbst habe diese Forschung kritisch
fortgesetzt, um Klarheit über die Struktur, den Gehalt, die Funktion und die historische Bedeutung der »matriarchalen Religionen« und ihrer Transformationen in patriarchale Religionen zu
gewinnen.[3] Die Ergebnisse helfen nicht nur, die geschichtlichen
Formen der Spiritualität, die von Frauen entwickelt wurden und
in denen sie ihr Weltbild artikulierten, zu verstehen, sondern auch

das Phänomen der neuen matriarchalen Spiritualität, die ebenfalls eine Schöpfung von Frauen ist, besser zu begreifen.

Dazu werde ich zuerst die Struktur der »matriarchalen Religionen« angeben (1). Danach werde ich zeigen, nach welchen Regeln diese »matriarchalen Religionen« in patriarchale Religionen, die ausschließlich parasitäre Strukturen auf dem Boden der »matriarchalen Religionen« sind, transformiert wurden (2). Hierbei werde ich das Gefüge der politischen, sozialen und ökonomischen Ursachen dieser Transformationen nicht aus den Augen verlieren – obwohl ich es nur andeuten kann –, damit Religionsanalyse nicht zur abgehoben-abstrakten oder ästhetisierenden oder psychologisierenden Ideen- und Symbolstudie, das heißt, zum scheinbar ideologiefreien Selbstzweck absinkt: Es geht dabei immer um das Schicksal der Frauen und ihrer Gesellschaftsform, des Matriarchats. Auf diesem Hintergrund tritt das Strukturmuster der patriarchalen Religionen, und zwar bis zu den patriarchalen Großreligionen, die noch heute als sogenannte »Weltreligionen« das religiöse Leben beherrschen bzw. beherrschen zu müssen glauben, klar hervor. Damit können wir die typischen Charakteristika patriarchaler Religionen im Gegensatz zu denen »matriarchaler Religionen« herausarbeiten (3). Das wird uns die gravierenden Unterschiede zwischen beiden Typen von Geisteshaltungen zeigen, die auf die Unterschiede zwischen den Typen der matriarchalen und patriarchalen Gesellschaftsform zurückgehen. »Matriarchale Religionen« stellen nicht eine bloße Umkehrung des Geschlechterverhältnisses dar, wie wir es in patriarchalen Religionen antreffen, sondern sind in so hohem Maß ein eigener Typus, daß wir den Begriff von Religion, wie wir ihn heute haben, nur mit Mühe darauf anwenden können. Das führt uns zugleich zu einer Begriffskritik. Zuletzt wenden wir uns auf diesem Boden wieder dem Phänomen der matriarchalen Spiritualität heute zu, der wir nun verstehend und erklärend auf den Grund gehen können (4).

1. Matriarchale Religionen

Unumwunden bezeichne ich die früheste Mythologie der Menschheit als »matriarchal«. Ich mache keinen Umweg über den blassen Begriff »prä-patriarchal«, von dem unklar ist, was er eigentlich heißen soll. Ich setze damit die Existenz von Matriarchaten voraus und kritisiere die verkürzende Perspektive der Geschichtswissenschaft, welche die Gesellschaftsform aus ihrem Bewußtsein verdrängt hat.

Angesichts des desolaten Zustands der Matriarchatsforschung war mir klar, daß man hier von vornherein mit ideologiekritischer Vorsicht vorzugehen hat. Das ist die eine tragende Säule, die andere ist das interdisziplinäre Verfahren. Denn da, wo Matriarchate wiederentdeckt wurden, besonders in der Ethnologie/Anthropologie, geschah es stets in verkürzter und verzerrter Form. Die Verzerrungen gehen wieder zu Lasten der patriarchalen Werthaltungen der Forscher, die Verkürzungen aber zu Lasten der Beschränkung des Blicks durch die herkömmliche Einteilung in wissenschaftliche Disziplinen, die untereinander von ihren Ergebnissen möglichst keine Notiz nehmen. Eine ganze Gesellschaftsform läßt sich aber nicht nur durch einzelne Disziplinen erfassen. Darum ist es unbedingt notwendig, die Grenzen der traditionellen Wissenschaftseinteilung zu überschreiten.

Ich habe, abgesehen von Ideologiekritik und Interdisziplinarität, eine besondere Methode entwickelt, welche die vergangenen Matriarchate und die im Patriarchat verdeckt fortlebenden matriarchalen Relikte wieder zum Reden bringt.[4] Sie besteht darin, aus der Forschung mosaikartig die Teile zusammenzusuchen, die mit innerer Notwendigkeit zum Matriarchat gehören. Daraus wird das Strukturmuster einer matriarchalen Gesellschaft in allen Details entwickelt. Grob skizziert sieht es so aus:

1. Ebene: Religion:
Erdgöttinmythologie, Mondgöttinmythologie
2. Ebene: Ritus:
Feste der Initiation/Hochzeit/Tod und Wiederkehr
3. Ebene: Sozialstruktur:
Mutterrecht (Matrilinearität, Matrilokalität, Gynaikokratie)
4. Ebene: Ökonomie:
Garten- oder Ackerbau (in den meisten Fällen)

Im ökonomischen Bereich sind matriarchale Gesellschaften im allgemeinen gekennzeichnet vom Ackerbau, der vom primitiven Gartenbau bis zur technisch hochentwickelten Bodenkultivierung durch Bewässerungsanlagen reicht. Im Bereich der sozialen Beziehungen sind sie geprägt durch die Matrilinearität (weibliche Erbfolge), ferner die Matrilokalität (Wohnsitz bei der Mutter oder der mütterlichen Sippe) und die Herrschaft der Sippenmutter über die Sippe bzw. des Stammesrates, bestehend aus den Sippenmüttern, über den Stamm. In städtisch hochentwickelten Matriarchaten regiert ein Priesterinnenkollegium, bestehend aus den Stammüttern, über einen theakratisch aufgefaßten Stadtstaat (Gynaikokratie). In der Familienstruktur ist die Mutter-Tochter-Beziehung zentral, später die Onkel-Neffen(Sohn der Schwester)-Beziehung. Eine Vater-Sohn-Beziehung gab es nicht, da die biologische Vaterschaft unbekannt oder nicht anerkannt war. Emotional steht die Mutter-Tochter-Beziehung und die Mutter-Sohn-Beziehung allen voran, ebenso innig war die Schwester-Bruder-Beziehung. Die Gattenbeziehung war demgegenüber nebensächlich, sie reichte über flüchtige Begegnungen nicht hinaus. Eine feste Eheform gab es nicht. Der Mann galt im Matriarchat etwas als Sohn oder Bruder (oder Onkel), eine Rolle als Gatte oder Vater gab es für ihn noch nicht. Daher ist die Konstellation Mutter-Tochter(Schwester)-Bruder, wo immer sie auftaucht, klassisch matriarchal, während die Konstellation Vater-Sohn (Gatte)-fremde Gattin als klassisch patriarchal zu gelten hat.

Im religiösen Bereich besitzen matriarchale Gesellschaften Muttergöttin-Mythensysteme: auf der einfachen Stufe Mythologien der chthonischen Erdgöttin, auf der entwickelten Stufe astrale Mythologien, deren Zentralgestalt meist eine dreifaltige Mondgöttin ist. Die Zeitvorstellung ist dabei zyklisch statt linear, der Jahreszeitenzyklus mit den Stadien Wachstum, Tod, Wiederkehr bestimmt das Denken. Im rituellen Bereich entspricht den mythischen Vorstellungen ein Priesterinnentum oder sakrales Königinnentum, dem ein sakrales Königtum (Fruchtbarkeitsheros) zugeordnet ist. Beide Vertreter dieser Ämter sind durch die jahreszeitlich immer wiederkehrenden rituellen Feste miteinander verbunden: die Initiation, die Heilige Hochzeit (hieros gamos) und Tod/Wiederauferstehung des Heros. Man hat matriarchale Religionen oft als »Fruchtbarkeitskulte« bezeichnet, ein Begriff, den ich ablehne. Denn es handelt sich in ihnen nicht um subalterne Kulte, sondern um voll entwickelte religiöse Systeme. Und der Begriff »Fruchtbarkeit« wird heute so einengend verstanden, als ob es sich nur um die Produktion möglichst vieler Ackerfrüchte, Herdentiere und Kinder handelt. Hinter den matriarchalen

Fruchtbarkeitsmetaphern steckt aber eine umfassende Kosmologie, wobei von den grundlegenden Kräften des Lebens und des Todes ausgegangen wird. Matriarchale Religionen werden daher treffender als »Wiedergeburtsreligionen« bezeichnet, mit all den weitreichenden Implikationen mystischer und philosophischer Art, welche dieser Begriff hat.

Nun ist das Strukturschema einer matriarchalen Gesellschaft, wie ich es eben gab, viel zu allgemein, um damit konkrete Analysen machen zu können. Ich arbeite bei der Forschung deshalb mit speziellen Strukturschemata, welche die einzelnen Ebenen differenzieren und zuletzt untereinander in Beziehung gesetzt werden. Für unsere Zwecke interessiert nur das spezielle Strukturschema der matriarchalen Mythologie (in ihrem am weitesten entwickelten Stadium)[5].

Dieses Strukturschema matriarchaler Mythologie beinhaltet das differenzierte Weltbild des entwickelten Matriarchats, in welches das Weltbild des einfachen Matriarchats inbegriffen ist. Außerdem enthält es ein großes Potential an Kultur- und Sozialgeschichte. Die Struktur matriarchaler Mythologie folgt einem Dreierschema[6], in das sich alle Details einbetten lassen. Das Dreierschema dieser Struktur ist doppelt: einmal bezieht es sich auf die Gestalten, Funktionen und Attribute der Göttin des entwickelten Matriarchats, die dreifaltige Mondgöttin; zum andern bezieht es sich auf die Gestalten, Funktionen und Attribute des ihr zugeordneten Heros; männliche Götter gab es nicht. Im Strukturschema geben die Gestalten Typen an, deren Namen in den konkreten Mythen wechseln. Die zu einer Gestalt gehörende Funktion bleibt dabei immer gleich. Die Attribute haben zwar einen stereotypen Umkreis, innerhalb dessen sind sie aber variabel.

Ich habe gezeigt, daß sich dieses matriarchale Strukturschema in sämtlichen ältesten Mythologien des indoeuropäischen Raumes finden läßt und darüber hinaus in den internationalen Zaubermärchen, die ich als verkappte Mythen betrachte, und in manchen Teilen der Epik des europäischen Mittelalters (Tabelle 1).[7]

2. Transformationen matriarchaler Religionen

Es kommt mir hierbei nicht darauf an, zufällige Veränderungen zu benennen, sondern die Regeln dieser Transformationen sicht-

Tabelle 1
STRUKTURSCHEMA MATRIARCHALER MYTHOLOGIE
a) Göttinstruktur: (Triade)

Gestalten:	Mädchen	Frau	Greisin
Funktionen:	Kampf und Jagd	Liebe, Fruchtbarkeit, irdische Herrschaft	Herrschaft übers Jenseits: Tod und Wiederauferstehung, Herrschaft über Magie, Orakel, Kunst und Wissenschaft
Attribute:			
a) Mondphasen:	Sichelmond	Vollmond	Neumond
b) symbolische Mondfarben:	weiß	rot	schwarz
c) Jahreszeiten:	Frühling	Sommer	Herbst und Winter
d) Regionen im Stockwerk-Weltbild:	Himmel	Land und Meer	Unterwelt als unterirdische und untermeerische Jenseitswelten
e) Tiersymbole: (evtl. Totemtiere)	kämpferische Tiere: bes. Löwe, Panther, Katzen; Jagdtiere: weiße Hirsche, Falken	ernährende Tiere: bes. Kuh, Ziege, Schaf, Hindin; Liebes- und Fruchtbarkeitssymbole: Tauben, Bienen	unterirdische Tiere: bes. Schlange (phallische Urschlange); schwarze Tiere oder Nachttiere: Eule, Rabe, Krähe, schwarze/weiße Hunde oder Pferde
f) symbolische Gegenstände:	Pfeil und Bogen, Wagen mit Löwen oder Hirschen davor	magische Zaubergürtel und -Ringe; das Welt-Ei (= Vollmond), der Liebesapfel, das Obstgarten-Paradies	der Todesapfel; die Schicksalswaage, der Schicksalsfaden oder die Spindel; das Obstgarten-Paradies als Jenseits-welt

b) Herosstruktur: (auf die Göttin-Triade bezogen)

Gestalten:	(nur eine)		
Funktionen:	Initiation (im Frühling)	Heilige Hochzeit (im Sommer)	Tod und Wiederauferstehung (im Herbst/Winter)

Initiation als Vollbringen von Heiratsaufgaben:

a) kampflose Variante: Erwerb von Zauberdingen oder Weisheitswettbewerb.

b) Wettkampf-Variante: Wettlauf, Wettfahrt oder Kampf. Am häufigsten ist der Initiationskampf mit seinerseits folgenden Varianten:

1. Kampf gegen die mythischen Tiere Löwe/Hindin/Schlange, wobei das Erschlagen der Schlange = Drachen als Todesungeheuer dominiert. *(Weihezeit)*

2. Kampf gegen den Amtsvorgänger, der entweder fremd ist (nachfolgende »Witwe-Mörder«-Verbindung) oder als verwandt betrachtet wird; im letzteren Fall gibt es folgende Varianten:

2.1 der alte König ist »Vater« des jungen Königs, dann ein »Vater-Sohn«-Kampf mit nachfolgender »Mutter-Sohn«-Verbindung (vgl. Ödipus);

Hlg. Hochzeit ist das wichtigste Fest, vollzogen mit der Frauengöttin unter Präsenz aller Fruchtbarkeitssymbole; Ort: ein wunderbarer Platz in Freien, ursprünglich auf dem Gipfel von Bergen

---

Tod ist immer Opfertod, wobei das vollgültige Opfer der Heros-König selbst ist.

(Spätere Varianten: Doppelgänger-Opfer, Knabenopfer, Opfer männlicher Tiere.)

Das Königsopfer hat ebenfalls viele Varianten:

1. Tod durch die Göttin selbst in ihrer dritten Gestalt; Wiedergeburt oder Wiedererweckung durch die Göttin in ihrer ersten Gestalt;

2. Tod durch eins der mythischen Tiere der Göttin, bes. durch den Drachen = Schlange (Tod auch als totenähnlicher Zustand: Scheintod, Ohnmacht, tiefe Verwundung);

Wiedererweckung durch die Göttin in ihrer ersten Gestalt, meist als Heilung von Wunden.

2.2 der alte König ist ein Onkel-Usurpator, der den ersten König (= »Vater«) erschlug und nun vom »Sohn« erschlagen wird, mit nachfolgender »Mutter-Sohn«-Verbindung (vgl. z. T. Orest).

3. Tod durch den Nachfolger; Wiedererweckung und Wiederkehr im Nachfolger.

Attribute: Gestirnssymbol des Heros ist die Sonne mit den Farben Gold und Rot.

Tabelle 2:
TRANSFORMATIONEN DER MATRIARCHALEN RELIGIONEN

Transformationen (1)	Griechenland	Kreta	Ägypten	Sumer/Babylon	Kleinasien/Palästina
1. Struktur: vorindoeuropäische Schicht (Muttergöttin-Heros)					
a) einfach matriarchal	a) Gäa-Uranos (Eurynome)	a) Gäa-Uranos, Rhea-Kronos	a) Nout/Neit-Re	a) (Tiamat)	a) (Rahab) (Iahu)
b) entwickelt matriarchal	b) Artemis-Aktaion, Aphrodite-Adonis, Athene-Erechtheus, Hera-Herakles, Demeter-Iakchos/Dionysos	b) Rhea/Diktyanna-Zeus, Hera-Zeus, Demeter-Dionysos/Zagreus	b) Hathor-Horus, Isis-Osiris	b) Inanna-Dumuzi, Ishtar-Tammuz/Marduk	b) Kubaba-Teshub, Kybele-Attis, Atargatis-Hadad, Anat-Baal, Hawwa/Eva-Adam
c) zyklische Dämonenschlacht	c) –	c) –	c) Re-Apophis, Osiris-Seth	c) Marduk-Tiamat	c) Anat-Mot, Jehova-Rahab

Transformationen (1)	Griechenland	Kreta	Ägypten	Sumer/Babylon	Kleinasien/Palästina
2. Struktur: indoeuropäische Schicht (Vatergott-Göttin) a) Vermännlichung der Göttin b) Göttin als Gattin des patr. Gottes c) Göttin als Tochter (Heros als Sohn) des patr. Gottes d) Aufstands-Mythe e) matriarchaler Gegenkult (Geheimkult/Subkultur)	a) – b) olymp. Zeus-Hera, Poseidon-Demeter, Hades-Kore c) ol. Zeus-Artemis, ol. Zeus-Aphrodite, ol. Zeus-Athene (ol. Zeus-Dionysos) (ol. Zeus-Herakles) d) Aufstand der Götter unter Hera gegen den olymp. Zeus/Aufstand der Titanen e) Demeterkult von Eleusis (Griech.), Isiskult, Kybelekult, Orpheus/Dionysos-Mysterien (Rom)	(UNTER-GANG)	a) [Erdgott Geb] b) Re-Hathor, Osiris-Isis c) Re als Vater aller Götter, z. B. Re-Hathor (Re-Horus) (Osiris-Horus) d) – e) Isiskult (UNTER-GANG)	(UNTER-GANG)	a) Iahu/Eva zu Jahwe/Jehova (Taube als männlicher Geist) b) Jahwe-Iahu c) Jahwe als Vatergott u. alle anderen seine Geschöpfe (Eva-Adam) d) der Aufstand Lucifers gegen Jahwe e) Kybele-Kult, volkstümlicher Anat-Baal-Kult
3. Struktur: patriarchale Großreligionen (univers. Vatergott) a) spiritualisierte Mythologie b) philos. Abstraktion	a) griechisch-orthodoxes Christentum b) Ausbildung der klass. Philosophie	a) griechisch-orthodoxes Christentum b) Islam	a) koptisches Christentum b) Islam	b) Islam	a) Judentum, Frühchristentum b) Islam

Transformationen (2)	Persien	Indien	Europa: Kelten	Europa: Germanen
1. Struktur: vorindoeuropäische Schicht (Muttergöttin-Heros) a) einfach matriarchal b) entwickelt matriarchal c) zyklische Dämonenschlacht	a) Nanaia b) Anahita-Mitra (Ahura-Mazda-Anahita) c) Mitra-Finsternis	a) Prithivi, Uma b) Sarasvati-Brahma, Shakti-Shiva, Lakshmi-Vishnu c) Shakti (Parvati)-Dämonen, Lakshmi/Götter-Dämonen	a) Dana-Dagda b) Modron/Morrigain-Bran, Erin-Lug c) Götter-Fomore	a) Jörd-Tyr/Heimdall b) Freyja-Freyr, Frigga-Od/Baldur c) Götter-Loki/Dämonen (Götterdämmerung)
2. Struktur: indoeuropäische Schicht (Vatergott-Göttin) a) Vermännlichung der Göttin b) Göttin als Gattin des patr. Gottes c) Göttin als Tochter (Heros als Sohn) des patr. Gottes d) Aufstands-Mythe e) matriarchaler Gegenkult (Geheimkult/Subkultur)	a) Nanaia zu Nanna, Ahura-Mazda (männlich) b) Mithras-Anahita (UNTERGANG)	a) – b) Dyaus Pitar-Prithivi, Brahma-Uma/Sarasvati/Gayatri, Vishnu-Lakshmi c) Dyaus Pitar/Vishnu als Vater aller Götter, Brahma als oberstes Prinzip d) – e) Kali-Kult, Shiva-Kult	a) Dana zu Don (Donnus) b) Lug-Erin, Brian/Juchar/Jucharba-Bamba/Eire/Folla c) alle Götter als Kinder des Don d) Erin (Bress) gegen Lug und seine Götter e) volkstümlicher Feenglaube (UNTERGANG)	a) Jörd zu Njörd b) Odin-Frigga c) Njörd-Freyja (Njörd-Freyr); Odin-Walküre; (Odin-Baldur) d) Götterschlacht: Wanen unter Jörd gegen Asen unter Odin e) volkstümlicher Erdmutterglaube (UNTERGANG)
3. Struktur: patriarchale Großreligionen (univ. Vatergott) a) spiritualisierte Mythologie b) philos. Abstraktion	a) Zarathustra-Religion (Zoroastrismus) b) Islam	a) Hinduismus (Brahma/Shiva) b) Buddhismus	a) keltisches Christentum b) Philosophie u. neuzeitliche Wissenschaft	a) römisches Christentum b) Philosophie und neuzeitliche Wissenschaft

bar zu machen. Nur so können wir die sozialen und politischen Funktionen erkennen, die hinter diesen Transformationen stecken.

Ich gebe diesen Transformationsprozeß in einer tabellarischen Übersicht, welche den gesamten Raum der indoeuropäischen Mythensysteme umfaßt (Tabelle 2, oben S. 181-183):[8]

Die 1. Struktur dieses tabellarischen Überblicks ist uns bekannt: Es ist die Göttin-Heros-Struktur der matriarchalen Religionen. (1a) kennzeichnet die konkreten Gottheiten dieser Struktur auf der einfachen matriarchalen Stufe, (1b) die konkreten Gottheiten auf der entwickelten matriarchalen Stufe. (1c) ist eine Ergänzung, keine neue Stufe; es zeigt die Mythe der zyklischen Dämonenschlacht als eine klassische matriarchale Naturmythe im Vergleich.

Die 2. Struktur ist die Schicht der frühpatriarchalen indoeuropäischen Religionen, die aus einem Verschmelzungsprozeß patriarchaler Götter mit den matriarchalen Kulten der eroberten Völker entstanden sind. (2a-e) zeigt verschiedene Typen von Transformationsregeln, deren Grundregeln Absorption und Deformation sind. Unter »Absorption« verstehe ich die unveränderte Übernahme von Symbolmustern auf männlicher Seite. Unter »Deformation« verstehe ich die Veränderung von Symbolmustern bei der Übernahme. Beidemale wechseln sie auf charakteristische Weise die Bedeutung.

Zu (2a): Ein typischer Trick bei der Verwandlung eines matriarchalen Mythensystems in ein patriarchales ist die Änderung des Geschlechts der Urgottheit. So wird aus der Großen Urmutter plötzlich ein Urvater, der wie sie von sich behaupten kann, Vater aller Götter und Menschen zu sein. Dazu imitiert er alle ihre Fähigkeiten, besonders die Fähigkeit zu gebären. Da ihm allerdings die Organe dazu fehlen, gebiert er aus dem Kopf oder aus der Stirn oder aus dem Oberschenkel. Durch diese wirkungsvolle Methode ist nun statt des weiblichen Prinzips das männliche das erste.

Zu (2b): Wollte die Geschlechtsumwandlung der Urmutter nicht recht glaubwürdig erscheinen, so gab es eine zweite Methode: Die Große Göttin und Urschöpferin erhielt den Vatergott als Gemahl, ohne den sie nichts vermochte. Die Skala dieser Gattinnen reicht von der zänkischen, die noch wagt, selbständig zu entscheiden – obwohl sie niemals Recht bekommt – über die rührende, die sich an ihren Gatten klammert, bis zur schattenhaften, die außer als Name überhaupt nicht mehr in Erscheinung tritt. Das letzte Stadium ist, aus patriarchaler Sicht, besonders wünschenswert.

Der indoeuropäische Vatergott wird außerdem als Triade der alten dreifaltigen Göttin nachgebildet. Dreifach beherrscht er nun wie sie Himmel, Erde und Unterwelt. Um dies durchzusetzen, nimmt er jedesmal die Göttin in dreifacher Gestalt zur Frau. Dabei setzt der Prozeß der Trennung der ursprünglich dreifach vereinten Gestalten der Göttin ein: aus der Dreifaltigkeit werden drei Einzelne mit reduzierten Funktionen. Da die Göttinnen die patriarchalen Götter nicht freiwillig heirateten, waren Raub und Vergewaltigung die gängigen Methoden. Mit der Verwandlung der Urgöttin zum Urgott oder der gewaltsamen Verheiratung der Muttergöttin mit dem Vatergott geht die Übernahme ihrer Symbole und Attribute, ihrer Fähigkeiten und Funktionen durch den Gott einher: Als erstes übernimmt der Gott ihr weitverbreitetes Machtsymbol, mit dem sie tötete oder kastrierte, den »Blitz« (Doppelaxt). Eine andere typische Übernahme ist die Taube, der Geist des weltschöpferischen Eros der Aphrodite, in Jahwes Besitz, der sie zu seinem eigenen, ausgesprochen eros-feindlichen Geist macht. Oder das ägyptische Anch, das weibliche Lebenszeichen, gerät in die Hände des patriarchalen Re und seiner Pharaonen. Oder die Schicksalswaage der Unterweltsgöttin wird vom Totengott Osiris übernommen oder gar vom patriarchalen Himmelsgott Zeus. Mit ihren Symbolen verliert die Göttin ihre Funktionen an den Gott: Nun ist er Spender des Lebens, Besitzer der Macht und Lenker des Schicksals.

Neben der planen Übernahme von Symbolen und Funktionen (Absorption) steht die Deformation, wie wir am klassischen Fall der Übernahme von Evas Apfelgartenparadies durch Jahwe beobachten können: Die ursprünglichen Funktionen (Schlange bedeutet phallischer Eros, Eva ist die Liebesgöttin, Apfel ist das Liebes- und Todessymbol, Adam ist der Heros) werden ins Gegenteil pervertiert (Schlange ist der Teufel, Eva wird zum sündigen, irdischen Weib, Apfel bedeutet Versuchung, Adam ist der Mann und Herr).

Zu (2c): Die Abhängigkeit und Schwächung der Großen Göttin nimmt zu, wenn sie statt zur Gattin zur Tochter des allmächtigen Vatergottes gemacht wird. Alle Funktionen, die ihr noch übrigblieben, werden so als vom Vater geerbte Fähigkeiten hingestellt.

Am deutlichsten wird diese Methode immer dann, wenn die alte Göttin der Weisheit ausdrücklich aus dem Geist des patriarchalen Gottes geboren wird. Sie wird damit zum gehorsamen Werkzeug des väterlichen Willens und verteidigt nachdrücklich seine patriarchalen Prinzipien (so verteidigt die patriarchalisierte Athene z. B. Straffreiheit für Muttermord, Verlust des Wahlrechts der Athenerinnen, Verbot der gewerblichen Künste für Frauen).

Die Übernahme des früheren Heros als »Sohn« des patriarchalen Gottes bringt folgende Veränderungen: Der Mann, früher auf die Göttin bezogen, wird jetzt strikt auf den Vatergott bezogen; diesem ist er gehorsam bis zum Heldentod. Als ergebenes Werkzeug des Vaters wird er von diesem zuletzt glorifiziert und in den Himmel erhoben. Die Muttergöttin erfährt von diesen neuen Söhnen gelegentlich brutale Ausschreitungen gegen ihren Kult. Feindschaft gegenüber der Mutter und Gehorsam gegenüber dem Vater ist die soziale Achse des neuen Gesellschaftssystems, des Patriarchats. Über diesen zentralen Veränderungen verblassen die gehorsamen Töchter schließlich im Hintergrund.

Zu (2d): Aber diese Entwicklung geschah nicht ohne Widerstand auf matriarchaler Seite. Davon zeugen die vielen Götterschlacht-Mythen, in denen es ganz real darum ging, einen Vorgänger-Kult zu verdrängen und seine Anhängerinnen zu entrechten oder einen Aufstand der Urgötter (und Urbevölkerung) niederzuschlagen. Die älteren Gottheiten befanden sich oft in Aufruhr, so müssen z. B. die olympischen Götter wiederholt gegen Giganten, Kyklopen, Kentauren kämpfen, die nicht zur Dämonen-Kategorie gehören, sondern Urgötter sind. Auch die germanischen und keltischen Götter liegen ewig in Zwist mit Riesen und Zwergen (ebenfalls Urgötter), die es schließlich soweit bringen, das patriarchale Pantheon zu spalten und die Götterdämmerung herbeizuführen. Alle diese Schlachten zeichnen sich durch unerhörte Grausamkeit aus. Hier spiegeln sich jahrhundertelange blutige Kämpfe zwischen zwei Gesellschaftsformen, bei denen es keinen Minimalkodex von Menschenrechten gab.

Zu (2e): Gelegentlich tritt in diesen Auseinandersetzungen das utopische Element kräftig hervor. Dies stellt dann Gegenmythen einer unterdrückten Bevölkerung dar, die im Geheimen ihren matriarchalen Kulten treu bleibt. Dieser Tenor setzt sich während der patriarchalen Epochen auf verschiedene Weise fort, aber immer ist er die Hoffnung auf die Wiederkehr der Göttin mit ihrem milden Regiment. Ich möchte nur an die griechische Mythe vom »Goldenen Zeitalter« erinnern, welche das matriarchale Zeitalter meint.

So leben matriarchale Kulte vielfältig als Geheimkulte oder Subkulturen weiter. Meistens sind sie mit dem »Brauchtum« verbunden, in Wahrheit aber sehr alte Volksreligionen, welche die neuen patriarchalen Herren wegen ihrer massenhaften Verbreitung widerwillig dulden müssen. Dies war der Fall beim Demeter-Kult im patriarchalen Griechenland, beim späten Isis-Kult in Ägypten und Rom, beim Kybele-Kult im späten Kleinasien und in Rom, bei den Orphischen/Dionysischen Mysterien in der hellenistischen Welt, beim Baal-Kult noch im Judentum, beim Kali-Kult und Shiva-Kult sogar noch im heutigen Indien. Im keltischen und germanischen Bereich überlebten die matriarchalen Volksreligionen in vielen Formen (Folklore, Sagen, Märchen, Legenden) die Christianisierung, die jahrhundertelang sehr oberflächlich blieb. Erst nach schweren Kämpfen begann der Integrationsprozeß zwischen Christentum und »Heidentum«, welcher der neuen Religion die einzige Chance bot, dauerhaft Fuß zu fassen.

Die 3. Struktur der religiösen Transformationen ist gekennzeichnet von der Ersetzung des frühpatriarchalen Pantheons (2. Struktur) durch die patriarchalen Großreligionen. Sie tendieren alle zum Monotheismus. Der Monotheismus, vielgepriesen und für eine höchste männliche Geistesfrucht gehalten, hat als Grundlage die Verabsolutierung des frühpatriarchalen Vatergottes, der neben sich keine anderen Götter mehr duldet. Alle anderen Götter, von denen dieser Vatergott letztlich stammt, werden als »heidnisch« ausgemerzt. Monotheismen sind daher immer gekennzeichnet von Zentralismus und Fanatismus: Individuelle Glaubensregungen werden nicht mehr geduldet, was geglaubt wird, ist vorgeschrieben. Die Einhaltung der Glaubensdogmen überwacht eine eifernde Priesterkaste, welche je nach Bedarf inquisitorische Institutionen herausbildet. Damit kommen wir zu unserem dritten Thema.

3. Patriarchale Religionen

Die frühpatriarchalen Religionen will ich hier nicht weiter beschreiben. Es ging aus der Transformations-Tabelle hervor, welche Struktur sie haben, wodurch sie gekennzeichnet sind: durch die Auseinandersetzung mit der matriarchalen Mythologie und ihrer Assimilation. Die Überwindung der matriarchalen Mythologie ist vollständig erst erreicht in den patriarchalen Großreligionen, die darum viel schärfer die typischen Züge patriarchaler Religionen zeigen. Einheit und strenge hierarchische Ordnung, die in Großinstitutionen verankert werden, sind ihre Charakteristika. Dies entspricht – nach der Phase der Auseinandersetzung der frühpatriarchalen Völker mit den eingesessenen matriarchalen Kulturen – dem späteren Stadium der patriarchalen Gesellschaft: der Großreichebildung. Die Staatsform ist jetzt nicht mehr ein loser Bund von Stadtstaaten, die matriarchale Staatsform der höchsten Stufe, sondern ein zentralistisch durchorganisiertes, von oben gelenktes, hierarchisches Reich, das durch Eroberungen zustande gekommen ist. Dieser politische Imperialismus der Kriegerkönige benötigt eine geistige Legitimation, und so kommt es zum geistigen Imperialismus der patriarchalen Großreligionen, deren innere und institutionelle Struktur genauso aufgebaut ist wie die der Großreiche. Monotheistische Religionen sind typischerweise immer Staatsreligionen. Ihre Macht gewinnt die Priesterkaste durch ihre Stützung der Legitimationswünsche des Monarchen. Dieser bedankt sich seinerseits dafür, indem er den militärischen Eroberungstaten die religiösen folgen läßt, was die Serie der Zwangsbekehrungen mit sich bringt, welche alle patriarchalen Großreligionen den unterworfenen Völkern angedeihen lassen. Es ist die Idee des Missionarischen, die im Grunde darin besteht, daß der andere unmöglich glücklich sein kann, wenn er nicht dasselbe denkt, meint, glaubt wie man selbst. In aufschlußreicher Weise steigert sich der missionarische Gedanke gelegentlich bis zum »Heiligen Krieg«, der den Gewaltcharakter des geistigen Imperialismus und seine Analogie zum Imperialismus der Großreichebildung sichtbar macht. Die Opfer dieses geistigen Imperialismus durch die Geschichte hindurch sind Legion.

Die Skala der monotheistischen Großreligionen reicht vom Vatergott mit Gottessohn auf Erden (Jahwe und Jesus, Re und der Gottessohn Echnaton, der Sonnengott und die Gottessohnschaft der Inka/Azteken in Amerika) über den verabsolutierten Vatergott als einziges Prinzip (Zoroastrismus, Judentum, Islam) bis zu abstrakten religiösen Prinzipien ohne Personifikation (Hinduismus der Brahmanen, Buddhismus). Hierbei verachten sich die auch untereinander unduldsamen patriarchalen Großreligionen gegenseitig um so stärker, je mehr sie von der anderen Großreligion annehmen, daß sie noch matriarchale Relikte enthält. So ist es unter Mohammedanern verbreitete Ansicht, daß das Christentum eine Religion der Frauen sei (Marienkult und Jesus als ein Agent Marias). Damit gerate es zu einer verachtenswürdigen Abweichung von der Linie des reinen Monotheismus, der im Judentum beginne und im Islam seine Vollendung finde. Ähnlich gespalten ist das Verhältnis zwischen dem abstrakten Buddhismus und dem von diesem verachteten, weil matriarchal »verseuchten« Hinduismus.

Das größte Potential an Verachtung kam aber erst dann auf, als sich aus der Reflexion über abstrakte religiöse Prinzipien nahtlos die Philosophie entwickelte, denn so, wie wir sie heute kennen, ist sie patriarchalen Ursprungs (vgl. Indien, China, klass. Griechenland). Mit der sophistischen Rabulistik in Griechenland setzt eine generelle Verachtung des Mythos ein (Sokrates, Platon), die sich in späteren Jahrhunderten zur schneidenden Religionskritik steigert (Voltaire, Feuerbach, Nietzsche, Marx, Freud). Auch hier geht es um immer wieder erhobene universalistische Wahrheitsansprüche, so daß nicht nur die patriarchalen Religionen untereinander, sondern auch die Philosophie gegen die Religion, die Wissenschaften gegen die Philosophie und gegen die Religion und alle zusammen gegen die Mythologie im Kampf liegen. Sie schlagen sich gegenseitig mit ihren eigenen Waffen.

Die in der europäischen Neuzeit geäußerte Religionskritik trifft allerdings auf den Typus der patriarchalen Religion zu, nicht aber auf den Typus der matriarchalen Religion. (Dies nachzuweisen, würde eine eigene Untersuchung erfordern; ich muß mich hier auf Andeutungen beschränken.) Denn matriarchale Religionen sind so verschieden von allen Gebilden, die wir als Religionen in der patriarchalen Geschichte kennen, daß es mir schwerfällt, sie überhaupt als »Religionen« zu bezeichnen.

»Re-ligio« bedeutet so etwas wie »Rückbeziehung, Rückbindung«. Eine Rückbindung ist aber erst dann erforderlich, wenn die primäre Bindung verlorengegangen ist (wie es die Paradiesvertreibung in der Bibel anschaulich macht). Und die primäre Bindung kann nur dann verloren gehen, wenn die Gottheit etwas Fernes, Hohes, Fremdes, Transzendentes geworden ist, das man wieder suchen muß, kurz: wenn die Gottheit etwas grundsätzlich

Anderes ist als man selbst.

Die Vorstellung vom abstrakten, transzendenten Gott ist der Gottesvorstellung der »matriarchalen Religionen« diametral entgegengesetzt. Die Göttin ist stets konkret und gegenwärtig, sichtbar und fühlbar. Denn sie ist die Erde, auf der die Menschen leben, oder der Kosmos, den sie über sich erblicken. Diese Göttin ist auch nicht fremd und hoheitsvoll entrückt, sondern sie ist zugleich das Netz der geistigen, psychischen und physischen Kräfte im Menschen selbst. Insofern war die Göttin in jeder Frau und in jedem Mann, was die »matriarchalen Religionen« der Idee enthob, das andere Geschlecht als nicht religionsfähig zu verachten und auszuschließen (vgl. die vielen Ansichten über die »Seelenlosigkeit« oder »Tierartigkeit« der Frau in patriarchalen Religionen). Komplizierte »Rückbindungen« sind daher nicht nötig, wenn die Göttin selber in den Menschen ist, diese also ein Aspekt der Göttin sind. Nötig ist dann nur die Meditation auf sich selbst, auf die umgebende Natur, auf den leuchtenden Kosmos und der symbolische Ausdruck dieser meditativen Einsichten. Damit entfällt die Vermittlung von Lehre (Dogmen) und Priesterkaste (Institution), die sich parasitär einschieben, um den bindungslosen Menschen wieder die »Rückbindung = Religion« zu vermitteln – wobei auf den Zwischenstufen dieser Vermittlung ihnen viel Raum für Machtentfaltung blieb.

Aus diesem Grund ist die Bezeichnung »matriarchale Religionen« mißverständlich, und ich spreche von »matriarchaler Spiritualität«, um den Unterschied im Typus hervorzuheben. Diese Spiritualität ist aber wiederum nicht gleichzusetzen mit einem »Spiritualismus«, der in Gegensatz zu einem wie immer gearteten »Materialismus« steht. Auch das ist eine falsche patriarchale Dichotomie, welche auf die matriarchale Geisteshaltung nicht zutrifft, denn Spiritualität war hier die Erkenntnis aller wirkenden Kräfte und Energien: der physischen in den Körpern des Kosmos, der Lebensenergien in allen Lebewesen und der psychisch-geistigen Energien in den Menschen. Dies gehörte zusammen. So war die physische Gebärfähigkeit genauso heilig wie die geistige Kreativität, man sah keine wesentlichen Unterschiede in ihnen. Ein Liebesakt war ebenso Ausübung matriarchaler Spiritualität wie ein Tempeldienst. Es gab keine »gut-böse«- oder »oben-unten«-Gegensätze, Moralkodices und Schuldkomplexe in ihrem Gefolge waren unbekannt. Denn jede Kraft galt als göttlich, die unheimlichen zerstörerischen Kräfte ebenso wie die freundlichen aufbauenden. Es waren nur verschiedene Gesichter der Göttin, wie alle menschlichen Regungen und Tätigkeiten ihrerseits Facetten der göttlichen Aktivität waren. Bestimmte Formen von Arbeit zu verachten und daraus soziale Hierarchien aufzubauen, war deshalb unmöglich; so hatte die matriarchale Spiritualität auch nicht den Charakter von Ideologie wie die patriarchalen Religionen. Das einzige Vorbild war der Kosmos mit seinen Harmonien, dem entsprechend die Menschen leben wollten.

Abgesehen vom Nichtzutreffen der neuzeitlichen Religionskritik auf die matriarchale Spiritualität passen auch alle in der Theologie entwickelten Begriffsdichotomien, mit denen sich die patriarchalen Religionen untereinander bekämpfen, nicht auf sie. So war der Gegensatz von »Monotheismus« und »Polytheismus« ein Schlachtruf zu Beginn der Entwicklung der patriarchalen Großreligionen gegen die Vorgänger-Religionen und so unsinnig wie jeder Schlachtruf. Soweit er die matriarchale Spiritualität betraf, verzerrte er die Verhältnisse durch blinde Abwertung, denn für diese Geisteshaltung konnte man gar nicht vom Monotheismus-Polytheismus-Gegensatz sprechen: Es gab die einzige universale Göttin, die Erde oder der Kosmos. Und sie war nicht einzig, weil sie alles andere verneinte und ausschloß wie die patriarchalen absoluten Götter, sondern weil sie alles umfaßte. Aber in ihren konkreten Gestalten, lokalen Kulten hatte sie tausend Gesichter, je nachdem, wie es der Gegend, dem Volk oder dem Individuum, das sie verehrte, entsprach. Trotz ihrer Vielfalt in Namen und Erscheinung blieb sie aber die Eine, sie war Einheit in der Mannigfaltigkeit. Dies gestattete der/m Einzelnen größte spirituelle Freiheit, ohne daß sie/er eine Privatreligion hatte. Dasselbe gilt für Dörfer und Städte, die überall verschiedene Kultformen pflegten, die Göttin verschieden benannten, denen aber bewußt war, daß sie dieselbe Göttin verehrten. So hieß sie bei etlichen Völkern »die Vielnamige«, was ihre Einheit voraussetzt. Dies erklärt ein wenig die verblüffende Strukturgleichheit der matriarchalen Spiritualität im indoeuropäischen Raum (und rund um die Erde), wobei die lokale Vielfalt der Namen und Attribute zugleich außerordentlich ist. Diese große Freiheit bei gleichzeitiger Einheit in spirituellen Dingen enthob von dem Zwang, den anderen zur eigenen Ansicht zu bekehren. Deshalb gab es in der Epoche der matriarchalen Spiritualität keine Missionierungen, und Religionskriege waren unbekannt.

Nicht weniger künstlich als der Gegensatz von »Monotheismus« und »Polytheismus« erscheinen die Gegensätze von »Deismus«-»Theismus« oder »Theismus«-»Pantheismus« usw., welche ganze Theologengenerationen ernährten. Wie müßig, über die dauernde Entfernung Gottes von der Welt (Deismus) oder seine dauernde Anwesenheit in der Welt (Theismus) zu reden, wenn diese »Welt« die Göttin selber ist! Wie überflüssig, über die Unterschiedenheit vom unendlichen Gott und der endlichen Welt (Theismus) oder dem Ineinsfallen von Gott und endlicher Welt (Pantheismus) zu disputieren, wenn die Göttin die Welt in ihrer Unendlichkeit ist! Wie zynisch, die Menschen mit der Vorstellung von einem endgültigen, grausamen Tod zu manipulieren, der nur das jenseitige Leben als ewiges verheißungsvoll erscheinen läßt, wenn die Göttin die unendliche Lebenskraft in jedem ist, die durch Wiedergeburten das ewige Leben diesseitig macht! Die matriarchale Spiritualität kennt nicht diese »Angst-und-Hoffnung-Macher«, deren einzige Aufgabe ist, den patriarchalen Religionen Proselyten zu verschaffen. Denn die Göttin belohnte nicht und bestrafte nicht, sondern sie vollzog die kosmischen Gesetze nach ihrem ewigen Rhythmus.

Die matriarchalen Kulte stellten daher keine Institutionen dar, sondern waren in erster Linie magisch-musischer Ausdruck der Inspiration an Ort und Stelle: sie bezogen sich dabei symbolisch auf einen Stein, einen Baum, einen Berg, einen Wald, einen Stern. Diese waren Erscheinungsformen der Göttin, jedoch nicht ihre Götzen, und so konnte es ein andermal ein anderer Stein, Baum, Berg, Stern sein, um den sich als konkrete Form die konkrete Verehrung kristallisierte. Die Inspiration war frei beweglich und schaffte sich in frei beweglichen Formen Ausdruck. Die patriarchalen Religionen sind dagegen institutionalisiert, womit sie zu toten Hülsen ehemaliger spiritueller Erfahrungen wurden. In zwanghaften rituellen Wiederholungen werden in ihnen ihre ehemaligen spirituellen Anfänge beschworen, was diese allerdings nicht wiederbringt. Das prägt den Religionen ihren rückwärtsgewandten Charakter auf, mit dem sie nach Jahrtausenden noch die spirituellen Erlebnisse ihrer Begründer zu bannen versuchen. Es macht sie zu gleicher Zeit stumpf gegenüber jeder gegenwärtigen Spiritualität.

Zusammenfassend ergibt sich: Die Hauptmerkmale patriarchaler

Religionen sind Abstraktheit der Gottesvorstellung, ein damit verknüpfter absoluter Wahrheitsanspruch, der in missionarische Intoleranz ausartet. Sie sind institutionell verankert, wobei ihre Institutionen von Zentralismus und Hierarchie gekennzeichnet sind. Der Ritus ist starre Wiederholung eines vergangenen spirituellen Ereignisses, dem Einmaligkeit zugesprochen wird (Religionsstifter).

Die matriarchalen »Religionen« (Spiritualität) sind dagegen gekennzeichnet von einer universellen, aber konkreten Göttinvorstellung, einer individuellen Freiheit in der Ausgestaltung dieser Vorstellung, die keinen missionarischen Eifer kennt. Da jeder Mensch selbst Teil der Göttin ist, bringt er in magisch-musischen Riten sich, seine Göttinvorstellung und seine individuelle Verehrungsform zum Ausdruck. Es gibt keine institutionelle Verankerung mit dogmatischer Glaubenslehre, diese hütender Priesterkaste usw., dagegen Entfaltung freier Spiritualität mit Identität von »Priestern« und »Laien«. Die je individuelle, volle Wahrheit liegt in der aktuellen Ausübung der matriarchalen Spiritualität.

4. Matriarchale Spiritualität heute

Meine erste Begegnung mit Religion erlebte ich in der Kirche, in die ich zufällig hineingeboren wurde, die lutherisch-evangelische. Es blieb mir unmöglich, zu ihrem nüchternen Arbeitsethos und ihrem kernigen Herrgottsbild einen Zugang zu finden, und die Vorstellung vom Jüngsten Gericht als großer Strafaktion ängstigte mich schon in der Kindheit. In den Jugendjahren beschäftigte ich mich lesend mit den anderen großen Religionen, um das einlinig gelehrte Christentum zu überwinden, aber es blieb beim Gelesenen, da ich nichts fand, womit ich mich hätte identifizieren können. Ich verharrte in einem unentschlossenen Nihilismus und befand mich als junge Erwachsene ziemlich orientierungslos in der Welt.

Da begegnete ich dem göttinähnlichen Marienkult in der katholischen Volksreligion, dessen Mythologie in einer lieblichen Umwelt mich anzog. Ein mystischer Hintergrund tat sich mir auf und ein reiches Brauchtum, das woanders längst untergegangen war. Es traf zusammen mit einer ersten Lebenskrise, so daß die römisch-katholische für eine Weile die Kirche meiner Wahl wurde.

Ich durchlebte sie intensiv, und so kam es, daß ich bald immer schmerzhafter an ihre Grenzen stieß, an die harten, unerbittlichen Dogmen unter dem schönen, mythologischen Schleier. Die volle Frauenfeindlichkeit dieser Kirche wurde mir in meinem neuen Dasein als Mutter bewußt.

Deshalb wandte ich mich ab und folgte einem rein wissenschaftlichen Weltbild, das sich während meiner Studienjahre angebahnt hatte und in der Phase meiner eigenen Forschung und Lehre in seiner intellektuellen Fülle in Erscheinung trat. Ich benötigte keine Religion mehr und verhielt mich ihr gegenüber als aufgeklärte, tolerante Atheistin. Mit ruhiger Rationalität versuchte ich meine ökonomischen, sozialen und psychischen Bedingungen zu erfassen, die mich umgebende Gesellschaft zu durchschauen und mich in kritischer Distanz ihr zuzuordnen.

Doch meine gelassene Konsequenz führte mich vor das unbewältigte Problem des Todes und seiner Überwindung und in eine neue tiefe Krise, in der meine ganze Existenz auf dem Spiel stand. In dieser Phase, als mir nichts mehr akzeptabel war, weder die bekannten Religionen noch die vieles verkürzende wissenschaftliche Aufklärung, fühlte ich eine eigene Kraft in mir, die mit keiner Tradition übereinstimmte. Sie brachte mich wieder ins Leben zurück, und ich erkannte, daß ich es selbst war – in einer höheren Form. Ich wußte nicht, wie ich diese Identifikation nennen sollte, und gab ihr viele Göttinnen-Namen. Aber diese blieben unwichtig angesichts der individuellen Wahrheit, der persönlichen Reife und dem Frieden jenseits der aktuellen Denksysteme, den ich gefunden hatte.

Allmählich traf ich auf immer mehr Frauen, die ähnliche Lebensprozesse durchgegangen waren. Es entstand der Wunsch, es zu benennen. Und da meine kulturhistorischen Studien über die matriarchalen Gesellschaften mir die Augen durch viele Analogien öffneten, nannte ich es »matriarchale Spiritualität«. Und damit gehen meine autobiographischen Notizen, die keineswegs nur subjektiven Charakter haben, wieder zu allgemeineren Aussagen über.

Auch andere Frauen entdeckten aus innerer Notwendigkeit die matriarchale Spiritualität und versuchen heute, sie allein oder in Gruppen weiterzuentwickeln. Sie weigern sich damit bewußt, noch religiöse Institutionen mitzutragen, die Frauen endlos gedemütigt und diffamiert haben, oder politische Organisationen zu unterstützen, die sich um die weiblichen Lebenszusammenhänge nicht kümmern. Die Religionsapologetik und Religionskritik patriarchaler Provenienz interessieren sie nicht mehr, da beide an ihren Identitätsproblemen und spirituellen Erfahrungen vorbeigehen. Statt dessen versuchen sie, ihre eigenen Erfahrungen zu vertiefen und neue Ausdrucksformen dafür zu finden. Häufig greifen sie dabei auf Mythologie-Studien zurück, versuchen den geistigen Gehalt sehr alter magischer Praktiken herauszufinden und entdecken die mythologisch-matriarchalen Traditionen in zum »Aberglauben« gestempelten Relikten (z. B. Astrologie, Tarot). Sie benötigen keine Vorbilder und Lehrmeister, denn jede Frau ist sich bei diesen Studien selbst das Zentrum. Es gibt deshalb in der matriarchalen Spiritualität keine Religionsstifterinnen und weiblichen Gurus. Nur das wird als brauchbar akzeptiert, was klärend und lösend zur je ganz persönlichen Wahrheit führt. Das Ergebnis ist kein subjektives Chaos, sondern genau jene vielfältigen Variationen auf einheitlichem Fundament, welche schon die Gesichter der archaischen Göttin ausmachten.

Ähnlich vielfältig und doch einheitlich in der Idee sind die Kultformen, die von den Anhängerinnen der matriarchalen Spiritualität heute entwickelt werden. Sie haben keine übergeordneten Organisationen, kennen keine Tempel- und Kirchenbildung, gruppieren sich nicht in geheimen Orden, und keine spricht ex cathedra. Angeregt durch das Studium archaischer Rituale entwickeln sie ihre kultischen Ausdrucksformen ad hoc. Diese Formen sind meist poetisch-musisch; monumentale optische Repräsentation – typisch für die patriarchalen Großreligionen und ihre monströsen Bauten – ist ihnen fremd. Wie in den archaischen matriarchalen Kulten, wo die Verehrung der Göttin im Freien oder im Haus, auf schlichten Steinaltären oder in winzigen Hausschreinen am lebendigsten war, realisiert sich die neue matriarchale Spiritualität ebenfalls im Umgang mit den unscheinbaren Dingen, die auf einmal symbolischen Gehalt bekommen, oder bei alltäglichen Verrichtungen, die zu sakralen Akten werden, oder bei gewöhnlichen Gängen im Freien, die zu inneren Dialogen mit einer als heilig betrachteten Natur-Umgebung führen. All dies drückt Spontaneität und Intimität im Umgang mit der Göttin aus, die sich in allen möglichen Dingen, in Pflanzen, in Tieren, im menschlichen Gegenüber oder im eigenen Selbst konkretisieren kann. Was auch immer dabei betrachtet wird – sein spiritueller Gehalt hängt von der Tiefe der Meditation ab, in die es hineingenommen wird.

Stärker vom (scheinbar) alltäglichen Leben vieler Frauen heben sich die klosterähnlichen Zusammenschlüsse kleiner Gruppen, die »Covens« ab, in denen Frauen die neue matriarchale Spiritualität mit einer neuen Lebensform verbinden. Sie verstehen sich in diesen Zirkeln als »Hexen« im positiven Sinne, d. h. als Priesterinnen ihrer uralten-neuen Spiritualität, wobei die Priesterinnenrolle allen zukommt und kein Lehramt beinhaltet. Priesterin sein heißt, eine Weile die Führung bei der Entwicklung der matriarchalen Spiritualität haben, eine Fähigkeit, die schon ihrer Vielschichtigkeit wegen reihum wechselt. Kultische Ausdrucksformen werden intensiviert, und die Lebensform stellt ein Beispiel dar, das allen gängigen Rollendefinitionen und Sittenvorschriften für Frauen widerspricht.

Darin liegt, soweit sich matriarchale Spiritualität heute in der allgemeinen Öffentlichkeit äußert, ihre politische Brisanz. Denn diese Formen sind ja keine naive Imitation archaischer Spiritualität, was sie als Abbild einer matriarchalen Gesellschaft auch gar nicht sein könnten, da es diese in den zivilisierten Nationen nicht mehr gibt. Sondern sie sind bewußter Widerstand gegen eine *kulturell totalitäre* patriarchale Gesellschaft. Dabei sind ihre Weigerungsformen andere, als sie bisher in der Männerpolitik für Männer definiert wurden. Die Weigerung ist anders und grundlegender, denn sie beschränkt sich nicht auf eine theoretische Kritik, sondern sie ist von Anfang an zugleich eine andere Lebenspraxis.

Wie tief diese Weigerungsformen die herrschenden Institutionen beunruhigen, zeigen die nicht abreißenden Klagen von Politikern und Sittenpäpsten über gewisse »Auflösungs«-Erscheinungen der gegenwärtigen Gesellschaft. Besonders von den Vertretern der Großreligionen in vielen Ländern der Erde hört man so tönende Vokabeln wie »Sittenverfall« und »Niedergang des Glaubens«, den sie gelegentlich mit gewaltsamen Restaurationen aufzuhalten versuchen. Doch diese »Auflösung« ist nichts anderes als die (diesmal reflektierte) Umkehrung jenes Prozesses, mit dem sie zu Beginn der patriarchalen Gesellschaften die geistige Herrschaft an sich rissen und mehrere Jahrtausende hindurch blutig aufrechterhielten. Dies war ein Prozeß der totalitären Vereinnahmung, der Zentralisierung und Hierarchisierung bei gleichzeitig immer tiefer greifendem Ausschluß der Frau. Was unter ihrer Perspektive ihnen heute so »chaotisch«, »sektiererisch«, »weltlich-heidnisch« erscheint, ist nichts anderes als die Rückkehr der freien, individuellen Spiritualität, die sich nichts mehr vorschreiben läßt. Dies Phänomen ist viel weiter verbreitet als die matriarchale Spiritualität selbst. Es zeigt sich z. B. in den vielen Anhängern diverser Formen des fernöstlichen Spiritualismus, die denselben Charakter nicht-dogmatischer »Individualreligionen« haben. Diesen ist allerdings nicht bewußt, daß darin die uralte Geisteshaltung der matriarchalen Epoche Indiens und Südostasiens konserviert ist, was sie bei den durchaus frauenfeindlichen Zügen dieses Spiritualismus auch nicht erkennen können. Doch durch diese und viele andere Erscheinungen, die zum Teil nur diffus und wenig bewußt sind, geht das unaufhaltsame Zerbröckeln der Basis jener imposanten hierarchischen Gebäude, in denen Staat und Kirche verflochten waren und sind, weiter. Vermutlich führt diese Verweigerung von unten gegen Überorganisation und geistig-religiöse Gleichschaltung die patriarchalen Institutionen in eine grundsätzlichere Krise als manche der »Revolutionen« zuvor, wo sie sich gegenseitig nur mit ihren eigenen Mitteln bekämpften.

Die matriarchale Spiritualität war damals und ist heute eine fundamental andere Geisteshaltung, als sie während der patriarchalen Epoche bestand. So gut wie alle heutigen geistigen, religiösen, politischen Weigerungsformen lassen sich kulturhistorisch auf sie zurückführen. Dabei ist sie keine naive Regression in einen romantisch verklärten Archaismus, wie ihr manchmal angesichts ihrer magisch-mystischen Ausdrucksformen vorgeworfen wird. Diese Vorwürfe kommen zu früh, noch bevor sie heute ihre volle Entfaltung erreicht hat. In deren Verlauf wird sich jedoch zeigen, daß sie ein weitreichender Umwandlungsprozeß ist, und zwar auf der Höhe des heutigen Bewußtseins. Sie wird dabei nicht in jener Weise mit der modernen Wissenschaftlichkeit in Konflikt geraten wie alle patriarchalen Großreligionen zuvor. Denn in archaischer Zeit war sie selbst die Wiege der frühesten Wissenschaften und in der Gegenwart zielt sie ebenfalls wieder auf Erkenntnis der größeren gesetzmäßigen Zusammenhänge im Kosmos und im Menschen – und befindet sich damit in Einklang mit progressiven Vertretern der modernen Wissenschaft, welche die heutigen doktrinären, ideologisch und fachspezifisch verknöcherten patriarchalen Wissenschaftsinstitutionen kritisieren und überschreiten.[9]

Genau in diesem Sinne könnte sich die matriarchale Spiritualität zu einer starken Kraft entwickeln, denn einerseits entspricht sie dem geistigen Freiheitsbedürfnis heutiger Menschen, andererseits hat sie ein Fundament in einer unkonventionell verstandenen Wissenschaftlichkeit. Beides mag zusammenkommen in der Tiefe ihrer Wahrhaftigkeit, und so hoffe ich, daß am Ende das Einfachste wieder sichtbar wird, das dieser Schrift das Motto gab.

Anmerkungen

1 Johann Jakob Bachofen, *Das Mutterrecht,* Frankfurt 1975.
2 Robert von Ranke-Graves, *Griechische Mythologie,* Reinbek bei Hamburg 1955. – Robert Graves, *The White Goddess,* London 1961.
3 Heide Göttner-Abendroth, *Die Göttin und ihr Heros,* Die matriarchalen Religionen in Mythos, Märchen, Dichtung, München 1980.
4 Einen systematischen Aufriß einer Theorie des Matriarchats, an der ich arbeite, habe ich publiziert unter dem Titel: Zur Methodologie der Frauenforschung am Beispiel einer Theorie des Matriarchats, in: *Dokumentation der Tagung: Frauenforschung in den Sozialwissenschaften,* München, Oktober 1978 (Druck: Deutsches Jugendinstitut, München).
5 Dieses Strukturschema ist durch einen Abstraktionsschritt aus der materialreichen, detaillierten Untersuchung der griechischen Mythologie von Ranke-Graves, a.a.O., gewonnen worden.
6 Anders Claude Lévi-Strauss *Strukturale Anthropologie,* Frankfurt 1978, der ein Schema binärer Oppositionen für die Analyse der Mythologie von »Naturvölkern« entwickelt hat.
7 Vgl. Heide Göttner-Abendroth, *Die Göttin und ihr Heros,* a.a.O.
8 Diese Tabelle ist im Detail erläutert worden in meinem Buch *Die Göttin und ihr Heros,* a.a.O., S. 118 ff.
9 Dies werde ich in einem Vergleich der modernen Naturwissenschaften mit der matriarchalen Spiritualität darlegen.

Dorothee Sölle
Gott und ihre Freunde
Zur feministischen Theologie

Feministische Theologie hat mit der DDR das gemeinsam, daß eine Reihe von Leuten meinen, sie müßten das Wort »sogenannt« davorsetzen, wenn sie über sie sprechen; mit diesem Abwehrmechanismus versuchen sie, sich eine Realität vom Leibe zu halten: als sei das, was feministische Theologinnen und Theologen betreiben, nicht Theologie im authentischen Sinne und eher eine Art linguistischer Mode. Ich halte das für einen gefährlichen Irrtum. Das Erwachen eines anderen religiösen Bewußtseins von Frauen innerhalb und außerhalb organisierter Religion ist ein kirchengeschichtliches Ereignis allerersten Ranges. Der Weltrat der Kirchen hat im Juli 1981 in Sheffield (England) unter dem Thema »Die Gemeinschaft von Frauen und Männern in der Kirche« eine Konsultation gehalten, die neue Anfragen artikuliert. Im zusammenfassenden Brief an die Mitgliedskirchen heißt es: »In Kirchen und Gesellschaften, die Männer zum großen Schaden von Frauen und auch Männern beherrscht haben, brauchen wir sowohl Reue als auch Vertrauen, aufzubrechen im Gehorsam auf Gottes Ruf durch das Evangelium« (WCC, *Sheffield Consultation*).
Feministische Theologie ist eine Art von Befreiungstheologie und gehört in den großen Zusammenhang heutiger Theologie, die sich unter dem Stichwort Befreiung, Liberación, versteht und aus einer ökumenischen weltweiten Bewegung von Christen hervorwächst, die nicht mehr bereit sind, das bestehende Weltunrecht mit Theologie und Glauben zu versöhnen oder zu vermitteln; die es sich nicht länger erlauben, das Unrecht zu bemänteln oder es theologisch auf eine höhere Ebene zu projizieren. Das Evangelium fordert uns dazu heraus, die Ungerechtigkeit provokativ aufzudekken und anzugreifen, zu bekämpfen, was ist. Befreiungstheologie ist in diesem Sinne »kritisch«. Sie hat sich artikuliert in ihren Vorläufern in Europa als kritische Theologie, nicht als affirmative; als politische Theologie, nicht als eine solche, die meint, man könne irgend etwas theologisch sagen und dabei a-politisch sein, und nun als feministische Theologie, die den uns beherrschenden Sexismus nicht verschweigen kann. Wir brauchen Reue, die Un-

terdrücker, aber auch die, die sich allzulange unterdrücken ließen. In all diesen Ausdrücken, die wir benutzen, um Theologie zu beschreiben, ist Kritik enthalten an der Vorstellung einer a-politischen Theologie und an dem weithin vollständig unbewußten Sexismus in ihr. Unter Sexismus, das Wort ist dem Wort »Rassismus« nachgebildet, versteht man diejenige Sprach-, Denk- und Verhaltensweise, in der ein Geschlecht aufgrund seiner Geschlechtsmerkmale diskriminiert, verdammt und beschädigt wird.

Befreiungstheologie, die der Rahmen auch für feministische Theologie ist, beginnt mit einer neuen Übersetzung des griechischen Wortes »soteria«, das ursprünglich den Sinn von Rettung aus Lebensgefahr, aus dem Gefängnis, aus Seenot usw. gehabt hat und traditionellerweise mit ›Erlösung‹ wiedergegeben wurde. Nun aber wird es verstanden als Befreiung, Erlösung ist Befreiung. Christus ist der Befreier. Seine Botschaft vom Reich Gottes wird verstanden als Botschaft vom Aufbau einer Welt, in der Gerechtigkeit und infolgedessen auch Frieden möglich sein wird. Der Befreier erscheint in diesem Zusammenhang nicht senkrecht von oben, als einer, der uns von einem schlechten in einen besseren Zustand versetzt, wie Erlösung weithin verstanden wurde, sondern er ist Repräsentant der Befreiungsbewegungen von Menschen, die an ihrer Befreiung arbeiten. In seinem Geist und mit seiner Stärkung gelangen sie in den Prozeß der Befreiung. Es ist wichtig, sich das klar zu machen. Wenn Erlösung nur die Tat eines ganz anderen ist an Unerlösten, so versteht sich Befreiung als eine Art Kooperation zwischen Christus und den Menschen. In diesem Sinn hat Befreiungstheologie eine gewisse antiprotestantische Spitze, weil die co-operatio dem traditionellen protestantischen Prinzip des »sola gratia«, allein aus Gnaden, widerspricht. Befreiung kann nicht verliehen werden wie ein Gnadengeschenk, das man jemandem gibt; weder Völkern noch sozialen Klassen noch dem unterdrückten Teil der Menschheit kann Befreiung geschenkt werden, ohne daß die Betroffenen Anteil an der Erarbeitung der Befreiung haben. Der Begriff der Befreiung setzt Partizipation im Kampf voraus. Mao Tse-tung sagte nicht nur: »Die Frauen tragen auf ihren Schultern die Hälfte des Himmels«, sondern fügte hinzu »und sie müssen sie erobern«.

Befreiung wird bei uns zu oft mißverstanden als eine ganz eindimensionale, politisch-ökonomische Angelegenheit. Ich möchte dagegen gerade im Sinne feministischer Theologie die Mehrdimensionalität der Befreiung betonen. Unter Befreiung verstehen wir ein Ereignis oder einen Prozeß, der nicht nur ökonomisch begriffen werden darf, sondern mehrere Dimensionen hat. Ein Grundsymbol der Befreiungstheologie ist der Exodus des Volkes Israel aus Ägypten. Das hat eine ökonomische Dimension, da waren Sklaven, denen befohlen wurde, die doppelte Menge Ziegel zu brennen, ihre Löhne wurden also um die Hälfte gekürzt. Das Exodusereignis hat eine politische Dimension: da war ein unterdrücktes Volk, das in seinem nationalen Führer Mose seine Einheit fand und der Sklaverei entkam. Es hat eine soziale Dimension, daß dieses Volk zusammenwuchs in dem Befreiungskampf; es hat eine psychologisch-kulturelle Funktion, daß nämlich die Israeliten merkten, daß sie die Lieder ihres Gottes innerhalb der Unterdrückung in Ägypten nicht singen konnten, da innerhalb der Unrechtskultur auch ihre Religiosität beschädigt war. In diesem Sinn hat Exodus auch eine religiöse Dimension. »Coming out« ist eine gegenwärtige Version des Exodusthemas: homosexuelle Frauen und Männer bekennen sich öffentlich zu ihrem Anderssein und verlassen das Gefängnis der heimlichen Duldung.

Befreiungsereignisse sind mehrdimensional. Ich will dazu nur eine Anekdote aus Nicaragua erzählen, die von einer Frau handelt, die ein wenig von dem zeigen kann, was Befreiung heute bedeutet. Reporter sind in ein kleines Dorf gekommen, in dem die Alphabetisierungskampagne stattfand. Eine alte Frau stand da von 70 Jahren, und ein Reporter hat sie gefragt, »Können Sie lesen?«. Sie hat ihn angeschaut, gestrahlt und ganz langsam gesagt: »Noch nicht.« Befreiung hat mehrere Dimensionen, und genau diese Dimension, daß Leute, die in unserer Gesellschaft als überflüssig und unbrauchbar angesehen werden, plötzlich noch die Chance bekommen, etwas zu lernen, auch wenn das volkswirtschaftlich ja gar keinen Ertrag mehr bringen kann, ist eine kulturell-religiöse Bedeutung der Befreiung. Unter Feminismus verstehe ich den bewußten Teil der Frauenbewegung, der nicht nur für Gleichberechtigung kämpft, sondern für eine andere, neue Kultur. Die bürgerliche Frauenbewegung kämpft für Gleichberechtigung, und das ist ein Teil des gesamten Frauenkampfes. Natürlich wäre es schön, wenn in den Berliner Philharmonikern Frauen mitspielten, wenn in den Salt-two-Beratungsgesprächen Frauen nicht nur Kaffee kochten und Manuskripte tippten, sondern mitdächten. Das sind wünschenswerte und gute Ziele, für die die bürgerliche Frauenbewegung sich einsetzt. Aber unter Feminismus verstehen wir noch etwas mehr, daß wir nämlich über dieses große *Auch* zu einem großen *Anders* kommen, und wir meinen damit, daß die Kultur, in der wir zur Zeit leben, falsch ist, weil sie Menschen beschädigt, zerstört, verkrüppelt und daran hindert Menschen zu werden. Feministische Ziel- und Wertvorstellungen müssen anders sein als die herrschenden männlichen. An dieser Befreiungsbewegung sind auch Männer beteiligt. In der amerikanischen Diskussion erschien vor etwa 10 Jahren ein Aufsatz mit der Frage: War Jesus ein Feminist? Der Verfasser, Leonhard Swidler, bejahte das mit Hilfe relativ guter Gründe aus dem Neuen Testament. Man muß nicht Frau sein, um ein Feminist zu sein. Es gibt aufgeklärte, sensible Männer, die den Kampf der Frauen verstehen, mitmachen, daran Anteil nehmen und in diesem Sinne als Feministen zu bezeichnen sind, oder die sich selber so nennen, wenn sie Mut genug haben. Feminismus ist also nicht eine Art Rassismus, in dem ein Teil der Menschheit *so* definiert oder behandelt wird, wie Frauen bisher definiert und behandelt worden sind, nämlich als nichtmenschliche Wesen. Feminismus ist ein Versuch, den Kampf zwischen den Geschlechtern so zu artikulieren, daß auch der Unterdrücker gewinnen kann. Wenn Jesus also ein Feminist war, im Widerspruch zu der ihn umgebenden Kultur des Patriarchats, warum dann nicht auch einige heutige Männer?

Ein Lied aus der amerikanischen Frauenbewegung, eine Art Gebet, sagt: »Mach mich stark, halt mich schwach, Mutter Göttin, make me strong, keep me weak.« Dieser Text ist nicht einfach eine Bitte um Stärke, um das große Auch, sondern eine Bitte um das große Anders, um das Schwach-bleiben-Wollen. Das bedeutet, ich will gar nicht als Frau, als Feministin ein Mann werden, ich will nicht die Vorzüge, die Privilegien, die Blindheiten, die Karriere, die ein Mann hat. All das ist gar nicht mein Interesse. Das Ziel der Frauenbewegung ist nicht, Vizepräsident von General Motors zu werden, wie das eine Amerikanerin einmal sehr gut formuliert hat, sondern das *System,* in dem General Motors Vizepräsidenten und Präsidenten hat, zu ändern, so daß wir solche Leute vielleicht gar nicht mehr brauchen. Ich will also schwach bleiben, das heißt, nicht eine vermeintliche Stärke erringen, ich will nicht meine Identität aufgeben, ich will mich nicht in dieser

Weise als unabhängig definieren lernen. Wie könnte ich einen »Gott« wollen, dessen höchste Eigenschaften Unabhängigkeit, A-seität, Omnipotenz wären? Einen Gott, der keine Freunde braucht?

Feministische Theologie braucht neue Subjekte, die sie betreiben. Meine amerikanischen Freundinnen haben mich sehr oft gefragt: Was hat deine Theologie mit deinem Frausein zu tun? Diese Frage hatte ich mir davor in Deutschland nie gestellt. Während meines Studiums war sie nie aufgetaucht. Augustinus hatte in den Vorlesungen, die ich hörte, keine Hautfarbe, ob er schwarz oder weiß war, darüber wurde nie ernsthaft nachgedacht. Es machte, wie wir meinten, keinen Unterschied. In der Tat bin ich aber immer tiefer überzeugt davon, daß es einen sehr großen Unterschied macht, ob ein Theologe in einem Elendsviertel lebt oder in einer Villa. Es macht einen Unterschied, welchen Geschlechts er oder sie ist. Es macht einen Unterschied, welche Hautfarbe sie oder er hat. Das ist ein Bewußtsein, das in allen Befreiungstheologien lebendig ist und das wir unter dem Stichwort »Kontextualität« zusammenfassen. Der Kontext ist entscheidend und muß kritisch analysiert werden, ehe der »Text«, das traditionelle Element, zum Sprechen kommen kann. Schwarze Menschen fragen heute auf der ganzen Welt: Was soll uns ein Christus mit der Hautfarbe des Unterdrückers? Arme lateinamerikanische Christen: Wie können die Gringos uns Theologie lehren? Die Weißen haben nur weiße Gedanken im Kopf. Was sollen wir mit denen? Wozu brauchen wir einen Gott, fragen Frauen, dessen wichtigste Qualität nichts als das männliche Ideal repräsentiert, nämlich Macht zu haben. Der Auszug aus dem jeweiligen Ägypten der Unterdrückung, weg von diesen Fleischtöpfen der Ägypter, bedeutet, daß Menschen sich abtrennen von der ihnen vorgegebenen Kultur, daß sie weggehen von den Chancen, die etwa die schwarze Bourgeoisie heutzutage in Amerika hat. Daß Frauen Ehekäfige verlassen, daß elitäre Bildungseinrichtungen als weniger wichtig angesehen werden als eine Bildung für alle. Wenn wir davon ausgehen, daß diejenige Theologie, von der wir am meisten lernen können, von denjenigen getrieben wird, die den Exodus betreiben, und nicht von den Ägyptern, dann entsteht zugleich eine Theologie, die nicht mehr von oben nach unten transportiert wird, sondern sie selbst entsteht von unten: Sie spiegelt nicht Herrschaft wider, sondern Befreiung, Befreiung aus dem Kolonialismus, unter dem wir leben.

Die meisten Frauen innerhalb einer sexistischen Gesellschaft sind kolonialisiert. Ihr Bewußtsein ist nicht unangetastet geblieben von dem, was man ihnen angetan hat. Ich will es mit einem persönlichen Beispiel sagen. Zwei Mädchen erzählten mir, daß sie allein durch Frankreich getrampt sind. Sie waren noch so jung, meine ganzen Mutterinstinkte erwachten und ich dachte, das könnt ihr doch nicht machen, das ist doch viel zu gefährlich, da kann doch weiß Gott was passieren. Als ich das stammelnd hervorbrachte, haben sie mir erklärt, wie falsch es sei, ständig von den Gefahren auszugehen, die einer als Frau drohen, wie unmöglich, sich von dieser Gesellschaft alles diktieren zu lassen, sich die Nacht wegnehmen zu lassen, das Spazierengehen bei Nacht, das Trampen, das überhaupt Leben, wie man eigentlich möchte, statt dessen sich einzuengen in entsetzliche Vorsichtsmaßregeln. Als ich mit ihnen sprach, da gingen mir die Jahre, als ich so alt war, durch den Kopf und meine internalisierten Ängste, und wie wenig ich darüber nachgedacht habe, was für eine Verknechtung darin liegt, daß ich bestimmte Dinge nicht tue, weil ich als Frau ständig Angst habe, in Angst aufgezogen bin, ein kolonialisiertes Wesen. Der Begriff stammt aus Franz Fanon *Die Verdammten dieser Erde*. Der Kolonialherr fällt in das Land der Frauen ein und gibt ihnen auch die Ideen, nach denen sie leben sollen. Das bedeutet für die Mehrzahl der Frauen in unserem Land etwa immer noch eine Einschrumpfung ihrer Interessen, eine Art von Zwangsfamilialismus. Familie ist das ein und alles und wird zwangsweise eingeübt, gefördert, kulturell und religiös abgestützt. Die Frau wird darauf bezogen, bezieht sich dann selber darauf, sie will auch gar nichts anderes, sie hat auch gar keine anderen Interessen. Es kommt zwar, wenn die Kinder aus dem Hause sind oder sonst eine Krise auftaucht, mal die Idee an, daß das vielleicht nicht der richtige Lebensansatz war, daß der Mensch tatsächlich nicht für das Eigenheim allein leben kann und für diese Art von Kleinfamilie. Aber das sind nur Anflüge von Ahnung und dann versinkt das entweder wieder oder die Frau geht innerlich kaputt.

Es gibt eine künstliche Verdummung, die zum Kolonialismus gehört, eine Internalisierung des Unterdrückers, eine Aufgabe der Möglichkeit eigener Selbstbestimmung. Ich glaube, daß weibliche Frömmigkeit sehr oft so einen »Onkel Tom-Charakter« hat. So wie die schwarze Bewegung sich von den Onkel Toms losgesagt hat, weil diese leidend, gutmütig, unkämpferisch Sklavesein repräsentierten, so muß sich die Frauenbewegung von denen befreien, die leidend, hinnehmend, im Rahmen einer Opferideologie das Frausein als Ausgeschlossensein von den normalen Lebensformen annehmen. Das Ziel ist Selbstverwirklichung eines vollen Menschseins, in dem eben nicht bestimmte Eigenschaften, Fähigkeiten, Erfahrungen von vornherein abgeschnitten sind.

Was bedeutet es, wenn neue Subjekte in die Theologie kommen, Menschen, die von anderen Hintergründen aus leben und denken, einen anderen Kontext haben als die bisherigen? Muß sich nicht auch ihre Theologie verändern? Einmal ist damit die materiell-biologische Existenz gemeint, die wir führen. Es macht in der Tat einen Unterschied, ob ich eine Frau oder ein Mann bin. Es macht einen Unterschied für mein Denken, für mein Fühlen, für die Art, in der ich Theologie treibe, für die Art, in der ich mit anderen zusammen leben will, für die Art religiöser Kultur, die wir aufbauen wollen. Der Einfluß der Frauen z. B. in den Basisgemeinden, die in Lateinamerika, aber auch in Europa entstehen, ist sehr typisch. Die Demokratisierung dessen, was Gemeinde, Kirche religiöser Vollzug bedeuten, wächst nicht von oben nach unten, sondern in der Tat »von unten«. Und zu diesem »von unten« gehören Frauen, die andere Erfahrungen haben, sie einbringen und nicht mehr verschweigen wollen. Ein Teil dieser Erfahrungen ist mit der biologischen Existenz gegeben, die wir ernstnehmen müssen. Es ist wichtig, das nicht zu verleugnen. Ich muß mir klar machen, daß ich anders denke, weil ich eine Frau bin und die Erfahrung mache, zu menstruieren, oder, um es vom Biologischen ins Soziale zu bringen, weil ich solche Erfahrung mache wie, daß ich einen Fleck im Kleid habe, mich entsetzlich schäme. Solche primitiven biologischen Erfahrungen gehören zu meinem Leben. Ich will sie nicht aus der Theologie heraushalten. Ich will nicht eine abstrakte, abgehobene, idealistische Theologie betreiben. Ich will »Kopf und Bauch«, wie das im Schlagwort heißt. Leiblichkeit ist etwas, was wir nicht verdrängen, entwichtigen, totschweigen, schamhaft verstecken müssen. Die Reste des platonisierenden Idealismus im Christentum müssen überwunden werden.

Wir lernen dabei materialistisch zu denken, und das ist ein Versuch, die abendländisch übernommenen Trennungen von Geist und Materie oder Natur und Geist, Leib und Seele, diesseits und jenseits aufzuheben, an diesen Trennungen kritisch zu arbeiten.

Denn all diese Trennungen haben immer den Sinn gehabt, der sich in der Herrschaftsformel des Abendlandes, divide et impera, teile und herrsche, ausdrückt. Erst wird es eingeteilt in das, was naturhaft ist, und das, was geisthaft ist, und dann wird diese Einteilung im Sinne von Herrschaft, von Dominanz, von Überlegenheit, von Diskriminierung benutzt. Das »divide« ist im Sinne des Sexismus benutzt worden. Männer haben das sogenannte weibliche Wesen mit Natur identifiziert, mit »leibhaft«, mit »instinkthaft«, mit einer gewissen natürlichen Anlage, die Männer teils fürchten, teils zu beherrschen hoffen. Jedenfalls ist diese Trennung benutzt worden, um Frauen einen zweiten Rang anzuweisen: le deuxième sexe.

Innerhalb der Frauenbewegung gibt es ein neues Interesse an dem, wie der einzelne Mensch oder die einzelne Frau geworden ist, beschädigt worden ist, eine Aufarbeitung ihrer Lebensgeschichte, ihrer psycho-sexuellen Geschichte. Diese Bewußtseinserweiterung durch Aufarbeitung der eigenen Geschichte, neue Subjektivität, fließt in die Theologie mit ein. Ich will ein Beispiel dafür geben, wie sich Theologie verändern kann, wenn Frauen sie betreiben, also wenn neue Subjekte über die theologische Tradition nachdenken. *Sünde* ist in der herrschenden, protestantisch gefärbten Interpretation »sein wollen wie Gott«. Es ist das Streben nach Macht, nach Überlegenheit, nach Selbstüberschätzung, es ist Stolz, es ist Ungehorsam. Aber als Frauen, die sich ihrer Lage bewußt geworden waren, zum ersten Mal darüber nachdachten, ob sie denn eigentlich auch diese Art von Sünde als die schlimmste empfinden würden, sind sie auf ganz andere Dinge gekommen. Sie haben ganz im Gegenteil gesagt, unsere Sünde ist nicht die Sünde der Selbstüberhebung und des Stolzes, sondern unsere Sünde ist gerade die der Selbstverleugnung, der Selbstlosigkeit im schlechten Sinn dieses Wortes, der Aufgabe irgendeines eigenen Selbstes, der Unentwickeltheit des Selbstes, der Angepaßtheit an die herrschende Struktur, des mangelnden Stolzes darauf, eine Frau zu sein, des Gehorsams. Sünde ist, sich diesem sexistischen Modell der Gesellschaft zu unterwerfen. Nicht das Ebenbild Gottes zu realisieren, sondern in Ängstlichkeit vor Institutionen und Traditionen gehorsam sich ducken, sich anpassen, Demut üben. Das heißt, wir brauchen eigentlich eine völlig andere Definition von Sünde, wenn wir im Ernst darüber sprechen wollen, wie *wir* unser Leben verfehlen und wie *Frauen* zerstört werden in unserer

Gesellschaft, wie das geht, daß sie eigentlich gar nicht zum Leben kommen, und woher das kommt.

Der protestantische Theologe Friedrich Schleiermacher, ein romantischer Feminist, sagt in seinen Zehn Geboten: »Du sollst nicht falsch Zeugnis ablegen für die Männer, du sollst ihre Barbarei nicht beschönigen mit Worten und Werken.« Es ist für mich Ausdruck dessen, was ich für eine der zentralen Aufgaben von Frauen halte, jetzt, heute, hier, nämlich die Barbarei der zunehmenden Militarisierung der Gesellschaft zu bekämpfen.

Ein zweiter Punkt betrifft die neuen Objekte der Theologie. Frauen werden in der Theologie zum Thema werden. Bei einer Antrittsvorlesung im Union Theological Seminary stellte die Alttestamentlerin Phyllis Trible eine Geschichte aus dem Buch Richter, Kap. 11, Vers 29 f. vor. Es ist die Geschichte von der Tochter Jeftas. Das Mädchen selber hat keinen Namen. Ihr Vater bittet Gott um Kriegsglück und verspricht ihm das, was ihm bei der Heimkehr zuerst entgegenläuft, als Opfergabe. Das ist ein altes Märchenmotiv. Als ihm diese einzige und sehr geliebte Tochter entgegenläuft, ist er verpflichtet, sie als Opfer zu töten. Als er klagt und jammert, ermutigt ihn die Tochter noch dazu, das Versprechen zu halten. Sie verbringt dann eine Zeitlang mit ihren Gefährtinnen auf einem Berg, ehe sie getötet wird. Später gehen die Töchter Israels jährlich für vier Tage hinaus und klagen über Jeftas Tochter. Dies ist der Inhalt der Geschichte aus dem Alten Testament. Ich möchte im Zusammenhang der neuen Objekte feministischer Theologie dazu anmerken, 1. daß, obwohl ich ganz gute Bibelkenntnisse habe, ich diese Geschichte nicht kannte, weil sie nie behandelt worden ist, kein Gegenstand war, 2. daß diese Geschichte in einem bemerkenswerten Gegensatz steht zu einer anderen Geschichte der Opferung eines Kindes, nämlich der Opferung Isaaks. Der bemerkenswerte Gegensatz ist nicht nur das Fehlen des Namens der Frau, sondern das Fehlen des Engels. Es tritt kein Engel auf und verändert das Ritual, sondern Jeftas Tochter wird geschlachtet. Es ist eine traurige, eine bittere und eine harte Geschichte, und so ist sie auch interpretiert worden: als die Geschichte der Frauen. So ging es Frauen. Sie wurden vergessen, sie wurden zwar vielleicht noch mal kultisch erinnert, aber im wesentlichen wurde an ihnen die Heilsgeschichte des Volkes nicht festgemacht. Es trat kein Engel hinzu. Es ist eine Geschichte des Schmerzes, der Vergessenheit, der Zerstörung. Und ich meine, daß Frauen, die in der Frauenbewegung arbeiten und die speziell an der religiösen Aufarbeitung arbeiten, die Geschichte des Schmerzes, der Zerstörung, der Vergessenheit nicht unbearbeitet lassen dürfen. Wir müssen daran weiter denken, wir müssen solche Geschichten erinnern, sie verstehen, wir müssen sozusagen für die vor uns mit einstehen, um die ungelebten Geschichten wieder lebendig zu machen.

In diesem Sinn müssen wir auch, das ist ein zweites Beispiel für neue Objekte, über die Symbole Gottes neu nachdenken. Über die Symbole, die wir brauchen, um über Gott zu sprechen. Ich glaube jeder Mensch, der nicht biologisch Vater werden kann, d. h. jede Frau, hat ein anderes Verhältnis zum Vater Gott als diejenigen, die sich identifizieren können, auch dann, wenn sie auf ein aktuelles Vatersein verzichten. Es gibt eine ganze Reihe von sozialen, psychologischen und tiefenpsychologischen Fragen, die man an das Vatersymbol Gottes richten muß. Meine erste Frage ist tatsächlich, warum verehren Menschen einen Gott, dessen Hauptqualität Macht ist, dessen Interesse ist, andere zu unterwerfen, dessen Angst ist, daß andere gleichberechtigt sein könnten und etwa werden könnten wie er; ein Wesen, das mit Herr angeredet wird, oder dem Macht allein nicht genug ist, seine Theologen müssen ihm sogar Omnipotenz bescheinigen. Warum hat sich diese Symbolwelt ausgeprägt, warum war das so wichtig für die, die darüber nachdachten? Welche Phantasien stehen dahinter? Ist es zuviel gesagt, wenn ich die Phantasien »phallokratische Phantasien« nenne, nämlich die Anbetung von Macht? Und warum sollen wir als Frauen ein Wesen verehren und lieben, das das moralische Niveau der derzeitigen, von Männern bestimmten Kultur nicht transzendiert, sondern nur stabilisiert? Wie könnte ich wollen, habe ich mich gefragt, daß Macht zur zentralen Kategorie meines Lebens wird, wie könnte ich einen Gott verehren, der nicht mehr ist als ein Mann? Als ich eine junge Lehrerin war, habe ich mir immer gewünscht, daß ich doch wenigstens laut schreien könnte. Ich fühlte mich unfähig, weil ich das nicht konnte, und beneidete die Männer, die eine lautere Stimme hatten. Ich habe es unterdessen aufgegeben, sie deswegen zu beneiden. Aber mit männlicher Macht assoziiere ich immer noch »brüllen können«, »Befehle geben«, »sich im Schießen ausbilden«, also diese spezifisch männlichen Charakteristika. Dabei glaube ich gar nicht, daß ich besonders von der patriarchalischen

Kultur beschädigt bin. Ich spreche eigentlich nur das aus, was Tausende andere Frauen mehr oder weniger erfahren haben. Es ist mir immer klarer geworden, daß jede Identifikation mit dem Aggressor, also mit dem Machthaber, mit dem Vergewaltiger, jedes Sich-damit-einverstanden-Erklären das furchtbarste Unglück ist, das einer Frau zustoßen kann.

Ich glaube auch, daß, wenn wir Gott als Vater denken und zu dieser Macht Barmherzigkeit, also das zweite Charakteristikum des Vaters dazunehmen, daß wir damit das Problem nicht lösen können. Das wäre eine Art gütiger Sklavenhalter, der von seinen Sklaven geliebt und verehrt wird. Und in diesem Sinne wäre das immer noch eine Frömmigkeit ohne Auszug, ohne Exodus. Es wäre immer noch Unterwerfung für Frauen, wenn sie die Rollen und den Gehorsam diesem Gott gegenüber, der bestimmte Regeln ihnen angeblich naturhaft gesetzt hat, übernehmen. Sie zerstören auf diese Weise immer noch unsere Möglichkeiten, Menschen zu werden. Die Frage ist wirklich, ob das Symbol Vater das repräsentiert, was wir mit dem Wort Gott meinen, wenn wir es im Zusammenhang mit Befreiung denken. »Gott segne dich und behüte dich, sie lasse ihr Angesicht leuchten über dir, sie gebe dir Frieden«, sagten Frauen in einem Gottesdienst im Januar 1981 in St. Katharinen, Hamburg. »Vater und Mutter unser im Himmel«, beten viele Frauen in der Ökumene. Müssen wir Gott als männlich denken?

Das sind Beispiele tastender Versuche, die heute überall gemacht werden, wo Frauen sich ihrer Lage bewußt geworden sind. Der Wunsch nach einer anderen Gottesvorstellung, anderen Symbolen und anderen Hoffnungen ist wichtig für die, die einen anderen Gott brauchen, weil sie von der Kultur, in der wir leben und denken, beleidigt, erniedrigt und angewidert sind. Es sind ja nicht zuerst die Männer, die am Sexismus theologischer Sprachbildung leiden, sondern die Frauen, die sich ausgeschlossen, negiert, nicht formuliert, totgeschwiegen fühlen. In diesem Zusammenhang ist, glaube ich, die Relativierung eines absolut gebrauchten Gottessymbols, wie es der Vater darstellt, nur eine Minimalforderung. Eine andere Möglichkeit, an dem Problem zu arbeiten, und das geschieht in der gesamten feministischen Theologie zur Zeit, ist, andere Symbole auszuprobieren. Wir können Mutter oder Schwester zu Gott sagen: um im familialistischen Sprachgebrauch zu bleiben, wir können auch naturhafte Symbole benutzen, die immerhin für sich haben, daß sie weniger autoritäre Qualität haben, daß sie also herrschaftsfreie theologische Sprache versuchen. Wenn ich sage, Gott ist Licht oder das Meer, oder Brunnquell aller Güter, oder lebendiger Wind, so sind das symbolische Sprachversuche, Wörter, die den autoritären Charakter vermissen lassen und es vielleicht deswegen einfacher machen. Ich glaube, daß wir von der Mystik sehr viel lernen können bei dieser Suche nach einer neuen Sprache, die unser Gottesverhältnis klarer, weniger repressiv und weniger mißverständlich formuliert. Das sind Gottessymbole ohne Autorität oder Macht, also ohne »chauvinistischen« Beigeschmack. Die Anerkennung der höheren Macht, die Anbetung von Herrschaft, die Verleugnung der eigenen Stärke hat ja in der mystischen Frömmigkeit keinen Raum. Die Herr-Knecht-Beziehung wurde da oft ausdrücklich kritisiert, vor allem aber auch sprachschöpferisch überholt. Die Religion ist da die Empfindung, das Einssein mit dem Ganzen, Zusammengehörigkeit, nicht Unterwerfung. Menschen verehren Gott nicht wegen seiner Macht und Herrlichkeit, sondern sie versenken sich in seiner Liebe, die Grund genannt wird, oder Tiefe, oder Meer.

Ich möchte zum letzten Punkt kommen und etwas sagen über die Veränderung der Methoden in der Theologie, es hängt mit der Suche nach neuer Sprache zusammen. Wenn wir subjektiv statt objektivierend sprechen, sprechen wir anders. Wenn wir das Ich und seine Erfahrungen nicht verschweigen, nicht lernen, in einem wissenschaftlichen Papier das Wort »ich« zu vermeiden, dann lernen wir, uns anders auszudrücken und in der Tat auch eine andere Theologie mit zu betreiben. Die Verdrängung der Frau aus der Theologie betrifft ja nicht nur die 51% der Menschheit, die theologisch stumm geblieben sind im Abendland, sondern sie hat auch katastrophale Folgen für die 49% der anderen, nämlich die Männer, für ihre Sprache. Das Verschweigen der weiblichen Anteile der Seele, also die Subordination alles dessen, was nach Frau riecht, hat die Sprache der Theologen mehr zerstört als alles andere in der säkularen Welt. Nicht, was von draußen kommt, ist gefährlich, oder was rationalistisch oder aufklärerisch oder sonstwie Gott-erübrigend ist, ist gefährlich, wohl aber die Zerstörung, die Männer durch das Abschneiden von Frauen, von dem, was in ihnen selber Frau ist, sich selbst antun. Diese Verstümmelung des Mannes spielt innerhalb der theologischen Welt eine große Rolle.

Da fand ein Reinigungs- und zugleich ein Verarmungsprozeß statt, in dem ein emphatisches, ein ganzheitliches, ein bewußtes und integratives Sprechen immer mehr zurückgedrängt worden ist. Wie anders sind theologische Bücher im Vergleich zum Evangelium. Was für ein furchtbarer Abstand in der ganz anderen Sprache! Die sogenannte wissenschaftliche Theologie ist normalerweise bewußtlose Sprache, nämlich ohne Bewußtsein von den Emotionen, unsensibel für die Erfahrungen der Menschen, gespenstisch neutralistisch, ohne Interessen und ohne Verlockung, ohne Wunsch zu wirken. Sie ist flach, weil in der meisten theologischen Sprache der Schatten des Glaubens, der Zweifel, keinen Raum hat und nicht zugelassen wird. Wenn man immer nur behauptet, was man im Kopf denkt, und überhaupt nicht zuläßt, was man vielleicht im Herzen dagegen hat, dann wird die Sprache flach und glatt, wie theologische Sprache so weithin ist. Wenn man die Kommentare männlicher Theologen, etwa zu Evas Gespräch mit der Schlange im Paradies, liest, sieht man, wie sexuelle Neugier prinzipiell verteufelt wird, wie eine ungeheure Angst vor der Frau, vor dieser Neugier, vor diesem Was-Neues-anfangen-Wollen sich breit macht, wie da das Grundgefühl immer wieder ist, wer redet denn schon mit so einer Schlange, das macht man doch gar nicht, da hütet man sich doch von vornherein. Der ganze Sexismus der Theologie wird da deutlich. Diese Art von Sprache, die immer mehr weibliche Anteile ausscheidet und mit einer Art von Verwissenschaftlichung einhergeht, die ich für sehr gefährlich halte, zerstört tatsächlich die Sprache, die die Theologie braucht, die die Menschen anrühren kann. Eine solche Sprache wächst aus Erfahrung und Praxis und leitet zum Anders-werden und Anders-handeln an. Und diese Qualität lebendiger Sprache erreicht die wissenschaftliche Theologie nur sehr selten, beinahe gegen ihre eigenen Interessen. Es gehört schon ein gewisses Talent zur Subversion dazu, wenn männliche Theologen diese Art von Sprache erreichen, sozusagen in Widerstand gegen verordnete Wissenschaftlichkeit, die sich an diesen Idealen des Neutralismus, der Überparteilichkeit, der Reinheit von Emotionen orientiert und deren ganze Anstrengung darauf geht, das Subjekt verschwinden zu machen. Eine bewußte, emotionsreiche und subjekthafte Sprache wiederzufinden wäre eine solche Aufgabe neuer Theologie. Sie wird nicht deduktiv, sondern induktiv vorgehen, d. h. an den Erfahrungen, die wir machen, ansetzen, nicht an

Aussagen über Gott, die Schrift, das Dogma, die Tradition, sondern tatsächlich bei den Alltagserfahrungen unseres Lebens, die theologisch reflektiert, interpretiert und konfrontiert werden. Ein normaler Zeitungssatz wie z. B.: »Es gelang der kosmetischen Industrie in diesem Gebiet, ihren Umsatz um 150% in den letzten Jahren zu steigern«, ist eine Nachricht. Feministische Theologie zu machen heißt, einen solchen Satz zu verstehen in seinen Dimensionen: Was ist eigentlich passiert mit den Menschen? Wessen Interessen sind hier artikuliert? Wie sieht das Leben, die Qualität des Lebens aus? Erfahrungsmäßig, induktiv Theologie betreiben scheint mir wichtig gegenüber der deduktionistischen Tendenz herkömmlicher Theologie. Feministischer Glaube und Theologie versteht Praxis als das Erste, Theorie und Theologie als einen zweiten reflexiven Schritt. Daß man nicht bei der Theologie anfangen kann, sondern beim Glauben, ist ein allgemeiner Grundsatz der Befreiungstheologie, den Gustavo Gutiérrez herausgearbeitet hat. Das traditionelle Verhältnis von Theorie und Praxis muß umgekehrt werden. Die hierarchische Ordnung, in der die Theorie das Feinere ist, das, was meistens die Männer machen, die Kopfarbeit, und in der die Praxis dann für das Volk, die Frauen, die Sekretärinnen übrig bleibt, ist eine zerstörerische Art von Arbeitsteilung. Feministische Theologie besinnt sich methodisch zurück auf andere Fähigkeiten als die der Abstraktion und der Zusammenfassung. Das Interesse ist nicht neue Dogmenbildung. Das Interesse ist Narration, Erzählung. Narrative Theologie ist ein methodischer Ausdruck dieses neuen Bewußtseins, nämlich, daß man bestimmte Dinge klarer bekommt, mehrdimensionaler, wirklicher, unter die Haut gehend, wenn man sie erzählt, statt daß man sie, sozusagen, auf den Begriff bringt und verkürzt. Deswegen ist für die Frauenbewegung das Erzählerische, dieses narrative Element außerordentlich wichtig. Die Amerikanerinnen haben dafür ein Wortspiel, das einen humanistisch Gebildeten erschreckt; sie sagen, wir brauchen nicht *His*tory, wir brauchen *Her*story, auch dann, wenn wir Gottes Geschichte mit uns zu erzählen versuchen, die Geschichte Gottes und ihrer Freunde.

Judith Offenbach
Feminismus – Heterosexualität –
Homosexualität

Oh, erbarmungswürdiges Geschlecht der Frauen:
selbst wenn Natur und Himmel
uns als Freie erschaffen,
die Ehe fesselt uns wie Sklaven.
Wenn wir einen Knaben empfangen,
bilden wir die Glieder unseres gottlosen Tyrannen,
stillen wir einen grausamen Scharfrichter,
der uns zerfleischt und foltert,
denn durch ein unwürdiges Geschick
sind wir noch gezwungen,
unseren eigenen Tod zu gebären.
>   Klage der Octavia aus *Die Krönung der Poppaea*
>   von Claudio Monteverdi (1642); Text von G. F. Busenello

Es ist meine Erfahrung, daß die Ehe nicht glücklicher macht. Sie
nimmt die Illusion, die vorher das ganze Wesen trug, daß es eine
Schwesterseele gäbe.
Man fühlt in der Ehe doppelt das Unverstandensein, weil das
ganze frühere Leben darauf hinausging, ein Wesen zu finden, das
versteht. Und ist es vielleicht nicht doch besser ohne diese Illusion, Aug in Auge einer großen einsamen Wahrheit?
Dies schreibe ich in mein Küchenhaushaltebuch am Osterson-
tag 1902, sitze in meiner Küche und koche Kalbsbraten.
>   Paula Modersohn-Becker

1 »Lieber lesbisch!« – Der Einfluß der Neuen Frauenbewegung auf traditionelle Vorstellungen über Hetero- und Homosexualität

»Homosexualität ist weder Sünde noch Verbrechen noch Krankheit. Sie ist vielmehr Veranlagung und genau so ›normal‹ wie
Heterosexualität.«
Diese Einschätzung, vertreten von selbstbewußten Homosexuellen und einer liberalen Avantgarde der Heterosexuellen, mar-
kierte bis zum Auftreten der Neuen Frauenbewegung den äußersten Punkt dessen, was für Homosexuelle an Selbstakzeptierung
und gesellschaftlicher Akzeptierung erreichbar schien.
Die Geschichte der Homosexuellen ist, ähnlich wie die der Juden,
die Geschichte ihrer Ächtung, Unterdrückung, Ghettoisierung

und Verfolgung bis zur physischen Vernichtung. Die homosexuellen Überlebenden der Konzentrationslager warten bis heute vergeblich auf eine »Wiedergutmachung« der an ihnen begangenen Verbrechen.[1] Sollte sich demnächst ein neuer Hitler die »Endlösung der Homosexuellenfrage« zum Ziel setzen, so würde der Rest der Welt vermutlich wieder tatkräftig mithelfen oder befriedigt zuschauen.

Ich bin lesbisch, Jahrgang 1943. In den fünfziger Jahren hielt ich meine Liebe zu Frauen für sündig und pervers, in den sechziger Jahren für eine (hoffentlich heilbare!) Krankheit, in den siebziger Jahren schließlich für eine Veranlagung etwa wie Linkshändigkeit oder Farbenblindheit – nicht ganz das Wahre und Normale, ein bißchen unpraktisch in dieser anders genormten Welt, aber andererseits auch nichts, dessen frau/man sich zu schämen brauchte. Ich kam durch intensive Lektüre wohlmeinender Schriften und emsiges Nachdenken zu dem Schluß, »die anderen« hätten mich und meinesgleichen gefälligst zu akzeptieren – Farbenblinde und Linkshänder werden schließlich auch nicht für ihre Veranlagung bestraft und ausgestoßen, als letzter Dreck behandelt. Es ist schön, sich endlich selbst akzeptieren gelernt zu haben und neben den andern als gleichberechtigt einordnen zu können – aber was nützt eine geheilte Selbstsicht, wenn die andern die Sicht nicht teilen und fortfahren, dich für Abschaum zu halten? Anfang der siebziger Jahre notiert Luise Rinser in ihrem Tagebuch:

Ich habe schon oft Leute (Bekannte und Fremde, zum Beispiel Taxifahrer, die für mich in allen Ländern, soweit ich mich verständigen kann, die ›Stimme des Volkes‹ darstellen) gefragt, was sie von Homosexuellen hielten. Ich bekam fast immer die Antwort: »Diese Schweine«, bestenfalls: »Diese armen Luder«, und einige Male (Deutschland 1971): »Der Hitler hatte schon recht, sie zu vergasen.« (Rinser 1972: 322)

Die Homosexuellenbewegung, in der (anders als noch vor zehn Jahren) zur Zeit hauptsächlich Männer aktiv sind, propagiert mit Nachdruck die Veranlagungsdefinition und den Gleichberechtigungsanspruch: Homosexualität ist genau so wenig »umpolbar« und daher genau so »naturgewollt« wie Heterosexualität.

Keine männliche Schwulenorganisation ist bisher auf die Idee gekommen, Mitgliederwerbung unter Heterosexuellen zu betreiben – das würde ja der Veranlagungsdefinition widersprechen. Diese aber wird nicht nur für den Gleichberechtigungsanspruch benötigt, sondern auch zur Abwehr der heterosexuellen Phobie, Mann könne zum Schwulsein verführt werden, die so lange als eine der Rechtfertigungen der Kriminalisierung diente. Wenn Homosexualität eine Veranlagung ist – angeboren oder Ergebnis irreversibler frühkindlicher Prägung –, dann kann niemand zum Schwulsein verführt werden, logisch! Wer es dennoch von sich behauptet – der war eben schon vorher »latent« homosexuell.[2]

Verständlicherweise war es mir immer ein dringendes Bedürfnis, meine mißliche Lage als Lesbe (früher sagte ich verschämt: Lesbierin) wenigstens gedanklich in den Griff zu bekommen. Von den verfügbaren Theorieangeboten wählte ich mir natürlich jeweils die bekömmlichste aus. Kranksein war besser als Sündig- oder Perverssein; naturgewolltes und gesundes Anderssein war besser als Kranksein. Meine intellektuellen Überlebenshilfen mußte ich weitgehend aus den Untersuchungen über männliche Homosexualität, die die weibliche höchstens am Rande oder in Fußnoten »mit erfaßten«, ins Lesbische übersetzen. Auf die Idee, daß weibliche Homosexualität eventuell etwas *grundsätzlich* anderes sein könnte als männliche, kam ich nicht.

Kaum aber hatte ich mich als »gleichberechtigte und gesunde Anders-Veranlagte« einigermaßen konsolidiert – kam die Frauenbewegung daher mit verunsichernden Sprüchen wie:

LIEBER LESBISCH!

HETERO? – NEIN DANKE!

WIR WERDEN IMMER LESBISCHER!

FEMINISMUS IST DIE THEORIE, LESBISCHSEIN DIE PRAXIS!

(Ti-Grace Atkinson)

ALLE FRAUEN SIND LESBISCH, AUSSER DENEN, DIE ES NOCH NICHT WISSEN.

(Jill Johnston)

Immer lesbischer ??! – Ja gibt es denn das überhaupt, Grade der Linkshändigkeit/Homosexualität?

Lieber lesbisch??! – Ist denn Homosexualität *wählbar*, noch dazu freiwillig, als bevorzugte Alternative zur Heterosexualität? Wenn ja, dann *kann* es sich ja, bei beiden, nicht um Veranlagung handeln! Kann frau von der Heterosexualität zum Lesbischsein »konvertieren« wie von einer Religion zur anderen?

Sie kann offenbar: Immer mehr frauenbewegte Frauen tun es einfach. Und heute haben anscheinend nicht mehr wir, arme »Ur-«,

»Alt-« oder »Traditionslesben« mit Minderwertigkeitskomplex samt eingebautem Verfolgungswahn, uns zu schämen, sondern diejenigen Feministinnen, die es noch nicht geschafft haben, dem theoretischen Anspruch zu genügen und konsequent frauenbezogen, also lesbisch zu leben:

Die Frauenbewegung hat sich inzwischen eigene Normen und Tabus geschaffen; z. B. das der Liebe zu Männern: Frauen dürfen nicht mehr. . . . Das Leben mit Männern ist aus Diskussionen verbannt; Gefühle, die radikalen Ansprüchen zuwiderlaufen, werden in den »Privatbereich« der Frauen verwiesen, oder es gilt, sich aus der »Schäme-Ecke« der »Hetero-Schnalle« langsam hervorzuarbeiten . . . von der Noch-nicht-Lesbe über die Bi-Frau zur Lesbe. . . .
(Statement der COURAGE-Redaktion zum Artikel von Rotraud Sichtermann »Wenn frau Glück hat, entspricht sie der Theorie« in Courage, Juni 1982, S. 17-19)

Diese Tatsachen zwingen uns alle, über Sexualität, Heterosexualität und Homosexualität noch einmal ganz von vorn nachzudenken, genau wie die feministischen Selfmade-Lesben es getan haben. Nichts gilt mehr, sozusagen. Die festgefügten Ansichten und Ordnungen »der anderen« wie auch meine angelesenen Überlebenskrücken sind mit einer Bewegung vom Tisch gefegt.

Unsere Vorstellungen über »normale« Heterosexualität und »abweichende« Homosexualität sind, genau wie die über »Weiblichkeit« und »Männlichkeit«, Produkte von Männern und auf männliche Bedürfnisse zugeschnitten: voreilige Verallgemeinerungen einer rein männlichen Weltsicht, die sich, soweit sie weibliche Belange »mit erfassen« wollen, zunehmend als unhaltbar erweisen. Wenn/Seit Frauen anfangen, autonom zu handeln und über sich selbst nachzudenken, statt sich Vorfabriziertes ungeprüft überstülpen zu lassen, ergibt sich ein ganz neues, *anderes* Bild. Die wahren Zusammenhänge beginnen erkennbar zu werden. Weibliche Heterosexualität ist etwas ganz anderes als männliche: Sie ist in dem Maße *abwählbar*, wie ihre Unvereinbarkeit mit genuin weiblichen Interessen erkannt wird. Weibliche Homosexualität ist etwas ganz anderes als männliche: Sie ist *wählbar* in dem Maße, wie sie als *der* Ausweg, als konsequente Absage an patriarchalische Herrschaftsansprüche erkannt wird.

2 Männliche Erklärungen für das Homosexualitätsverbot

2.1 Über Gebote und Verbote

Es gibt kein Gesetz, das uns das Trinken von Benzin verbietet oder den täglichen Schlaf vorschreibt. Offenbar geht die Gesetzgebung davon aus, daß wir ohnehin »von Natur« Schlaf brauchen bzw. keine Neigung zum Genuß von Benzin verspüren.

Gebote dienen dazu, vorhandene Neigungen zu verstärken oder nicht vorhandene zu erzwingen. Verbote sollen vorhandene Neigungen unterdrücken.

Das in vielen Staaten noch heute gültige Verbot der Homosexualität ist selbst *das* Indiz dafür, daß die Möglichkeit der Homosexualität im Menschen angelegt ist, denn es wäre unsinnig, gegen eine gar nicht vorhandene Neigung mit Strafandrohung vorzugehen.

Wenn also Homosexualität etwas Natürliches ist, *warum* wurde und wird sie dann so verteufelt? Warum bei Männern in der Regel noch mehr als bei Frauen? Und warum setzen sich heute Frauen reihenweise über das Verbot hinweg, nicht aber Männer?

Über die erste Frage haben betroffene Männer viel nachgedacht und auch zwei relativ plausible Antworten gefunden, die sich gegenseitig ergänzen. Allerdings berücksichtigen diese Antworten weder die weibliche Homosexualität in gebührender Weise[3] noch die Tatsache, daß in unserer Welt der Männer die Gesetze, Verbote und Gebote von Männern und in ihrem Interesse gemacht werden, noch die Tatsache, daß Hetero- und Homosexualität im Patriarchat für Frauen ganz andere Konsequenzen haben als für Männer.

Da die männlichen Erklärungsversuche also schon im Ansatz viel zu kurz greifen, können sie auch keine befriedigende Antwort auf die zweite Frage und erst recht keine auf die dritte Frage liefern. Ich glaube, daß radikales feministisches Umdenken erforderlich ist, um verstehen zu können, wie die auffälligsten Fakten zusammenhängen. Wenn dabei eine Theorie herauskommt, die auf ein Denken in »normalen« Bahnen ungewohnt bis phantastisch wirkt, so tut das ihrem Geltungsanspruch keinen Abbruch. Heterosexuelle Patriarchen haben auch nie danach gefragt, ob die eigentlich Betroffenen mit ihren Homosexualitäts- und Weiblichkeitstheorien einverstanden waren. Die Heterosexualitätstheorie, die ich im folgenden ansatzweise entwickeln werde, scheint jedenfalls mir weit einleuchtender als alles, was wir Homosexuellen bzw. wir Frauen uns im Laufe der Geschichte an abstrusen Theorien über unsere Abartigkeit bzw. Minderwertigkeit haben bieten lassen müssen.

2.2 Jüdisch-christliche Sexualitätsfeindlichkeit als Ursache des Homosexualitätsverbots

Viele männliche Theoretiker machen die jüdisch-christliche Tradition des Abendlandes für das Homosexualitätsverbot verantwortlich. Juden- wie auch Christentum sind gegenüber der menschlichen Sexualität *grundsätzlich* feindlich eingestellt. Es gibt keinen von sexfreudigen Gottheiten beiderlei Geschlechts bevölkerten Himmel wie bei den Griechen und Römern, sondern nur den Vater, den Sohn und den Heiligen Geist. Diese rein männliche Dreifaltigkeit ist bis auf Christus reinster Geist, aber auch Christus war über alle Fleischeslust erhaben. Unmöglich, sich den Menschensohn durch den Verkehr mit einer Frau befleckt vorzustellen. Aufgabe des Menschen ist es, dem göttlichen Vorbild nachzustreben. Das eigentliche Ideal ist Keuschheit: christliche, nicht fleischliche Nächstenliebe! Da allerdings ganz ohne Sexualität an Fortbestand der Menschheit nicht zu denken ist, wird sie widerwillig gestattet, aber ausschließlich zum Zwecke der Fortpflanzung im kirchlich kontrollierten Gehege der Ehe. Alle anderen Varianten der Sexualität einschließlich der Homosexualität sind des Teufels.

Daß männliche Homosexualität härter bestraft wird als weibliche, erklärt diese Theorie mit der prinzipiellen Unwichtigkeit der Frau im (jüdisch-christlichen) Patriarchat. Die Frau ist einfach kein Thema; sie gerät sowieso kaum ins Blickfeld, also auch nicht als mögliche Sexualdelinquentin. (Wie aber erklären sich unter dieser Voraussetzung die nur für Frauen harten Strafen bei Ehebruch?)

Was diese Theorie überhaupt nicht thematisiert, ist, *weshalb* Sexualität als so erniedrigend bewertet wird, so fern vom eigentlichen Ziel, der Gottähnlichkeit.

2.3 Bevölkerungspolitik als Ursache des Homosexualitätsverbots

Die »jüdisch-christliche« Theorie der Antihomosexualität hat den Nachteil, daß sie nicht erklärt, warum Homosexualität nicht nur im christlichen Abendland, sondern auch in anderen Kulturkreisen traditionell geächtet ist. Deshalb macht eine andere männliche Theorie allgemeinere bevölkerungspolitische Grundsätze und Maßnahmen dafür verantwortlich:

Weil die Herrschenden Menschenmaterial für Kriege und die Produktion brauchten, setzten sie kaltblütig die Maschinerie der Sexualunterdrückung in Kraft – und sie wirkt bis heute. Die Nazis verfolgten Homosexualität und Abtreibung aus denselben bevölkerungspolitischen Gründen wie Kaiser und Kirche des späteren Mittelalters oder die Herrscher im Römischen Reich. Die Nationalsozialisten errichteten eine »Reichszentrale zur Bekämpfung der Homosexualität und der Abtreibung«. Die Bezeichnung macht das Ziel dieser »Bekämpfung« schon sehr deutlich.

(Grossmann 1981: 128)

Diese Theorie liefert allerdings keine direkte Antwort auf unsere zweite Frage (Warum wird männliche Homosexualität schärfer verfolgt als weibliche?). Lesbische Sexualität führt ja genau so wenig wie schwule zu der erwünschten »Menschenproduktion«.

Mit feministischem Rüstzeug läßt sich die Antwort allerdings mühelos ableiten. Ein schwuler Mann ist, aus biologischen Gründen, schwerlich für Ziele der Menschenproduktion »verwertbar«, eine Lesbe hingegen kann im Patriarchat, wie jede Frau, mit Leichtigkeit zur Menschenproduktion gezwungen werden. Mann braucht sie lediglich zu vergewaltigen. Ob Lesbe oder Heterofrau macht da kaum einen Unterschied. Folglich braucht auch die männliche Gesetzgebung und Moral keinen so großen Unterschied zu machen und kann sich arbeitsaufwendige Lesbenkontrolle ersparen.

Wenn es wahr ist, daß »die Herrschenden« in Zeiten bedrohlichen Bevölkerungsrückgangs das Homosexualitätsverbot so »kaltblütig« als eine der Strategien zur Steigerung der Menschenproduktion einsetzen – warum ergreifen sie dann heute, im Zeitalter der Bevölkerungsexplosion, nicht genau so kaltblütig die entgegengesetzten Maßnahmen? Warum propagieren die Länder der Dritten Welt nicht die Homosexualität von Staats wegen als effektivste, natürlichste und unschädlichste Form der Geburtenkontrolle? Warum wird in jenen Ländern die Heterosexualität als eine der Hauptursachen der Massenverelendung nicht drastisch bekämpft?

Vermutlich sind »die Herrschenden« doch nicht so kaltblütig, wie Grossmann und andere Schwule annehmen. Die Herrschenden, das sind in der ganzen Welt, im Kapitalismus wie im Kommunismus, in den Industrienationen wie in den Ländern der Dritten Welt: Männer. *Sie* sind es, die Heterosexualität durchsetzen wollen und Homosexualität bekämpfen. Vielleicht sind sie in Wirklichkeit viel zu »heißblütig«, um kaltblütig das heutzutage Vernunftgebotene, den energischen Abbau der Heterosexualität, diktieren zu können? Anscheinend geht es beim männlichen Heterosexualitätsgebot um ganz andere, »tiefersitzende« und »elementarere« männliche Bedürfnisse als es die eher abstrakte Sorge um die optimale Anzahl von Menschen ist. Andernfalls hätte es in der Geschichte ein kontinuierliches Pendeln zwischen Heterosexualitätsgebot und -verbot geben müssen, je nachdem, ob die optimale Anzahl von Menschen unter- oder überschritten war.

3 Wer braucht Heterosexualität? – Lesbisch-feministische Analyse des Heterrors und der Antihomosexualität

3.1 *Die jüdisch-christliche Sexualitätsfeindlichkeit – diesmal aus weiblicher Sicht*

Was bedeutet eigentlich ›Sexualität‹ in einem Kontext, in dem nur der Mann eine Rolle spielt, sei es als Gott oder als sein Ebenbild? Offenbar kann es nur um *männliche* Sexualität gehen, genauer gesagt: um männliche Heterosexualität. *Sie* ist es, der Feind im Innern, der bekämpft wird wie der leibhaftige Satan. Ganz und gar ausrotten kann man sie leider nicht, aber kanalisiert und unter Kontrolle gebracht werden muß sie, um jeden Preis. Wer Rang und Namen haben will in der Hierarchie der christlichen Kirche, muß dem einfachen Mann ein Vorbild sein und daher vor allem eines schaffen: die Heterosexualität in sich heroisch niederkämpfen und dem Weibe abschwören, sei er nun Mönch, Abt, einfacher Priester, Bischof, Kardinal, Papst oder Heiliger. Ganz droben im Himmel, bei Gottvater und Sohn, ist das Ziel allen männlichen Strebens sichtbar verwirklicht – totale Vergeistigung. Das »Fleischliche«, worunter diese Religion immer das Weib versteht (lies: die unselige Abhängigkeit vom Weibe), ist nicht nur überwunden – es ist von vornherein gar nicht erst vorhanden! Und Gottvater hat es sogar fertiggebracht, einen Sohn in die Welt zu setzen ohne Mitwirkung des Weibes; es wurde lediglich als Gefäß benutzt.[4]

Dem männlichen Fußvolk, dem es nicht gelingen will, den erniedrigenden Trieb in sich auszulöschen, wird die Möglichkeit geschaffen, noch das Beste draus zu machen, in der Ehe nämlich, die erstens unter totaler männlicher Kontrolle (der männlich besetzten Kirche und des männlichen Gottes) steht und zweitens so strukturiert ist, daß auch intern dem Manne die Herrschaft gesichert ist: »Er soll dein Herr sein!«

Was ist es nur, das dem Mann die eigene Heterosexualität so unerträglich macht, daß er sie am liebsten mit Stumpf und Stiel in sich ausrotten möchte? Warum fühlt sich der Mann so unterworfen, daß es dieser grandiosen Selbsterhöhungsphantasie, der jüdisch-christlichen Religion, bedurfte, um Männlichsein überhaupt auszuhalten?

3.2 Anatomie ist Schicksal: Männlichsein – die fundamentale Kränkung

3.2.1 Die Entbehrlichkeit des männlichen Geschlechts

Um nicht den Verdacht des weiblichen Chauvinismus zu erwecken, zitiere ich zur Einführung lieber einen Mann:

Der einzelne Mann ist nicht viel wert, denn es gibt davon viel zu viele. Für die Fortpflanzung genügten eigentlich einige wenige Männer. (Knußmann im *Stern* Nr. 18 (1982), S. 73)

Die englische Philosophin und Feministin J. R. Richards bemerkt zu diesem Thema:

Viele etablierte Sitten und Gebräuche, die gewöhnlich damit erklärt werden, daß die Starken die Schwachen beschützen müssen (z. B. daß die Männer in den Krieg ziehen und Frauen und Kinder bei Schiffbruch als erste gerettet werden), beruhen in Wirklichkeit auf der Tatsache, daß die meisten Männer vom Standpunkt der Fortpflanzung aus überflüssig sind (was das betrifft, kämen wir hervorragend zurecht mit einem Hundertstel von denen, die wir haben). *Ihren* Verlust kann eine Gemeinschaft leichter verschmerzen als den Verlust ihrer Frauen. (Richards 1982: 117. Übersetzung von mir)

Diese »Entbehrlichkeit« für die Fortpflanzung hängt allerdings direkt zusammen mit einer »Fähigkeit«, die der Mann der Frau voraushat: Im Gegensatz zu ihr kann der einzelne Mann theoretisch hunderte von Kindern haben. Die Soziobiologie behauptet, genau dies sei letzter Sinn und Zweck allen lebendigen Daseins: den eigenen Gensatz so oft wie möglich in die Welt hinein zu vervielfältigen.[5] Soziobiologisch gesehen sind wir Frauen also den Männern gegenüber hoffnungslos im Nachteil *gerade wegen* unserer Gebärfähigkeit. Auch wenn wir von der Geschlechtsreife bis zur Menopause ein Kind nach dem anderen gebären, kommen wir nur auf einen Bruchteil der »Genkopien«, die ein Mann theoretisch produzieren (lassen) kann.

Der männliche Kampf gegen die Abtreibung findet hier eine ganz plausible Erklärung, auch die männliche Doppelmoral, wonach dem Mann Seitensprünge und sexuelle Libertinage eher nachgesehen werden als der Frau. Wie aber erklären sich die uralten und weit verbreiteten Institutionen der Monogamie und Ehe, die doch den Mann, was die Anzahl der möglichen Kinder betrifft, auf die Stufe der Frau reduzieren? Der Mann im Patriarchat *hätte* doch die Macht, sich einen Riesenharem zu halten und eine Vielzahl von Frauen damit zu beschäftigen, »seine« Kinder zu gebären, ganz wie der moderne Schweine»produzent« vermittels eines einzelnen Ebers oder künstlicher Besamung mit seinen Sauen verfährt. Die Sorge, ob man wirklich der Vater der Kinder ist, wäre genau so behoben wie in der Einehe und der vielzitierte männliche Gebärneid reichlich kompensiert durch den unbestreitbaren Vorsprung hinsichtlich der Anzahl der »Genkopien« (Kinder) und durch die Genugtuung, das Gebären zur erzwungenen Fließbandproduktion herabgewürdigt zu haben.

Da demokratisches Verhalten (auch unter Männern) eine relativ späte und wenig verbreitete Errungenschaft ist, ist nicht anzunehmen, daß eine angeborene Fairness den Mann davon abhält, seinen Geschlechtsgenossen die Frauen vor der Nase wegzuschnappen und die verfügbare Gebärkraft für sich allein zu beanspruchen. – Warum also sind die Institutionen Monogamie und Ehe so weit verbreitet?[6] Warum wurden sie überhaupt etabliert?

3.2.2 *Und wer liebt mich??! – Wenn alle Menschen Frauen lieben . . .*

Bis jetzt haben wir den Menschen, wie irgendein Säugetier, nur unter dem Gesichtspunkt der Fortpflanzungssexualität betrachtet. Die Begriffe ›Hetero-‹ und ›Homosexualität‹ legen ja diese (gegen Homosexuelle gewöhnlich diskriminierend eingesetzte) Einengung des Blickfelds auch nahe. Beide Arten der »Sexualität« werden aber meist definiert als ›*Liebe* zu Personen des eigenen bzw. des anderen Geschlechts‹. Die (Selbst-)Definition etwa eines Strichjungen hängt nicht von der Art seiner tatsächlichen sexuellen Betätigung, sondern von seinen Empfindungen ab. Er kann z. B. eine ferne Freundin verehren und sich als »stockhetero« einordnen. Eine Ehefrau kann ihren »ehelichen Pflichten« pünktlich nachkommen, mehrere Kinder in die Welt setzen und sich trotzdem als lesbisch begreifen, wenn ihr auch der Ausdruck ihrer Gefühle für Frauen problematisch oder unmöglich scheint bzw. gemacht wird. Ich selbst wußte etwa mit 17 Jahren, daß ich lesbisch bin, weil ich mich in Frauen verliebte und Sehnsucht nach ihrer Nähe hatte. Der Gedanke an Sexualität war mir jedoch fremd und ängstigte mich. Ich war ziemlich genau das, was erst die heutige feministisch-lesbische Theorie auf den Begriff bringt: eine »frauen-identifizierte Frau«.[7] Begriffe der männlichen Sexualwissenschaft, wie ›*sexuelle* Präferenz‹, ›*sexuelle* Orientierung‹ oder gar ›Triebrichtung‹, verkürzen, verkleinern und verzerren die Realität der frauen-identifizierten Frau, das Ausmaß ihres Sich-Einlassens *und* Angewiesenseins, bis zur Unkenntlichkeit: Sie gehen in androzentrischer Beschränktheit am Wesentlichen sozusagen zielsicher vorbei. Wesentlich bei mir war, daß Frauen mir *generell* warmherziger, stärker, klüger, sensibler, interessanter, »näher«, kurz: liebenswerter erschienen als Männer. So daß ich die Gesellschaft von Frauen der Gesellschaft von Männern vorzog, und zwar in *jeder* Beziehung einschließlich der damals noch nicht gelebten sexuellen. Problematisch bei meiner Selbstfindung war mir lediglich, daß das (männliche!) Theorieangebot der fünfziger und sechziger Jahre so gar nicht zu dem paßte, was ich empfand. Lesben waren geile, perverse Mannweiber mit tiefer Stimme und Damenbart. Und »so eine« war ich doch nicht, bestimmt nicht. Meine Gefühle waren doch »tief«, »edel«, »rein«, »innig«, »selbstlos« – dem so zum Verwechseln ähnlich, was immer als »Liebe« beschrieben wurde. Aber damals gab es Liebe anscheinend nur zwischen Mann und Frau. Inzwischen jedoch wird eingeräumt, daß auch Homosexuelle nicht nur Sex voneinander wollen.

»Liebe« also als definierendes Merkmal. Was aber ist das – Liebe? Ich bin nicht so vermessen, hier eine feministische Theorie der Liebe entwickeln zu wollen. Ich möchte nur ein paar einschlägige Gedanken vortragen.

Das, was wir Menschen ›Liebe‹ nennen, beobachten wir beim Umgang der Tiere *miteinander* kaum. Ihre Fortpflanzungssexualität ist von Instinkten perfekt geregelt – anscheinend bedarf es zur Arterhaltung gar keiner »Liebe«, genau so wenig wie der anderen Kulturprodukte (Zwangsheterosexualität, Inzestschranke – von ›Rassenhygiene‹ ganz zu schweigen). Bei manchen Haustieren beobachten wir allerdings so etwas wie Liebe, etwa wenn sich die Dogge bei Frauchens Heimkehr vor Freude schier umbringen will oder wenn ein Hund »an zerbrochenem Herzen« eingeht, weil sein Herrchen gestorben ist – typische Fälle von »homosexueller« Liebe? – Als »Liebe« interpretierbares Verhalten scheint also etwas mit (realer und darauf basierender emotionaler) Abhängigkeit, mit Angewiesensein, zu tun zu haben.

Bevor die Menschen überhaupt in die Phase der Geschlechtsreife und damit der möglichen Fortpflanzungssexualität eintreten, machen sie, ohne Ausnahme, eine lange Phase totaler Abhängigkeit durch. Das Kind wird die Person, die sich seiner annimmt, »lieben« mit jeder Faser, es wird, muß ihr zu gefallen suchen, gleichgültig ob diese Person das »verdient« oder nicht und welches Geschlecht sie hat. Es ist ja einfach meist gar keine Alternative gegeben. Die Person, die sich im statistischen Normalfall um das Kind kümmert, ist die Mutter – egal ob wir das als Feministinnen notwendig oder überhaupt wünschenswert finden. Es war immer so, und es ist auch heute noch so.

Wir wissen nicht genau, wie sich diese Tatsache auf die menschliche Entwicklung und Psyche auswirkt, da die Eindrücke der frühen Kindheit den späteren Erwachsenen nicht mehr direkt zugänglich sind. Aber Beobachtungen an Kindern und Rückschlüsse sind möglich. Auf solchen Beobachtungen und Rückschlüssen basiert das gesamte Theoriegebäude der Psychoanalyse. Und diese behauptet folgendes:

Hinter jedem Menschen steht eine Frau – die Mutter: bei Knaben und Mädchen, Mann und Weib. Oder wie Freud lieber formulierte: die Bisexualität ist bei der Frau stärker ausgeprägt als beim Mann, weil das kleine Mädchen stets zwei Liebesobjekte hat, die Mutter und dann den Vater, der kleine Junge aber nur eines. Die menschliche Kultur freilich unterwirft alles, auch diesen Primat der Mutterbindung, dem Gesetz des Vaters, in dessen Namen Knaben und Mädchen ihrer je verschiedenen Bestimmung entgegengehen. (Mitchell 1976: 147 f.)

Bei einer Befragung von 75 weiblichen und 75 männlichen Bisexuellen kam Charlotte Wolff zu folgendem Resultat:

Die Frauen empfanden oft ein überwältigendes emotionales Bedürfnis nach anderen Frauen, das sich von ihren Gefühlen für Männer unterschied. Die Bindung an ihre männlichen Geliebten und Partner basierte in den meisten Fällen auf mütterlicher Liebe und Zuwendung. (Wolff 1981: 117)

Über die Gefühle der Männer fand Wolff hingegen heraus:

Die Männer waren emotional an Frauen gebunden und von diesen abhängig, sie liebten sie auch sexuell, aber das Schwergewicht lag auf ihrer mütterlichen Fürsorge. . . . Der Abhängigkeit der Männer von den Frauen entsprach eine ebenso große Unabhängigkeit der Frauen von den Männern. (Wolff 1981: 117)

Wolff erklärt sich diesen Befund folgendermaßen:

Letzten Endes haben wir den sexuellen Entdeckungen des Kindes nicht viel hinzuzufügen. Wir bleiben Kinder, nicht nur im Herzen, sondern auch in bezug auf unsere Sexualität. . . . ›Bleib bei mir‹, ›umarme mich‹ und ›schau mich an‹ lauten die emotionalen Appelle der Erwachsenen wie der Kinder. Auch die Menschen, für die diese Appelle bestimmt sind, unterscheiden sich nicht von den Liebesobjekten des Kindes. Die Männer rufen nach der Mutter in der Geliebten und die Frauen tun dasselbe, selbst wenn der Liebespartner die Züge eines Mannes trägt. (Wolff 1981: 116)

Ergebnis: Dort wo es um spezifisch menschliche, um seelische Bedürfnisse geht, Bedürfnisse nach Gefühlswärme, Zärtlichkeit, Nähe, Geborgenheit, Angenommen- und Versorgtwerden, zusammenfaßbar als Bedürfnis nach Liebe (heute heißt das: psychische und physische Reproduktion), dort stehen Frauen aufgrund des ihnen zugewiesenen Mutterberufs traditionell weit höher im

Kurs als Männer, und zwar für beide Geschlechter. Ließe man den Dingen ihren »naturwüchsigen« Lauf, so würden die Frauen in töchterlich-mütterlicher Liebe zueinanderfinden, und der Mann, das ungeliebte weil unmütterliche Wesen, stünde draußen in der Kälte. Für Fortpflanzungszwecke würde frau (ähnlich wie das Säugetierweibchen) den Mann hin und wieder zulassen, für die Erfüllung ihrer spezifisch menschlichen, ihrer Liebesbedürfnisse aber braucht sie ihn nicht. Sexuelle Lust, wenn sie das wünscht, findet sie auch (und möglicherweise besser) bei Frauen.[8] Warum sollte sie sie bei Männern suchen, die ihr nichts darüber hinaus, vor allem keine »Mütterlichkeit«, zu bieten haben und sie womöglich schwängern, obwohl sie gar kein Kind (mehr) haben will?

Für den Mann ein zutiefst deprimierendes Fazit. Er steht als tragische Figur da, verurteilt zu unglücklicher Liebe – Liebe zu Frauen, die ihrerseits nur an Frauen interessiert sind und kein »natürliches« liebendes Interesse für ihn aufbringen außer vielleicht ein mütterliches.

»Wer braucht Heterosexualität?« lautet unsere Ausgangsfrage für dieses Kapitel. Die eindeutige Antwort zumindest der Psychoanalyse, der Bisexualitätsforschung und der feministischen Theorie ist: Männer brauchen sie. Nicht ihre eigene, denn die ist ihnen sowieso »natürlich« – aber die weibliche Heterosexualität brauchen sie, damit ihre eigene nicht »ins Leere pufft«. Da Heterosexualität dem weiblichen Geschlecht aber nicht »natürlich« ist, wird sie erzwungen.

Männliche Säugetiere, die nicht der Gattung ›homo sapiens‹ angehören, verfahren da zivilisierter. Auch sie haben zu leiden: Das Weibchen ist nur in seltenen und kurzen Perioden zur Sexualität mit ihnen bereit, während sie »allzeit bereit« herumlaufen. Ihre Methode, damit klarzukommen, ist intensive Werbung, Kampf gegen Rivalen, das Bemühen, sich fit und attraktiv zu präsentieren – niemals aber Vergewaltigung und selten sonstwelcher Zwang.

In *unserer* Gesellschaftsordnung, dem Patriarchat, herrscht striktes Heterosexualitätsgebot, von Lesben und Schwulen auch »Heterror« genannt. Gebote dienen, wie gesagt, u. a. zum Erzwingen nicht vorhandener Neigungen. Die Gesetze und Gebote des Patriarchats sind von Männern und in ihrem Interesse gemacht. Die männlichen Machthaber werden sich schwerlich zu etwas zwin-

gen, das ihnen »gegen die Natur« geht. Der Sinn der Zwangsheterosexualität kann nur sein, die unterworfenen Frauen von
ihrem »eigentlichen«, »ursprünglichen« Ziel abzubringen:

[Der] direkte Weg, die ursprüngliche Mutterbindung beizubehalten [ist
es] ..., lesbisch zu werden. (Mitchell 1976: 147)

Wenn eine Gruppe als ganzes unterworfen ist, besitzt sie keine
Rechte mehr, die von den Herrschenden per Gesetz zu schützen
wären. Männliche Homosexualität wird im Patriarchat ganz offenbar so aufgefaßt, daß sie die Rechte der männlichen Heterosexuellen bedroht. Diese müssen vor »sexueller Nötigung« geschützt werden. Die vorgeblich ebenfalls von Natur heterosexuelle Frau hingegen braucht vor den »Übergriffen« von Lesben
nicht geschützt zu werden, genau so wenig wie vor Vergewaltigung oder Gewalt in der Ehe. Dies ist die m. E. plausibelste Erklärung für die strafrechtliche »Milde« der männlichen Gesetzgebung in bezug auf weibliche Homosexualität. Die Milde bzw.
Blindheit hat darüberhinaus noch den unschätzbaren Vorteil, daß
sie keine Tatsachen, keine Öffentlichkeit schafft und somit ein
Lebensmodell in der Unsichtbarkeit beläßt, das die erfolgreich zur
Heterosexualität dressierte Mehrheit der Frauen womöglich doch
noch auf »dumme Gedanken« bringen könnte.
Ich möchte dieses Kapitel mit einer formalen Betrachtung abschließen.
Die Tradition setzt die Begriffe ›Heterosexualität‹, ›Homosexualität› und ›Normalität‹ bekanntlich wie folgt zueinander in Beziehung:

normal	nicht normal
Heterosexualität	Homosexualität

Eine formal befriedigende Lösung!
Gegenüber dieser Einfachheit, ja Eleganz, ergibt die hier entwik-
kelte Theorie ein eher unordentliches, schon formal wenig über-
zeugendes Bild. Alles geht kreuz und quer durcheinander:

normal	nicht normal
weibl. Homosexualität	weibl. Heterosexualität
männl. Heterosexualität	männl. Homosexualität

Aber das Schema läßt sich ohne weiteres entwirren, vereinfachen, wenn wir ein anderes Ordnungsprinzip zugrundelegen und nicht vom Subjekt der Liebesempfindung ausgehen, sondern vom Objekt:

normal	nicht normal
Liebe zu Frauen	Liebe zu Männern

Warum haben wir *diese* Ordnung bisher nicht ins Blickfeld bekommen? Weil sämtliche Theorien über Hetero- wie auch Homosexualität Produkte von Männern sind. Männer haben (ein sattsam bekannter Vorgang) das lediglich für *sie* Gültige einfach auf Frauen »übertragen«, »ausgedehnt« – ungebeten, ungeprüft und, leider, bisher auch ziemlich unwidersprochen. Hetero-Männer sind davon ausgegangen, daß Frauen genau so hetero sind wie sie. Homosexuelle Männer sind davon ausgegangen, daß homosexuelle Frauen genau so von einer Norm abweichen wie sie (ohne zu bedenken, daß die Ausgangsnorm eine männliche ist). Beides ist Unfug, behauptet die Frauenbewegung – und beweist es tagtäglich durch die vielen Frauen, die lesbisch werden und damit zu *unserer*, weiblichen und ursprünglichen, Norm zurückkehren.

4 Das Patriarchat als Rache der Gekränkten

Der Mann, das ungeliebte Wesen – was macht er nun aus seiner (zugegeben: betrüblichen) Lage? Wie reagiert man normalerweise auf die Zurückweisung eines intensiven Liebesbedürfnisses?
a) Mit Trauer und/oder Intensivierung der Liebeswerbung
b) Mit Abwendung vom ursprünglichen und Hinwendung zu geneigteren Liebesobjekten
c) Mit Haß auf die ursprünglich so geliebte Person
d) Mit dem Wunsch, jedes Liebesbedürfnis in sich abzutöten und »autark« zu werden
e) Mit dem Bedürfnis, die massive Kränkung durch anderweitigen Aufbau des Selbstwertgefühls auszugleichen, wettzumachen
f) Mit dem Bestreben, sich die freiwillig nicht gewährte Liebe

durch Zwang zu verschaffen

All diese möglichen Formen der Verarbeitung und Reaktion sind im Patriarchat realisiert:

Zu a): Trauer und/oder Intensivierung der Liebeswerbung ist noch die »frauenfreundlichste« Lösung. Sie kommt als »romantische Liebe« im Kino und im Trivialroman ebenso häufig vor wie sie in der Realität gemieden wird. Soll auf die mittelalterliche Erfindung der höfischen Liebe (Minnesang) zurückgehen.

Zu b): Als »geneigteres Liebesobjekt« käme nur der Mann in Frage. Die Hinwendung des Mannes zum Manne geschieht im Patriarchat allerdings nicht offen. »Latent« aber wirkt sie umso durchgreifender: Nicht nur Feministinnen – auch viele männliche Kritiker des Patriarchats analysieren es als allumfassendes homoerotisches Männerbündnis. Nur der Mann ist der »wahre Mensch«, nur er kommt in Betracht und zählt.

Zu c): Der nahezu pathologische Frauenhaß bedarf hier wohl keiner weiteren Beweise und Belege. »Du gehst zum Weibe? Vergiß die Peitsche nicht!« sagt Friedrich Nietzsche.

Zu d): Den Wunsch nach absoluter Autarkie symbolisieren (u. a.) die patriarchalischen Gottheiten, Gottvater und Sohn. Die Propheten, die Apostel, der katholische Klerus leben das Ideal sichtbar vor. Paulus schreibt an die Korinther:

Das beste ist es, wenn ein Mann überhaupt keine Frau berührt. (1. Kor. 7, 1)

Zu e): Das Bedürfnis, eine fundamentale Kränkung des Selbstwertgefühls durch An-sich-Reißen der Macht zu kompensieren, scheint mir eine weit plausiblere Erklärung der Entstehung des Patriarchats als das meist als Ursache angenommene Bestreben, die Kinderproduktion der Frau zu kontrollieren.

Eine sinnfällige Darstellung des Zusammenhangs zwischen Liebesenttäuschung durch die Frau und männlichem Machtstreben liefert Wagner in der ersten Szene des *Rheingold:* Alberich wirbt verzweifelt um jede einzelne der Rheintöchter, doch sie brauchen ihn nicht, sind vollkommen glücklich ohne ihn. Sie verspotten ihn, verraten ihm aber auch das Geheimnis des Rheingolds:

Der Welt Erbe gewänne zu eigen,
wer aus dem Rheingold schüfe den Ring,
der maßlose Macht ihm verlieh.

Jedoch:

Nur wer der Minne Macht versagt,
nur wer der Liebe Lust verjagt,
nur der erzielt sich den Zauber,
zum Reif zu zwingen das Gold.

Die Rheintöchter fühlen sich sicher, weil sie sich nicht vorstellen können, daß irgendjemand freiwillig der Liebe entsagt. Doch Alberich, von ihnen zum äußersten gereizt, tut es:

Bangt euch noch nicht?
So buhlt nun im Finstern, feuchtes Gezücht:
Das Licht lösch ich euch aus;
entreiße dem Riff das Gold,
schmiede den rächenden Ring;
denn hör es die Flut: so verfluch ich die Liebe!

Diese Szene – das Verfluchen der Liebe zur Frau durch den Mann, weil sie nicht erwidert wird – ist die Keimzelle allen Unheils, breit vor uns entfaltet im vierteiligen *Ring des Nibelungen*, dem längsten Opernzyklus der Musikgeschichte. Er endet mit dem Untergang der Götter (*Götterdämmerung*), die das patriarchalisch-kapitalistische System symbolisieren.

Zu f): Die zuletzt genannte Möglichkeit der Reaktion auf die Kränkung – Erzwingen der »Liebesleistungen« durch Gewalt und/oder Kauf – setzt den Besitz der Macht bereits voraus. Alberich, kurz vor dem Ergreifen der Macht, überlegt:

Erzwäng ich nicht Liebe,
doch listig erzwäng ich mir Lust?

Die patriarchalischen Institutionen der Zwangsheterosexualität, der Ehe (in der Vergewaltigung nicht strafbar ist) und der Prostitution sowie der ausschließlich von Männern begangene Akt der Vergewaltigung und des »Lust«mords sind die sichtbaren Resultate dieser Art der »Konfliktlösung«. Liebe, da sowieso unerreichbar, wird gar nicht mehr angestrebt, dafür aber: »Lust«. Lust an der Macht, an der Grausamkeit, an der Rache – unauflöslich mit männlicher Sexualität verquickt.

Die große Frage bleibt natürlich: Wieso haben wir Frauen uns überhaupt unterwerfen lassen? Folgt daraus nicht, daß wir wirklich genau so schwach sind, wie man es uns immer hat einreden wollen? Die m. E. plausibelste Antwort auf diese Frage hat wieder mit der weiblichen Gebärfähigkeit zu tun, mit der edlen aber auch fatalen Neigung der Frau, sich für das hilflose Wesen, ihr Kind, verantwortlich zu fühlen. Verantwortung für Hilflose macht die Verantwortlichen selbst zu einem gewissen Grade hilf- und wehrlos, und hätten sie auch den Mut einer Löwin. Wehrloser jedenfalls als es der Angreifer ist, der nur persönlichen Sieg oder Niederlage kalkuliert und alle Kräfte auf Sieg setzen kann. Wer aber schon bei geringer Blessur riskiert, daß hilflose, von ihr abhängige Wesen nicht mehr richtig versorgt werden können, ist psychisch fast schon kampfunfähig. So mannigfach zu beobachten auf dem modernen Schlachtfeld der Ehe: Die Ehefrau läßt sich erniedrigen, ausbeuten und verprügeln und schlägt noch immer nicht zurück – »wegen der Kinder«.[9]

5 So ihr nicht werdet wie die Mütter ... – Die feministische Verheißung

Üblicherweise wird die Entstehung des Patriarchats damit erklärt, daß Männer Frauen wie Gefangene halten »müssen«, um sicherzugehen, daß sie wirklich der Vater eines bestimmten Kindes sind, vorzugsweise des männlichen Erben und Stammhalters.[10] Dieser These widerspricht allerdings das weithin beobachtbare männliche Desinteresse an Kindern, die eigenen inbegriffen. Auch das Patriarchat unserer Zeit mit seiner institutionalisierten egoistischen Kinderfeindlichkeit paßt nicht in dieses Konzept. Wenn Kinder den Männern so wichtig sind, warum überlassen sie dann deren Betreuung und Erziehung den Frauen?

Außerdem sind zwar Mutterschaft und Vaterschaft sicher sehr bedeutsame Dinge, aber es gibt da, wie gesagt, noch Fundamentaleres, Allgemeingültigeres. Nur ein bestimmter Prozentsatz der Menschen wird überhaupt jemals Mutter bzw. Vater. Aber alle Menschen, ausnahmslos, sind entweder Töchter oder Söhne und werden in der langen Phase kindlicher Abhängigkeit »normalerweise« von der Mutter betreut, die sie zwangsläufig zu ihrem »primären Liebesobjekt« machen. Die Beziehung des Kindes zu seiner ersten und wichtigsten Bezugsperson ist – notwendigerweise – sowohl eine »monogame« als auch eine »dauerhafte«. Es ist denkbar, daß die am häufigsten verwirklichten Institutionen des Zusammenlebens zwischen Erwachsenen, Monogamie und Ehe, nichts anderes sind als Wiederholungen dieser ersten und »natürlichsten« aller Zweierbeziehungen. Wenn der Mann in der (Ehe)Frau wirklich letztlich die Mutter sucht, sind Mehrfach- wie auch flüchtige Beziehungen gleichermaßen abweichend vom Idealtyp.

Es leuchtet durchaus ein, daß die Mutter, vermutlich sogar »von Natur«, eher dazu geneigt ist als der Vater, sich für das Kind verantwortlich zu fühlen und die Betreuungsarbeit zu übernehmen. Erstens *weiß* sie, elementar und unmittelbar, *daß* sie Mutter ist und daß es *ihr* Kind ist – ein Mann hingegen kann vielfacher Vater sein, ohne es überhaupt zu ahnen. Zweitens mußte sie, durch Schwangerschaft und Geburt, ungleich mehr in das Kind »investieren« als der Vater. Drittens hat nur sie die Möglichkeit, es zu stillen.

Zwischen natürlicher *Neigung* und *Eignung* – das kann nicht nachdrücklich genug betont werden – besteht aber ein großer Unterschied. Ich z. B. habe eine geradezu fanatische Neigung zur Musik, leider aber nur wenig Eignung. Und als in meiner Kindheit aus meiner Neigung eine *Verpflichtung*, ein Zwang, zum Klavierüben hergeleitet werden sollte, da verflüchtigte sich für eine lange Zeit auch das geringe bißchen Eignung, das ich besessen haben mochte, zusammen mit der Neigung. – Zum Vokabellernen eigne ich mich prächtig, verspüre aber selten eine Neigung dazu.

Die Mutter ist nicht »von Natur« besser für die Kinderbetreuung geeignet als der Vater. Bis auf das Stillen (dessen Wert angesichts chemisch vergifteter Muttermilch heute sowieso mehr als fraglich ist) kann er alle Erfordernisse genau so gut bewältigen wie sie. Es wäre vermutlich im ureigenen Interesse der Männer, wenn sie die Chance, neben der Mutter gleichberechtigtes »primäres Liebesobjekt« von Kindern zu werden, überhaupt »mütterliche« Qualitäten zu entwickeln, gezielt wahrnehmen würden. Eine kürzlich im *Stern* veröffentlichte Meldung zeigt, daß Männer diesbezüglich über kolossale Entwicklungsreserven verfügen, die uns hoffen lassen:

Schwangere Väter
An Übelkeit und Brechreiz als Symptomen einer Schwangerschaft leiden nicht nur Frauen, sondern mitunter auch werdende Väter. Ein Ärzteteam der New Yorker Rockefeller-Stiftung diagnostizierte bei Langzeitbeobachtungen an 63 von 300 Männern, die Vaterfreuden entgegensahen,

Bauchschmerzen und Blähungen, für die es keine physischen Ursachen gab. Die Mediziner führen diese »Schwangerschaftsbeschwerden« auf »psychisches Mitleiden« zurück, das bislang als ein extrem seltenes Phänomen galt. (*Stern* 1982, Nr. 21, S. 298)

Wenn erst *alle* Väter solcherart zu Müttern geworden sind, wird es die Probleme, von denen hier die ganze Zeit die Rede war, wahrscheinlich nicht mehr geben. Alle Menschen hätten die Chance, beide Geschlechter lieben zu können und von beiden geliebt zu werden.

6 Liebe deine Nächste!

Noch aber sind wir, besonders wir Frauen, weit entfernt von diesem Paradies auf Erden. Wir leben im Patriarchat, und Gewalt gegen Frauen, ob brutal oder subtil, ist für jede von uns alltägliche Erfahrung. Und da sollten wir uns noch wundern, warum inzwischen so viele Frauen lesbisch werden, während die Anzahl der männlichen Schwulen stagniert? Immer mehr Frauen begreifen ihre Heterosexualität als das, was sie ist: Resultat einer permanenten Dressur und Gehirnwäsche, an ihnen vollzogen ausschließlich im Interesse des Mannes. Es ist sehr schwer, so früh andressierte Verhaltens- und Denkweisen zu durchschauen und abzulegen angesichts weiterhin herrschender patriarchaler Macht. Aber es ist möglich, wie wir seit zehn Jahren sehen, und in dem Maße, wie es verwirklicht wird, müssen patriarchale Machtstrukturen zerbröckeln.

Die »Schwesterseele«, die Paula Modersohn-Becker noch in der Ehe (ausgerechnet!) zu finden hoffte, weil mann ihr nichts anderes beigebracht hatte – sie *ist* dort nicht zu finden, weil die Ehe eine patriarchalische Institution ist. Sie ist, wie der Name schon sagt, zu finden in der Beziehung zu einer *Schwester*.

1 Stümke & Finkler 1981, S. 418 f.
2 Stümke & Finkler 1981, S. 408: »Jugendliche, etwa in dem Alter zwischen vierzehn und siebzehn, zu ›verführen‹, so daß sie daraus eine dauerhafte Prägung ihrer Sexualorientierung erfahren könnten, ist unmöglich, denn in diesem Alter sind die Weichen schon lange gestellt.«
   Grossmann 1981, S. 102: »Denkbar ist sicherlich, daß wir gerne manchen Mann oder manche Frau homosexuell machen würden, weil wir sie mögen und gerne eine Beziehung mit ihnen hätten. Leider funktioniert das meistens nicht, d. h. es klappt ausschließlich dann, wenn sie in Wirklichkeit versteckte oder verdrängte Homosexuelle sind. Es gibt eben keine Verführung zur Homosexualität.«
3 Borneman 1978, Bd. 2, S. 593: »Die männlichen Erklärungen der weiblichen Homosexualität sind von einer Naivität, die sich bei dem sonst so hohen intellektuellen Niveau mancher Sexualforscher nur als Skotom erklären läßt. Dies gilt für Havelock Ellis, Magnus Hirschfeld, Sigmund Freud, Alfred Adler, Wilhelm Stekel, Edmund Bergler, Alfred Kinsey und Frank Caprio. ... Beim gegenwärtigen Stadium unseres Wissens über die weibliche Homosexualität verhelfen uns die Romane und Autobiographien lesbischer Frauen zu einem besseren Verständnis als die gesamte Fachliteratur.«
4 Eine radikal-feministische Kritik der christlichen Religion findet sich in Daly 1981 (1978), Kapitel sechs: »Verstümmelung durch christliche und nachchristliche Mythen«, S. 96-128. Mary Daly hat meine Einstellung zum Christentum stark beeinflußt.
5 Vgl. etwa Dawkins 1978 (1976) oder Wickler & Seibt 1977.
6 Vgl. hierzu Janssen-Jurreit 1979 (1976), S. 125-127.
7 Ich verdanke die hier beschriebene (und überfällige) Korrektur meiner/unserer Selbsteinschätzung der Lektüre von Ettorre 1980.
8 Vgl. Masters & Johnson 1979.
9 Vgl. Benard & Schlaffer 1978 sowie Ohl & Rösener 1979.
10 Vgl. etwa Borneman 1978, Bd. 3, S. 1036 oder Richards 1982 (1980), S. 176.

Atkinson, Ti-Grace, 1978 (1974), *Amazonen-Odyssee*, München
Benard, Cheryl & Edit Schlaffer (1978), *Die ganz gewöhnliche Gewalt in der Ehe, Texte zu einer Soziologie von Macht und Liebe*, Hamburg
Borneman, Ernest (1978), *Lexikon der Liebe, Materialien zur Sexualwissenschaft*, Frankfurt/M., Berlin, Wien
Daly, Mary, 1981 (1978), *Gyn/ökologie, Eine Meta-Ethik des radikalen Feminismus*, München

Dawkins, Richard, 1978 (1976), *Das egoistische Gen*, Berlin, Heidelberg, New York

Ettorre, E. M. (1980): *Lesbians, Women and Society*, London

Grossmann, Thomas (1981), *Schwul – na und?*, Hamburg

Janssen-Jurreit, Marielouise, 1979 (1976); *Sexismus: Über die Abtreibung der Frauenfrage*, Frankfurt, Fischer-Tb.

Johnston, Jill, 1976 (1973), *Lesben Nation. Die feministische Lösung*, Berlin

Masters, William H. & Virginia E. Johnson (1979), *Homosexualität*, Frankfurt/M., Wien

Mitchell, Juliet (1976), *Psychoanalyse und Feminismus. Freud, Reich, Laing und die Frauenbewegung*, Frankfurt/M.

Ohl, Dagmar & Ursula Rösener (1979); *Und bist du nicht willig ... Ausmaß und Ursachen von Frauenmißhandlung in der Familie*, Frankfurt/M., Berlin, Wien

Richards, Janet Radcliffe, 1982 (1980): *The Sceptical Feminist, A Philosophical Enquiry*, Pelican Books

Rinser, Luise, 1977 (1972), *Grenzübergänge, Tagebuchnotizen*, Frankfurt/M., Fischer-Tb.

Stümke, Hans-Georg & Rudi Finkler (1981), *Rosa Winkel, Rosa Listen, Homosexuelle und »Gesundes Volksempfinden« von Auschwitz bis heute*, Hamburg

Wickler, Wolfgang & Uta Seibt (1977), *Das Prinzip Eigennutz*, Hamburg

Wolff, Charlotte, 1981 (1977), *Bisexualität*, Frankfurt/M.

Christiane Schmerl
Die Gewalt der Bilder
Frauenfotografie im Patriarchat

Ich kaufe mir im führenden Fotogeschäft der westdeutschen Provinzmetropole, in der ich wohne, einige Fachbücher über das Fotografieren von Frauen: erstens, um meine möglichen Vorurteile über dieses Thema an der Realität zu prüfen, und zweitens, um einigermaßen sicher zu sein, das zur Grundlage meiner Betrachtungen zu machen, was hierzulande als ›seriös‹ gilt – also ›Fachbücher‹ und nicht *Playboy* oder *Penthouse*. Ich wähle, um weiterhin im Rahmen des ›Normalen‹ zu bleiben, nach Zufall drei Bücher aus: ein billiges (*200 Aktfototips* für 9,80 DM) und zwei in der mittleren Preislage (*Mädchenfotografie* für 19,– DM und *Pipe Dreams* für 29,80 DM). Anleitungen zum Fotografieren von Männern oder männlichen Akten sind nicht zu haben. Dafür sind die Buchautoren bzw. Redakteure und die mit ihren Werken vorgestellten Fotografen alle Männer. Für knapp 60,- DM habe ich so einen recht teuren Einblick in die Mentalität der Macher:
Die geballte Fantasie dieser internationalen Profis mit ihren Kunstwerken schüchtert mich zunächst ein, ein bißchen viel Exotik, Porno, Brutalo-Sado-Vernascho etc. auf einem Haufen. Ich flüchte mich daher zu dem Büchlein mit dem meisten Text (*200 Aktfototips*); vielleicht kann man die Sache so etwas distanzierter angehen und sich vor allem mit der handwerklich-sachlichen Sichtweise jener männlichen Künstler und Amateure vertraut machen, die diese Richtung der Fotografierkunst pflegen.
Am Anfang des Buches stolpere ich noch über einige Selbstverständlichkeiten dergestalt, daß als Aktfotografie offenbar nur die Ablichtungskunst von weiblichen Menschen durch männliche Menschen gilt; es gibt in Text und Bild keine männlichen Akte und keine Fotografinnen, das übersteigt die Fantasie des Autors. Ich gewöhne mich ziemlich rasch daran, vereinfacht es doch die Sprachregelung. Überhaupt die Sprache . . . ! Gleich in Tip 1 geht es los:

»Selbst das schnuckeligste Girl wirkt nicht mehr attraktiv, hinreißend oder aufregend, wenn es ungünstig dasteht, -sitzt oder -liegt, wenn es aus einem ungünstigen Winkel fotografiert ist und deshalb eine lange Nase hat, wenn es falsch beleuchtet und deshalb mit einem gurkenförmigen Busen versehen ist.«

Anscheinend hat man in der Branche viel Humor, vielleicht bin ich sogar an einen Witzbold geraten. Ich bin nun – darin wohl typisch Frau – weniger an seinen wohlgemeinten fotografischen Ratschlägen selbst interessiert, die er aufgrund reicher Erfahrung in Aktfotografie, pardon, Mädchenfotografie, geben kann, sondern mehr daran, wie in seinen Tips die Modelle selber, also die abgelichteten Frauen, wegkommen; wie er sie beschreibt, wie er mit ihnen umgeht, was er über sie denkt, kurz, wie sich dies alles in seinen guten Ratschlägen niederschlägt.

Auf über 90 Seiten kann ich meinen ersten Eindruck vertiefen: der Mann hat wirklich Humor – auf Kosten der Frauen. Allerdings nennt er sie nie so; für ihn sind sie bestenfalls »Modelle«, vorzugsweise jedoch »das süße Kind«, »das Girl«, »der Schatz«, »gutgewachsenes Mädchen«, »abgeschlaffte Dame« usw. Um meine gemischten Gefühle bei der Lektüre dieses Büchleins etwas geordnet wiederzugeben, werde ich nur einige Kostproben nach Themen gebündelt vorführen. Vorausschicken darf ich noch, daß sich das Niveau der handwerklichen Fotoratschläge selbst auf der Ebene eines Fotografie-Einführungskurses bewegt, was den Autor ja nur ehrt. Frauen sind für ihn in erster Linie Körper – fangen wir also mit den rein ›körperlichen Tips‹ an:

Tip 48: ». . . Heizlüftung«

». . . mögen Sie Fotos von Mädchen mit Gänsehaut? . . . wenn das süße Kind friert, müssen Sie für Heizung sorgen . . . Da Sie bei Aktfotos meistens mit weiblichen Wesen arbeiten, denken Sie daran, daß diese erfahrungsgemäß und allen Emanzipationsbestrebungen und der Alice Schwarzer zum Trotz leichter frieren als Männer.«

Tip 49: »Beauty shop«

». . . da Fotomodelle gerne Kämme, Bürsten, Lippenstifte und sonstige Dinge vergessen, müssen vorausschauende Fotografen dafür sorgen, daß solche Dinge vorhanden sind. Und nicht nur diese drei Dinge. Sondern auch . . . Haarentfernungscreme, Haarentfernungscreme, Haarentfernungscreme.«

Tip 50: »Ein haariges Problem«

»Daß diese Haarentfernungscreme dreimal genannt ist, hat seinen ganz bestimmten Grund: Fotomodelle, und durchaus nicht nur nebenberufliche oder Anfängerinnen, vergessen sehr gern, sich die Achselhaare zu entfernen. Der Fotograf sollte hingegen niemals vergessen, gerade diesem Detail die größte Aufmerksamkeit zu schenken: Machen Sie niemals ein Bild, auf dem Achselhaare zu sehen sind. Will sich das Modell nicht von diesem Geschenk der Natur trennen, dann trennen Sie sich von diesem Modell . . . «

Tip 160: »Haare«

. . . »Wenn ein Modell so rassig ist, daß es behaarte Beine hat, dann erkennen Sie die Rasse an. Und zeigen Sie dem Rasse-Klasse-Kind den Weg ins Badezimmer, wo man die Haare entfernen kann. Empfindliche Gemüter sollten jetzt gleich zum nächsten Absatz weitergehen. Die anderen sollen wissen, daß es auch an anderen Körperstellen – jawohl, dort! – manchmal Haare gibt, die so lang sind, daß die Besitzerin etwas dagegen unternehmen sollte. Wenn es ›dort‹ normal wächst, sollten dennoch Kamm oder Bürste auch dorthin Ordnung bringen.«

Der deutsche Ordnungssinn unseres fotografierenden Frauenkenners erweist sich ebenso sattelfest in den speziellen Problemen des weiblichen Unterhautfettgewebes:

Tip 102: »Busenstars«

»Große Busen haben meist einen nicht sehr fotogenen Nachteil: Sie sind der Anziehungskraft der Erde in besonderem Maße ausgeliefert.
Wenn das Modell sexy im Ausdruck ist und sonst eine gute Figur hat, dann fotografieren Sie es, wenn es die verlorengegangene Schwebekraft seines Busens vielleicht mit verschränkten Unterarmen etwas unterstützt. Oder liegend. Das können Sexbombenfotos werden! Sowohl vom geschäftlichen wie vom rein fotogenen Standpunkt her ist etwas zu viel Busen besser als zu wenig.«

Tip 116: »Wo auch Romantik nicht mehr hilft«

»Zellulitis an Po oder Oberschenkel ist bereits ein körperlicher Mangel. Eine Busenform, die vielleicht zum Hinfassen noch ganz schön sein mag – für das Aktfoto reicht sie nicht mehr, wenn auch nur die geringsten Bedenken bestehen. Fettpölsterchen am Bauch, ein leichtes Doppelkinn, irgendwo ein paar Pickelchen – stellen Sie sich das nachher auf dem Foto vor . . . «

Solcherart über die kleinen Schwächen und Vorzüge des weiblichen Akts und seiner künstlerischen Wiedergabe belehrt, wenden wir uns nun den mehr ›technisch/organisatorischen‹ Tips zu:

Tip 154: »FKK«

»... ›Unorganisierte‹ FKK-Gelände (die es in allen Teilen der Bundesrepublik gibt) sind übrigens für Fotografen, die Modelle suchen, recht interessant. Da gibt es aufgeschlossene, gutgewachsene und braungebrannte Mädchen zuhauf, man findet leichten Kontakt, und man kann schnell zum Thema kommen.«

Tip 63: »Licht ist manipulierbar«

»... Die Arbeit mit Kunstlichtquellen hat ... großen Vorteil ... Da gibt es keine hochstehende Sonne, die dem Modell harte Schatten unter das Stupsnäschen und die so irre steil gebaute Brust wirft ...«

Doch auch die Psychologie soll bei der Sache nicht zu kurz kommen, muß doch das Modell einerseits bei Laune gehalten werden, andererseits der Aktfotograf seine Qualitäten der Menschenführung und der Regie in unanzweifelbarer Weise unter Beweis stellen.

Tip 92: »Ein Hauch von Perfektionismus«

»... Ein Glas Sekt, ein Gläschen Likör, ein Whisky oder ein entsprechender Long-Drink vor Beginn der Aufnahmen kann Wunder wirken. Aber passen Sie auf, daß Sie nicht Ihr blaues Wunder erleben, wenn das Modell sich mit Sekt, Likör usw. so in Stimmung bringt, daß aus dieser plötzlich ein Schwips geworden ist. Beschwipste Aktfotos sind gräßlich.«

Tip 190: »Das Modell braucht Beifall«

»Nein, Sie sind es, der den Aufnahmebeginn anordnet. Der die eindeutigen Anweisungen gibt, was zu geschehen hat. Zeigen Sie sich, sobald die Eva vor Ihnen steht, ruhig etwas beeindruckt. Eva wird dadurch stolz auf ihre Figur, und wer auf seinen Besitz stolz ist, zeigt ihn besonders gerne her. Staunen Sie aber nicht zu lange über das, was Ihnen gezeigt wird. Zeigen Sie sich vielmehr souverän – auch dann, wenn es wirklich das erste nackte Mädchen ist, das sich Ihnen im vollen Licht zeigt. Tun Sie allenfalls so, als sei diese Eva die hundertste – und dann dürfen Sie ›zur Feier des Tages‹ noch etwas länger hinschauen.«

Tip 97: »Das Modell ist immer gut«

»... Tadeln Sie niemals das Modell, auch wenn es sich noch so unbeweglich, so prüde oder so zickig anstellt, auch wenn es in Dreiteufelsnamen nicht begreifen will, welche Position Sie verlangen ...«

Nicht nur auf die psychologisch geschickte Behandlung des Modells kommt es an, um eine optimale Fotoausbeute zu bekommen, sondern auch die führende Rolle des Fotografen selbst muß ins rechte Licht gerückt werden, um hier keine falschen Erwartungen aufkommen zu lassen. Die ›vertrauensvolle Zusammenarbeit zwischen Modell und Fotograf‹ hört da auf, wo das Modell den Mund aufmachen könnte. Es darf kein Zweifel entstehen, wer der Herr im Haus ist.

Tip 112: »Schweigen ist Gold«

».. . Es gibt Modelle, die noch schlimmer sind als etwaige Nasenschatten in ihrem Gesicht. Das sind schwatzhafte Modelle. Und zwar solche, die während der Aufnahmen plaudern wollen . . . Schweigen ist also für das Modell während der Aufnahme Gold, aber Reden ist nicht etwa Silber, sondern eine Katastrophe.«

Tip 186: »Menschenführung«

».. . Regie bedeutet Menschenführung und -beeinflussung. . . . Es ist z. B. ganz schlecht, wenn Sie die Kontaktpflege zu Beginn des Aufnahmetermins so weit ausdehnen, daß das Modell schließlich sagt: ›Na, dann wollen wir mal anfangen.‹ . . . In diesem Moment hat der Fotograf die Regieführung an das Modell abgegeben.«

Tip 191: »Zögern ist Unsicherheit«

».. . Zeigen Sie, daß Sie ein souveräner Könner sind, der sofort mit seinem Modell etwas anfangen kann. Und der weiß, was er will, der sich sicher ist, daß jede seiner Anweisungen überlegt ist und zum richtigen Ergebnis führt. Wenn Sie dann noch das Modell gleich loben, macht es bereitwillig mit.«

Wenn die Kompetenzen solcherart klipp und klar geregelt sind, die Rollenaufteilung zwischen Macher und Modell reibungslos funktioniert und nicht angetastet wird, dann darf auf dieser Grundlage auch von Sympathie und Flirt, von Sex und Erotik die Rede sein, damit's den armen Fotografen in seinem kalten Atelier bei seinem kalten Schweinebraten nicht friert, und vor allem, damit die Qualität der Fotos nicht unter zuviel Sachlichkeit leidet . . . :

Tip 150: »Erotik«

»Reden wir deutsch miteinander: Wenn Sie erotische Fotos machen wollen, müssen Sie für ein erotisches Klima sorgen. Dazu gehören immer mindestens zwei. Das Modell und Sie. Erotische Fotos in Geschäftsklima mit sachlich-distanzierten Beteiligten sehen aus wie Kochbuchfotos mit

Schweinebraten aus Pappmaché. Also: Wenn schon, denn schon. Was natürlich erstens Zartgefühl und zweitens eine schon etwas vertiefte Bekanntschaft voraussetzt. Und gegenseitige Sympathie. Ein paar Aktfotos, ganz brave, sollte man schon miteinander gemacht haben, bevor es erotisch wird . . .«

Tip 195: »Flirten?«

»Ob Sie mit dem Modell flirten dürfen? Das kommt auf das Modell an. Und auf Sie.
Die gute Zusammenarbeit kann in die Binsen gehen, wenn Sie zu ›frech‹ werden. Sie kann es ebenso, wenn Sie zu ›brav‹ sind. Wenn Sie ausgesprochene Sexaufnahmen machen wollen, muß wohl Sex im Spiele sein.«

Nach soviel einfühlsamer Menschenführung ist es ein unzweifelbares Verdienst des Autors, auch die wichtigste Grundlage unserer gegenwärtigen Kultur in dieser kurzen Einführung nicht vergessen zu haben: das Geschäftliche. Hier erfährt der unerfahrene und arglose Amateur der hohen Schule der Aktfotografie, was dem ahnungslosen Kunstbeflissenen für Gefahren drohen und wie er sie dennoch souverän meistern kann:

Tip 90: »Nicht blind buchen«

»Machen Sie aber keinen Vertrag mit einem Modell, von dem Sie nicht alles kennen und wissen, was notwendig ist. Von einem Aktmodell müssen Sie also die Figur kennen . . . Am besten einigen Sie sich auf ein paar Probeaufnahmen gegen Spesenersatz. Oder Sie laden die Dame zu einem gemeinsamen Saunabesuch ein. Sie sehen, schon im Vorfeld der Aufnahmen wird die Sache intim . . .«

Tip 123: »Brief und Siegel«

». . . Passen Sie auf bei Verträgen, die über Modellagenturen zustande kommen. Ich habe einige davon gelesen. In denen steht: ›Jede Art sexueller Annäherung ist vom Modell mit sofortigem Abbruch der Aufnahmen zu beantworten. Das Honorar ist in vereinbarter Höhe fällig.‹ Was ist ›jede Art sexueller Annäherung‹? Auch ein vermeintlich ›lüsterner Blick‹ schon? Ein Klaps auf den Po? Und was ist, wenn die Dame Sie reizt? Abhilfe: Sie müssen sich mit dem Modell gut verstehen, auch mit dem von der Agentur. Dann gibt es keine Schwierigkeiten.«

Tip 124: »Noch einmal: Nicht blind buchen«

»Wenn Sie die Figur des Modells nur von Fotos her kennen, lassen Sie sich im Vertrag bestätigen, daß die Fotos neueren Datums sind und die Figur so zeigen, wie sie bei Vertragsabschluß wirklich ist. Damit sichern Sie sich davor, daß eine abgeschlaffte Dame Ihnen Bilder aus ihrer Jugendzeit unterjubelt und Sie nachher vertragsgemäß den Ärger mit einem Hängebusen auch noch bezahlen müssen.

Im Falle eines Vertragsabschlusses sind Sie Geschäftsmann. Da dürfen Sie ruhig einmal ungalant sein und sich den Personalausweis oder den Führerschein der Dame zeigen lassen. Stellt es sich heraus, daß hinsichtlich des Alters um mehrere Jahre geschummelt wurde, sind auch Bedenken hinsichtlich der Makellosigkeit der Figur angebracht.«

Tip 128: »Vorkasse?«

»Zahlen Sie einem Ihnen neuen Modell erst nach getaner Arbeit das Honorar. Andernfalls kann es Ihnen passieren, daß die Dame kassiert und dann sehr lustlos ist. Vergessen Sie nicht, sich eine Quittung unterschreiben zu lassen, und zwar über ›Modellhonorar lt. Vertrag vom . . .‹.«

Über die Gefahren hinaus, als Kunstfreund in die Hände von unseriösen abgeschlafften Damen zu fallen, ist man aber auch in der anderen Richtung bei sehr jungen Modellen keinesfalls vor Widrigkeiten sicher. Glücklicherweise gibt's auch hier die passenden Ratschläge, wie man als Mann von Welt in solchen Situationen Format zeigt:

Tip 125: »Minderjährige Modelle«

». . . Bei Modellen unter 16 verzichten Sie lieber auf eine Zusammenarbeit. Wenn nicht, dann müssen Sie vielleicht zu einer etwas peinlichen Prozedur schreiten: Lassen Sie sich vertraglich bestätigen, daß die junge Dame nicht mehr ›unbescholten‹ ist – andernfalls kann Ihnen nämlich die Zusammenarbeit mit dem nackten Teenager ein Ermittlungsverfahren wegen Verführung Minderjähriger einbringen.«

Tip 126: »Finger weg!«

»Modelle unter 14 (›Unzucht mit einem Kinde‹) sind gefährlicher als eine abgezogene Handgranate. Fotografieren Sie so etwas gern? Abgezogene Handgranaten meine ich . . .

Selbst wenn die Frau Mama des taufrischen Töchterleins anwesend ist, ändert das nichts am Explosivkörper. Wenn's dann hart auf hart geht, sind Sie gemeinsam mit der Frau Mama der Dumme. Und Sie glauben gar nicht, in welch harmlosen Fotos deutsche Staatsanwälte Pornographie wittern, wenn da ein ›Kind‹ beteiligt war.«

Solcherart belehrt von den Weisheiten eines professionellen Frauenaktkünstlers und beeindruckt durch die in Sprache und Ratschlägen sich verratende Mentalität der Macher jener Fotos, denen mein Interesse gilt, wende ich mich nun eben diesen Pro-

dukten zu, wie sie in den beiden anderen Büchern zusammenge-
stellt sind, und bin gespannt, wie sich diese Sichtweise in den
Fotos niederschlagen wird.

Daß Frauen als Fotoobjekte den Mund halten und Männer – und
wenn auch nur als dringend benötigtes Zeichen ihrer Souveränität – die Anweisungen geben, habe ich soweit kapiert, und es läßt
sich tatsächlich an den Bildern dieser beiden Fotobände ablesen,
die erotische Frauenfotos von professionellen Fotografen enthalten.

Zunächst: Man ist eifrig bemüht, keinen Zweifel daran zu lassen,
daß wir es hier mit renommierten Künstlern und Fotografen von
internationalem Niveau zu tun haben. Den knappen Vorworten
läßt sich entnehmen, daß hier die Crème des internationalen Fo-
tografie-Jet-Sets versammelt ist, was auch die klangvollen Visi-
tenkarten ihrer Namen beweisen: John Thornton/London; Jac-
ques Schumacher/Hamburg; Jost Wildbolz/Zürich; Antonin Kra-
tochvil/München; Otto R. Weisser/Schweiz. Sie alle werden als
die Besitzer weltweit anerkannter und gefragter Werbe- und Mo-
destudios und als Zulieferer führender Zeitschriften wie etwa
*Stern, Vogue, Playboy, Penthouse, Cosmopolitan, New York
Magazine* etc. vorgestellt. Auch die Namen ihrer potenten Wer-
bekunden werden nicht unterschlagen – BASF, ITT, Grundig,
Jourdan u. a. –, denn von der Werbung für finanzkräftige Auftraggeber lebt die ganze Branche. Und wo bleibt die Kunst? Ganz
einfach: Kunst ist, wenn man dieselben hochkarätigen Werbefotos ein zweites Mal verkauft, diesmal ohne den dazugehörigen
Werbespruch und gesammelt in einem Hochglanz-Kunstband,
etwa unter dem Namen *Mädchenfotografie* oder *Pipe-Dreams*
(zu deutsch etwa: Luftschlösser; nicht zu verwechseln mit Peep-
Dreams . . .).

Ich hätte mit meiner Suche also gleich bei *Playboy* und Sony
bleiben können, denn hier bekomme ich's schriftlich und bildlich:
prinzipielle Niveau- und Erzeugerunterschiede zwischen sogenannten erotischen Kunstfotos von Frauen und der Massenme-
dien-Frauenfotografie gibt's nicht. Frauenfotos werden unter
dem vorrangigen Zweck gemacht, sie profitbringend zu verkaufen, das hatte auch schon unser Künstlerkollege in seinen 200
Tips offen angesprochen. Die ›Kunst‹ ist Zugabe – für's Renom-
mee.

Warum ich das so herausstelle? Ich denke zunächst an die automatischen und unfreiwilligen Konsumenten dieser massen(medien)haft verbreiteten (Werbe-)Kunst: Millionen potentieller Konsum-Schafe wie wir alle, beschickt von Presse, TV und Film. In deren Informations- und Unterhaltungsangebot ist die Werbung mit ihren Frauenfotos ja nun mal unvermeidlich eingebettet. Diese ›Kunst‹ wird also nicht nur von den an der jeweiligen Kunstrichtung Interessierten gezielt aufgesucht und konsumiert, sondern sie erreicht uns alle, die wir von den Segnungen der modernen Massenwerbung erreicht werden. Darauf werde ich später noch einmal zurückkommen.

Wie sehen nun die Frauenbilder selbst aus, die auf diesem überaus fruchtbaren Nährboden entstehen? Was ist abgebildet und wie? Überflüssig zu sagen, daß es überwiegend nackte Frauen sind. Ist es ebenfalls schon überflüssig zu sagen, daß es nicht die *nackten* Frauenkörper sind, die mich befremden? Nein, ist es nicht, bekommt doch auch heute noch jegliche Kritik an der *Art* solcher Bilder prophylaktisch und gratis Prüderie, Bilderstürmerei und sexuelle Zwangsmoral unterstellt. Also, Hand auf's Herz: Es sind nicht die *nackten* Frauen, die . . . usw. Was befremdet mich beim Anschauen und Durchblättern dieser Bilder? Ich glaube, zum einen ist es die Tatsache, daß nicht weibliche Menschen, sondern Frauen*stücke* auf den Abbildungen überwiegen: Schenkel, Pobacken, Schamdreiecke, Busen, Unterkörper, Waden, Füße in Stöckelschuhen, etc. Zum anderen sind es die ›Geschichten‹, die in den Frauenabbildungen zum Ausdruck gebracht werden. Darauf komme ich noch zurück. Weiterhin werden bevorzugt Frauen ohne Köpfe, ohne Gesichter oder ohne Augen abgebildet. Entweder ist der Kopf einer Frau der unerotischste oder der häßlichste Teil, auf jeden Fall wohl der unwichtigste, könnte doch ein Gesicht am stärksten daran erinnern, daß es sich bei den abgelichteten Körperteilen eigentlich um einen Menschen handelt. Empfinden Fotografen oder Betrachter den Blick einer ausgezogenen Frau als unerträglich, einen Blick, der den des Betrachters erwidert und ihn (scheinbar) registriert? Scheint es einfacher und erfolgversprechender, Frauenkörper auf ihren wesentlichen Gebrauchswert zu reduzieren: den sexuellen Konsum durch einen Mann? Da reichen natürlich einzelne Körperteile mit primären und sekundären Geschlechtsmerkmalen als sexuellen Hinweisreizen – aber bitte geschmackvoll, man ist ja schließlich kultiviert. Frauen werden durch diese Art von Bildern zu Beate-Uhse-Puppen des gehobenen Geschmacks, zu Plastik-Vorlagen für das allzeit brünstige Männchen der Spezies homo sapiens – wie peinlich für letzteres! Ein bißchen zwar ist die Rolle des ganzjährig röhrenden Hirsches ja schmeichelhaft, aber man möchte andererseits als exquisiter Kenner und Genießer gelten. So wird unvermeidlich und dringend Zuflucht genommen zu ästhetisierenden Beschwörungsformeln von Kunst (schon gehabt), Mode, Avantgarde, Kultur, unvergänglicher Schönheit des weiblichen Leibes; ja, das ganze Abendland wird bemüht, um diese häßliche Tatsache zu verwischen, möglichst nicht bewußt werden zu lassen. Häßliche Tatsachen dürfen allenfalls in Gestalt harmonischer und untadelig-perfekter *Formen* zum Ausdruck kommen, um von sich selbst abzulenken; das funktioniert nicht nur in der Politik so.

Und die vielzitierte Erotik? Einige Leute denken heute noch, Erotik habe etwas mit Charme, Witz, Spontaneität, Esprit, Wärme und Liebenswürdigkeit zu tun – mit diesen Vorurteilen über die möglichen Qualitäten weiblicher Menschen wird in den hier versammelten Bildern gründlich aufgeräumt. Offensichtlich schlagen doch die anfangs erwähnten Marktmechanismen hinsichtlich des beabsichtigten Verkaufswerts der Bilder so kräftig durch, daß hier statt Erotik nur noch harte Gags weiterhelfen, möglichst ausgefallene, möglichst exotische, skurrile, exaltierte, – irgendein Blickfang muß einfach her, brand recall!

Wenn man also von der ästhetisierenden und perfektionistischen Machart, der zwanghaften Originalität und der fehlenden Erotik dieser Mädchenfotografien einmal absieht, was bleibt dann an inhaltlichen Aussagen von diesen Fotos übrig? Eine ganze Menge, nämlich die schon angesprochenen *Geschichten*, die in diesen Frauenbildern erzählt werden. Sehen wir einmal von dem Ersatzteillager an austauschbaren Frauenstücken der oben beschriebenen Art ab, und betrachten wir vorrangig jene Bilder, die weibliche Gestalten als ganze abbilden. Dort gibt es zum einen die üblichen Fotos Marke *Playboy*, die eine für mehr oder weniger bemerkenswert gehaltene nackte Frau vorzeigen, indem sie sie einfach hinstellen und ablichten. Über diese seit den 6oer Jahren verbreiteten Frauenfotos ist schon genug geschrieben worden, was man in den Stichworten Frauenobjekte, Frauen als Ding, Frauen als Ware etc. zusammenfassen kann. Zu dieser Art von Ding- und Warengeschichten über Frauen brauche ich daher nichts mehr zu sagen. Darüber hinaus gibt es aber heute noch andere Geschichten. Hier werden durch den Bildaufbau, die Pose der abgebildeten Frau(en), die Arrangements der Kleidung und sonstigen Accessoires, das Interieur bzw. den Hintergrund Assoziationen unterbreitet, Projektionen geweckt und Geschichten suggeriert. Die Bilder suggerieren bestimmte Geschichten über Frauen. In den mir vorliegenden Beispielen aus den beiden zufällig ausgewählten Büchern (ich habe mich inzwischen überzeugen können, daß sie durchaus repräsentativ sind)[1] der führenden ›Mädchenfotografen‹ der westlichen Welt sind es in keimfreie Hochglanzästhetik verpackte Stories von *Bedrohung* (vgl. No. 1, 4, 5a, 7, 10); *Vergewaltigung, Verletzung* (1, 5a, 7, 10, 11a); *Mord, Selbstmord* (2a, 5a, 6, 10, 12); *Ertränken, Verbrennungen, Erhängen* (2a, 6, 9, 12); *Angst, Erschrecken, Aggressionen* (1, 4); *Beklemmungen, Verrenkungen, Verschnürungen* (2b, 3, 5b, 6, 7, 8a, 8b); *Frauen als Tiere, als Beute* (4, 8a/b, 11b) etc. Die Sensationen der *Bild*zeitung (Tod, Gewalt und Brutalität) zelebriert als verfeinerter Kunstgenuß eines männlichen Publikums, dessen erotischer Gaumen so überreizt, so stumpf ist, daß Schocks und Sensationen die Stelle der abhanden gekommenen Gefühle ersetzen müssen. Mir fällt das Zitat eines amerikanischen Autors ein: »Vergewaltigung ist nicht ein aggressives Ausdrucksmittel von Sexualität, sondern ein sexuelles Ausdrucksmittel von Aggression.«

Allmählich wird mir klar, daß es auf allen diesen Kunstprodukten weniger um erotische als um gewalttätige Stories geht. Die Bilder suggerieren weniger Geschichten von Frauen und weiblicher Sexualität/Erotik als vom Spaß an Unterdrückung, Benutzung, Erniedrigung und Manipulation weiblicher Menschen, insbesondere ihrer Körper und ihrer Sexualität. Wer sich parallel dazu die Bilder von mißhandelten Frauen (gleich ob von Prostituierten durch ihre Zuhälter oder von Ehefrauen durch ihre Männer) in Erinnerung ruft (Verbrennungen, Verbrühungen, Knochenbrüche, Stiche, Blutergüsse), kann die künstlerisch verfeinerte, saubere, salonfähige und als ›Gag‹ gemeinte Variante dieser nämlichen Interaktionen zwischen Männern und Frauen nicht mehr reizvoll finden. Die suggerierten ›scharfen‹ Geschichten über aufreizende Frauenkörper handeln nur auf der Oberfläche von Sexualität und ihren scheinbar fantasievollen und exotischen Variationen. Sie suggerieren nur scheinbar eine ›freie‹ Sexualität des Menschen ohne bürgerliche und ängstliche Tabus, die Überwindung des dumpfen Schlafzimmermiefs unzähliger Paare. Sie suggerieren keine zwischenmenschlichen Gefühle von Lust und eigenständiger fantasievoller Erotik, sondern zeigen in den sexuell reizvoll drapierten Körpern von Frauen ein Betätigungsfeld für Eroberer, eine, wenn nicht *die* Ausdrucksmöglichkeit von unanzweifelbarer Überlegenheit, effektvollem Siegergehabe und knallharter Männlichkeit – wenigstens für die frustrierte Fantasie. Somit tauchen die abgebildeten Frauengestalten auch nicht als aktive und autonome menschliche Wesen auf, sondern als hinposierte puppenhafte Kunst- und Konsumprodukte, deren Eigenständigkeit als vollwertiges Gegenüber nicht existiert und mit denen auch keine gleichberechtigte Kommunikation in Frage kommt. Allerdings: um mit unserem ersten Autor zu sprechen: sie sind keine Schweinebraten aus Pappmaché, sondern viel eher aus hochwertiger Chemieplastik. Surrogate, die die Realität an Farbe und Exotik bei weitem übertreffen und auch nur den voyeuristischen Konsum gestatten. Die wirklichen Begierden in ihrer resultierenden Verkorkstheit müssen leider anderswo befriedigt werden. Trotzdem ist die sexuelle Mimikry dieser Art von Bildern insofern perfekt, als jegliches Unbehagen, jegliche Kritik daran zunächst einmal automatisch in den Geruch kommen muß, etwas gegen Sexualität per se zu haben – und das ist ja der Fetisch No. 1 der westlichen Welt. Wer sich dieser heiligen Kuh auch nur vermeintlich respektlos nähert – wie wir in diesem Fall –, fällt unter den bewährten Bannstrahl. Man muß schon sehr langatmig und sehr stur sein, um auf der recht nüchternen Tatsache immer wieder herumzureiten, daß es nicht eine angeblich schon befreite Sexualität zu geißeln gilt – im Gegenteil –, sondern daß die solcherart suggerierten Vorstellungen von liberalisierter Sexualität darauf hinauslaufen, die Brutalisierung der männlichen Sexualität zu kultivieren (auf Kosten der weiblichen), anstatt tatsächlich die menschliche Sexualität insgesamt – die immer eine sozial bestimmte ist – liberaler, und das heißt menschengerechter und ohne Beimengungen von Hahnentritten, zu gestalten.

Geschichten – das weiß man schon aus der Schule – haben nicht nur einen Unterhaltungswert, sondern sie transportieren auch Botschaften; sie beeinflussen die Vorstellungen und das Denken der Menschen – meist sogar effektiver und eindringlicher als direkte Vorschriften und Anweisungen, weil sie anschaulicher und scheinbar unaufdringlicher daherkommen. Dies gilt natürlich von

»Bildgeschichten« um so mehr. Menschen lernen mehr durch Anschauung und durch Vorbilder als durch Instruktionen und Appelle. Gegen letztere kann man sich viel bewußter abschirmen und zur Wehr setzen, weil sie als Manipulationsversuche leichter zu durchschauen sind als der »schöne Schein« wortloser Bilder. Wenn diese zusätzlich im Schafspelz – vielleicht sollte man hier sagen: im Nerzfell – sexueller Attraktivität, sexueller Freizügigkeit einherkommen, scheint es oft schwer zu erkennen, daß die zentrale Aussage, das Grundthema der Geschichten weniger ein sexuelles ist als eins von Demütigung und Aggression, von Herrschaft und Unterwerfung, und daß trotz der hochkarätigen handwerklichen Ästhetik ein äußerst unappetitliches und brutales Verhältnis der Geschlechter zum Ausdruck gebracht wird.

Die durchgängig und exotisch inszenierte Kopplung von Sexualität mit Gewalt bewirkt darüber hinaus, daß Sexualität vorwiegend als aggressiver Akt, als gewaltsame Inbesitznahme begriffen und erlernt wird. In einer Gesellschaft wie der unseren, wo menschlicher Sexualität traditionellerweise überwiegend biologische und instinktive Aspekte statt sozialer zugeschrieben werden, muß dies zwangsläufig bedeuten, daß auch die durch diese Sexualität transportierte männliche Gewalt als biologisch vorgegeben, als angeboren und ›natürlich‹ gilt.

Nun könnten einen Auswirkungen dieser Art von ›erotischer Kunst‹ kalt lassen, würden sich einige wenige Spinner und selbsternannte Kenner daran delektieren. Wie aber nicht nur der Blick in Magazine und illustrierte Zeitschriften, sondern ebenso in die allgegenwärtigen Werbefotografien lehrt, sind Inhalt, Aussage und Aufmachung von Frauenfotografien in diesen Massenmedien nicht nur mit denen der einschlägigen Kunstfotografie bis auf sporadische Feigenblätter zum Verwechseln ähnlich, sondern in vielen konkreten Fällen identisch. Was man heute als blickfangende Frauenfotos z. B. in der Schmuckwerbung oder auf den ebenso blickfangenden, Eigenwerbung betreibenden Titelblättern der Illustrierten sah, findet man morgen in den handlichen Kunstbänden über ›Mädchenfotografie‹ wieder. Die massenhafte Verbreitung dieser lukrativen Kunstrichtung sorgt also dafür, daß ihre Geschichten unters Volk kommen. Daher besteht die Wirkung dieser Geschichten auch und gerade darin, daß ihre Inhalte, ihre Art, Frauen darzustellen, millionenfach und homogen rezipiert werden. Und nebenbei bedeutet die Gleichförmigkeit der als

›schön‹ oder ›ideal‹ abgebildeten Frauentypen, -positionen und -accessoires nicht nur die Homogenisierung und Faschisierung des dadurch geprägten Geschmacks, indem sie Einheitsstandards für weibliche Schönheit setzt, die von Männern wie Frauen – je länger je mehr – für verbindlich gehalten werden. Vielmehr werden so auch Wertvorstellungen geschaffen, die die betrachtenden Frauen von diesen Vor-Bildern auf sich selbst anwenden, ja sogar anwenden sollen (wenn man z. B. die Mieder- und Kosmetikwerbefotos betrachtet). Das standardgerechte Aussehen, insbesondere der Körper, wird so zum ausschlaggebenden Maßstab für (Selbst-)Wert und Selbstbewußtsein von Frauen, zur Voraussetzung für Anerkennung, Erfolg und Glück – so wie auch die Werbefotos es ständig kombinieren. Es bedeutet das ständige Lernen, sich durch die Augen von Männern zu sehen und einzuschätzen. Vielleicht ist dies die notwendige Vorbereitung, um auch die Idealisierung der gewaltsamen Interaktionen, die in den meisten dieser Fotos vor sich geht, als schön und ästhetisch zu empfinden.

Anmerkung

1 Ich beziehe mich hier und im folgenden auf den *allgemeinen* Trend. Selbstverständlich gibt es Ausnahmen (z. B. Heinz von Bülow, David Hamilton), die aber Ausnahmen *bleiben*. Auch in der nationalen und internationalen Werbefotografie (die ich in dem hier interessierenden Zusammenhang von der TV- und Rundfunkwerbung unterscheiden möchte) ist das z. Z. herrschende und als führend erachtete Anspruchsniveau nicht nur durch eine hervorragende handwerkliche Perfektion, sondern durch immer härter werdende Gags gekennzeichnet. Diese arbeiten nicht nur mit den üblichen nackten Frauen als Blickfang, sondern ihre ›Anreißer‹ bestehen bezeichnenderweise in überwiegend zynischen bis faschistoiden Arrangements. Ich habe für diese Machart im Gegensatz zu der meist für harmlos gehaltenen ›normalen‹ Verwendung von Frauen zu Werbezwecken die Bezeichnung »offen frauenfeindlich« vorgeschlagen.

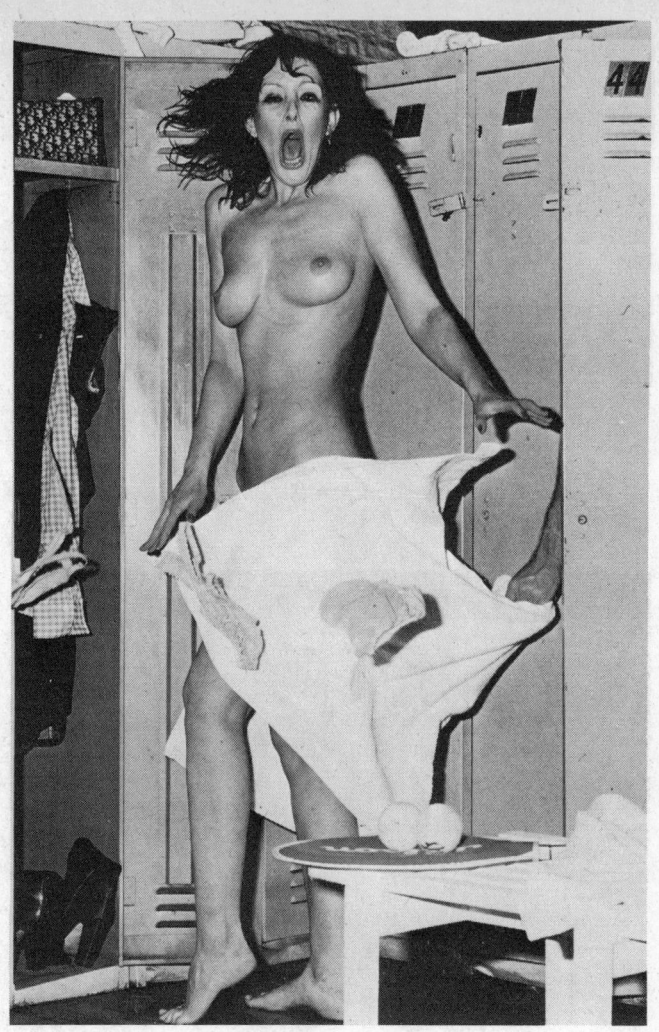

1 aus: Thornton, Pipe Dreams

2a aus: Mädchen (Schumacher)

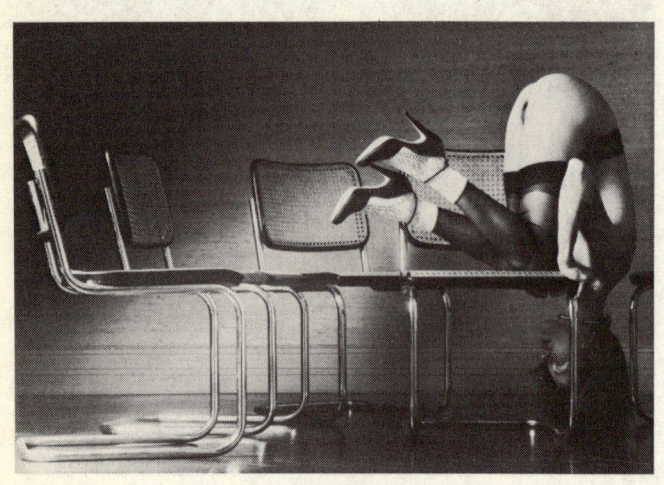

2b aus: Mädchen (Schumacher)

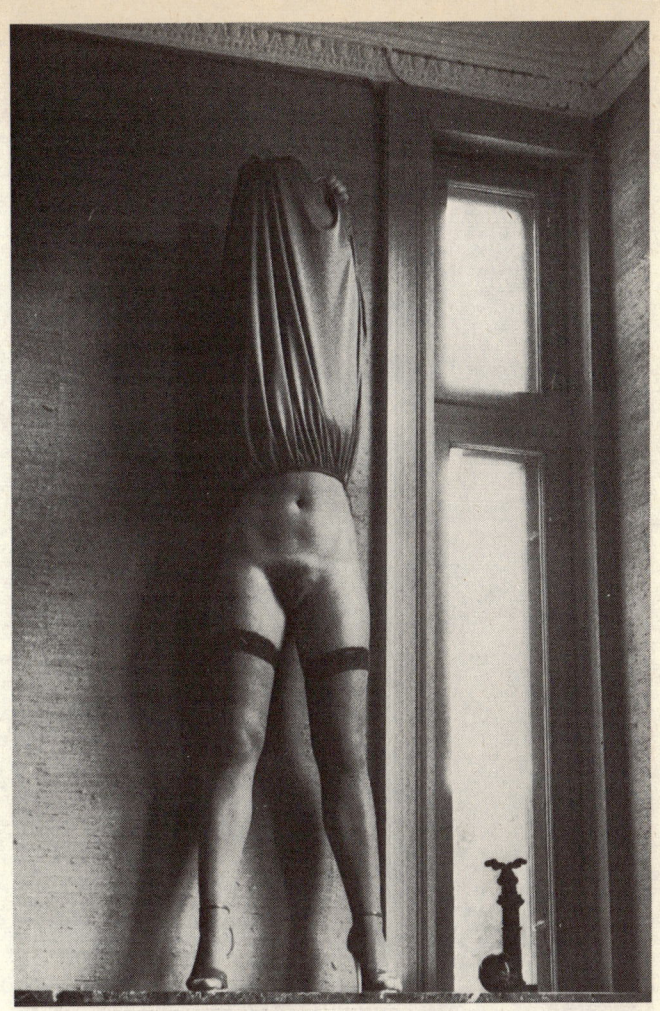

3 aus: Mädchen (Schumacher)

4 aus: Thornton, Pipe Dreams

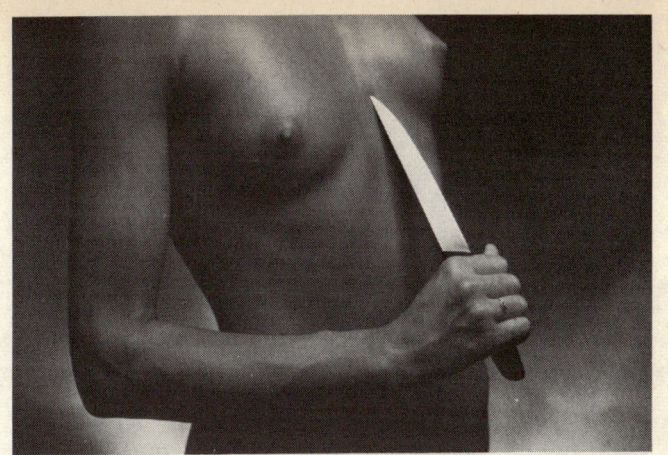

5a aus: Mädchen (Antonius)

5b aus: Mädchen (Schumacher)

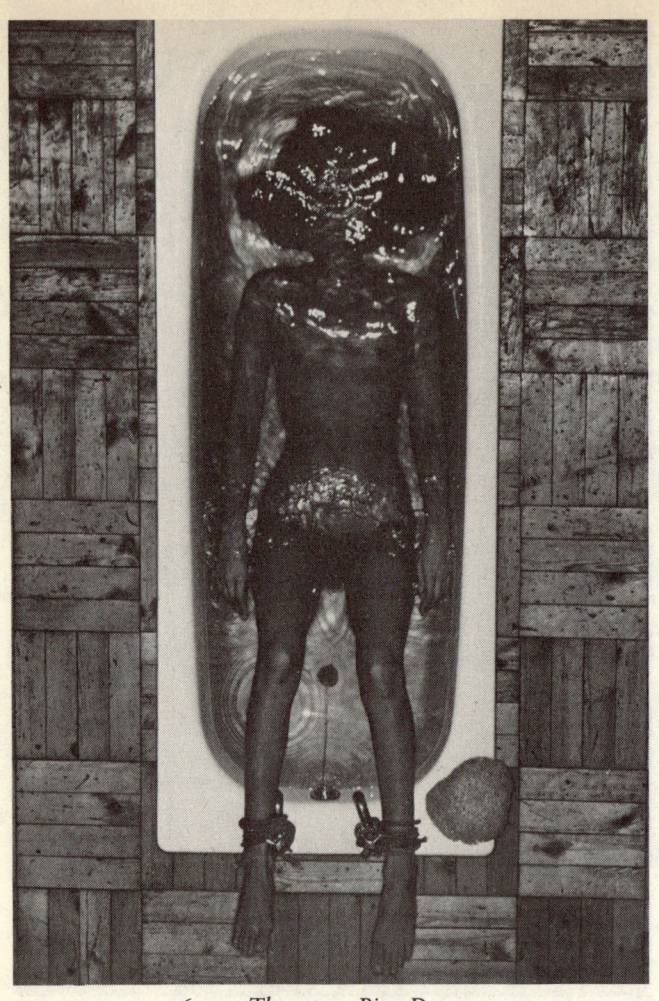

6 aus: Thornton, Pipe Dreams

7 aus: Thornton, *Pipe Dreams*

8a aus: Thornton, Pipe Dreams

8b aus: Thornton, Pipe Dreams

9 aus: Mädchen (Brehm)

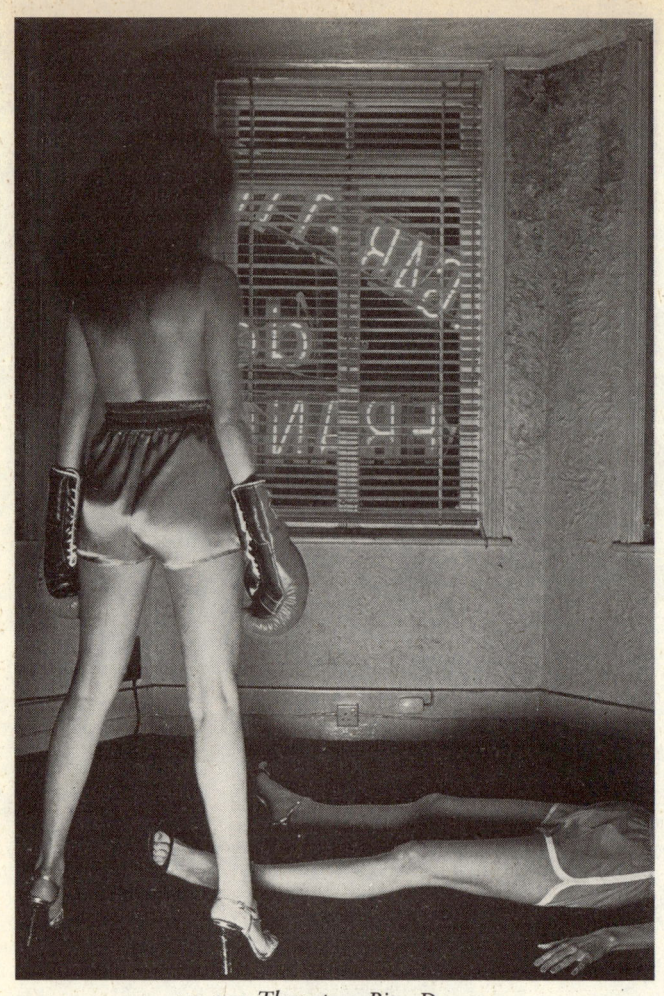

10 aus: Thornton, Pipe Dreams

11a aus: Mädchen (Keresztes)

11b aus: Thornton, Pipe Dreams

12 aus: Thornton, Pipe Dreams

Ulrike Stelzl

»*Die zweite Stimme im Orchester*«

Zum Bild der Künstlerin in der Kunstgeschichtsschreibung

Nachrichten über Leben und Werk von Künstlerinnen sind spärlich. Ihre Namen fehlen weitgehend im Lexikon; sie fehlen gänzlich in der Legendenbildung.[1] Selbst Fachleuten bereitet es Schwierigkeiten, bedeutende Malerinnen oder Bildhauerinnen zu nennen. Im allgemeinen drängen sich bei dem Stichwort »Frauenkunst« Assoziationen wie ›Sentimentalität‹, ›Oberflächlichkeit‹ und ›Imitation der Männer‹ auf. – Hat es wirklich so wenig Künstlerinnen gegeben, und steht ihr Werk zu Recht in dieser Gedankenverbindung?

Um die Mitte des vorigen Jahrhunderts waren aus der Kunstgeschichte aller Zeiten und Länder immerhin fast eintausend Künstlerinnen namentlich bekannt. Weitaus die meisten von ihnen waren Malerinnen, dann folgen etwa zweihundert Kupferstecherinnen, einhundert Miniaturmalerinnen, dreißig Bildhauerinnen und zwei oder drei Architektinnen.[2]

Aber warum wissen wir so wenig von den Künstlerinnen der Vergangenheit? Wer hat die herrschende Vorstellung geprägt, daß die Frau keine kultur- bzw. kunsthistorische Tradition habe? Und woher rührt der abwertende Beiklang des Wortes »Frauenkunst«, der eine ebenso neutrale Bezeichnung wie »Kunst der Frauen« sein könnte?

In erster Linie beeinflussen die Kunstgeschichtsschreiber die öffentliche Kunstrezeption. Sie entwickeln Leitvorstellungen, die trotz scheinbar wissenschaftlicher Absicherung nachträglich als Wertungen zu erkennen sind. So sind einzelne Werke, Künstler oder ganze Kunstepochen unterschätzt, überschätzt, vergessen oder wiederentdeckt worden. Das Wort des Kunsthistorikers oder Kunstkritikers kann zum Machtinstrument werden, es wirkt unter Umständen nicht nur auf ein Fachpublikum, sondern auf viele Zeitgenossen und auf nachkommende Generationen.

Sehen wir uns einmal an, was in Deutschland zum Thema Frauen und Kunst geschrieben wurde. Dabei soll die kunsthistorische Literatur hier nicht vollständig, sondern mit charakteristischen Beispielen vertreten sein. Es geht auch nicht darum, einzelne Autoren, die sich besonders abfällig über die künstlerisch tätige Frau geäußert haben, zu Buhmännern zu stempeln. Wir müssen ihre Arbeit vielmehr im geschichtlichen Kontext, als Ausdruck der herrschenden Vorstellungen ihrer Zeit, und nicht als die von bösartigen Individuen sehen (dies zu ihrer Erklärung, nicht zu ihrer Entschuldigung!). Es schien mir auch wichtig, parallel dazu auf die jeweils aktuellen vereins- oder ausstellungspolitischen Aktivitäten der Künstlerinnen einzugehen; zum einen, weil es bisher keine zusammenfassende Darstellung davon gibt (und auch die folgenden Ausführungen sind lücken- und sicherlich fehlerhaft), zum anderen, weil sich einige Tendenzen in der kunsthistorischen Literatur erst aus diesen Ereignissen erklären lassen. Zu vielen dieser Organisationsformen müssen wir heute kritische Distanz wahren, denn wenn sie auch zu ihrer Zeit einen relativen Fortschritt bedeuteten, haben sie sich doch insgesamt als zu unkämpferisch und letztlich folgenlos erwiesen. Sie waren nur bemüht, die spezifischen Benachteiligungen der Künstlerin durch Selbsthilfe oder Hilfe von privater Seite aufzufangen und zu mildern, ohne den gesellschaftlichen Zusammenhang anzugreifen. Seit Vasari die Kunstgeschichtsschreibung begründete, haben sich hin und wieder Autoren zum Thema Frauen und Kunst geäußert, allerdings immer im Zusammenhang mit einzelnen Künstlerinnen. Übergreifende Untersuchungen, historisches Aufarbeiten und theoretische Reflexionen entstanden dagegen, zumindest was deutsche Kunstgeschichtsschreibung betrifft, auf die ich mich hier beschränken will, erst im 19. Jahrhundert.

Im Zuge der inner- und außerhäuslichen Veränderungen, die die sprunghaft ansteigende Industrialisierung in der zweiten Hälfte des vorigen Jahrhunderts mit sich brachte, waren viele Frauen zur Berufstätigkeit gezwungen. Frauen der Unterschichten mußten mit Fabrikarbeit zum Unterhalt ihrer Familien beitragen, Frauen der Mittel- und verarmten Oberschichten drängten in die wenigen Berufe, die ihnen männliches Konkurrenzdenken oder Standesdünkel ihrer bürgerlichen Väter, Ehemänner etc. noch offenließen. Hinzu kam ein zu dieser Zeit beträchtlicher Frauenüberschuß in Deutschland, der die Hoffnung vieler junger Mädchen auf Versorgung durch einen Ehemann zur Illusion werden ließ.[3] Neben pflegerischen und pädagogischen Berufen sah man eine künstlerische Tätigkeit als Gelderwerb an, der sich für Frauen schickte, galt doch die Beschäftigung mit Kunst als müßiggängerisch und nahm ihr so den üblen Beigeschmack ökonomischer Notwendigkeit. So ist der »massenhafte« Zulauf der Frauen zu künstlerischen Lehranstalten jener Zeit vor allem äußeres Zeichen eines sozialen Problems. Doch schienen sie von vornherein auf dem ohnehin überfüllten und wenig lukrativen Kunstmarkt auf verlorenem Posten zu stehen. Jedenfalls waren die »Malweiber«, gängige Bezeichnung für die Kunstschülerinnen dieser Zeit, herzlich unwillkommen.

In dem Augenblick, als Frauen im künstlerischen Bereich keine reizvolle Ausnahme mehr waren, begannen auch die Kunsthistoriker, sich ausführlich mit ihnen zu beschäftigen. Ihre Standpunkte zeigen eine breite Skala von enthusiastischer Anfeuerung über abwartendes Wohlwollen bis zu scharfer Ablehnung.

Der erste deutsche Kunsthistoriker, der sich zum Thema Künstlerinnen äußerte, war der Berliner Akademieprofessor Ernst Guhl. Er wies darauf hin, daß seine Untersuchung aus aktuellem Anlaß, nämlich der ständig zunehmenden Zahl der Kunststudentinnen, entstanden sei. An diese wendet er sich direkt, indem er ihnen ausführlich das Werk von Künstlerinnen der Vergangenheit beschreibt. Guhl wehrt sich zwar gegen »Extreme einer sogenannten Emancipation«, will jedoch die Frauen seiner Zeit ermutigen und zu größerer Ernsthaftigkeit bei der Arbeit ermahnen.[4] Letzteres war wohl hauptsächlich an die Dilettantinnen – eine bekannte Erscheinung des 19. Jahrhunderts – gerichtet.[5] Besonders im letzten Viertel mehrte sich im gehobenen Bürgertum das Bedürfnis nach künstlerischer Betätigung. Der zunehmende Reichtum ihrer Ehemänner bzw. Väter stellte die Frauen und Mädchen dieser Schichten von Hausarbeit frei. Es gehörte zum »guten Ton«, sich in irgendeiner Weise, sei es Malerei, Musik oder Kunsthandwerk, mit Kunst zu beschäftigen. Zwar dilettierten auch Männer, der weibliche Anteil war aber weitaus höher.[6]

Obwohl die Dilettantinnen aber nur einen kleinen Teil der künstlerisch tätigen Frauen bildeten, trugen sie dazu bei, daß das Verhältnis von Frauen und Kunst weitgehend als spielerisch begriffen wurde. Daß eine Frau ernsthafte Gründe haben könnte, sich mit Kunst zu befassen, wollte man lange Zeit nicht wahrhaben.[7] Diejenigen Frauen, für die Kunst kein angenehmer Zeitvertreib, sondern Broterwerb war, wurden kurzerhand mit den Dilettantinnen in einen Topf geworfen. Realistischer dagegen war Georg Voss, der sich mit der bedrückenden ökonomischen Lage von Kunststudentinnen und Künstlerinnen beschäftigte. Ihrer Benachteiligung im öffentlichen Bereich ging bereits die im privaten voran: »Die Töchter läßt man in der Regel erst dann einen Beruf erlernen, wenn die Familie verarmt ist. So kommt es, daß die Mädchen oft viel zu spät ihre künstlerische Ausbildung beginnen. Oft tritt gleich während der ersten Jahre des Lernens die Notwendigkeit an sie heran, für das liebe Geld zu arbeiten, Zeichen- und Malstunden zu geben, während sie selber das Beste in ihrer Kunst bei tüchtigen Meistern erlernen sollen. Oder sie sehen sich gezwungen, Porträts zu malen, die ihren Auftraggebern eine bittere Enttäuschung bereiten, oder Bilder auf die Ausstellung zu schicken, die nur dazu beitragen, das Ansehen der Frauenkunst in empfindlicher Weise zu schädigen.«[8] Die ersten Künstlerinnen-Vereine waren deshalb in erster Linie von dem Gedanken getragen, Frauen eine fundierte Ausbildung zu ermöglichen. Der erste Zusammenschluß dieser Art in Deutschland war der 1866 gegründete »Verein der Bildenden Künstlerinnen zu Berlin«, der schon bald reiche Gönnerinnen fand und eine eigene Malschule einrichten konnte. Für Frauen bestand öffentliches Ausstellungsverbot; so wurden Ausstellungen in den Vereinsräumen organisiert, die die finanzielle Notlage der Künstlerinnen lindern sollten.

Ausbildung

Ein Wort zu den Ausbildungsmöglichkeiten für Frauen: Zu der Zeit, als sie Aufnahme in die Akademie verlangten, war die Qualität der dort zu erlangenden künstlerischen Ausbildung längst in Frage gestellt worden. Wahrscheinlich ging es den Frauen auch eher darum, eine ihrer eklatantesten Benachteiligungen gegenüber Männern auszuräumen und sich ganz klar gegen die Dilettantinnen abzugrenzen. Die staatlichen Institutionen nahmen

Frauen zwar als Ehrenmitglieder auf, wie 1895 die Kaiserin Friedrich, nicht aber als Schülerinnen oder Lehrbefugte.

Bis 1919 ließen nur drei von zehn deutschen Akademien weibliche Studierende zu, und auch dies nur unter vielfältiger Benachteiligung.[9] Die Entscheidung darüber war nicht staatlich reglementiert, sie lag im Ermessen des jeweiligen Direktors. Kunststudentinnen waren deshalb auf nichtstaatliche Einrichtungen angewiesen. Einmal gab es die bereits erwähnten Malschulen der Künstlerinnen-Verbände, dann die »Damenakademie« des Münchner Kunstvereins und die »Malerinnenschule« in Karlsruhe. In allen größeren deutschen Städten existierten private Unterrichtsanstalten; auch erteilten einzelne Maler Unterricht in ihren Ateliers. Alle diese Ausbildungsplätze waren überfüllt und hatten einen lückenhaften Lehrplan, so daß die Lerneffektivität gering war. Auch deshalb erschien wohl den Frauen das Studium an der Akademie in einem ungerechtfertigt hellen Licht.

Ein weiterer Grund waren die hohen Unterrichtsgebühren der Malerinnen-Schulen. Sofern diese nicht zu Künstlerinnen-Verbänden gehörten, waren sie rein kommerzielle Unternehmen.

Ferner waren die Räumlichkeiten in den Malerinnen-Schulen zumeist sehr beengt. Ein anonymer Autor schildert die Zustände in einer Berliner Schule wie folgt: »Die Anfängerin, wie die beinahe fertige Künstlerin, die durch Schwatzen störende Dilettantin, wie die für den Erwerb arbeitende ernste Malerin – alle werden wie Heringe in den engen Raum gepfercht; ohne Platz, das Bild in gehöriger Entfernung betrachten zu können, schwebt Künstlerin und Kunstwerk in ständiger Gefahr, den Bächen der Aquarellgläser oder den Sikkativfluten der Nachbarin zu erliegen, der schweren Unglücksfälle durch umfallende Malstöcke nicht zu gedenken.«[10]

Aber statt Ausbildungsbedingungen dafür verantwortlich zu machen, daß die Kunst von Frauen nur selten an die der Männer heranreichte, bemühte man die Natur, die vermeintlich »geringe Veranlagung des weiblichen Geschlechts zur Kunst«, als Erklärung.

Schon bald nach Erscheinen des Buches von Guhl gab es heftige Gegenstimmen. Man verübelte ihm, überhaupt dieses Thema gewählt zu haben, weil sich die Beziehung der Frau zur Kunst in Muse- und Modellsein zu erschöpfen habe.

Man machte auch Vorschläge, in welchen Bereichen sich die Frau besser entfalten könne als gerade in der bildenden Kunst. Zum Teil wurden sie wahrscheinlich gemacht, um sich von dem Verdacht zu befreien, frauenfeindlich oder inhuman eingestellt zu sein. Hauptsächlich dienten sie wohl dazu, Kunstausübung als männliches Privileg zu verteidigen. Dabei ging man schrittweise vor: Zunächst wurde versucht, die Frauen in diejenigen Kunstgattungen abzuschieben, in denen es mehr auf interpretierende als auf kreative Fähigkeiten ankommt, wie Tanz, Gesang und Schauspiel. Dort waren Frauen ja auch keine Bedrohung für die Komponisten oder Autoren, sie bedienten sich nicht ihres Geistes, sondern eher ihrer körperlichen Vorzüge.

Sobald aber Frauen versuchten, von der reinen Interpretation zu stärkerer Reflexion und zu Kreativität zu gelangen, stießen sie auf energischen Widerstand; nicht nur von seiten der Theoretiker, sondern auch von Künstlern. Diese fürchteten nämlich vor allem die ökonomische Konkurrenz ihrer Kolleginnen, die generell bescheidenere Preisforderungen stellten.

Kunstgewerbe

Wenn Frauen überhaupt das Recht zugestanden wurde, künstlerisch tätig zu sein, dann vornehmlich in »niederen« Gattungen, wo ihr Eindringen keinen allzu hohen Prestigeverlust für Männer bedeutete, wie beispielsweise im Kunstgewerbe. Das Kunstgewerbe galt von Anfang an als ideale weibliche Berufstätigkeit, weil sich hierin das »Angenehme mit dem Nützlichen« verbinden ließ. Verschönern und Ausschmücken der häuslichen Umgebung, Herstellen von dekorativen Gegenständen gehörte ohnehin zur Mädchenerziehung des Bürgertums. Auch läßt sich die Arbeit der Kunstgewerblerin eher mit anderweitigen häuslichen Pflichten vereinbaren als die der Malerin oder Bildhauerin, da sie weniger platzintensiv und jederzeit unterbrechbar ist. So gehörten kunsthandwerkliche Kurse zum Lehrprogramm des 1866 in Berlin gegründeten Lette-Vereins und fanden raschen Zulauf. Im letzten Viertel des vorigen Jahrhunderts existierten Kunstgewerbe-Schulen für Frauen bereits in mehreren deutschen Großstädten. Aber selbst in diesem Berufszweig winkten ihnen keine rosigen Verdienstmöglichkeiten; sie hatten sich wie überall gegen Mißtrauen und Vorurteile durchzusetzen.[11]

Julius Lessing, Direktor des Berliner Kunstgewerbemuseums und der daran angeschlossenen Lehranstalt, sah die zunehmende weibliche Konkurrenz mit Unbehagen und empfahl den Frauen, sich wenigstens auf das Herstellen von Modeschmuck zu beschränken.[12]

Das war der zweite taktische Schritt: Eine Einschränkung innerhalb der Einschränkung.

Auch der Staat war bereit, das kunstgewerbliche Studium von Frauen zu unterstützen. Aber auch nur das! So vermerkt Natalie von Milde-Weimar, langjährige Kunstgewerbe-Lehrerin im Lette-Verein, auf dem Internationalen Frauen-Kongreß in Berlin 1904, daß der Staat vor allem die Anfänge des künstlerischen Frauenstudiums (gemeint sind kunstgewerblicher und Zeichen-Unterricht) fördere, wogegen die höhere Ausbildung einschließlich der Staatsstipendien verschlossen bliebe.[13] Im Laufe der Zeit haben sich Frauen im Kunstgewerbe doch einen festen Platz erobert. Noch heute ist der höchste Anteil weiblicher Hochschulkräfte in diesem Bereich zu finden.[14]

»Hohe Kunst«

»Bezüglich der Stoffe gilt das Wort eines bedeutenden Kunsthistorikers und Frauenkenners: ›Alles, was zum Gebiet des bloß Natürlichen gehört, ist ihr Feld. Daher Thier-, Landschafts-, Blumen, Portraitmalerei‹.«[15] Gerade diese Gattungen rangierten in der bis gegen Ende des 19. Jahrhunderts bestehenden Themenhierarchie ganz unten. In der höchstangesehenen Bildgattung, der Historienmalerei, finden wir dementsprechend wenig Frauen. Sie bildete den krönenden Abschluß eines akademischen Studiums, dessen Abfolge genau festgelegt war und in dessen Mittelpunkt Aktzeichnen nach dem männlichen Modell stand.[16] All dies aber war Männern vorbehalten.

Von Frauen erwartete man eher, daß sie Gefühl in ihre Bilder einbrachten, Freude an der Natur, Harmlosigkeit. So entstand eine Flut von sentimentalen Kinder- und Tierdarstellungen, alle in dem Bestreben und in der Notwendigkeit gemalt, sich den herrschenden Vorstellungen von »Typischer Frauenkunst« anzupassen. Ausbrüche aus diesen Vorstellungen, Darstellungen von

Emotionen gar, die sich gegen Männer richteten, riefen bei den Kritikern Abscheu hervor. Verärgert konstatierte W. Lübke in seiner 1869 erschienenen Schrift *Die Frauen in der Kunstgeschichte*, »wie leicht die Frauen beim künstlerischen Schaffen in Extreme verfallen, sobald sie ihr eigentliches Gebiet überschreiten«. Als Beispiel führt er Artemisia Gentileschis *Judith enthauptet den Holofernes* (ca. 1612), an als »ein Werk, das man eher einem Henkersknecht als einer Dame zuschreiben sollte, mit einer solchen Lust am Entsetzlichen ist der Gegenstand aufgefaßt«.[17] Bis in unsere Tage leben diese Vorstellungen fort. So finden viele Kritiker, daß z. B. Maina-Miriam Munskys Bilder gar nicht wie von einer Frau gemalt aussähen.[18]

Aber die Künstlerin unterlag nicht nur in ihrer Arbeit starken Beschränkungen und Kontrollen, sondern auch in privater Hinsicht. Zahllose Verbote und Erwartungen zwängten sie in ein »eisernes Korsett«. Während man dem Künstler durchaus Abweichungen von den bürgerlichen Lebens- und Moralvorstellungen zubilligte, verurteilte man es, wenn sich die Künstlerin ähnliche Freiheiten herausnahm. In seiner 1900 erschienen Abhandlung *Das Studium und die Ziele der Malerei* kritisierte der Kunsttheoretiker Paul Schultze-Naumburg Kunststudentinnen, die sich den lockeren Bohème-Manieren anschließen: »Leider wird das als eine notwendige Begleiterscheinung des Künstlerberufes angesehen, die die Frauenemancipation von ihrer nicht schönen Seite zeigt.«[18]

Vor nicht allzulanger Zeit, im Jahre 1976, wies Meret Oppenheim auf diese immer noch bestehende Ungleichheit hin, aber auch auf eine Möglichkeit, sie zu beenden. »Ja, ich möchte sogar sagen, daß man als Frau die Verpflichtung hat, durch seine Lebensführung zu beweisen, daß man die Tabus, mit welchen die Frauen seit Jahrtausenden in einem Zustande der Unterwerfung gehalten wurden, als nicht mehr gültig ansieht. Die Freiheit wird einem nicht gegeben, man muß sie sich nehmen.«[19]

Vor hundert Jahren waren die Künstlerinnen wohl im allgemeinen noch so verunsichert und defensiv, wie es sich im folgenden Zitat einer Malerin ausdrückt: »Was wir Frauen des neunzehnten Jahrhunderts verlangen, das ist, daß uns all die guten Gaben des Lebens freigegeben werden, so daß wir sie wie die Männer in Besitz nehmen und ausnutzen können, auf daß auch wir – wofern wir's können – die Höhen der Kunst und Wissenschaft erklimmen, damit auch wir uns erfreuen an der vollsten individuellen Entfaltung und vollkommenen persönlichen Freiheit. Aber wenn alles getan und erreicht ist, brauchen die Männer doch nicht unsern Mitbewerb zu fürchten; denn die Pflicht wird uns überall zurückrufen, und unsere Liebe wird immer unsere öffentliche Tätigkeit beschränken, wenn nicht vernichten.«[20]

Doch offenbar muß um die Jahrhundertwende schon eine Künstlerinnengeneration herangewachsen sein, deren Selbstbewußtsein und Schaffensdrang nicht mehr geweckt und gefördert, sondern eher gebremst werden mußten. So schrieb Gabor Falk 1902: »Möge die Frau dem Mann nicht auf diesem seinen Weg, den er rücksichtslos dahinschreitet, folgen. Möge sie ihr Herz bewahren! Und eine falsche Höhenschätzung zwischen Herz und Geist, zwischen Schönheit und Wahrheit sollte sie nie verleiten, auf ihre Mütter herabzusehen, die noch Treue und Hingebung an Andere kannten, die Opferung des eigenen Ichs vorzogen den Triumphen des Egoismus.«[21]

Um die Jahrhundertwende war die deutsche Frauenbewegung aus ihrer ersten Phase herausgetreten, nämlich der, staatliche Versäumnisse und rechtliche Unterprivilegierung der Frau durch Selbsthilfe oder Hilfe von privater Seite aufzufangen, und zu einer offensiveren Haltung gelangt. Obwohl sich die Künstlerinnen-Organisationen nicht ausdrücklich zur Frauenbewegung bekannten, wurden sie doch mit ihr in Verbindung gebracht.

Künstlerin zu sein oder werden zu wollen, wurde als Emanzipationsbestrebung angesehen. Die Frauen in der Kunst waren daher eine zusätzliche Zielscheibe für emanzipationsfeindliche Autoren und wurden durch pseudowissenschaftliche Beweise weiblicher Inferiorität einzuschüchtern versucht.

Der bekannte Kunstkritiker Karl Scheffler veröffentlichte 1908 eine Abhandlung, die in Aggressivität, Voreingenommenheit und Pauschalisierung einen absoluten »Höhepunkt« in der Literatur über Künstlerinnen darstellt. Es ging Scheffler nicht darum, den Anteil der Frauen an der Kunstgeschichte in Vergangenheit und Gegenwart zu klären, wie es einige seiner Kollegen vor und nach ihm versucht haben.[22] Scheffler beschränkte sich auch nicht, im Widerspruch zu dem von ihm gewählten Titel *Die Frau und die Kunst*, auf den Zusammenhang dieser beiden Begriffe. Er versuchte, von Schiller und Kant ausgehend – und sich ihnen offensichtlich ebenbürtig fühlend – eine grundsätzliche Bestimmung der weiblichen Natur und der sich daraus ergebenden Kulturbestimmung der Frau. Die Natur habe, so Scheffler, der Frau zwei wesentliche Voraussetzungen für die Kunstausübung versagt: den »fanatisch vorwärts drängenden Willen« und die »Kraft, die Talent genannt wird«.[23] Von dieser Auffassung leiten sich alle seine Behauptungen ab.

Die Summe seiner Einzelbetrachtungen ist, daß Frauen weder für Malerei, Musik, Architektur noch Kunsthandwerk geeignet seien. Sie könnten sich allenfalls in den darstellenden Künsten behaupten, jedoch nicht durch geistige, sondern vielmehr durch körperliche Vorzüge. Aber auch als Kunstrezipientin sei die Frau untauglich. »Denn ihr fehlt ja das Interesse, sich begrifflich der Idee und der Teile, woraus das Schöne entstanden ist, zu bemächtigen. Sie geht den kurzen unmittelbaren Weg über den Instinkt.«[24]

In einer anderen Publikation führt Scheffler diese Gedanken konsequent weiter und verlangt gesonderte Theater und Museen für die beiden Geschlechter, da die Frau dem Mann nicht auf seinen geistigen Höhenflügen folgen könne und sich deshalb mit niederen Kunstgattungen begnügen solle.[25]

Scheffler gelangt zu der Auffassung, daß »das geistige Wesen der Frau in hohem Maß mit ihrem Geschlechtsbewußtsein verwachsen ist«. An den Schluß seines Buches stellt er die düstere Prophezeiung, »daß die Frau, die ihre harmonische Geschlossenheit zerstört und sich zu einseitigem männlichem Wollen zwingt, diesen Entschluß fast immer mit Verkümmerung, Krankhaftigkeit oder Hypertrophie des Geschlechtsgefühls, mit Perversion und Impotenz bezahlen muß«.[26]

»Kultur werden wir erst wieder haben, wenn dies alles überwunden sein wird, wenn der Mann die Frau von dem Gedanken der Arbeitskameradschaft wieder zu entlasten vermag. Daß es geschehen wird, ist zweifellos; denn die Natur siegt immer. Der Selbsterhaltungstrieb der Rasse, die gesunde Männer und Weiber braucht, wird für die Restitution des naturgewollten Verhältnisses sorgen.«[27] Schefflers Tag sollte kommen. 25 Jahre später griffen die Nationalsozialisten die Forderung, Frauen von geistiger Arbeit abzuhalten und sie auf ihre Gebärfunktion zu verweisen, wieder auf.

Es erscheint uns heute unglaublich, daß Schefflers Buch jemals

Gegenstand einer ernsthaften Auseinandersetzung geworden ist. Einige Vertreterinnen der bürgerlichen Frauenbewegung nahmen das Buch aber so bitterernst, wie es gemeint war. In einer ausführlichen Kritik ging Gertrud Bäumer 1914 auf seine Thesen ein.[28] 1928 führt Lilly Hauff die Ernennung von Käthe Kollwitz zur Professorin an der Preußischen Akademie in Berlin als Beweis dafür an, »daß Theorien, die der Frau die Fähigkeit zu schöpferischem Schaffen abstreiten wollen, zu widerlegen sind«.[29] Nur die materialistische Kunstkritikerin Lu Märten betont im Vorwort ihres Buches *Die Künstlerin*, daß sie nicht mehr in die Diskussion einzusteigen gedenke, ob die Frau überhaupt zur Kunstausübung befähigt sei, sondern daß sie dies als selbstverständlich voraussetze.[30]

So entmutigend Schefflers Thesen sicherlich auf viele Künstlerinnen gewirkt und so hartnäckig sie sich auch gehalten haben mögen, können wir heute doch auch ein positives Zeichen darin erkennen. Offensichtlich fürchteten die Autoritäten, beim weiteren Eindringen der Frauen in den Kunstbetrieb Federn lassen zu müssen. Daß die Künstlerinnen im Lauf der nächsten Jahre immer selbstbewußter wurden, nicht mehr schüchtern um Anerkennung baten und Forderungen an den Staat erhoben – diese Entwicklung konnte ein Buch wie das von Scheffler wohl behindern, letztlich aber nicht aufhalten.

Die Entwicklung in den zwanziger und dreißiger Jahren

1909 separierten sich erstmalig Frauen aus gemischten Künstlergruppen, nämlich aus der »Wiener Sezession«, und gründeten die »Vereinigung Bildender Künstlerinnen Österreichs«. 1913 entstand in Berlin unter Leitung von Käthe Kollwitz der »Frauenkunstverband«. Das war zugleich ein neuer Typ von Künstlerinnenvereinigung, eine reine Fachorganisation, die nur Malerinnen und Bildhauerinnen mit abgeschlossener Ausbildung (keine Kunstgewerblerinnen, keine Autodidaktinnen, keine Dilettantinnen) aufnahm. Hiermit kamen erstmals politische Töne in das Konzept eines Künstlerinnenvereins; der »Frauenkunstverband« forderte Lehr- und Lernmöglichkeit an den öffentlichen Kunstschulen, Aufnahme in die Jurys großer Ausstellungen und gleichberechtigte Mitgliedschaft in Künstlerkorporationen. Die in einer Eingabe bei der Regierung verlangte Zulassung von Frauen an die Akademie wurde von einer Kommission des Reichstages hitzig diskutiert.[31]

Erst die Verfassung der Weimarer Republik von 1919 gestand den Frauen gleiche Ausbildungsmöglichkeiten zu. Wenn damit in der Praxis auch noch lange nicht alle Benachteiligungen ausgeräumt waren, so waren die Künstlerinnen doch einen wichtigen Schritt vorangekommen. Sie hatten Boden unter den Füßen gewonnen, vor allem aber Kampfgenossinnen: In Publikationen der Frauenbewegung dieser Zeit wird den kulturellen Aufgaben der Frau ebensoviel Aufmerksamkeit gewidmet wie ihren Aufgaben in Wissenschaft und Politik.

Größer als jemals zuvor und danach war in dieser Zeit auch die Bereitschaft der Künstlerinnen zu politischem und sozialem Engagement. Künstlerische, familiäre und politische Aufgaben miteinander in Einklang zu bringen schien den Frauen nicht nur möglich, sondern war teilweise wesentlicher Ausgangspunkt ihrer Arbeit. »Deshalb«, so schrieb die Berliner Malerin und aktive Pazifistin Annot, »ist auch die geistig schaffende Frau und Mutter die ideale und entschiedene Kämpferin für den Weltfrieden. Die Intensität, mit der sie an die künstlerischen, sozialen und pädagogischen Probleme herangeht, und die Liebe zu den Zukünftigen werden sie nicht ruhen lassen, bis der Friede gesichert ist . . .«[32]

1926 entstand in Hamburg die bisher größte deutsche Künstlerinnenorganisation »Gemeinschaft deutsch-österreichischer Künstlerinnen und Kunstfreundinnen – GEDOK«, die in zahlreichen Städten Ortsgruppen bildete und 1933 bereits 7 000 Mitglieder hatte. Nach dem Zweiten Weltkrieg wurde die Organisation als »Gemeinschaft der Künstlerinnen und Kunstfreunde« neugegründet. Sie zählt heute ca. 4 000 Mitglieder.[33]

Nach 1926, als sich die wirtschaftlichen und politischen Verhältnisse in Deutschland allmählich zu festigen begannen, erlebte die Kunst von Frauen eine kurze, aber intensive Blütezeit. Künstlerinnen traten massiver auf im Kunstbetrieb; in gemischten Ausstellungen (s. weiter unten), in Einzelausstellungen und in großen geschlossenen Ausstellungen wie »Die Frau von Heute« (1929 vom Verein der Bildenden Künstlerinnen zu Berlin veranstaltet, eine Sammlung von Porträtmalerei) und »Die schaffende Frau«

(1930 vom Deutschen Staatsbürgerinnenverband veranstaltet, eine Bestandsaufnahme all der künstlerischen Bereiche, in denen Frauen arbeiteten). Die erste war eine reine Verkaufsausstellung, die zweite programmatisch. Sie wollte »Ausdruck sein der festen Verbindung arbeitender, wirkender, gestaltender Frauen untereinander« und eine neue Entwicklung der Kunst von Frauen klarlegen, die etwas »Selbständiges von eigenem Ursprung und eigenem Ziel gegenüber der schöpferischen Betätigung des Mannes« war.[34] Zeitungskritiken zu den großen Frauenausstellungen dieser Jahre deuten einen allmählichen Liberalisierungsprozeß in der öffentlichen Meinung an.[35] Viele Kunsthistoriker waren jedoch nicht bereit, ihre feindliche oder herablassende Haltung gegenüber Künstlerinnen aufzugeben.

1928 erschien Hans Hildebrandts *Die Frau als Künstlerin*, ein noch in unseren Tagen als Standardwerk geltendes Buch.[36] Dies mag für seinen informativen historischen Teil zutreffen. Insgesamt ist Hildebrandts Buch jedoch ein Versuch, die Kunstleistung der Frau der des Mannes unterzuordnen und so der aktuellen Entwicklung energisch entgegenzutreten. Hildebrandt geht methodisch anders vor als Scheffler, im Endergebnis stimmt er jedoch mit ihm überein: Nicht ihr Geschlecht, sondern vielmehr die Ergebnisse sprächen gegen die Frau in der Kunst. Den Werken von Frauen fehle jeder Reflexionsgehalt, die Frau bleibe subjektivem Eindruck und Emotionen zu sehr verhaftet. Schon allein die Themenwahl der Künstlerin verrate Beschränktheit, denn »die persönlichsten, dem Gefühl zugänglichsten Vorwürfe werden gesucht, die sachlichsten, ohne vielfältige Überlegung nicht zu behandelnden, werden geflohen.«[37] Die Künstlerin sei nicht in der Lage, einen eigenen Stil zu entwickeln, müsse sich stets an Vorbildern orientieren und sei bis zur Hörigkeit vom Schaffen des Mannes abhängig. »Die Kunst der Frau begleitet die Kunst des Mannes. Sie ist die zweite Stimme im Orchester, nimmt die Themen der ersten Stimme auf, wandelt sie ab, gibt ihnen neue, eigenartige Färbung; aber sie klingt und lebt von jener.«[38] Hildebrandt kommt zu dem Schluß: »Das Allerhöchste aber hat eine Frau als gestaltende Künstlerin noch nie erstrebt, geschweige denn erreicht. Und es fragt sich, ob sie es je erreichen wird.«[39] In der Bewertung von Künstlerinnen durch Kunsthistoriker und Kunstkritiker spielt Schönheit häufig eine Rolle. Ein zeitgenössischer Kollege Hildebrandts sah Schönheit sogar als wichtigste

Eigenschaft der Künstlerin an. »Wenn eine Frau in der Kunst nur Frau ist, genügt es reichlich. Als solche muß sie jung und hübsch sein und so unverändert wie möglich«, schrieb Julius Meier-Graefe 1930. Durch ihr Äußeres und weniger durch ihre Arbeit solle die Künstlerin Aufmerksamkeit erregen. Was der Mann dagegen für seine künstlerische Entwicklung brauche, was ihm erst »Charaktertiefe« verleihe, sei höchste Anstrengung, »hartes Ringen« und ein mühsamer Reifeprozeß. »Jünglinge in der Kunst sind rare Vögel . . . Zum Meister gehören graue Haare. Die preisliche Jugend in der Kunst des Mannes ist eine mit Fleiß und Intellekt, mit blutigen Verzichten schwitzend, fluchend erworbene Qualität, von der Delacroix sagte, er habe sie gefunden, als er weder Zähne noch Atem mehr hatte.«[40] Eine fluchende, schwitzende Künstlerin, grauhaarig und dazu noch zahnlos? Bei einem solchen Gedanken hätte sich Meier-Graefe sicher vor Ekel geschüttelt.

Die bisher beschriebene Entwicklung unter den Künstlerinnen in Deutschland kann auch an konkreten Zahlen abgelesen werden. Früheste statistische Angaben stammen aus dem Jahre 1907. Zu diesem Zeitpunkt gab es in Deutschland 3 049 Frauen mit künstlerischem Beruf, die Mehrzahl davon Malerinnen und Bildhauerinnen.[41] Bis zum Erscheinen des *Künstlerreports* im Jahre 1975 klafft eine Lücke.[42] Aber man kann trotzdem versuchen, von den Ereignissen in den dazwischenliegenden Jahren einen Eindruck zu erhalten, indem man sich eines Hilfsmittels bedient. Große Ausstellungen, die bis zu einem gewissen Grad das öffentliche Kunstleben repräsentieren, sind ein Indikator für die Aktivität der Künstlerinnen. Die Beteiligung der Frauen an der »Großen Berliner Kunstausstellung« in den Jahren von 1907 bis 1942 lag vor Ende des Ersten Weltkrieges bei einem Mittel von 6%. Berlin kann exemplarisch als deutsche Großstadt mit intensivem Kulturleben gelten. Nach Kriegsende steigt die Zahl sprunghaft an und steigert sich bis zur Machtübernahme der Nationalsozialisten auf ein Mittel von 27%.[43] Wegen der relativ geringen Ausstellerzahl im Jahr 1929 könnten die optimalen Werte bei der Beteiligung der Frauen bzw. der organisierten Frauen als nicht repräsentativ erscheinen. Da jedoch 1930, bei besonders großer Ausstellerzahl, die jeweiligen Verhältnisse nur geringfügig niedriger sind und insgesamt in den Jahren 1929, 1930, 1932 ein Maximum in der

Beteiligung der Frauen an der Ausstellung zu erkennen ist, ist trotz der geringeren Population im Jahre 1929 das Ergebnis wohl doch signifikant.

Bereits ein Jahr nach dem politischen Umschwung ist der Anteil der Frauen auf ca. 10% gesunken, wo er auch stagniert. Wie ist diese Entwicklung zu erklären?

Politische und rassistische Zensur der Nationalsozialisten haben auch vielen Frauen Ausstellungs- und Arbeitsverbot eingetragen; das reicht als Begründung aber nicht aus. Ihre Beteiligung sinkt nicht proportional zur Zahl der Ausstellenden, sondern fällt fast wieder auf den Wert vor 1918 zurück. Könnte man für die Zeit vor dem Ersten Weltkrieg noch argumentieren, daß es ja ohnehin wenig Künstlerinnen gab, ihre Beteiligung an Ausstellungen folglich sehr viel geringer als die der Männer sein mußte, so treffen diese Einwände für die Zeit der nationalsozialistischen Herrschaft nicht mehr zu, wie die Statistik der Jahre von 1918 bis 1932 beweist.

Auch und gerade im Nationalsozialismus spiegelt die Situation der Künstlerin die gesellschaftliche Situation der Frau wider.

Die Künstlerin im NS-Regime

Der Nationalsozialismus ist in den letzten Jahren mehr und mehr auch zum kunsthistorischen Thema geworden. Ansatzweise hat sich das Interesse schon auf die Darstellung der Frau erstreckt, nicht aber auf die darstellende Frau. Namen von Künstlerinnen dieser Zeit sind uns kaum geläufig, wohingegen es in anderen künstlerischen Bereichen keineswegs an exponierten Frauengestalten mangelte. Anscheinend gab es für die bildende Kunst kein Pendant zu Zarah Leander oder Leni Riefenstahl. Wir wissen noch heute nicht genau, wie viele Künstlerinnen Opfer des NS-Regimes geworden sind. Hier nur einige Angaben: 1933 wurde die Gründerin der GEDOK, Ida Dehmel, in Hamburg von bewaffneten SA-Leuten gezwungen, ihren Vorsitz niederzulegen. Die anderen Ortsgruppen lösten sich auf oder arbeiteten, sofern es die Situation zuließ, weiter. Annots Malschule in Berlin wurde von den Nationalsozialisten geschlossen, Annot selbst flüchtete nach Amerika. Käthe Kollwitz, deren Werke auf der Ausstellung

»Entartete Kunst« hingen, wurde aus ihrem Amt als Professorin an der Preußischen Akademie der Künste entlassen und erhielt Arbeitsverbot, weil sie einen Aufruf gegen die NSDAP unterzeichnet hatte. Renée Sintenis wurde aufgrund ihrer jüdischen Abstammung (sie war »Vierteljüdin«) gleichfalls ihres Professorinnennamtes enthoben. Anita Ree, ebenfalls Jüdin, verübte im Jahr der Machtergreifung Hitlers Selbstmord. Ein Teil ihrer Arbeiten wurde von den Nationalsozialisten zerstört. Elfriede Lohse-Wächtler kam 1940 in einem Konzentrationslager bei Brandenburg ums Leben. Im selben Jahr wurde Hilde Seemann-Wechsler in einer »Heilanstalt« in Württemberg umgebracht. Wegen Arbeit im Widerstand gegen den Nationalsozialismus wurde Elisabeth Schumacher 1942 gemeinsam mit ihrem Mann hingerichtet. Aus demselben Grund mußten Lea Grundig und Eva Schulz-Knabe mehrere Jahre in Haft verbringen. 1949 erlag Helen Ernst den gesundheitlichen Folgen ihrer jahrelangen Inhaftierung.

In unserer Zeit hat wohl kein Kunsthistoriker mehr so eine feindselige Einstellung wie z. B. Karl Scheffler gegenüber Frauen in der Kunst. Dennoch sind die künstlerischen Leistungen von Frauen auch heute noch längst nicht anerkannt. Die »weibliche Dimension« der Kunstgeschichte fehlt auch in der neueren Literatur fast gänzlich. Vernachlässigen und Verschweigen der Arbeit von Künstlerinnen ist an die Stelle der heftigen Diskussionen früherer Zeiten getreten.
Die Geschichte der Frauen in der Kunst muß neu geschrieben werden. Amerikanische Kunsthistorikerinnen haben in den frühen siebziger Jahren damit begonnen.[44] Und auch in »good old Europe« ist einiges in Bewegung geraten. Die Ausstellung »Künstlerinnen International. 1877-1977«, die von einer Frauengruppe der Neuen Gesellschaft für Bildende Kunst (Berlin) vorbereitet und 1977 in Berlin und Frankfurt a. M. gezeigt wurde, ist hierfür ein Beispiel. Es mehren sich Ausstellungen, die einzelnen oder einer Gruppe von Künstlerinnen gewidmet sind.
Es ist nicht das Ziel der feministischen Kunstgeschichte, alle Künstlerinnen im nachhinein zu Genies zu erklären. Die Frage nach den »großen Künstlerinnen« der Vergangenheit, deren Fehlen man Frauen als Beweis der Traditions- und damit Bedeutungslosigkeit vorhielt, muß in die Frage nach Repressionen, die sich in ihrer Grundstruktur über Jahrhunderte hinweg gehalten und

weibliche Kreativität be- und verhindert haben, umgewandelt werden.

Unter dieser Prämisse befaßt sich auch die in Großbritannien lebende Wissenschaftlerin Germaine Greer mit dem Thema.[45] Die in Berlin lebende Malerin Gisela Breitling hat in *Die Spuren des Schiffs in den Wellen* (1980) Ergebnisse eigener Forschung über Künstlerinnen der Vergangenheit mit autobiographischen Erfahrungen über die (vermeintliche) »Geschichtslosigkeit« der Frau in der Kunst verbunden.[46]

Dürfen in Zukunft ausschließlich Frauen über Frauen in der Kunst schreiben? Diese Frage sollte inhaltlich und nicht pragmatisch entschieden werden. Allerdings ist die Gefahr groß, allzu groß, daß sich Kunsthistoriker parasitär verhalten und die Aktualität des Themas nutzen. Ein Beispiel aus jüngster Zeit ist das 1980 erschienene Lexikon *Künstlerinnen – von der Antike bis zur Gegenwart*. Die Autoren Jörg Krichbaum und Rein A. Zondergeld liefern keine nennenswerten eigenen Forschungsbeiträge, sondern haben überwiegend aus neueren Publikationen amerikanischer Kunsthistorikerinnen abgeschrieben, und dies noch nicht einmal fehlerfrei. Es ist und bleibt, so scheint es, auch heute noch ein Unterschied, ob ein Mann oder eine Frau zum Thema Künstlerinnen schreibt. Eine Frau arbeitet gleichzeitig ein Stück verschütteter Kulturgeschichte ihres Geschlechts auf, sie hat ein spezielleres Erkenntnisinteresse. Aus diesem Grunde bin ich der Ansicht, daß *wir Frauen* das gängige Bild von der Künstlerin revidieren und das Verhältnis von Frau und Kunst neu bestimmen sollten.

Ich bitte alle Leserinnen und Leser, die Material zu einem der in diesem Artikel behandelten Themen, insbesondere zur Geschichte der Künstlerinnen-Vereine, besitzen oder Literaturhinweise geben können, sich über den Verlag mit mir in Verbindung zu setzen. Ich beabsichtige, auch in Zukunft an diesen Themen zu arbeiten.

1 So verzeichnet z. B. das Kindler Malerei-Lexikon unter 1 200 Künstlern nur 22 Frauen.

2 Zahlen aus Ernst Guhl, *Die Frauen in der Kunstgeschichte*, Berlin 1858, S. 5.

3 Hierzu bes. Lilly Hauff, *Der Lette-Verein in der Geschichte der Frauenbewegung*, Berlin 1928, S. 23 ff.

4 A.a.O., S. 257-258.

5 Von dilettare – ergötzen, ital. Ursprünglich bedeutete Dilettantismus Liebhaberei einer Kunst oder Wissenschaft ohne schulmäßige Ausbildung und ohne Zwang zum Gelderwerb. Im letzten Viertel des vorigen Jahrhunderts erhielt der Begriff den Nebensinn von Halbwissen und mangelnder Gründlichkeit.

6 Vgl. hierzu Alfred Lichtwark, *Wege und Ziele des Dilettantismus*, München 1894.

7 So mußte Paula Becker-Modersohn eine Lehrerinnen-Ausbildung absolvieren, bevor sie von ihren Eltern die Erlaubnis erhielt, die Berliner Malerinnenschule zu besuchen. In Kritikerstimmen zu ihrem Werk taucht immer wieder der Vorwurf des Dilettierens auf. S. hierzu Uwe M. Schneede, Die elende Unfähigkeit, Notizen zur Rezeption, in: Paula Modersohn-Becker, Ausst.kat., Hamburg 1976.

8 Georg Voss, Die Frau in der Kunst, Berlin 1895, in: *Der Existenzkampf der Frau*, Hrsg. Gustav Dahms, Heft 8, S. 215.

9 Hierzu bes. Henni Lehmann, *Das Kunst-Studium der Frauen*, Darmstadt 1914, S. 3 ff.

10 H. M., Über Berliner Damenmalerei; in: *Die Kunst für alle*, VI. Jg., Berlin 1980, H. 4, S. 52.

11 Vgl. hierzu A. von Zahn, *Das kunstgewerbliche Zeichnen als weibliche Verdienst-Arbeit*, Berlin o. J. (ca. 1900, d. Verf.)

12 Julius Lessing, *Das Kunstgewerbe als Beruf*, Berlin 1891, S. 29-31.

13 *Der Internationale Frauen-Kongreß in Berlin 1904*, Hrsg. Marie Stritt, Berlin 1905, S. 252.

14 S. *Personalverzeichnis der Hochschule für Bildende Künste Berlin*, Berlin 1966.

15 Gabor Falk, *Die Frau in der Kunst*, Görlitz 1902, Bd. 1, S. 19.

16 Hierzu bes. Linda Nochlin, The Question of the Nude, in: *Art and Sexual Politics*, New York 1973, S. 24-39.

17 Wilhelm Lübke, *Stuttgart*, S. 144, frdl. Hinweis auf diesen Titel A. Haus, Marburg.

18 Paul Schultze-Naumburg, *Das Studium und die Ziele der Malerei*, Leipzig 1900, S. 100.

19 In *Tatort Bern*, Ausst.kat., Bochum 1976, S. 126-127.

20 Mrs. Ernest (?) Hart, Unterliegen die Frauen auf dem Gebiete der Kunst?, In: *Kunst für Alle*, 10. Jg. 1894/1895, München, S. 234.

21 Falk, a.a.O., S. 47.

22 Zuletzt vor ihm in einem umfangreichen und informativen Werk Anton Hirsch, *Die bildenden Künstlerinnen der Neuzeit*, Stuttgart 1905.

23 Karl Scheffler, *Die Frau und die Kunst*, Berlin, S. 28-30.

24 A.a.O., S. 36.

25 Ders., Was will das werden? Kriegsaufsätze, in: *Kunst und Künstler*, Leipzig/Berlin 1916; frdl. Hinweis A. Mößer, Tübingen.

26 A.a.O., S. 92.

27 A.a.O., S. 102.

28 Gertrud Bäumer, *Die Frau und das geistige Leben*, Leipzig 1911, S. 2 ff.

29 Hauff, a.a.O., S. 275.

30 Lu Märten, *Die Künstlerin*, München 1914, S. 10.

31 Lehmann, a.a.O., S. 19 ff.

32 Annot, Die Frau als Malerin, in: *Die Kultur der Frau*, Hrsg. v. Ada Schmidt-Beil, Berlin 1931, S. 274.

33 Frdl. Hinweis S. Niester, Hamburg.

34 S. Vorwort, Ausst.kat. Berlin 1930.

35 Vgl. hierzu Rezensionen zu Ausst. wie »Die Frau von heute«, Berlin 1929, in: *Vossische Zeitung*, 1. 11. 1929. »Das Kind«, Berlin 1930, in: *Der Jungdeutsche*, 12. 11. 1930. »Die gestaltende Frau«, Berlin 1929, in der Wochenbeilage der *Süddeutschen*, 25. 10. 1929.

36 Berlin 1928. Neben Schefflers ist es oft das einzige Buch, das Bibliotheken zum Thema verzeichnen.

37 A.a.O., S. 33.

38 A.a.O., S. 108.

39 A.a.O., S. 8.

40 Julius Meier-Graefe, Künstlerinnen, in: *Frankfurter Zeitung* vom 19. 12. 1930.

41 Anna Geyer, *Die Frauenerwerbsarbeit in Deutschland*, Jena 1924, S. 41.

42 Karla Fohrbeck und Andreas Johannes Wiesand, *Der Künstler-Report*, München/Wien 1975. Auch die 1939 von der »Deutschen Arbeitsfront« herausgegebene Broschüre *Die arbeitende Frau im Dritten Reich*, Berlin, S. 6, gibt keine genauen Zahlen, sondern vermerkt lediglich, daß besonders im Kunstgewerbe viele Frauen tätig seien.

43 Die Zahlen wurden z. T. nur überschlagsmäßig ermittelt, weil es hier in erster Linie darauf ankam, eine Entwicklung aufzuzeigen.

44 Eleanor Tufts, *Our Hidden Heritage*, Five hundred years of women artists, New York 1974; K. Petersen u. J. J. Wilson, *Women Artists*, Recognition and reappraisal, New York 1976; Ann Sutherland Har-

ris u. Linda Nochlin, *Women Artists, 1559-1950*, Ausst. Kat., Los Angeles 1976.

45 Germaine Greer, *Das unterdrückte Talent*, Die Rolle der Frauen in der bildenden Kunst, Berlin, Frankfurt a. M. u. Wien 1980 (Titel der englischen Originalausgabe: *The Obstacle Race*, The fortunes of women painters and their work, London 1979).

46 Gisela Breitling, *Die Spuren des Schiffs in den Wellen*, Eine autobiographische Suche nach den Frauen in der Kunstgeschichte, Berlin 1980.

Christiane Erlemann
Was ist feministische Architektur?

Was ist feministische Architektur? Jedesmal, wenn sich eine Architektur-Frauenarbeitsgruppe zusammenfindet, wird diese Frage von neuem gestellt. Das Thema ist brisant; es wird heftig und kontrovers diskutiert. Doch kurz bevor sich die Lager spalten, fällt (frau ist schließlich aufeinander angewiesen!) einer der Beteiligten ein, daß die anwesende Runde aus diesem und jenem Grunde gar keine Antwort auf diese Frage geben könne, ja, daß die Frage in dieser Form falsch gestellt sei. Erleichtert atmet die Versammlung auf und wendet sich der Erörterung des Problems der Betroffenenbeteiligung zu.

Mir geht es in diesem Beitrag darum, zur Wiederaufnahme der ins Stocken geratenen Diskussion anzuregen. Ich werde auf bedenkliche Entwicklungen aufmerksam machen, wenig beachtete Ereignisse einbringen, aus bekannten Tatsachen neue Schlüsse ziehen.

Die Suche nach einer Ausdrucksform für Frauen, die gleichzeitig Feministinnen und Architektinnen sind, reißt nicht ab. Auf den ersten Technikerinnen-Treffen ab 1977 dominierten noch Klagen über die Quasi-Unmöglichkeit eines solchen Unterfangens. Das Unwohlsein im Beruf, das Sich-nicht-Wiederfinden in der herkömmlichen Planungspraxis, deprimierende Erfahrungen an unterschiedlichen Arbeitsplätzen wurden ausgetauscht. Damit wurde der erste Schritt getan: die Herstellung gleicher Betroffenheit. Es blieb jedoch bei der Bestandsaufnahme: Perspektiven waren kaum in Sicht.

Inzwischen sind – teils mit großer Öffentlichkeit, teils eher unbemerkt – die Initiativen von Architektinnen und Stadtplanerinnen, sich außerhalb der traditionellen (uns ohnehin verschlossenen?) Karrierebahnen einen sinnvolleren Weg der Berufsausübung freizuschaufeln, zahlreicher geworden.

Ungeahnte und vor allem aus den unterschiedlichsten Richtungen gespeiste Möglichkeiten taten und tun sich ständig neu auf, in der Theoriebildung wie in der handgreiflichen Praxis.

Und mit der Vielfalt kamen auch die Sackgassen.

Es ist an der Zeit, Zwischenbilanz zu ziehen. Dazu gehört auch der Mut zur Stellungnahme, zur Einordnung auch schwer faßbarer Strömungen unter politische Vorzeichen. Mein Versuch einer Strukturierung sollte nicht dazu verleiten, Schubladen zu schließen: er soll vielmehr einer besseren Verständigung dienen.

Planung mit den Betroffenen – Ein Weg für Frauen?

Für Stadt- und Regionalplanerinnen, die es ja mit Gebieten zu tun haben, in denen a) sowohl Frauen als auch Männer leben, und für die b) keinerlei Hoffnung auf eine weibliche Bau»herr«in besteht, bestach von Anfang an die Parole »mit den Betroffenen planen«. Dieser alte Stadtteilarbeits-Ansatz, Ende der 60er Jahre von sensibilisierten Architekten, Planern und Sozialarbeitern erstmals praktiziert, wurde von Frauen aufgegriffen in der Hoffnung, auf diesem Wege einer feministischen Stadtplanung näherzukommen.

Die Absicht kann als basisdemokratisch im besten Sinn bezeichnet werden: Abbau der Experten-Herrschaft; keine Entscheidung über die Köpfe der im Gebiet lebenden Menschen hinweg. So schrieb die Darmstädter Architektinnengruppe im Protokoll des zweiten Technikerinnen-Treffens: »Es ist nicht unser Architektinnen-Bier, festzustellen, wie feministische Architektur aussehen wird, weil es nicht feministisch ist, Ziele für andere, und dann noch theoretisch, vorzugeben«.[1]

Wie wurde dann der Anspruch eingelöst, Planungsziele mit den Betroffenen gemeinsam zu entwickeln?

In den seltensten Fällen gelang es, ein Gebiet ausfindig zu machen, welches sowohl ein planerisches Problemfeld darstellte als auch eine artikulationsfähige und -willige Frauengruppe aufwies.

Aus dem Drang, es besonders gut zu machen, wurde nach Möglichkeit ein Gebiet gewählt, in dem die Betroffenheit durch männlich-kapitalistische Stadtplanung nicht zu übersehen ist, was in der Regel auf ein Neubaugebiet hinauslief: Gegenden, in denen die Planerinnen selbst keineswegs leben möchten.[2]

Wurden trotz dieser ungünstigen Ausgangslage – wiederum in bester frauenbewegter Absicht – die dort lebenden Frauen als »besonders betroffene Gruppe« definiert und in dieser Funktion einzeln angesprochen bzw. einzeln betrachtet, reduzierte sich die

Betroffenheit schnell auf Dinge wie: fehlende Einkaufsmöglichkeiten – geringe Mobilität aufgrund des Gebundenseins an die Versorgung von Kleinkindern – fehlende Spielplätze und Jugendfreizeitheime: im Wesentlichen also Faktoren, deren Verbesserung die alleinige Zuständigkeit für Kinderversorgung, die Isolation in der Familienwohnung und die Hausfrauenrolle festigt – und damit zutiefst antifeministisch ist!

In ihrem eigenen persönlichen Bereich sind diese Planerinnen und Planerstudentinnen durchaus sensibel für Frauenunterdrückung. Sie wohnen beispielsweise in Wohngemeinschaften und achten darauf, daß die Männer ihren Anteil an der Hausarbeit tun. Sobald sie jedoch berufshalber ins Gebiet gehen, sind derartige Überlegungen plötzlich vergessen! Wieso wird mit den Frauen im Gebiet nicht über Frauenunterdrückung geredet? Wieso wird Identitätslosigkeit, Angst vor dem Ehemann, Kontaktarmut usw. nicht thematisiert, wenn es offensichtlich ist?

Die Haltung, die dahintersteckt, ist ein Nicht-ernst-Nehmen von Frauen. Als auskunftsbereites »Zubehör« des Studien- oder Forschungsprojektes, als »typische Vertreterin der Sozialstruktur des Gebiets«, wird jede Frau gern akzeptiert. Die Gemeinsamkeit hört jedoch auf, wenn sich herausstellt, daß die brennendsten Probleme der »Bewohnerin« nun aber auch gar nichts mit ihrer Wohnsituation zu tun haben, ja, daß vielleicht sogar die Lösungsmöglichkeiten in eine ähnliche Richtung laufen, wie sie die Planerin für ihr eigenes Leben gefunden hat! Dann ist plötzlich nichts mehr davon zu spüren, daß Frauen solidarisch mit Frauen zusammenarbeiten wollen. Dann ist die Planerin nur noch Vertreterin ihres Berufsstandes, deren Zuständigkeit sich auf Lösungen für ein begrenztes Thema beschränkt und die sich nicht darauf einläßt, den Frauen außerhalb der festgelegten Rollen zu begegnen.

In diesem Moment ist sie in die Falle gelaufen. Ebenso, wie sie andere Frauen benutzt und ausbeutet, wird sie selbst benutzt und ausgebeutet für die Interessen anderer. Ein uralter Mechanismus: wir kennen ihn alle, wir wollen ihn alle abschaffen; unter anderem dadurch, daß wir eben keinen dieser »typischen Frauenberufe« ergreifen. Doch ehe wir es uns versehen, wird unsere Weiblichkeit selbst im Berufsfeld »Stadtentwicklung« durch die Hintertür wieder funktionalisiert.

Marit Hoffmann und Irmgard Kienzler[3] resümieren: »Umstrukturierungsprozesse in der Stadt, deren Grundlage Veränderungen im wirtschaftlichen Bereich sind, produzieren als Nebenwirkungen oft die Verschlechterung wesentlicher Lebensbedingungen der Bevölkerung. [. . .] Öffentliche Planung kann und muß versuchen, die Folgen der nach ökonomischen Gesetzen (Tauschwertrationalität) ablaufenden Entwicklungen für die Bevölkerung zu mildern, Härten auszugleichen, zu kompensieren. [. . .] Traditionelle Frauenberufe übernehmen gerade diese Bereiche, die von der Kosten-Nutzen-Logik nicht abgedeckt werden können. [. . .] Im Bereich der Stadtplanung werden nicht ungern Frauen eingesetzt, wenn es um die Fürsorge für Planungsbenachteiligte, um die Durchführung des Sozialplans oder Sozialarbeit in Neubaugebieten geht.«[4]

Was wir aufgriffen in der Hoffnung, durch direkten Kontakt mit den Betroffenen eine bessere Planung zu verwirklichen, läuft unter den herrschenden Machtverhältnissen letztlich darauf hinaus, den Widerstand der Betroffenen gegen einschneidende Veränderungen ihrer Lebensbedingungen aufzuweichen. So umreißt auch Eva Schindele[5] resignierend die Funktion, die ihr als Mitarbeiterin eines gemeinnützigen Wohnungsbauunternehmens in Hausbesuchen zukam: »Die Sanierung kommt in Gestalt einer freundlichen jungen Frau ins Haus.«[6]

Frauen-Architektur

Verlockende Perspektiven bieten sich für Hochbau-Planerinnen. Hier ist theoretisch alles möglich:
— es ließe sich ein eigenes Büro gründen, nur mit Frauen;
— eine Bauherrin könnte ein Gebäude in Auftrag geben, in dem nur Frauen leben werden;
— und schließlich könnte dieses Gebäude in frei fließender Kreativität nach neuen, von patriarchalischer Tradition völlig losgelösten Formprinzipien gestaltet werden.

Alle drei Ansätze sind in den letzten Jahren ausprobiert worden. Insgesamt realisiert würden sie feministischen Architektinnen eine ideale Berufspraxis ermöglichen. Dies ist leider ein Traum. Verwirklichen lassen sich nur Bruchstücke; mal an dieser, mal an jener Stelle ein Stückchen Freiraum erobern. Zwischen inhaltlicher Vertretbarkeit, streßfreien Arbeitsbedingungen und finanziellem Auskommen das Gleichgewicht auszupendeln ist eine Aufgabe, die sich täglich neu stellt.

Ins Gegenteil verkehrt wird die Absicht jedoch dann, wenn ein Teilaspekt losgelöst von den anderen verwirklicht wird, d. h. wenn die betreffenden Frauen sich mit Erfolgen in ihrem begrenzten Bereich zufrieden geben und nach Verwirklichung der anderen Aspekte nicht mehr fragen.

Das kann z. B. passieren, wenn Frauen den Schwerpunkt darauf legen, sich Arbeitsplätze ohne männlichen Chef zu schaffen. Ein Büro ist schnell gegründet, besonders, wenn der erste Auftrag schon unter Dach und Fach ist. Nur – wie geht es weiter? Schließlich muß das gesamte Team ständig finanziell abgesichert sein. Da ist es verlockend, bewährte Erfolgsrezepte anzuwenden, d. h. sich in Stil und Tempo der finanzkräftigen Kundschaft anzupassen. Auf der Strecke bleiben die Zeit für ausführliche Diskussionen sowie die Freiheit, auch Aufträge abzulehnen.

Ein Frauenarchitekturbüro, das sich nicht allzu radikal gibt, hat gute Chancen, sich auf dem Markt durchzusetzen, denn die weibliche, »sanfte« Herangehensweise an bestehende Bausubstanz steht hoch im Kurs. »Behutsam« nimmt die neue Generation der Architektinnen Veränderungen vor, mit dem ausdrücklichen Ziel, die Stadt »menschlicher« zu gestalten, natürlich in Zusammenarbeit mit der Bevölkerung (s. o.). Damit bekommt sie einen Vorsprung vor ihren männlichen Kollegen, und den wiederum braucht sie dringend, um trotz des bekannten Zwangs, doppelt so viel zu arbeiten und doppelt so gut zu sein, überleben zu können.

Wie steht es mit dem zweiten Punkt: ein Gebäude planen, in dem nur Frauen leben werden? Von wem könnte ein solcher Auftrag kommen? Frauen, die sich bewußt für ein Leben ohne Männer entscheiden, geben damit gleichzeitig die Privilegien auf, zu denen sie durch diese Zugang hatten. Sie verfügen in den seltensten Fällen über eigenes Bauland bzw. können sich meist auch für Umbauten keine Architektin leisten. Die einzigen ausschließlich von Frauen bewohnten Häuser, deren Planung und Umbau feministischen Architektinnen bezahlte Arbeitsplätze gegeben hat und gibt, sind die Häuser für geschlagene Frauen – wahrlich eine armselige Einlösung der Utopie.

Schließlich die neuartigen Bauformen. Ökohäuser in Blüten- und Blattform, Wohnhöhlen und -nester, Sonnenhügel, der Natur angepaßte Häuser, Rundlinge, funktional verflochtene Städte, sanfte Anbauten an Wohnblöcke, uterusähnliche unterirdische Gemeinschaftsräume – all dies und vieles mehr findet sich inzwischen wieder auf dem Papier von Studentinnen, arbeitslosen Architektinnen, Künstlerinnen, Hausfrauen. Auch die theoretische Verarbeitung dieser Entwürfe, ihr Vergleich mit Entwürfen von Männern, die Entdeckung »weiblicher« und »männlicher« Prinzipien und der Appell, dies als zwei sich ergänzende, gleichberechtigte Seiten eines Ganzen zu sehen, wurde bereits geleistet.

Und was bringt's? Der Nutzeffekt dieser Übungen ist unterschiedlich zu bewerten, je nachdem, wer es macht. Kreativitätsfreisetzung zum Thema Architektur/Räume/Frauenräume ist ein Mittel mit Breitenwirkung. Professionelle Raumgestalterinnen können ja überhaupt nur feministische Werke schaffen und feministisch zu Werke gehen, wenn sie von vielen Frauen getragen werden, die als Nicht-Profis dennoch *Sinn* für Räume haben – ein Feeling für Körperliches. Und das ist uns ja leider allen mehr oder weniger gründlich ausgetrieben worden, bis hin zur Unfähigkeit, überhaupt entscheiden und mitteilen zu können, ob wir uns an einem Ort wohlfühlen oder nicht.

Die Wiedererweckung des Raumbewußtseins auf einer sehr breiten Basis ist deshalb eine notwendige Aufgabe. Sie ist seit Jahren in Gang, überall und unter den verschiedensten Aspekten: handwerkliche VHS-Kurse, Wochenendworkshops zur Körper- und Raumerfahrung, Ideensammlungen von Traumzimmern/-häusern/-städten, Ausstellungen von Grundrißentwürfen/Zeichnungen/Modellen, Fotodokumentationen ...

Für die beteiligten Frauen kann eine derartige Aktivität therapeutische Auswirkungen haben, die auch in andere Bereiche hineinstrahlen. Manch eine Frau hat dadurch einen wesentlichen Schritt in ihrer Persönlichkeitsentwicklung vollzogen und hat einen ersten Anstoß bekommen, um »in Bewegung« zu kommen.

Für die professionelle Raumgestalterin hat der kreative Entwurf jedoch eine andere Bedeutung; er ist eine Phase von vielen im Planungs- und Bauprozeß. Wie viele der allerschönsten Entwürfe vergilben in den Papprollen, und wie viele Architektinnen sind arbeits- und brotlos! Für die Auslastung feministischer Architektinnen ist der kreative Entwurf *nicht* das Problem.

Sag' mir, wie hältst du's mit den Formen?

Was die Frage angeht, ob es eine typisch weibliche Formensprache gibt, die sich von der typisch männlichen eindeutig abhebt, so kristallisierte sich die Diskussion auf die Polarisierung »rund/ eckig«. Einen fundierten Beitrag zu dieser Frage lieferte die Kunsthistorikerin und Archäologin Cillie Rentmeister mit ihrem Aufsatz »Die Quadratur des Kreises – die Machtergreifung der Männer über die Bauformen«.[7]

Nach der Lektüre ihrer Abhandlung kann kein Zweifel mehr darüber bestehen, daß am Sieg der griechischen Megaron-Architektur über runde, ovale und eiförmige Bauten der Sieg des Patriarchats über die ursprünglich matristischen Völker im Mittelmeer- und vorderasiatischen Raum abgelesen werden kann.

Was den Stellenwert ihrer Forschungsergebnisse angeht, bemerkt die Autorin: »Interessant und wichtig finde ich es, auch auf dem Gebiet und mit den Mitteln der Archäologie und Architekturgeschichte die ›Mikrophysik der patriarchalischen Machtergreifung‹ zu erforschen; in Erfahrung zu bringen, wie sich die Macht der Männer in komplizierten Diskursen überall eingenistet hat, – ob in den Körpern von Frauen, oder in Bau-Körpern; in Erfahrung zu bringen, wie alles gekommen ist, als Voraussetzung für eine Veränderung der ungeliebten Zustände.«[8] Von einer Empfehlung, etwa in dem Sinne, mittels Einführung der Rundbauweise der verlorenen Macht näherzukommen, ist nicht die Rede.

Mit Recht warnt Cillie Rentmeister vor simpler Übertragung historischer Erkenntnisse als Argumente in der heutigen Situation: »Damit keine Mißverständnisse aufkommen: ich wollte hier ganz bestimmt nicht archäologische Argumente fürs Ewig-Weibliche beisteuern; oder für eine ›weibliche Konstante‹ in der Architektur.«[9]

Wenn dennoch die Raumutopien von Frauen heute auffallend häufig auf runden Formen basieren; und wenn wir annehmen wollen, daß mehr dahinersteckt als die Vereinfachung der Skizzenzeichnung, dann muß eine Kritik der heute vorherrschenden Bauformen dahinterstecken, die sich im Rundbau einen symbolischen Ausdruck verschafft.

Wir haben nichts gegen griechische Tempel. Wenn sich die Kritik der herrschenden Bauweise daran festmacht, daß diese »eckig« ist, so wendet sie sich gegen die »Wohn-Kisten«, die »Schuhkartons aus Beton« als Grundelement der Bauproduktion.

Die Kritik an der Kastenbauweise und dem, was daraus gemacht wird, im einzelnen:

- beliebige Stapelbarkeit (und damit Maßlosigkeit)
- Bau von Massenunterkünften für Kleinfamilien bzw. atomisierte Individuen
- Behinderung der Frauenemanzipation durch Rollenfestschreibung in den Grundrissen
- Standardisierung/Normierung/Monopolisierung
- Zwang zur Passivität der Nutzer durch Unveränderbarkeit des Bauwerks
- Vernachlässigung organischer Baustoffe
- Betonbau als Mittel zur Industrialisierung (und damit Patriarchalisierung) bisher nicht-industrieller Regionen
- Internationale und regionale Nivellierung des Landschaftsbilds; Untergang volkstümlicher Bauformen
- Dequalifizierung der Arbeitskraft: Verdrängung regionsspezifischer handwerklicher Fertigkeiten.

Jeder einzelne dieser Punkte beinhaltet einen ganzen Komplex von Problemen, und jeder Problemkomplex für sich ist bereits thematisiert. Neu an der Kritik der Frauen ist, daß sie sich nicht spezialisieren läßt. Jeder Aspekt der kapitalistisch-patriarchalischen Massenbauweise ist gleich schlimm, seine Veränderung in gleichem Maße dringlich. Wieso also nicht bei dem ansetzen, was allen gemeinsam ist? Es ist nicht von der Hand zu weisen: mit einer runden Grundform wäre die oben kritisierte Bauweise einfach nicht zu realisieren.

Mut zur Stellungnahme

Indirekt ließen sich aus den oben angeführten Kritikpunkten bereits eine Menge Kriterien ableiten, die eine Architektur erfüllen müßte, wollte sie als »frauenfreundlich« gelten. Für Bestimmungskriterien »feministischer« Architektur empfiehlt sich jedoch ein anderer Ansatz.

Die Kritik an der herrschenden Bauweise ist ja nicht neu. Alternativen zu den einzelnen Punkten gab es bereits in der Vergangenheit und gibt es heute, um nur die Stichworte Ökologisches Bauen, Genossenschaftsbauen, sozialistische Architektur, Neues

Bauen, Humanes Wohnen usw. zu nennen. Sind diese Alternativen wirklich emanzipativ, dann sind sie auch – in ihrem begrenzten Wirkungsbereich – frauenfreundlich.

Feministisch sein, das heißt jedoch, *explizit* für Frauen Partei zu ergreifen, und das ist neu. So neu, daß die Realisierung allein dieser Parteilichkeit bereits so viele Schwierigkeiten mit sich bringt, daß alle anderen Aspekte zunächst zurückgestellt werden müssen.

Ein Bauvorhaben ausschließlich mit Frauen zu planen und auch durchzuführen; ein Gebäude ausschließlich zusammen mit Frauen zu bewohnen – das ist die allererste Voraussetzung und gleichzeitig die allergrößte Hürde. Insofern ist es oftmals Luxus, zumindest aber eine zweitrangige Frage, *wie* der Raum gestaltet ist, den Frauen sich verschaffen: zunächst geht es darum, *daß* Frauen überhaupt eigenen Raum bekommen.

Wer also wissen will, wie feministische Architektur aussehen könnte, muß dahin gehen, wo Frauen sich Raum geschaffen haben: in Stadt und Land; durch Anmietung, Kauf, Besetzung; mit den unterschiedlichsten Nutzungen: Frauenzentrum, Frauencafé, Frauenwerkstatt, Frauendisco, Frauengalerie, Frauenkneipe, Frauenbuchladen, Frauenkulturzentrum, Frauenwohngemeinschaft, Frauenhochschule, Frauenferienhaus, Frauenland ...
Oder auch dorthin, wo es temporäre Raumaneignung für Frauenaktivitäten gibt: Frauenmusikfestival, Frauenferienlager, Frauensommeruni, Fachfrauenkongresse ...

Soll nun, innerhalb dieses Rahmens, mit feministischem Anspruch weitergebaut werden, so gilt es, Kriterien zu entwickeln:

a) für die Planungs- und Bauphase
b) für Gestaltung und Nutzung des Bauwerks

Zu beiden Punkten sind längst Kriterien entwickelt worden; wenn auch nicht ausdrücklich mit Blick auf eine feministische Bauproduktion, so doch ohne weiteres auf eine solche anwendbar. Von Anfang an gab – und gibt – es in der Frauenbewegung den einhelligen Konsens, herrschaftsfreien Umgang miteinander zu pflegen. Vorhandene Unterschiede sollen abgebaut, spezielle Kenntnisse und Fähigkeiten allen zugänglich gemacht und generell die Kompetenzerweiterung von Frauen gegenüber Männern gefördert werden. Das heißt für Punkt a):
– Wissensvermittlung der Beteiligten untereinander

– Rotation der Aufgaben
– Gleiche Bezahlung für Kopf- und Handarbeit
– Keine Beteiligung von Männern in Entscheidungsfunktionen.
Für die Beurteilung ist dabei nicht so sehr ausschlaggebend, ob
eine Gruppe diese Forderungen auf Anhieb erfüllt, sondern ob
diese Fragen in der Diskussion bleiben und Fortschritte erzielt
werden. Die Gruppe muß sich aber auch selber die Chance dazu
geben; sich nicht mit den Ausgangsbedingungen übernehmen.
Denn, wie bemerkte doch Christa Reinig ganz richtig: »Unsere
Chance besteht darin, daß wir nie mehr Raum erobern, als wir
auch verteidigen können.«[10]
Für Punkt b) gilt dasselbe: auch hier hat die Frauenbewegung
bereits Forderungen entwickelt, in Zusammenhang mit der Kritik
an Kleinfamilie und Hausfrauendasein. Fragen zur Gestaltung
werden durch die Anforderungen der ökologischen Bauweise
weitgehend beantwortet. Wir können also festhalten:
– Autonomie in der Energieversorgung
– kein Bau für Männer bzw. Kleinfamilien
– Hausarbeit muß mit kleinstem Aufwand von allen Bewohner(inne)n erledigt werden können
– bei ständiger Wohnnutzung: (mindestens) ein Zimmer für
jede(n) Bewohner(in).

Ein Wort zum Schluß

Sollte ich mit meinen schier unerreichbaren Forderungen Ratlosigkeit verbreitet haben, so entspricht dies nicht meiner Absicht.
Gewiß steht jede Frau, die ihren eigenen feministischen Anspruch
ernst nimmt, zunächst allein da. Doch meine Überlegungen sollten auch dazu beitragen, sich klarer zu werden über die Bündnispartnerinnen, die frau sich einfach suchen muß. Und hier reicht es
eben nicht, sich mit Frauen zusammenzutun, die unter ihren
Wohnverhältnissen leiden, jedoch nicht bereit sind, die Art ihres
Zusammenlebens mit Männern in Frage zu stellen. Und es reicht
ebenfalls nicht, sich mit Fachfrauen zusammenzutun, die auf den
Zug der Zeit aufspringen und ihre Architektinnenkarriere mit
Hilfe eines ausschließlich weiblich bestückten Büros vorantreiben.
Eine viel bessere Hilfe zur Entscheidungsfindung besteht darin,

die fachliche Qualifikation bzw. den vorgezeichneten Berufsweg
– nach mühsam erworbenen Praxiserfahrungen – ruhig einmal
loszulassen. Wer einsteigen will, muß den Mut haben, auszustei-
gen! Und Bündnispartnerinnen sind diejenigen Frauen, die dieselben Utopien haben, wobei es zu eng gefaßt wäre, dies »Utopien
vom Wohnen« zu nennen. Es geht eher um die Erkenntnis, daß
unter all den schönen Beziehungsstrukturen, die wir uns so sehn-
lichst herbeiwünschen, noch etwas anderes liegt, nämlich die sogenannte »Infra-Struktur«. Ohne sie kann unseren veränderten
Beziehungen von heute auf morgen der Boden unter den Füßen
weggezogen werden. Eine gemeinsame Utopie haben heißt, die
Überzeugung zu teilen, daß uns diese Basis niemand schenken
wird. Wir müssen sie uns selber schaffen. Auch wenn wir uns
dabei die Hände schmutzig machen.

Anmerkungen

1 Zweites Treffen von Frauen aus Naturwissenschaft und Technik,
  Hamburg, Januar 1978, Dokumentation S. 30
2 Ob bei dieser Auswahl noch Reste der alten Verelendungstheorie in
  den Köpfen spuken?
3 Marit Hoffmann, Irmgard Kienzler, Frauen in der Planung: The
  witches are back! In: *Bauwelt* 31/32, Berlin 1979, S. 1319
4 ebenda
5 Eva Schindele, *Mieter stören*, Rotbuch, Berlin 1980
6 ebenda
7 Cillie Rentmeister, Die Quadratur des Kreises – Die Machtergreifung der Männer über die Bauformen, in: *Bauwelt* 31/32, Berlin
  1979, S. 1292 ff.
8 ebenda, S. 1296
9 ebenda
10 Christa Reinig, *Der Wolf und die Witwen*. Frauenoffensive, München 1981

Rosemarie Rübsamen

Patriarchat – der (un-)heimliche Inhalt der Naturwissenschaft und Technik

Feministische Wissenschaft – aber Naturwissenschaft?

Im Zusammenhang mit der Frauenbewegung ist eine unübersehbare Anzahl von theoretischen Arbeiten entstanden, in denen die patriarchalische Kultur und Wissenschaft analysiert und kritisiert werden und Ansätze zu einer feministischen Kultur und Wissenschaft formuliert werden. Dies gilt aber praktisch nur für solche Gebiete, die sich in irgendeiner Weise mit Menschen befassen. Eine psychologische Theorie, eine Untersuchung über Literatur, ein Rechtssystem, ein Kunstwerk, all das kann bewußt von einem Frauenstandpunkt betrachtet, erarbeitet oder geschaffen werden oder Frauen zum Gegenstand haben. Aber ein mathematischer Beweis, ein physikalisches Gesetz, ein chemisches Verfahren, die Entwicklung eines Computers, eine technische Konstruktion? – Das ist doch erhaben darüber, wie in einer menschlichen Gesellschaft die Rollen der Geschlechter verteilt sind, welche Ansichten Frauen oder Männer von der Welt haben! – So scheint es auf den ersten Blick.

Frauen in Naturwissenschaft und Technik

Wenn Naturwissenschaft und Technik scheinbar nichts Geschlechtsspezifisches an sich haben, ist es doch merkwürdig, daß sie eine so ausgeprägte Männerdomäne sind, wo Frauen eine verschwindende Minderheit bilden, ja, daß oft gesagt wird, daß das »Männersache« sei.

Warum gibt es so gut wie keine Frauen in den technischen und naturwissenschaftlichen Fächern? Und wie fühlen sich die wenigen Frauen, die es trotzdem versuchen, sich in diesen Fächern zu behaupten? Seit 1977 gibt es in regelmäßigen Abständen bundesweite Treffen von Frauen aus Naturwissenschaft und Technik, bei denen diese Fragen ein ständiges Thema sind.

Daß wir so wenige sind, ist natürlich überhaupt nicht verwunderlich. Die allermeisten Frauen kommen erst gar nicht auf die Idee, eine technische oder naturwissenschaftliche Ausbildung anzufangen, da Frauen durch Erziehung und Umwelt nicht zu solchen Tätigkeiten motiviert werden. Mit dem Image einer »weiblichen« Frau vertragen sich Naturwissenschaft und Technik, ebenso wie leitende Positionen in vielen anderen Bereichen, z. B. Politik, einfach nicht. Im Grunde ist dies wohl deshalb so, weil Frauen in dieser Gesellschaft auf »Gefühls-« bzw. »Beziehungsarbeit« getrimmt werden. Dies ist eine Variante der allgemeinen Erscheinung, daß Widersprüche und Konflikte einer Gesellschaft auf dem Rücken unterdrückter Gruppen ausgetragen werden. Auf Frauen im heutigen Patriarchat angewandt bedeutet dies, daß sie diejenigen sind, die offen sein sollen für alle Arten von Problemen, die sich aus dem Leben der Gesellschaft ergeben. Sie sollen sich mit ihren Emotionen engagieren für die Konflikte von Männern, die Sorgen von Kindern und die Hilfsbedürftigkeit von Kranken und Alten. Eigene Interessen, die Welt zu gestalten, sollen sie nicht artikulieren; sie sollen von aller Art Tätigkeit jederzeit ablenkbar sein durch Anforderungen, die menschliche Beziehungen an sie stellen. Daß sich das mit Naturwissenschaft und Technik nicht verträgt, liegt auf der Hand.

Nun gibt es trotz allem einige wenige Frauen so wie uns, die sich für Naturwissenschaft und Technik interessieren und einen entsprechenden Beruf ergreifen. Bemerkenswert ist aber, daß sehr viele von uns trotz anfänglich starker Motivation im Laufe der Ausbildung oder in den ersten Berufsjahren mit ihrem Fach nicht mehr zurechtkommen, sich ständig nicht wohlfühlen, vielleicht auch infolge unerklärlicher Arbeitsstörungen den fachlichen Anforderungen gegenüber versagen und aufhören oder jedenfalls am liebsten aufhören möchten. Natürlich haben wir jede Menge Erklärungen dafür, die sich aus unserer Situation als Frauen ableiten. Da ist einmal die ständige Überforderung, unter der wir leiden, wenn wir meinen, uns als Frauen in einem bisher den Männern vorbehaltenen Gebiet nicht blamieren zu dürfen; die noch lange nicht ausgeräumten Vorurteile von Lehrmeistern, Professoren, Kollegen, die – was den akademischen Bereich betrifft – oft sehr unterschwellig sind, wodurch die Lage der Studentinnen jedenfalls nicht gerade unkompliziert wird. Dann haben wir zu Beginn unserer Ausbildung im Vergleich zu Männern tatsächlich manches Defizit, z. B. durchweg wesentlich weniger Erfahrung im Herumhantieren mit technischen Geräten. Die Diskriminierung von Frauen im Beruf läßt uns zu Recht bangen, ob wir nach unserer Ausbildung überhaupt einen Arbeitsplatz bekommen. Sowohl unter Männern als auch unter Frauen sind wir isoliert (denn leider haben halt die meisten Frauen kaum Verständnis dafür, warum wir denn »unbedingt sowas machen wollen«). Im Gegensatz zu unseren männlichen Kollegen, die unter der Entfremdung und Gefühlsverdrängung im naturwissenschaftlich-technischen Bereich vielleicht ebenso leiden wie wir, haben wir so gut wie nie jemanden, der für uns »Beziehungsarbeit« leistet. Andererseits beobachten wir, wie viele Frauen in unseren Bereichen, die behaupten, keine Probleme als Frauen zu haben, still und heimlich aussteigen (weil sie sich z. B. für nicht ausreichend begabt halten) oder sich so ängstlich überanpassen, daß sie sich kaum noch zu rühren wagen oder völlig weltfremd werden.

Ob wir uns als Frauen besonderen Schwierigkeiten ausgesetzt fühlen oder nicht – Naturwissenschaft und Technik scheinen für uns eine zu fremde Welt zu sein, mit deren Inhalten, Arbeitsweise und sozialen Strukturen wir auf die Dauer nicht zurechtkommen, so daß wir uns nur entweder überanpassen oder wieder zurückziehen können.

Seit es die Treffen von Naturwissenschaftlerinnen und Technikerinnen gibt, diskutieren wir darüber, warum dies so ist. Natürlich, es gibt die nachteiligen Bedingungen für uns als Frauen und Minderheit, vielleicht auch mal individuelle Gründe. Aber das ist nicht die ganze Wahrheit. Im Laufe unserer Diskussionen sind wir darauf gekommen, daß es mehr – oder überhaupt nur – an den Zielen und Inhalten unserer Fächer liegt, an den vielen unbeantworteten Fragen nach Zusammenhängen und Konsequenzen unserer Tätigkeit, wobei all dies selbstverständlich die Arbeitsbedingungen und sozialen Strukturen wesentlich mitbestimmt. Wir fragen uns: Welches sind die Ziele der Technik in einer patriarchalischen Gesellschaft? Und: Sagen die Naturgesetze vielleicht weniger (oder gar nichts) über die Natur aus, aber sehr viel über die patriarchalische Brille, durch die »die Natur« gesehen wird? Welches ist dann die Brille, durch die das Patriarchat die Natur betrachtet? Und: Haben wir vielleicht einen guten Grund, mißtrauisch und ablehnend zu sein und zu versuchen, neue Ansätze in Naturwissenschaft und Technik zu finden?

In den folgenden beiden Abschnitten will ich einige Überlegungen vorstellen, die durch die zahlreichen Diskussionen mit anderen Naturwissenschaftlerinnen und Technikerinnen angeregt und fortgeführt worden sind.

Das Patriarchat

Ein Einschub ist hier nötig. Damit es keine überflüssigen Mißverständnisse gibt, muß ich definieren, was unter »Patriarchat« zu verstehen ist. Dies soll geschehen in Anlehnung an Bornemans Buch (Ernest Borneman, *Das Patriarchat*, Frankfurt 1975). Patriarchat heißt Herrschaft der Väter. Dies ist ein Gesellschaftssystem, in dem sich die Kinder (durch die Namensgebung, in Bezug auf Erziehungs- und Erbrecht) nicht von der Mutter ableiten, wie es mit Sicherheit ursprünglich war, sondern vom Vater. Das bedeutet aber, daß der Mann sicherstellen muß (und es im Grunde genommen gar nicht kann), daß die Kinder wirklich seine eigenen sind, und zwar dadurch, daß er der Frau ihre Freiheit und Eigenständigkeit nimmt. Frauen sind keine eigenberechtigten Bürger der Gemeinschaft mehr, sondern Eigentum bzw. Anhängsel der Männer; sie definieren sich nur über Männer (siehe z. B. die unterschiedlichen Anreden »Frau« und »Fräulein«). Von den unzähligen Konsequenzen, die dieses System hat, interessiert hier folgende: Wenn Frauen keine eigenständig handelnden Subjekte mehr sind und von der Gestaltung der Lebensbedingungen der Gemeinschaft ausgeschlossen sind, wird die Politik und alles, was dazugehört, reine Männersache. Das ganze Gemeinwesen steht und fällt mit den Auswirkungen männlicher Aggressivität, Eitelkeit, Herrschsucht. Der politisch wichtige Bereich der Gesellschaft erhält eine spezifische Struktur: die Männerhierarchie. Diese Struktur interessiert hier in diesem Zusammenhang. Denn die Technik in unserer Gesellschaft hat, wie später gezeigt wird, mit Militarismus zu tun (das Militär – eine Männerhierarchie in Reinkultur!), und die Begriffs- und Theoriebildung in den Naturwissenschaften ist von hierarchischem Denken bestimmt. Es geht hier um ein hierarchisches System, dessen wesentliche Tendenzen die Gewaltpolitik, die Expansion und die im Prinzip unbegrenzte Verlängerung der hierarchischen Stufenleiter zu sein scheinen (letzteres bedeutet z. B., daß auch immer mehr

Männer in die Rolle von Unterdrückten geraten). Warum dies wohl so ist und warum gerade Männer ein solches System untereinander hervorgebracht haben, ist vielleicht nicht so verwunderlich; es gibt jedenfalls Ansätze zur Erklärung, die sich auf verschiedene Arbeiten und Forschungen stützen, z. B. die These, daß die Männer als Kompensation dafür, keine Kinder gebären zu können, eine nur Männern vorbehaltene (und vor Frauen sorgfältig gehütete) Kultur des Wettkampfes und Krieges entwickelt haben (wobei sich aus dem Verhältnis von Siegern und Besiegten die hierarchische Rangordnung ergibt).

Dann gibt es die These, daß die Männer im Zuge der Aufrichtung des Patriarchats (Athen) aus Frauenverachtung eine männlich-homosexuelle Reinkultur mit Über- und Unterordnungstendenzen (Lehrer-Schüler-Verhältnis, und natürlich auch wieder militärische Rangordnungen) hervorgebracht haben.

Natürlich gibt es auch noch diverse biologistische Thesen, daß nämlich Konkurrenzverhalten, Expansionsstreben und Kriegslust in der »Natur« des Mannes lägen. Sollte dies aber wahr sein, so wäre der seidene Faden, an dem das Leben der Menschheit seit den letzten Jahrzehnten hängt, wirklich nur noch durch sehr radikale Maßnahmen der Frauen am Reißen zu hindern.

Technik im Patriarchat:
»Der Krieg ist der Vater aller Dinge«

Wir brauchen nicht erst die berühmte Teflon-Bratpfanne zu bemühen, um darauf hinzuweisen, daß die in unserer Gesellschaft verbreitete Technik im wesentlichen von Machtpolitik und Prestigeprojekten ihre Impulse erhält und das übrige Nebensache, Abfall- und Folgeprodukt ist (so wie die Teflon-Bratpfanne ein Abfallprodukt des Prestigeunternehmens Mondfahrt war). – Nicht, daß es sonst gar keine eigenständigen technischen Entwicklungen gäbe oder gegeben hätte, z. B. solche, die »das Leben der Menschen erleichtern«! – Aber: Die Triebfeder der Weiterentwicklung, jene Kraft, die Innovationen erzwingt, ist dadurch bestimmt, solche technischen Entwicklungen in Gang zu bringen und durchzusetzen, die die Macht herrschender Männercliquen erhöhen helfen, vor allem auf militärischem Gebiet durch die Weiterentwicklung der Rüstungstechnik. Sehr wichtig sind auch

Symbole der Macht wie Prestigeprojekte und Statussymbole. – Nicht, daß wir nicht alle durch »die moderne Technik« zu Wohlstand gekommen wären! Nicht, daß gerade Frauen es heute nicht *so* bequem hätten! – Aber: zum Preis eines parasitären militärisch-industriellen Systems, für das z. B. in der BRD jeder Erwerbstätige im Jahr größenordnungsmäßig 2000 DM bezahlt (der Etat des »Verteidigungs«ministeriums beträgt ca. 50 Milliarden DM, ein Fünftel des Staatshaushalts), zum Preis der Kriegsgefahr, Verschwendung von Rohstoffen und Energie, Zerstörung von Umwelt und Gesundheit und auf Kosten der Menschen in der Dritten Welt, die noch nicht einmal genug zu essen haben. Und: zum Preis einer weitverbreiteten Phantasielosigkeit bei der Herstellung technischer Geräte für den Alltagsgebrauch, die zu Wegwerfprodukten degradiert werden und geradezu mittelalterlich rückständig sind verglichen mit der perversen Überperfektionierung der Rüstungs- und Prestigetechnik.

Ausübung von Gewalt und Kampf um Macht als Motor technischer Weiterentwicklung: das krasseste Beispiel dafür ist die Atomenergie. Ihre erste Anwendung – nach der zufällig erfolgten Entdeckung der Kernspaltung – war militärisch. Die einmal vorhandenen Arbeitsplätze und das schlechte Gewissen der Atomwissenschaftler und -techniker nach Hiroshima und Nagasaki wurden dann von den Politikern geschickt ausgenutzt, als die Programme »Atome für den Frieden« verkündet und angekurbelt wurden. »Die friedliche Nutzung der Atomenergie« als Folgeprodukt der Atombombe, und noch nicht einmal friedlich! Denn daß diese so gefährliche, unsichere und grotesk aufwendige Energieerzeugung vorangetrieben wird, hat in erster Linie wieder mit Machtpolitik zu tun: Die multinationalen Energiekonzerne können neue Einflußsphären (Uranbergbau etc.) in ihre Macht bringen, die Industrieländer brauchen die »technologische Vormachtstellung«, um weiterhin die Dritte Welt von sich abhängig zu halten, und diese Rechnung geht deswegen auf, weil viele Regimes in der Dritten Welt begierig die Möglichkeit ergreifen, sich mit der Atomenergie ihr Hintertürchen zur Bombe offenzuhalten und nationale Symbole für den technischen Fortschritt aufzurichten. Gegenüber diesen Zwängen patriarchalischer Machtausübung ist alles übrige sekundär: die Illusion der Elektrizitätswerke vom billigen Atomstrom und die (energiepolitisch völlig unsinnige) Totalelektrifizierung der Haushalte, die ja angeblich das Leben der Hausfrauen leichter machen soll.

Technischer Fortschritt für den Machthunger herrschender Männer: Selbst ein »rein friedliches« Gebiet wie die Medizintechnik stützt meine These in großem Umfang. Zwar sieht es so aus, als sei dies ein Gebiet technischer Höchstentwicklung, das allein »zum Wohl der Menschheit« vorangetrieben werde. Tatsächlich aber ist eine bedeutende Innovationswirkung darin begründet, daß Krankenhausbosse und Leiter von medizinischen Forschungsinstituten, um ihr Prestige zu vergrößern, sich ständig die neuesten Maschinen anschaffen »müssen« – der tatsächliche Nutzen dieses technischen Aufwandes für die Patienten wird zunehmend skeptischer beurteilt.

Andere Beispiele zeigen, wie Techniken, die sich nicht zur Machtvergrößerung eignen, so gut wie nicht auf Dauer weiterentwickelt werden, obwohl sie zur Bewältigung von Problemen des Alltags vielleicht sogar überlegen sind. Es geht einmal um das Fahrrad, das sich seit seiner Erfindung im 19. Jahrhundert bisher hauptsächlich nur um Gangschaltung und Luftreifen verändert hat; keine Vorrichtungen, die der sonstigen Leistungsfähigkeit der heutigen Technik entsprechen, sind bisher entwickelt worden, wie etwa eine optimierte Kraftübertragung, eine Vorrichtung zum Transport größerer Lasten, Federung, Regenschutz, eine aerodynamisch günstige Verkleidung zur Verringerung des Luftwiderstandes und zur Verstärkung der Kraft des Rückenwindes und dergleichen. Die Häuser sehen nicht viel anders aus als vor Jahrhunderten; keine Rede davon, daß die Entwicklung des Hausbaus auch nur im entferntesten mit der Entwicklung der technisch fortgeschrittensten Sparten der modernen Technik mitgehalten hätte: keine Entwicklung bewußt energiesparender Bauweise, keine Energieversorgungssysteme am Haus, keine Rückgewinnung von Abwärme, keine Entwicklung beweglicher Elemente, mit denen sich variable Räume gestalten lassen, keine Entwicklung auf dem Gebiet, Pflanzen in die Architektur einzubeziehen (z. B. Grasdächer), keine Entwicklung von Toiletten ohne Wasserverschwendung, keine Entwicklung einer Architektur, die überhaupt bewußt auf veränderliche Kommunikationsstrukturen der Menschen eingeht, und was dergleichen denkbare Möglichkeiten mehr sind. Dagegen muß mensch nur vergleichen, mit welchen technischen Mitteln der 1. Weltkrieg vor gut 60 Jahren geführt wurde (z. B. noch Kavallerie, kaum Flugzeuge) und was heute für den 3. Weltkrieg bereitsteht: Atom-, Wasserstoff- und Neutronenbomben, Interkontinentalraketen – ein Aufwand an Erfindungsgeist, technischem Können, Material, der, wenn nicht zur globalen Zerstörung, für den Müll bestimmt ist.

Die Technik des Patriarchats mit ihrer Expansionswut, Gewalttätigkeit und Verschwendungssucht sieht sich heute einer Energie- und Rohstoffkrise gegenüber. Schon treffen die Machthaber und Manager militärische Vorbereitungen für die Schlacht um Energie und Rohstoffe; andererseits greifen sie selbst Möglichkeiten für alternative Technik auf, um sich kein Terrain entgehen zu lassen und der gegen sie gerichteten Protestbewegung die Spitze abzubrechen – wieder ein von Machtpolitik diktierter technischer Innovationsanreiz. Kein Wunder, daß dabei dann wieder altbekannte Fragwürdigkeiten herauskommen, wie die Bevorzugung der Großtechnik (z. B. Sonnenkraftwerke in der Wüste samt Wasserstoffwirtschaft großen Ausmaßes), Autarkie um jeden Preis als politisches Druckmittel (z. B. Kohleverflüssigung ohne Berücksichtigung der Energieverschwendung und Umweltbelastung) und nach wie vor Abfallprodukte von militärischen und Prestigeprojekten, z. B. Solarzellen (die ursprünglich für die Elektrizitätsversorgung von Raumschiffen entwickelt wurden).

Kommen wir auf die Mondfahrt und die Teflon-Bratpfanne zurück, so bietet sich, etwas überspitzt gezeichnet, folgendes Bild: Machthaber, die, um einen konkurrierenden Staat zu übertrumpfen, einen technischen Kraftakt anstiften; andere Männer, die das alles ausführen, zum Mond fahren und dort eine Fahne aufpflanzen, so wie Hunderüden ihr Territorium durch Anpinkeln von Bäumen markieren; und »das Volk«, das gut zur Hälfte aus Frauen besteht und begeistert darüber sein soll, welche enormen Fortschritte »die moderne Technik« doch macht, indem für alle so nützliche Sachen wie neue Bratpfannen dabei herauskommen. Ist das eigentlich die vielbeschworene Sachlichkeit, Rationalität, Logik der Technik? So ist das Selbstverständnis der technischen Intelligenz und ihr Bild in der Öffentlichkeit. Aber ist das Rationalität, wenn die Entwicklung der Gebrauchstechnik für die Bevölkerung solchen zutiefst irrationalen Bestrebungen wie dem Imponiergehabe, der Aggressivität, der Herrschsucht – und den heimlichen Ängsten – von Männern untergeordnet wird? Rationalität als Verschleierung von Interessen und Wertsetzungen – und damit selbst schon ein gewaltiges Stück Irrationalität!

Daß die Technik von gesellschaftlichen Gegebenheiten wesentlich bestimmt wird, wird wohl niemand grundsätzlich bestreiten, da Technik eben von Menschen gemacht wird. Ganz anders werden die Naturwissenschaften beurteilt, die sich mit – scheinbar von Menschen unabhängigen – Naturgesetzen beschäftigen. Könnte es aber sein, daß die Naturgesetze vielleicht weniger (oder gar nichts) über die Natur aussagen, aber sehr viel über die patriarchalische Brille, durch die »die Natur« gesehen wird?

Naturwissenschaften im Patriarchat: Widerspiegelung der Männerhierarchie

Im folgenden Abschnitt geht es um die Theorie- und Begriffsbildung in den Naturwissenschaften, wobei der Schwerpunkt auf der Physik liegt, der, wie oft gesagt wird, allgemeinsten und grundlegendsten der Naturwissenschaften. Es geht nicht um den Wissenschaftsbetrieb, die Forschungspolitik und dergleichen, obwohl dies auch ein sehr interessantes Kapitel wäre, ebenso wie die Frage nach der persönlichen Motivation der Naturwissenschaftler.

Was letztere betrifft, so soll nur eine Anmerkung eingefügt werden. Welche Rolle spielt wohl auch hier wieder patriarchalische Macht- und Expansionspolitik, auf geistiges Gebiet übertragen? Glaubt frau den üblichen Verlautbarungen und den Einleitungen in den naturwissenschaftlichen Lehrbüchern, so geht es angeblich um »die menschliche Neugier«, die Spannung, etwas Neues zu entdecken, die Freude beim Schaffen ästhetisch ansprechender Strukturen und Theorien. Oder, herausgegriffen aus der Fülle solcher Äußerungen, Originalton C. F. von Weizsäcker (in: *Die Zeit*, Nr. 42 vom 10. 10. 1980): »Der Grundwert der Wissenschaft ist die reine Erkenntnis. Dies beschreibt zunächst die Mentalität des geborenen Wissenschaftlers. Man kann das große Wort ›Wahrheitssuche‹ verwenden. Man kann das Pathos herunterspielen und sagen, der Wissenschaftler habe das Privileg, seine kindliche Neugier ins erwachsene Leben hinüberzuretten und zum Beruf zu machen. Der Mathematiker Gauß sprach in einem Brief von der ›unnennbaren Satisfaktion der wissenschaftlichen Arbeit‹. Wer diesen Grundwert nicht respektiert, der zerstört die Wissenschaft [. . .].« Im stillen Kämmerlein teilen wohl viele von uns diese Motivation. Sieht frau jedoch genauer hin, so bemerkt sie, daß es weniger darum geht, überhaupt etwas zu schaffen oder zu entdekken, sondern vielmehr – oder nur – darum, schneller zu sein als andere, als erster am Ziel zu sein, die neue Errungenschaft mit dem eigenen Namen markieren zu können (siehe das Anpinkeln von Bäumen) und sich dadurch als Eroberer eines neuen Gebietes namhaft machen zu können (Veröffentlichungen, wissenschaftliche Preise). – Ob es diese scheinbar so winzige Nuancenverschiebung ist, die es uns Frauen so schwer macht, in den Naturwissenschaften zurechtzukommen?

Nun zur naturwissenschaftlichen Begriffs- und Theoriebildung. In den Naturwissenschaften wird die Natur in einen »belebten« und einen »unbelebten« Bereich aufgeteilt. Mit dem ersteren befassen sich die Biologie, die Biochemie und Biophysik und auch die medizinische Forschung, mit dem letzteren Physik und Chemie einschließlich verwandter Fächer. Merkwürdig und für meine weiteren Überlegungen von entscheidender Bedeutung ist nun folgender Punkt: Es wird mehr oder weniger stillschweigend angenommen, daß die belebten Organismen nach Gesetzmäßigkeiten (physikalisch-chemisch, vielleicht auch noch informationstheoretisch) funktionieren, die von unbelebten Systemen bekannt sind. Wenn nur, so die unausgesprochene Übereinkunft, die Forschung immer mehr ins Detail geht, kann man immer mehr davon aufklären, was »Leben« ausmacht; kaum jemand sagt, daß es vielleicht eine prinzipielle Grenze gibt, jenseits derer Physik, Chemie und Informationstheorie ihren Sinn verlieren. In einem populärwissenschaftlichen Buch eines bekannten theoretischen Physikers findet sich – auch dies nur ein Beispiel unter unzähligen – folgende Aussage (Victor F. Weisskopf, *Natur im Schaffen*, Frankfurt 1980): »Chemische Analysen haben aber unzweifelhaft dargetan, daß lebende Dinge« – frau beachte diese Ausdrucksweise – »aus denselben Atomarten bestehen wie leblose. [. . .] Man hat auch nicht die leiseste Andeutung gefunden, daß lebende Materie irgendeinen besonderen Stoff enthält oder daß die Gesetze des Aufeinanderwirkens der Atome hier verschieden sind. Das Phänomen des Lebens muß daher das Resultat gewöhnlicher Wechselwirkungen zwischen Atomen und Molekülen sein. [. . .] Wir verstehen heute noch nicht vollständig, wie die Wechselwirkung der Moleküle Anlaß zu den Phänomenen des Lebens geben kann.«

Die lebenden Organismen werden somit den Gesetzen untergeordnet, die aus der unbelebten Natur abgeleitet sind; daß z. B. der Mensch noch nicht vollständig als physikalisch-chemisch-informationstheoretischer Apparat erforscht ist, könnte nicht etwa an einer prinzipiellen Unmöglichkeit liegen, sondern ist nur eine Frage noch (!) lückenhafter Kenntnis. Bezeichnend für diese Betrachtungsweise sind allein schon Name und Existenz der wissenschaftlichen Fächer Bio-Physik und Bio-Chemie. Es gibt zwar auch andere Positionen, wie z. B. die, daß die lebenden Organismen vielleicht aus »anorganischen« Bausteinen bestehen und ausschließlich nach »anorganischen« Gesetzen funktionieren, daß aber im Zusammenwirken der Teile eine besondere Qualität liegt, eben das, was Leben ausmacht, oder verkürzt ausgedrückt: Das Ganze ist mehr als die Summe der Teile. Eine solche Position ändert aber nichts daran, daß die Forschung mit physikalischen und chemischen Methoden arbeitet und möglicherweise dadurch gerade dies Zusammenwirken nicht erfassen kann bzw. zerstört. Der Biochemiker Chargaff sagt hierzu kritisch (in: *Der Spiegel* Nr. 39 vom 22. 9. 1980): »Mit wenigen Ausnahmen geht bei der Untersuchung der Bestandteile lebender Organismen das Wesentliche, das Leben, verloren. Dieser Verlust wird von den Wissenschaften, die sich mit dem Präfix ›Bio-‹ zieren, gerne in Kauf genommen, denn sie haben sich dazu überredet, daß dabei nichts Wichtiges abhanden gekommen sein kann, jedenfalls nichts Wäg- und Meßbares.«

Indem die lebenden Organismen wissenschaftlich-begrifflich den geschilderten »anorganischen« Gesetzmäßigkeiten untergeordnet werden, ist eine Möglichkeit gegeben, sie in wichtigen Bereichen und verschiedener Hinsicht zu beherrschen. Beherrschen bedeutet Macht ausüben, z. B. dadurch, daß lebenswichtige Teilfunktionen der Beherrschten kontrolliert und/oder ausgebeutet werden (im heutigen Kapitalismus z. B. die menschlichen Teilfunktionen Arbeiter und Konsument). Indem die Herrschenden lebenswichtige Teilfunktionen der Beherrschten kontrollieren, haben sie ein sehr starkes Machtmittel in der Hand; da eine Kontrolle von Teilfunktionen aber auch immer nur eine teilweise Kontrolle ist, sind die Herrschenden auf der anderen Seite trotz allem auch angreifbar. Was bedeutet dies für die Natur und die Naturwissenschaft?

Wenn lebende Organismen mit »anorganischen« Denkmodellen

behandelt werden, liegt darin die Möglichkeit, sie anhand von lebenswichtigen Teilfunktionen zu beherrschen, weil lebende Organismen eben lebenswichtige physikalisch-chemische Teilfunktionen besitzen. Andererseits sind lebende Organismen in ihrer Gesamtheit auf diese Weise bei weitem nicht erfaßbar – vielleicht grundsätzlich nicht, zumindest aber deswegen, weil der physikalisch-chemische Aufbau bei weitem zu kompliziert ist. Anhand einiger Beispiele soll verdeutlicht werden, welche Möglichkeiten der Herrschaft über lebende Wesen die Kontrolle lebenswichtiger physikalisch-chemischer Teilfunktionen eröffnet.

In der modernen *Landwirtschaft* werden Pflanzen und Tiere durch gezielte Eingriffe in physikalisch-chemische Teilfunktionen zu gewünschten Erträgen gebracht, Pflanzen z. B. durch Einwirkung auf ihren Stickstoffhaushalt durch entsprechende Düngung. Die *Genforschung*, die sich mit den chemischen Vorgängen bei der Vererbung befaßt, eröffnet die Möglichkeit, in das Erbgut von Lebewesen einzugreifen und solche Lebewesen hervorzubringen, die bestimmte gewünschte Eigenschaften besitzen (vorerst (!) klappt dies allerdings nur bei Bakterien). Zu befürchten ist der Mißbrauch dieser Kenntnisse ebenso wie Unfälle (z. B. die unbeabsichtigte Produktion von Seuchenerregern) – eine typische Auswirkung des Doch-nicht-ganz-beherrschen-Könnens, das immer bei dem Eingriff in physikalisch-chemische Teilfunktionen lebender Organismen gegeben ist. Die *Hirnforschung* befaßt sich damit, die physikalischen und chemischen Vorgänge bei der Gehirntätigkeit aufzuklären – damit wäre eine Kontrolle über Lebewesen durch Eingriff in diese Funktionen möglich. Die heutige naturwissenschaftlich orientierte *Medizin* betrachtet Krankheiten als Störungen physikalisch-chemischer Teilfunktionen des Körpers und therapiert folgerichtig praktisch nur mit physikalisch-chemischen Methoden. Nicht nur, daß wegen der Kompliziertheit der physikalisch-chemischen Abläufe im Körper die meisten Therapien gar nicht fein genug abgestimmt werden können und Holzhammermethoden mit beträchtlichen Nebenwirkungen sind, bleiben die Ursachen der Krankheiten oft unerkannt, ja werden durch die vordergründige Therapie dann gerade unerkannt gehalten. Die Herrschaftsfunktion der Medizin liegt darin, die Menschen am Funktionieren halten und die Frage nach der wahren Ursache der Krankheiten im Dunklen lassen zu können. Wie aber natürlich zu erwarten, klappt dies nicht ganz so wie vorgesehen. Nicht nur die Nebenwirkungen physikalisch-chemischer Therapie sprechen hierfür eine deutliche Sprache. (Der Umweltforscher und Biologe Jakob von Uexküll schätzt, daß fünfzig Prozent aller Krankheiten in den entwickelten Ländern auf das Konto medizinischer Maßnahmen gehen – nachzulesen in: *Der Spiegel* Nr. 34 vom 18. 8. 1980.)

Bei der *Durchsetzung der Atomenergie* hat die Naturwissenschaft eine bedeutende ideologische Funktion, indem die von Herrschaftsinteressen erzwungene Entscheidung für diese Energieform als optimale Strategie für die Allgemeinheit hingestellt wird. Ein zentraler Punkt dieser Ideologiebildung ist, die Ungefährlichkeit der Atomenergie zu »beweisen«. Während die Wirkung ionisierender Strahlung auf Lebewesen, auch gerade im Bereich niedriger Dosis, nicht einmal annähernd verstanden ist, wird so getan, als habe man(n) alles im Griff, und damit der Bevölkerung eine falsche Sicherheit vorgegaukelt. Daß man(n) sich vormachen kann, dies Problem zu beherrschen, hängt eng mit der naturwissenschaftlichen Denkweise zusammen.

Zunächst einmal der Irrtum, sobald man(n) Zahlen habe, etwas Wesentliches in der Hand zu halten. Die gesetzlich verankerten Grenzwerte für die Strahlenbelastung sagen weder aus, daß Strahlung unterhalb dieses Niveaus ungefährlich ist, noch sind sie überhaupt aus einem Verständnis der biologischen Vorgänge hervorgegangen. Nun geht es aber schließlich darum, beim Betrieb von Atomanlagen die Einhaltung der Grenzwerte nachzuweisen, und hier treibt die Überschätzung physikalisch-chemischer Modelle geradezu groteske Blüten. Da wird der Weg radioaktiver Isotope angeblich durch die ganze Umwelt und sämtliche Nahrungsketten der Menschen verfolgt. Die wahnwitzigen Vereinfachungen, die diesen Überlegungen zugrundeliegen, lassen die Berechnungen nicht einmal als wissenschaftliche Modellbildung von Wert erscheinen; typisch aber ist, daß sie für ein erschöpfendes Verständnis der Dinge ausgegeben werden. Kontrolle physikalisch-chemischer Teilfunktionen (so mangelhaft sie sein mag) bedeutet im Verständnis der Herrschenden eben, Lebensvorgänge im Griff zu haben.

Hier möchte ich kurz zusammenfassen. Ausgangspunkt der Überlegungen war die höchst verwunderliche Tatsache, daß Denkweisen, Theorien und Gesetze »anorganischer« Wissenschaften herangezogen werden, um Lebewesen wissenschaftlich zu erfassen –

etwas, von dem mensch vielleicht spontan sagen würde, das könne gar nicht zu etwas Vernünftigem führen. Hinter dieser abwegigen Vorgehensweise steht das Interesse, Lebewesen durch die Kontrolle bzw. den Eingriff in physikalisch-chemische Teilfunktionen zu beherrschen. Dies habe ich an einigen Beispielen versucht zu erläutern.

Damit geraten aber nun Physik und Chemie, diese Instrumente der Herrschaft, näher ins Blickfeld. Es kann vermutet werden, daß diese Wissenschaften auf irgendeine Weise gesellschaftliche Strukturen widerspiegeln, und zwar solche Strukturen, die entscheidend für die Ausübung von Herrschaft sind.

Im Patriarchat ist das wohl wichtigste Herrschaftsmittel die Männerhierarchie. Ich will im folgenden diskutieren, inwiefern hierarchisches Denken sich niedergeschlagen hat in der Struktur der Theorien sowie in der Auffassung vom Aufbau der (auch der lebenden!) Materie.

1. Hierarchische Strukturierung der Theorie allgemein

Die einzelnen Teilgebiete und Theorien sind so strukturiert, daß allgemeine Gesetze über speziellen stehen. Wenn Gesetze als falsch erkannt werden und neue gesucht werden, werden die alten nicht verworfen, sondern sollen als Spezialfälle der neuen interpretierbar sein – als Spezialfälle, die sich nur deshalb zunächst als falsch herausgestellt haben, weil sie (in Unkenntnis) allgemeiner angewendet wurden als sie anzuwenden sind. Ein sehr bekanntes Beispiel betrifft die Raum- und Zeitvorstellung der klassischen Mechanik, die nach dem Michelson-Experiment falsch zu sein schien und später als Spezialfall der Raum- und Zeitvorstellung der speziellen Relativitätstheorie (zutreffend für Geschwindigkeiten weit unterhalb der Lichtgeschwindigkeit) gedeutet wurde.

Die fundamentalen Theorien der Physik sollen – bei zunehmendem Abstraktheitsgrad – immer mehr zu allgemeineren Strukturen vereinheitlicht werden. Vor allem betrifft dies die Theorien der verschiedenen bekannten Wechselwirkungen, der Gravitation, des Elektromagnetismus, der starken Wechselwirkung (Kernkraft) und der schwachen Wechselwirkung (Beta-Zerfall von Atomkernen). Im nebenstehenden Schaubild ist die angestrebte Vereinigung der Theorien aufgezeichnet.

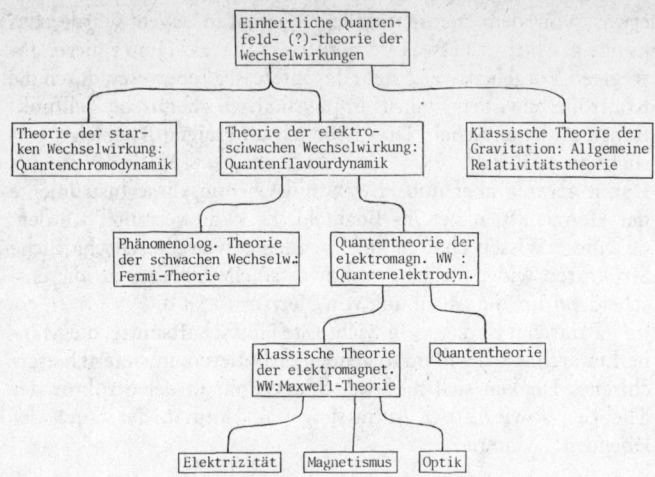

2. Hierarchische Auffassung vom Aufbau der Materie

Nach dieser Vorstellung setzt sich die Materie aus gewissen Teilchen zusammen, diese wieder aus anderen Teilchen usw., wie im umseitigen Schaubild aufgezeichnet. Vor allem – und dies ist hier von besonderem Interesse – betrifft dies auch die Materie lebender Organismen. (Zwar dürfen wir uns die gezeichneten Teilchen nicht so konkret-anschaulich vorstellen, wie sie gezeichnet sind, und von der Stufe der Quarks an verlieren sie auch ihre individuelle Bedeutung, dennoch gilt unverändert das Hierarchieprinzip, daß die Teilchen auf einer unteren Stufe sich aus der Existenz und dem Zusammenwirken der Teilchen auf der nächsthöheren Stufe ergeben sollen. Amüsant ist übrigens, daß der israelische Physiker Haim Harari, der die hypothetischen Rishonen einführte, diese Teilchen benannte nach einem Wort, das im Hebräischen »der Erste« und im Arabischen »der Chef« heißt).

Im Zusammenhang mit den Hierarchiestufen steht eine hierarchische Anordnung der beteiligten Wissenschaften. Das Hierarchieprinzip sagt hier aus, daß sich eine Wissenschaft auf einer unteren Stufe, z. B. die Chemie, im Prinzip vollständig herleiten läßt aus der Wissenschaft auf der nächsthöheren Stufe, hier der Atomphysik. Interessant ist aber folgendes. Tatsächlich arbeiten »untergeordnete« Wissenschaften nicht so, daß sie sich ständig

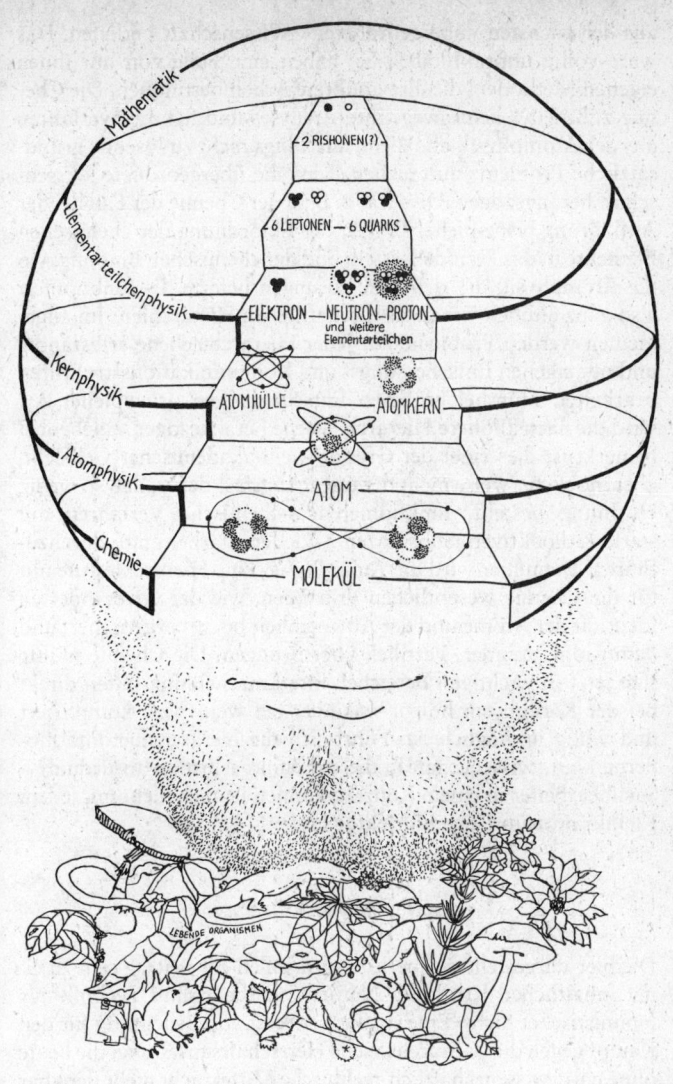

aus der nächsten »übergeordneten« Wissenschaft herleiten. Das wäre völlig unpraktikabel. Sie haben eine Fülle von nur ihnen eigenen Methoden, die ihre konkrete Arbeit bestimmen. Die Chemie z. B. leitet keineswegs ihre Analyse- und Syntheseverfahren aus der Atomphysik ab. Wenn allerdings nicht zu lösende grundsätzliche Probleme auftauchen, wird die übergeordnete Wissenschaft herangezogen. Dies war z. B. in der Chemie der Fall bei der Aufklärung prinzipieller Fragen der Einordnung der chemischen Elemente in das Periodensystem und der chemischen Bindung, wo die Atomphysik die richtigen Lösungen lieferte. Es funktioniert also ganz ähnlich wie in gesellschaftlichen Hierarchien: Im allgemeinen werden Probleme auf jeder Hierarchieebene selbständig und mit eigenen Entscheidungs- und Kommunikationsstrukturen bearbeitet. Nur bei größeren Entscheidungen prinzipieller Art wird die nächsthöhere Hierarchieebene herangezogen. (Nebenbei bemerkt ist dies einer der Gründe – ein akademischer vielleicht, aber möglicherweise nicht der unwichtigste – dafür, daß so wenig Hoffnung besteht, funktionierende chemische Verfahren mit stark radioaktiven Substanzen (Wiederaufarbeitung) durchzuführen. Denn hier wird die Atomphysik, eine Hierarchiestufe mit für die Chemie wesentlichen Prinzipien, wie der unveränderten Identität der Atome und der Abwesenheit hochenergetischer, und damit ionisierender, Partikel, übersprungen. Die Chemie müßte sich jetzt in wichtigen Bereichen ihre Entscheidungshilfen direkt bei der Kernphysik holen, was aber bei weitem zu kompliziert und völlig unmöglich ist. Führt sich die hierarchiebetonte moderne Naturwissenschaft in diesem Punkt selbst ad absurdum? – Sachbearbeiter in einem Konzern können ja auch nicht mit jedem Kleinkram zum Generaldirektor laufen! –)

Schlußbemerkungen

Die hier dargestellten Überlegungen sollen ein Beitrag sein zu einer inhaltlichen Kritik der Naturwissenschaft und Technik aus feministischer Sicht. Eine solche Kritik ist von Bedeutung für den Kampf gegen die patriarchalische Herrschaftsausübung, die heute ohne naturwissenschaftlich-technische Mittel nicht mehr denkbar ist, ebenso wie für den Versuch, neue Inhalte in Naturwissenschaft und Technik zu finden.

Seit der Schulzeit hielt ich Naturwissenschaft für die Wissenschaft von der Natur. Der Gedanke, daß das vielleicht ein großer Irrtum ist (und zwar nicht nur allgemein gesprochen, wie es viele Wissenschaftstheoretiker tun, sondern auf konkrete Inhalte einzelner Naturwissenschaften bezogen), ist mir selbst noch zu ungewohnt, als daß ich mich schon damit befreundet hätte. Wenn wir zu einem anderen Naturverständnis kommen wollen, sind jedoch noch weit mehr ungewohnte Gedanken notwendig!

Esther Fischer-Homberger
Neue Materialien zur »Krankheit Frau«
(19. und 20. Jahrhundert)

Der Mensch, »homo«, »anthropos«, »l'homme«, »man«, »man«
ist im wesentlichen nach dem Modell des Mannes geschaffen, und
wenn man Frau ist, kommt man in diesem Universum leicht quer
oder an den Rand zu stehen. Und wenn frau in dieser Situation
dann biologisch-medizinisch betrachtet wird, erscheint sie folge-
richtigerweise als Abweichung, Mängelwesen bzw. eben als
krank. Wobei dieses »Erscheinen« nicht nur ein passives ist, sondern auch aktiver Ausdruck: als Störung hat die Frau in einer vom
Manne (in seiner traditionellen Ausformung) geprägten und dominierten Ordnung, als und mit Krankheit hat sie in seiner Medizin doch ihren Platz – und um ihrer Existenz willen wird sie
aller Therapie letztlich trotzen.
Doch nun zum Thema selbst. »Krankheit Frau« – das 19. und das
frühe 20. Jahrhundert haben in ganz besonderer Weise weibliches
Geschlecht als solches beinah als Krankheit angesehen. Dies ist
einigen seinerzeitigen Autoren auch tatsächlich aufgefallen: »the
sex itself seems to be regarded as a pathological fact«, schrieb
Mary Putnam Jacobi 1876/86.[1] Ich möchte zuerst das historische
Umfeld der »Krankheit Frau«, dann diese Krankheit selbst und
kurz deren Komplikationen skizzieren, zuletzt deren Abklingen in
den letzten Jahrzehnten.

Zunächst zum historischen Umfeld. Die »Krankheit Frau« des
19. und frühen 20. Jahrhunderts hat verschiedene Wurzeln.
Sehr alt ist einmal die Tradition, daß vorwiegend Männer die
Quellen schaffen, auf welchen spätere Generationen samt Histo-
rikern dann basieren. Die Frauen hatten mit Fortpflanzung,
Haushalten und Sterben über Jahrhunderte mehr als genug zu
tun; darüberhinaus auch noch im Sinne des Abendlandes kultur-
prägend zu schreiben und zu schaffen, lag ihnen fern, ja sie lasen
kaum, was man über sie schrieb. Umso weniger kamen bei den
Schreibenden Bedenken auf, sich selbst als Maß der Dinge zu
setzen, was wir ja alle tun, falls uns dabei niemand stört. So
konnte es zu der für unseren Kulturkreis über Jahrhunderte so

typischen zähen Allianz der Begriffe »Mann« und »Ich« kommen; so konnte es dazu kommen, daß »die Frau« in unserem Kulturkreis im wesentlichen das Du, das bewußtseins-fernere »andere Geschlecht«[2] wurde, »la femelle de l'homme«[3], das »Menschenweib«[4], »das Weib« überhaupt[5] – das Nicht-ich; das Andere, und zwar das sexuell Andere.[6] So konnte François-Emmanuel Fodéré gegen Ende des 18. Jahrhunderts in Frankreich einfach von »le sexe« sprechen, wenn er von der Frau sprach,[7] der Teil steht für das Ganze, »tota mulier in utero«,[8] »das Weib ist eben Weib nur durch seine Generationsdrüse«[9] – die »Frauen«-heilkunde ist ja auch bis heute die Heilkunde, welche sich im wesentlichen auf diese Organe bezieht. Wie andererseits die Gebärmutter oft »Mutter« und die Mamma »Mamma« genannt wird. Immer und immer wieder wird die Frau in ihrer Gesamtheit aus ihrer sexuellen Natur hergeleitet und auf sie hin verstanden – es »wird das ganze Wesen des Weibes teleologisch am leichtesten begriffen«, schreibt Paul Julius Möbius 1900[10] und noch 1924 Bernhard Aschner: ».. . daß die Geschlechtsorgane der Frau .. . schon dem äußeren Anschein nach viel inniger mit den übrigen Funktionen des Körpers verwoben sind als beim Mann .. . Die ganze Organisation des Weibes steht .. . im Zeichen physischer Produktivität im Interesse der Gattung .. .«[11]
Während der Mann in seiner Selbstsicht in erster Linie ein freier Mensch ist, der allerdings ebenfalls über ein Geschlecht verfügt, diesem aber nicht annähernd so unterworfen ist wie die Frau – »he is practically unsexed«, heißt es 1875 in der *Popular Science Monthly*.[12] Es »liegt die geistige und körperliche Abhängigkeit des Weibes von der sexuellen Sphäre klar zutage«, heißt es noch 1910 in Max Runges *Lehrbuch der Gynäkologie*, »und wir verzeichnen damit einen durchgreifenden Unterschied gegenüber dem männlichen Geschlecht«,[13] ähnlich 1924 in Halban und Seitz' *Handbuch der Frauenheilkunde und Geburtshilfe*.[14] Das Merkmal »Geschlecht« ist also beim Manne gegenüber allen möglichen individuellen Merkmalen eher untergeordnet, während es im Stereotyp »Frau« an ganz dominierender Stelle steht. Diese Charakteristik haben die Frauen gemeinsam mit den sexuell Abweichenden, welche man zum Teil ebenfalls als Ganzes unter dem Namen ihrer Abweichung begreift – die Homosexuellen etwa, deren sexuelle Eigenart die Sprecher der Gesellschaft offenbar noch immer so sehr betrifft, daß sie diese ohne weiteres zur

Bezeichnung des ganzen Menschen brauchen. Noch im 17. Jahrhundert hat man Männer mit Hypospadie, Monorchismus und ähnlichem in analoger Weise als Hypospadiaei, Monorchi etc. begriffen und sprachlich ausgesondert.[15] Von dergleichen Abweichungen unterscheidet sich die Andersheit der Frau indessen durch ihren biologischen Sinn und Zweck und Nutzen für den Mann. Die Frau dient der Fortpflanzung des Menschen und daraus bezieht sie eine Daseinsberechtigung, welche jenen abgeht.

Die Tradition, welche die Frau wertmäßig unter den Mann stellt, ist ebenso alter und ebenso integrierender Bestandteil unserer Kultur wie die Assoziation von »Mann« und »Ich« beziehungsweise »Frau« und »anderes Geschlecht«. Im Begriff von der Frau als dem »sexus sequior«, dem »deuxième sexe« sind beide vereint. In diesem Sinne schreibt Julien-Joseph Virey schon am Anfang des 19. Jahrhunderts: »L'existence de la femme n'est qu'une fraction de celle de l'homme; elle ne vit pas pour elle-même, mais pour la multiplication de l'espèce, conjointement avec l'homme; voilà le seul but que la Nature, la société et la morale avouent. Il suit de là, que la femme n'est qu'un être naturellement subordonné à l'homme . . .«[16]

Die Ausformungen dieser Minderwertung sind mannigfaltig und wechseln im Laufe der Geschichte. Soweit sie biologisch-medizinisch sind, variieren sie: die Frau ist Lebewesen zwischen Mann und Kind, nichtausgereifter, impotenter, zeugungsunfähiger Mensch (der verfehlte Mann auch der katholischen Kirche), Mensch, der zur Fortpflanzung – in Form rohen Menstrualbluts – lediglich das Material liefert, lebendiges Werkzeug des Mannes, wie der Sklave; Mißbildung, Unfall im Plan des Schöpfers – allerdings zwecks Fortpflanzung notwendiger Unfall; Mängelwesen, arm an Wärme und damit zugleich an der biologischen Kraft par excellence, kränklich bis hin zur »Krankheit Frau« – so findet man sie in den hippokratischen Schriften, bei Aristoteles, bei Galen beschrieben, so geistert sie durch Jahrhunderte bis in die Neuzeit hinein.[17] Auch dumm ist die Frau, und diese Eigenschaft scheint sich mit dem sozialen Aufstieg der Intelligenz in der Neuzeit noch verstärkt zu haben.

Hie und da geben die Quellen den Blick frei auf konkrete und praktische Wurzeln dieser Betrachtung der Frau – auf das über Jahrhunderte kaum verminderbare Risiko von Schwangerschaft,

Geburt und Wochenbett, auf die ärztliche Hilflosigkeit auch bei schweren Geburten, auf hohe Kindersterblichkeit und mangelhafte Antikonzeption, was die Gefährdung der Frau durch ihre Fortpflanzungsfunktionen um so häufiger und unvermeidlicher machte. Der hochberühmte Gerichtsmediziner des 17. Jahrhunderts, Paolo Zacchia, stellt eine Beziehung her zwischen der besonderen Sterblichkeit der Frau und ihrer Minderwertigkeit als Vertragspartner[18] – zweifellos hat die Mindererklärung der Frau durch den Mann, sogar durch sich selbst, über Jahrhunderte auch der Abwehr von Schmerz und Todesangst gedient.

Zu diesen sehr alten Erbstücken tritt im Laufe des 18. und 19. Jahrhunderts die systematische Medikalisierung der Frau. Die Geburt geht allmählich in männliche Hände über, die Hebammen werden zu ärztlichem Hilfspersonal, die Schwangerschaft wird mehr und mehr wissenschaftlich studiert und kontrolliert. Es entstehen Gebärkliniken, Vorformen von Frauenspitälern. Frauenkrankheiten leuchten als typische Krankheiten einer bestimmten Risikogruppe auf, wie Kinderkrankheiten, Krankheiten der Seeleute, Berufskrankheiten. Auch die weibliche Psyche wird, wie die Psyche überhaupt, medikalisiert; die Sexualmoral wird im Zeitalter der Aufklärung zunehmend medizinisch und nicht mehr so sehr theologisch begründet. Das 18. Jahrhundert ist ferner die Zeit der frühen medizinischen Empfängnisverhütung. Typisch für jene Zeit ist eben auch die Medikalisierung des Alltags. Nicht nur mehr und mehr Krankheiten und Patienten, auch der Alltag und die Gesunden werden nun in das medizinische Gesichtsfeld einbezogen: der Aufschwung von Hygiene und Vorbeugung ist typisch für die Medizin der Aufklärung, die sich nunmehr auch um Wohnen, Wäsche, Kinderaufzucht, Ernährung und so weiter, meist Frauensachen also, kümmert. Die Idee von der Minderwertigkeit der Frau gegenüber dem Manne tritt bei alledem aber wenig in den Vordergrund. Vielmehr findet man das aufgeklärte Nachdenken über die Beziehung zwischen den Geschlechtern stark durch den Liberalismus der Zeit geprägt, durch den Gedanken des Tauschhandels zwischen gleichwertigen Partnern, die liberale Sozialethik, derzufolge es im Interesse des Ganzen lag, daß jeder Einzelne – also auch die Frau – sein Interesse möglichst wahrnahm.[19] So kommt es im 18. Jahrhundert und bis ins frühe 19. hinein trotz weitreichender Medikalisierung der Frau nicht zu einer ausgeprägten Pathologisierung bzw. medizinischen Mindererklärung ihres Geschlechts. Selbst die romantisch-medizinische Überhöhung der Mann-Frau-Beziehung zu einer Polarität von kosmischer Bedeutung (außen – innen; Sauerstoff – Wasserstoff etc.)[20] im frühen 19. Jahrhundert trägt den Gleichheitsgedanken noch in sich.

Trotzdem legt das 18. Jahrhundert wichtigen Grund zu der dann folgenden Pathologisierung der weiblichen Normalität. Einmal hat, wie Imhof gezeigt hat, die Medikalisierung des weiblichen Alltags im frühen 19. Jahrhundert eine Überlastung der fortpflanzungsfähigen Frauen zur Folge gehabt, welche über einen realen Anstieg von deren Sterblichkeit einen Aufschwung der Idee von der »Krankheit Frau« begünstigt haben dürfte.[21] Zum anderen ist die aufklärerische Medikalisierung der Frau Ausdruck einer viel breiter angelegten und tiefergreifenden Tendenz jener Zeit, mehr und mehr Lebensbereiche und Lebenseinheiten maschinenteilartig zu höheren, vernunftgemäßen Funktionseinheiten zusammenzufügen beziehungsweise im Interesse übergeordneter Konzepte zu disziplinieren und zu domestizieren. Auch der menschliche Körper wird von der Aufklärung in diese Entwicklung einbezogen, er wird vom Leib zum aus Organen zusammengesetzten »Organismus«; er wird weit über die reine Medikalisierung hinaus in eine höhere soziale Ordnung eingepaßt. Was sich davon nicht in solcher Weise organisieren läßt, wird nun als Krankes oder als Niedriges aus dem Universum des Vernünftigen ausgeschlossen bzw. an dessen Rand verwiesen.[22] Die Frau ist von dieser Entwicklung wesentlich mitbetroffen, und dies noch um so mehr, als sich in der Beziehung des Mannes zu ihr ja immer auch dessen Beziehung zum eigenen Körper spiegelt. Soweit sie sich nun nämlich nicht als nützliches Instrument der Fortpflanzung in das Universum seiner Vernunft einordnet, sofern sie – sexuelle – Autonomie, Spontaneität und Ansprüche entwickelt, bleibt ihr nur der Platz des Niedrigen, Bösen oder eben Kranken. So wird das 19. Jahrhundert die gesunde Frau tatsächlich als praktisch a-sexuell konzipieren.[23] Und wenn der Liberalismus der Aufklärung dies noch nicht hat deutlich werden lassen, weil er sich auch auf die Sexualität bezogen hat, so hat er doch mit seiner Orientierung auf das »Nützliche« hin bereits den Keim zur Weg-Organisation weiblichen Eigenlebens in sich getragen.

Außerordentlich typisch ist hingegen die Pathologisierung der Frau für das sozusagen klassische 19. und das frühere 20. Jahrhundert. Verschiedene Entwicklungen laufen zusammen, diese hervorzubringen bzw. zu verstärken.

Da ist einmal der evolutionistische Gedanke. Das evolutionistische Denken ordnete das Universum in eine Skala zwischen tief und hoch, wenig entwickelt und hoch entwickelt, einfach und differenziert ein, was alles deutliche Wertungen mit einschloß. Auch die Menschen samt der romantischen Mann-Frau-Polarität (Denken-Fühlen, Nervensystem-Reproduktionssystem) ordnete es in dieser Weise, wobei der weiße, erwachsene Mann zualleroberst stand und von diesem wieder die linke Großhirnhälfte, die man nun die »dominante« nannte.

Ferner ist da im 19. Jahrhundert der spezialistische Gedanke, der die Frau seinerseits wieder in eine – evolutionistisch gesprochen – niedrige Position fixiert. Denn dem Spezialismus gilt alles als hochstehend, was hochspezialisiert ist; die höchststehende Gesellschaft ist die am meisten spezialistisch differenzierte und das höchstentwickelte Familienkonzept ist dasjenige mit der schärfsten mann-weiblichen Rollenspezialisierung. In diesem Sinne gilt dem 19. Jahrhundert die auf ihre niedrigen Funktionen fixierte Frau als Zeichen einer höherstehenden Kultur, in diesem Sinne wird im frühen 20. Jahrhundert die frauenemanzipatorische Rollenverwischung als Kulturzerfall und Entartungserscheinung beklagt. Möbius nennt die Anteilnahme der Frau am sozialen Leben »etwas . . ., das die Rasse verdirbt und den Anfang vom Ende bedeutet«.[24] »Für die . . . Vervollkommnung der Rasse ist . . . die Erziehung des weiblichen Geschlechtes zu . . . Verstandestätigkeit nicht anzustreben«, schreibt 1907 der Professor für Tierzucht Robert Müller in seiner *Sexualbiologie*.[25] Es werde durch die neuzeitliche Frauenbewegung »die Neigung des Kulturmenschen zur schärferen Ausbildung der Geschlechtsunterschiede wiederum abgeschwächt«.[26]

Die starke Rollenspezialisierung innerhalb der bürgerlichen Familie des 19. Jahrhunderts bringt indessen eine Entfremdung der Geschlechter mit sich, welche die Frau im Lichte männlichen Bewußtseins noch mehr als bis dahin als Abweichung von seiner eigenen Normalität erscheinen läßt.[27]

Von großer Bedeutung ist für die Pathologisierung der Frau im 19. Jahrhundert ferner der Objektivismus dieser Zeit. Die ganze Tradition der Mindereinstufung der Frau gegenüber dem Manne wird nun gewissermaßen verwissenschaftlicht, wobei die Abhängigkeit dieses Frauenbildes von der Optik des Forschers praktisch unreflektiert bleibt. So können auch Frauen dieses Bild ohne weiteres übernehmen und kann eine Ärztin noch 1917 in einem Buche über ... *das Weib und seine Bestimmung* schreiben, es sei »die Emotionalität unter den Frauen um 14% häufiger« als unter den Männern.[28] Die unmittelbare Beobachtung der Frau durch das eigene unbewaffnete Auge bietet dem Durchschnittswissenschaftler bis zu den Weltkriegen Gewähr für die Objektivität seines Frauenbilds.

Speziell ist diese Verwissenschaftlichung eine Biologisierung. Im 19. Jahrhundert dominiert biologisches Denken auch in Bereichen, die vorher (und auch seither) anderen Disziplinen, etwa der Rechtswissenschaft und Theologie, heute mehr den sozialen Wissenschaften zugeteilt sind. So ist für sie manches Charakteristikum des Phänomens Frau, welches wir heute in aller Selbstverständlichkeit soziologisch begreifen, naturgemäß – die Biologie des Weibes erklärt im 19. und früheren 20. Jahrhundert zwanglos die untergeordnete Stellung der Frau in Familie, Gesellschaft und Universum,[29] wie ja auch eine allgemeinere Tendenz in dieser Zeit »from badness to sickness« führt.[30]

Nicht wenig dürfte die »Krankheit Frau« auch im Interesse der im 19. Jahrhundert sich bildenden Spezialität Gynäkologie-Geburtshilfe wurzeln. Hierfür spricht die Übereinstimmung von Ausbreitungsgebiet der »Krankheit Frau« und hauptsächlicher Klientel der neuen Spezialität in bürgerlichen Frauenkreisen.[30a]

Auch ein Interesse gerade dieser Klientel selbst hat das Konzept von der »Krankheit Frau« zweifellos mit-hervorgerufen und verstärkt. »Krankheit« hat ja immer auch eine soziale Dimension: sozial hat eine Krankschreibung neben der diskriminierenden Funktion ja immer auch eine Schutzfunktion. Die Krankenrolle enthebt ihren Träger mancher sozialer Lasten und Pflichten und schützt vor den Aggressionen, welche ein schlecht funktionierendes oder verhaßtes Gesellschaftsglied sonst bedrohen. Es ist anzunehmen, daß viele bürgerliche Frauen des 19. Jahrhunderts in diesem Sinne ganz gerne ihre generelle soziale Vollwertigkeit gegen den individuellen Schutz vor Aggressionen, Überlastung, auch gegen Bequemlichkeit eingetauscht haben, was sich insgesamt zu einem pathologisierenden Faktor von erheblicher Stärke aufsummiert haben dürfte.

Offensichtlich hat ferner das Konzept von der biologischen Minderwertigkeit der Frau der Ausschaltung der zunehmenden weiblichen Konkurrenz aus dem Arbeitsmarkt und anderen Märkten gedient.

Und schließlich gibt es eine Selbstverstärkung geltender Konzepte. Wird die Beziehung zwischen den Geschlechtern einmal nach hierarchischem Modell konzipiert, sind die allgemeinen Erwartungsstrukturen einmal auf eine Minderwertigkeit der Frau gegenüber dem Manne eingerichtet, so wirkt das konzeptstabilisierend. Befunde, die dem vorgegebenen Muster nicht entsprechen, werden nun als Ausnahme und Abnormitäten wahrgenommen, bleiben damit für das Bewußtsein, selbst wenn sie sich häufen, Einzelfälle, und werden als solche zunächst einmal nicht aufsummiert. Während jede einzelne konforme Erfahrung als »typisch« die alten Erwartungsstrukturen weiter verstärkt. Der merkwürdig unlogische Satz von der Ausnahme, welche die Regel bestätigt, faßt diese Mechanik in Kürze zusammen.

Und nun zum Thema selbst: Die Krankheit Frau und ihre Komplikationen. Zuerst zur generischen Krankheit »Frau«. Minderentwicklung und Krankheit gehen ineinander über, die Frau ist ein Mängelwesen. Sie muß dies indessen sein. »Diese Einheit von W [= Weib], der immer etwas fehlen muß, ... drängt nach Komplementierung, wie sie ... nur die ... Einheit der Ehe ihr bietet ...«[31] Wäre die Frau nicht Mängelwesen, könnte sie ihren Beruf Fortpflanzung überhaupt nicht ordentlich erfüllen und würde sie zur Gefahr für die Menschheit. So geht der Krankheitsbegriff in seiner Anwendung auf die Frau als Ganzes eine ganz charakteristische Verbindung mit dem Normalitätsbegriff ein: gerade die gesunde Frau leidet an der Krankheit Frau. Knibiehler spricht in diesem Zusammenhang von einer »confusion très féminine entre le normal et le pathologique«.[32]

Krankhafte Züge tragen im einzelnen der weibliche Geschlechtsapparat, die Menstruation, die Schwangerschaft, das weibliche Nervensystem samt Gehirn, die weibliche Sexualität, die weibliche Konstitution.

Die Menstruation ist ein periodisches »Unwohlsein«, nach der vielfach akzeptierten, mindestens aber sehr beachteten Theorie des Physiologen Eduard Pflüger von 1865 gewissermaßen eine physiologische Reflexneurose: die vom Wachstum von Zellen im Eierstock ständig ausgehenden unterschwelligen Reizungen summieren sich im »menstrualen Reflexcentrum« des Rückenmarks und führen allmonatlich, wenn die reflexauslösende Schwelle erreicht ist, zur krampfartigen Entladung, welche genital zu Eisprung und Blutung, im übrigen aber zu allen möglichen physischen und psychischen Beschwerden führt, dies letztere um so mehr, als das weibliche Nervensystem ja gerade auch um der Menstruation willen übermäßig reizbar sein muß, ist die Menstruation doch als »Inoculationsschnitt der Natur« Voraussetzung der Befruchtung.[33] »Die Menstruierende ist ›unwohl‹«, schreibt am Anfang unseres Jahrhunderts Max Runge, »das heißt jedes … gesunde Weib gerät alle 4 Wochen in einen Zustand, welcher eine Abweichung von ihren normalen körperlichen und geistigen Funktionen erkennen läßt …«[34]

Der Altvater der gerichtlichen Psychiatrie, Richard von Krafft-Ebing, leitet um 1900 daraus sogar eine Privilegierung des während der Menstruation begangenen Deliktes ab: »Das menstruirende Weib hat Anspruch auf die Milde des Strafrichters, denn es ist ›unwohl‹ … und psychisch mehr oder weniger afficirt« – »die geistige Integrität des menstruirenden Weibes ist forensisch fraglich«.[35] Das Recht hat aus der Minderwertigkeit der Frau, dies sei hier eingeschoben, über Jahrhunderte zivilrechtliche Nachteile abgeleitet, ohne eine entsprechende strafrechtliche Bevorteilung in Betracht zu ziehen – in der Bosheit hat die Frau gewöhnlich als vollwertig gegolten –, erst im 19. Jahrhundert wird eine konsequente Gesetzgebung im Sinne einer derartigen Koordination diskutiert. Der juristisch sehr interessierte Johannes Baptist Friedreich plädiert 1835 für die Anerkennung weiblichen Geschlechts als Milderungsgrund,[36] dringt aber nicht durch. »Nicht einmal für einen mildernden Umstand gilt irgendwo weibliches Geschlecht. Mit Unrecht«, wird Möbius klagen.[37] Was von dem Gedanken übrigbleibt und in die Praxis übergeht, ist eine Tendenz zur Privilegierung von Delikten, die eine Frau in Zuständen begeht, die mit ihrer Reproduktionsfunktion im Zusammenhang stehen – eben während der Menstruation, auch in der Zeit um die Geburt herum. Dergleichen Vorteile werden allerdings teuer bezahlt: das monatliche Unwohlsein der Frau disqualifiziert dieselbe nämlich auch, verantwortungsvolle (und rentable) Berufe auszuüben: »It is not to women as physicians we would object; … but to their often infirmity, during which neither life nor limb submitted to them would be … safe … We could hardly allow to a female physician ... convicted of criminal abortion, the plea that the act was committed during the temporary insanity of her menstruation ...«[38] Gegen dergleichen Folgerungen wendet sich 1876/86 spezifisch Mary Putnam Jacobi mit ihrem Buche *The question of rest for women during menstruation*. Es besteht keinerlei Notwendigkeit, faßt sie zusammen, während der Menstruation, wenn sie normal verläuft, zu ruhen; wenn diese aber pathologisch verläuft, ist vielfach nicht physische und psychische Ruhe, sondern im Gegenteil mehr physische Tätigkeit das Heilmittel. Die Frau während der Menstruation von geistiger Anstrengung abhalten wollen, hieße ja, sie von allen verantwortungsvollen Berufen abhalten.[39] Noch weitergehend hat offenbar Lily Braun die Ansicht vertreten, daß gesunde Frauen sich während der Menstruation sogar eines besonderen Wohlseins erfreuten, was der Berner Gynäkologe Hans Guggisberg 1918 entschieden in Abrede stellt. »Die ehernen Gesetze der Natur lassen sich nicht durch eine moderne Strömung wegschwemmen.«[40]

Krankheitsartig ist die Menstruation im 19. und 20. Jahrhundert auch ganz einfach als Blutung – Blutung aus einer verletzungsartigen Wunde oder Ausfluß eines blutigen »acuten Katarrh[s] von großer Intensität«[41] – und als Ursache einer ständigen Blutarmut der Frauen. Besonders das junge Mädchen neigt zu einer solchen Blutarmut: das chlorotische junge Mädchen gehört zum Bild von der bürgerlichen Jugend im 19. Jahrhundert. Dabei muß man im Auge behalten, daß Blutarmut, Chlorose und Nervenschwäche bzw. Neurose in jener Zeit recht eng nebeneinanderstanden.[42] Eine Analogie von männlichem Samenverlust und weiblichem Blutverlust ist dabei unverkennbar – Unterschied zwischen Mann und Frau ist unter diesem Gesichtspunkt vor allem, daß der Mann es in der Hand hat, seine Kräfte nicht zu verschütten, während die Frau ihrer periodischen Schwächung unfreiwillig ausgeliefert ist. »Der ... weibliche Körper hat den in der Menstruation erlittenen Verlust in der intermenstruellen Zeit stets wieder einzubringen. Kaum ist dies geschehen und der Höhepunkt der Lebensenergie wieder gewonnen, so platzt ein neuer Follikel ...« – so wird noch 1907 dieser traurige Zyklus beschrieben.[43]

Weiter nährt sich der Krankheitscharakter der Menstruation im 19. Jahrhundert in der Idee, es gehe das menschliche Ei allmonatlich mit der Menstruation ab und sei die Menstruation in diesem Sinne ein Abort – »eine Schwangerschaft im kleinsten Maaß-

stabe«,[44] allerdings eine verpaßte Schwangerschaft. »Man hat sich gleichsam gewöhnt«, schreibt Pflüger 1865, »die Nichtbefruchtung des reifen menschlichen Eies, und sein Zugrundegehen als eine berechtigte Erscheinung zu betrachten. Wenn wir aber im Sinne der Natur denken, müssen wir annehmen, daß die Eier, welche zur Reife gediehen, auch zur Entwicklung bestimmt sind . . .« »Genau genommen«, doppelt 1884 Wilhelm Loewenthal nach, »ist also die weder schwangere noch stillende und deshalb menstruierende geschlechtsreife Frau nicht das . . . Normale, sondern nur eine durch unsere . . . Verhältnisse . . . alltäglich gewordene Erscheinung, deren große Verbreitung den der Blutung als solcher anhaftenden pathologischen Charakter wohl zu verdecken, aber nicht aufzuheben vermag«. Für diesen Autor ist die Menstrualblutung eine »Folge . . . des Absterbens des menschlichen Eies, – so hat sie alle Eigenschaften und Wirkungen anderer und stets pathologischer Blutungen«.[45] Rechtliche und sozialpolitische Entsprechung dieser Pathologisierung der Menstruation ist die Kriminalisierung und Diskriminierung der Empfängnisverhütung. Dahinter steht zweifellos die Angst, die Frau könnte ihre Sexualität und Fortpflanzungstätigkeit in eigener Verantwortlichkeit wahrnehmen – Angst, die an der literarischen Oberfläche als Warnung erscheint; Warnung vor Zerfall von Sitten, Werten und Familie – ohne Hoffnung auf neue Ordnungen – und vor Schrumpfung der Nation bis zum Verschwinden. »Kindergebären erscheint als der normale Zustand«, schreibt noch 1924 Aschner, »die Nichterfüllung dieser Bestimmung führt ja oft zu krankhaften Störungen, selbst die Menstruation als Zeichen ausgebliebener Befruchtung wird . . . vielfach . . . gewissermaßen als Krankheit angesprochen.«[46]
Doch kehren wir nochmals zu Pflügers Menstruationslehre zurück, beziehungsweise zu den auf sie folgenden Entwicklungen. Bei Pflüger ist das Nervensystem der Frau besonders reizbar und chronisch gereizt und reagiert daher auf die vom Eierstock ausgehenden Impulse mit periodischen reflexepileptischen Krampferscheinungen. Und wiederum gibt es das Analoge beim Mann: Die Reflexneurose mit Ausgangspunkt im gereizten Magen, die männliche Nervosität und Neurasthenie (sie kann auch sexuellen Ursprungs sein) – diese aber ist gewöhnlich die Folge übermäßiger Anstrengungen und Leistungen und als solche Zeichen besonderer Kräfte und vermeidbar. Während die »Reflex insanity in

women«[47] Zeichen von normaler nervöser Schwäche und weitgehend unvermeidlich ist.

Gegen Ende des Jahrhunderts ändern manche Autoren – John Goodman 1878, Heinrich Schuele, Richard von Krafft-Ebing sind hier zu nennen – die Beziehung zwischen Menstruation und weiblichem Nervensystem dahin, daß sie eine Periodizität des Funktionierens des weiblichen Nervensystems, des weiblichen Körpers überhaupt, als Ursache der Menstruation und ihrer Begleiterscheinungen annehmen. Zugleich wird – gerade von Schuele – eine derartige Periodizität als Zeichen von Degeneration und Minderwertigkeit erkannt.[48]

Nun aber zum Eierstock: Wie der kranke Magen beim Manne wirkt bei der Frau der gesunde Eierstock als Herd von ständiger Reizung – der Eierstock, von welchem, wie sich der junge Virchow poetisch ausdrückte, »Alles, was wir an dem wahren Weibe Weibliches bewundern und verehren, ... nur eine Dependenz« ist.[49] Ehrenreich und English sprechen in diesem Zusammenhang von »dictatorship of the ovaries«, welche indessen nicht nur eine spezifisch weibliche Physiologie und Psychologie begründet, sondern auch eine sehr ausgedehnte Pathologie und Psychopathologie. Gerade die Eierstöcke sind im 19. Jahrhundert für außerordentlich viele krankhafte Erscheinungen an der Frau – von der Tuberkulose bis hin zum von Fortpflanzungswünschen losgelösten sexuellen Impuls – verantwortlich.[50] Der vom Eierstock chronisch ausgehende Reiz ist bei Pflüger noch ein mechanischer. Damit, daß um die Wende zum 20. Jahrhundert die physiologische Bedeutung des Nervensystems gegenüber derjenigen der innersekretorischen Drüsen und Hormone etwas in den Hintergrund tritt, wird er für manche Autoren, beginnend mit Josef Halban am Anfange unseres Jahrhunderts, chemisch. »Halban stellt sich die Sache so vor, daß die schon regelmäßigerweise vom Eierstock abgegebenen Stoffe, welche die Gebärmutter auf der Höhe ihrer Entwickelung erhalten, im weiblichen Organismus aufgestapelt werden und nach einer gewissen Verdichtung alle Monate einen Blutandrang zu den Geschlechtsteilen hervorrufen, der bis zu Blutergüssen aus den Uterusgefäßen führt. Diese Stoffe ... besitzen ausgesprochene Giftwirkungen ...«[51], sie bewirken neben der periodischen Blutung auch Veränderungen des Bluts bis hin zur Chlorose und Knochenabbau bis hin zur Osteomalazie.[52]

Auch die Schwangerschaft trug im 19. und im frühen 20. Jahrhundert krankhafte Züge. Maya Borkowsky hat diesen Umstand im Zusammenhang mit ihren Untersuchungen zur Schwangerschaftshygiene im 19. Jahrhundert studiert.[53] »Manche der durch die Schwangerschaft hervorgerufenen . . . Veränderungen sind an und für sich zwar pathologischer Natur, oder machen wenigstens den Zustand der Schwangeren zu einem solchen, in welchem die Gränzlinie zwischen Gesundsein und Kranksein schwer zu ziehen ist«, schreibt W. Lange 1868 in seinem *Lehrbuch der Geburtshülfe.*[54] Auch die ärztlichen Vorschriften für Schwangere implizieren einen Krankheitscharakter selbst der normalen Schwangerschaft. »Wer könnte sich wirklich gesund fühlen bei der Art und Vielfalt der zu befolgenden Regeln«, schreibt Borkowsky, »die der Frau ständig zu verstehen geben, wie zart, schonungsbedürftig, hilflos und therapiebedürftig sie sei.«

Der Krankheitscharakter der Geburt findet seinen Ausdruck ebenfalls vorwiegend indirekt. Wieder und wieder beteuern die Geburtshelfer, die Geburt sei ein ganz normaler Vorgang. Sie wissen indessen, wie leicht dieser Vorgang ins Pathologische abgleiten könnte: »Wehen«, »Geburtsschmerz«, »Geburtswunde«, Blutverlust – alles zeigt die Nähe zur Krankheit, zusätzlich sichtbar gemacht durch die nunmehr sich durchsetzende Rückenlage der Gebärenden.[55] Standespolitisches Äquivalent der Tendenz der Pathologisierung der Geburt ist die Tendenz des Arztes, die Hebamme vom entscheidenden Platz am Kreißbett zu verscheuchen.

Das Wochenbett schließlich, so wird 1869 »den Frauen« mitgeteilt, »ist so wenig als die Schwangerschaft ein krankhafter Zustand, wohl aber Erkrankungen noch unendlich leichter ausgesetzt, als diese letztere. Die Schwangere ist reizbar, die Wöchnerin außerdem eine Verwundete.« Wenn lebhafte Frauen da zu strikken oder die Haare zu ordnen, zu lesen oder zu schreiben wünschen, muß ihnen dies mindestens während der ersten neun Tage untersagt werden, Erstgebärenden während der ersten vierzehn Tage. Verordnet wird strikte Bettruhe, in den ersten Tagen in Rückenlage, im leicht abgedunkelten Raum. »Die Langeweile erreicht zuweilen allerdings einen hohen Grad . . .«[56]

Und schließlich findet das 19. Jahrhundert im weiblichen Nervensystem an sich ein Substrat der weiblichen Minderwertigkeit. Im Zusammenhang nicht nur mit der Menstruation, sondern mit der

Bestimmung des Weibes überhaupt ist dieses System, welches im Rahmen der seinerzeitigen Physiologie übergeordnete und organisierende Stellung einnimmt, minderwertig. Auch das weibliche Gehirn ist unterwertig. Psychisch ist die Frau, im Normalfall allerdings unbewußt, von ihrer Emotionalität und Sexualität dominiert, wobei diese keineswegs absolut größer als die männliche sein muß, oftmals ist sie vielmehr nur relativ größer, um so mehr, als der die Emotionalität kontrollierende Verstand bei der Frau so wenig entwickelt ist. Die Lehre von der nervösen Minderwertigkeit der Frau findet einen fast anekdotischen Höhepunkt in Paul Julius Möbius' schon wiederholt zitierter Schrift *Über den physiologischen Schwachsinn des Weibes*, erstmals 1900, 1908 bereits in 9. Auflage. Gehirnteile, welche für das geistige Leben verantwortlich sind, sind laut Möbius beim Weibe schlechter entwickelt als beim Manne, das Weib steht unter der Führung des Instinkts, welcher »das Weib thierähnlich, unselbständig, sicher und heiter« macht.[57] Auch absolut leidet das Weib an Hirn- und damit Geistesmangel; die Tatsache, daß Männer im allgemeinen größere Köpfe haben als Weiber, bestätigt dies.[58] Ein solcher Bau ist indessen funktionell richtig im Hinblick auf die Aufgaben der Frau in Haushalt und Kinderpflege. »Kraft und Drang ins Weite, Phantasie und Verlangen nach Erkenntniss würden das Weib nur unruhig machen und in ihrem Mutterberufe hindern ...« Es ist »der weibliche Schwachsinn ... nothwendig, er ist nicht nur ein physiologisches Factum, sondern auch ein physiologisches Postulat. Wollen wir ein Weib, das ganz seinen Mutterberuf erfüllt, so kann es nicht ein männliches Gehirn haben.«[59]

Es ist, als ob die »Krankheit Frau« sich auf das 20. Jahrhundert hin verschlimmerte: die Aussagen über das Wesen der Frau werden härter und dogmatischer und zunehmend ins Philosophische und Universale überhöht. Titel wie *Geschlecht und Charakter, eine prinzipielle Untersuchung*,[60] *Man and Woman*,[61] *Die Eigenart des Weibes, Ursachen und Folgerungen*,[62] *Versuch einer synthetischen, sexualpsychologischen Entwicklungslehre*,[63] *Das Weib und seine Bestimmung*,[64] *Das Weib als Persönlichkeit*[65] sind repräsentativ für eine Flut von ähnlichem. Zweifellos hängt dies mit der Erstarkung der Frauenbewegung in jener Zeit zusammen, jedenfalls finden sich nun immer wieder Bezugnahmen auf dieselbe. Gerade Möbius wird nicht müde, die »Damen der Emancipation« zu attackieren. Ein Gefühl der eigenen Bedrohtheit durch die feministischen Forderungen – etwa nach höherer Bildung – scheint dabei immer wieder durch. Ärztliche Zuwendung deckt solches indessen jeweils rasch wieder zu. »Lange Haare, kurzer Verstand,[65a] die moderne Weisheit aber will nichts davon wissen, ihr steht der weibliche Geist zum mindesten dem männlichen gleich. Ein Meer von Tinte ist wegen dieser Dinge vergossen worden und doch ist von Übereinstimmung und Klarheit keine Rede.« Doch ist es evident, daß sowohl die Kunst als auch »die Wissenschaften ... von den Weibern keine Bereicherung erfahren haben, noch erwarten können.« »Die Ärzte haben sich vielfach über die Forderung der Weiber, zur Medicin zugelassen zu werden, erregt. Vielleicht ist diese Sache nicht so wichtig ... Wenn auch die Medicin wie die Weiber selbst vom weiblichen Studium nicht viel Nutzen haben werden, es kommt nicht sehr viel darauf an. Viel wichtiger scheint mir das zu sein, daß die Ärzte sich eine klare Vorstellung von dem weiblichen Gehirn- oder Geisteszustande verschaffen ...«[66] Mit Beunruhigung nimmt Möbius von den Bestrebungen der Feministen Kenntnis. »Aber, was soll man thun?« fragt er in der Vorrede zur zweiten Auflage seines Werks 1901. »Zuerst ... die ›höheren‹ Schulen sammt und sonders niederzureißen.« »Schützt das Weib gegen den Intellectualismus.«[67] Wer, möchte man fragen, soll da geschützt werden? Und wovor? Der Intellektualismus der Weiber ist das eine. »Dazu kommt die Heftigkeit der Affecte ... Wäre das Weib nicht körperlich und geistig schwach, wäre es nicht in der Regel durch die Umstände unschädlich gemacht, so wäre es höchst gefährlich. In den Zeiten politischer Unsicherheit hat man mit Schrecken die Ungerechtigkeit und Grausamkeit der Weiber kennen gelernt ...«[68]

Immer wieder kommt die Gefährlichkeit der aktiven und spontanen weiblichen Emotionalität zur Sprache. »Die Frauen gehören zu den leidenschaftlichsten, wegen ihrer Hemmungslosigkeit aber auch zu den gefährlichsten Agitatoren neuer Ideen, trotz ihres Konservativismus«, schreibt der vielzitierte Frauenkenner Professor Constantin Bucura 1918.[69] Daß diese Leidenschaftlichkeit letztlich – auch die Wortwahl deutet darauf hin – sexuell genährt sei, wird im allgemeinen angenommen. In der Kriminologie wird dies besonders deutlich. Lombroso identifiziert »la donna delinquente« praktisch mit der Prostituierten.[70] Der Ministerialdirektor im sächsischen Justizministerium, Dr. Erich Wulffen, bezeichnet, von Lombroso offenbar angeregt, »das Weib als geborene Sexualverbrecherin«.[71]

Offenen Hohn aber zieht die Frau auf sich, welche sowohl intellektuell als auch emotionell leben möchte. »Glaubt vielleicht die Frau, sie könne durch Umstellung der gegenwärtigen Ordnung dem Manne gleich, ebenbürtig werden und dabei ihr Gefühlsleben behalten?« fragt Guggisberg. »Solche Meinungen gehen auf nichts anderes aus, als die Frau schließlich zum Übermenschen zu stempeln.«[72] Auch Albert Moll spricht in diesem Zusammenhang von »Größenwahn«.[73]

Eine Flut von Literatur spricht im frühen 20. Jahrhundert mit den Argumenten der intellektuellen Minderwertigkeit und der Emotionalität »des Weibes« gegen den feministischen Aufbruch in weitere Lebensbereiche, speziell den Aufbruch ins Berufsleben. Der Beruf der Frau, wird nun betont, sei der Mutterberuf. »Es unterliegt keinem Zweifel«, schreibt Bucura, »daß . . . ihr natürlichster Beruf die Betätigung als Gattin und Mutter ist.«[74] Wilhelm Stekel beschwört angesichts der Verirrung der Frauen in männliches Denken und Berufsleben die »Rückkehr zum Mutterberufe«.[75] Muß aber eine »vollwertige Frau« – immer wieder wird Bedauern geäußert darüber, daß die wirtschaftlichen und sozialen Entwicklungen solches mit sich gebracht hätten – »einen anderen als ihren natürlichen Beruf ergreifen, dann bleibe sie bei solchen, die dem Gattin- und Mutterberuf am nächsten liegen.« Eine Minderzahl von Frauen, die nicht vollwertigen, können auch männliche Berufe ausüben. »Überwältigende Leistungen dürften aber nicht zu erwarten sein«, denn Frauen mit männlichen Qualitäten sind doch immer Gemische, sie sind »unvollständige Talente«.[76] »Daß es in allen Berufsarten weibliche Vertreter gibt, die Hervorragendes leisten, beweist nichts. Sie bestätigen nur die Regel«, schreibt Guggisberg, und weiter unten: »der Mißbrauch der Frauenkraft gegen die ehernen Gesetze der Natur würde sich bitter rächen«.[77] »Die ganze Frau hängt den Doktorhut an den Nagel, wenn es gilt, die Wiege zu schaukeln«, schreibt W. Liepmann 1920 beschwörend in seiner *Psychologie der Frau*. Denn auch für ihn ist die Frau der Gefühlsmensch gegenüber dem Verstandesmenschen Mann. Und während dieser dem Gesetz der »Progressiven Entwicklung« untersteht, unterliegt sie dem »Hemmungsgesetz«. Dieses betrifft »alle Organe des weiblichen Plasmas« und macht auch vor dem Großhirn nicht halt.[78] Deshalb taugt die

Frau nicht für ein Studium, wie sich dies auch aus Umfragen an Schulen und Universitäten ergeben hat[79] — »alle diese Daten erklären hinlänglich, warum die Frau, einzelne Individuen, die charakterologisch zu prüfen sind, ausgenommen, niemals produktiv ist, nicht in der Wissenschaft, nicht in ihrem ureigensten Gebiet der Mode, der Kochkunst, warum nicht einmal sie, sondern ein Mann . . . das Stricken erfand«.[80]

Nun zu den Komplikationen der »Krankheit Frau«, den Erkrankungen der einzelnen Frauen. Der Übergang vom einen zum anderen ist wesentlich schleichend und durch große Überlappungsfelder charakterisiert. Die Komplikationen der Krankheit Frau streuen zwischen selbstverschuldeten und ärztlich verursachten, iatrogenen Leiden; die Mitte bilden, was man Berufskrankheiten der Berufsklasse »Weib« nennen könnte.

Zuerst zur selbstverschuldeten Komplikation des mißglückten Selbstheilungsversuches. Die Frau, welche Wege sucht, von der ihr geschlechtshalber zugewiesenen Krankenrolle zu genesen, etwa zu denken anfängt, schneidet sich damit tief ins eigene Fleisch. »Übermäßige Gehirntätigkeit«, schreibt Möbius, »macht das Weib nicht nur verkehrt, sondern auch krank . . . Die modernen Närrinnen sind schlechte Gebärerinnen und schlechte Mütter. In dem Grade, in dem die ›Civilisation‹ wächst, sinkt die Fruchtbarkeit, je besser die Schulen werden, um so schlechter werden die Wochenbetten, um so geringer wird die Milchabsonderung, kurz, um so untauglicher werden die Weiber.«[81] Krankheit also als Strafe für den Versuch, sich selbst zu befreien,[82] Verkehrtheit aber, wo Krankheit ausbleibt. »Langes Haar, kurzer Verstand« — aber welche Unruhe, wenn die Frauen dann das Haar abschneiden. Mit Besorgnis weisen die Ärzte auf die »Gefahr der Vermännlichung« in der Frauenbewegung hin. Möbius ruft die Kollegen auf, »die widernatürlichen Bestrebungen der ›Feministen‹ zu bekämpfen«. »Ein Teil der Vermännlichung ist . . . künstlich hergestellt«, schreibt der Geheime Sanitätsrat Moll aus Berlin, »vielleicht entspricht es aber der Natur mancher Frauenrechtlerinnen, das Virile auch in der . . . Frisur . . . anzunehmen . . . Jedenfalls begegnen uns in der Frauenbewegung erheblich mehr virile Typen als sonst in der weiblichen Bevölkerung. Das soll kein Vorwurf sein . . .«[83] Feminismus als Perversion — nicht zufällig dürften seinerzeit sowohl sich emanzipierende Frauen als

auch »Männer, die . . . Weibern ähnlich sind«, als »Feministen«
bezeichnet worden sein.[84] 1909 erscheint eine »Streitschrift von
Käthe Sturmfels« mit Titel *Krank am Weibe.* »Krank« ist hier das
deutsche Vaterland. »Mag das . . . Büchlein«, heißt es zum Geleit,
»den Weg . . . erhellen, den der denkende Mann und die echte
Frau, die deutsche Frau, in diesen Zeiten schnödester Perversitä-
ten . . . zu gehen haben . . .« – Frau Sturmfels sieht im Feminismus
ebenso wie in Judentum und Sozialdemokratie eine Gefahr für die
germanische Art und beschwört die deutschen Männer, derselben
zu wehren. »Die echten Frauen sind es nicht«, schreibt sie, »die
die Frauenbewegung machen. Im Gegenteil; sie widerlegen
schon mit ihrem bloßen Dasein die Berechtigung der Frauenbewegung.«[85] Vornehmer drückt sich der Psychoanalytiker und
Sexualwissenschaftler Stekel aus, wenn er die englische Suffragettenbewegung zu den Neurosen und Symptomen einer Vergewaltigung der Natur rechnet.[86] Auch Perversionen haben im 19. Jahrhundert ja Krankheitscharakter gewonnen.[87] Sogar einfache
Begabung ist verdächtig. »Ganz selten findet man ein wirkliches
Talent« unter den Frauen, schreibt Möbius, »und dann pflegen
auch andere Züge den geistigen Hermaphroditismus darzu-
thun«.[88] »Hat ein Weib mathematisches Talent«, schreibt er anderswo, »so ist es ebenso, als ob sie einen Bart hätte.«[89] Selbst der
verbindliche Guggisberg betrachtet das Auftreten hervorragender
Frauen in allen Berufsarten lediglich als Bestätigung der Regel
und als Zeichen dafür, »daß ausnahmsweise eine Frau männliches Wesen an sich trägt . . .«[90] Auch Liepmann droht ja, weibliche Individuen, welche produktiv sind, »charakterologisch zu
prüfen«.
Nun zur Berufskrankheit des Berufszweigs »Weib«. Die Frau ist
krankheitsanfälliger als der Mann. Manche Krankheiten erleidet
sie fast physiologischerweise. So wurde zum Beispiel die Hysterie,
welche ja als beinah normale Begleiterscheinung der Menstruation galt, in diesem Zusammenhang eine »amplification de la
mentalité féminine«[91] genannt, Liepmann nennt sie ein »Vergrö-
ßerungsglas«, durch welches man die Schwäche und Vulnerabilität des Weibes deutlicher erkenne.[92] Nach Ernst Kretschmer
(1923) neigen zu hysterischen Reaktionen »blasse und banale
Verkümmerungsformen, . . . oft mit infantilen Stigmen körperlicher und psychischer Art, dabei . . . intellektschwach, . . . die . . .
durch ihren Mangel an höheren psychischen Regulationen zu pri-

mitiv triebmäßigen seelischen Entladungen . . . neigen«[93] – man erkennt die Umrisse des Modells Frau. »Weib und Hysterie, das ist eben überhaupt eine nahe Wahlverwandtschaft«, schreibt der Wiener Psychiater Erwin Stransky 1927 in Halban und Seitz' *Biologie und Pathologie des Weibes*.[94] Auch der Krafft-Ebingschen quasi physiologischen Menstruationspsychosen muß hier gedacht werden.[95] Überhaupt aber neigt die Frau zu psychischer Erkrankung, schon am Anfang des 19. Jahrhunderts hat der autoritative Jean-Étienne-Dominique Esquirol Frauen deshalb häufiger krank gefunden als Männer – et »presque toutes leurs folies se compliquent d'hystérie«.[96] Diesen statistischen Befund bestätigen spätere Psychiater nicht, trotzdem anerkennen sie die Sache – nach Emil Kraepelin wird »die Bedeutung dieser Prädisposition . . . ausgeglichen durch die relativ geschützte Stellung, die das Weib dem unvergleichlich mehr exponirten Manne gegenüber einnimmt«.[97] Wiederum ist bei der Frau Schicksal, was beim Manne Willkür ist, – »Überanstrengung im Kampf ums Dasein, . . . Trunksucht, . . . sexuelle Excesse, . . . überdies . . . Syphilis und . . . Paralyse« seien es, welche beim Manne die Psyche gefährdeten, schreibt Krafft-Ebing 1897.[98] Aber auch körperlichen Krankheiten ist die Frau mehr unterworfen als der Mann. Die Menstruation disponiert zu allen möglichen Krankheiten,[99] die Geburt sowieso, der ganze Genitalapparat ist krankheitsanfälliger als derjenige des Mannes – »unzweifelhaft ist das Weib zur Erkrankung der Geschlechtsorgane mehr geneigt als der Mann«, faßt Müller zusammen.[100] Krankheit des Genitalapparates geht dabei in allgemeine Krankheit ebenso unmerklich über wie weibliche Mangelhaftigkeit in weibliches Kranksein; tendenziell ist jede Krankheit der Frau in deren geschlechtlicher Natur verwurzelt. Müller nennt es eine »Tatsache, daß Störungen des Geschlechtslebens beim Weibe mehr auf den Gesamtorganismus einwirken als beim Manne«.[101] Weil der Geschlechtsapparat der Frau innerhalb ihres Körpers liegt, liegen Miterkrankungen anderer Organe nahe; weil die Frau von unten her bis in die Bauchhöhle offen ist, steigen Infektionen, so schreibt Runge, bis ins Bauchfell auf, »wodurch eine weitere Gelegenheit zur Miterkrankung« gegeben ist.[102]

Wo die Frau als Ganzes als ein im Dienste der Fortpflanzung stehendes Wesen begriffen wird, wo ein Möbius sie teleologisch versteht, ein Liepmann die »Vulnerabilität« der Frau zum biologischen Grundprinzip hochstilisiert und diese der »Unverletzlichkeit« des Mannes gegenüberstellt,[103] wo ein Aschner die Konstitution des Weibes insgesamt »aus ihrer Bestimmung, Kinder zu gebären« herleitet,[104] werden Krankheiten von Frauen vollends beinah sämtlich zu Geschlechts-Berufs-Krankheiten. Es könne ein großer Teil der weiblichen Pathologie aus der weiblichen Konstitution abgeleitet werden, schreibt Aschner.[105] Wenn man nun bei Frauen zehnmal mehr Tränensackeiterungen findet als bei Männern, glaubt man, »daß es vom vielen Weinen komme, was allerdings ... mit zum Wesen der Frau gehört«.[106]

Bezüglich der Deutung der im frühen 20. Jahrhundert unbestrittenen höheren Sterblichkeit der Männer gegenüber den Frauen herrschte seinerzeit Uneinigkeit: Möbius vertritt in seiner Monographie *Geschlecht und Krankheit* die Auffassung, es sei diese ein Artefakt, indem Frauen eben ihrer leichteren Lebensumstände wegen weniger stürben – »würden die Lebensumstände gleich gemacht, so ... müßte die weibliche Mortalität ... die männliche übertreffen«.[107] Während Müller sie mehr auf den primitiveren Bau der Frau zurückführt – die Ursache der größeren Neigung zu Erkrankung beim männlichen Geschlecht liegt »in der männlichen Organisation, die ... durch die besondere Lebhaftigkeit der Stoffwechselvorgänge ausgezeichnet ist«. Das männliche Nervengewebe ist weniger beständig und neigt mehr zu »Veränderlichkeit und Abweichung« als das weibliche ...[108]

Schließlich die Komplikation der generischen »Krankheit Frau« durch die iatrogene beziehungsweise anthropogene Krankheit der einzelnen Frau. Es ist evident, daß die männlich-ärztlich-wissende Behandlung der »Krankheit Frau« wie aller repressive Beistand pathogen wirken mußte; auf welchem Wege, ist eine andere Frage. Man kann den Mechanismus der »self-fulfilling prophecy« annehmen, den der Suggestion, der Beschwörung, der neurotischen Reproduktion pathogener Situationen, man kann nach psychosomatischen oder nach rollenpsychologischen Mechanismen suchen, historisch ist dergleichen aber schwer zu belegen. Sogar empirisch-historisch ist der Nachweis eines Zusammenhangs zwischen manchen iatrogenen (ärztlich verursachten) Frauenleiden und dem Konzept von der »Krankheit Frau« kaum zu erbringen. Einmal, weil die Medikalisierung und Pathologisierung der weiblichen Normalität ja auch eine Senkung der Krankheitsschwelle und den Einbezug von bis anhin zum Schicksal gerechneten Frauenleiden in das ärztliche Gesichtsfeld mit sich gebracht hat, ferner weil sie zweifellos auch Milderungen und Behebung derartiger Leiden zur Folge gehabt hat und schließlich, weil die ärztlich verursachte Krankheit im 19. Jahrhundert auch außerhalb der Frauenheilkunde blühte.

Trotzdem wage ich die Hypothese, daß das 19. Jahrhundert iatrogene Frauenleiden produziert hat und zum Teil wegen des Konzepts von der »Krankheit Frau« nicht aufgehört hat, zu produzieren.

So zum Beispiel mithilfe der Uterussonde, eines Kristallisationskerns der entstehenden Spezialität Gynäkologie im 19. Jahrhundert. Die Uterussonde wurde von manchen Frauenärzten des von aller physikalischen Diagnostik begeisterten früheren 19. Jahrhunderts – etwa vom hochberühmten James Marion Sims oder von T. Gaillard Thomas – routinemäßig verwendet, um die Gebärmutterhöhlen der Klientinnen nach Form und Größe auszumessen.[109] Das war die vor-bakteriologische, vor-antiseptische Zeit, und es liegt nahe, anzunehmen, daß eben deshalb nach Befund mancher von jenen frühen Frauenärzten – gerade etwa des Dr. Thomas[110] – eine Mehrzahl der Frauen an Entzündungen des Uterus litten. Dafür aber, daß sie selber einen solchen Zusammenhang nicht herstellten, könnte neben bakteriologischer Unkenntnis die Idee von der Normalität von pathologischen Befunden an gesunden Frauen mit verantwortlich gewesen sein. Virchow selbst hat ja die Menstruation als einen Katarrh beschrieben. Vielleicht hätte das 19. Jahrhundert auch weniger Frauen durch Kindbettfieber verloren, wenn es eine Krankheitsartigkeit von Geburt und Wochenbett nicht akzeptiert hätte und nicht weibliche Schreckhaftigkeit, Empfindlichkeit und Schamhaftigkeit als Erklärung für hohe Sterblichkeit im Wochenbett hätte gelten lassen.[111] Es kann eben ein Konzept diejenige Situation stabilisieren, in welcher es entstanden ist, und wenn die Gefährdung der Frau durch Geburt und Wochenbett mit an der Wurzel des Konzepts von der »Krankheit Frau« liegt, so kann dieses solche Gefährdung seinerseits wieder begründen.

Zu einer Epidemie von frauenärztlich verursachten Leiden ist es im späteren 19. Jahrhundert mit dem Aufschwung der operativen Gynäkologie gekommen. Ein einigermaßen klarer Zusammenhang mit dem Konzept von der »Krankheit Frau« ist dabei vor allem dort zu finden, wo auf Grund pathologisierender Annahmen über die Wirkungen der Eierstöcke und anderer weiblicher Geschlechtsorgane solche operativ behandelt und entfernt wurden, woraus neben Verstümmelungen oftmals Krankheit und Tod resultierten.[112]

Doch nun noch zum allmählichen Abklingen der »Krankheit Frau« seit den beiden Weltkriegen. Betrachten wir die eingangs aufgeführten Wurzeln des Konzepts – die meisten haben in unserem Jahrhundert an Boden sehr verloren. Da ist einmal festzustellen, daß Frauen seit dem späteren 19. Jahrhundert sich zunehmend Gehör verschaffen, das geltende Frauenbild zur Kenntnis nehmen und es kritisieren. Mary Putnam Jacobi und Lily Braun sind uns als Autorinnen von wenigstens teilweisen Gegenbildern begegnet, sehr viele andere wären hier weiter zu nennen. Damit ist die Frau auch vermehrt als Ich in Erscheinung getreten; man könnte von einer Menschwerdung der Frau sprechen. Die Frauenbewegung der letzten zwei Jahrzehnte in ihren verschiedenen Erscheinungsformen und Schattierungen bildet dazu natürlich wesentlichen Hintergrund und Basis. Daß dabei da oder dort der Mann zum »zweiten Geschlecht« wird, ist historisch logisch.
Ferner die Fortschritte der Medizin: Risikosenkung von Schwangerschaft, Geburt, Wochenbett und, noch wichtiger vielleicht, die Empfängnisverhütung, welche aus Fortpflanzung, Sexualität und Frauenleben dreierlei macht und damit einerseits wieder, über Planbarkeit des Frauenlebens und Freisetzung weiblicher Kräfte, zur Stärkung des Gleichheitskonzeptes der Geschlechter beigetragen hat, andrerseits ein Nicht-Planen mit neuem Wert versieht.[113]
Ferner hat die allgemeine De-medikalisierungstendenz der letzten zwei Jahrzehnte gewiß den Grund auch zur modernen De-pathologisierung weiblicher Normalität – wie sie sich etwa in der Bewegung hin zur Hausgeburt äußert – gelegt.
Auf noch grundsätzlicherer Ebene, dort, wo die moderne Medizinkritik eine Form der Kritik an der Ein- und Unterordnung individuellen Lebens in höher organisierte gesellschaftliche Zielsetzungen ist, trifft diese noch grundsätzlicher mit einem traditionellerweise der Frau übertragenen Anliegen zusammen, womit die Frau vom Rande der Kultur zentrumwärts rückt und sogar Kulturträgerin wird.
Auch das evolutionistische Denken, welches das hierarchische

Konzept von der Beziehung zwischen den Geschlechtern im 19. Jahrhundert wesentlich verstärkt hat, ist in unserem Jahrhundert überaus kritischer Revision unterzogen worden. Nicht nur die Frau, auch das Kind, die Neger, die Arbeiter, sogar die Tiere kommen als gleichwertig mit dem herrschenden weißen Mann in Frage. Selbst innerhalb des Individuums spielt sich eine Demokratisierung ab: hatten männlicher Wille und Verstand im 19. Jahrhundert mit Selbstverständlichkeit auf Gefühl, Emotion, Phantasie, nicht-kalkulierende Hinwendung zur Kreatur und zum eigenen Körper herabgeschaut, ist er heute seines überragenden Wertes nicht mehr so sicher – Macht und Wert sind nicht mehr dasselbe.

Auch der Glaube an den Spezialismus, welcher die radikale Spezialisierung der Frau auf den Fortpflanzungsberuf als hohe kulturelle Errungenschaft pries, ist, gerade soweit er Glaube war, weitgehend zerfallen.

Von besonderer Bedeutung für die Geschichte der Frau ist ferner die Erweiterung der wissenschaftlichen Objektivität – was immer man »Wissenschaft« nennt – auf den Forscher selbst. Diese Entwicklung ist vorbereitet worden durch die marxistische Ideologiekritik, durch Arbeiten wie die des Sinnesphysiologen, Physikers und Philosophen Ernst Mach; wichtige Marksteine davon sind in unserem Jahrhundert die Entstehung der modernen Physik und der Psychoanalyse gewesen. Es werden Wurzeln sich bei näherem Hinsehen zweifellos auch in der frühen feministischen Literatur finden. Jedenfalls wurde in Bezug auf das Frauenbild die Frage nach der persönlichen Optik des Betrachters im Laufe unseres Jahrhunderts allmählich unausweichlich.[114]

Nun zum Biologismus, welcher die traditionelle weibliche Minderwertigkeit im 19. Jahrhundert so sehr die Form einer biologischen Minderwertigkeit und Krankheit hat annehmen lassen. Die Biologie, die Naturwissenschaften überhaupt, haben seit den beiden Weltkriegen gegenüber den sozialen Wissenschaften an Prestige eingebüßt. Durch die beiden Weltkriege und die Aussicht auf den dritten, auch durch manche Nachkriegsentwicklungen ist das Vertrauen des 19. Jahrhunderts darauf, daß Technik und Naturwissenschaften mit Gewißheit zu einer besseren Welt führen würden, grundlegend erschüttert worden. Das Wahrheitsmonopol der Naturwissenschaften ist gebrochen. Was von der alten Minderwertigkeit der Frau noch fortbesteht, hat daher andere Formen angenommen als die bio-medizinische einer Krankheit. Man denke an die Diskussionen um die Gleichberechtigungsfragen in der Schweiz von 1981. Niemand bestritt die biologische Gleichwertigkeit der Frau gegenüber dem Mann; gegen eine volle gesellschaftliche, auch ökonomische Gleichberechtigung aber gab es alle möglichen soziologischen, ökonomischen, verwaltungstechnischen und politischen, gewiß auch psychologischen Argumente. Macht wird mit entscheiden über die Zukunft der weiblichen Minderwertigkeit: Interessen stehen gegen Interessen.

Daß aber die weibliche Minderwertigkeit, soweit sie fortbesteht, auch wieder einmal biologische Formen annehmen könnte, ist wahrscheinlich. Biologie und Medizin bergen noch manche Skelette im Schrank, welche im Zuge einer Re-biologisierung der weiblichen Minderwertigkeit wieder ans Licht treten könnten – aus dem heute kaum mehr beachteten geringeren Hirngewicht der Frau etwa oder dem ihr fehlenden y-Chromosom könnten zu gegebener Zeit durchaus nochmals Streuherde einer allgemeineren »Krankheit Frau« werden. Doch das gehört nicht mehr (noch nicht?) zur Geschichte.

Anmerkungen

1 Jacobi, Mary Putnam, *The question of rest for women during menstruation*, Nachdr. d. Ausg. New York/London 1886 (The Boylston Prize Essay of Harvard University for 1876), New York, Dabor Social Science Publications 1978, S. 3.

2 Beauvoir, Simone de, *Das andere Geschlecht.* 171.-188. Tsd., Hamburg, Rowohlt 1978, (Originalausg.: *Le deuxième sexe*, Paris, Gallimard 1949).

3 Knibiehler, Yvonne, Les médecins et la »nature féminine« au temps du code civil, *Annales – Economies – Sociétés – Civilisations* 31, 1976, 824-845, 889; S. 827, aus der *Encyclopédie* (1751-1772).

4 Wulffen, Erich, *Das Weib als Sexualverbrecherin*, Ein Handbuch für Juristen, Polizei- und Strafvollzugsbeamte, Ärzte und Laienrichter, Berlin, Langenscheidt 1925, S. 30, 31.

5 Vgl. Möbius, Paul Julius, *Über den physiologischen Schwachsinn des Weibes*, Halle, Marhold 1900 (Sammlung zwangloser Abhandlungen aus dem Gebiete der Nerven- und Geisteskrankheiten; III, 3), Anm. zu S. 3: »Es ist ganz ungehörig, zur Geschlechtsbezeichnung den Ausdruck ›Frau‹ zu verwenden. Frau ist die ehrende Anrede und

bedeutet Herrin, Domina, Dame, aber nach unserem Sprachgebrauche darf nur die Verheiratete als Frau bezeichnet werden. Wenn man von einer Frauenfrage, Frauenversorgung usw. spricht, so meint man vorwiegend die Angelegenheiten der Weiber, die nicht Frau sind . . . Wenn die Weiber sich ihres Namens schämen sollten, so ist das schlimm genug, aber kein Grund, die Sprache zu vergewaltigen.« (2. Aufl. ebd. 1901).

6 Vgl. Knibiehler (Anm. 3), S. 827: Pierre Roussel definiert die Frau in seinem *Système physique et moral de la femme* von 1775 als »autre«.

7 Vgl. etwa Fodéré, François-Emmanuel, *Les lois éclairées par les sciences physiques; ou traité de médecine-légale et d'hygiène publique*, 3 Bde., Paris, Croullebois/Deterville an 7 (1799), Bd. 1, S. 134.

8 Stehende Wendung von mir bisher unbekannter Herkunft.
  Virchow, Rudolf, Der puerperale Zustand. Das Weib und die Zelle, in: *Gesammelte Abhandlungen zur wissenschaftlichen Medicin*, Frankfurt, Meidinger 1856, S. 735-779, S. 747, merkt an: Achille »Chéreau [Mémoire pour servir à l'étude des] (maladies des ovaires [1845], p. 72, 91) urgirt mit vollem Recht, daß es ganz falsch gewesen sei, immer den Uterus als das eigentlich charakteristische Organ hervorzuheben und mit [Johannes Baptista] van Helmont [1579-1644] zu sagen: Propter solum uterum mulier est id quod est.« Vgl. Knibiehler (Anm. 3), S. 831.

9 Virchow (Anm. 8), S. 747.

10 Möbius (Anm. 5), S. 14.

11 Aschner, Bernhard, *Die Konstitution der Frau und ihre Beziehungen zur Geburtshilfe und Gynäkologie*, München, Bergmann 1924, S. 21.

12 Nach Jacobi (Anm. 1), S. 2; vgl. auch Jacques-Louis Moreau de la Sarthe: ». . . le mâle n'est mâle qu'en certains instants, mais la femelle est femelle pendant toute sa vie« (*Histoire naturelle de la femme*, 3 Bde., 1803), zit. n. Knibiehler (Anm. 3), S. 835.

13 Runge, Max, *Lehrbuch der Gynäkologie*, 4. Aufl. bearb. v. R. Birnbaum, Berlin, Springer 1910, S. 12.

14 Baisch, Karl, Hygiene und Diätetik des Weibes in und außerhalb der Schwangerschaft, in: *Biologie und Pathologie des Weibes*, Ein Handbuch der Frauenheilkunde und Geburtshilfe, Hrsg. v. Josef Halban, Ludwig Seitz, 8 Bde. in 15 Teilen, Berlin/Wien, Urban u. Schwarzenberg 1924-1927, Gesamtinhaltsübersicht/Generalregister, ebenda 1929, Bd. 1, 1924, S. 869-924; S. 870.

15 Alberti, Michael, *Systema jurisprudentiae medicae*, Bd. 1. Halae, Orphanotropheum 1725, S. 40-41 (Kap. 2 De potentia et impotentia generandi prolem).

16 N. Knibiehler (Anm. 3), S. 836-837.

17 Fischer-Homberger, Esther, *Krankheit Frau und andere Arbeiten zur Medizingeschichte der Frau*, Bern/Stuttgart/Wien, Huber 1979, S. 14-16, 49-80.

18 Vgl. Maeder, Hanspeter, *Die Frau im 17. Jahrhundert im Spiegel der »quaestiones medico-legales« des Paolo Zacchia (1584-1659)*, (Diss. Bern 1981), Kap. 10 (Der contractus societatis [Schwanger-schafts- und Geburtskomplikationen]).

19 Fischer-Homberger, Esther, *Medizin vor Gericht,* Gerichtsmedizin von der Renaissance bis zur Aufklärung, soll 1983 bei Huber, Bern erscheinen, Exkurs über Liberalismus und Sexualität.

20 Vgl. Mende, Ludwig Julius Caspar, *Die Krankheiten der Weiber, nosologisch und therapeutisch bearbeitet,* 2 Teile, Leipzig, Salfeld 1810-1811, 1. Teil, S. 6-7; Jörg, Johann Christian Gottfried, *Handbuch der Krankheiten des Weibes,* 2. umgearb. u. verm. Aufl., Leipzig, Cnobloch 1821, S. 6-7.

21 Imhof, Arthur E., Die Übersterblichkeit verheirateter Frauen im fruchtbaren Alter. Eine Illustration der »condition féminine« im 19. Jahrhundert, in: *Z. f. Bevölkerungswiss.* 1979, 487-510.

22 Vgl. Böhme, Gernot, Das Andere der Vernunft, Über die Entwick-lung bürgerlicher Rationalität am Beispiel Kants, Noch unpubli-ziert.

23 Vgl. Ehrenreich, Barbara / English, Deirdre, *For her own good,* 150 years of experts' advice to women, London, Pluto Press 1979, S. 109.

24 Möbius (Anm. 5), S. 16.

25 Müller, Robert, *Sexualbiologie,* Vergleichend-entwickelungsge-schichtliche Studien über das Geschlechtsleben des Menschen und der höheren Tiere, Berlin, Marcus 1907, S. 136.

26 Ibid., S. 184; vgl. auch Möbius, Paul Julius, *Geschlecht und Entar-tung,* 2. Aufl. Halle, Marhold 1907 (Beiträge zur Lehre von den Geschlechts-Unterschieden von P. J. Möbius; 2).

27 Barker-Benfield, G. J., *The horrors of the half-known life,* Male at-titudes toward women and sexuality in nineteenth-century America, New York/Hagerstone/San Francisco/London, Harper Colophon 1977.

28 Weshalb sich diese übrigens als Richter nicht eignen.
Kemnitz, M. von, *Das Weib und seine Bestimmung,* Ein Beitrag zur Psychologie der Frau und zur Neuorientierung ihrer Pflichten, Mün-chen, Reinhardt 1917, S. 181.

29 Knibiehler (Anm. 3), S. 835-837; Möbius, 2. Aufl. (Anm. 5), S. 4 (Vorrede): »Die Sitte ist das Secundäre, nicht sie hat das Weib an seinen Platz gestellt, sondern die Natur hat dieses dem Manne un-tergeordnet und deshalb wurde die Sitte.«

30 Conrad, Peter / Schneider, Joseph W., *Deviance and medicalization*, From badness to sickness, St. Louis/Toronto/London, Mosby 1980.

30a Ehrenreich, Barbara/English, Deirdre: *Zur Krankheit gezwungen*, Eine schichtspezifische Untersuchung der Krankheitsideologie als Instrument zur Unterdrückung der Frau im 19. u. 20. Jahrhundert am Beispiel der USA, München, Frauenoffensive 1976, S. 23-30 (Orig. bei The Feminist Press 1974).

31 Liepmann, W., *Psychologie der Frau*, Versuch einer synthetischen, sexualpsychologischen Entwickelungslehre, Berlin/Wien, Urban u. Schwarzenberg 1920, S. 237.

32 Knibiehler (Anm. 3), S. 829.

33 Nach Pflüger, Eduard, Über die Bedeutung und Ursache der Menstruation, in: E. Pflüger, *Untersuchungen aus dem physiologischen Laboratorium zu Bonn,* Berlin 1865, S. 53-63, zit. n. Fischer-Homberger (Anm. 17), S. 70-75. Vgl. Schneckenburger, Sigrid, *Die Rezeption der Pflügerschen Menstruationstheorie zwischen 1865 und 1880,* (Diss. Erlangen-Nürnberg 1979).

34 Runge (Anm. 13), S. 12. Dasselbe in älterer Schreibweise schon 1902.

35 Krafft-Ebing, Richard von, *Psychosis menstrualis*, Eine klinisch-forensische Studie, Stuttgart, Enke 1902, spez. S. 93, 108-109.

36 Friedreich, Johannes Baptista, *Systematisches Handbuch der gerichtlichen Psychologie*, Für Medicinalbeamte, Richter und Vertheidiger, Leipzig, Wigand 1835, S. 341-362 (Vom Einflusse des Geschlechtes auf die Zurechnung).

37 Möbius (Anm. 5), S. 18.

38 Jacobi (Anm. 1), S. 5, n. Storer, *Criminal abortion*, Boston 1868, S. 101 (Bereits 1860 erschien nach Index Catalogue in Philadelphia von Horatio Robinson Storer *On criminal abortion in America*, ein Nachdruck aus der *North Amer. Med. Chir. Rev.* 1859.) Ähnlich übrigens Edward John Tilt als Präsident der Obstetrical Society of London, 1874, ebenfalls nach Jacobi, S. 5. Vgl. Bullough, Vern/Voght, Martha, Women, menstruation, and nineteenth-century medicine, in: *Bull. Hist. Med.* 47, 1973, 66-82.

39 Jacobi (Anm. 1), S. 223-232 (conclusions).

40 Guggisberg, Hans, *Die körperliche und geistige Eigenart der Frau*, Bern, Francke 1918, S. 15.

41 Virchow (Anm. 8), S. 750.

42 Vgl. Stransky, Eugene, On the history of chlorosis, in: *Episteme* 7, 1973, 26-45, spez. S. 31; Fischer-Homberger, Esther, Hypochondriasis of the eighteenth century – neurosis of the present century, in: *Bull. Hist. Med.* 46, 1972, 391-401, spez. S. 399.

43 Müller (Anm. 25), S. 134-135, nach O. Schultze (vermutlich Oskar

Schultze in: *Das Weib in anthropologischer Betrachtung*, Würzburg 1906, 3. Aufl. 1928).

44 Virchow (Anm. 8), S. 735-736.

45 Fischer-Homberger (Anm. 17), S. 70, aus Pflüger (Anm. 33), spez. S. 54-58 und Loewenthal, Wilhelm, Eine neue Deutung des Menstruationsprocesses, in: *Arch. Gynäk.*, 24, 1884, 169-261, S. 248-249, 260.
Vgl. Jacobi (Anm. 1), S. 6-7: Nach einem Dr. King (*Amer. J. Obstet. Dis. Wom.*, August and Nov. 1875) sei die Menstruation ein »pathological substitute« der Schwangerschaft.

46 Aschner (Anm. 11), S. 21.

47 Storer, Horatio Robinson, *The causation, course, and treatment of reflex insanity in women*, Nachdr. d. Ausg. Boston/New York 1871, New York, Arno Press & New York Times 1972.

48 Vgl. Salvetti, Markus Ernst, *Gefäßpsychopathologie bei Richard von Krafft-Ebing (1840-1902)*, (Diss. Bern 1981), S. 66-67; vgl. auch Fischer-Homberger (Anm. 17), S. 78. Salvetti zitiert John Goodman: The cyclical theory of menstruation, in: *Amer. J. Obstet. Dis. Wom.*, 11, 1878, S. 673-694.

49 Virchow (Anm. 8), S. 747.

50 Ehrenreich/English (Anm. 23), S. 108-112.

51 So referiert Müller (Anm. 25), S. 62, Josef Halban, Die innere Sekretion von Ovarium und Plazenta, in: *Arch. Gynäk.*, 75, 1905, Heft 2; für frühere Arbeiten vgl. Weinzierl, Siegfried, *Frühe Rezeption der Halbanschen Hypothese von der endokrinen Verursachung der Menstruation*, (Diss. Erlangen-Nürnberg 1980).

52 Müller (Anm. 25), S. 262.
Vgl. den von Müller zitierten Möbius, Paul Julius, *Geschlecht und Krankheit*, Halle, Marhold 1903 (Beiträge zur Lehre von den Geschlechts-Unterschieden; 1), S. 7-8. Vgl. Blönnigen, Jutta, *Die Osteomalazie als Indikation für eine bilaterale Oophorektomie im späten 19. und frühen 20. Jahrhundert*, Ergebnisse und Erklärungsversuche, (Diss. Erlangen-Nürnberg 1980).

53 Borkowsky, Maya, Schwangerschaftshygiene im 19. Jahrhundert, Schwangerschaft – Physiologie oder Pathologie? Vortrag im Rahmen der »Medizinhistorischen Runde« an der Universität Bern am 15. 1. 1981 (Diss. über »Schwangerschaftshygiene im 19. Jahrhundert« in Arbeit).

54 Lange, Wilhelm, *Lehrbuch der Geburtshülfe*, Erlangen, Enke 1868, S. 47.

55 Müller (Anm. 25), S. 259; Borkowsky (Anm. 53).

56 Spöndly, H., *Schwangerschaft, Geburt und Wochenbett*, Den Frauen und dem Zürcherischen Sanitätsvereine gewidmet, Zürich, Orell Füssli 1869, S. 40-48. Literaturhinweise für diese und Anm. 54

dank Frau Borkowsky.

57 Möbius (Anm. 5), S. 9.

58 Möbius, Paul Julius, *Geschlecht und Kopfgröße*, Halle, Marhold 1903 (Beiträge zur Lehre von den Geschlechts-Unterschieden; 5).

59 Möbius (Anm. 5), S. 15.

60 Weininger, Otto, *Geschlecht und Charakter*, Eine prinzipielle Untersuchung, 1. Auflage 1903, 1904 bei Braumüller, Wien/Leipzig bereits 3. unveränderte und 1947 8. Auflage.

61 Ellis, Havelock, *Man and woman*, A study of human secondary sexual characters, Nachdr. d. Ausg. London/New York 1904, New York, Arno Press 1974.

62 Bucura, Constantin, *Die Eigenart des Weibes*, Ursachen und Folgerungen, Wien/Leipzig, Hölder 1918.

63 Liepmann (Anm. 31).

64 Kemnitz (Anm. 28).

65 Meyer, Emanuele, *Das Weib als Persönlichkeit*, Zürich/Leipzig, Grethlein 1924.

65a Halb scherzhaft noch bei Guggisberg (Anm. 40), S. 26.

66 Möbius (Anm. 5), S. 5-6, 13, 16-17, 22.

67 Möbius, 2. Aufl. (Anm. 5), S. 8-10.

68 Möbius (Anm. 5), S. 10.

69 Bucura (Anm. 62), S. 20.

70 Lombroso, Cesare/Ferrero, G., *La donna delinquente*, La prostituta e la donna normale, 4. ed. rifusa ed accresciuta secondo le note postume di C. Lombroso dal Dr. Gina Lombroso, Torino, Bocca 1923 (Biblioteca antropologico-giuridica; 1/34).

71 Wulffen (Anm. 4), S. 4.

72 Guggisberg (Anm. 40), S. 30.

73 Albert Moll in: *Handbuch der Sexualwissenschaften mit besonderer Berücksichtigung der kulturgeschichtlichen Beziehungen*, Hrsg. v. Albert Moll, 2. Aufl., Leipzig, Vogel 1921, S. 340-341.

74 Bucura (Anm. 62), S. 5. Max Runge (Das Weib in seiner geschlechtlichen Eigenart, 1904) nennt die Geburt »den Hauptakt der Berufstätigkeit des Weibes«. Zit. n. Müller (Anm. 25), S. 259.

75 Stekel, Wilhelm, *Die Geschlechtskälte der Frau*, Eine Psychopathologie des weiblichen Liebeslebens, 2. Aufl., Berlin/Wien, Urban u. Schwarzenberg, S. 485.

76 Bucura (Anm. 62), S. 36-38. Bedauern über die Entwicklungen, welche weibliche Berufstätigkeit mit sich gebracht haben, äußerte, nach Jacobi (Anm. 1), S. 7, bereits 1875 der schon zitierte Dr. King (Anm. 45), ebenso Runge (Anm. 13), S. 24, und Baisch (Anm. 14), S. 870-871.

77 Guggisberg (Anm. 40), S. 36-37.

78 Liepmann (Anm. 31), S. 217, 229, Frontispiz.

79 Ibid., S. 216-217. Liepmann zitiert Gerardus Heymans, *Die Psychologie der Frauen*, Heidelberg, Winters 1910, bzw. die Ergebnisse der Rundfrage Heymans' »an sämtliche Professoren und Lektoren der holländischen Universitäten. Es ergibt sich zunächst, daß ein merklich größerer Prozentsatz die Prüfungen mit gut bestanden haben . . . als die männlichen Studierenden. Aber nun das Ergebnis der Fragebogen, in denen die erste Zahl bedeutet: mehr bei M, die zweite mehr bei W . . .

1. Allgemeine Fähigkeit, das Gelernte durch eigenes Nachdenken . . . zu ergänzen   51:0
. . .
5. Kritik üben . . .; eine eigene Meinung haben   46:2
. . .
8. Regelmäßiger Besuch der Vorlesungen . . .   1:54
9. Ordnungsmäßiges Studieren . . .   8:21
10. Vernünftige (nicht schulmäßige) Art zu studieren   45:0«
Liepmann betont, daß diese Enquete »in strengster Objektivität« durchgeführt worden sei – wenn man weiß, wie die frühen Studentinnen von einer Mehrzahl von Dozenten behandelt wurden, ein eindrückliches Beispiel für den Objektivismus noch nach dem Ersten Weltkrieg.
Vgl. auch Möbius (Anm. 5), S. 11-12; 2. Aufl., S. 8-9.

80 Liepmann (Anm. 31), S. 218. Ein Name steht hier gegen »die Frau«: »ein Mann, ein Engländer, William Rieder«.

81 Möbius (Anm. 5), S. 15-16.

82 Vgl. Knibiehler (Anm. 3), S. 828-829; Chesler, Phyllis, *Frauen – das verrückte Geschlecht?*, Deutsch v. Brigitte Stein, Hamburg, Rowohlt Taschenbuch 1977 (Originalausg. *Women and madness*, New York 1972); Bullough/Voght (Anm. 38), S. 69-73.

83 Moll (Anm. 73), S. 335; Möbius (Anm. 5), S. 17.

84 Müller (Anm. 25), S. 199, belegt die »Männer, die . . . Weibern ähnlich sind«, mit dem Namen »Feministen«.

85 Sturmfels, Käthe, *Krank am Weibe*, Eine Streitschrift, Mit einem Geleitwort von Dagobert von Gerhardt-Amyntor, Dresden, Seyfert 1906.

86 Stekel (Anm. 75), S. 485.

87 Conrad/Schneider (Anm. 30), S. 181-187.

88 Möbius (Anm. 5), S. 13.

89 Möbius, Paul Julius, *Über die Anlage zur Mathematik*, 2. verm. Aufl., Leipzig, Barth 1907, S. 25.

90 Guggisberg (Anm. 40), S. 36.

91 Kraepelin zitiert einen Francotte für diesen Ausdruck. Emil Kraepelin, *Psychiatrie*, 8. Aufl. Leipzig 1909-1915, Bd. 4, zit. n. Fischer-Homberger (Anm. 17), S. 44.

92 Liepmann (Anm. 31), S. 231.

93 Kretschmer, Ernst, *Über Hysterie*, Leipzig, Thieme 1923, S. 33.

94 Stransky, Erwin, Medizinische Psychologie, Grenzzustände und Neurosen beim Weibe, in: *Biologie und Pathologie des Weibes*, (Anm. 14), Bd. 5, 3. Teil, S. 1-102, S. 47.

95 Krafft-Ebing, Richard von, *Psychosis menstrualis*, Eine klinisch-forensische Studie, Stuttgart, Enke 1902.

96 Esquirol, Etienne, *Des maladies mentales considérées sous les rapports médical, hygiénique et médico-légal*, Nachdr. d. Ausg. Paris 1838, New York, Arno Press 1976, Bd. 1, S. 38. Marc folgt und zitiert Esquirol in dieser Frage: Marc, Charles Chrétien Henri, *De la folie, considérée dans ses rapports avec les questions médico-judiciaires*, Bd. 1, Paris, Baillière 1840, S. 329-331.

97 Kraepelin, Emil, *Psychiatrie*, Ein kurzes Lehrbuch für Studierende und Ärzte, 3. Aufl., Leipzig, Abel 1889, S. 55.

98 Krafft-Ebing, Richard von, *Lehrbuch der Psychiatrie auf klinischer Grundlage*, 6. Aufl., Stuttgart, Enke 1897, S. 140.

99 Jacobi (Anm. 1), S. 4.

100 Müller (Anm. 25), S. 258-259.

101 Ibid., S. 44. Vgl. Ehrenreich/English (Anm. 30a), S. 30.

102 Runge (wie Anm. 74), zit. n. Müller (Anm. 25), S. 258-259.

103 Liepmann (Anm. 31), Frontispiz.

104 Aschner (Anm. 11), S. 20-21.

105 Ibid., S. 26.

106 Ibid., S. 32, zit. wird E. Fuchs. Vgl. auch Möbius (Anm. 52), S. 19.

107 Möbius (Anm. 52), S. 3, 38-39.

108 Müller (Anm. 25), S. 260.

109 Chrobak, C. [= Rudolf], Die Untersuchung der weiblichen Genitalien, in: *Handbuch der Frauenkrankheiten*, hrsg. v. Theodor Billroth/Albert Luecke, 2. umgearb. Aufl., 1. Bd., S. 1-128, Stuttgart, Enke 1885, S. 52; vgl. Sims, James Marion; *Klinik der Gebärmutter-Chirurgie*, Deutsch hrsg. v. Hermann Beigel, Erlangen, Enke 1866, S. 78-80; Thomas, T. Gaillard, *Lehrbuch der Frauenkrankheiten*, N. d. 2. Aufl. übers. v. Max Jaquet, Berlin, Hirschwald 1873, S. 49.

110 Vgl. Thomas (Anm. 109), S. 167 ff.

111 Vgl. Semmelweis, Ignaz Philipp, *Aetiologie, Begriff und Prophylaxis des Kindbettfiebers* (1861), Eingel. v. Paul Zweifel, Leipzig, Barth 1912 (Klassiker der Medizin; 18), S. 20-23.

112 Vgl. Winckel, F., *Lehrbuch der Frauenkrankheiten*, Leipzig, Hirzel 1886, S. 4-8. Sims (Anm. 109); ein anderer Markstein des Aufschwungs der operativen Gynäkologie ist Hegar, Alfred/Kaltenbach, Rudolf, *Die operative Gynäkologie*, 2. umgearb. Aufl., Stuttgart, Enke 1881 (1. Aufl. 1874).

113 Letzteren Gedanken verdanke ich Marie-Luise Könneker, Berlin.

114 Hinweise auf diese Entwicklung finden sich bei Liepmann (Anm. 31), S. 227: »Ob es mir aber geglückt ist, durch unsere synthetische Methode [Max] Marcuse zu überzeugen, der annimmt, daß es ›nicht ausgeschlossen ist, daß alle unsere Vorstellungen über das Wesen Weib wahnhafte Konstruktionen der männlichen Orientierung unserer farbenblinden Männerkultur darstellen‹, mag die Zukunft erweisen.« Bürger spricht in diesem Zusammenhang von »Perspektivismus in Auffassung und Vorstellung vom anderen Geschlecht« und zitiert als Quelle, die diesem Problem gerecht werde, Ph. Lersch, *Vom Wesen der Geschlechter*, 2. Aufl. München/Basel 1950. Bürger, Max, *Geschlecht und Krankheit*, München, Lehmann 1958. S. 3.

Heidrun Sarges
Frau und Mathematik –
Mädchen und Mathematikunterricht

Deutsche Mathematiker-Vereinigung

Ihre Gründer 1890 in Bremen

Stehend:
Fr. Meyer, Hilbert, Schilling, Minkowski, Papperitz, Wiener,
Müller, Wiltheiss, Rodenberg, Henneberg, Wellmann, Dyck, Klemm,
Runge, Heffter, Ueltzen, Roth, Kasten

Sitzend:
H. Weber, A. Mayer, Lampe, G. Cantor, Kiepert, Schubert, Gordan,
Sturm, Klein, Ritter, Hoppe, Schröder, Burkhardt

Vor einiger Zeit erhielt ich die obige Werbung der Deutschen Mathematiker-Vereinigung.
Offenbar war Mathematik früher Männersache. Ein ähnliches Foto einer Frauengruppe habe ich eigentlich nie gesehen. Aber schließlich war das 1890.
Sollte ich der DMV beitreten?

Datum und Zeichen Ihres Schreibens   Aktenzeichen (bei Antwort bitte angeben.)   Datum   30.Mai 1979

Betreff   Jahrestagung der Deutschen Mathematiker-Vereinigung 1979

Sehr geehrte Herren!

Der beiliegende Brief schien ja wohl nicht an mich gerichtet. Und zugegebenermaßen bereiten mir diese Männerversammlungen ein Unbehagen. Aber das ist 1979!

Auch mit dem unteren Brief bin ich, trotz explizitem Briefkopf, nicht gemeint – selbst wenn der Titel schmeichelt.
Wie wenn ich antworten würde: »Sehr verehrte gnädige Frau« –?

Springer
Springer-Verlag
Berlin Heidelberg New York

Heidelberg
August 1979

Dr. Heidrun Sarges
Philipps-Universität Marburg
Fachbereich Mathematik
Lahnberge

3550 Marburg

Sehr geehrter Herr Professor,

soeben erscheint im Springer-Verlag das auf zwei Bände angelegte Werk:

Numerische Mathematik für Ingenieure und Physiker

EXPOSITIONES

MATHEMATICAE

Internationale Zeitschrift für Reine und Angewandte Mathematik

March, 1982

Dear Sir:

Enclosed you will find a couple of information leaflets on our new
and innovative journal EXPOSITIONES MATHEMATICAE.

Ist hier eine Zeitschrift gegründet worden, in der nur Männer
veröffentlichen dürfen?

Und wie spricht man die Jugend an?

Philips
fördert
junge
Forscher

Wer sind »junge Forscher«?
Gibt es auch »junge Forscherinnen«?
Das Wort spricht sich schwer.

Offenbar ist die Frage auch abwegig.

Die drei ersten Preisträger mit Prof. Dr. H. v. Ditfurth, von links:
Jörg Bewersdorff (Mathematik), Lutz Hein (Biologie), Johannes Adam (Astronomie).

schüler ✪
experimentieren

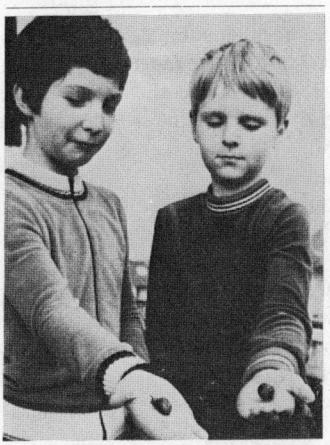

Eine Anregung zum Mitmachen

Auch bei den Jüngsten scheint klar zu sein, wer mitmachen soll!

In den Bereichen Mathematik, Naturwissenschaft und Technik sind Frauen auch heute noch schwach vertreten.

Ich selber habe Mathematik studiert, mit dem Diplom abgeschlossen, habe promoviert und zwölf Jahre als wissenschaftliche Mitarbeiterin an der Universität gearbeitet.

Ich habe Bedingungen gehabt wie meine männlichen Kollegen. Ich bin von seiten des Lehrkörpers, der Verwaltung nicht in nachweisbarer Weise diskriminiert worden.

Die Barrieren sind subtiler.

Als ich 1964 anfing, Mathematik zu studieren, waren in der Einführungsvorlesung für Mathematik unter ca. 100 Studienanfängern acht Frauen. Von einem Hochschullehrer nach dem Studienziel befragt, löste damals meine Antwort »Diplom-Mathematikerin« Gelächter unter einem Teil der männlichen Kollegen aus.

Später, bei Kolloquien, Fachbereichssitzungen, Tagungen waren Frauen nur sehr vereinzelt anwesend, oft war ich die einzige.

Die Anrede: »Meine Dame – meine Herren«, begleitet von amüsiertem Lächeln und sich wendenden Köpfen, ist mir verhaßt geworden.

Ich habe nach und nach eine immer größere Empfindlichkeit gegenüber Worten, Gesten, Tonlagen entwickelt, mit denen mir signalisiert wurde, daß ich eigentlich nicht dazugehörte. In noch stärkerem Maße gilt das für eine betont charmante Zuvorkommenheit.

Durch Anreden wie »Dear Sir«, »meine Herren«, etc. maßt sich der Autor die Macht an zu definieren, was die Realität ist.

Für ihn sind die Frauen in der Mathematik nicht vorhanden; sie sind so unbedeutend, daß ihre Erwähnung peinlich wäre.

Diese Dinge geschehen meist unreflektiert. Mir wurde öfter gesagt, es sei »nicht so gemeint« gewesen. Aber man läßt sich nicht immer wieder auf die Füße treten – und sei es noch so unabsichtlich!

Inzwischen bin ich Lehrerin für Mathematik und Physik an einem Gymnasium in der Provinz. Obwohl es eine große Schule ist, habe ich keine Fachkollegin. Dennoch bin ich hier in einer deutlich akzeptierteren Rolle als an der Universität. Von dem Berufsbild des Lehrers geht nicht das Ansehen aus, wie von dem des Hochschullehrers; Ehrgeiz, Anspruch, Wissenschaft vereinbaren sich schwer mit dem Bild der Frau.

Ich stelle nun in der Schule mit Erstaunen fest, daß bei den Jungen und Mädchen in den Fächern Mathematik und Physik bereits deutliche Unterschiede bezüglich Motivation und Leistung geprägt sind. Und zwar nimmt der Unterschied mit dem Alter der Schüler zu; in Physik ist er noch stärker als in Mathematik.
Ich selber habe meine Schulzeit auf einem Mädchengymnasium verbracht. Im nachhinein scheint mir möglich, daß ich vielleicht auf Grund dieses Umstandes während dieser Jahre nie auf die Idee kam, Jungen könnten größere mathematische Fähigkeiten besitzen. Zudem gab es dort eine beträchtliche Anzahl von Lehrerinnen, und eine Zeitlang wurde die Schule von einer Frau geleitet.
Vielleicht haben auch Kinder, die in einer vaterlosen Familie aufwachsen, eine bessere Chance, einem Weltbild übermäßig männlicher Prägung zu entgehen – vorausgesetzt die Mutter ist stark.

Vor einiger Zeit besuchte ich die Preisverleihung des Bundeswettbewerbs Mathematik in Frankfurt. Aus ca. 3000 Teilnehmern zwischen 15 und 19 Jahren waren 12 Bundessieger hervorgegangen, die in Festreden und durch Preise geehrt wurden. Ich war ungläubig und maßlos erstaunt, daß es sich um 12 Jungen handelte. Diese Tatsache wurde bei den Ansprachen mit keiner Silbe gestreift.
Wie kommt es, daß bereits in diesem Alter so deutliche, geschlechtsspezifische Tendenzen ausgeprägt sind?
Und so wollte ich diesem Phänomen nachgehen. Dabei bin ich auf mehr Literatur gestoßen als erwartet.
Eine erschöpfende Antwort kann ich nicht geben. Zusammengetragen sind hier Aspekte zu den folgenden Punkten:
 – Historisches,
 – Ergebnisse vorhandener Untersuchungen,
 – Schülerwettbewerbe,
 – Eigene Erfahrungen in der Schule.

Es hat sie gegeben, die Mathematikerinnen, die klug und scharf-
sinnig – ungeachtet der sie umgebenden Kleingeisterei – ihrer
Berufung folgten. Sie beweisen, welch intellektuelle Brillanz und
große persönliche Stärke Frauen haben können, inmitten einer
Welt von Vorurteilen die Gelassenheit zu diffizilster Gedankenar-
beit zu finden. Sie beweisen auch, daß es immer wieder möglich
war, einen solchen Weg zu gehen – nur sind ihnen wenige gefolgt.

Sie verdienen, gerühmt zu werden; ihre Vorbildlichkeit sollte po-
pulärer sein, ihre Kraft sollte durch die Vergangenheit strahlen
und denen Mut machen, die der Zweifel befällt. Und sie sollten
jenen, die durch die Form ihrer Anrede immer wieder eine andere
Realität beschwören, ein Zeichen setzen!

Theano (6. Jh. v. Chr.) war die Frau von Pythagoras. Gegen den
Widerstand seiner Anhänger hatte dieser durchgesetzt, daß auch
Frauen in seine ordensähnliche Schule aufgenommen wurden.
Theano nahm hier die Stelle einer Lehrerin ein und schrieb Ab-
handlungen über Mathematik, Physik und Medizin. Nach dem
Tode von Pythagoras führte sie zusammen mit ihren Töchtern die
Schule fort. Bei einem Geschichtsschreiber heißt es über diese
Zeit: »Nie vorher oder nachher ging eine solche Woge weiblichen
Geistes durch Griechenland. Niemals hat sich zu anderer Zeit
oder an anderem Ort weibliche Intelligenz zu höherer Blüte ent-
wickelt.« [1, Seite 15-20]

Hypatia (4. Jh. n. Chr.) lehrte an der Universität von Alexandria
Mathematik, Astronomie und Physik. Ihr Vater Theon war Mathematiker und hatte ihre Erziehung mit höchster Sorgfalt geplant. Ihr Schülerkreis und ihre Lehrtätigkeit galten als überaus
anziehend. Sie wurde im Auftrag des Bischofs von Alexandria
ermordet. [1, Seite 21], [2, Seite 20]

In der Zeit des Übergangs von der Antike zum Mittelalter nimmt
der Einfluß des Christentums in Europa zu und damit der Widerstand gegen jegliche höhere Bildung von Frauen. Nahezu einzige
Möglichkeit für Frauen, mit wissenschaftlichen Fragen in Berührung zu kommen, waren die Nonnenklöster.

Hroswitha von Gandersheim (10. Jh.) tritt durch literarische und
mathematische Schriften in dieser Zeit hervor. Ihr und der Äbtissin Hildegard von Bingen wird zugeschrieben, bereits Aussagen

über die Gravitationskraft der Sonne als Zentrum des Firmaments gemacht zu haben, die erst später von Newton verfochten wurden. [1, Seite 34]

Zu Beginn der Renaissance breitet sich, von Konstantinopel ausgehend, wissenschaftliches Leben allmählich in Europa, besonders in Italien aus. Luther hatte großen Einfluß als Gegner von Frauenbildung.

In Rom, Genua, Padua und Bologna aber gab es Professorinnen und weibliche Mitglieder von Akademien. Eine Abhandlung dieser Zeit befaßt sich mit dem Anliegen, mehr Frauen zum Studium der Mathematik zu bewegen! [1, Seite 35, 36] [3, Seite 74, 75]

Hervorragende Frauengestalt des 18. Jahrhunderts ist Maria Agnesi (1718-1799), Tochter eines Mathematikers. Sie lehrte in Bologna und veröffentlichte u. a. ein bedeutendes Werk über Analysis, das in mehrere Sprachen übersetzt wurde und erst durch die Publikationen von Euler übertroffen wurde. [1, Seite 33-48], [3, Seite 21]

In Frankreich gab es im 17. und 18. Jahrhundert nur wenige gebildete Frauen. Rousseau, Diderot, Voltaire sprachen sich gegen wissenschaftliche Bildung von Frauen aus.

Ironischerweise hatten sich einige der wortführenden Männer intellektuelle Frauen ausgesucht, die sogar mitunter Anteil an ihren Arbeiten hatten. In besonderem Maße gilt dies für Voltaire.

Emelie de Breteuil (1706-1749) war eine lebenslustige Aristokratin und hatte bereits mehrere Kinder, als sie Voltaire begegnete. Sie ließ in ihrem Wohnsitz Bibliothek und Labor einrichten, um dort – größtenteils gemeinsam mit Voltaire – an physikalischen und mathematischen Problemen zu arbeiten. Friedrich der Große sagte über sie: ». . . denn Europa zählt sie ja den großen Männern zu.« [1, Seite 49], [2, Seite 23], [3, Seite 80], [4, Seite 55]

Sophie Germain (1776-1831) korrespondierte mit Lagrange und Gauß unter männlichem Pseudonym, da sie fürchten mußte, sonst nicht ernst genommen zu werden. Gauß schlug später bei der Universität Göttingen vor, ihr den Ehrendoktortitel zu verleihen. Sie gewinnt einen Preis der Französischen Akademie – aufgenommen wird sie nicht. Manche Zeitgenossen nennen sie »Hypatia des 19. Jahrhunderts«. [1, Seite 83], [2, Seite 26]

Sonya Kovalewski (1850-1891), gebürtige Russin, geht eine fiktive Ehe ein, um so nach Deutschland und zu den dem Vernehmen nach auch für Frauen geöffneten Universitäten zu gelangen. In Berlin darf sie die Universität nicht betreten. Sie bittet Weierstraß daraufhin um privaten Unterricht. Später, als Mathematikprofessorin in Stockholm, schrieb sie nebenbei Romane und Theaterstücke.

Sie gewann 1888 den Prix Bordin, ausgesetzt von der Französischen Akademie der Wissenschaften. Sie war die erste Frau, die von der Russischen Akademie der Wissenschaften aufgenommen wurde. [1, Seite 117], [2, Seite 29], [8], [9, Seite 133].

Emmy Noether (1882-1935), Tochter des Mathematikers Max Noether, gilt als außerordentlich bedeutende Mathematikerin.

Als es in Göttingen Widerstände gegen ihre Habilitation und die damit verbundene Aufnahme in den Senat gab, versuchte Hilbert zunächst vergeblich, seinen Einfluß für sie geltend zu machen. Man könne den aus dem Krieg heimkehrenden Soldaten nicht zumuten, von einer Frau unterrichtet zu werden, hieß es. In Göttingen hieß sie »der Noether«. 1933 verließ sie Deutschland [1, Seite 141], [10, Seite 143].

Die Lebensläufe dieser Mathematikerinnen sind gekennzeichnet von unglaublicher Energie und oft sehr vielseitiger Begabung. Ihr Leben war reich, farbig und anstrengend; nie kann man das Gefühl gewinnen, daß die vorhandenen Fähigkeiten voll zur Entfaltung gekommen sind, oft wurden ihre Verdienste nicht entsprechend gewürdigt. Es ist auffallend, daß sie häufig in ihrer Arbeit durch ihren Ehemann oder ihren Vater motiviert werden mußten.

Offenbar fällt es Frauen schwer, ohne dieses ganz ausdrückliche Einverständnis der mit ihnen verbundenen Personen diesen Weg zu gehen.

In der schulischen Ausbildung von Mädchen nahm Mathematik lange Zeit eine sehr untergeordnete Rolle ein. Noch im Jahr 1894 war in den preußischen Lehrplänen für Mädchenschulen kein Mathematikunterricht vorgesehen.

Ein starker Befürworter des mathematischen Unterrichts für Mädchen war Felix Klein. Von einer Amerikareise brachte er im Auftrag des preußischen Kultusministers eine Studentin nach Göttingen, die bei ihm promovieren sollte, um so den Beweis der Studierfähigkeit von Frauen in diesem Fach zu erbringen [3, Seite 83].

1908 wurden in Preußen Frauen zum Studium zugelassen. Die Zahl der Studentinnen nahm schnell zu.

Einen neuen Rückschlag nahm diese Entwicklung im Dritten Reich. 1933 trat mit dem »Reichsgesetz gegen die Überfüllung der Schulen und Hochschulen« die Klausel in Kraft, daß der Anteil der Studentinnen 10% nicht überschreiten sollte [14, Seite 28].

2 Daten zur Gegenwart

Der Anteil von Schülerinnen in der Oberstufe der Gymnasien liegt zur Zeit in der BRD bei 41% [15, Seite 162].

An den hessischen Universitäten liegt der Prozentsatz der Studentinnen bei 36%,

   in Germanistik bei 56%,
   in Mathematik bei 34%,
   in Physik bei 8% [16].

Über 50% aller Studentinnen wählen einen lehrerbildenden Studiengang. Es werden 17% aller Doktorprüfungen von Frauen abgelegt. [14, Seite 51].

In der Zeit von 1971 bis 1979 war der Anteil der Frauen unter den Promotionen in Mathematik geringer als 5% [17].

Der Anteil der Hochschullehrerinnen liegt bei 10%, in der Mathematik bei ca. 1% [18].

Der Anteil der Lehrerinnen an den hessischen Gymnasien betrug 1973

in Deutsch	25,5%
in Englisch	23%
in Französisch	32%
in Mathematik	12%
in Physik	12% [19].

Es gibt keine Statistik über die Verteilung von Jungen und Mädchen in den Kursen der Oberstufe.

Unter 25 Fachleitern im Fach Mathematik in Hessen gibt es eine Frau.

Vor einigen Jahren wurde eine »Association for Women in Mathematics« gegründet.

Kürzlich änderten die Herausgeber von »American Men of Science« den Titel in »American Men and Women of Science« [1,

Seite 152/3].
Im Januar 1980 nahm die Französische Akademie der Wissenschaften zum ersten Mal seit ihrer Gründung im Jahre 1666 eine
Frau auf: Es ist die Mathematikerin Yvonne Choquet-Bruhat
[21].

3 Vorliegende Untersuchungen

Es gibt eine Reihe von Untersuchungen, die sich auf den Themenkreis Mathematik/Mädchen/Schule beziehen. In Amerika gibt es
darüber mehr Literatur als in Deutschland; offenbar sind dort
derartige Fragen stärker im Bewußtsein aktiviert als hier.
In [22] und [24] findet man ausführliche Literaturverzeichnisse.
Eine Bibliographie zu dem Thema »Women and Mathematics«
wurde von Else Horup erstellt [29].
Sehr detailliert wird in [30] über Geschlechtsrolle und schulische
Erziehung berichtet.
Die zentralen Fragen, denen hier nachgegangen werden soll,
sind:
a Leisten Mädchen im Fach Mathematik weniger als Jungen?
b Worin sind die Ursachen für die eventuelle Leistungsdifferenz
zu suchen?

Zu a:
Dieser Frage geht man in den genannten Untersuchungen meist
gar nicht ausführlich nach. Die Tatsache, daß weniger Frauen als
Männer Mathematik studieren und daß es nur wenige bedeutende Mathematikerinnen gibt, wird häufig implizit als die geringere Leistung in Mathematik bewertet.
Geht man dem Leistungsbild in der Schule anhand von Notenver-
teilung explizit nach, so kommt man in den Untersuchungen
überwiegend zu dem Schluß, daß bis zum 7. Schuljahr keine Unterschiede in der Mathematikleistung meßbar sind. Dann, mit
Fortschreiten der Pubertät, sind in den Spitzenleistungen Jungen
geringfügig stärker vertreten als Mädchen. Es tritt zunehmend
eine Auseinanderentwicklung ein. Die Frage wird unter 4, im Zusammenhang mit den Wettbewerben, noch einmal aufgegriffen.

Zu b:

Immer wieder wird die Frage nach einer speziell mathematischen Begabung gestellt – wie etwa der musikalischen Begabung –, die nicht mit anderen Intelligenzfaktoren korreliert und die eventuell geschlechtsspezifisch verschieden stark ausgeprägt ist.

Diese Vorstellung muß es sein, die einen Teil Frauen und auch Männer zu der Überzeugung bringt, »in Mathematik unbegabt« zu sein. Manchmal wird damit kokettiert, als sei dies eine besonders löbliche Eigenschaft.

Die Suche nach einem spezifisch mathematischen Begabungsfaktor ist bis jetzt erfolglos geblieben; Mathematikleistung wird vielmehr von allgemeinen Intelligenzfaktoren bestimmt. Bei Untersuchungen zeigte sich, daß hohe Punktzahlen im Mathematiktest nicht ohne entsprechende Werte im Intelligenztest erreicht wurden – die umgekehrte Situation kommt jedoch vor [22, Seite 12].

Daher läßt sich vermuten, daß Einstellung und Motivation eine entscheidende Rolle bei Mathematikleistungen spielen.

Die Verteilung von Punktzahlen in Intelligenztests bei Männern und Frauen bzw. Mädchen und Jungen zeigt keine Unterschiede.

Dennoch ist damit die Frage nicht entschieden, ob es nicht doch biologische Unterschiede zwischen Mädchen und Jungen gibt, die die Mathematikleistung beeinflussen.

Bei Schuleintritt sind Mädchen um etwa zwölf Monate reifer als Jungen.

Jungen sind anfälliger gegenüber Infektionen als Mädchen. Der Grad allgemeiner Aktivität ist bei Jungen höher als bei Mädchen. Jungen werden in der Pubertät größer und stärker als Mädchen; ihre Spiele sind stärker auf Wettkampf ausgerichtet [30].

Hier vermischen sich bereits genetische und kulturelle Einflüsse.

Räumliches Vorstellungsvermögen, Wahrnehmung losgelöst vom Hintergrund, scheint bei Männern meßbar besser ausgeprägt zu sein [24, Seite 600].

Auch hierbei ist strittig, inwieweit es sich um angeborene oder erlernte Fähigkeiten handelt; auch ihr Einfluß auf mathematische Leistung ist vorläufig Spekulation.

Es wird berichtet, daß verschiedene Ausprägung von rechter und linker Gehirnhälfte bei Männern zu besserem räumlichen Vorstellungsvermögen, bei Frauen zu größeren Sprachfähigkeiten führt [25].

Und wenn Begabungen in dieser Weise verteilt sind, wo sind dann die Dichterinnen, Journalistinnen, wortgewandten Politikerinnen?

Vielleicht sind Frauen tatsächlich in Algebra begabter und Männer in Geometrie – nur hat es noch keine Gelegenheit gegeben, dies zur Entwicklung kommen zu lassen.

Biologisch bedingte Begabungsunterschiede zwischen Männern und Frauen mag es geben. Sie sind schwer nachweisbar und unlösbar verknüpft mit soziokulturellen Einflüssen. Die Geschichte beweist, daß es begabten Frauen schwer gemacht wurde, ihre Begabung zu verwirklichen. Die Gegenwart zeigt, daß zwar formale Barrieren beseitigt sind, aber schwerer sichtbar zu machende Zwänge immer noch einer Entfaltung von Frauen in der Mathematik entgegenwirken.

Es kann nur darum gehen, diese Zwänge zu erkennen und abzubauen.

Der biologisch bedingte Begabungsunterschied zwischen Männern und Frauen dürfte nicht von größerem Interesse sein als der zwischen Franzosen und Chinesen.

Unter Wissenschaftlern haben Juden einen überproportional hohen Anteil. Von einer Untersuchung über genetisch bedingte Unterschiede weiß ich nichts. Es ist auch kaum von Interesse, denn es hätte keine Konsequenzen. Man würde nicht versuchen, in das freie Spiel der Kräfte einzugreifen, und kein nichtjüdischer Wissenschaftler würde aus einem solchen Grund resignieren.

Unterschiede in Neigungen, Begabungen, Charakteren bei Frau und Mann könnten fruchtbar gemacht werden, wenn Fähigkeiten auf beiden Seiten gleichermaßen entwickelt würden. Sollten sich die Vermutungen erhärten, daß es verschiedene Begabungsakzente oder verschiedene Wahrnehmungs- und Denkstrukturen bei Mann und Frau gibt, dann wäre allerdings die derzeitige Benachteiligung der Frau um so katastrophaler. Ihr würden ständig Modelle von männlicher Prägung vorgesetzt, sie würde mit Maßstäben gemessen, die nicht für sie gemacht sind.

Welche gesellschaftlichen und kulturellen Einflüsse aber sind es nun, die sich hier besonders auswirken? Ein starker Einfluß auf die Mathematikleistung kommt bei Mädchen durch ihre Rollenvorstellung zustande. Die Erfahrung in der Familie über die Verteilung der Rollen führt bei Mädchen gleicher Intelligenz zu unterschiedlicher Mathematikleistung [22].

Die Erwartungshaltung, mit der man Mädchen und Jungen begegnet, beeinflußt das Leistungsverhalten [24].

Mädchen sind emotional störanfälliger als Jungen; Angstreaktionen können auf der Haut gemessen werden. Das Lösen von Mathematikaufgaben bedarf aber einer gewissen Rigidität [22].

Mädchen sehen als Grund für ihren mathematischen Mißerfolg häufig Mangel an Fähigkeiten an, Jungen sehen darin häufiger Pech [24].

Schulbücher sind im Fach Mathematik bezüglich einer Rollenaufteilung besonders unreflektiert gestaltet. Dies wird im Mathematikunterricht normalerweise nicht thematisiert [3].

Die knappe sprachliche Prägnanz in diesem Fach ist für Schüler generell eine Hürde. Von den sprachlichen Gewohnheiten von Mädchen und Frauen, die zu ausgeschmückteren, konzilianteren, weniger schroffen Sprechweisen als Männer neigen [26], hebt sich das besonders scharf ab.

Die Thematik erfordert Vermutungen, Behauptungen, Beweise und ist somit von ihrer Natur her durch ein gewisses Maß an Aggression und Auseinandersetzung geprägt.

Derartige Faktoren setzen einen Kreislauf von sich verstärkenden Wirkungen in Gang.

4 Wettbewerbe

Mathematische Wettkämpfe sind ein Brauch, der sich von der Antike bis heute erhalten hat. Akademien veranstalteten Wettbewerbe und setzten für die Lösung akuter Fragen Preise aus. Seit dem 18. Jahrhundert gibt es auch Wettbewerbe für Schüler. In den letzten 20 Jahren ist diese Idee zu einem weltweiten Phänomen geworden und es beteiligen sich viele Millionen Schüler aus fast allen Ländern [27, Seite 25].

Wettbewerbe dienen der Talentsuche und Förderung, der Belebung eines allgemein mathematischen Klimas in der Schule, in Elternhaus und Öffentlichkeit. Sie bieten Gelegenheit zu vielfältigen Kontakten. In der BRD gibt es zur Zeit folgende Veranstaltungen auf diesem Gebiet:

1 Bundeswettbewerb Mathematik,

2 Hessischer Mathematikwettbewerb,
3 Berliner Mathematikwettbewerb.

Auch im Rahmen der aus privaten Mitteln finanzierten Wettbewerbe »Schüler experimentieren«, »Jugend forscht« und »Philips fördert junge Forscher« gibt es die Rubrik Mathematik.
Welche Rolle nehmen die Mädchen bei diesen Wettbewerben ein?

Der Bundeswettbewerb Mathematik findet sei 1970 statt und wendet sich an keine bestimmte Altersgruppe. In den letzten 3 Jahren meldeten sich jeweils ca. 3000 Teilnehmer, ca. 10% davon waren Mädchen.

Es gab bis 1976 einschließlich insgesamt 98 männliche und 4 weibliche Bundessieger [27].

Der hessische Mathematikwettbewerb wendet sich an die Schüler der 8. Klasse und findet in Klausurform in allen Schultypen statt. 1977 nahmen 67 000 Schüler daran teil. An den Gymnasien waren 40% aller Teilnehmer Mädchen.

In der ersten Runde ließen sich im Durchschnitt allenfalls unbedeutende Leistungsunterschiede zwischen Jungen und Mädchen feststellen. In der zweiten und dritten Runde nahm die Anzahl der weiblichen Teilnehmer stark ab. Von 1969 bis 1973 gab es 25 männliche und 3 weibliche Landessieger. Die entsprechende Relation an den Hauptschulen war 30:5, an den Realschulen 30:4. Bis 1973 richtete sich der hessische Wettbewerb auch an die Schüler der Klasse 12. Hier waren 30% aller Teilnehmer Mädchen. In den mittleren Punktzahlen waren sie deutlich unterlegen. Nie wurde ein Mädchen Landessiegerin [28].

Der Vergleich von Bundeswettbewerb und hessischem Wettbewerb legt nahe, daß die noch schlechtere Relation beim Bundeswettbewerb einmal daran liegt, daß hier die Meldung einer größeren Initiative und eines höheren Selbstbewußtseins bedarf und außerdem die höheren Jahrgänge angesprochen werden.

Von »Philips Europa Wettbewerb« erhielt ich folgenden Brief:

»Untersuchungen mit dieser Themenstellung sind bisher nicht angestellt worden. Unter den jährlich knapp 2000 Teilnehmern am Wettbewerb sind Mädchen mit rund 10% vertreten; internationale Vergleichszahlen liegen nicht vor. Allerdings enthält die Liste der Preisträger – also der 10 Erstplacierten pro Jahr – nur selten den Namen eines Mädchens. Alle weiblichen Preisträger hatten andere Themen als den Bereich Mathematik gewählt. Unserer Jury gehört keine Frau an.«

Auch der Jury der beiden vorher genannten Wettbewerbe gehörte keine Frau an.
Das Bild bei »Jugend forscht« ist sehr ähnlich. Bei den jüngeren Jahrgängen, die in »Schüler experimentieren« angesprochen werden, ist der Anteil von Mädchen nicht ganz so gering wie bei »Jugend forscht«.
In [27] wird der Bundeswettbewerb Mathematik sehr genau analysiert. Herkunft, Schulleistungen, Geschwisterzahlen der Teilnehmer werden aufgeführt. Die gestellten Aufgaben werden auf die spezifischen Fähigkeiten hin untersucht, die man zu ihrer Lösung braucht. Psychologische Abläufe unter Klausurbedingungen finden Beachtung. Die stimulierende Wirkung von Kontakten und von Erfolgserlebnissen wird betont.
Hier ließe sich anknüpfen und genauer fragen, in welcher Weise Mädchen hier betroffen sind, und wo genau die Ursachen ihres Scheiterns liegen. Dazu heißt es unter dem Verweis auf [22] lakonisch: »*Eine Veränderung kann nur in der Erziehung beginnen*« [27, Seite 164]. Bei der Untersuchung über den weiteren Werdegang von Teilnehmern der Internationalen Mathematikolympiade wurden Mädchen nicht berücksichtigt, weil durch eventuelle Änderung des Familiennamens Fehler in der Statistik bedingt werden könnten. Ein Ergebnis der Untersuchung war mir allerdings interessant: Die Teilnehmer haben fast doppelt so oft jüngere wie ältere Geschwister [27, Seite 170]. Es handelt sich also bevorzugt um Erstgeborene. Wenn diese Familienkonstellation so bedeutungsvoll ist und vielleicht die anfänglich betonte Aufmerksamkeit der Eltern oder das gesteigerte Selbstbewußtsein eines älteren Geschwisterkindes so nachhaltige Konsequenzen haben – warum sollte das »Detail« Junge oder Mädchen nicht zu Ähnlichem führen? (Die Untersuchung [33] erhärtet solche Vermutungen.)
In der UdSSR nehmen an den Wettbewerben zunächst mehr Mädchen als Jungen teil. Ihr Anteil geht in den späteren Runden stark zurück [27, Seite 238, Prozentzahlen fehlen].
Die Wettbewerbe liefern somit ein sehr deprimierendes Bild. Bedeutungsvoll erscheint mir diese Situation deshalb, weil man leicht vermuten kann, daß etliche Verhaltensweisen in Schule,

Beruf und Gesellschaft Strukturen solcher Wettbewerbssituationen aufweisen. Mißerfolge zu verkraften, Beharrlichkeit zu besitzen, Selbstbewußtsein zu entfalten, das wird auch später mitentscheiden, ob Berufsziel oder die angestrebte Position erreicht werden.

5 Eigene Eindrücke und Erfahrungen

a Allgemeines

Mädchen passen sich den Normen und Zielen der Schule leichter an als Jungen. Es fällt ihnen weniger schwer stillzusitzen, höflich zu sein, ordentlich zu schreiben. Jungen geraten diesbezüglich öfter in Konflikte. Die angepaßteren Verhaltensweisen werden in der Schule durch Belohnung verstärkt. Mädchen erfahren so wenig Anreiz, Fähigkeiten wie Energie, Kreativität, Mut zu erlernen. Sie durchlaufen die Schule konfliktfreier – haben aber im Hinblick auf ihr Durchsetzungsvermögen wenig gewonnen.

Jungen haben eine geringe Neigung, sich mit weiblichen Normen zu identifizieren. Sie dominieren im Klassenverband und in der Schülermitverwaltung. Und allen nach außen hin erklärten Beurteilungen zum Trotz wird ihnen in manchen Details die größere Reverenz erwiesen: Der Hauptgewinn bei einem Schulfest war ein Jungenfahrrad, obwohl die Schule nur zu einem Drittel von Jungen besucht wurde.

Der Sprachgebrauch kommt dieser Tendenz entgegen. Bei der Behandlung des Spiegelbildes hatte ich von einem Mädchen mit Reiterhelm vor dem Spiegel gesprochen und es auch deutlich gezeichnet. Eine Schülerin bezog sich in der Diskussion prompt auf »den Mann mit Hut« vor dem Spiegel. Offenbar ist das exemplarische Bild eines Menschen ein Mann.

In den Beispielen, die die Schüler selbst formulieren, handelt es sich ebenfalls um einen Mann, der ein Haus bauen will, ein Darlehen benötigt oder einen Autofahrer, der mit bestimmter Geschwindigkeit fährt.

Natürlich liegt dies zum großen Teil an der Darstellungsweise der Schulbücher und an der Struktur unserer Sprache. So wird hier den Mädchen frühzeitig und über viele Jahre hin bedeutet, daß sich der Inhalt des dargebotenen Stoffes eigentlich nicht auf sie bezieht. Sie geraten in die Rolle von Zaungästen, sind geduldet, aber nicht wirklich gemeint. (Untersuchungen, die diesen Problemkreis betreffen, sind unter [31] und [32] genannt.) Gerade in den Fächern Mathematik und Physik häufen sich diese Assoziationen durch den Themenkreis der Beispiele. Positiv hervorzuheben sind hier Physikbücher von Kuhn (Westermann): Ein Mädchen sitzt am Mikroskop, Mädchenhände (Armband!) halten einen Magneten.

Hie und da habe ich durch die Einkleidung der Aufgaben leicht provoziert:

»Eine Physikerin wiegt auf dem Mond Bleikügelchen, ... eine Freundin von mir, die Mathematikerin in China ist, ... mein Sohn, der gern kocht, ...«

In den höheren Klassen ruft so etwas Gekicher, Proteste und süffisante Bemerkungen hervor. (»Eine Physikerin, gibt es das? Ich habe noch keine gesehen!«)

In Gesprächen mit Schülern allerdings wurde mir gegenüber nie die Meinung vertreten, Mädchen hätten in Physik oder Mathematik eine geringere Begabung. Manche sagten »eher im Gegenteil«. Allerdings hieß es »Mädchen haben nicht so gute Nerven«, »... bei einem Wettbewerb hätten sie sowieso keine Chance«, »das Interesse der Mädchen ist geringer«.

Jungen seien optimistischer und mutiger.

Das trifft mit einer anderen Komponente zusammen, über die ich gelesen habe [30] und die ich bestätigen kann: Mädchen und Frauen haben eine Art Erfolgsangst. Sie fallen nicht gern durch Leistung auf, sie exponieren sich nicht mit der gleichen Selbstverständlichkeit wie Männer, sie scheuen zurück vor der männlichen Domäne.

Es gibt einige Mädchen in meinem jetzigen Schülerkreis, die trotz sehr guter Leistungen lieber den Grundkurs Mathematik besuchen als den Leistungskurs.

Ebenso sind mir einige Fälle begegnet, in denen es Studentinnen abgelehnt haben, sich für die Aufnahme in die Studienstiftung des deutschen Volkes vorschlagen zu lassen. Von einem Studenten habe ich so etwas nie gehört.

b Fragebogen

Meine Eindrücke aus der Schule wollte ich erweitern. Ich wollte wissen, ob Mathematik wirklich ein unbeliebtes Fach ist, ob es in der Familie eher dem Vater oder der Mutter zugeordnet wird, ob es im Hinblick auf die Berufswahl als wichtig eingestuft wird und wie Mädchen und Jungen ihre Fähigkeiten einstufen. Ich habe einen Fragebogen mit vier bewußt knapp formulierten Fragen verfaßt und ihn an drei Schulen (Humanistisches Gymnasium, Privatschule mit Internat, Sprachliches Gymnasium) an insgesamt mehr als 1000 Schüler und Schülerinnen der Klassen 5 bis 10 ausgegeben.

Zur Frage 1:
Welche Unterrichtsfächer hast Du am liebsten?
Ordne in dieser Reihenfolge (durch Zahlen 1, 2, 3, 4):
Deutsch, Englisch, Mathematik, Biologie.
Die Gesamtheit der befragten Schüler aller drei Schulen antwortete folgendermaßen:

Mädchen		Deutsch	Fremdsprache	Mathematik	Biologie
N = 591	1	18%	29%	22%	31%
	2	28%	26%	24%	24%
	3	28%	26%	24%	23%
	4	26%	18%	30%	21%
	Sa.	100%	99%	99%	99%

Jungen		Deutsch	Fremdsprache	Mathematik	Biologie
N = 533	1	15%	26%	31%	28%
	2	24%	25%	26%	27%
	3	30%	27%	24%	22%
	4	31%	23%	20%	22%
	Sa.	100%	100%	100%	99%

Für die Reihenfolge der Fächer ihrer Beliebtheit ergibt sich:
Mädchen: Biologie, Fremdsprache, Deutsch, Mathematik.
Jungen: Mathematik, Biologie, Fremdsprache, Deutsch.

Es läßt sich für die befragten Schüler sagen:
Bei Jungen ist das Fach Mathematik beliebter als bei Mädchen.
Wertet man nach den Schulen getrennt aus, zeigt sich, daß sich an verschiedenen Schulen ein eigenes »Schulklima« herausbildet, so daß die Beliebtheit eines Faches von Schule zu Schule schwanken kann.

Zu Frage 2:
Manchmal helfen Eltern bei den Hausaufgaben.

In Deutsch
☐ eher meine Mutter
☐ eher mein Vater
☐ beide gleich, bzw. beide nie

In Mathematik
☐ eher meine Mutter
☐ eher mein Vater
☐ beide gleich, bzw. beide nie

Hierbei kam es mir keineswegs darauf an, einen Einblick in den Umfang der elterlichen Hilfeleistungen zu bekommen. Lediglich die Zuordnung von Deutsch und Mathematik zu Vater oder Mutter interessierte mich. Infolgedessen habe ich die Antworten »beide gleich bzw. beide nie« nicht gezählt. Für eine getrennte Auswertung nach Jungen und Mädchen gab es hier keinen Grund.
Die Antworten verteilen sich in folgender Weise:

Insgesamt		Mathematik	Deutsch
N = 1124	Mutter	20%	38%
	Vater	34%	6%

Die Antwort: »Mathematik – Mutter, Deutsch – Vater« gab es unter allen Befragten genau dreimal.
Es läßt sich sagen: Mütter helfen öfter bei den Hausaufgaben als Väter. Wenn Väter helfen, dann bevorzugt in Mathematik. Hierbei bleibt unklar, inwieweit dabei das Ausbildungsniveau der Elternteile eine Rolle spielt; allerdings handelte es sich bei den befragten Schülern ja um relativ niedrige Altersstufen.
Die verschiedenen Schulen, deren Elternschaften sicher sozial verschieden zusammengesetzt sind, weisen bei dieser Frage keinen

auffälligen Unterschied auf. Eine Aufschlüsselung nach Jahrgängen wäre hier interessant. Ich verweise dazu auf die entsprechende amerikanische Untersuchung [24].

Zu Frage 3:
Mathematik ist wahrscheinlich für meinen späteren Beruf
☐ sehr wichtig
☐ nicht besonders wichtig
☐ weiß ich noch nicht
Die weitaus meisten Schüler und Schülerinnen antworteten hier »weiß ich noch nicht«. Den Antworten »sehr wichtig« und »nicht besonders wichtig« liegen aber offenbar gewisse Wunschvorstellungen über die Zukunft zugrunde.
Es ergibt sich das folgende Bild:

	Mathematik sehr wichtig	Mathematik nicht wichtig	unentschieden
Mädchen (N = 591)	9%	32%	59%
Jungen (N = 533)	27%	18%	55%

Dabei fällt auf, daß die Zukunftsphantasien von Jungen und Mädchen deutlich verschieden sind. Die Mädchen beabsichtigen eher, der Mathematik auszuweichen, Jungen haben eine deutlichere Neigung, sie in ihre Berufspläne miteinzubeziehen. (Kommentar eines Jungen: »Leider sehr wichtig«.)
Im Zusammenhang mit der ersten Frage nach der Beliebtheit läßt sich sagen: Die größere Beliebtheit der Mathematik bei Jungen fällt zusammen mit der größeren Bedeutung, die ihr zugemessen wird. Allerdings ist der Unterschied in der Einschätzung der Mathematik für die eigene Zukunft größer als der Unterschied in der Beliebtheit. Hier fließt sicherlich sehr viel an Rollenvorstellungen zusammen. Einflußreich kann auch sein, daß die meisten Mädchen nicht die Vorstellung haben, ihr ganzes Leben lang berufstätig zu sein [28].

Zu Frage 4:
In Mathematik sind meistens
☐ Mädchen besser

☐ Jungen besser
☐ beide gleich

Hierauf antwortet der weitaus größte Teil von Jungen und Mädchen mit »beide gleich«.

	Mädchen besser	Jungen besser	beide gleich
Mädchen (N = 591)	7%	9%	84%
Jungen (N = 533)	8%	19%	73%

Die Jungen haben offensichtlich eine etwas höhere Selbsteinschätzung als die Mädchen. Auch die Mädchen haben eine leichte Neigung, Jungen für überlegen zu halten. Hier drängt es sich auf, nach dem tatsächlichen Notenbild dieser Jungen und Mädchen zu fragen, um zu sehen, ob dieser Eindruck sich durch die Erfahrung im Unterricht erklären läßt. Dazu habe ich Zeugnislisten vom Sommer 1979 durchgesehen und für Jungen und Mädchen der Jahrgangsstufen 5 bis 10 die Durchschnittsnoten ermittelt.

Jahrgang	5	6	7	8	9	10
Durchschnittsnote Mädchen (N = 605)	2,90	2,96	2,96	3,21	3,29	3,60
Durchschnittsnote Jungen (N = 306)	2,92	2,75	3,11	3,04	3,33	2,89

Für die Mädchen ergibt sich insgesamt die Durchschnittsnote 3,05 und für die Jungen 3,13. Dieser Unterschied ist sicher nicht signifikant, unterstützt aber auch nicht den Eindruck, Jungen zeigten bessere Mathematikleistungen. Hingegen findet das Ergebnis aus [24], nämlich daß Jungen Fehlleistungen häufiger mit Pech erklären als Mädchen, eine gewisse Unterstützung.

c Kurswahl in der Oberstufe

Um auch von den Schülern der Oberstufe Informationen über ihre Tendenzen in Bezug auf Mathematik zu erhalten, habe ich an den drei betrachteten Schulen die Belegung von Grund- und Leistungskursen ausgezählt. Dazu habe ich an jeder Schule den vollen Jahrgang betrachtet, der im Sommer 1979 das Abitur abgelegt hat.

Von diesen Schülern habe ich die in den Klassen 12 und 13 belegten Kurse in Deutsch (D, d), Mathematik (M, m) und Physik (PH, ph) getrennt nach Leistungskurs und Grundkurs ausgezählt. Die folgende Tabelle gibt die Beteiligung während der beiden Schuljahre in Prozent an. Als Beteiligung von 100% in einem Fach will ich ansehen, wenn jeder Schüler vier Halbjahre einen Kurs in diesem Fach belegt hat.

Alle Schulen gemeinsam:

	PH	ph	M	m	D	d
Mädchen (N = 133)	5%	19%	17%	60%	23%	65%
Jungen (N = 112)	19%	28%	25%	53%	9%	71%

Die Beteiligung in den Fächern Deutsch und Mathematik ist durch die Bestimmungen des Kurssystems erzwungenermaßen höher als in Physik. In Physik beteiligen sich etwa nur halb so viel Mädchen wie Jungen. Sie scheinen sich an dieses Fach eher heranzuwagen, wenn sie an der Schule nicht sowieso schon eine Minderheit bilden. In Mathematik sind prozentual mehr Jungen im Leistungskurs anzutreffen als Mädchen – im Leistungskurs Deutsch ist die Situation umgekehrt.

d Zusammenfassung und Schlußfolgerungen

Mathematik wird stärker dem männlichen Geschlecht zugeordnet als dem weiblichen. Jungen zeigen in jeder Altersstufe eine stärkere Vorliebe für die Beschäftigung mit Mathematik als Mädchen.

Das Leistungsverhalten in der Schule kann nicht als unterschiedlich angesehen werden; Jungen haben dennoch eine höhere Selbsteinschätzung. Zu hohen Leistungsunterschieden zugunsten der Jungen kommt es bei Wettbewerben. Inwieweit sich hier Einstellungsfaktoren wie Beharrlichkeit, psychische Beschaffenheit, Ermunterung und Erwartung oder doch eine geringfügige mathematische Überlegenheit bemerkbar machen, ist offen.

Das Kursmodell der Oberstufe fördert eine rollenfixierte Fächerwahl bereits während der Schulzeit. Endgültige Entscheidungen sind auf diese Weise zum Teil vorverlegt worden. Eine echte Gefährdung für die Entwicklungschancen von Mädchen würde dann entstehen, wenn jemals Aufnahmeprüfungen mit mathematischem Anteil für Universitäten installiert würden (in Amerika ist dies teilweise der Fall).

Es ist ferner anzunehmen, daß von der Einstellung zur Mathematik eine Filterwirkung in Bezug auf technische Berufe ausgeübt wird: Wer sich von der Mathematik deutlich abgekehrt hat, wird kaum einen derartigen Beruf anstreben. In mathematischen Studiengängen und Berufen nehmen Frauen um so stärker ab, je höher der Qualifikationsnachweis ist. Die Situation ist hier wie bei den Schülerwettbewerben.

Die Unterrepräsentierung von Frauen in der Mathematik wird von nur wenigen als Problem angesehen. Repräsentatives Zahlenmaterial gibt es kaum. (Die DMV kennt die Anzahl ihrer weiblichen Mitglieder nicht, Wettbewerbe sind nicht daraufhin analysiert, das Statistische Landesamt sammelt kaum einschlägige Daten). Das kann darin begründet sein, daß diese Tatsache von der Mehrheit als naturgegeben angesehen wird.

Ein Mathematiklehrer oder eine Mathematiklehrerin ist in der Regel nur von Männern ausgebildet worden. Den Namen einer Wissenschaftlerin haben die wenigsten je gehört. Im Sprachgebrauch sind sie einer männlichen Welt verhaftet. Es ist schwer vorstellbar, daß sie ihre eigene Erlebniswelt nicht durch ihre Verhaltensweisen tradieren. Die Situation, die dem Schüler im Elternhaus begegnet, ist ähnlich. Stärkeres berufsbezogenes Denken der Jungen führt ebenfalls zu einer anderen Haltung. Es liegt nahe anzunehmen, daß die einzelnen Faktoren starke Rückkopplungseffekte besitzen und so einen Kreislauf in Gang setzen: Selbstbewußtsein ist eine bessere Ausgangsposition für eine gute Leistung – diese ihrerseits hebt das Selbstbewußtsein. Und wenn das Gleichgewicht zwischen Mädchen und Jungen erst einmal gestört ist, laufen die Unterschiede schnell weiter auseinander. Die Waage senkt sich zur einen Seite auch bei geringstem Übergewicht.

Schlußbemerkung

Zu welchem Verständnis meiner eigenen derzeitigen Rolle innerhalb der Schule und meines Faches führen mich obige Betrachtungen? Welche Konsequenzen kann ich für mein Verhalten daraus ableiten?

Der Physik-Leistungskurs, den ich derzeit unterrichte, besteht aus 15 Jungen. Diese Jungen werden während der drei Oberstufenjahre von mir in Physik unterrichtet werden. Es ist eine interessierte, leistungsbetonte Gruppe, deren Berufswünsche naturwissenschaftlich-technisch orientiert sind.

Wenn es mir gelingt, ihnen einen ideenreichen anspruchsvollen Unterricht zu bieten, mich damit als kompetent in einem Fach zu erweisen, das männlich geprägt ist, dann haben diese Jungen schon eine im Sinne meines Anliegens wertvolle Erfahrung gemacht.

Ich möchte ein Identifikationsmuster bieten, das auch – zumindestens partiell – für Jungen akzeptierbar ist, ohne dabei meine Frauenrolle aufzugeben. Dazu gehört, daß im Unterrichtsgeschehen Spontaneität, Aktivität, Leistung, Kritik einen hohen Stellenwert haben.

Ich würde mir davon erhoffen, daß ein solches Miteinander mit mir ihre Einstellung Frauen gegenüber für die Zukunft beeinflußt.

Die Schule, an der ich jetzt unterrichte, ist stolz auf ihre mehr als 400 Jahre alte Tradition. Die Porträts der Schulleiter, Ölgemälde in goldenen Rahmen, hängen in den Gängen des Schulgebäudes. Diese Rektoren, Professoren, Direktoren der Vergangenheit sehen mich jeden Morgen mit Ernst, Strenge, Stolz und Würde an. Ich weiß, daß diese Bilder die Barriere zwischen Männern und Frauen an dieser Schule hochhalten helfen.

Die Zeit für eine Frau als Schulleiterin ist hier noch lange nicht reif.

Je provinzieller und je traditionsreicher die Umgebung, desto deutlicher die Geringschätzung von Frauen.

Aber was der Académie Française möglich war, warum sollte es diesem Gymnasium unmöglich sein?!

Ich verstehe meine Rolle auch dahingehend, den Boden für ein solches Ereignis zu bereiten.

Anmerkungen

1 Osen, *Women in Mathematics*, MIT Press 1974
2 Coolidge, Six Female Mathematicians, in: *Scripta Mathematica*, März 1951
3 Volk (Hrsg.), *Kritische Stichwörter zum Mathematikunterricht*, Fink Verlag 1979
4 Holmsten, *Voltaire*, rororo 1978
5 Schröder/Sauter, Zur politischen Theorie des Feminismus, in: *Politik und Zeitgeschichte* 48/77, Seite 29-44
6 Kempis, Caroline Herschel, in: *Scripta Mathematica* 21/1955
7 Edwards, *Fermat's Last Theorem*, Springer Verlag 1977
8 Kovalewski, *A Russian Childhood*, Springer Verlag 1978
9 Mittag-Leffler, Weierstrass et Sonja Kowalevski, in: *Acta Mathematica* 39, 1923
10 Reid, *Hilbert*, Springer Verlag 1972
11 Chanell, *The Women of Mathematics*, Dissertation, Emporia State University, Juli 1977
12 Svenstrup, *Frauenbewegung in Deutschland*, Bibliographie 1936
13 Trecker, Sex, Science and Education, in: *American Quarterly* 26, 1974, Seite 352-366
14 Soden/Zipfel (Hrsg.), *70 Jahre Frauenstudium*, Pahl Rugenstein Verlag 1979
15 Sewerin, *Mathematische Schülerwettbewerbe* 1979
16 Auskunft des Hess. Stat. Landesamtes: Von insgesamt 67 362 Studierenden im WS 78/79 waren 24 336 Frauen.
17 Hochschulschriftenverzeichnis 1971 ff. Eigene Auszählung: 1218 Promotionen, davon 53 Frauen.
18 Den Vorlesungsverzeichnissen entnommen
19 Auskunft des Hess. Stat. Landesamtes. (Eine neue Statistik ist in diesem Jahr geplant.)
20 Larney, Female Mathematicians, where are you?, in: *American Math. Monthly* 80, 1973, Seite 310
21 Z. B. *Frankfurter Rundschau*, 8. Januar 1980
22 Schildkamp-Kündiger, *Frauenrolle und Mathematikleistung*, Schwann 1974
23 Fend (Hrsg.), *Gesamtschule und dreigliedriges Schulsystem*, Klett 1976
24 Ernest, Mathematics and Sex, in: *American Math. Monthly* 83, 1976, Seite 595-614
25 *Der Spiegel*, Nr. 44, 1979, Seite 256-261
26 Trömel-Plötz, in: *Linguistische Berichte* 57 (1978), 49-68
27 Inoffizielle Information der Veranstalter (liegt vor)
28 Nunnenmacher, Rollenbild im Selbstverständnis eines Oberstufen-

jahrgangs, Pädagogische Prüfungsarbeit, Stuttgart 1976

29 *Horup, Women and Mathematics*, Bibliographie, Roskilde University, Dänemark

30 *Lee/Gropper*, Geschlechtsrolle und schulische Erziehung, in: *Die Deutsche Schule* 1/1980

31 *Zumbühl*, Unterricht in Englisch und Sexismus, in: *Linguistische Berichte* 76 (1981), 90-103

32 *Pusch*, Das Deutsche als Männersprache – Diagnose und Therapievorschläge, in: *Linguistische Berichte* 69 (1980), 59-74

33 *Hennig/Jardim, Frau und Karriere*, rororo 1978

Ilse Brehmer

Was ist feministische Pädagogik?

Diese Frage ist leicht zu beantworten: Eine feministische Pädagogik gibt es nicht.

Wenn Frauen anfangen, über das, was ihnen widerfährt, nachzudenken, ihre Realität zu erforschen, zu verändern, so ist dies nicht möglich in dem traditionellen Rahmen herkömmlicher Wissenschaftsdisziplinen. Die Frage nach weiblichem Leben und Erfahrung überspringt die Grenzen von Fachbereichen, Zeiten, Räumen und Ländern. Feministische Forschung ist immer interdisziplinär. Dies hat den großen Vorteil, daß das Leben, das von den Männern säuberlich auf dem Tisch der Wissenschaft in Einzelteile seziert worden ist, wieder als ein lebendiges Ganzes gesehen werden kann. Das hat aber auch den Nachteil, daß jede von uns sich mit der Mannigfaltigkeit der Erscheinungen befassen muß, so daß sie manchmal nicht mehr weiß, wo ihres Forschens Anfang und Ende ist.

Ich will hier aber doch versuchen, Felder zu benennen, in denen meine Kolleginnen und ich unsere Erkundungen angefangen haben. Dies ist keine Abgrenzung eines Terrains. Unsere Horizonte sind immer offen, unseren Entdeckungen sind keine Grenzen gesetzt.

Wenn ich mich als Frauenforscherin mit Erziehung beschäftige, so ist mein Gebiet die bezahlte und unbezahlte Erziehungsarbeit von Frauen in historischer und gegenwärtiger Situation. Das Hauptziel ist: Die Beziehung von Frauen untereinander zu verändern. Der Weg, den wir gehen, führt über mehrere Punkte. Erstens müssen wir die Verschleierungen, Verzerrungen und Auslassungen der »herr«schenden Wissenschaft aufdecken, wir müssen ihre Ideologien kritisieren, die grundsätzlich von dem Mann als Basismenschen ausgehen. Der zweite Punkt ist die Aufdeckung und Entdeckung des weiblichen Lebens als eigener in sich originärer Bereich (und nicht nur abgeleitet von einer männlich dominierten Welt) und das Ernstnehmen weiblicher Erfahrung. Frauen als Expertinnen ihres eigenen Lebens haben Kenntnisse, deren wir uns selber oft nicht bewußt sind. Der dritte Punkt ist das Aufspüren der positiven Erfahrungen, die wir in unseren Lebensbereichen machen und die Ansätze sind zur Entwicklung utopischer Welt- und Gesellschaftsentwürfe von Frauen für Frauen.

An einigen Beispielen möchte ich dies genauer erläutern. Hausarbeit als unbezahlte gesellschaftlich notwendige Arbeit von Frauen wird in Gesellschaftstheorien verschwiegen. In den marxistischen Theorien wird die Arbeit im Reproduktionsbereich als nicht produktiv angesehen, obwohl genau hier die Grundlage und Möglichkeit aller weiteren Produktionen produziert wird, nämlich der Mensch. In familiensoziologischen Darstellungen wird überwiegend die Kleinfamilie als die Familienform schlechthin dargestellt, die historische Entstehung der Hausarbeit bei der Trennung von Privat- und Berufsbereich wird unterschlagen, und es wird praktisch als Naturkonstante der Frau die Fähigkeit zum Häuslichen (zur unbezahlten Arbeit) zugeschrieben. Annahmen über den weiblichen Geschlechtscharakter, der sich speziell für diese Aufgaben der generativen Reproduktion eigne, werden praktisch in der Biologie verankert gesehen, obwohl diese Zuschreibungen erst mit dem Ende des 18. Jh. entstehen (Hausen, 1976; Mies, 1980; Werlhof, 1978). Die Kritik an diesem unhistorischen und ökonomisch verkürzten Weltbild ist geleistet worden durch historische Forschung, ethnologische Vergleiche und die Analyse der heutigen Produktionsformen in Ländern der Dritten Welt.

Die Analyse der geschlechtsspezifischen Arbeitsteilung, die Auflastung (überwiegend) der unbezahlten Haus- und Erziehungsarbeit auf die Frauen muß die Grundlage für alle weiteren Darstellungen von familialer, sekundärer und tertiärer Sozialisation sein. In den »herr«schenden Theorien ist dies bislang ausgeblendet worden. Ein zentrales Thema in der Literatur zur frühkindlichen Sozialisation ist die Mutter-Kind-Beziehung, wie sie etwa in der psychoanalytischen Theorie, beginnend bei Sigmund Freud, ihr reiches akademisches Leben entfaltet. Die bürgerliche Kleinfamilie wird als ubiquitäres Phänomen gesetzt, ökonomische Faktoren werden weitgehend übergangen (etwa die Bedeutung des Wohnraumes, der Spielmöglichkeiten usw.). Die Mutter wird als alleinige Verursacherin der Persönlichkeitsstrukturen des Kindes gesehen. Bemerkenswert sind an diesen Forschungen, daß der überwiegende Anteil der Fallbeispiele Beziehungen von Müttern und Söhnen sind (s. dazu Dally, 1979). Die Fixierung auf das Persönlichkeitsbild eines autonomen Mannes läßt die Entwicklung von Mädchen nur als Rand- oder Sonderproblem zu. Hier setzt jetzt die feministische Kritik und Forschung ein (vgl. Hagemann-White, 1979), die die Beziehung zwischen Mutter und Tochter als einen zentralen Strang der Ausbildung der weiblichen Identität betrachtet. Die Mutter wird einerseits als omnipotent, Wünsche erfüllend und gewährend gesehen, andererseits als versagend, besonders in bezug auf frühkindliche (frühweibliche) Sexualität, und zum dritten als eine, deren Grenzen in dieser Gesellschaft immer wieder erfahren werden. Die Paradoxien zwischen Allmacht und Ohnmacht der Mutter gebären etwas Schreckliches. »Niemand kann in dieser Gesellschaft eine Frau lieben« (Hagemann-White, a.a.O., S. 38). Im Zusammenhang damit entstehen Phantasien über die gesellschaftliche Macht des Vaters, des Mannes, die weit über das realistische Maß hinausgehen. Auf dem Hintergrund der Aufarbeitung dieser Konflikte in der primären Sozialisation zwischen Müttern und Töchtern sind inzwischen einige autobiographische und analysierende Schriften entstanden (Frank 1980, Hammer 1978, Frauenoffensivejournal 12, Oktober 1978, u. a. mehr). Der Selbsterfahrungscharakter dieser Schriften ist ganz offensichtlich und hat seinen Ursprung darin, daß in den consciousness-raising-groups der Frauenbewegung dieses Thema zuerst angesprochen wurde.

Als weiteres Beispiel einer üblichen Verkürzung der gesellschaftlichen Realität ist die schichtspezifische Sozialisationsforschung anzusprechen, die die Entwicklung von Fähigkeiten, Kompetenzen usw. in der primären Sozialisation abhängig macht von dem Bildungs-, Berufs- und Einkommensstand des Vaters. Die Mutter als Hauptarbeiterin im Erziehungsbereich wird praktisch als black-box betrachtet, in die der Mann als Agent der Gesellschaft alle Kompetenzen hineinspeist. Hier setzen jetzt die minutiösen Beobachtungen und Beschreibungen des Tageslaufs von Hausfrauen und Müttern ein (vgl. Block/Enders/Müller, 1981). Die Verflechtung von materieller und psychologischer Versorgungsarbeit wird langsam als ein hochkompliziertes Geflecht erkannt, in dem die Hausfrau und Mutter die Haupthandelnde ist. Dieses Handeln mag zum Teil subversiv sein, ist aber bislang gekennzeichnet durch gesellschaftspolitische Ohnmacht, die Grundbedingungen von Erziehungsarbeit in unserer Gesellschaft zu verändern.

Ein weiteres Modell, primäre Erziehungsprozesse zu erklären, sind die Annahmen über geschlechtsspezifische Sozialisation, die immer vom Grundparadigma der Sozialisation des Jungen, des Mannes ausgehen und die Sozialisation des Mädchens an diesem als abweichend und defizient messen. Dies ist besonders gut an den Konzepten von Leistungsmotivation (etwa bei Heckhausen) oder Ich-Identität (Freud, Piaget, Kohlberg, Mead, s. dazu Brehmer 1978) zu sehen. Die Beispiele, an denen Leistung demonstriert wird, sind überwiegend das Wettspiel, in dem es darauf ankommt, den anderen zu besiegen. Spiel wird gesehen nicht als gemeinsames Miteinander, sondern als individuelles Gegeneinander, wie es durchaus in weiten Teilen unserer Gesellschaft (in Ost und West) üblich ist. Die männlichen Autoren stellen übereinstimmend fest, daß diese von ihnen hochangesehene Stufe des individuellen Wettbewerbs von Mädchen seltener oder kaum erreicht wird. Piaget beklagt sogar die Toleranz der Spielerinnen (vgl. Piaget 1954, S. 98/99). Frauen sollen einerseits in unserer Gesellschaft die unbezahlte Arbeit freudig übernehmen und nicht auf dem Arbeitsmarkt konkurrieren, andererseits wird ihnen dieses dann als Mangel an Entwicklung zum Vorwurf gemacht. Die heimliche Erziehung der Mädchen, der Frauen zur Hausarbeit – heimlich in der doppelten Bedeutung: Erziehung im Heim und nicht offiziell reflektiert – ist in verschiedenen Publikationen innerhalb der Frauenbewegung analysiert worden (vgl. Belotti 1975, Scheu 1978). Es wurden bis dahin vernachlässigte Phänomene beschrieben, etwa das Verhalten von Müttern und Vätern und weiteren Bezugspersonen. Es wurden Medien und Spielzeug für Mädchen analysiert, die alle die Zielrichtung haben, die traditionelle Rolle als unbezahlte Arbeiterin in der Gesellschaft einzuüben. Manche der in den erwähnten Büchern referierten Ergebnisse erscheinen mir zweifelhaft (etwa die generell geringere Zuwendung von Müttern zu Töchtern bei Stillzeiten usw., ebenso die Bedeutung der rosa Kleidchen für Mädchen). Einige Ergebnisse beruhen auf Laboruntersuchungen in den USA und Frankreich. Diese sind aufgrund ihres artifiziellen Rahmens nur beschränkt zu verallgemeinern, andere Beobachtungen mögen kulturspezifisch sein, Belottis (1975) Beobachtungen etwa beziehen sich allein auf Italien. Weiteres mag durch die Entwicklung der letzten Jahre, insbesondere durch die neue Frauenbewegung, überholt sein. Genauere Untersuchungen und interkulturelle Vergleiche wären hier angezeigt. Schütze (1982) stellt zwar fest, daß es komplementäre Verhaltensweisen von Mutter und Vater zu

Tochter und Sohn gibt, jedoch sind diese nicht allein am Geschlecht festzumachen. Es ist aber wohl festzuhalten, daß der Aktionsradius von kleinen Mädchen begrenzter ist; sie sind mehr ans Haus gebunden. Dies bedingt reduzierte Erfahrungsmöglichkeiten. Auch die Erwartungen an Sauberkeit in einem früheren Stadium und größere Geschicklichkeit korrespondieren bei den Mädchen mit der Fähigkeit, diese Leistungen eher zu erbringen als Knaben. Die schnellere Entwicklung von Mädchen in bezug auf Sprechen und manuelle Fertigkeiten wird sicherlich auch zum Teil dazu benutzt, sie besser in die vorgegebenen Muster einzufädeln. Traditionelle weibliche Klischees sind langlebig, durch die vorangegangenen Generationen und durch die Medien, Fernsehen, durch pädagogische Publikationen, Kinderbücher usw. verstärkt. Auf dem Spielzeugmarkt gibt es einen allgemeinen Sektor, der beiden Geschlechtern zugänglich ist, und einen spezifischen für Mädchen. Knaben erhalten nur in Ausnahmefällen Puppenspielzeug in den verschiedenen Variationen. Dies zeigt das Phänomen der »kontroversen Identifikationen«. Mädchen bekommen sozusagen doppelte Möglichkeiten angeboten. Einerseits das Angebot an Weiblichkeit, aber andererseits auch das allgemeine Angebot an Menschlichkeit, an »Männlichkeit«, sie spielen nicht nur mit Puppen, sondern auch mit Lego und Bällen. Sie lesen nicht nur Mädchenbücher, sondern ebenfalls Knabenbücher. Sie lieben nicht nur die Mutter, sondern auch den Vater, und, wie es immer wieder Umfragen zeigen, wollen sie genau so gerne Jungen sein, d. h. einen weiteren Spielraum für sich selbst erobern. Dies bedeutet, daß die Mädchen in ihren Vorstellungen den gesamten gesellschaftlichen Bereich antizipieren können, während Knaben auf den Sektor der Männlichkeit reduziert sind. Diese kontroverse Identifikation der Mädchen sowohl mit dem eigenen wie mit dem anderen Geschlecht bietet die Fähigkeit zum Einfühlen, zur Empathie, zur Einsicht in ein weiteres Spektrum von gesellschaftlicher Aktivität. Das zeigt sich besonders, wenn Mädchen Knabenrollen spielen. Sie sind dazu durchaus in der Lage, während Knaben große Probleme bei der Darstellung von Frauen haben. Dies liegt sowohl an dem Mangel an Einfühlung wie aber auch immer an der Mißachtung von Frauen in unserer Gesellschaft. Das Potential, das Mädchen/Frauen haben, ist durch feministische Erziehung zu unterstützen. Die Darstellung der Defizite in der Mädchenerziehung in der BRD und in den anderen Ländern ist einerseits aufklärend und erhellend, hat aber auch eine defätistische Tendenz. Die theoretische Widerspiegelung des Negativen kann, so scheint mir, Hoffnungslosigkeit bestärken. Aufgabe einer feministischen Forschung jedoch ist es, das Kraft- und Machtpotential von Mädchen/Frauen aufzuzeigen, zu entdecken und weiterzuentwickeln. Hier bieten sich Müttergruppen als erste Organisationsmöglichkeiten an. So hat sich z. B. in dem Projekt Tagesmütter, einer Initiative des Deutschen Jugendinstituts, gezeigt, daß die Mütter eine größere Selbständigkeit und Sicherheit entwickeln können. In dem Zwischenbereich von außen-organisierten und autonomen Projekten sind die Schwangerschafts- und Stillgruppen, die Kinder- und Säuglingsgruppen zu sehen, in denen Frauen (und auch Männer) die Möglichkeit haben, ihre Erfahrungen bewußt zu reflektieren und Ansätze zur Veränderung von Verhalten zu finden.

Selbst wenn in den üblichen Theorien über Erziehung Mädchen eine geringere Leistungsmotivation unterschoben wird, so bedeutet dies eindeutig nicht, daß Mädchen weniger leisten. Dort wo es meßbar ist, in der Schule, erzielen Schülerinnen bessere Noten, sie lernen schneller schreiben, entwickeln ein größeres und komplexeres Sprachvermögen, ihre geschriebene Sprache ist von größerer Flüssigkeit und verständlicher. Sie erhalten die besseren Noten in Leistung und Sozialverhalten (vgl. Brehmer 1981, S. 8). Selbst in Mathematik holen die Mädchen mittlerweile auf. Sie bleiben weniger oft sitzen als Knaben und besuchen seltener die Sonderschule und Hauptschule. In der Realschule und bei dem Abschluß der mittleren Reife sind die Mädchen führend. In der Sekundarstufe II sowie beim Studium erreichen die Mädchen bald den 50%-Anteil. All dies zeigt, daß die meßbaren Leistungen von Mädchen überragend sind. Besonders wenn man den heimlichen Lehrplan der Frauendiskriminierung in der Schule betrachtet. Dieser liegt auf mehreren Ebenen.

Erstens auf der Ebene der Personalstruktur. Diese ist patriarchalisch hierarchisch. An der Basis der pädagogischen Arbeit sind überwiegend Frauen beschäftigt (ca. 80% in der Grundschule, zwischen 50 und 60% in der Sekundarstufe I und in der Sek. II ca. 36%). An der Spitze der Organisation im Bereich der Rektorenstellen und der Kulturadministration dominieren die Männer. Das gleiche gilt bei der Ausbildung an Universitäten und bei den wichtigen pädagogischen Publikationsorganen (Zeitschriftenverlage usw.). Die bezahlte pädagogische Basisarbeit in der Schule wird also überwiegend von Frauen geleistet, die unbezahlte pädagogische Arbeit für die Schule wird fast ausschließlich von Frauen, den Müttern der Kinder, geleistet. Sie haben die ihnen qua Schulordnung zugeschriebene Funktion, die Beaufsichtigung der Hausaufgaben zu übernehmen, Nachhilfestunden zu erteilen und das psychische Gleichgewicht der Kinder wiederherzustellen. Zwischen diesen Gruppen von Frauen, den bezahlten und den unbezahlten Arbeiterinnen in Sachen Pädagogik, bestehen sehr wohl Feindseligkeiten. Beide reagieren aufeinander mit Ängsten: die Lehrerinnen befürchten, daß ihre Kompetenzen als mangelhaft erkannt werden, die Mütter befürchten bei Widerspruch gegen pädagogisches Handeln in der Schule Sanktionen in bezug auf ihr eigenes Kind. Neben der Hierarchie zwischen den Geschlechtern in bezug auf Weisungs- und Ausbildungsfunktion existiert hier auch noch eine weitere Hierarchie innerhalb des weiblichen Geschlechts zwischen bezahlter und nicht bezahlter Erziehungsarbeit (vgl. Enders 1981).

Die zweite Ebene ist die Ebene der Sprache, die in der Schule (und auch sonst in unserer Gesellschaft) verwandt wird. Sie ist sexistisch. Wörter mit männlichem Geschlecht stehen angeblich für beide Geschlechter. Implizit meinen sie aber überwiegend nur das männliche Geschlecht als den Menschen an sich. Drittens, die Inhalte der Lehrbücher sind männlich dominiert. Frauen kommen in viel geringerem Maße in den Geschichten und Aufgaben vor. Sie werden in einem beschränkten Aktivitätsradius gezeigt und sind festgelegt auf traditionell weibliche Arbeit in Haus und Beruf. Oft tragen sie nicht einmal einen individuellen Namen, sondern werden nur in Abhängigkeit von einem Mann gezeigt, etwa als seine Schwester, seine Freundin, seine Frau (Wagner, 1978). Die vierte Ebene ist die der direkten Interaktion zwischen Lehrerinnen und Lehrern, Schülerinnen und Schülern. Jungen werden mehr beachtet als Mädchen, sie erhalten mehr Gelegenheit zum Sprechen, werden öfter gelobt und öfter getadelt. Die Erwartungen von Lehrerinnen und Lehrern (es sind nur gefingfügige, kaum signifikante Unterschiede zwischen Lehrerinnen und Lehrern) in bezug auf die Schüler richten sich auf Kreativität und Intelligenz, während von den Schülerinnen Fleiß und Ordnung erwartet wird. Die Schüler binden die Aufmerksamkeit von Lehrerinnen und Lehrern häufig durch Störaktionen; Disziplinverstöße von Mädchen werden eher geahndet und schnell als abweichendes Verhalten angesehen. Die Beziehungen zwischen Schülerinnen und Schülern sind immer wieder als Gewaltverhältnisse erkennbar: sowohl verbale Anspielungen wie direkte physische Aggression müssen Schülerinnen in der Schule von Schülern (aber auch hin und wieder von Lehrern) ertragen. Lehrerinnen, die ebenso eine solche »Anmache« von Kollegen und älteren Schülern erfahren, sind oft hilflos (Schultz 1978). Gegen die sexistischen Tendenzen in der Schule hilft nur die Selbstorganisation von Lehrerinnen innerhalb der Schulen oder der Orte, die Bildung von Schülerinnengruppen und der Protest der hauptverantwortlich Erziehenden, der Mütter. Wenn auf diesen drei Ebenen eine solidarische Allianz entsteht, können die sexistischen Strukturen der Schule verändert werden. Ansätze dazu sind bereits vorhanden. So wird im Unterricht versucht, die geschlechtsspezifischen Klischees in den Unterrichtsstoffen, in Inhalten und Sprache zu analysieren. Lehrerinnen versuchen Mädchen stärker zu fördern, in Theaterspielen, durch Rollentausch, die unterschiedlichen Verhaltensweisen bewußt zu machen und historisches und kulturanthropologisches Material einzubringen, um zu zeigen, daß Verhalten nicht immer und überall gleich ist. Dies sind Möglichkeiten, in der direkten Unterrichtssituation verändernd zu wirken, aber das wichtigste Moment ist, daß sich auf der personalen Ebene zwischen Müttern, Lehrerinnen und Schülerinnen etwas verändert. Da Lehrerinnen selber wirkliche oder potentielle Mütter sind, sollten sie gemeinsam mit den Müttern gegen die Aneignung der unbezahlten Mutterarbeit durch die Schule vorgehen. Es gibt inzwischen informelle Lehrerinnengruppen (vgl. Brehmer 1981) und Ansätze zu einer gemeinsamen Arbeit zwischen Lehrerinnen, Müttern und Schülerinnen (Kongreß in Gießen, Mai 1982, Frauen und Schule).

Die Grundsätze der Parteilichkeit für das weibliche Geschlecht und die Form der Selbstorganisation gelten auch für den weiten Bereich der pädagogischen Arbeit im beruflichen und Freizeitbereich. Viele Frauen haben in Freizeitzentren die Bildung eigener Mädchengruppen angeregt, da bislang die Aktivitäten der Freizeitheime überwiegend von männlichen Jugendlichen dominiert wurden. Diese Mädchengruppen versuchen, eigene Erfahrungen aufzuarbeiten, in gemeinsamen Aktivitäten ihre Umwelt zu begreifen (etwa gemeinsamer Besuch bei einer Frauenärztin oder pro familia, Fußballgruppen werden gegründet, Kochabende gibt es, Berufsberatung u. ä.). Eine besondere Zielgruppe in der jetzigen Situation sind die arbeitslosen Mädchen, die nur zu leicht in der unbezahlten Hausarbeit in der Familie untergehen. Mehrere Projekte (s. Diezinger/Marquardt/Bilden 1982) beschäftigen sich mit dieser Situation. Das Problem bei allen geförderten Projekten ist, daß die Kluft zwischen Forscherinnen und Beforschten sich wieder herstellt. Selbst wenn nicht immer gleich eine ideale Lösung in Sicht ist, gehen Frauenforscherinnen doch mit diesem Problem sehr sensibel um. Neben arbeitslosen Mädchen oder solchen, die in Berufsfindung begriffen sind, wird mit weiteren Gruppen gearbeitet, etwa mit drogenabhängigen Mädchen im Knast (Kurth/Kreyssig 1982), mit Prostituierten, mit ausländischen Frauen (besonders Türkinnen), mit Frauen im Frauenhaus, mit Frauen, die nach der Familienarbeit wieder in die Erwerbsarbeit gehen wollen, und mit Altenkreisen an den verschiedenen Einrichtungen der Weiterbildung. Diese Projekte sind wichtig und nützlich und bieten Frauen zum erstenmal die Möglichkeit zum Austausch ihrer Erfahrungen außerhalb einer privaten und familiär strukturierten Gruppe. Die Arbeit beinhaltet aber auch die Gefahr für die Initiatorinnen, daß sie in karitativer Sozialarbeit endet und nur der Beschwichtigung dient, statt die Ursachen direkt anzugreifen (vgl. dazu Courage 1982, 6, S. 57). An diesem Problem werden wir weiterarbeiten müssen.

Pädagogisches Handeln soll nicht Handeln für andere, sondern Handeln mit anderen sein, in der Anerkennung der Gemeinsamkeiten unter uns Frauen und der Unterschiedlichkeiten unserer individuellen Erfahrungen. Wir müssen uns gegenseitig als aktiv wahrnehmen und die Vielfalt unserer Möglichkeiten und Fähigkeiten erschließen. Dann können wir unsere noch halbbewußten Träume für eine bessere Welt realisieren.

Kontaktadresse: »Frauen und Schule« im Verein für sozialwissenschaftliche Forschung und Praxis für Frauen e. V., Jülichstr. 22, 5000 Köln 1

Belotti, G. E., *Was geschieht mit kleinen Mädchen*, Frauenoffensive München 1975
Block, Irene/Enders, Uta/Müller, Susanne, *Das unsichtbare Tagwerk*, Mütter erforschen ihren Alltag, Reinbek bei Hamburg 1981

Brehmer, Ilse, *Implizite Theorien in der Sozialisationsforschung*, München 1978, Diss.

Brehmer, Ilse (Hrsg.), *Lehrerinnen*, München 1980

Brehmer, Ilse (Hrsg.), *Sexismus in der Schule*, Weinheim/Basel 1981

Brehmer, Ilse/Peters, Gudrun, *Zum Thema Frau im Unterricht*, Weinheim/Basel 1982

Courage 82/6, Schluß mit der Sozialarbeit (S. 57)

Dally, Ann, *Die Macht unserer Mütter*, Stuttgart 1979

Diezinger, Angelika/Marquardt, Regine/Bilden, Helga, Jugendarbeitslosigkeit und weibliche Normalbiographie, in: *Beiträge zur feministischen Theorie und Praxis*, Nr. 7, Weibliche Biographien

Enders-Dragässer, Uta, *Die Mütterdressur*, Basel 1981

Frank, B., *Ich schau in den Spiegel und seh meine Mutter*, Hamburg 1979

Hagemann-White, Carol, *Frauenbewegung und Psychoanalyse*, Basel/Frankfurt/M. 1979

Hammer, S., *Töchter und Mütter*, Frankfurt/Main 1979

Hausen, Karin, Die Polarisierung der Geschlechtscharaktere. Eine Spiegelung der Dissoziation von Erwerbs- und Familienleben, in: Konze, W. (Hrsg.), *Sozialgeschichte der Familie in der Neuzeit Europas*, Stuttgart 1976

Kurth, Anne/Kreyssig, Ulrike, »Wenn ich vollgedrückt bin, brauche ich nichts und niemanden mehr und hab keine Angst«, Frauenforschung mit drogenabhängigen jugendlichen Frauen im Strafvollzug, in: *Beiträge zur feministischen Theorie und Praxis*, Nr. 7, Weibliche Biographien

Mies, Maria, Gesellschaftliche Ursprünge der geschlechtlichen Arbeitsteilung, in: *Beiträge zur feministischen Theorie und Praxis*, Nr. 3, Frauenoffensive München 1980

Piaget, Jean, *Das moralische Urteil beim Kinde*, Zürich 1954

Scheu, Ursula, *Wir werden nicht als Mädchen geboren, wir werden dazu gemacht*, Frankfurt 1977

Schütze, Yvonne, Von der Mutter-Kind-Dyade zum familialen System, in: *Zeitschrift für Pädagogik*, Jg. 28, Heft 2, April 82

Schultz, Dagmar, *Ein Mädchen ist fast so gut wie ein Junge*, Sexismus in der Erziehung, Frauenselbstverlag Berlin. Bd. 1, Bd. 2, 78/79

Wagner, Angelika/Frasch, Heike/Lambert, Elke, *Mann – Frau, Rollenklischees im Unterricht*, München 1978

Werlhof, v., Claudia, Frauenarbeit, Der blinkende Fleck in der Kritik der politischen Ökonomie, in: *Beiträge zur feministischen Theorie und Praxis*, Nr. 5, Frauenoffensive München 1978

Marlies Gummert
Rede einer selbstbewußten Professorenfrau
Ein Dokument

I

Ich soll Ihnen, meine Damen und Herren, etwas über mich als Professorenfrau und die Situation von Professorenfrauen im allgemeinen erzählen, und ich tue es mit Vergnügen, ohne daß mir klar wäre, welche Gründe Sie zu dieser ungewöhnlichen Einladung bewogen haben. Ich kann mir nicht vorstellen, daß das Votum der wissenschaftlichen Mitarbeiterinnen an diesem Fachbereich für Ihr Interesse ausschlaggebend gewesen sein soll. Denn sie sind auch hier in überzeugender Minderheit vertreten – einer Minderheit, die uns vor Augen führt, daß die meisten zur wissenschaftlichen Arbeit befähigten Frauen ihre Aufgabe und Befriedigung jenseits der universitären Öffentlichkeit suchen und finden.

Vermutlich verdankt sich mein Hiersein einem bloßen Versehen, einer kleinen Panne in der Bürokratie. Sie sollten das nicht weiter ernst nehmen, denn ich kann Ihnen versichern: Eigentlich bin ich gar nicht da. Ich gehöre zu jener Mehrheit von Frauen, die auch hier und heute durch ihre Abwesenheit demonstriert, auf welche Weise es möglich ist, im glücklichen Einvernehmen mit sich selbst und der akademischen Welt zu leben. Ich beglückwünsche alle hier nicht anwesenden Frauen zur Radikalität ihres Denkens und zu ihrem gewiß harmonischen und zufriedenen Dasein.

Wir alle haben eine diffuse Vorstellung vom Anteil der Frauen in den verschiedenen Sektoren einer Universität, und ich möchte diese Vorstellung mit einigen statistischen Daten verdeutlichen[1]:

Mit 21% sind Frauen im wissenschaftlichen Personal dieser Universität relativ stark vertreten. Unter den Hochschullehrern aber erscheinen sie nur mit 6,2%, und in der obersten Besoldungsstufe schließlich bilden sie mit 0,8% eine kaum noch wahrnehmbare Minderheit. Da wir davon ausgehen dürfen, daß Frauen in mittleren akademischen Positionen ebensogut qualifiziert sind wie Männer, kann es nicht am Leistungsvermögen liegen, wenn sie in der Statuspyramide der Universitäten nach oben hin beinahe völ-

	FU insgesamt	davon weiblich	in %
Studenten	36 800	14 600	39,7
Beschäftigte	15 376	8 116	52,8
sonstige Mitarbeiter	9 753	7 103	72,8
wiss. Personal	4 963	1 040	21,0
Hochschullehrer	1 058	66	6,2
Lehrbeauftragte/Gastdozenten	663	133	21,0
»Mittelbau«	1 988	453	23,0
Tutoren/stud. Hilfskräfte	1 220	385	31,5
AH-6-Professoren	240	2	0,8

lig verschwinden. Die Gründe dafür liegen, will mir scheinen,
hauptsächlich bei den Frauen selber. Das Schreckbild der Blau-
strümpfigkeit vor Augen, verzichten sie, wie ich meine, auf eine
eigene Universitätslaufbahn und bringen ihr intellektuelles Potential ein in die Karriere des Mannes. Sie unterstützen ihn auf dem
Weg zur lebenslänglichen Verbeamtung und zum Spitzengehalt.
Indem sie seine Karriere befördern, machen sie auch selbst Karriere: sie avancieren zur Professorenfrau. Die Schwierigkeiten auf
dem Weg dahin werden gewöhnlich unterschätzt. Weiblichkeit
und Wissenschaft in der Rolle der Karrierebegleiterin zu vermitteln ist ein Balanceakt, den zu bewältigen, in aller Bescheidenheit
gesagt, viel schwieriger und damit auch befriedigender ist, als
selbst Karriere zu machen.

II

Vor nicht allzu langer Zeit, meine Damen und Herren, hatte ich
die Ehre, an diesem Ort dem Habilitationsvortrag meines Mannes
beizuwohnen. In jener feierlichen Stunde mußte ich ans Licht der
Öffentlichkeit treten, um seiner Laufbahn die letzte Glaubwür-
digkeit zu verleihen. Ich hatte eine stumme, aber bedeutende
Rolle zu spielen. Schon als ich diesen Raum betrat, einige Minuten vor dem Habilitanden, spürte ich die prüfenden Blicke des
Auditoriums auf mir. Neid und Anerkennung bei den anwesenden Frauen, das Taxieren meiner erotischen Attraktivität in den
Augen der Männer. Ich hatte mich modisch, aber damenhaft ge-
kleidet und eigens zu dieser Gelegenheit den Ehering angelegt,
weil ich wußte, welche Weichen bereits durch die geschickte Inszenierung meines Auftritts gestellt werden würden. Um nicht

konservativ zu erscheinen, trug ich, wie mein Mann, den Ring an der linken Hand, und auch er trat dann in korrekter, aber nicht steifer Kleidung auf. Er trug nicht den üblichen schwarzen Anzug, sondern gab sich mit einem dunklen Blazer dezent-leger.

Es ging in dem Vortrag, wie Sie sich erinnern werden, um recht delikate Themen, um Libertinage und Homosexualität. Durch die Themenwahl profilierte sich der Habilitand als aufgeklärter Kopf, als fortschrittlicher Denker, der sich nicht auf ausgetretenen Wegen bewegt, sondern durchaus zu Innovationen fähig und bereit ist. Dieser wissenschaftliche Pep, den auch die konservativen Hochschullehrer offensichtlich goutierten, hätte indes seine Karriere gefährden können, wenn nicht meine Anwesenheit – die Präsenz der Ehefrau – seine moralische Integrität außer Zweifel gestellt hätte. Ich hatte die Aufgabe, öffentlich dafür einzustehen, daß man sich mit dem Habilitanden keinen Hallodri, sondern eine moralisch unanfechtbare Person einhandeln würde. Dank meiner Anwesenheit wirkte der Vortrag nicht anrüchig oder gar verdächtig, sondern auf liebenswürdige Weise kokett. Daß außer mir auch noch die Mutter und die Großmutter meines Mannes zugegen waren und zufrieden schmunzelten, ließ die Veranstaltung zu einem der akademischen Höhepunkte des Semesters werden.

Die außerordentliche wissenschaftliche Leistung meines Mannes steht für mich fest. Aber wäre sie auch von anderen ohne die bestätigende Rolle der ihn umgebenden Frauen angemessen wahrgenommen worden? Hätte ich etwa während des Vortrags auch nur einen Anflug von Mißbilligung in meinem Mienenspiel gezeigt, wäre das Auditorium verunsichert gewesen. Man hätte sich gefragt, ob womöglich an dieser Ehe etwas nicht stimme, und der Vortrag wäre sicher zurückhaltender beurteilt worden, wenn er nicht gar als Habilitationsleistung aberkannt worden wäre. Dagegen wäre ein dramatischer Auftritt von mir, eine Eheszene im Stil von: Der ist tatsächlich schwul! oder: Er treibts andauernd mit Studentinnen! nur für mich selber blamabel gewesen. Der Habilitand hätte Pluspunkte bekommen als jemand, der eine neurotische Ehefrau zu ertragen und zu versorgen hat. Er wäre als Sozialfall angesehen worden, was vor allem bei mäßigen wissenschaftlichen Leistungen durchaus vorteilhaft sein kann für Habilitation und Berufung, aber nicht prinzipiell zu empfehlen ist, weil es eine mitleidig-herablassende Haltung der Kollegen provoziert.

Sie sehen, wie schwierig der Beruf einer Karrierebegleiterin ist. Will eine Frau ihn perfekt ausüben, muß sie Verhaltensformen erlernen und beherrschen, die an Subtilität allenfalls den aristokratischen Usancen früherer Jahrhunderte vergleichbar sein dürften.

III

Ohne eine ungebrochen positive Einstellung zur Rolle der Karrierebegleiterin lassen sich, wie ich meine, diese Techniken nicht erlernen. Eine Frau, die nicht davon überzeugt ist, daß die Gratifikationen, die sie eines Tages bekommen wird, schwerer wiegen als die Zugeständnisse, die sie zu machen hat, wird im Streit mit sich selber liegen und das auch nach außen hin ausstrahlen. Die von sich selbst überzeugte Karrierebegleiterin hingegen leuchtet in dem Maße, in dem sie ihren Mann leuchten läßt. Wo sie in der Öffentlichkeit einen sprechenden Part zu spielen hat, sorgt sie auf unermüdlich-unmerkliche Weise für die Gründung jenes kleinen Belobigungskartells unter Kollegen ihres Mannes, das zur Vollendung einer wissenschaftlichen Karriere auf einem Lehrstuhl unerläßlich ist. Zu plump wäre es, wenn die Frau selbst die Trefflichkeit ihres Mannes herausstellen würde. Ihr Geschäft ist die wohldosierte Kritik. Sie trägt ihr den Ruf ein, eine intelligente Frau zu sein, und auch so wiederum gereicht sie ihrem Gefährten zur Reputation.

Zumindest in den Geisteswissenschaften – in den Naturwissenschaften mögen die Verhältnisse etwas anders liegen – braucht die ideale Begleiterin eines künftigen Professors eine gründliche Sachkompetenz, die sie aber nur bedingt publik werden lassen darf. Vielleicht einmal ein Aufsätzchen, einen Lehrauftrag – das fällt in den Bereich von Preziosen, die vorgezeigt werden können, ohne daß der Verdacht entsteht, hier melde sie eigene berufliche Ambitionen an. Sorgfältig muß sie ihr eigenes Können ausgrenzen: es inhaltlich oder zumindest in der Wahl der Gegenstände auf eine Ebene verlagern, auf der es weder mit dem wissenschaftlichen Kleingarten ihres Mannes noch mit dem eines seiner Kollegen konkurriert. Sie ist, mit anderen Worten, das göttliche Auge eines ganzen Fachbereichs, hat dessen Wachstums-Code entschlüsselt und bedient sich seiner mit einer Virtuosität, wie es einzelnen in der Institution befangenen Personen überhaupt nicht möglich ist.

Diese sublime Fähigkeit bewährt sich im Alltag besonders beim Telefonieren, einem der wichtigsten Machtmittel zur Zeit des Karriereaufbaus. Hier muß die Frau den komplexen Zusammenhang eines Instituts mit allen Hierarchien, politischen Fraktionierungen, persönlichen Animositäten etc. vollkommen durchschaut und verinnerlicht haben. Sie sollte genau einschätzen können, welchen Stellenwert der Anruf für die Karriere des Mannes hat; ob sie mitteilen soll, mit welchem Kollegen er in derselben Angelegenheit schon gesprochen hat; ob der Anrufer Wert darauf legt, mit seinem Titel angesprochen zu werden, oder sich ein eher jovialer Tonfall empfiehlt. Mit der unter Wissenschaftlern sehr verbreiteten Profilneurose (ihre Leistungen werden gewöhnlich weder ideell noch materiell auf eine unmittelbare Weise honoriert) geht die Karrierebegleiterin besonders behutsam um, indem sie das Selbstwertgefühl jedes Anrufers hebt. Spricht sie etwa jemanden, der sich nicht zu erkennen gegeben hat, mit seinem Namen an, kann sie einigermaßen sicher sein, ihn für die Interessen ihres Mannes gewonnen zu haben. Mit ihrer Art zu telefonieren steht die Frau mitten in der Institutspolitik, die – ich rühre hier an kein Geheimnis – für das Fortkommen ebenso wichtig ist wie die wissenschaftliche Qualifikation. Wie benachteiligt sind da Männer, die zu Hause ein echtes Weibchen haben, das die hohe Kunst akademischer Intrigen nicht beherrscht. Sie leben in der ständigen Angst, daß die Frau sich verplappert, und sind, um ihr Telefon-Defizit auszugleichen, einer echten Doppel-, ja Mehrfachbelastung ausgesetzt.

IV

Das Telefon, meine Damen und Herren, ist für den aufsteigenden Wissenschaftler das Tor zur Welt, denn, machen wir uns doch nichts vor, bei allen Kontakten, die er sonst zahlreich hat, lebt er letzten Endes nach dem alten Humboldtschen Ideal von *Einsamkeit und Freiheit*. Er ist einer der letzten Heimarbeiter und hat im wesentlichen am häuslichen Schreibtisch zu schwitzen. Aber auch wenn er an einem Institutsschreibtisch oder im Labor arbeitet, fehlt ihm die Möglichkeit, seine Arbeitsergebnisse mit anderen zu besprechen. Sie geheimzuhalten, solange sie noch nicht publiziert und damit als sein Eigentum verbrieft sind, ist eine eiserne Notwendigkeit im Stadium des Karriereaufbaus. Das Vertrauen, daß ihm kein Konkurrent die Forschungsergebnisse wegschnappt und er doch darüber reden kann, hat er gewöhnlich nur zu der Frau im Haus. Bei ihr kann er seine wissenschaftlichen Probleme zur Sprache bringen, und oft trägt ja schon die bloße Verbalisierung zur Problemlösung bei. Die Forschereinsamkeit, die aus der Konkurrenzsituation an der Universität entsteht, wird von der Frau im Hause aufgehoben, und durch das Sprechen mit ihr kann der Mann seine Position im harten wissenschaftlichen Konkurrenzkampf stärken.

Nach außen hin aber darf die sprechende Rolle der Frau im häuslichen Alltag nicht ruchbar werden. Als Person, deren Sachverstand und deren eigene Phantasie eingeht in die Produktion des Mannes, muß die Karrierebegleiterin sich zum Verschwinden bringen, gewöhnlich auch gegenüber dem eigenen Mann, den andernfalls die Konkurrenzängste buchstäblich heimsuchen würden. Im öffentlichen Erscheinungsbild wie auch im Selbstverständnis des Wissenschaftlers ist die schöpferische Leistung der Frau diskret ausgelöscht; als Sozialtypus ist der Forscher ein Hagestolz, auch wenn er sich dreimal verehelicht. In der Formel von der *Einsamkeit und Freiheit* hat die Verdrängung weiblicher Kreativität ihren würdigen Ausdruck gefunden. Sie ist die klassische Formel für die produktive Vernichtandung der Professorenfrau.

Eine andere Formel scheint dem zu widersprechen. Ich denke da an die vielen Dissertationen und Habilitationsschriften, in denen Frauen anfangs erwähnt werden mit dem Vermerk: ». . . ohne die dieses Buch nie entstanden wäre«. Keiner käme auf die Idee, diese Widmung im Widerspruch dazu zu sehen, daß man bei der Erreichung wissenschaftlicher Arbeiten zugleich eine eidesstattliche Erklärung darüber abgibt, ohne unerlaubte fremde Hilfe gearbeitet zu haben. Unerlaubt, betrügerisch im Sinne der Prüfungsordnungen, ist die inhaltliche Mitarbeit anderer Personen. Es herrscht also Konsens darüber, die Widmungsformel als höfliche Übertreibung zu lesen, durch die der Wissenschaftler sich auch noch als gentleman erweist, und die reale Beteiligung der Frau an der Entstehung des Buchs nur in mechanischen Tätigkeiten zu sehen und in der Herstellung von häuslichen Bedingungen, unter denen der Mann besonders günstig arbeiten konnte. Die in der

Widmung beschworene Muse wird insgeheim als Sekretärin und Hausfrau belächelt, und nur die Muse selber weiß es besser.

V

Seit Jahrhunderten schon wenden kluge Frauen auf sich selbst die Sprachstrategien an, die ihre wissenschaftlichen Leistungen verbergen. So haben Mathematikerinnen und Naturwissenschaftlerinnen ihre oft bahnbrechenden Forschungsergebnisse unter männlichen Pseudonymen oder den Namen ihrer Ehemänner veröffentlicht, und wo die Urheberschaft sich nicht mehr verheimlichen ließ, haben sie doch wenigstens Zurückhaltung geübt beim Anspruch auf Institutionalisierung und Bezahlung ihrer Arbeit. Die Tatsachen haben immer schon dem Bild von der wissenschaftlich unbegabten Frau widersprochen, und die akademische Welt wußte das. Je unvorsichtiger aber die Frauen selbst dieses Bild zu zerstören und Wissenschaft ohne ökonomische Abhängigkeit vom Mann, als eigenständigen Beruf zu betreiben versuchten, desto entschiedener, energischer, mit einem Wort: männlicher war die Reaktion. Nachdrücklich hat Max Planck, zu Recht einer der Väter, der Patriarchen der modernen Wissenschaft genannt, vor Frauen an den Universitäten gewarnt, und er als Naturwissenschaftler wußte, wie wir doch annehmen dürfen, richtig einzuschätzen, wo Verstöße gegen die Natur, Katastrophen auf dem Gebiet der Geschlechter eintreten können. Max Planck also schrieb:

»Wenn eine Frau, was nicht häufig, aber doch bisweilen vorkommt, für die Aufgaben der theoretischen Physik besondere Begabung besitzt und außerdem den Trieb in sich fühlt, ihr Talent zur Entfaltung zu bringen, so halte ich es, in persönlicher wie auch in sachlicher Hinsicht, für unrecht, ihr aus prinzipiellen Rücksichten die Mittel zum Studium von vornherein zu versagen, ich werde ihr gerne, soweit es überhaupt mit der akademischen Ordnung verträglich ist, den probeweisen und stets widerruflichen Zutritt zu meinen Vorlesungen und Übungen gestatten, und habe in dieser Beziehung auch bis jetzt nur gute Erfahrungen gemacht.
Andererseits muß ich aber daran festhalten, daß ein solcher Fall immer nur als Ausnahme betrachtet werden kann, und daß es insbesondere höchst verfehlt wäre, durch Gründung besonderer Anstalten die Frauen zum akademischen Studium heranzuziehen, wenigstens sofern es sich um

die rein wissenschaftliche Forschung handelt. Amazonen sind auch auf geistigem Gebiet naturwidrig. Bei einzelnen praktischen Aufgaben, z. B. in der Frauenheilkunde, mögen vielleicht die Verhältnisse anders liegen, im allgemeinen aber kann man nicht stark genug betonen, daß die Natur selbst der Frau ihren Beruf als Mutter und als Hausfrau vorgeschrieben hat, und daß Naturgesetze unter keinen Umständen ohne schwere Schädigungen, welche sich im vorliegenden Falle besonders an dem nachwachsenden Geschlecht zeigen würden, ignoriert werden können.«[2]

Amazonen sind auch auf geistigem Gebiet naturwidrig! Ich möchte den konstatierenden Punkt, das sachliche Punktum, mit dem Max Planck diesen Satz beschließt, in ein Ausrufezeichen verwandeln, um deutlich zu machen, wieviel auf dem Spiel steht. Ohne das unnachgiebige Zurücktreten von Wissenschaftlerinnen in den Status von Ehefrauen oder Gefährtinnen wäre es mit der »akademischen Ordnung« vorbei. Das weibliche Leistungspotential würde nicht mehr in die wissenschaftlichen Produktionen von Männern eingehen, sondern sich selbständig machen. Nun behaupten sehr viele, daß eine Frau, um dieselben Aufstiegschancen zu haben wie ein Mann, mindestens doppelt so hoch qualifiziert sein muß und daß es genug so hoch begabter Frauen gibt. Wenn das stimmt, wären die Folgen der Chancengleichheit in der Tat katastrophal. Durch den Zustrom überqualifizierter Frauen an die Universitäten hätten wir nämlich in ziemlich genau berechenbarer Zeit (Todesrate der jetzt amtierenden Hochschullehrer etc.) ein wissenschaftliches Niveau erreicht, bei dem der männliche Professoren-Nachwuchs nicht mehr konkurrenzfähig wäre. Auch könnte die akademische Ausbildung von Studienräten, Führungskräften, Generälen etc. in der gebotenen staatstragenden Mittelmäßigkeit nicht mehr gewährleistet werden. Wir hätten eine subversive Frauenuniversität, und es wäre mit unser aller Ordnung vorbei.

Eine solche Entwicklung wird, wie ich zu meiner Befriedigung feststelle, von den Frauen selbst verabscheut. Im Unterschied zu ihren aufmüpfigen Großmüttern bekennen sie sich heute wieder zu dem, was schon immer zur weiblichen Natur erklärt worden ist:

»Unser Denken ist gebunden an die Emotionalität, der Kopf funktioniert nicht, wenn die Gefühle nicht dabei sind. Daß sie dabei sind, ist eine Bedingung von schöpferischer Tätigkeit überhaupt ... Wir können die Realität nicht mit solcher Leichtigkeit mit einem formalen Raster überziehen, können schlecht abstrakt denken, haben dabei auch immer das Gefühl von Sterilität, Unlebendigkeit, Unwesentlichkeit.«[3]

Da steht es, wie bei Max Planck, daß eine Frau, deren Kopf auch ohne Gefühle funktionieren kann, ein Unweib, ein steriles Ungeheuer ist, das sich gefälligst zu schämen hat. Mir wären offengestanden derartige Selbstbilder von Frauen lieber, wenn sie weniger identifikatorisch, nicht mit pathetischem Tremolo in der Stimme, sondern mit der hintergründigen Ungläubigkeit, der wahrhaft brillanten Absurdität eines Max Planck vorgetragen würden. Er, der schließlich rechnen konnte, wird ja nicht im Ernst in der möglichen Abwanderung einer gewissen Anzahl von Frauen vom Herd ans Katheder eine Gefahr für den Fortbestand der menschlichen Gattung gesehen haben. Es ging ihm, wie ich meine, weniger darum, die *reale* Fähigkeit von Frauen zur »rein wissenschaftlichen Forschung« zu bestreiten, als darum, das *Bild* von der Frau, der Frau schlechthin, als der geborenen Hausfrau und Mutter, aufrecht zu erhalten. Seine Sorge galt, will mir scheinen, nicht so sehr der biologischen Fruchtbarkeit der Frauen als vielmehr der intellektuellen Überlebensfähigkeit des männlichen Geschlechts. Das Leistungspotential der Frauen mußte gerettet werden für den akademischen Mann. In der Verkleidung von Hausfrauen und Müttern, den schönen Schein von Weiblichkeit nach außen kehrend, sollten sie seine Karriere pflegen. Den uneinsichtigen Frauen seiner Zeit aber konnte Max Planck diese Perspektive als verlockend nur darstellen, indem er ein Schreckbild malte. Die Verkleidung der Hausfrau und Mutter abzulegen und unverhüllt in den Tempel der »rein wissenschaftlichen Forschung« einzudringen – das heißt nach der Warnung unseres großen Patriarchen, sich als deformiertes Weib, als einbrüstige Amazone zu erweisen.

VI

Solche Schreckbilder sitzen uns allen tief in den Knochen, aber die souveräne Karrierebegleiterin durchschaut ihre Funktion. Über den Status als Ehefrau oder Gefährtin demonstriert sie nach außen ihre unbeschädigte Weiblichkeit, an der sie selbst keineswegs zweifelt. Die Verbindung von Intelligenz und Weiblichkeit läßt sie zur perfekten Hausfrau werden. Die Alltagsorganisation intelligent, wenn nicht gar mit wissenschaftlicher ›Fundierung‹ anzugehen – etwa was Ernährung und Pädagogik betrifft –, gehört zum guten Ton gerade in jüngeren Akademikerfamilien. Einige kunstwissenschaftliche Kenntnisse sind nötig, um den künftigen Professorenhaushalt mit wenigen erlesenen Stilmöbeln und geschmackvollen Bildern einzurichten. (Üppigkeit ist nur bei Büchern erlaubt, ansonsten herrscht ein betont konsumkritischer Puritanismus.) Die Frau wendet sich diesen Dingen phantasievoll und mit Liebe zu. Sie läßt den Haushalt glänzen in jener gediegenen Fortschrittlichkeit, die dem zu erwartenden Status entspricht.

Bei einigen akademischen Jungmännern – wahrscheinlich haben Sie in Zeitschriften für gehobene Konsumgewohnheiten Berichte darüber schon gelesen – ist neuerdings das nicht teure, aber kennerhafte Spezialitätenkochen zum festen Ritual geworden. In regelmäßigen Abständen lädt man Kollegen ein zu einem exquisiten Menü, das der Herr des Hauses zubereitet hat. Dieser weist damit vor, daß er kein kopflastiges wissenschaftliches Ungeheuer, sondern ganz nebenbei auch ein Lebenskünstler ist, und die Wogen der Sympathie schlagen ihm vor allem aus den Reihen emanzipationsbewußter Frauen entgegen. Seine häusliche Betätigung beschränkt sich jedoch gewöhnlich auf Anlässe, bei denen sie als bravoureuse Inszenierung in Erscheinung treten kann. Im Alltag bleibt das Sache der Frau.

Die zeitliche Belastung des Mannes ist in der Phase des Karriereaufbaus ungewöhnlich hoch. Seine 70-Stunden-Woche am Schreibtisch und, weniger, am Katheder, scheint ein Privatleben zu fordern, das nach altbewährten Mustern gestrickt ist. Indessen hat der angehende Professor in den meisten Fachrichtungen das Privileg einer nahezu beliebig gleitenden Arbeitszeit. Theoretisch könnte er also gerade auch Hausarbeiten, die an bestimmte Tageszeiten gebunden sind, wie das Einkaufen, übernehmen. Das aber widerspricht seinem verständlichen Bedürfnis weniger nach zeitlicher als nach psychischer Entlastung durch die häuslichen Leistungen der Frau. Er braucht das warme Nest, das Gefühl des Versorgtseins. Die massiven Versagensängste in der Zeit der Statuskonsistenz verlangen nach Sicherheit und Geborgenheit im Privatbereich: nach der Mutter. Und nach der Geliebten, weil die unnatürliche Konzentration auf Kopfarbeit kompensiert werden muß durch eine heimelige Atmosphäre von körperlicher Nähe und sexueller Befriedigung. Es ist die Zeit, in der die Frau das

Repertoire weiblicher Rollen fast vollständig spielen darf, und sie tut das im Gefühl ihrer allseitig sich ausbildenden Persönlichkeit mit einer Nonchalance und Freude, die den Mann schützt vor Anflügen von Depression.

Nur die ungeschickte Karrierebegleiterin wird jetzt irgendwelche Konflikte aufkommen lassen. Energien müssen geschont, der Mann muß stabilisiert werden; das Haus muß ein Treibhaus sein, in dem die Karriere gedeiht. Das kann im Alltag ungefähr so aussehen:

VII

»Meinst du, ich komme mit als dein Begleiter?« Er ist wütend, aber mit der einen bissigen Bemerkung hat es sich auch schon. Den Rest seiner Wut frißt er in sich hinein. Sie ist ihm unverdaulich. Er leidet oft an Magenschmerzen. Deshalb trinkt er auch an diesem Morgen wieder Kräutertee. Er war früher aufgestanden als seine Frau und hatte, wie meistens, das Frühstück gemacht; seinen Beitrag zur Haushaltsführung. Neben ihrem Teller hatte er einen an sie adressierten Brief gelegt. Ungeöffnet, versteht sich, denn beide sind empfindlich in Dingen, die nach Schnüffelei aussehen könnten; eine Reaktion auf die allzu große Nähe, in der sie miteinander leben. Sie geben sich gegenseitig das Gefühl von Unabhängigkeit durch die strenge Einhaltung kleiner Rituale. Postgeheimnis. Und keiner von beiden würde je in den Sachen des anderen kramen. Schränke und Schubladen sind penibel in Mein und Dein getrennt, werden aber nicht abgeschlossen. Vertrauen. Beide wissen, daß der andere nicht nachschaut, und beide machen sich selber vor, keine schwerwiegenden Geheimnisse vor sich selbst und voreinander zu haben. Ihm ist nicht bewußt, daß er seit Jahren jede kritische Bemerkung, die sie über ihn macht, auf kleinen Zetteln notiert. Sie hat nicht im Kopf, daß sie Schlaftabletten im Wäscheschrank gesammelt hat, um sich eines Tages zu vergiften. Sie leben glücklich. Mit dem Zettelkasten seiner Betroffenheit. Mit ihrer Leiche im Schrank.

Sie hat sich gefreut über den Brief neben ihrem Frühstücksteller, denn unter dem täglichen Stapel Post ist nur selten was für sie. Sie hat ›ihren‹ Brief geöffnet und ihm vorgelesen. Eine auswärtige Universität lädt sie ein, in vier Wochen einen Gastvortrag zu halten. Natürlich ist sie immer zu seinen Vorträgen mitgefahren. Ob er mitkommen werde, hat sie deshalb fast automatisch gefragt. Er war erschrocken, dann sein jähzorniger Satz: »Meinst du, ich komme mit als dein Begleiter?« Sie ist erschrocken, enttäuscht, läßt sich aber nichts anmerken, und beide haben die Sache in den nächsten Minuten auch schon vergessen. Ehefrieden, Glück. Sie verstehen einander.

VIII

Sie sehen, meine Damen und Herren, daß es im Karrierealltag funktioniert. Nicht für eine kleine Weile nur, sondern über viele Jahre. Das häusliche Glück ist stabil. Die Erwartung von ›Leben, wenn erst das Ziel erreicht ist‹ schmiedet die Paare zusammen. Die Haltbarkeit des Bundes spricht für die Intensität der aufgeschobenen Wünsche, aber auch für das fast Wahnhafte, Paranoide daran. Denn gewöhnlich wissen ja beide aus der Beobachtung ihrer Umgebung, daß sich ›danach‹ kaum etwas ändern wird. Die Verhaltensformen, die der Aufbau der Karriere beiden abverlangt, sind bis dahin längst zur zweiten Natur geworden. Sie können nicht mehr distanziert gehandhabt werden als Rollen, die man für begrenzte Zeit übernimmt. Die Maske geht nicht mehr ab.
Kein Grund zur Beunruhigung, wenn das bei beiden gleichzeitig so ist. Schwierig wird es nur, wenn einer von beiden beim Erreichen des Ziels darauf bestehen sollte, daß die bis dahin praktizierte Rollenverteilung nun ihren Zweck erfüllt habe und damit hinfällig sei. Neuerdings scheinen es mir überwiegend Frauen zu sein, die so wenig mit ihrer Rolle verwachsen, daß sie dagegen opponieren, sobald ihr Sinn nicht mehr unmittelbar auf der Hand liegt. Sie fangen an, das ›Leben danach‹ einzuklagen, und übersehen dabei gewöhnlich, daß der Mann sich inzwischen ganz anders als sie selbst entwickelt hat. Die ursprünglich funktionale Rollenverteilung ist für ihn längst zur normalen geworden, die er nicht mehr ändern kann und will.
Diese gleichsam schleichende Verfestigung der männlichen Maske zum männlichen Gesicht leuchtet mir in ihrer objektiven Notwendigkeit durchaus ein, dient sie doch der Erhaltung der Wissenschaft als einer patriarchalen Domäne. Eine vorausblickende Karrierebegleiterin kalkuliert das von vornherein ein. Sie gibt sich nicht der kindischen Illusion hin, nach der Habilitation

oder gar Berufung noch denselben Mann an ihrer Seite zu haben, den sie einmal geheiratet hat. Sie fremdelt und erschrickt nicht vor der angewachsenen Maske, sondern beginnt selbst frühzeitig dafür Sorge zu tragen, daß sie dem Mann anwächst.

Bei unserem frühstückenden Paar ist schon absehbar, daß die Sache schieflaufen wird. Die Frau ist naiv genug, die Rollenverteilung noch für umkehrbar zu halten. Sie glaubt, den Mann nicht damit zu verletzen, wenn sie ihn bittet, mit zu ihrem Vortrag zu kommen. Dem Mann ist jedoch das Außenbild ihrer Beziehung längst zur eigenen Sicht geworden. Er kann es nicht ertragen, daß seine Frau kritikfähig und intellektuell selbständig ist, ohne daß sie zugleich diese Fähigkeiten vor ihm gehörig herunterspielt. Und wenn sie damit sogar eine eigene Öffentlichkeit hat, einen Vortrag hält, versteht er das als Angriff auf seine Person. Da staut sich etwas an, das die Frau beizeiten kanalisieren muß. Sie sollte im Alltag nie vergessen, dem Mann immer wieder ihre bedingungslose Verehrung zu zeigen, wie eine unerfahrene Studentin im Proseminar. Je näher das Karriereziel rückt, desto wichtiger wird es für sie, ihre Fähigkeiten zu tarnen. Nur wenn der Mann das Gefühl hat, ihr nichts zu verdanken, erhält sie ihre Gratifikation.

Vielleicht hat wirklich, wie neuerdings oft vermutet wird, das Minderwertigkeitsgefühl der Männer, ihr schon vor Jahrtausenden entwickeltes Bewußtsein vom eigenen Defizit in Sachen biologischer Kreativität, dazu geführt, daß sie ihren Mangel durch Macht kompensieren mußten. Um wieviel ängstlicher müssen sie da reagieren, wenn sie die intellektuelle Potenz von Frauen erleben; was bleibt noch zu ihrer Selbstbestätigung übrig? Wenn die Frau diese Zusammenhänge einigermaßen kennt und das nötige Verständnis dafür aufbringt, wird sie zu verhindern wissen, daß es im Augenblick der Statussicherung des Mannes, seiner Berufung zum Professor, zur Krise kommt. Dieser Augenblick ist deshalb so gefährlich, weil er dem Mann die größtmögliche Unabhängigkeit gibt. Um Geld zu verdienen oder seine Position zu halten, braucht er dank unserer Beamtengesetze wissenschaftlich jetzt nicht mehr innovatorisch zu sein und nichts mehr zu publizieren. Er kann lebenslänglich von seinen Ressourcen zehren, und sehr oft ist das ja auch der Fall. Sein früheres Bedürfnis nach Unterstützung kann jetzt umschlagen in den Haß auf eben dieses Bedürfnis, das sich mit gewohnten Potenzvorstellungen schlecht verträgt. Hat die Frau ihm nicht beizeiten ein kräftiges Selbstwertgefühl verschafft, indem sie sich gewitzt zur eindeutig Schwächeren stilisiert, wird er sie nun als dominante Antreiberin beschimpfen, während sie ihn als größenwahnsinnig erlebt und das Gefühl hat, schnöde ausgenutzt und ausgebeutet worden zu sein.

Eine einsichtige Frau wird diese melodramatische Zuspitzung im Karrieren-Drama durch mäßigende Präventivmaßnahmen vermeiden. Das Risiko einer Trennung oder Scheidung hat sie von vornherein ausgeschaltet. Sie hat ihre Erfahrungen gesammelt und weiß, daß sie nur als blinder Passagier im Wissenschaftsbetrieb mitfahren kann. War es früher ihre relative Chancenlosigkeit als Frau schlechthin, die sie zur Rolle der Karrierebegleiterin konditioniert hat – aus dem akademischen Mittelbau steigt jeder vierte Mann, aber nur jede sechzehnte Frau auf in den Kreis der Hochschullehrer –, so haben sich ihre Chancen an der Universität inzwischen noch mehr verschlechtert: sie gilt über ihren Mann als »versorgt«. Ich muß Ihnen gestehen, daß ich selbst einmal so unklug war, mich als schon verheiratete Frau auf eine Stelle zu bewerben. Man hat mir damals noch klarmachen müssen, daß es unsolidarisch sei mit den vielen unversorgten akademischen Jungmännern *und* deren Frauen, so etwas zu tun. Die alma mater, die nährende Mutter Universität, versorgt uns Frauen über den Mann. Wir sollten dieses geheime Matriarchat genießen, statt an der patriarchalen Fassade zu kratzen. Lassen Sie mich in diesem Zusammenhang kurz berichten, wie es mit dem frühstückenden Paar weiterging.

IX

Vierzehn Tage später wird der Mann von derselben Universität eingeladen, an der seine Frau ihren Vortrag halten soll. Es geht um ein Kolloquium von Wissenschaftlern, die gemeinsam ein größeres Werk planen, für das auch die Frau einen Artikel schreiben soll. Das Vorhaben ist, beamtenrechtlich gesehen, eine Nebentätigkeit, die nicht von der Universität, sondern von einem Verlag bezahlt wird; eine Privatsache von Forschern. Ein Ordinarius aber hat es so eingefädelt, daß die Geladenen von der Universität für einen ›Gastvortrag‹ honoriert werden. Der Ordinarius hat alle beteiligten Männer eingeladen, aber keine der beiden Frauen, die

an der Publikation mitwirken sollen. Es wird ein Herrenabend stattfinden, zwei Tage vor dem Gastvortrag der Frau. Deren Beschwerde darüber, daß der Ordinarius sie nicht zum Kolloquium eingeladen habe, entkräftet ihr Mann mit progressivem Schwung: »Du kennst doch seine Schwierigkeiten mit Frauen.«
Sie fahren gemeinsam mit dem Auto hin. Er geht allein zu seinem Herrenabend. Am nächsten Tag bittet sie ihn, doch noch bis zu ihrem Vortrag zu bleiben. Er hat Zeit. Aber er fährt auf der Stelle mit dem Auto zurück. Sie hält am folgenden Tag ihren Vortrag und nimmt danach den Zug.
Zwei Wochen später, wieder beim Frühstück, kommen mit der Post die Abrechnungen von der Universität. Er erhält 200 Mark für seinen nicht gehaltenen, sie 200 Mark für ihren wirklich gehaltenen Gastvortrag. Zusätzlich werden ihm die Fahrtkosten in der Höhe eines Hin- und Rückflugs für eine Person erstattet. An der entsprechenden Stelle steht auf ihrem Formular: »Mitgefahren beim Ehemann.«
Die Frau mokiert sich über das absurde Verfahren und meint, daß man die Fahrtkosten einfach hätte halbieren können. Zu ihrer Verblüffung braust der Mann auf: »Du mit deinem feministischen Scheiß.«

X

Die Verwaltungssekretärin, die für die Überweisung zuständig war, hat es gewiß nicht bös gemeint. Für sie gilt als selbstverständlich, daß die Frau ökonomisch abhängig ist vom Mann; daß er die Kasse macht. Die Sekretärin findet das normal und gut. Sie bewundert die Frau, die wissenschaftlich qualifiziert und dazu noch verheiratet ist. Bei den Frauen des nicht-wissenschaftlichen Personals einer Universität wie auch bei Studentinnen und Assistentinnen hat nach meinen Erfahrungen eine Karrierebegleiterin, deren wissenschaftliche Qualifikation bekannt ist, ein viel höheres Sozialprestige als etwa eine Professorin. Und auch die Professorinnen – die wenigen, die es gibt – beneiden die Karrierebegleiterin, weil diese, im Gegensatz zu ihnen, keine Schwierigkeiten zu haben scheint, anerkannt zu werden als ›ganze Frau‹. Ein auswärtiger Kollege meines Mannes, der neulich bei uns zu Gast war, witzelte über die Vorlesungen der einzigen Professorin an seinem Fachbereich, einer allein lebenden Frau. Das sei keine Wissenschaft, meinte er, sondern der permanente Versuch, sich am Katheder zum Orgasmus zu bringen. Professorinnen kennen solche Kollegenwitze natürlich und schützen die Karrierebegleiterinnen, die aus ihrer Sicht besser dran sind, indem sie selbst dazu beitragen, daß keine von ihnen zur Professorin wird.

Bei ihrer Fürsorge für den Ausschluß anderer Frauen aus dem Wissenschaftsbetrieb übersehen diese Professorinnen freilich, daß auch die Karrierebegleiterinnen, die ihnen als so begünstigt erscheinen, Gegenstand des akademischen Männerwitzes sind. Frigide, herrschsüchtig, hysterisch, dumm – die Vokabeln sind beliebig, mit denen Herren vor allem der alten Schule durch die Herabsetzung von Kollegenfrauen Punkte zu machen versuchen jeweils bei der Frau, mit der sie gerade reden. Nichts wäre törichter von der gerade umworbenen Frau, als gegen diese Form von Intimität zu protestieren. Dann gilt sie als Emanze, und das ist das Schlimmste, was ihrem Mann passieren kann. (Ein dummes Weibchen wird ihm viel eher verziehen.) Wenn sie nicht mitziehn und mitlachen will, empfiehlt sich doch ein sphinxhaftes Lächeln, das als diskrete Zustimmung gedeutet werden kann. Der betreffende Herr wird alsdann ihrer souveränen Weiblichkeit zu Füßen liegen.

So offeriert die ideale Karrierebegleiterin die Möglichkeit, nach Belieben verstanden oder mißverstanden zu werden. In allem, was sie sagt und tut, bestätigt sie auf charmant durchtriebene Weise das Bild, das die akademische Welt sich von den Frauen machen muß. Daß man nie so recht weiß, von welcher Stelle aus sie gerade spricht – ob sie in ihr Bild getreten ist oder ihre Realität beschreibt –, ist das Geheimnis ihrer Faszination. Zwielichtig und schillernd aber kann sie nur sein, wenn sie Distanz zu ihrer Rolle hält und ihr Spiel mit Überzeugung bejaht. Wäre sie einfach identisch mit ihrer Rolle, brächte sie es nur zur durchschnittlichen Karrierebegleiterin (auch die Begleiterinnen haben ihre eigenen Karrieren), und dem akademischen Alltag wie den Geselligkeiten fehlte die rechte Pikanterie.

XI

Bewundert und verehrt zu werden, als unwiderstehlich, temperamentvoll und geistreich zu gelten – das gehört zu den Gratifikationen, die eine gute Karrierebegleiterin von der sie umgebenden

Männerwelt bekommt. In der Konversation nimmt sie an einer Weltläufigkeit teil, die sie verstohlen als ihre eigene dementiert, indem sie sich doch letztlich zum Haus als ihrer eigentlichen Welt bekennt. Sie präsentiert sich als bewegliche und fortschrittliche Frau, indem sie Verständnis zeigt für die erotische Freizügigkeit der Männer, während sie ihre eigene Treue keinem ernsthaften Zweifel aussetzt. Im Stadium des Karriereaufbaus ist es noch wichtig, das monogame Paar herauszustellen. Ist der Mann erst Professor, gilt es, eine Polygamie oder doch zumindest polygame Veranlagung zu betonen und das Bild der monogamen Frau ein wenig ins Schwanken zu bringen. Das aber nur insoweit, als die sexuellen Phantasien der Professoren-Kollegen einer gewissen Anregung bedürfen. Indem die Frau prickelnde Vorlust erzeugt, es dann aber auch entschieden dabei beläßt, stellt sie die profunde weibliche Monogamie unter Beweis.

Der gesamte Wissenschaftsbetrieb, meine Damen und Herren, ruht auf den festen Pfeilern weiblicher Monogamie. Die Treue der Frauen nämlich ist, wie ich jetzt weiß, der unerschütterliche Grund dafür, daß sie prinzipiell ungeeignet sind zur Sachlichkeit, zur Differenziertheit – mit einem Wort: zur Wissenschaft. Da ist mir doch neulich, kurz vor der Berufung meines Mannes zum Professor, ein ehrenwerter alter Gelehrter im Traum erschienen. Mein Mann und ich knieten vor ihm, er legte segnend wie ein Priester bei der Eheschließung seine Hände auf unser beider Haupt und sprach:

»Der Mann ist pietätloser, weil er kraft seiner Differenziertheit die Dinge mehr in ihrer herausgelösten Sachlichkeit ansieht. Das Vermögen, sich in eine Mehrheit gesonderter Wesensrichtungen zu zerlegen, die Peripherie von dem Zentrum unabhängig zu machen, Interessen und Betätigungen von ihrer einheitlichen Verknüpftheit fort zu verselbständigen – *dies disponiert zur Treulosigkeit*. Denn nun kann die Entwicklung bald das eine, bald das andere Interesse ergreifen, *den Menschen in wechselnde Formen bringen*, jeder Gegenwart die volle Freiheit geben, sich aus sich selbst und rein sachlich zu entscheiden; damit aber ist ihr eine Fülle und Unpräjudiziertheit von Betätigungsrichtungen gegeben, wie sie der Treue versagt ist. *Differenziertheit und Sachlichkeit sind, nach der Logik der Psychologie, die Gegensätze der Treue.* Denn sie, die das Ganze der Persönlichkeit vorbehaltlos mit einem einzelnen Interesse, Gefühl, Erlebnis verschmilzt und bloß weil diese einmal da waren, mit ihnen verschmolzen bleibt, hindert jenes Zurücktreten des Ich von seinen einzelnen Erfüllungen. *Die Scheidung der Sache von der Person hat etwas Treuloses und damit wi-*

derstrebt sie der treueren Wesensart der Frauen und trennt damit diese freilich innerlich von einer produktiven Kultur, die auf Grund ihrer Spezialisierung versachlicht und auf Grund ihrer Sachlichkeit spezialisiert ist.«[4]

XII

Im Traum, meine Damen und Herren, habe ich Lust bekommen zur Treulosigkeit. Ich habe mir ausgemalt, wie Frauen sich in »wechselnde Formen« gebracht haben. Da war eine Zirkusmanege. Ein Dompteur, im Frack, setzt einen riesigen Ehering in züngelnde Flammen, stellt sich dahinter und animiert eine junge, schöne Löwin, durch den brennenden Reif zu ihm hinüberzuspringen. Er setzt sich ihr zur Belohnung aus. Die junge, schöne Löwin schaut ihn an, scheint schon zum Sprung anzusetzen, wendet sich dann plötzlich zum Publikum, ihr Löwenmäulchen lächelt leise, dann immer breiter, sie grinst, lacht hell auf: die junge, schöne Löwin greift sich an den Kopf, nimmt den Löwenkopf ab, stellt sich aufrecht hin, zieht den Reißverschluß auf, das Löwenfell fällt runter: da steht eine ganz normale Frau. Das Publikum lacht. Lacht die Frau an und den Dompteur. Doch der steht verlegen und betreten da. Eine schnelle Verbeugung und ab.
Dann eine Seiltänzerin. Der Ehering ist zum langen goldenen Faden gezogen worden, als er noch glühend war. Ein hauchdünnes Fädchen, hoch oben in die Zirkuskuppel gespannt. Die Seiltänzerin, im weißen Spitzenröckchen, bewegt sich vorsichtig darauf, Füßchen vor Füßchen setzend, langsam, ängstlich. Nur ja nicht die Balance verlieren. Doch unten steht, zu ihrer Sicherheit, ein starker Mann. Wenn sie stürzt, wird er sie auffangen. Er hat sie ständig im Blick und sie verläßt sich auf ihn. Es kann ihr nichts passieren, weil er auf sie aufpaßt. Da spielt die Seiltänzerin plötzlich verrückt. Sie verliert jede Angst. Läuft immer schneller auf dem Seil hin und her, hüpft, federt, springt meterhoch in die Luft. Ihr weißes Spitzenröckchen fällt dem Auffänger auf die Nase. Er sieht nichts mehr, aber das macht nichts. Die Frau landet sicher auf dem Seil. Springt vom Seil runter in die Manege. Landet sicher in der Manege. Sie steht fest auf eigenen Füßen. Sie nimmt dem starken Mann das Spitzenröckchen von der Nase. Der starke Mann läuft schamrot an und stiehlt sich davon.

XIII

Verzeihen Sie die verwegene Abschweifung, meine Damen und Herren. Die Phantasie ist mit mir durchgegangen. Schließlich sind wir hier nicht im Zirkus, sondern in den ehrwürdigen Räumen der Wissenschaft. Ich hoffe, der akademischen Würde nicht zu nahe getreten zu sein. Aber braucht nicht diese Würde den Wildwuchs weiblicher Phantasie zwischen ihren wohl abgezirkelten Beeten? Ich finde mich in meiner Vermutung bestätigt, weil mir Ihr Mienenspiel signalisiert, wie sehr es Sie belebt hat, von den Träumen einer Professorenfrau zu hören. Ihre wohlwollenden Blicke geben mir zu verstehen, daß ich eine phantasievolle Frau bin, mit einem Wort: eine brauchbare Karrierebegleiterin. Wie unlebendig wäre der Universitätsbetrieb ohne das kapriziöse Wesen von Frauen am Arm ihrer beamteten Männer.

Um Verzeihung möchte ich aber nun doch ernsthaft dafür bitten, daß ich den hier angebrachten, geradezu lebensnotwendigen Spaß nicht ganz perfekt habe walten lassen. Es hat meinen Vortrag zweifellos an jener Stringenz und Konsistenz gemangelt, die nicht nur einem guten wissenschaftlichen Essay, sondern auch einer überzeugenden Zirkusvorstellung zugrunde liegen muß. Ich kokettiere mit Ihrer Nachsicht und – da ist sie schon, jene lächelnde Komplizenschaft zwischen Ihnen und mir, die ich mir so sehr gewünscht habe. Eine allzu perfekte Inszenierung, sagt mir Ihr Blick, wäre bereits wieder unglaubwürdig gewesen. Sie hätten einen männlichen Regisseur dahinter vermuten müssen. Sie entschuldigen die kleinen Risse und Brüche in meinem Vortrag, weil Sie in Rechnung stellen, daß ich eine Frau bin. Ich danke Ihnen für den Bonus, den Sie mir geben, und bin entzückt darüber, mich dem Frauenideal annähern zu können, das den Fortbestand der Wissenschaft in ihrer bewährten Form gewährleisten wird.

Ihr schweigsamer Zuspruch gibt mir den Mut zu einer allerletzten Caprice. So wie ein bürokratischer Spuk mich hierher gebracht hat, möchte ich meine Gastvorstellung mit einem kleinen Zaubertrick beenden. Ich halte jetzt gleich ein großes schwarzes Tuch vor mich, ein Tuch, wie Sie sehen, mit dem Emblem dieser Universität: den weiblichen Allegorien von Wahrheit, Gerechtigkeit und Freiheit. Betrachten Sie die schönen antikischen Frauengestalten, und wenn Sie ganz in den Anblick der Bilder versunken sind, werden Sie feststellen, daß ich dahinter längst verschwunden bin.

Ich lasse jetzt das Tuch fallen, meine Damen und Herren, und Sie sehen: ich bin gar nicht da. Ich danke Ihnen für Ihr Vertrauen darauf, daß es mich, an diesem ehrwürdigen Ort, nicht gibt.

Anmerkungen

1 Um den tatsächlichen Ort des Geschehens unkenntlich zu machen, habe ich die Angaben der Rednerin ersetzt durch die Statistik für das Wintersemester 1978/79 an der Freien Universität Berlin, abgedruckt im *Frauen-Informationsblatt*, hrsg. von der Planungsgruppe für einen Frauenstudien- und -forschungsbereich an der FU, Nr. 1, Juli 1979.

2 *Die akademische Frau*, Gutachten hervorragender Universitätsprofessoren, Frauenlehrer und Schriftsteller über die Befähigung der Frau zum wissenschaftlichen Studium und Berufe, hrsg. von Artur Kirchhoff, Berlin 1897.

3 Gabriele Kuby, Ende der patriarchalen Herrschaft, in: *Frauenoffensive* 2, 1975, S. 7.

4 Ohne die Kursivierungen ist der Traumtext zu finden bei Georg Simmel, Weibliche Kultur, in: ders., *Philosophische Kultur*, Gesammelte Essais, Leipzig 1911, S. 287 f.

Cheryl Benard
Die Universität
Eine Phallstudie

Seit dem Mittelalter kämpfen Frauen um den Zugang zu den Universitäten und den Qualifikationen, die über die Ausbildung an dieser Institution vergeben werden. Erst die fortgesetzte Agitation der Frauenbewegung in den letzten Jahrzehnten des 19. und den ersten Jahrzehnten des 20. Jahrhunderts brachte die zumindest formale Öffnung der Universität für die Frauen. Umso paradoxer erscheint die ambivalente Stellung, die von Frauen im akademischen Bereich gegenüber der Frauenbewegung eingenommen wird. Einerseits liegt das daran, daß die egalitären Ansprüche der Frauenbewegung tendenziell eine Ablehnung derjenigen beinhalten, die sich durch einen akademischen »Rang«, spezialisierte Kompetenzen und Expertenstatus abheben. Der marginale Status der »Akademikerin« mit Loyalitäten zur Frauenbewegung, bzw. der Feministin im akademischen Betrieb, geht in beide Richtungen: die etablierte Wissenschaft akzeptiert sie nicht, weil sie sich nicht anpaßt, und die Frauenbewegung akzeptiert sie nicht, weil sie sich zumindest in Teilaspekten schon angepaßt hat, anpassen muß. Aus der ungewollten Vermittlerrolle – feministische Sozialwissenschaftlerinnen tragen wohl oder übel die Inhalte der Frauenbewegung in die gängige Wissenschaft hinein, und wenden sich wohl oder übel den Problemstellungen der Frauenbewegung mit gängigen wissenschaftlichen Mitteln zu – wird de facto eine Zweigleisigkeit des feministischen Vorgehens, die sich im Gesamtbild als taktisch sehr gelungen erweist.

Die eine Seite kämpft dabei um Anerkennung, Zugang zu bestehenden Ämtern und Institutionen, d. h. in irgendeiner Form um Integration, während die andere Seite Integration als Form von Kooptierung ablehnt und Autonomie zum Ziel macht. Wissenschaft als Besessensein von Fakten und harten Daten, von unilateraler Beweisführung und elitärem Wissen gilt als die vollendete Ausdrucksform von patriarchalischem Machtstreben und technologisierend verzerrtem Denken. In feministischen Texten begegnen die Theoretikerinnen diesem ganzen Bereich mit Ausdrücken und Appellen wie »Verweigerung der Identifikation mit der Kul-

tur«, »Infragestellung des Machtbegriffs« und stilistisch mit
Spott: mit dem Aufzeigen der Pedanterie männlicher Wissenschaft als kleinlichem Streben nach dem Vermeiden »orthogra-
phischer Fehler« bei der geistlosen Abschrift der »Werke der Väter«.[1] Dieser Zugang greift das herrschende Denken direkt an: er
spricht ihm einfach jeglichen Wert ab. Dieser drastischen Position
steht eine gleichermaßen extreme Position der Machthabenden
gegenüber, die Position nämlich, die alle Anliegen der Frauenbewegung de facto ablehnt. Wir können uns die ideologischen Positionen der Kontrahenten jeweils als Kontinuum vorstellen, mit
der jeweils konziliantesten Haltung an einem Ende, kulminierend
in einer Art Konvergenztheorie des Geschlechterverhältnisses,
und dem radikalen Anspruch auf Weiblichkeit und Autonomie,
gegenübergestellt den repressiven Hierarchien traditioneller patriarchalischer Werte, auf dem anderen Ende.

GEMÄSSIGT		RADIKAL
»Gleichberechtigung«, »Partnerschaft«	Reform, schrittweise Integration der Frauen in männerdominierte Bereiche	traditionelle Arbeitstei-lung, männliche Vor-herrschaft / soziale Re-volution inklusive Um-sturz des Patriarchats

Auf diesem Spektrum bewegen sich die Arbeiten der feministischen Sozialwissenschaft überwiegend in den mittleren Rängen,
wobei die angelsächsischen Universitätsfrauen tendenziell eher
dem gemäßigten, kontinentaleuropäische Frauen eher dem radikalen Ende des Kontinuums zuneigen; entsprechend der stärkeren sozialistischen Positionen letzterer Gruppe und einer anderen
Einstellung zur »Karriere« seitens vor allem der amerikanischen
Feministinnen.
Vor allem die Inhalte, die von dem angelsächsischen »women's
studies« ausgehen, stehen überwiegend unter dem Vorzeichen der
Integration: weibliche Methoden, Lebensbereiche, Fragestellungen und Betrachtungsweisen sollen als gleichwertig in die Wissenschaft aufgenommen werden. Informationen und Ergebnisse, Statistiken und Untersuchungen sollen die Diskriminierung beweisen
und die Forderungen nach Reformen untermauern. Solche Arbeiten haben natürlich ihre Funktion. Subtiler und grundlegender ist
der Beitrag feministischer Sozialwissenschaft allerdings, wenn es

darum geht, lang gedachte Selbstverständlichkeiten aufzubrechen, zu agitieren auf der Ebene von Wissen, Denken und Bewußtsein. An diesem Punkt ist feministische Theorie in Wirklichkeit auch revolutionäre Theorie im Sinn eines Katalysators für radikales Denken, und hier ist es auch, wo man in der klassischen Taktik revolutionären Handelns das Gewicht der Institutionen gegen sie verwenden kann.[2] Im Kampf auf der Ebene des Denkens und des Wissens ist die bestehende Ordnung massiver, gewichtiger, autoritätsbeladener; sie hat den Vorteil, daß sich ihre Vorurteile als Wahrheiten, ihre Gewaltakte als Ordnung, ihre Akte intellektueller und materieller Unterdrückung als natürlich, richtig und selbstverständlich präsentieren können. Sie haben umfassende Unterstützung auf allen Seiten, und ihre Verbündeten sitzen überall: sogar in den Köpfen derjenigen, die gegen sie rebellieren.

Demgegenüber hat radikales Denken den Vorzug des Elans, der Wendigkeit und des sozial-moralischen Rechts. Vor allem in der besonders rigide strukturierten Universität ist das ein Vorteil, allerdings nur, wenn die Oppositionellen gemeinsam agieren; Einzelne werden sofort als abweichend definiert und mühelos entfernt. Erfolgreiches Vorgehen fällt meist in folgende Kategorien:

1. gezielte Einbrüche in die Regeln der Institution (symbolische Rebellion)
2. kurzfristige Übernahme der Kontrolle (exemplarischer coup d'etat)
3. Abspaltung (demonstrativer Rückzug)

Auf diese drei Vorgangsweisen reagiert die Ordnung besonders sensibel, denn sie nutzen erfolgreich die Randstellung von Dissidentinnen an der äußersten Peripherie des Systems. Beispiele dafür lassen sich nicht nur aus der Frauenbewegung entnehmen, sondern auch aus anderen grundlegend revolutionären Bestrebungen der Gegenwart. Anerkannte schwarze Soziologen, die auf Tagungen ihre Manifeste verlasen oder ihren methodologischen Schriften einen Titel wie *The Death of White Sociology* gaben,[3] machten sich damit die erste taktische Variante zu eigen. Sie begaben sich in die Grenzen der Institution (indem sie einen akademischen Titel erwarben und sich an den vorgesehenen Handlungsort ihrer wissenschaftlichen Rolle begaben, in diesem Fall eine wissenschaftliche Tagung) und lancierten damit eine erfolgreiche Störaktion; hätten sie *ohne* akademische Qualifikation die Wissenschaft als rassistisches Herrschaftsinstrument attackiert oder hätten sie *außerhalb* des vorgesehenen Rahmens nur innerhalb der schwarzen Bewegung diese Probleme erörtert, so wäre es der Institution gelungen, sie zu ignorieren oder zu disqualifizieren. Durch ihre Vorgangsweise aber trafen sie das System, denn man konnte ihr Verhalten nicht einfach als irrational abstempeln, da sie als Mitglieder ernstzunehmen waren – vor allem dann, wenn sie in größerer Zahl auftraten.

Die zweite Taktik läßt sich nur in Ausnahmesituationen verwirklichen, denn sie setzt eine Umkehrung des sonst üblichen zahlenmäßigen Vorsprungs voraus. Wenn – z. B. durch eine Koalition mit fortschrittlichen Studentenvertretungen – die »feministische Fraktion« kurzfristig die Mehrheit hat, lassen sich mitunter Entscheidungen durchsetzen, die einige Zeit nachwirken und die Chance erhalten, während dieser Zeit eine Eigendynamik zu entwickeln (z. B. ein Frauenschwerpunkt oder ein Studienschwerpunkt).

Die dritte Situation setzt ebenfalls voraus, daß die Oppositionsgruppe in einer relativ starken Position ist. Die Abspaltung einer Frauensektion hat nur gegenüber progressiven oder sich betont als liberal verstehenden Verhandlungspartnern oder gegenüber solchen, die aus eigenen taktischen Überlegungen Verbündete auch in den Reihen der Feministinnen brauchen können, eine Chance. Die Dramatik der Geste wird dabei leider häufig durch Geschlechtsgenossinnen sabotiert, die ihre linke Orthodoxie oder ihre liberale Alibifunktion durch Proteste gegen »Separatismus« exerzieren und dafür den Beifall des Kaders ernten möchten. Außerdem ist die Grenze zwischen Betroffenheit und Erleichterung beim Abzug der Feministinnen oft sehr dünn gezogen. Es empfiehlt sich eine Abspaltung nur dann, wenn damit wirklich die Voraussetzungen für produktive Arbeit im eigenen Kreis geschaffen werden können. Im akademischen Rahmen bedeutet der Rückzug aus der Gesamtgruppe meist zugleich den Verlust von verbleibenden Posten, Finanzierungsmöglichkeiten und Mitspracherechten. In Einzelfällen kann er allerdings auch die Rettung der gesunden Psychostruktur der Betroffenen bedeuten; die Devise, um jeden Preis die Festung zu halten, können wir getrost den Heldensagen und Wildwest-Filmen der patriarchalen Kultur überlassen.

Der repressive Charakter des herrschenden Wissens und der Einrichtungen zu seiner Verwaltung war kritisch gesinnten Frauen schon lange bewußt. In einem Text aus dem 17. Jahrhundert werden männliche Wissenschaftler beschrieben als:

»große Jäger antiker Manuskripte, die alles in großer Ehre halten, was den Zähnen der Zeit und der Ratten entkommen konnte ... Diese abergläubigen, vorurteilsbeladenen Sklaven alter Götzen sind in ihrem Geist ewig Kinder, so verzweifelt hängen sie sich an die Schürzenzipfel der Autorität.«[4]

Diese Eigenschaft der männlichen Wissenschaft hat nicht nur den Fußnotenfetischismus und verwandte stilistische Pedanterien hervorgebracht, sondern die weitaus bedenklicheren Inhalte einer emanzipations- und menschenfeindlichen Wissensmaschinerie. Die Komponente des ängstlichen Festklammerns an verblichene Vorherrschaft und an das Ritual des wissenschaftlichen Ahnenkults haben feministische Kritikerinnen treffend beschrieben und analysiert, so z. B. Hélène Cixous, die schreibt:

»Denkt an die Philosophen, denkt an ihre Meisterpositionen, und ihr stellt fest, daß es keinen gibt, der sich vorwärts traut im Denken ... ohne bei dem Gedanken zu erzittern, daß es unter der Aufsicht der Vorfahren steht ... daß man immer im Rücken den berühmten Namen des Vaters hat, der da ist, um festzustellen, ob man das, was man zu schreiben hat, schreibt, ohne orthographische Fehler zu machen.«[5]

Die Schwerfälligkeit des Denkens und des Handelns, die aus dieser Autoritätshörigkeit folgt, kontrastiert deutlich mit dem Elan neuer Strömungen, die nicht nur frei sind vom Ballast einer jahrhundertelangen Herrschaftstradition, sondern auch beschwingt sind durch ihre ethische und soziale Position. Aber die Angehörigen der bestehenden Ordnung klammern sich nicht aus mangelnder Phantasie an ihre Vorväter, sondern weil die Autorität der Institutionen über ihre Person und ihre Arbeit zugleich eine Autorität ist, die wiederum ihnen Autorität verleiht über andere: sie beugen sich im Bewußtsein, daß sie gerade durch diesen Akt der Demut Macht gewinnen, teilhaben an der Macht, die sie damit anerkennen.

Bestandteil dieser Machtausübung war selbstverständlich der ideologische Beitrag, den die Wissenschaft zur Unterdrückung aller sozial untergeordneten Gruppen leistete. Rassismus und Sexismus fanden in der Universität und in der Wissenschaft nicht nur ihre Entsprechungen, sie erhielten aktive Untermauerung von dieser Seite. Frauen an der Universität sehen sich mit einem immensen, unförmigen und strukturlosen Gebäude von Vorurteilen, Fehlinformationen und Verzerrungen konfrontiert, dessen Kontur einzig durch Haß und Abwertung gegenüber Frauen und Eigenschaften der Weiblichkeit gezeichnet wird. Sie müssen mit dieser Summe von Sexismen fertig werden: um festzustellen, wieviel davon sich im eigenen Denken festgesetzt hat und wie man es eliminieren kann; um das Funktionieren dieser Diskriminierungen und Lügen öffentlich aufzuzeigen und damit zu bekämpfen; und um nach der Eliminierung von Propaganda und Vorurteil die verbleibenden Informationen nach ihrem Wahrheitsgehalt und ihrer Brauchbarkeit zu überprüfen. Ein Beispiel: der Beitrag von Frauen zur Weltgeschichte wird von der herkömmlichen Geschichtsschreibung ignoriert und übergangen. Das hat erstens zur Folge, daß die gesamte Geschichte damit zur Herrschaftsgeschichte wird, zur Chronik der Herrschenden und darüber hinaus zu einer verzerrten, halb erfundenen Chronik; zu einer Mythologie der Macht. Zweitens ergibt sich daraus eine Abwertung der Frauen insgesamt: sie spielten keine Rolle, also waren sie nicht intelligent oder wichtig genug, eine Rolle zu spielen; sie wurden unterdrückt, beherrscht und unterworfen, also waren sie schwach, unterwerfbar und unbedeutend. Feministische Sozialwissenschaft geht auf drei Ebenen gegen dieses Denken vor: sie erarbeitet neue Informationen, die das Bild vervollständigen. Sie interpretiert die Ereignisse gegen den Hintergrund anderer Wertstellungen. Und sie spricht ein Urteil aus über die Glorifizierung von Herrschafts- und Vernichtungspotential, die hinter dem gängigen Kriteriensystem von Wahrheit und Relevanz steckt. Diese drei Ebenen lassen sich in Form von drei exemplarischen Aussagen zusammenfassen:

– Es ist nicht wahr.

– Selbst wenn es wahr wäre, würde es nicht das bedeuten, was es angeblich bedeutet.

– Selbst wenn es wahr wäre und das bedeuten würde, was die Theorien behaupten, akzeptieren wir es nicht.

Wenn wir als Beispiel die gängige Behauptung nehmen, Frauen hätten keine künstlerischen Leistungen erbracht, dann argumentiert die feministische Sozialwissenschaft in genau dieser Weise:

– Sie widerlegt die Behauptung, indem sie Forschungen über die vergessenen, in die Obskurität gezwungenen und enteigneten Kulturleistungen der Frauen anstellt.

– Sie erklärt und analysiert die Gewaltverhältnisse, die Frauen von der Anerkennung ihrer Leistungen abhielten, ihnen ihre Arbeit erschwerten oder unmöglich machten und ihre Produkte entfremdeten oder abwerteten.

– Sie kritisiert den Kulturbegriff und bemüht sich, die konträren Werthaltungen einer weiblichen Kultur aus ihrer historischen Vergessenheit zu befreien.

Die Relevanz dieser Leistungen liegt auf der Hand. Zugleich aber enthält diese Vorgangsweise einige Risiken. Ein großes Risiko liegt in der Notwendigkeit, den Dialog auch mit der herrschenden Ordnung aufrechtzuhalten: wenn man ihre Behauptungen und »Erkenntnisse« widerlegen will, dann muß man sich zumindest zum Teil innerhalb ihres Rahmens bewegen. Man muß Seminararbeiten schreiben, die den formalistischen Vorstellungen des Wissenschaftsbetriebs entsprechen, sonst kann man in die Veranstaltung keine Frauenthemen integrieren; man muß Argumente sammeln für eine Diskussion, die zwar scheinbar einen Inhalt hat, in Wirklichkeit aber nur den Vorwand liefert für die Konfrontation ideologisch entgegengesetzter Positionen. Ein sexistisch eingestellter Professor kann auch mit noch so vielen Fakten nicht »aufgeklärt« werden, auch wenn er sich infolge der (von ihm schmerzlich beweinten) Tatsache, in der zweiten Hälfte des 20. Jahrhunderts zu leben, mit solchen Fakten auseinandersetzen muß. Man kann ihm mit Informationen, Daten und Belegen gegenübertreten, das setzt ihn aber nicht außer Gefecht, sondern veranlaßt ihn nur dazu, die Konfliktebene zu verlagern: er wird sich in einer Weise rächen, die keinen Nachweis seiner sexistischen Einstellungen gestattet. Das zweite Risiko bei der Befassung mit Frauenfeindlichkeit in der Wissenschaft liegt in der drohenden Verschwendung unserer Kapazitäten. Die Verführung, sich in der Widerlegung von Detailsexismen zu verfangen (und deren Zahl ist beinahe unerschöpflich) ist im Wissenschaftsbetrieb recht groß, da sie einer von allen Seiten entgegenkommen. Beispiele für Diskussionen, die unsere Energien schon über alle Gebühr beanspruchten: die Frage nach der Existenz einer matriarchalischen und nicht bloß matrilinearen oder matrilokalen Gesellschaftsform und, davon abgeleitet, nach der Stellung von Frauen in »primitiven« Stammesgesellschaften und den Ursachen für diese Stellung; damit verbunden die Analyse von Einstellungen zu Weiblichkeit (deuten Menstruationstabus darauf hin, daß Frauen eine magisch bedeutende, potentiell gefährliche Rolle zugeschrieben wurde oder sind sie Beispiele für die Abwertung der weiblichen Sexualität?); die rückprojizierte Interpretation von Geschlechterbeziehungen, der Bewertung von Mutterschaft, der Art der Arbeitsteilung, der Definition von Autorität.

Diese Diskussionen haben m. A. n. ab einem bestimmten (längst schon erreichten) Punkt nur mehr einen Provokationswert, indem man z. B. mit politologisch aufbereiteten Menstruationstheorien verklemmte Sozialwissenschaftler erschrecken und mit extravaganten Forderungen die Scheinliberalen quälen kann.

Aus zwei Gründen glaube ich inzwischen, daß der Preis für ein solches Vorgehen insgesamt höher ist als der Nutzen: erstens halte ich es für eine Verschwendung unserer Arbeitskapazität und unserer Ressourcen, und zweitens sehe ich darin einen gelungenen Versuch seitens der bestehenden Ordnung, uns wieder in ihren Denk- und Wertstrukturen zu verstricken. Die Frage nach dem Chauvinismus in der Frühzeit scheint mir kaum Relevanz für unsere Anliegen zu haben. Ich sehe keinen Grund, warum wir den Männern (wie den Imperialisten) nicht ihre wenig ruhmreiche Vergangenheit als repressive Unterdrücker unwiderlegt und undiskutiert überlassen und uns statt dessen der viel interessanteren Frage zuwenden sollten, wie wir ihr heutiges Agieren am effektivsten reversieren können. Je insistierender männliche Chronisten schließlich davon sprechen, daß sie in früheren Gesellschaften kraft ihrer physischen Überlegenheit die Frauen unterdrückten, desto tiefer versetzen sie sich ins historische Unrecht, und es ist nicht unsere Aufgabe, hier nach mildernden Umständen oder gar nach Widerlegungen zu forschen. Interessanter ist auf jeden Fall die Frage nach ihrer Absetzung von der gegenwärtigen Machtausübung. Auch der Aufwand, weiblichen Widerstand möglichst weit zurückzuverfolgen, sollte nicht auf Kosten anderer Aufgaben aufgenommen werden; entscheidend ist, daß jetzt und hier ein Widerstandspotential vorhanden ist und organisiert werden muß.

Feministische Sozialforschung »neutralisiert« also in gewissem Sinn die Inhalte des vorherrschenden Wissens, indem sie ihnen konträre Inhalte gegenüberstellen kann. Das ist ihre erste, wir können auch sagen ihre *negative* Leistung: den negativen Wissenschaftsinhalten über Frauen setzt sie andere gegenüber, die diese Inhalte widerlegen oder aufheben. Damit aber ist man erst am Punkt Null angekommen, man hat durchgestrichen, was Männerwissenschaft behauptete. Danach setzt die *positive* Leistung ein: feministische Sozialwissenschaft erarbeitet Fakten und Vorgangsweisen gegen die Ungleichheit, für die Veränderung der Gesellschaft. Die Vorgangsweise bei der »negativen Forschung« richtet sich nach den Inhalten der patriarchalen Wissenschaft, die es zu widerlegen gilt. Zwar bleibt sie damit abhängig von dieser Wissenschaft, weil sie sich intensiv mit ihren Argumenten und ihrem Stil befaßt, dennoch aber spielt diese Auseinandersetzung eine wichtige Rolle. Jahrhundertelang beherrschten Männer vollständig den ideologischen Apparat; sie okkupierten jedes Medium, waren im ausschließlichen Besitz der Schrift, konnten ungehindert Propaganda betreiben und Gewalt ausüben. Frauen durften nicht in die Schulen, nicht in die Universitäten, sie durften nicht schreiben, nicht veröffentlichen, sich nicht wehren gegen den massiven ideologischen Angriff, der Bestandteil der Herrschaftsausübung war. Feministische Sozialwissenschaft ist der erste wirkliche Einbruch in dieses Monopol, denn kritische Frauen schrieben früher entweder außerhalb der Wissenschaft, oder sie waren Einzelpersonen ohne eine Bewegung und ohne echte Legitimität. Heute können Frauen widersprechen, am selben Ort, im selben Ton. Aristoteles konnte noch verkünden, »Der Zustand der Weiblichkeit ist als Deformation zu betrachten«; heute kann Elizabeth Gould Davis erwidern, »Die ersten männlichen Lebewesen waren Mutationen, Zufallsfolgen eines genetischen Schadens«; das Schreiben an der Grenze zwischen Radikalität und Persiflage gehört zu den besten, effektivsten Kampfmitteln von Frauen im Widerstand (und war im übrigen auch typisch für die schwarze Bewegung in den USA in ihrer kreativsten Phase).[6] Das soll nicht heißen, daß sich das Denken der Mächtigen geändert hat. Aristoteles bleibt für das herrschende Denken ein großer Philosoph, so wie alle illustren Autoritäten von Wissenschaft und Staatenwelt Heroen und intellektuelle Größen bleiben können, egal welch ethisch empörende Leistungen sie auf dem Gebiet des Rassismus, der Koloniallehre oder der Frauenfeindlichkeit vollbracht haben; Elizabeth Gould Davis und die

Frauenbefreiung insgesamt bleiben hingegen indiskutabel. Parodien und Gegenradikalitäten können sofort aus dem »wissenschaftlichen Diskurs« ausgeschieden werden, auch wenn sie nur die akkurate Verdrehung der Ungeheuerlichkeiten sind, die von Männern unwidersprochen jahrhundertelang über Frauen behauptet wurden. Aber der fortgesetzte Doppelstandard hat zur Folge, daß auch »sachliche«, wissenschaftlich traditionell aufbereitete Gegenbeweise und Gegenargumente niemals wirklich in eine direkte Konfrontation eingelassen werden. Männliche Philosophen, Theoretiker, Politologen, Ethnologen usf. durften sich soviel sie wollten auf die weibliche Physiologie beziehen, um ihre »natürliche« Aussperrung aus dem gesellschaftlichen und intellektuellen Leben zu rechtfertigen. Wenn heute Feministinnen die Sexualität als politisch maßgeblichen Bereich anführen, gelten sie als unsachlich. Der Lehrstoff der Universitäten beinhaltet(e) massiv Verallgemeinerungen über Frauen, in fast allen Fächern. Verallgemeinerungen über die gesellschaftlichen Lebensbedingungen von Frauen gelten als Pauschalisierung. Beispiele ließen sich endlos aneinanderreihen. Als Fazit scheint sich die Erkenntnis aufzudrängen, daß es im wissenschaftlichen Betrieb nicht um die Wissenschaft geht, und auch nicht um Wissen oder Wahrheit. Es geht darum, die bestehenden Strukturen zu verteidigen, egal mit welchen Mitteln. Nichts spricht dagegen, daß wir uns trotzdem mit (auch mit abstrakten) Fragestellungen der Forschung befassen, daß wir die Lehrsätze der dominanten Wissenschaft überprüfen, ausbauen, anwenden, widerlegen. Wir sollten das aber tun innerhalb des Bezugsrahmens unserer eigenen Ziele und nicht für ein imaginäres Publikum von »Akademikern«. Die »community of scientists« existiert nur in derselben Gestalt, wie wir sie aus Hörsälen und Fakultätskonferenzen zum Überdruß kennen: als Ansammlung kleinlicher, vorurteilsbeladener, komplexbelasteter Chauvinisten. Sie sind nicht gutwillig, sie sind nicht objektiv und sie werden sich weder von unserer Leistung noch von unseren Beweisen beeindrucken lassen. Sie wollen uns aufhalten und die Ungleichheit halten, solange und mit welchen Mitteln es nur geht. Wir können Latein lernen und Griechisch, die Geschichte studieren und uns qualifizieren nach den höchsten Anforderungen ihrer Institution: in Georgia wählt heuer trotzdem kein Nigger.[7]

Anmerkungen

1 Siehe Hélène Cixous, *Die unendliche Zirkulation des Begehrens*, Berlin 1977; Carla Lonzi, *Die Lust Frau zu sein*, Frankfurt 1976; Luce Irigaray, *Waren, Körper, Sprache*, Frankfurt 1976.
2 Siehe zu dieser Frage Edward Luttwak, *Coup d'Etat*, Connecticut 1969.
3 Joyce Ladner, Hgin., *The Death of White Sociology*, N. Y. 1973.
4 Anonym, *A Defence of the Female Sex*, London 1696.
5 *Die unendliche Zirkulation des Begehrens*, Berlin 1977, S. 35, 36.
6 Diese Analogien zwischen radikalen Bewegungen habe ich ausführlicher beschrieben in *Die geschlossene Gesellschaft und ihre Rebellen*, Syndikat, Frankfurt 1981.
7 Vgl. S. 420 dieses Bandes.

Cheryl Benard/Edit Schlaffer
Frauenkarrieren an der Universität
oder
Gibt es *doch* einen weiblichen Masochismus?

Die Universität ist eine der letzten unverblümten Hochburgen des
sozialen Chauvinismus. Das betrifft nicht nur das Geschlechter-
verhältnis, sondern bezieht sich auf alle Varianten der sozialen
Hierarchie: der Schicht und der Klasse, der Ethnozentrik und der
Rasse. Die Universität gehört den Mächtigen, den Privilegierten,
sie ist par excellence die Schöpfung und die Verkörperung der
weißen, europäischen, männlichen Welthierarchie und vereinigt
in sich Züge des feudalen Aristokratentums und des Bürgertums
der kapitalistischen Neuzeit. Sie ist eine Einrichtung, die dabei
ewig an der Kippe zur Neuzeit verharrt, in einem jahrhundertelangen Balanceakt, der sich aus allen Zeitaltern die effektivsten
Methoden zur Aufrechterhaltung von Ungleichheit zusammenge-
sammelt hat und sie mit der Perfektion langer Erfahrung gekonnt
einsetzt. Sophistik und aristotelisch-platonisches Elitedenken
(selbstredend, daß die Gemeinschaft der Denkenden, ja der Menschen weder sozial Untergeordnete noch Frauen beinhaltet) ver-
einen sich mit der christlichen Herrschaftslehre des Mittelalters,
den Philosophen der Neuzeit (für die selbstverständlich der Bürger »kein Knecht, kein Weib« sein durfte), dem Kolonialismus
und der Rassenlehre und den brauchbaren Überheblichkeitsmit-
teln moderner Wissenschaft (der Mythos vom Experten z. B. und
die Alchemie mit abstrusen Zahlenkolumnen, die zwar auch
keine soziale Wahrheit aus den Ziffern zaubern kann, aber dafür
ihre Handhaber in den Rang von Magiern erhebt).
Betrachten wir die Universität nun vom Standpunkt einer feministischen ˋSelbstkritik, dann müssen wir feststellen, daß wir uns
hier nicht gut geschlagen haben. In den 30er Jahren gab es man-
cherorts mehr Frauen in qualifizierten akademischen Stellungen
als heute. Die Quoten für den Studienabgang bleiben bei Studentinnen wesentlich höher, die Gründe deprimierend konstant:
Frühpensionierung in den Ehestand und mangelndes Selbstbewußtsein. Versuchen wir, die Lage zu systematisieren.
Zunächst müssen wir festhalten, daß die Voraussetzungen äu-

ßerst günstig sind für die Gegenseite. Die Frau, die entfernt werden soll, ist meist weit und breit die einzige weibliche Gestalt. Somit steht die Auseinandersetzung 1:6 oder 1:7, ein Kräfteverhältnis, das vom starken Geschlecht in seinen Konflikten mit Schwächeren bevorzugt wird. Zum numerischen Vorteil kommt aber noch eine ganze Reihe weiterer Vorsprünge hinzu, die etwa in folgende Bereiche fallen:

1. der historische Vorsprung
Die Universität ist ein ausgeprägt männlicher Handlungsort. Bei älteren Universitäten drückt sich das bereits optisch aus durch die Hallen der Marmorväter, bei den neueren zeigt es sich eher in den täglichen Abläufen. Die Gremien, die Sprache, alles ist betont maskulin. Auch der Ausschluß von Frauen ist in lebendiger historischer Erinnerung, da er sich bis in die Anfangsdekaden dieses Jahrzehnts halten konnte. Frauen sind fremd, unerwünscht und geschichtslos in der Universität.

2. der generationsmäßige Vorsprung
Frauen werden erst seit wenigen Jahrzehnten zu den Universitäten zugelassen. Ihr langsamer und minimaler Aufstieg in die Ränge der Lehrenden ist deutlich ein Phänomen dieser Generation. Somit kommt die Assistentin in eine Situation, in der sie von älteren, miteinander befreundeten Personen umgeben ist. Die Geschlechtssolidarität gegen sie wird auf der Ebene primitivsten männlichen Selbstgefühls ausagiert; die Frau fühlt sich dadurch wie bei dem irrtümlichen Hineinstolpern in eine Herrensauna.

3. der Status-Vorsprung
In der Universitätsstruktur ist der Platz von Frauen deutlicher als in fast allen verbleibenden Segregationsbetrieben mühelos lokalisierbar: unten. Auf den ersten Blick bereits erkennt man die Hierarchien und erkennt auch, daß sie nach Geschlecht verlaufen. Putztätigkeiten, niedrige Hilfsdienste und Sekretariatsarbeiten obliegen den Frauen. Die Wissenschaft gehört dem Mann. Weibliche Wissenschaftler sprengen diesen Rahmen, was keiner der Anwesenden begrüßt. Auch die Frauen des »nicht-wissenschaftlichen Personals«, vor allem Sekretärinnen, erleben die Assistentin,

Dozentin und auch Professorin als Emporkömmling und lehnen es ab, sich mit ihr zu verbünden.

4. der Koalitionsvorsprung

Koalitionen verlaufen in Universitäten nach verschiedenen Linien, und allgemein ist es kein Raum, der sich durch Solidaritäten auszeichnet. Intrigen, Verrat und individualistischer Machtkampf bestimmen den Alltag. Das Auftreten von Frauen aber hat diesen Kämpfen eine zusätzliche Dimension hinzugefügt. Männer, die ihre politischen, sozialen und wissenschaftlichen Rivalitäten bis in die letzte Nuance hinein entwickelt haben, gewinnen damit eine zusätzliche Möglichkeit des Manövrierens. Die Geschlechtslinien bieten ihnen eine weitere Chance für Koalitionsbildung und noch dazu eine, bei der ihr Gegenüber keine Möglichkeit der Erwiderung hat. Wo es sich als nützlich erweist, können die Männer sich nun als Männer, das heißt unter Abstraktion von ihren sonstigen politischen, wissenschaftlichen und sozialen Bindungen, miteinander verbünden. Die Frauen stellen in dieser Konstellation lediglich einen negativen Orientierungspunkt dar, können aber nicht mitspielen, da es dafür zu wenige Frauen gibt. Ein Bündnis entlang der Geschlechtsachse ist ihnen nicht möglich.

Diese Vorteile spielen Männer im akademischen Betrieb bis aufs letzte voll aus. Einer ihrer bedeutendsten Vorteile liegt oft in der paralysierten Fassungslosigkeit, mit der ihre Kontrahentin auf die vollkommen irrationalen und damit unerwarteten taktischen Züge männlicher Vorgesetzter und Kollegen reagiert. Dieser Effekt wird noch dadurch gesteigert, daß die Männer infolge ihrer Vormachtstellung in der Lage sind, die Regeln zu bestimmen und jederzeit beliebig zu ändern.

Handlungsmöglichkeiten für Frauen gibt es in diesem System unter drei Vorzeichen:

1. Die Frau paßt sich an.

Für eine Minderheit anpassungswilliger, unbedingt auch politisch und wissenschaftlich gefügiger Frauen (wobei die Anpassung keineswegs nur nach rechts erfolgt, nein, gerade das linke fortschrittliche Institut braucht dringend eine Herzeigfrau) findet sich im akademischen Betrieb ein Platz. Die Frau darf weder zu feminin im traditionellen Sinn sein (das wäre eine stilistische Entgleisung) noch, selbstredend, feministisch. Auch muß sie in der Lage sein, jederzeit den Sexismus-Gegenbeweis zu artikulieren (etwa mit Sätzen wie: »Mir hat noch nie jemand Schwierigkeiten gemacht, nur weil ich eine Frau bin«).

2. Die Frau gehört zu einem Mann.
Steht sie in einem persönlichen Bezugsverhältnis zu einem im Betrieb integrierten Mann, kann die Frau ebenfalls integriert werden. Das ist möglich durch die Ehe mit einem männlichen Kollegen soliden Ansehens (Veröffentlichungen ihrerseits erscheinen dann entweder gemeinsam, oder die Frau muß auf einem wissenschaftlich anderen Gebiet tätig sein), aber auch durch ein Vater-Tochter-Verhältnis zu einem ranghohen Mann. Letztere Variante ist meist befristet, da der Unterhaltungswert einer feministischen Tochter bald abgenutzt ist.
Beide Beziehungsformen weisen deutlich auf mittelalterliche Ursprünge hin, wo der Zugang der Frauen zum Stände- und Zunftwesen ebenfalls durch Beziehung zum Mann hergestellt wurde.

3. Es existiert eine lautstarke und aktionsbereite
   Frauenbewegung.
Konfrontiert mit harten Zahlen, konkreten Forderungen und einer protest- und störbereiten Aktionsgruppe, kapituliert der akademische Betrieb häufig. In ihrem Wesen sind Akademiker ängstlich, deshalb scheuen sie die direkte Auseinandersetzung und bevorzugen Intrigen, bürokratische Erstickung progressiver Anliegen und Verrat. Wo eine aktive Frauengruppe sich für den Lehrauftrag einer kompetenten Frau einsetzt, oder einen Frauenschwerpunkt durchkämpft, setzt sie sich häufig durch. Dabei gibt es aber zwei Probleme. Erstens kämpfen die Männer nach ihrer »Niederlage« weiter, aber eben mit Mitteln, die ihnen wieder den Vorteil verschaffen. Sie schlagen irgendwann einmal garantiert zu, und zwar aus dem Hinterhalt. Zweitens, und das ist schmerzlicher, fällt es den Frauen oft schwer, organisiert und solidarisch vorzugehen. Teilweise liegt das an der fortgesetzten Verinnerlichung traditioneller Frauenbilder, d. h. an dem, was wir den Heilige-Jungfrau-Maria-Komplex der Frauenbewegung nennen wollen. Eine Feministin, so lautet die verhängnisvolle These dieser Denkrichtung, darf sich nicht durch realpolitische Kämpfereien

beschmutzen. Die gerechte Gesellschaft muß erstens sofort und auf der Stelle herbeigeführt werden, und Strategien, die schrittweise Verbesserungen vorsehen, werden zurückgewiesen als kompromißlerisch. Und zweitens müssen die Veränderungen durch vollkommene Einsicht der Beteiligten und vollständig akzeptiert werden, nicht infolge von Druck oder Kompromiß. Angehörige dieser Richtung warten, sozusagen, auf die unbefleckte Empfängnis der Macht. Damit eignen sie sich für die politische Heiligsprechung und sind so rein und tugendhaft, wie man seit jeher von Frauen erwartet.

Die häufigste Vorgangsweise von Frauen im akademischen Bereich ist der heroische Einzelkampf. Von Anfang an bestehen hier keine Überlebenschancen für die Frau, es sei denn sie gibt ihre Wertvorstellungen auf, vergißt ihre Geschlechtsidentität und paßt sich in Gestalt eines permanent untergeordneten Neutrums an die Machthaber an. Als Frau und als Feministin aber hat sie keine Chancen, denn die Regeln des Spiels sehen ihre Niederlage vor. Ist sie kollegial und freundlich, wird das als Schwäche ausgelegt und mit primitiven Männerhorde-Taktiken erwidert. Protestiert sie gegen solche Aggressionen, wirft man ihr weibliche übersensible Emotionalität vor. Reagiert sie sachlich und durchsetzungsbereit, dann betrachten sogar die noch neutralen Männer sie bald als Bedrohung und verbünden sich mit den anderen. Ist sie erfolgreich und produktiv, sehen die Männer sie als Provokation und fühlen sich durch die Rivalität in ihrer Männlichkeit bedroht. Ist sie mittelmäßig, wird sie gnadenlos eliminiert, während weitaus weniger produktive Männer jahre- und jahrzehntelang und sogar entgegen den ausdrücklichen Universitätsvorschriften mitgeschleppt werden, unter der Rubrik »Exzentriker« oder »Sozialfall«.
An der Columbia-Universität wurden in den letzten 2 Jahren alle 4 Frauen, die um Habilitierung (tenure) ansuchten, abgelehnt, während alle 5 Männer, die im selben Zeitraum antraten, bestanden. Auf dieses eigenartige Muster hin angesprochen meinte ein Mitglied der Kommission, er wisse nicht, ob man es als Sexismus klassifizieren solle. Zwar waren die Frauen wirklich nicht so gut, daß man bei der Ablehnung bewußt ungerecht verfahren war. Andrerseits aber waren sie auf jeden Fall so gut wie die Männer, die man dann auch nicht hätte habilitieren dürfen.

Die Taktik der Männer, die Regeln nach Belieben zu definieren und anzuwenden, zeigt sich deutlich auch in all denjenigen Fällen, wo es einer Frauengruppe gelingt, Forderungen einzubringen. Dieselben Männer, die jahrzehntelang mit allen nur erdenklichen Mitteln den Ausschluß der Frauen bewirkten und heute weiterhin ihre Marginalisierung betreiben, schrecken nicht davor zurück, eine wissenschaftliche Frauenveranstaltung (so kürzlich in Bielefeld) als »Diskriminierung der Männer« zu bekämpfen.

Gegenüber solch massiven Verhältnissen, wie sie in Wissenschaft und Universität herrschen, hat die feministische Wissenschaft keine leichte Aufgabe. Ihre Zielsetzungen sind ungefähr die folgenden:

– Infragestellung der traditionellen Methoden und Inhalte
– Aufzeigung des Beitrags, den konventionelle Wissenschaft zur Aufrechterhaltung bestehender Machtverhältnisse und Denkweisen leistet
– Aufarbeitung der Defizite und Verzerrungen, die durch eine vorurteilsbeladene Behandlung der »Frauenfrage« – oder, noch häufiger, durch deren gänzliche Aussparung entstanden sind
– Erarbeitung von Informationen, Strategien und Handlungsanweisungen für die Frauenbewegung.

Diese Zielsetzung bedeutet eine grundlegende Kampfansage gegenüber der gängigen Wissenschaft. Diese allerdings verstand es von Anfang an, sich zur Wehr zu setzen, indem sie das volle Gewicht ihrer bestehenden Abwehrstrukturen einsetzte. Sie verfügt gegenüber den Rebellinnen über wichtige Vorteile:

– Ihre Vertreter besetzen alle wesentlichen Posten und Stellungen in der Hierarchie.
– Sie bestimmt über die Bewertung von Ergebnissen und die Verteilung von Ressourcen, d. h. sie definiert, was »wissenschaftlich« und damit als Argument oder Beweis zugelassen ist und was nicht, und sie verteilt die Informationen, Gelder und Zugangschancen von Forschung und Lehre.
– Sie hat Zugang zu den sozial Mächtigen und auch zur wissenschaftlichen Öffentlichkeit.

Die Auseinandersetzung zwischen kritischer (in diesem Fall feministischer) und orthodoxer Wissenschaft kann man sich vorstellen als Duell, in dem der eine Streitteil die Waffen wählt, die Kampfregeln bestimmt, diese jederzeit mittendrin ändern kann, und, wenn es plötzlich schlecht um ihn steht, die Gegenseite einfach von seinen Helfern ergreifen und eliminieren läßt.

Institutsvorstände, Projektleiter und Projektvergeber können entscheiden, welche thematischen und methodischen Zugänge »wissenschaftlich« und somit statthaft sind und welche nicht; sie können Frauenveranstaltungen und frauenrelevante Themen gestatten oder blockieren; sie können qualifizierten Frauen die Qualifikation absprechen oder sie unter einem anderen Vorwand ausschalten; schließlich können sie ganze Schwerpunkte liquidieren, indem sie einen Lehrstuhl streichen oder einen Bereich »einsparen«. Dabei ist es infolge der eindeutigen Machtrelationen gar nicht erforderlich für die Entscheidungsträger, sich inhaltlich einer Diskussion zu stellen: an der Universität Wien wurden drei feministische Lektorinnen eliminiert einfach dadurch, daß man ihnen den Termin für die Ankündigung von Lehrveranstaltungen nicht rechtzeitig mitteilte. Die Autorität hat die freie Wahl der Mittel, und die Eliminierung unliebsamer Personen oder Inhalte kann unter vielen Vorwänden erreicht werden, unter dem Vorwand des Sachzwangs und der Budgetkürzung z. B. oder sogar, was von beinahe bewundernswerter Kaltblütigkeit ist, unter dem Vorwand der »Anti-Diskriminierung«. Eine gesamte Kommission, in der keine einzige Frau sitzt oder jemals seit der Gründung der Universität gesessen ist, scheut sich nicht, dem vorgeschlagenen Frauenforschungsschwerpunkt Diskriminierung vorzuwerfen, weil unter den Teilnehmern kein Mann ist. Der Vorwand muß weder logisch noch einsichtig sein, von Gerechtigkeit ganz zu schweigen. Kürzlich ging es in einer Sitzung um die Vergabe eines Lehrauftrags. Jede Frau, die dafür vorgeschlagen wurde, erhielt eine andere Abfuhr: die eine war eigentlich Politologin, und man wollte jemanden mit soziologischer Lehrerfahrung; die andere hatte nicht genug veröffentlicht (dieses Argument kam von einem Mann, der in den letzten 5 Jahren keinen einzigen Buchstaben in Druck gebracht hat); die Dritte hatte sich im Ausland habilitiert usw. Bei der vierten Frau schließlich versagten alle Argumente, bis dem Institutsvorstand schließlich rettend einfiel, daß diese Frau vor Jahren mit einem anderen Lehrbeauftragten des Instituts verheiratet gewesen war. Da man nicht wissen könne, ob die gelegentliche Anwesenheit seiner geschiedenen Frau für diesen nicht »unangenehm« sein könne, wodurch sich das Institutsklima verschlechtern würde, sei es doch besser, diese Frau gar nicht erst vorzuschlagen. Wenn die anwesenden Männer sich auf einen Standpunkt einigen, und sei er noch so grotesk, dann gibt es für die eine oder maximal die paar anwesenden Frauen keinen Rekurs. Die meisten Ungerechtigkeiten lassen sich schlecht beweisen, vor allem da auch über die Beweise wieder ein männliches Gremium entscheidet.

Bevor wir uns nun angewidert abwenden und die »Akademiker« der wohlverdienten Gesellschaft von ihresgleichen überlassen, wollen wir die taktischen Vorteile auflisten, die gegenüber dem massiven Gewicht der Institution unsere Position begünstigen:
— Prinzipiell ist die oppositionelle Position (also: wir) im Recht, was nicht einmal die Vertreter orthodoxer Positionen (also: die) bestreiten können. Der Kampf wird ja gerade deshalb auf einer nicht-inhaltlichen Ebene geführt, weil die traditionelle Ordnung sich auf inhaltlicher Ebene nicht halten könnte. Statt dessen arbeitet sie mit den Mitteln der Bürokratie und der direkten Gewaltausübung, aus dem Hinterhalt einerseits und per fiat andrerseits: denn mit Prinzipien, Argumenten und Werten kann sie nicht konkurrieren. Mit keinem Anspruch auf Recht kann diese sich als intellektuell und liberal begreifende Einrichtung die eigene Geschichte akzeptieren. Sie kann nicht rechtfertigen, daß sie Frauen bis weit ins 20. Jahrhundert hinein den Zugang verwehrte, und sie kann darüber hinaus ihre wiederholte Kapitulation vor der Macht – z. B. während der Zeit des Nationalsozialismus – nicht rechtfertigen. Von ihrer inneren Konsistenz her steht die Universität damit auf äußerst schwachem Fuß, wenn es um die Auseinandersetzung mit Emanzipationsbewegungen aller Art geht. Um ihre eigene Vergangenheit zu erklären, muß sie die Abhängigkeit von politischen Machtverhältnissen und von Geldgebern und die Unfähigkeit des Intellekts, sich von den Vorurteilen seiner Zeit zu befreien, eingestehen. Damit aber entzieht sie automatisch ihren eigenen Standpunkten die Autorität: wenn die Universität im Jahre 1915 von Männern regiert wurde, die Frauen zu Unrecht ausschlossen, die darüber hinaus Rassisten waren und deren wissenschaftliche Erkenntnisse zu weiten Teilen nichts anderes waren als die elegant formulierte Aufbereitung der Vorurteile ihres Jahrzehnts, dann gibt es keinen Grund anzunehmen, daß es sich in der Gegenwart anders verhält. Wenn also die feministische Wissenschaft ihren subjektiven und parteilichen Zugang anführt,

dann ist sie damit – so sehr sich die Gegenseite auch bemüht, sie infolgedessen zu diskreditieren – argumentativ im Vorteil. Denn dieser Zugang ist in Übereinstimmung mit den Werten und Zielen der feministischen Wissenschaft, somit konsistent; und außerdem ist er in Einklang mit den öffentlich verkündeten Werten der Gesamtgesellschaft (»Gleichheit«, »Selbstbestimmung«, »Mitbestimmung«, »Demokratisierung«), während die unausgesprochenen Werte, die hinter der dominanten Wissenschaft stehen, in Widerspruch zu diesen Werten stehen und die alten Werte einer elitären Herrschaftsordnung reflektieren. Wenn die dominante Wissenschaft auf die Parteilichkeit und Subjektivität ihres Zugangs zurückgeführt wird, dann erweist sich ihre moralische und inhaltliche Inkonsistenz. Daher ist es wichtig, Auseinandersetzungen nach Möglichkeit auf der inhaltlichen Ebene auszutragen.

– Die feministische Position ist Bestandteil der progressiven politischen und sozialen Bewegungen der Gegenwart. Zugleich aber entspricht sie, was die Frage der Bildung betrifft, dem Anspruch der bürgerlichen Selbstdefinition. Der Bildungsbegriff des Bürgertums verstand sich als allgemein, aufklärerisch und offen; daraus entstand ja seine Anfälligkeit für Legitimitätskrisen, denn der Widerspruch zwischen Anspruch und Praxis belastete das Selbstbild.[1] Dieser Widerspruch ist der Punkt, an dem die Ordnung angreifbar ist. Die Frauenbewegung gewinnt durch die Öffentlichmachung der Auseinandersetzung, weil ihre Werte den öffentlich vertretenen, jedoch nicht eingehaltenen (und ohne revolutionäre Veränderung auch nicht einhaltbaren) Werten der bestehenden Ordnung entsprechen. Wenn sie sich auf Verhandlungen, individuelle Gnadenakte und langsame Einsicht der Mächtigen einläßt, wirft die Frauenbewegung einen ihrer größten Vorteile weg. Ihre Forderungen verlangen Öffentlichkeit und Öffentlichmachung. Damit laufen sie der Universitätsstruktur zuwider, die Tauschgeschäfte und feudalistische Abhängigkeitsnetze vorsieht.

– Feministische Sozialwissenschaft hat gegenüber der konventionellen Sozialwissenschaft den Vorsprung der Innovation. Die Glaubenssätze der »Vorväter« stehen zur Verfügung, stellen aber keinen lähmenden »Paradigmensumpf« (Kuhn möge entschuldigen) dar. Die kritische Haltung, die sich aus dem politischen Standort und der alltäglichen Erfahrung der Diskriminierung ergibt, entspricht sogar dem Gebot des sozialwissenschaftlichen Zugangs.

Kontrastiert mit dem Machtvorsprung, über den die Gegenseite verfügt, sind diese angeführten Vorteile allerdings sehr zu relativieren. Sie sind letztlich die Vorteile der Frauenbewegung als eines historisch wirksamen Phänomens, aber wirken sich auf den Ablauf in der Universität nur bedingt aus. Dort nämlich erinnert die Situation an einen Witz, der im amerikanischen Süden entstand: Nachdem die Schwarzen das Wahlrecht erhalten hatten, bemühte sich die südländische Lokalverwaltung, ihnen dieses Recht de facto wieder wegzunehmen, und zwar durch die Einführung zahlreicher Qualifikationen und Prüfungen und Bedingungen. Ein Schwarzer, der seine Stimme abgeben wollte, mußte zunächst vor einer Prüfungskommission Weißer antreten. Die meisten Bewerber konnte man mühelos durch einen Lesetest eliminieren, die wenigen Nicht-Analphabeten erledigte man mit einer historischen Prüfung. Der Witz erzählt von einem schwarzen Professor aus dem Norden, der in den Süden übersiedelt und dort zur Wahl erscheint. Nachdem er die Leseprüfung und den historischen Teil geschafft und sogar die eilig herbeigebrachte lateinische Textstelle übersetzt hat, bringen seine Prüfer ein griechisches Buch herbei und er begreift, daß die Prüfung nur ein Vorwand zur Rechtfertigung seiner unvermeidbaren Ablehnung ist. Also übersetzt er den griechischen Text als: »Hier steht: Heuer wählt in Georgia kein Nigger.«

Die Aufgaben vieler Kommissionen, Gremien und Postenausschreibungen an heutigen Universitäten könnte man präziser definieren mit dem Auftrag: »Heuer kommt uns keine Frau durch.«

Die Diskriminierung der Frauen muß gesehen werden als Teil eines doppelten Herrschaftsakts. Einmal bedeutet sie die Machtausübung gegenüber den Frauen seitens der Männer. Darüber hinaus trägt sie bei zur Erleichterung der Machtausübung einiger Männer gegenüber den anderen: Frauen sind, aus dem Konflikt durch vollständige Entrechtung ausgeschaltet, die billigste und einfachste Möglichkeit zur Konfliktreduzierung unter Männern. Indem man die untergeordneten Männer über die Frauen stellt, gibt man ihnen etwas, ohne sich selber etwas wegzunehmen. Diese primitivste Form der Machtausübung hat im Lauf des zivilisatorischen Prozesses Nuancierungen erlebt. Die Frauen haben sich einen beschränkten Status als Akteure erkämpft, die Differenzierungen sind komplexer geworden. Das Grundmuster hat sich erhalten.

In der Wissenschaft und in der Universität können wir diese Strukturprinzipien erkennen. Ausschluß und Diskriminierung der Frauen war die billigste Methode, Diplome an den Mann zu verteilen: die Wissenschaft definierte sich als männlich, einfachste Form der Selbstdeklaration zu Rang und Wert. Die Bestrebung der Frauen, Zugang zu Bildung und zur Wissenschaft zu erhalten, traf die akademische Gemeinschaft wie ein Schlag. Wenn jetzt sogar schon eine Frau denken konnte, wo lag dann noch das Besondere, das Auszeichnende an der eigenen Tätigkeit? Gebildete Frauen waren seit der Antike ein Affront für den Mann, da aber waren es wenigstens Einzelfälle geblieben. Die beantragte Zulassung zum Studium durch Frauen als *allgemeines Prinzip* aber drohte die ganze Identitätsstruktur der Akademiker zu Fall zu bringen. Zwar blieben andere elitäre Momente – die Sprache, die ihre Abhebung von der minderen Bevölkerungsmasse so deutlich zeigte wie in einem afrikanischen Geheimbund die rituellen Masken und das tierhafte Grölen der Eingeweihten, die Kleidung usf. –, aber die wichtigste Manifestierung *maskuliner* Erhabenheit, die Korrelation zwischen Kopf und Geschlechtsorgan, war in Frage gestellt. Der Belagerungszustand der Fakultäten äußerte sich in Bravourakten wie der Stellungnahme der theologischen Fakultät der Universität Wien im Jahr 1930, die vollständige Abwesenheit von Frauen in ihrem Fach »bedürfe keiner Erklärung«.[2] Mehr Mühe machten sich die Juristen, schon allein deshalb, weil sie sich der Verfassungswidrigkeit ihres Beschlusses bewußt waren; den Ausschluß der Frauen begründeten sie damit, daß »ihre logisch scharfe und sachlich abstrakte Disziplin dem Wesen der Frau, (... vorwiegend gefühlsbetont) fremd bleiben werde ...«[3]

Nachdem die Abweisung der Frauen nicht durchgehalten werden konnte, teilte sich die Strategie der Universität in zwei Gleise. Die erste Richtung setzte die Ausschlußbemühungen unter neuem Vorzeichen fort. Physisch präsent, wurden Frauen dennoch aus den Entscheidungsprozessen, aus dem Informationsfluß und aus den Aufstiegskanälen ferngehalten, was infolge ihrer Minderheitenposition möglich war (und möglich bleibt).

Die zweite Richtung bemüht sich um etwas, was wir als »entfremdende Integration« oder als Kooptierung beschreiben können. Einige Frauen werden integriert, aber nur nachdem sie einen Wandlungsprozeß durchgemacht haben oder nur wenn sie Strukturen akzeptieren, die ihre Handlungsfähigkeit *als Frauen* aufheben.

Auf ihre strategische Stoßrichtung hin analysiert kommt die erste Richtung einer Verzögerungstaktik gleich. Gefährlicher ist die zweite, denn sie soll erreichen, daß die mühsam errungenen Positionen uns, was echte Veränderung der Strukturen von Macht, Wissen und Gesellschaft betrifft, nichts nutzen.

Frauen sind immer noch häufig von der Vorstellung behaftet, daß die Universität ein Ort des rationalen Denkens ist und daß ihre Subinstitutionen rationalen Verwaltungsprinzipien folgen und man an den Gerechtigkeitssinn, die Vernunft und das sachliche Denken der betroffenen Intellektuellen und Beamten appellieren kann. Diese Haltung stützt sich auf einen grundlegenden Irrtum; in Wirklichkeit ist die Universität wie alle anderen männlich dominierten Handlungsorte beseelt vom Streben nach Macht. Dabei ist diese Macht nicht nur ein Mittel zur Erreichung bestimmter Ziele, sondern auch Selbstzweck: ihre lustvolle Ausübung gegenüber sozial Schwächeren (Studenten, politisch Andersdenkende, Frauen) gehörte von jeher zu den bevorzugten Tätigkeiten der »Akademiker«. Seit dem Mittelalter ist die Universität ferner ein exterritorialer Raum, der gegenüber den Gesetzes- und Moralansprüchen der restlichen Gesellschaft einen Sonderstatus beansprucht.

Im 20. Jahrhundert gelingt es der Universität nicht mehr, sich vollständig von den bislang erreichten humanistischen Prinzipien westlicher Kultur abzusetzen. Sie kann weder die prinzipielle Gleichheit der Menschen noch die gesetzlichen Bestimmungen des Bildungsrechts offen bekämpfen, daher ist sie auf Sabotage angewiesen. Die Diskussion um die Einführung von Women's Studies an der Universität Wien wurde am Institut für Politikwissenschaft von einer Kommission diskutiert, die aus sieben Männern und keiner einzigen Frau bestand. Allein die Tatsache, daß der Antrag gestellt wurde, sollte als Vorwand dienen, das Ansuchen »aus Formgründen« zurückzuweisen: üblich sei es, daß solche Vorschläge aus der Studienkommission heraus in einem autonomen Akt des kreativen Denkens erstehen und jede andere Vorgangsweise sei ein Affront gegen Autorität und Kompetenzen der Kommission. Den zwei anwesenden progressiven Männern war es, da die Sitzung infolge der Teilnahme von zwei Studentenvertretern eine gewisse Öffentlichkeit besaß, gruppendynamisch nicht möglich, sich dieser Argumentation anzuschließen. Der Antrag wurde schließlich unter formalen Vorwänden vertagt, damit die Kräfte der Reaktion sich sammeln und formieren konnten.

Die hinreichend bekannte und allen evidente massive Ungerechtigkeit, mit der Frauen der Universität zuerst ferngehalten und dann fortlaufend in der Institution diskriminiert wurden, verursacht weder Toleranz noch Selbstkritik, und schon gar nicht Ansätze zur Erreichung größerer Gleichheit. Wo diese Probleme überhaupt erörtert werden müssen, werden sie mit Gewalt und Haß abgehandelt. Die Wiener Patriarchen genierten sich überhaupt nicht, wie dieses Beispiel illustriert, zu siebent gegen die Verankerung frauenspezifischer Themen an der Universität aufzustehen. Sieben Männer, null Frauen: seit jeher die Demokratievorstellung der Institution Universität.

Anmerkungen

1 J. Habermas, *Strukturwandel der Öffentlichkeit*, Neuwied/Darmstadt 1972.
2 *Zitiert nach Erika Weinzierl, Emanzipation? Österreichische Frauen im 20. Jahrhundert*, Wien 1975, S. 87.
3 Ebenda, S. 85.

Marliese Dobberthien
Frauenarbeit
Zwischen Chance und Diskriminierung

1. Einleitung

Es ist Mode geworden, den Verzicht zu fordern, an Opferbereitschaft und Verständnis zu appellieren; es ist Mode geworden, den Ruf nach sozialer Gerechtigkeit mit der Behauptung zur Seite zu schieben, es fehle an Geld, die öffentlichen Kassen seien leer. Zwar werden mit Milliardenbeträgen neue Waffensysteme finanziert, und die öffentliche Hand kann offenbar auf Milliardeneinnahmen verzichten, die durch Steuerhinterziehungen verloren gehen. Für die Finanzierung weiblicher Gleichberechtigung steht aber kein Geld zur Verfügung. Die Gleichstellung der Frau soll immer dort enden, wo sie beginnt Geld zu kosten.

Um das Gleichberechtigungsgebot des Grundgesetzes soziale Wirklichkeit werden zu lassen, bedarf es nicht schöner Worte, sondern der Taten und des Geldes. Um endlich die Lohngleichheit der Frau herzustellen, sind die Arbeitgeber kräftig zur Kasse gebeten; die eigenständige gerechte soziale Sicherung der Frau wird die Rentenkasse mit Milliardenbeträgen belasten. Millionensummen werden benötigt, das berufliche Qualifikationsdefizit der Frau zu mindern, ihr die Rückkehr in den Beruf zu erleichtern, ausreichende Hilfen zu einer erträglichen Vereinbarkeit von Beruf und Familie zu gewähren.

Es ist konkrete feministische Utopie, die traditionelle primäre Fixierung der Frau auf die Familie und des Mannes auf die Unterhaltssicherung und damit auf das Erwerbsleben aufzuheben. Statt ausschließlicher Hausarbeit oder Teilzeitarbeit mit Hausarbeit oder unmenschlicher Doppelt- und Dreifachbelastung der vollzeitbeschäftigten Mutter und statt ausschließlicher Berufsorientierung des Mannes/Vaters ohne Einbeziehung der Familie sollen beide Lebensbereiche für jeden Menschen gleichzeitig zugänglich sein. Keine Geschlechtsrollensegregation, also Trennung der Rollen nach Geschlecht, sondern ungeteiltes Recht von Frau und Mann auf Familie *und* auf Arbeit.

Moderne Patriarchen, zu finden unter Haushaltsexperten und

Parteipolitikern, haben die einfachste »Lösung« weiblicher Gleichstellung gefunden: Muttchen soll sich jetzt ruhig emanzipieren, aber bittschön, kosten darf's nichts. Also verbale Billigung der Bemühungen, Diskriminierungen abzubauen, aber Beschränkung auf individuelle Kraftanstrengungen der Frau – das ist das Rezept. Kollektive Verantwortlichkeit, ausgedrückt in der Bereitschaft, die finanziellen Konsequenzen einer sozialen Gleichstellung der Geschlechter zu tragen, wird verweigert.

So werden gegenwärtig letztendlich nur noch solche sozialen Reformen auf der Grundlage des Gleichberechtigungsgebotes durchsetzbar, die »kostenneutral« sind. Dabei soll der Besitzstand des Mannes unangetastet bleiben, während einseitig die Frauen aufgefordert werden, ihre Diskriminierung widerspruchslos zu dulden.

Leidtragende einer solchen Politik der leeren Kassen sind jene, die sich am wenigsten wehren können. Dazu zählen Frauen, die sich – schon mangels freier Zeit und Kraft – keine mächtige Lobby aufbauen können. So wird das Gleichberechtigungsgebot wieder nur auf die formale rechtliche Gleichheit im Gesetz, vor Gericht, beschränkt, ohne Eingang ins tägliche Leben finden zu können. Die Diskriminierung der Frauen, wie im Arbeitsleben, wird fortbestehen und mit Regelmäßigkeit in lauen Sonntagsreden beklagbar.

Die offene, *rechtliche* Diskriminierung ist zwar scheinbar verschwunden. Sie ist aber nur der *sozialen* Ungleichheit gewichen. Durch Zuweisung geschlechtsspezifischer Rollen, Aufgaben, durch geschlechtsgebundene Wesens- und Lebensdeutung wird Ungleichheit erhalten und auch ohne rechtliche Absicherung immer wieder neu erzeugt. Dabei ist bemerkenswert, daß Männer, quer durch die sozialen Schichten, gerade jene Aufgaben, Rollen und Positionen erhalten, die ein höheres gesellschaftliches Prestige oder Einkommen garantieren, gewisse Macht und Einfluß sichern (z. B. in Führungspositionen), während für Frauen nur solche Tätigkeitsfelder übrig bleiben, die geringes gesellschaftliches Ansehen genießen (z. B. Hausarbeit), mit geringeren Verdienstchancen rechnen müssen (»typische Frauenberufe«), kostenfrei sind (z. B. private Kindererziehung oder ehrenamtliche Sozialarbeit). Nur wenigen Frauen gelingt es, diese schematische Rollen- und Funktionszuweisung zu durchbrechen, allerdings dann nicht selten zu einem hohen psychischen Preis.

Ein Weg zur Überwindung der Teilung der Welt in männlich = herrschend, weiblich = ohnmächtig ist die *bezahlte* Arbeit. Berufstätigkeit ist eine *Voraussetzung,* die persönliche, psychische und materielle Unabhängigkeit zu erwerben. Sie beseitigt die patriarchalische Familienstruktur mit ihrer Abhängigkeit vom Mann, der als »Ernährer« das Geld herbeischafft und deswegen das Recht beansprucht, über die Familie zu bestimmen. Bezahlte Arbeit kann überdies mit dem psychologischen Effekt verbunden sein, Selbstsicherheit, Selbständigkeit, Vertrauen auf die eigene Kraft und Mut zu Alternativen hervorzubringen.

Dem mag entgegengehalten werden, daß nicht jede der heute für Frauen üblichen Tätigkeiten mit der häufig miserablen Arbeitsplatzqualität automatisch zu Emanzipation führe. Die Akkordarbeiterin könne sich im Vergleich zu einer vielfachen Mutter beispielsweise nicht besser selbstentfalten.

Eine solche simple Argumentation macht sich jedoch die Beurteilung weiblicher Erwerbsarbeit im Bezug auf Emanzipation zu leicht. Die mangelnde Qualität vieler Arbeitsplätze von Frauen erlaubt nicht den logischen Schluß, diese Tätigkeiten generell abzulehnen. Wo Arbeitsbedingungen inhuman sind, müssen *diese* schleunigst geändert werden. Mißstände der Frauenerwerbsarbeit müssen zur Abschaffung der *Übel, nicht der Frauenarbeit,* führen.

Miserable Arbeitsbedingungen und Mißbrauch der weiblichen Arbeitskraft als Lohndrücker und Konkurrenz für männliche Arbeiter waren die Ursache für die ursprünglich schwankende Haltung der Arbeiterbewegung gegenüber der Frauenarbeit. Der von Lassalle gegründete »Allgemeine Deutsche Arbeiterverein« nahm 1867 eine Resolution an, die sich für die Abschaffung der Frauenarbeit im Kapitalismus aussprach. Die Haltung läßt sich als »proletarischer Antifeminismus« bezeichnen.[1] Hingegen befürworten die »Arbeiterverbrüderung« 1848 und der »Verband deutscher Arbeitervereine« 1865 sowohl die Frauenarbeit als auch die Einbeziehung der Frauen in die Arbeiterbewegung.[2]

Nachdem sich das Erfurter Programm 1891 zur rechtlichen Gleichstellung der Frau bekannt hat, wird die Befürwortung von Frauenarbeit nur noch selten grundsätzlich in Frage gestellt.[3]

Heute bestimmt die eigene Schichtzugehörigkeit den Handlungsspielraum der Betroffenen. Sich der Erwerbsarbeit zu verweigern, ist das Privileg derer, die es sich materiell leisten können. Zu ihnen zählen Ehefrauen mit Ernährer und begüterte Frauen, die in Anbetracht minderer weiblicher Berufschancen die traditionelle Frauenrolle bevorzugen. Ihnen steht das Millionenheer erwerbstätiger Frauen gegenüber, die sich gezwungen sehen, unter den vorgefundenen Arbeitsbedingungen ihr Geld zu verdienen. Für sie ermöglicht die bezahlte Teilnahme am gesellschaftlichen Produktionsprozeß – sei es in der Fertigung, in der Verteilung oder Verwaltung – eine gewisse ökonomische Selbständigkeit. Sie vergrößert ihren Entscheidungsspielraum und damit auch ihre Entscheidungsfreiheit. Berufstätigkeit ist beileibe nicht mit Emanzipation gleichsetzbar, aber sie ist eine der wichtigsten *Voraussetzungen* zur Beseitigung weiblicher Diskriminierung. Die Benachteiligung der arbeitenden Frau zu beseitigen, kann dabei nicht heißen, weibliche Arbeitskapazitäten besser unter die Verwertungsinteressen der kapitalistischen Industriegesellschaft zu subsumieren. Um die Restriktionen weiblicher Erwerbsarbeit aufzuheben, bedarf es grundlegender gesellschaftlicher Veränderungen. Zumindest ist feststellbar, daß bisher keine der entwickelten spätkapitalistischen Industrienationen die Emanzipation der Geschlechter verwirklicht hat.

Im nachfolgenden sollen typische Merkmale weiblicher Erwerbsarbeit dargestellt werden.

2. Kleiner historischer Abriß

Weibliche Erwerbsarbeit ist keine Erscheinung des industriellen Kapitalismus, sondern viel älter. Die feudale Produktionsweise mit Frondiensten, Manufakturen, die erblühenden Städte, die Landwirtschaft bedurften der Frauenarbeit. Wirtschaftliche Not, Armut und Abhängigkeit erzwangen schon immer die Arbeit des Volkes, unabhängig von der Geschlechtszugehörigkeit. Müßiggang war nur den dünnen herrschenden Klassen von Adel und Klerus vorbehalten, sofern sich deren männliche und manchmal auch weibliche Vertreter nicht verzehrten im Herrschen, Steuern eintreiben, Verwalten, Kontrollieren, Intrigieren, zu Gericht sitzen, Kriege anzetteln.

Der Frauenarbeit gemeinsam war die Bindung an Haus und Hof, entweder ans eigene Haus oder an das der jeweiligen Herrschaft.

Frauen mühten sich in der Landwirtschaft, zählten zum Gesinde in Fürsten-, Herren- und Bürgerhäusern, schufteten als Tagelöhnerinnen, Wasch- und Putzfrauen. Die Arbeit der Magd war vielfältig und schwer. Sie reichte von der Schafschur bis zur Flachsgewinnung, von der Feldbestellung bis zu allen groben Arbeiten wie Getreidemahlen, Ofenheizung, Waschen, Stallreinigung. Es gab keine noch so schwere, schmutzige oder gefährliche Arbeit, die Mägde nicht erledigen mußten. Frauen arbeiteten in Handwerksbetrieben als Gesellinnen oder Meisterinnen. Das Augsburger Stadtrecht spricht von Sohn und Tochter, die das Handwerk lernen. Das Zunftbuch der Mainzer Schneider von 1362 gestattet dem Handwerker ausdrücklich, Frau, Kinder und Magd zum Nähen einzusetzen.[4] In Köln existierten im 13. Jahrhundert sogar schon weibliche Genossenschaften für Spinnerinnen, Näherinnen und Strickerinnen.

Die meisten Frauen waren in der Textilindustrie und in den Weberzünften zu finden. Schon im 14. Jahrhundert übertraf in Schlesien die Zahl der weiblichen Garnzieher die der männlichen.[5] In den Baseler Steuerregistern von 1453 werden zünftige Teppichwirkerinnen, Kürschnerinnen, Wappenstickerinnen, Tuchschererinnen, Goldspinnerinnen, aber auch Bäckerinnen, Lohgerberinnen und Riemenschneiderinnen angeführt.[6]

Sofern einem Mann die Heirat erlaubt war, galt als Kriterium der Partnerwahl nicht Schönheit oder Liebe. Wichtigstes Merkmal war die Arbeitsfähigkeit und Arbeitskraft der Frau.

Ab dem 16. Jahrhundert verschlechtert sich u. a. aus volkswirtschaftlichen Gründen die Lage der erwerbstätigen Frauen rapide. Die Frauenarbeit wird vielfältigen Restriktionen unterworfen. Um sich lästige, billige Konkurrenz vom Halse zu schaffen, beschränkten oder verboten Zünfte und Handwerksordnungen die Frauenarbeit. Zum Beispiel gab es in Köln ein Verbot für Näherinnen, Männerkleidung zu fertigen. In Hamburg durften Leineweberinnen nur bei »schmalem Werke« tätig sein.[7] Oft wurden sie zur selbständigen Meisterschaft nur zugelassen, wenn sie als Witwe den Handwerksbetrieb vom gestorbenen Ehemann übernahmen und Kinder zu versorgen hatten. Die Schneiderordnung von Frankfurt am Main übergab Witwen das Recht ihrer Männer auf Führung eines Handwerksbetriebes, damit sie sich und ihre Kinder ernähren konnten. Sie durften jedoch nur die Lehrlinge des Mannes behalten und keine neuen annehmen.[8]

Teppichweber schlossen schon im 13. Jahrhundert Frauen aus den Zünften aus. Die Kölner Tuchscherer und Hutmacher erklärten feierlich, daß ihr Handwerk dem Manne gehört. Württemberger Weber untersagten die Einstellung weiblicher Lehrlinge.

Mit dem Ende des 17. Jahrhunderts gilt der Prozeß des Ausschlusses der Frauen aus den Zünften als abgeschlossen.[9]

Mit der Behinderung der Frauenarbeit ging ein Wandel der sittlichen Begriffe einher. Frauenarbeit wurde abgewertet, ihr wurde der Stempel des Unehrlichen, Unredlichen und sittlich Verwerflichen aufgedrückt. Der Mann hielt es für unwürdig, neben einer Frau zu arbeiten. Die Schneider- und Gürtlerordnung untersagten dem Gesellen ausdrücklich die gemeinsame Arbeit mit der Frau.

Doch gänzlich verbieten ließ sich die Frauenarbeit nicht. Wirtschaftliche Not zwang Frauen zu neuen Beschäftigungsformen. In steigendem Maße arbeiteten Frauen als sogenannte Stückwerkerinnen. Außerhalb der Zünfte stehend durften diese die Arbeit im eigenen Hause durchführen. Die Heimarbeit ernährte die Frauen kümmerlich, warf aber für die Auftraggeber einen einträglichen Gewinn ab. Kinderarbeit war üblich, um den kärglichen Lohn aufzubessern.

In der vorindustriellen Zeit waren aber nicht nur die weiblichen Arbeitsmöglichkeiten begrenzt. Auch die *Lohndifferenz* zwischen den Geschlechtern erwies sich als erheblich. Die Lohnarbeiterinnen in den mittelalterlichen Handwerksbetrieben verdienten schätzungsweise ein Viertel bis die Hälfte weniger Lohn als ihre männlichen Kollegen. Einige Lohndaten sind uns überliefert. Im 15. Jahrhundert erhielt ein Knecht in Ostpreußen

Jahr	Lohn
1420	3 Mark
1432	3 ¹/₂ Mark
1453	5 Mark

Jahreslohn.

Eine Magd bekam nur eine, anderthalb, zweieinhalb Mark. Ein Schirrmeister erhielt 1466 acht rheinische Goldgulden im Jahr; eine Großmagd 1482 nur zwei rheinische Goldgulden. Im ausgehenden Mittelalter verdienten auf einem fränkischen Gut männliche Dienstboten 5 bis 8 fl[9a], weibliche 3 fl. Nur Kinder, egal ob Mädchen oder Junge, bekamen mit 1 fl einen einheitlichen Lohn. Lediglich die niedrigsten Knechte wurden ähnlich schlecht bezahlt wie die Frauen.[10]

Mit beginnender Industrialisierung vollzog sich die räumliche Trennung von Wohnung und Arbeit. Die Erwerbsarbeit wurde in zunehmendem Maße außerhäusig verrichtet. Die häusliche Produktionsweise verlor rasch an Bedeutung.

Wieder zwangen Not und Elend Frauen als ungelernte Arbeiterinnen zu Millionen in die Fabriken und in die Herrschaftshäuser als Dienstboten. Gab es um 1800 in Deutschland nur 85 000 männliche und weibliche Fabrikarbeiter, zählt die Industrie 82 Jahre später 4,4 Millionen und 95 Jahre später 5,2 Millionen Arbeiterinnen. 1907 waren 9,5 Millionen Frauen erwerbstätig, davon 2,7 Millionen in der Fabrik und 4,3 Millionen auf dem Lande.

Ende des vorigen Jahrhunderts waren mehr als ³/₄ aller erwerbstätigen Frauen Arbeiterinnen in der Fabrik oder auf dem Lande. 1882 waren im statistischen Mittelwert 79,6 und 1895 80,5% der erwerbstätigen Frauen Arbeiterinnen (bei Männern: 59,8; 59,9%).[11] Der Frauenanteil unter den Arbeitern insgesamt stieg im gleichen Zeitraum von 35,5 auf 36,4%.

1895 fristete knapp die Hälfte (45,2%) der Arbeiterinnen ihr Leben in der Landwirtschaft; jede vierte (24,8%) verdingte sich als häusliche Dienstbotin; jede fünfte schuftete in der Industrie (18,7%); jede zehnte fand Arbeit in Handel und Verkehr (6,9%) oder erledigte wechselnde Lohnarbeiten (4,4%).[12]

Frauenerwerbsarbeit vollzog sich im allgemeinen unter menschenunwürdigen Arbeitsbedingungen: Arbeitszeiten bis zu 17 Stunden täglich, Sonntags- und Nachtarbeit, kein Schutz der werdenden Mutter. Die ersten Frauenschutzgesetze wurden in den 70er Jahren zögernd eingeführt. Sie gewährten zum Beispiel der Wöchnerin eine unbezahlte Freistellung und verboten die Arbeit unter Tage.

Wie schon im Mittelalter setzte sich die Unterbezahlung weiblicher Arbeit im Frühkapitalismus fort. In den 80er Jahren verdienten in den oberelsässischen Spinnereien Männer 1,80 bis 4 Mark täglich, Frauen nur 1,70 bis 2 Mark. Dieser Unterschied begann bereits bei den Kindern. Während die Knaben 40 Pfennig bis 1,20 Mark verdienten, bekamen die Mädchen nur 30 Pfennig bis 1 Mark. Für die Webereien gilt dasselbe. Männer wurden durchschnittlich mit 3,30 Mark gelöhnt, Frauen mit nur 2,40 Mark.[13] In den Mannheimer Fabriken kamen 56% der Männer auf 15 bis

25 Mark die Woche, während 71% der Frauen mit nur 8 bis 10 Mark entlohnt wurden.

Diese Zahlen sind allerdings nur dann streng genommen Beweis für die Minderentlohnung von Frauenarbeit, wenn sie sich auf vergleichbare Tätigkeiten beziehen. Aussagekräftig sind hier Zahlen aus der Berliner Kontobuchindustrie. Für das Stanzen von Titeln auf der Vergolderpresse erhalten Arbeiter 1 Mark pro tausend Stück; Arbeiterinnen nur 70 Pfennig. Linienziehen bringt dem Arbeiter 27 Mark, der Arbeiterin nur 12 bis 15 Mark Wochenlohn. Weibliche Ketten- und Karabinermacher in der Bijouterieindustrie Baden erzielen knapp 8 Mark gegenüber mehr als 26 Mark Wochenlohn für die Männer. Ähnliche Relationen gelten für die männlichen und weiblichen Drahtzieher, Presser und Aushauer derselben Industrie.[14]

Bis zum 1. Weltkrieg blieb die Struktur der Frauenarbeit im Prinzip unverändert. Ihre Hauptbereiche waren Landwirtschaft, Fabrik, Dienstleistungsgewerbe und Haushalt.

Der bürgerlichen Frauenbewegung gelang aber Ende des vorigen Jahrhunderts die Erschließung neuer Berufe. Der Zugang zu mittlerer und gehobener Bildung ermöglichte qualifizierte Berufsabschlüsse. Der Beruf der Lehrerin setzte sich durch; in der Krankenpflege wurde der Beruf der ausgebildeten Schwester anerkannt; Frauen drangen in die Männerdomäne »Büro« ein. Bei der Post erhielten Frauen sogar Aufstiegschancen. Ab 1893 wurden befähigte ältere Telefonistinnen in den Aufsichtsdienst berufen.[15]

Während des 1. Weltkrieges war der Bedarf an weiblicher Arbeitskraft für die Rüstungsfabriken und für die Aufrechterhaltung der Produktion immens. 1917 waren 15 Millionen Frauen erwerbstätig. Das ist mehr als die Hälfte aller Erwerbstätigen. Frauen mußten aufgrund von Zwangsmaßnahmen der Reichsregierung arbeiten. So wurde per Erlaß angeordnet, Soldatenfrauen bei Verweigerung der Arbeitsaufnahme die Unterstützungsgelder zu sperren.

Als der Krieg zu Ende war, wurden Frauen wieder nach Hause geschickt, um den zurückkehrenden Soldaten Platz zu machen. Ihre Erwerbsbeteiligung sank auf 20%.

Erst mit dem wirtschaftlichen Aufschwung Mitte der 20er Jahre brauchte man wieder die Frauen. Sie stellten nunmehr 30% der Erwerbstätigen.

Mit Weltwirtschaftskrise und Arbeitslosigkeit wurden Frauen erneut in die sogenannte Arbeitsmarktreserve zurückgedrängt. Die schon nach dem 1. Weltkrieg aufgekommene Kampagne gegen angebliches weibliches Doppelverdienertum flammte erneut und mit großer Heftigkeit auf.

Die Nationalsozialisten, nach deren Ideologie die deutsche Frau »trautes Heim, einen lieben Mann und eine Schar glücklicher Kinder« der Fabrik, dem Büro und dem Parlament vorzuziehen hatte,[16] drückten die weibliche Erwerbsquote von 29,3% (1933) auf 24% (1936).

Wehrdienst für Männer, Wiederaufrüstung, Kriegsvorbereitung und Krieg machten die Frauen als Arbeitnehmerinnen später wieder gefragt. 1940 waren 37% und 1942 41% aller Beschäftigten Frauen.

Die Entwicklung der Frauenerwerbsarbeit weist zwei charakteristische Merkmale auf. Frauen wurden mißbraucht als

– Krisenpuffer und industrielle Reservearmee für den Arbeitsprozeß. Wenn Wirtschaft oder Vaterland rufen, wird die außerhäusliche Erwerbsarbeit gefordert oder gar erzwungen. Bei krisenhafter Wirtschaftsentwicklung und Arbeitsplatzmangel wird weibliche Erwerbsarbeit diskreditiert.
– Lohndrücker. Wo Frauen aus Not und Elend heraus bereit sein mußten, schlecht bezahlte Arbeit anzunehmen, gerieten sie – unfreiwillig – in Konkurrenz zu den Männern. Dies hatte negative Folgen für die Entwicklung des allgemeinen Lohnniveaus. »Lösungen« wurden oft nicht im Zusammenschluß beider Geschlechter und gemeinsamen Kampf für bessere Arbeitsbedingungen gesucht, sondern im Ausschluß der Frauen.

3. Daten zur Situation der erwerbstätigen Frauen heute

Nach dem 2. Weltkrieg erfolgte ein erneuter, wenngleich nicht ganz so starker Verdrängungsprozeß wie nach dem 1. Weltkrieg. 1950 stellten Frauen 30% aller Beschäftigten. Wirtschaftswunder und allgemeines Wirtschaftswachstum machten Frauen wieder zu gefragten Arbeitskräften. 1958 war jeder dritte Erwerbstätige (34%) weiblichen Geschlechts. Kontinuierlich ist die Zahl erwerbstätiger Frauen auf 10,5 Mio (=37,9%) im Jahre 1980 angestiegen, wobei der Anteil der Arbeiterinnen ständig sinkt. Durch Ausweitung von Dienstleistungen arbeiten im tertiären

Sektor die meisten als Angestellte. Mit 5,2 Millionen beträgt der Frauenanteil bei den white-collar-Berufen 52,4% (1980); mit 3,2 Millionen Arbeiterinnen liegt ihr Anteil bei 27,9%. Die wenigsten Frauen sind unter den Beamten zu finden. Von 2,3 Millionen Beamten sind nur 17,6% beziehungsweise 398 000 weiblichen Geschlechts.[17]

Verändert hat sich auch der Familienstand. Wenn auch das vorliegende statistische Material im Detail ungenügend und daher wenig vergleichbar ist, gilt doch die Tendenz als aussagefähig. Den Löwenanteil der Arbeiterinnen stellten noch um die Jahrhundertwende (1895) die Ledigen mit 70,2%. Nur jede fünfte Arbeiterin war verheiratet (21,5%) und jede zwölfte verwitwet (8,3%).[18] Die Anrede der Telefonvermittlerin und Serviererin mit »Fräulein« stammt aus solchen Zeiten, wo in diesen Berufen fast ausschließlich ledige Frauen arbeiteten.

Im Laufe der Entwicklung hat sich gegenwärtig das Bild zugunsten der verheirateten Frau verschoben. Der Prozeß ist dabei noch nicht abgeschlossen. 1973 war mehr als die Hälfte der Arbeitnehmerinnen verheiratet (55,2%); 1980 betrug ihr Anteil bereits 60%. Die Zahl der Ledigen sank von 33,9% auf 30%, während die Gruppe der Verwitweten und Geschiedenen nahezu unverändert blieb (10,9% und 10%).[19] Bezogen auf *alle* weiblichen Erwerbstätigen, also mit Selbständigen und mithelfenden Familienangehörigen, waren sogar rund 60% der erwerbstätigen Frauen verheiratet.

Mit dem Anwachsen des Verheiratetenstatus geht eine beachtliche Zahl von Kindern einher. 1980 hatten 965 000 erwerbstätige Mütter Kinder unter 6 Jahren und 2,9 Millionen Mütter Kinder unter 15 Jahren. Fast jede 2. erwerbs*fähige* Frau (das heißt im Alter zwischen 15 und 67 Jahren) mit Kindern unter 18 Jahren ist erwerbs*tätig* (47,4%). Damit hat mehr als jedes 3. Kind unter 18 Jahren (39,8%) eine erwerbstätige Mutter.[20]

Diese Strukturveränderung ist bedeutsam. Sie zeigt an, daß weibliche Erwerbsarbeit nicht mehr nur der Unterhaltssicherung Lediger dient oder ausschließlich während der vor- oder nachehelichen Phase ausgeübt wird. Frauen sind zunehmend auch *während* ihrer Ehe erwerbstätig, auch dann, wenn sie kleine und große Kinder haben. Mit dem Anstieg der Verheiratetenquote stellt sich dringlicher denn je die Forderung nach der Vereinbarkeit von Beruf und Kinderbetreuung für beide Geschlechter.

4. Gegenwärtige Probleme weiblicher Erwerbsarbeit

Weibliche Erwerbsarbeit ist längst ein unverzichtbarer Bestandteil jeder Volkswirtschaft geworden. Ohne Frauen würden ganze Produktionszweige zusammenbrechen wie z. B. die Textil- und Bekleidungsindustrie. Ohne den Fleiß der Frauen würde kein Brief ein Büro verlassen, Fließbänder stünden still, die Krankenversorgung wäre empfindlich gestört, die Kaufhäuser könnten ihre Pforten schließen.

Frauenarbeit heute: nach höchstrichterlicher Rechtsprechung gibt es zwar keine spezielle *weibliche,* d. h. minderentlohnte Arbeit – faktisch existiert sie aber trotzdem.

Frauenarbeit, das ist für die fast 3,2 Millionen Arbeiterinnen zu 94% un- und angelernte Arbeit. Sie arbeiten als Montiererinnen, als Näherinnen, als Packerinnen, als Putzfrauen. In der Produktion ist Frauenarbeit noch immer hochgradig zerstückelte und entfremdete Arbeit an Fließbändern und Halbautomaten. Es ist weisungs- und arbeitsplatzgebundene Arbeit im Akkord, Stunde für Stunde die gleichen wenigen Handgriffe in kürzesten Zeitabständen bei extremer Anspannung von Nerven, Sehkraft und nur wenigen Muskelpartien. Ausgeklügelte Arbeitsmeßverfahren haben das Tempo bis an die Grenze des Erträglichen gesteigert.

Die 5,2 Millionen weiblichen Angestellten sind nicht viel besser dran. Auch sie arbeiten überwiegend in den untersten Positionen. Sie verdienen ihr Geld als Friseuse oder Verkäuferin, als Kellnerin oder Arzthelferin. Im Büro nennen sie sich »-gehilfin« und gehen ihren männlichen Vorgesetzten zur Hand. Sogenannte »Sackgassenberufe« erlauben keinen beruflichen Aufstieg.

Für Verkäuferinnen an Registrierkassen, für die Frauen an Buchungsautomaten, für die Stenotypistinnen in Großraumbüros und in zentralen Schreibdiensten sind die Arbeitsinhalte auf nur wenige Handgriffe geschrumpft. Verstärkte Kontrolle und finanzielle Anreizsysteme haben – wie in der Fabrik – das Tempo unerträglich gesteigert. Man spricht längst von der »Verakkordisierung des Büros«.

Nicht viel besser geht es den 398 000 Beamtinnen. Ihre Laufbahn beschränkt sich vor allem auf den einfachen und mittleren Dienst.

Wenn berufstätige Frauen nach Hause kommen, beginnt für sie die zweite Schicht. Die traditionelle Rollenteilung bürdet noch immer Frauen die Hauptlast der Kindererziehung und Hausarbeit auf, auch wenn sie genauso lange außerhäusig arbeiten wie der Ehemann. Der Haushalt ist zu versorgen, einkaufen, kochen, putzen, waschen, bei den Schulaufgaben helfen. Deshalb können viele nur nachts oder in Spätschichten arbeiten gehen.

4.1. Lohndiskriminierung

Fleiß und Leistung werden aber weder bei der Arbeiterin, noch bei der Angestellten, noch bei der Beamtin angemessen bezahlt. Zwar hatte das Bundesarbeitsgericht 1955 die sogenannten Frauenlohnabschlagsklauseln für verfassungswidrig erklärt, die nur deswegen den Lohn um 12 bis 25% minderten, weil die Arbeit von einer Frau erledigt wurde. Zwar wurde der Lohngleichheitsgrundsatz mehrmals von höchsten Bundesgerichten bestätigt.[21] Zwar konnten Leichtlohngruppen in zahlreichen Tarifverträgen als neue, fast ausschließlich auf Frauen beschränkte Niedriglohngruppen beseitigt werden. Dennoch ist versteckte *Lohndiskriminierung* beruflicher Alltag. Die Relation zwischen Männer- und Fraueneinkommen hat sich in den letzten Jahren nur unwesentlich verringert. Diese Entwicklung steht in einem krassen Mißverhältnis zu dem starken Aufholen der Frauen im Bildungsbereich und auch in der Ausbildung.

Im statistischen Durchschnitt verdienen Frauen rund $^1/_4$ bis $^1/_3$ weniger als Männer. Die Mehrzahl der Arbeitnehmerinnen konzentriert sich auf die untersten Gehalts- und Lohngruppen. Während fast die Hälfte aller erwerbstätigen Frauen (45,7%) sich 1980 mit einem Nettoeinkommen bis 1000,– DM begnügen muß, erhält nur jeder 10. Mann (10,4%) einen derart niedrigen Verdienst.[22] Genau umgekehrt ist das Bild bei den Nettoeinkommensgruppen ab 1800,– DM und mehr. 45,6% aller Männer liegen in diesem Bereich, aber nur 11,3% der Frauen.[23]

Die Arbeiterin ist finanziell am schlechtesten gestellt. Für weniger als 1000,– DM monatlich netto müssen 61,2% arbeiten (Arbeiter: 12,4%). Aber auch noch 40% der weiblichen Angestellten müssen sich mit so niedrigen Gehältern begnügen (männliche Angestellte: 6,8%). Umgekehrt erzielten 65,9% der männlichen Angestellten Nettoeinkommen über 1800,– DM; Frauen aber nur zu 12%.

Relativ am besten gestellt von den Frauen sind die Beamtinnen.

Jede zweite (55,8%) verdient mehr als 1800,– DM. Von den Arbeiterinnen erhält nur jede hundertste (1,4%) einen so guten Nettolohn.

Arbeiterinnen in der Industrie erzielten einen durchschnittlichen Bruttostundenlohn in Höhe von 11,– DM; Männer 15,15 DM. Damit lagen die Bruttostundenverdienste der weiblichen um 27,4% unter denen der männlichen Arbeiter. Bei den Angestellten beträgt die Gehaltsdifferenz rund $^1/_3$.

Der statistisch erfaßbare Minderverdienst der Frau hat seinen Grund nicht allein darin, daß Frauen häufiger Teilzeitarbeit leisten oder seltener Nachtarbeit- und Überstundenzuschläge erhalten. Auch nach Abzug dieser Minderungsfaktoren sind geringere (Frauen-)Löhne feststellbar.[24] Doch können nicht die Tarifverträge selbst mit dem Vorwurf angegriffen werden, sie verletzten die rechtliche Gleichheit der Frau.[25] Das Problem ist komplizierter.

Die Unterbezahlung weiblicher Arbeitskraft muß auf mehrere Ursachen zurückgeführt werden. Eine entscheidende Ursache ist die Umsetzung der tariflichen Lohnvereinbarung in die Lohnfestsetzung des einzelnen Arbeitnehmers durch den Betrieb. Dabei werden die in den Manteltarifverträgen beschriebenen Lohngruppen und die in den Lohntarifverträgen ausgehandelten Zuwachsraten den Arbeitsplatzbeschreibungen im Betrieb zugeordnet. Zwar erlaubt die immens hohe Zahl von Mantelrahmentarifverträgen, Lohn- und Gehaltstarifverträgen nur schwerlich verallgemeinerbare Aussagen. Doch sollen zwei kritische Punkte hervorgehoben werden, die eine Quelle der Lohnungleichheit sind: die Lohngruppengestaltung und die Arbeitsplatzbeschreibung.

Bei der Lohngruppengestaltung ist häufig die Ausbildung entscheidend. Grundsätzlich ist dagegen nichts einzuwenden. Tatsächlich aber führt diese Bewertung dazu, Frauen den Zugang zu höheren Lohn-/Gehaltsgruppen zu erschweren, weil ihr berufliches Qualifikationsniveau unter dem der Männer liegt. Ein weiterer Bewertungsfaktor ist der Einsatz körperlicher Kräfte. Er wird höher bewertet als »leichte Arbeit«. Da körperliche Schwerarbeit überwiegend von Männern geleistet wird, sehen sich Frauen in die unteren Lohngruppen abgedrängt. Umgekehrt werden die von Frauen durch Konzentrationsvermögen, Fingerfertigkeit, Einsatz von Sinnen und Nerven erbrachten Leistungen niedrig bewertet. Die Gewichtung nach dem analytischen Arbeitsbewertungsverfahren, gerühmt für seine neutrale, nicht nach Geschlechtern unterscheidende Vorgehensweise, wirkt exakt so, daß die an typischen Frauenarbeitsplätzen auftretenden Belastungs- und Beanspruchungsfaktoren gerade nicht oder nur unzureichend berücksichtigt werden.[26]

Aber auch wo keine – ohnehin immer seltenere – körperliche Schwerarbeit geleistet wird, werden Frauen benachteiligt. Es gibt Tarifverträge, in denen die Eingruppierung nach Tätigkeitsbeispielen vorgenommen wird. Z. B. wurden Arbeiten, die mit Stehen, Gehen oder Bewegen von Gewichten über 1 kg verbunden sind, einer höheren Belastungsstufe zugeordnet als im Sitzen verrichtete Tätigkeiten, auch wenn sie durch kurzzyklische Arbeitsabläufe gekennzeichnet sind. Im Klartext heißt das: Die Platzgebundenheit und Monotonie am Arbeitsplatz von Frauen wiegt bewertungsmäßig leichter als das Umherlaufen der Männer oder deren Muskelarbeit, ein nur ein Kilo leichtes Werkstück zu bewegen.

Eine weitere Ursache ist die Arbeitsplatzbeschreibung. Die Darstellung von Arbeitsabläufen erlaubt es, neben vorgeschriebenen Arbeitsgängen Neben- und Zuarbeiten aufzunehmen. Dadurch kann eine Zuordnung zu einer Lohngruppe erzielt werden. Wird z. B. eine Arbeitsleistung mit 10 Einzelfaktoren beschrieben und gemäß der Lohngruppenbeschreibung des Manteltarifvertrages einer Lohngruppe zugeordnet, könnte sich die Arbeitsleistung von Frauen und Männern in nur einem Faktor unterscheiden. Ist dieser eine Faktor bei den Männern ein hochbewerteter, kommt der Mann in eine höhere Lohngruppe. Trotz fast gleicher und gegebenenfalls gleichwertiger Arbeit erhalten dann Frauen einen niedrigeren Lohn.

Die von verschiedenen Gewerkschaften durchgeführten Aktionen »Gerechte Eingruppierung« haben tausenden von Frauen höhere Löhne und Gehälter gebracht. Zur Zeit werden einige Prozesse vor dem Bundesarbeitsgericht verhandelt, wo zumindest die *Gleichwertigkeit* vergleichbarer Tätigkeiten von Frauen und Männern gerichtlich festgestellt werden soll. Das Bewertungsproblem zu lösen, z. B., daß konzentrierter Dauereinsatz der Sinne und Nerven genau so hoch bewertet wird wie der Einsatz körperlicher Kraft, ist allerdings nicht Aufgabe der Gerichte, sondern der Tarifvertragsparteien. Arbeitswissenschaft und Tarifkommission sind in Pflicht genommen.

Aber nicht nur Lohnminderungen müssen Frauen hinnehmen. Fleiß und Leistung werden auch kaum mit beruflichem Fortkommen belohnt. Arbeitsplatz- und Tätigkeitszuweisungen sowie Aufstiegschancen sind zwischen Geschlechtern höchst ungleich verteilt. Frauen in der Fabrik werden wie selbstverständlich die eintönigsten Arbeiten zugeschoben, die den geringsten Grad beruflicher Vorkenntnisse und Verantwortung fordern. Der Anspruch an Denkvermögen und Phantasie ist niedrig, die Arbeitsplatzgebundenheit hoch. In den Werkhallen dürfen fast nur Männer herumlaufen. Niemand erwartet technisches Interesse; neue Maschinen werden nicht Frauen anvertraut, nicht einmal die Wartung und Einstellung der Maschine, an der sie arbeiten. Stehen gleichqualifizierte weibliche und männliche Bewerber zur Auswahl, wird in der Regel der Mann vorgezogen. Bei ihm braucht kein Arbeitgeber den Ausfall durch Mutterschaft und meist auch nicht durch Versorgung kranker Kinder zu fürchten. So kommt zur Lohndiskriminierung die Ungleichheit der Arbeits- und Aufstiegschancen hinzu.

4.2. Berufliche Bildung von Mädchen

Benachteiligungen bekommen junge Berufsanfängerinnen ebenso zu spüren wie verheiratete Arbeitnehmerinnen in Krisenbranchen und existenzgefährdeten Betrieben sowie wiedereingliederungswillige Frauen. Darin ändern auch gute Schulzeugnisse nur wenig. Junge Mädchen auf Lehrstellensuche gehen leer aus, selbst wenn sie bessere Noten und höherwertige Schulabschlüsse mitbringen. So sind ²/₃ der Jugendlichen ohne Ausbildungsvertrag Mädchen.

Die wenigen, die einen Ausbildungsplatz erhalten, müssen sich mit den Sackgassenberufen begnügen, die keinen beruflichen Aufstieg erlauben. Trotz 446 anerkannter Ausbildungsberufe ist die Hälfte aller Ausbildungsstellen für Mädchen auf nur 4 Berufe verteilt: Verkäuferin, Arzthelferin, Bürogehilfin, Friseuse. Dagegen sind zukunftsträchtige Ausbildungsplätze im gewerblich-technischen Bereich nur zu knapp 10% mit Mädchen besetzt.[27] Das größtenteils erfolgreiche Modellprogramm der Bundesregierung »Mehr Mädchen in technisch-gewerbliche Berufe« bemüht sich um eine Diversifizierung weiblicher Berufsfelder. Durch die zahlenmäßige Begrenzung ist es leider nur ein Tropfen auf den heißen Stein. Überdies bestehen Vorurteile seitens der Arbeitgeber fort, wenn die Mädchen nach erfolgreichem Abschluß ihrer Ausbildung eine Beschäftigung im neuen Beruf suchen.

4.3. Ungleiche Arbeitschancen

Ausgesprochenen Diskriminierungen sind derzeit verheiratete Arbeitnehmerinnen in krisengeschüttelten Betrieben ausgesetzt. Sind Entlassungen unvermeidlich, wird nicht etwa nach dem Kriterium »Chancen der Wiedereingliederung« ausgewählt, sondern nach dem Familienstand der Frauen. Allein die verheiratete Frau wird als »Doppelverdienerin« diffamiert.
Auch für wiedereingliederungswillige Frauen sind die Arbeitschancen verschlechtert worden. Die angespannte Haushaltslage der Bundesanstalt für Arbeit, verursacht durch die anhaltende Massenarbeitslosigkeit, machte *Sparmaßnahmen* unumgänglich. Das Arbeitsförderungsgesetz wurde 1982 u. a. dadurch »konsolidiert«, daß wiedereingliederungswilligen Frauen das Unterhaltsgeld bei notwendigen beruflichen Bildungsmaßnahmen gestrichen wurde. Die Entscheidung, die berufliche Bildung nur noch im Falle der Arbeitslosigkeit und drohenden Arbeitslosigkeit zu verbessern oder zu verändern, geht praktisch ausschließlich zu Lasten der Frau. Nicht die Väter, sondern die Mütter haben ihre Berufstätigkeit zugunsten der Kindererziehung aufgegeben. Wollen sie nach einigen Jahren in ihren Beruf zurückkehren, sind oft genug Wissen und Können veraltet. Um im erlernten Beruf wieder Arbeit zu finden, müssen Kenntnisse aufgefrischt und aktualisiert werden. Eine berufliche Bildungsmaßnahme würde den Anschluß an die inzwischen gewandelten Erfordernisse der Praxis herstellen. Die Streichung des Unterhaltsgeldes können nur jene Berufsrückkehrerinnen verkraften, die ohnehin durch das Einkommen des Mannes mehr oder minder gesichert sind. Die anderen müssen entweder auf die Arbeitsaufnahme verzichten oder sich mit fast jedem Stellenangebot zufrieden geben, auch wenn die Arbeitsanforderungen unter ihrem beruflichen Können liegen. Dequalifizierung ist die Folge, die bundesdeutsche (Männer-)Art, ihren »Dank« denjenigen Frauen gegenüber auszudrücken, die gehorsam dem Rat von Psychologen, Pädagogen und Medizinern gefolgt sind, sich vollständig dem Kind zu widmen.

4.4. Familienideologie

Überhaupt ist auffällig, wie mit der verschärften Konkurrenz auf dem Arbeitsmarkt Familientugenden hochgepriesen werden. Politiker und Parteien, Kirche und Massenmedien haben ihr Herz für Kinder und die Familie entdeckt. Die Familie soll »aufgewertet«, die »Erziehungskraft gestärkt«, das »Familienbewußtsein gefördert« werden. Dabei ist erstaunlich, daß die Familie stets mit der Frau und Mutter identifiziert wird, nie aber in Verbindung zum Vater und seiner Stellung im Arbeitsleben gebracht wird. Weibliche Erwerbsarbeit ist heute – anders als noch zu Zeiten der Hochkonjunktur – nicht mehr gefragt. In den neuen Leitsätzen der christlich-demokratischen Sozialausschüsse haben männliche CDU-Politiker gegen den Widerstand weniger Parteifrauen ein reaktionäres Frauenbild beschworen und weibliche Berufstätigkeit als kinderfeindlich diffamiert. Sie gilt als das zentrale Übel und wird ohne jeden Beweis als Ursache für alle möglichen Probleme herbeizitiert: für den Geburtenrückgang, für Drogensucht, Jugendkriminalität, Schulschwächen, sogar für den Terrorismus wird schlicht und simpel die Berufstätigkeit der Mutter verantwortlich gemacht. Dem interessierten Laien (meist männlichen Geschlechts) fällt es inzwischen nicht schwer, berufstätigen Müttern stundenlange Vorträge über Trennungsschocks und Mutterentbehrung zu halten. Daß aber auch ein Vater sein Kind vernachlässigen kann, hat man (Mann) noch nie gehört oder höchstens im Zusammenhang mit versäumter Alimentenzahlung.

So wollen die Konservativen in unserem Lande Arbeitslosigkeit auf Kosten der Frauen dadurch beseitigen, daß ihnen wieder einmal die Rückkehr an den heimischen Herd schmackhaft gemacht wird. Die alte Weiblichkeitsideologie erlebt eine verblüffende Renaissance, letztlich – wenngleich aus anderen Motiven – *auch* in Form des neuen Mütterlichkeitsmythos.[28] Heute soll wieder gelten, was ein Frauenleben angeblich so schön macht: einzig der »Naturberuf« der Mutter als höchste Erfüllung jeden weiblichen Daseins.[29] In einigen Bundesländern gibt es sogar eine Prämie dafür. Im CDU-regierten Baden-Württemberg z. B. erhält eine Mutter, die vor oder nach der Geburt eines Kindes auf ihren Arbeitsplatz verzichtet, ein Familiengeld. Berufstätige Mütter und ihre Kinder gehen hingegen leer aus, obwohl sie durch ihre

Steuern das Familiengeld mitfinanziert haben.

Skepsis ist auch bei scheinbar wertneutralen Forschungsaufträgen angebracht. In einem von der baden-württembergischen Landesregierung 1981 vergebenen Forschungsauftrag zur Situation berufstätiger Frauen sollen u. a. die Motive weiblicher Erwerbsarbeit festgestellt werden. Dahinter steht die politische Absicht, Erkenntnisse zu gewinnen, wie, welche und wie viele Frauen zu bewegen sind, aus dem Erwerbsleben auszuscheiden. Bei Männern käme niemand auf die Idee, nach den Motiven von Erwerbsarbeit zu fragen; im übrigen ist längst bekannt, daß mit sinkendem Familieneinkommen die Erwerbsquote der Frau steigt, und zwar ziemlich unabhängig von der Kinderzahl. Wichtiger als eine fragwürdige Motivforschung wäre eine Bestandsaufnahme der Vorurteile und Blindheiten, was die Realität der Frauenarbeit betrifft.

4.5. Steuersplitting

Weil die Arbeitsaufnahme und Erwerbsarbeit der Frau nicht gefördert werden soll, dürfte gegenwärtig kaum Aussicht auf Abschaffung des Ehegattensplittings im Steuerrecht bestehen. Beim Ehegattensplitting werden beide Partner gemeinsam zur Steuer veranlagt und je zur Hälfte mit dem jeweils niedrigeren Steuersatz einzeln besteuert. Der Vorteil aus dem Ehegattensplitting ist umso größer, je weniger ein Ehepartner verdient. Bei hohem Einkommen eines Ehegatten (in der Regel der Mann) und Nichterwerbstätigkeit der Frau kann sich der Vorteil auf fast 15 000 DM im Jahr belaufen. Bei gleich kleinem oder großem Einkommen beider Eheleute schrumpft der Splittingvorteil auf Null. Das Splitting gilt nur für Eheleute, berücksichtigt aber keine Kinder. Einem kinderlosen Ehepaar mit einem Verdiener kommt der volle Splittingvorteil zugute, während z. B. alleinstehende Elternteile den vollen, progressiven Steuersatz entrichten müssen. Das Ehegattensplitting fördert in der Praxis die Versorgungsehe und reine Hausfrauentätigkeit, benachteiligt aber alleinstehende, berufstätige Elternteile und ihre Kinder. Eine gewisse Verbesserung verspricht das jüngste Urteil des Bundesverfassungsgerichts. Durch Abschaffung des Ehegattensplittings ließen sich schätzungsweise 30 Mrd Mark brutto steuerliche Mehreinnahmen erzielen, Gelder, mit denen die weibliche Gleichberechtigung endlich finanziert werden könnte.

Wenn aber schon die weibliche Erwerbsarbeit – trotz Ehegatten-splitting, Familiengeld, Streichung des Unterhaltsgeldes – nicht zu verhindern ist, sollen Frauen sich mit Heimarbeit oder halben Arbeitsplätzen zufrieden geben. *Teilzeitarbeit* hat sich inzwischen als die typische weibliche Arbeitszeitform erwiesen. Bis auf ein paar Studenten und Rentner und wenige andere Ausnahmen sind es fast ausschließlich Frauen, die Teilzeitarbeit verrichten. Für Männer ist Teilzeitarbeit weitgehend unattraktiv.

Der Wunsch vieler Frauen nach Teilzeitarbeit ist verständlich. Er basiert auf der traditionellen Rollenfixierung, wonach den Frauen die Hauptverantwortung für die Betreuung der Familie aufgebürdet wird.

In der Vergangenheit hat sich eine hohe Krisenanfälligkeit von Teilzeitarbeitsplätzen herausgestellt. Sie werden als erste wegra-tionalisiert und überwiegend nur im unteren Qualifikationsbe-reich angeboten. Sie erlauben selten einen beruflichen Aufstieg. Qualifizierte Tätigkeiten stehen – mit Ausnahme des Schulwesens – fast nie zur Verfügung.

Neue Varianten der Teilzeitarbeit, unter dem Stichwort »Arbeits-zeitflexibilisierung« zusammengefaßt, sind das Job-Sharing oder die Kapovaz. Beim *Job-Sharing* teilen sich zwei oder mehr Arbeit-nehmer (meist sind es, wie gesagt, Arbeitnehmer*innen*) einen Ar-beitsplatz und sorgen in gemeinsamer Verantwortung für seine ständige Besetzung. Manche Arbeitsverhältnisse im Job-Sharing verpflichten im Falle von Krankheit die verbleibende Arbeitneh-merin zur vollen Arbeitsübernahme; Mitspracherechte bei der Neueinstellung einer Mitarbeiterin werden nicht eingeräumt. So muß gemeinsam die – unbezahlte – Verantwortung für die dau-ernde Arbeitsplatzbesetzung getragen werden, auch dann, wenn sich die Kolleginnen nicht verstehen und ergänzen.

Bei der *Kapovaz,* der kapazitätsorientierten variablen Arbeitszeit, werden Frauen nur zu Bedarfszeiten des Unternehmens einge-setzt. Der Arbeitsvertrag erstreckt sich auf die Gesamtstunden-zahl und damit die *Dauer,* nicht auf die *Lage* der Arbeitszeit. Die Kapovaz ist bevorzugt im Einzelhandel eingeführt; die Arbeitneh-merinnen müssen sich zu Verkaufsspitzenzeiten bereit halten.

Teilzeitarbeit stellt praktisch eine *Arbeitszeitverkürzung ohne Lohnausgleich* dar, die für männliche Arbeitnehmer nicht akzeptabel ist. Abhilfe für diese zeitliche Trennung der Arbeitswelt in eine weibliche mit Teilzeitarbeit und eine männliche mit Vollzeitarbeit verspricht die allgemeine *tägliche* Arbeitszeitverkürzung. In der spätkapitalistischen Gesellschaft ist die Produktivität hoch genug, daß nicht mehr zwei Menschen je acht Stunden arbeiten müssen, um sich und ihr/e Kind/er zu ernähren. Zur Minderung der weiblichen Doppel- und Dreifachbelastung kann es nicht allein um quantitative und qualitative Ausweitung familienergänzender Einrichtungen für Kinderbetreuung gehen.

Soll die ungleiche Arbeitsteilung und Rollenzuschreibung zwischen den Geschlechtern aufgehoben werden, muß auch die gleich verantwortliche Einbeziehung des Vaters in Haushalts- und Familienpflichten verwirklicht werden. Die soziale Mutterschaft muß in die soziale Elternschaft umgewandelt werden. Die tägliche Arbeitszeitverkürzung kommt ohnehin dem wachsenden Bedürfnis vieler Väter entgegen, Zeit für die Kinder und Familie zu finden und sich sogar sich stärker an der Hausarbeit zu beteiligen.

Andererseits könnte eine Arbeitszeitverkürzung Frauen den Weg zu besser bezahlten, zeitlich ungeteilten Berufen eröffnen. Denkbar ist eine schrittweise Einführung. So wie die alternden Bierbrauer- oder Zigarettenarbeiter einen tarifvertragsrechtlich abgesicherten bezahlten Anspruch auf kürzere Arbeitszeiten durchgesetzt haben, könnte Eltern mit kleinen Kindern eine Arbeitszeitverkürzung mit vollem Lohnausgleich eingeräumt werden.

4.7. Frauenarbeitslosigkeit

Die derzeitige Diskussion um wirksame Maßnahmen zum Abbau der Arbeitslosigkeit wird hinsichtlich der überproportional hohen *Frauenarbeitslosigkeit* gerne auf die Teilzeitarbeit eingeengt. Obwohl ²/₃ der weiblichen Arbeitslosen eine Vollzeitarbeit suchen und nur ¹/₃ Teilzeitarbeit, wird Frauenarbeitslosigkeit zu einem Problem der Teilzeitarbeitslosigkeit heruntergespielt. Diese schleichende, scheibchenweise Verdrängung der Frau aus dem Arbeitsleben ist nur eine neue Variante des Bekannten: weibliche Erwerbsarbeit als Konjunkturpuffer und Lückenbüßer in Krisenzeiten.

Dabei wird bei Betrachtung der Frauenarbeitslosigkeit deutlich, wie das geschlechtsunabhängige »Recht auf Arbeit« aufgeteilt wird in ein offenbar höherwertiges männliches und ein minderes weibliches Recht auf Arbeit. Die Massenarbeitslosigkeit trifft Frauen besonders hart. Neben konjunkturellen und strukturellen Gründen sind die wesentlichen Bestimmungsfaktoren weiblicher Arbeitslosigkeit in Umstrukturierungsprozessen und Ausbildungsdefiziten zu suchen. Betriebsstillegungen, verstärkte Technisierung und Rationalisierung in Industrie und im Bürobereich haben die Nachfrage nach un- und angelernter Arbeit erheblich schrumpfen lassen. Gefragt sind hohe Spezialqualifikationen, die kaum bei Frauen vorzufinden sind, da sie nicht gefördert werden. Der Mangel an ausreichenden Ausbildungsplätzen für Mädchen verstärkt das Defizit *ihrer* beruflichen Bildung. So werden auffällig häufig die An- und Ungelernten arbeitslos. Seit Jahren liegt die Arbeitslosenquote der Frauen ständig über der von Männern. Sie betrug im Mai 1982 8,1% bei den Frauen und 6,1% bei den Männern. Noch krasser ist das Mißverhältnis bei den Teilzeitarbeitslosen. Hier lag die Arbeitslosenquote der Frauen bei 11%, die der Männer bei nur 1,7%.[30] Berücksichtigt man, daß nur jeder 3. Arbeitnehmer eine Frau ist, unter 100 Arbeitslosen aber zeitweise 50-70 Frauen zu finden waren/sind, wird das Ausmaß weiblicher Benachteiligung beim Zugang zum Arbeitsmarkt besonders deutlich.

Dabei trügen die amtlichen Statistiken. Eine beachtliche Dunkelziffer nichtregistrierter weiblicher Arbeitsloser, nach Schätzung der Bundesanstalt für Arbeit um 100%, erhöht die tatsächliche Arbeitslosenquote. Die Dunkelziffer kommt zustande, weil viele Frauen auf Registrierung verzichten, wenn sie weder einen Anspruch auf Unterstützungsleistungen besitzen noch Aussichten auf Vermittlung haben. Wer sich nicht weitermeldet, wird in der Regel nach 6 Wochen aus der amtlichen Statistik gestrichen.

Dabei hat der Verzicht auf Arbeitslosenmeldung negative Wirkung auf die spätere Rentenberechnung. Zeiten der Arbeitslosigkeit werden nur dann als beitragsfreie Ausfallzeit rentensteigernd berücksichtigt, wenn sie amtlich belegbar sind.

4.8. Soziale Sicherung im Rentenrecht

In der Rentenversicherung wird ohnehin deutlich, wie wenig Frauenarbeit, Mütterarbeit wert ist. Während Wehrdienstzeiten rentenversicherungsrechtlich als beitragsfreie Ersatzzeit rentensteigernd gewertet werden, geht die Mutter, die wegen eines Kindes aus dem Erwerbsleben ausgeschieden ist, leer aus. Auch bei der vom Bundesverfassungsgericht bis 1984 vorgeschriebenen Reform der Gleichstellung von Frauen und Männern im Rentenrecht soll nach dem letzten Stand der Reformvorschläge das sogenannte Babyjahr am Geldmangel scheitern. Keine drei, nicht einmal ein Jahr erhalten Mütter für ihre Leistung an der Gesellschaft gutgeschrieben, wenn sie aus dem Erwerbsleben ausscheiden. Kinderaufzucht bleibt aus sozialversicherungsrechtlicher Perspektive Privatsache der Frau, während für den Wehrdienstpflichtigen offenbar genug Geld vorhanden ist.

Diese kleine Bestandsaufnahme möge einen gewissen Überblick über einige aktuelle Probleme erwerbstätiger Frauen gewährt haben.

Mißstände zu beseitigen, Diskriminierung in ihren immer wieder neuen Varianten zu beenden, die historisch überfällige Gleichstellung der Frauen herbeizuführen, ist Aufgabe der Politik von und für Frauen. Das Ziel dieses Kampfes ist und bleibt die Emanzipation beider Geschlechter von jeglicher Unterdrückung und den Fesseln unfreiwilliger Abhängigkeit in eine menschenwürdige Gesellschaftsordnung hinein. Auch heute noch gilt August Bebels Satz: »Es gibt keine Befreiung der Menschheit ohne die soziale Unabhängigkeit und Gleichstellung der Geschlechter«.[31]

4.9. Vom Kampf der Arbeitnehmerinnen

Um die empörende weibliche Diskriminierung im Erwerbsleben zu beseitigen, haben Frauen sich innerhalb und außerhalb der Gewerkschaften zusammengeschlossen.

Durch zähe, mutige, gemeinsame Gegenwehr gelang es, die eigenen Arbeits- und Lebensbedingungen zu verbessern. Alle rechtlichen Beschränkungen und Verbote beim Zugang zur schulischen und beruflichen Bildung und bei der Berufswahl wurden – mit geringfügigen Ausnahmen – beseitigt. Die rechtliche Normierung traditioneller Rollenteilung in den §§ 1356 und 1360 BGB konnte mit der Reform des Ehe- und Familienrechts 1977 aufgehoben werden. Ein ausgebauter Mutterschutz will die Schwangere und Wöchnerin schützen. Der Gleichbehandlungsgrundsatz des Art. 3 Grundgesetz verbietet nicht nur Diskriminierung nach Geschlecht, sondern *gebietet* auch die Gleichstellung. Das – allerdings völlig unzureichende – arbeitsrechtliche EG-Anpassungsgesetz von 1980 ist der Versuch, Ungleichheit im Arbeitsleben zu verhindern. Das Arbeitsförderungsgesetz sieht die besondere berufliche Förderung von Frauen vor. In einigen Tarifverträgen konnten Mindestarbeitsinhalte durchgesetzt werden, was vor allem Frauen zugute kam. Leichtlohngruppen verschwanden aus vielen Tarifverträgen; mit Hilfe der Gewerkschaften und Betriebsräte konnten zahlreiche Frauen in höhere Lohngruppen aufrücken. Mehrere höchstrichterliche Urteile verhalfen Frauen zu ihren Rechten.

Dennoch ist die Liste der ungelösten Probleme lang. Sich passiv in ihr Schicksal zu ergeben, lehnt eine wachsende Zahl von Arbeitnehmerinnen ab. Seit Jahren wächst der Anteil organisierter Frauen in den Gewerkschaften; inzwischen sind es 1,7 Millionen Mitglieder. Zur Hälfte sind sie Arbeiterinnen, mehr als $^2/_5$ Angestellte, und jede zehnte ist Beamtin. Von 1971 bis 1981 stieg der weibliche Mitgliederanteil in den DGB-Gewerkschaften von 15,3% auf 20,7% an.[32] Der Mitgliederzuwachs geht mit rund $^2/_3$ überproportional stark auf Frauen zurück.

Die wachsende Kraft der Frauen findet jedoch längst nicht den angemessenen Niederschlag an innergewerkschaftlichen Schaltstellen. Noch immer ist Unterrepräsentanz vorherrschend, wird oft nur die eine »Konzessionsfrau« akzeptiert, obwohl andererseits in den letzten Jahren auch Fortschritte erzielt werden konnten.

Der weibliche Delegiertenanteil beim DGB-Bundeskongreß 1978 betrug 7,5%, 1982 immerhin 11,4%. Der Frauenanteil in Kreisvorständen liegt bei nur 9%.[33] Bei ehrenamtlichen Funktionen der Gewerkschaften lag der Frauenanteil 1974 meist unter 10%; seit 1979 liegt er darüber. Erfreulich ist die Steigerung in den so wichtigen Tarifkommissionen auf Hauptvorstandsebene (11,4%).

Bei den hauptamtlich Beschäftigten des DGB bekleiden nur wenige Frauen Wahlämter und politische Funktionen. Überraschenderweise steigt der Anteil nicht gegenläufig, sondern mit der Hierarchie. Beträgt der Frauenanteil bei den Kreisvorsitzenden nur klägliche 1,9%, wächst er auf mickrige 3,7% bei den geschäftsführenden Landesbezirksvorstandsmitgliedern, steigt aber bei den geschäftsführenden Bundesvorständlern auf 22,2% an. Relativ hoch ist der Anteil bei den politischen Sekretären (Land:

28,3%; Bund: 15,4%). Immer mehr juristisch vorgebildete Frauen finden als Rechtsschutzsekretäre Anstellung (Steigerung in drei Jahren von 11% auf 13,4%).

Bei den letzten Betriebsratswahlen gewannen die Frauen wie schon in der Vergangenheit hinzu. Sie steigerten ihren Anteil von 17,7% (1978) auf 19,2% (1981).

Gewerkschaftliche Frauenpolitik vollzieht sich auf zwei Ebenen: separat und in der Gesamtorganisation. In den meisten Gewerkschaften und im DGB bestehen reine Frauenausschüsse und werden Frauenkonferenzen durchgeführt. Die Ausschüsse tagen regelmäßig und dienen der Meinungsbildung der Arbeitnehmerinnen. Die Aufgabe der DGB-Ausschüsse ist es, die Frauenarbeit der Gewerkschaften zu koordinieren und Initiativen vorzubereiten, um auf den gesamtgewerkschaftlichen Willensbildungsprozeß einzuwirken. Auf gemeinsamer gewerkschaftlicher Ebene ist es das Anliegen aktiver Frauen, die Vorstellungen der Frauenausschüsse und Frauenkonferenzen einzubringen und bei der gewerkschaftlichen Beschlußfassung durchzusetzen.

Wollen Frauen die satzungsmäßig verankerten Ausschüsse zu einem politischen Instrument machen, erzielen sie mit Phantasie, Witz, Hartnäckigkeit, strategischer Überlegung und einem dicken Fell Erfolg. Doch die Arbeit ist oft mühselig und nervenaufreibend. In langwieriger Kleinarbeit und mit Rückschlägen muß gegen Desinteresse, Widerstände und Vorurteile in den eigenen Reihen ein langer Atem entwickelt werden. Das Sündenregister der männlichen Kollegen ist lang.

Umständliche zeitaufwendige Regularien und zwischengeschaltete Kontrollinstanzen erschweren es Minderheiten (Gewerkschafterinnen), ihre Vorstellungen und Forderungen durchzusetzen. Allzuoft werden Frauen in die Ausschüsse abgeschoben und ins Eck gestellt. Im Gegensatz zur Tarif- oder Wirtschaftspolitik wird Frauenpolitik in den Augen zahlreicher männlicher Gewerkschafter als unwichtig abgestempelt und infrage gestellt. Frauen wird ständig die Rechtfertigung ihrer politischen Arbeit aufgezwungen,[34] wodurch Unsicherheit und Minderwertigkeitskomplexe verstärkt werden. Manchmal wird Kaffeekränzchen-Mentalität unterstellt. Anderen Frauenausschüssen wird höchstens eine Zuständigkeit in sozialen Fragen zugebilligt: Die Frauen sollten sich samariterhaft um Probleme der Alten, Behinderten, Kranken usw. kümmern. Mildes Belächeln, Gönnerhaftigkeit, Belehrung, Besserwisserei, Bevormundung sind ebenso verbreitet wie Spott, Dominanzgehabe, Arroganz und Aggressivität, wie der Mangel an Verständnis für die Situation der meist doppeltbelasteten Arbeitnehmerinnen. Obendrein wird ihnen noch die »Schuld« für ihre Situation zugeschoben. Patriarchalische Vorstellungen schreiben Frauen eine traditionelle Rolle in Familie, Beruf und Gewerkschaft zu. Derbe sexistische Anzüglichkeit machen aus der Kollegin ein Objekt männlicher Begierde. Auch männliche Gewerkschafter bedienen sich der üblichen Strategien, Kolleginnen als Frauen abzuwerten. In der Selbstzuordnung sich in erster Linie als Herren dieser Gesellschaft einschätzend, bequemen sich viele erst nach Protest der Frauen *sich* als Gewerkschafter, als Kollege zu begreifen. Kein Wunder, wenn Appelle, Aktionen, Aufforderungen der Gewerkschaftszentralen manchmal nur widerwillig oder mit Desinteresse aufgenommen oder gar mißbilligt werden.

So ist es – obwohl politisch verkehrt – menschlich verständlich, wenn Frauen es leid sind, sich ständig zur Wehr setzen zu müssen oder auf Unverständnis zu stoßen. Resignierend beschränken einige dann ihre gewerkschaftliche Arbeit auf die separaten Frauenausschüsse und sind nicht zur Kandidatur für ein gesamtgewerkschaftliches Mandat zu bewegen.

Die negativen Verhaltensweisen vieler Männer ermöglichen es dem einfachsten Hilfsarbeiter in der untergeordnetsten Position, sich auch einmal so überlegen zu fühlen wie sein Arbeitgeber oder Chef. Dieses Druck-Ablassen erlaubt ihm, seine verletzte gekränkte männliche Identität wieder aufzurichten. Mangelnde Anerkennung, Einfluß und Gestaltungsfreiheit im Arbeitsleben werden vordergründig kompensiert mit der Abwertung und Mißachtung anderer Gruppen von Menschen wie Frauen oder Ausländer. Verhaltensweisen dieser Art nützen Unternehmer und Arbeitgeber nur zu gern aus, weil sie zur Entsolidarisierung auch innerhalb der Klassen und Schichten beitragen.

Doch die verstärkt ins Arbeitsleben drängenden Frauen, deren Organisationsbereitschaft sichtbar gestiegen ist, erkennen ihre politische Bedeutung. Schon heute wird selbstbewußt und lauter denn je politische Partizipation *verlangt* und nicht mehr erbeten. Immer weniger wird akzeptiert, daß sich an der über Jahrzehnte, Jahrhunderte andauernden Diskriminierung der Frau nur so zäh und langsam etwas ändert. Dafür werden auch die Gewerkschaften mitverantwortlich gemacht, Gewerkschaften, die die Gleichstellung der erwerbstätigen Frauen zwar auf ihre Fahnen geschrieben haben, deren innergewerkschaftlicher Prioritätenkatalog aber immer noch an der sogenannten Kernarbeiterschaft (qualifizierte männliche Facharbeiter mittleren bis höheren Alters) orientiert ist.

Zur Verbesserung der Situation von Arbeitnehmerinnen sind Gewerkschaften unverzichtbar. In einem historisch gewachsenen Prozeß haben die Gewerkschaften Einfluß errungen und Veränderungen durchgesetzt. Ihre Kraft auch vermehrt zum Nutzen der Arbeitnehmerinnen einzusetzen, über Appelle und programmatische Erklärungen hinaus, ist dringliche Aufgabe, wenn nicht die Klage über fehlende gewerkschaftliche Hilfen zu einer generellen Ablehnung der gewerkschaftlichen Organisation durch Frauen führen soll.[35]

Eine solche Ablehnung würde Arbeitnehmerinnen zurückwerfen. Dazu sind die Gesetzmäßigkeiten und Prozesse gesellschaftlicher Veränderung zu stark mit Macht und Mehrheiten verbunden. Jede separate gewerkschaftliche Frauenorganisation müßte dort beginnen, wo einst die Gewerkschaften anfingen. Es bedurfte einer langen Zeitspanne, die Gewerkschaften zu dem politischen Machtfaktor zu machen, der sie heute sind. Diesen politisch-historischen Vorteil würden Frauen verschenken, wenn sie sich abwendeten, in dem bedenklichen Glauben, im Schatten der großen Gewerkschaften eine eigene schlagkräftige Frauenorganisation aufbauen zu können. Gefragt sind daher nicht *mehr*, sondern *bessere*, das heißt frauenfreundliche Gewerkschaften. Diese zu entwickeln hilft auch eine solidarische Frauenbewegung, die von außen auf Bewußtseinsprozesse drückt. Erfolgschancen sind gegeben, denn die Lage ist beileibe nicht hoffnungslos.

Es gab und gibt zahllose positive Beispiele. Viele Kollegen haben begriffen, daß ohne die Millionen weiblicher Mitglieder die Gewerkschaften empfindlich geschwächt würden. Sie haben erkannt, daß Politik der Arbeitnehmerinnen *Politik für beide Geschlechter* ist. Ihnen ist bewußt, daß jedes Gegeneinander, alle Anklänge eines proletarischen Antifeminismus nicht der eigenen Organisation, sondern nur dem Gegner nutzen. Sie gewähren menschliche und politische, praktische Solidarität, unterstützen und fördern die Arbeit der Frauen mit aller Kraft und behandeln Frauen kollegial und achtungsvoll.

Es gibt positive Beispiele der erfolgreichen politischen Unterstützung. Frauen fanden z. B. Mehrheiten bei ihrer Ablehnung der die Männer begünstigenden Garantierente (einem der Vorschläge zur Rentenreform). Die Forderung nach Reform des gegen weibliche Erwerbsarbeit gerichteten Ehegattensplittings haben beim DGB-Bundeskongreß 1982 erstmals Kollegen breit unterstützt. Gewerkschafter waren es auch, die dem Frauenantrag zur Abänderung des innergewerkschaftlichen Wahlverfahrens in Richtung einer Art Mindestbeteiligung zur Mehrheit verhalfen.

Bleibt dafür zu kämpfen, daß auch in Fragen der Arbeitsbewertung und der Arbeitszeitverkürzung sich der Standpunkt der Frauen durchsetzt.

Soll die faktische Gleichstellung der Geschlechter im Arbeitsleben verwirklicht werden, ist Resignation nicht Sache der Frauen. Mut und Kampfgeist, Zähigkeit und politische Klugheit lassen organisierte Arbeitnehmerinnen erstarken. Vor allem jüngere Frauen entfalten zunehmend und selbstbewußt Aktivitäten und politisches Engagement. Möge ihnen die Zukunft gehören.

Anmerkungen

1 Werner Thönessen, *Frauenemanzipation,* Politik und Literatur der deutschen Sozialdemokratie zur Frauenbewegung 1863-1933, Frankfurt/M. 1966, S. 5

2 vgl. *Frauenemanzipation und Sozialdemokratie,* hrsg. und eingeleitet von Heinz Niggemann, Frankfurt/M. 1981, S. 15

3 vgl. ebd., S. 16

4 nach Lily Braun, *Die Frauenfrage,* Leipzig 1901, Nachdruck Berlin und Bonn 1979, S. 41

5 ebd., S. 44

6 ebd., S. 46

7 vgl. Marlies Kutsch, *Die Frau im Berufsleben,* Freiburg 1979, S. 23

8 vgl. Braun, a.a.O., S. 42

9 ebd., S. 49

9a fl.: Florin; frz. Abkürzung für Goldgulden

10 vgl. Jürgen Kuczynski, *Studien zur Geschichte der Lage der Arbeiterin in Deutschland von 1700 zur Gegenwart,* Berlin 1963, S. 12

11 vgl. Braun, a.a.O., S. 247

12 ebd., S. 254

13 ebd., S. 290

14 ebd., S. 291 ff.

15 vgl. Kutsch, a.a.O., S. 29

16 Stefan Bajor, *Kriege, Krisen, Konzentrationslager*, Diss., 1978, zit. nach Kutsch, a.a.O., S. 32

17 Quelle: *Statistisches Jahrbuch 1981*, S. 95

18 nach Braun, a.a.O., S. 278

19 Quelle: *Statistisches Jahrbuch 1981*, S. 95

20 Quelle: ebd., S. 101

21 vgl. Heide Pfarr, Klaus Bertelsmann, *Lohngleichheit, zur Rechtsprechung bei geschlechtsspezifischer Entgeltdiskriminierung*, Gutachten, Berlin/Hamburg 1980

22 Berechnungen im folgenden nach: *Statistisches Jahrbuch 1981*, S. 99

23 ebd.

24 vgl. Jochen Langkau, *Lohn- und Gehaltsdiskriminierung von Arbeiterinnen in der Bundesrepublik Deutschland*, Bestimmungen und Analyse des geschlechtsspezifischen Einkommensabstandes 1960 bis 1979, Bonn 1979

25 vgl. Barbara Hoffmann-Bludau, *Welche Gesetze und Verordnungen des Arbeitsrechts stehen einer Wahlfreiheit der Frau im Erwerbsleben entgegen?* Gutachten 1977

26 vgl. W. Rohmert, J. Rutenfranz, *Arbeitswissenschaftliche Beurteilung der Belastung und Beanspruchung an unterschiedlichen industriellen Arbeitsplätzen*, Bonn 1975

27 vgl. auch *Berufsbildungsbericht 1981*, Essen 1981 und Charlotte Herkommer, Swantje Hanck, *Berufsziel Fließband?*, Die Berufsausbildung der Frau in der Bundesrepublik Deutschland, Koblenz 1977

28 so auch Herrad Schenk, *Die feministische Herausforderung*, München 1980, S. 158 ff.

29 die CDU-Frauenzeitschrift spricht von »Aufwertung des Berufs ›Mutter‹«, In: *Frau und Politik* 4/82, S. 7

30 nach Presseinformation der Bundesanstalt für Arbeit Nr. 37/72 vom 2.6.1982

31 August Bebel, *Die Frau und der Sozialismus*, Berlin/DDR 1974, S. 30

32 *Geschäftsbericht der Abteilung Frauen im Bundesvorstand des DGB*, Frauenarbeit von 1977-1980, S. 80 und DGB-ND Nr. 87/82 v. 31. 3. 1982

33 alle Zahlen nach *Geschäftsbericht* a.a.O.

34 so auch Claudia Pinl, *Das Arbeitnehmerpatriarchat*, Köln 1977, S. 101

35 so auch *Frau und Gewerkschaft*, hrsg. und eingeleitet von Gisela Losseff-Tillmanns, Frankfurt/M. 1982, S. 17

Hannelore Schröder
Feministische Gesellschaftstheorie

Feministische politische und soziale Philosophie beschäftigt sich mit der Entfaltung von Gesellschaftskritik und -theorie vom politischen Standpunkt der Frauen.

Sie geht von der Erfahrung und Erkenntnis aus, daß keine der bestehenden Gesellschaftstheorien, weder die »bürgerliche« noch die »sozialistische« (oder marxistische aller Spielarten), *allgemeine* Geltung hat, sondern daß sie alle von Männern in ihrem eigenen beschränkten Interesse (jeweiligen »Klassen-Interesse«) konzipiert worden sind. Diese beschränken sich darauf, den Klassengegensatz zur jeweils feindlichen, herrschenden Klasse herauszuarbeiten (Bürger versus Adel; Lohnarbeiter versus Bürger) und nur ihre eigenen ökonomischen und politischen Ansprüche zu begründen. Trotz aller gegensätzlicher Interessen untereinander haben sie doch ein *gemeinsames* Interesse gegenüber der weiblichen Bevölkerung: nämlich Frauen generell von der egalitären Rechts- und Staatsordnung und Teilhabe an materiellen Gütern auszuschließen und in absoluter Unterwerfung unter sich selbst, als Familienvätern, zu halten.

Diese Unterwerfung der Frauen unter die Männer gilt seit der Entstehung und Ausbreitung des Patriarchalismus als von »Gott« gewollt und/oder von »Natur« notwendig, in jedem Falle als unveränderbar, als ewig. Verblendet von ihrer selbstproduzierten Ideologie (falsches Bewußtsein von der objektiven Realität) und getrieben von ihrem Ausbeutungs- und Herrschaftsinteresse an Frauen, leugnen sie die Existenz der *sozialen* Klasse Frauen – in ihren Augen handelt es sich um eine biologische Kategorie –, leugnen sie deren Mensch-Sein überhaupt. Frauen als Menschen gibt es in ihren Gesellschafts- und Staatsmodellen nicht. Sie sind »Privatsache« des Privatmannes, nämlich sein (menschliches) Privateigentum, mit dem er verfahren kann, wie er will. Frauen sind kein Teil der gesamten menschlichen Gesellschaft, sondern Objekte der »Gesellschaft«, die beschränkt ist auf Männer, »Brüder«, die untereinander Bürger, den Frauen gegenüber aber Familienherrscher sind. Diese objektive politische Konstellation wirkt als Erkenntnisschranke: männliche Gesellschaftstheoretiker sind generell unfähig, das von ihnen selbst aufrechterhaltene und praktizierte Herr(!)schaftssystem über Frauen als *politisches* System zu identifizieren und rational zu analysieren. Ihr Patriarchen-Klassenstandpunkt, ihr egoistisches Interesse macht sie unfähig zur Erkenntnis des offensichtlichsten und historisch ältesten sozialen Gegensatzes, der Gesellschaftsordnung gemäß den Prinzipien des Patriarchalismus.

Es ist daher die dringendste Aufgabe feministischer sozialer Philosophie, die theologischen und philosophischen patriarchalen Denksysteme radikal zu kritisieren: das geschieht methodisch durch historisch-materialistische Analyse der Arbeits- und Eigentumsverhältnisse zwischen Familienvätern und Frauen, besonders der Arbeitsteilung nach Geschlecht (unter Einbeziehung der Hausarbeit) und durch Ideologiekritik an den perfektionierten Rechtfertigungssystemen und Apologien, die dieses sozial-ökonomische Verhältnis zwischen weiblichen und männlichen Menschen verschleiern, affirmieren und entschuldigen.

Das politische, alles umfassende System des Patriarchalismus ist nicht »natürlich«, sondern *historisch* gewachsen. Es bestand nicht von Anbeginn der Menschheit, wie noch stets behauptet wird, und »muß« daher nicht fortbestehen, es ist veränderbar, es ist abschaffbar. Das Herrschaftssystem der Väter ist nicht durch »Gottes Willen« oder Naturereignisse über die weibliche Bevölkerung gekommen, sondern wurde ihnen in langen, blutigen und außerordentlich grausamen Machtkämpfen aufgezwungen: die matriarchalen Gesellschaftsordnungen wurden durch die patriarchalen systematisch zerstört. Mit der gewaltsamen Aufrichtung der Herrschaft der Familienväter wurde die Raub- und Kaufehe und damit die absolute Unterjochung und extreme Ausbeutung der Frau, namentlich der Mutter, »Sitte« und »Gesetz«, Inhalt der Religion und der übrigen patriarchalen Kultur, Aufgabe des Staates. Die Rekonstruktion der matriarchalen Geschichte und das wiederentdeckte Wissen davon ist daher von außerordentlicher politischer Bedeutung für Frauen heute (was nicht heißt, daß an eine Regression auf das Niveau einer agrarischen Gesellschaft und Produktionsweise gedacht ist).[1]

Seit der Machtergreifung der Patriarchen ist »die Geschichte der Frauen nur eine Geschichte ihrer Verfolgung und ihrer Rechtlosigkeit, und die Geschichte sagt: Die Männer haben von jeher die Frauen unterdrückt in unerhörter und beispielloser Weise . . .

und sie werden sie unterdrücken, bis das weibliche Geschlecht theil hat an der Abschaffung der Gesetze, von denen es regiert wird, denn jedes Recht, hinter dem nicht eine Macht steht, ist ein Traumbild und ein Phantom« (Hedwig Dohm, 1876).

Diese Geschichte als eine Geschichte der Kämpfe zwischen Familienvätern und entrechteten Frauen wird von Frauen geschrieben, aus der Sicht der betroffenen weiblichen Klasse. Der Machtmißbrauch von Männern gegenüber Frauen, seine Rechtfertigung, Methoden und Ziele, wie der Widerstand von Frauen dagegen, stehen im Mittelpunkt des Erkenntnisinteresses. Die Unterschlagungen und Verfälschungen der patriarchalen Geschichtsschreibung, das politische System und seine Gesetzmäßigkeiten werden sichtbar.

Feministische soziale und politische Philosophie hat die Geschichte der patriarchalen Theologie und Philosophie und ihre praktisch-politischen Auswirkungen für Frauen zum Gegenstand. Ideologiekritisch werden die Gesellschaftsmodelle der sogenannten »Klassiker des politischen Denkens« vom griechischen Patriarchat über das jüdisch-christliche bis zum »säkularen« bürgerlichen (Frühsozialisten, Marxisten, Neomarxisten und Sozialdemokraten) daraufhin untersucht, welchen sozialen und politischen Platz sie der weiblichen Bevölkerung anweisen, welche Herrschaftsrechte über Frauen sie sich sichern, mit welchen Mitteln sie Frauen eigentumslos und rechtlos halten, mit welchen Maßnahmen sie Widerstand (fast) unmöglich machen. Das Ausmaß des historischen Gynocids – des alltäglichen, verursacht durch extreme Ausbeutung, Mißhandlungen und Mord, und des offiziell und massenhaft organisierten, wie die millionenfache »Hexen«-Verfolgung und -Ermordung – ist im Zusammenhang mit der christlichen Ideologie und Propaganda, den materiellen Interessen der Kirchen, ihrer männlichen Vertreter in der gesamten Gesellschaft einschließlich der Familien, in denen der Hausvater Stellvertreter der göttlichen und weltlichen Obrigkeit war, erst wahrheitsgemäß zu rekonstruieren. Noch in der jüngsten Geschichte vollzieht sich ein lautlos-kontinuierlicher Gynocid an Millionen Frauen durch Erschöpfung in zahllosen Schwangerschaften und als Abtreibungsfolge (8 bis 18 Schwangerschaften waren noch um 1917 ein »normaler« Ausbeutungsgrad, dem Mütter bedenkenlos ausgesetzt wurden).

Die historisch-kritische Rekonstruktion der patriarchalen Ideologie und Geschichte ist ein sehr großes Forschungsgebiet, das zudem die üblichen Disziplinen patriarchaler Wissenschaft überschreitet, bewußt Auseinandergerissenes zusammensetzt (z. B. die Trennung von »Gesellschaft« und »Privatsphäre«), unterschlagene Fakten aufdeckt.

Aus diesen Gründen beschränke ich mich darauf, die jüngste Philosophie-Geschichte, deren politisch einflußreiche Vertreter wie z. B. Pufendorf, Kant, Hegel und Fichte und die Enzyklopädisten, Rousseau und Robespierre, die die politische Philosophie des sogenannten bürgerlichen Rechtsstaates entwickelt haben, auf ihren Patriarchalismus hin zu untersuchen. Die sozialistischen und marxistischen Analytiker schließen insofern an die bürgerliche Theorie an, als auch sie den »Privatbereich« und die Hausökonomie und damit die Frauenfrage ausklammern, und folglich ist auch ihre Vorstellung von der »Totalität der gesellschaftlichen Verhältnisse« geprägt von borniertem Eigeninteresse. Man muß davon ausgehen, daß auch sie *nicht* das allgemeine Interesse, sondern lediglich das beschränkte Klasseninteresse der Lohnarbeiter-Patriarchen vertreten und die materiellen und politischen Interessen der weiblichen Bevölkerung negieren, deren Ausbeutung im Haus und außer Haus rechtfertigen und perpetuieren. »Die deutsche (marxistische) Ideologie«, die von sich wieder einmal behauptet, der »Emanzipation des Menschen« zu dienen, als modernste patriarchale Ideologie zu entlarven, ist eine der wichtigsten Aufgaben feministischer Philosophie. Deren Arbeitsgebiet umfaßt

— erstens feministische Ideologiekritik an den modernen patriarchalen Gesellschafts- und Staatstheorien bürgerlicher *und* sozialistisch-marxistischer Autoren. Diese ist die erste Voraussetzung zur Entfaltung einer feministischen Gesellschaftstheorie;

— zweitens die historische Gesellschaftskritik, wie sie etwa seit der Zeit der französischen Frauenrevolution von frühen Feministinnen entwickelt worden ist, deren Rekonstruktion und Konfrontation mit der patriarchalen Gesellschaftstheorie und Ideologie;

— drittens die Entfaltung einer politischen Ökonomie von der patriarchalen Hauswirtschaft als der materiellen Basis der patriarchal-kapitalistischen Gesellschaft. Denn feministische Gesellschaftsanalyse beschränkt sich nicht auf die Arbeits- und Eigentumsverhältnisse jenseits des Hauses unter Ausklammerung der sogenannten Privatsphäre, sondern stellt die Arbeits- und Eigentumsverhältnisse gerade dort in den Mittelpunkt. Denn der »Privatbereich« ist gekennzeichnet durch die Verausgabung der Arbeitskraft praktisch der gesamten weiblichen Bevölkerung – nicht nach dem Tauschprinzip wie in der Lohnarbeit, sondern gemäß dem Prinzip der unbegrenzten, entschädigungslosen Aneignung durch die Familienväter.

Dieses »Arbeitsverhältnis« findet seinen deutlichen Niederschlag im Ehe- und Familien-»Recht«, das kein Recht im bürgerlich-egalitären Sinne ist, wie das Recht unter Bürgern, unter Männern: es ist vielmehr unbegrenztes Herrschafts- und Ausbeutungsrecht der Familienväter gegenüber völlig rechtlosen Frauen und steht in krassem Widerspruch zu den Prinzipien »Freiheit, Gleichheit, Rechtssicherheit«. Das Ehe- und Familien-»Recht« ist die Rechtsform, die Frauen eigentumslos selbst an ihrer Arbeitskraft macht, sie zu *unfreien* Hausarbeiterinnen bestimmt. Feministische materialistische Gesellschaftsanalyse betrachtet denn auch die Erarbeitung einer kritischen Theorie der Hausarbeit als Kernstück ihrer Gesamttheorie: die Hausarbeit der Frau unter patriarchalen Bedingungen als die materielle Ursache ihrer Verelendung, Rechtlosigkeit und politischen Machtlosigkeit.

Das Ziel der philosophischen Arbeit auf diesen verschiedenen Ebenen ist die Erarbeitung einer radikalen, umfassenden Gesellschafts- und Staatstheorie, einer feministischen Klassentheorie, welcher Leitlinien für die politische Praxis, Organisation, Strategie und Zielsetzung einer radikalen Frauenbewegung entnommen werden können.

Zur Ideologiekritik an bürgerlich-patriarchalen und marxistisch-patriarchalen Gesellschaftsmodellen (»Klassentheorien«)

Das bürgerlich-patriarchale Gesellschaftsmodell, wie es in den sogenannten Rechtsphilosophien unter Berufung auf ein »unverlierbares Naturrecht« des Menschen (= Mannes = Familienvaters) entwickelt wurde, diente als politische Strategie in den »bürgerlichen Revolutionen«. Als Schulbeispiel einer solchen »Revolution« gilt die politische Geschichte Frankreichs seit 1789. Der Ideologie nach werden im zu errichtenden »Rechtsstaat« »alle Menschen« gleich und frei. Ihr Status als Rechtssubjekt und Bürger wird durch die vom Staat garantierte Rechtssicherheit herge-

stellt. Die Prinzipien der Rechtsgleichheit »aller« sind in den sogenannten Menschen- und Bürgerrechten als Grundrechte festgelegt und bindend für die Gesetzgebung, die Anwendung in der
Judikative und Exekutive in »allen« Rechtsbereichen. Die Bürger
untereinander gelten als gleichberechtigte Vertragspartner und
als gleichberechtigte Bürger gegenüber dem von ihnen selbst eingesetzten Staat. Denn der Staat soll nun nicht mehr Instrument
des absoluten Königs und der herrschenden Stände (Adel und
Klerus) sein – unter Ausschluß des Volkes –, sondern die gewählten Vertreter repräsentieren nun die »Volkssouveränität«, sind
selbst der Staat, so daß Regierende und Regierte identisch werden. Damit soll gesichert werden, daß die Regierten, die »Bürger«, alle »Menschen« nur noch Gesetzen unterworfen sind,
denen *sie selbst zugestimmt haben.* Solange diese Gesellschaftsordnung und Staatsform *nicht* hergestellt ist, haben die von der
Mitbestimmung am Staat *Ausgeschlossenen* und durch willkür-
liches »Recht« ihrer Menschen- und Bürgerrechte Beraubten ein
Recht auf Widerstand gegen diese illegale Regierung, diese Tyran-
nei.
Diese Gesellschaftstheorie erscheint auf den ersten Blick revolu-
tionär, weil egalitär und demokratisch (Demokratie= Herrschaft
des Volkes), tatsächlich im Interesse des allgemeinen Wohls. Die
ideologiekritische Analyse dieser »Theorie« vom feministischen
Standpunkt, d. h. im politischen Interesse der Frauen, kommt allerdings zu entgegengesetzten Ergebnissen: Der dritte Stand vertritt in Wahrheit nur die ökonomischen und politischen Interessen der männlichen Menschen. Frauen gelten nicht als Menschen,
sind auf Grund ihrer Geschlechtszugehörigkeit aus der menschlichen Gattung hinausdefiniert. *Männliches Geschlecht* ist hingegen das *primäre Kriterium des* »Menschen« und berechtigt zu
bürgerlichen Freiheiten. Das *zweite Kriterium* ist der Besitz von
Privateigentum und das davon abhängige Steueraufkommen.
Zum Privateigentum des Bürgers gehört ein Wohnsitz, ein Haus,
und als Eigentumsobjekt darin *seine* Frau, über deren Person,
Arbeitskraft, eventuelles Einkommen oder Erbe er als Familien-
patriarch unbegrenzt verfügt. Die Angehörigen des dritten Standes sind also außerhalb des Hauses *Bürger* unter Bürgern, zugleich aber *im Verhältnis zu ihren Frauen Familienpatriarchen
mit unbegrenzter Macht.* Um diesen Doppelcharakter ihres Status
deutlich zu machen, nenne ich sie *Bürger-Patriarchen.* Nur ihnen

kommen die deklarierten »Menschen- und Bürgerrechte« zu, nur in ihrem Dienst stehen die Verfassung und der sogenannte Rechtsstaat, nur sie sind frei und gleich, nur sie sind Rechtssubjekte (ihre eigenen Herren), deren Eigentumsinteresse, einschließlich des Privateigentums an ihrer Frau, staatlich geschützt wird. Nur sie genießen bürgerliche, d. h. gleiche Grundrechte und unterstehen Gesetzen, denen sie zugestimmt haben. Nur sie haben den Status von Vertragspartnern untereinander, nur ihre Verträge schützt der Staat, nur sie sind Staatsbürger (Patrioten), und anstelle des absoluten Königtums und der politischen Herrschaft des ersten und zweiten Standes (Klerus und Adel) nehmen sie die Staatsgewalt in ihre Hand. Gesetzgebung, Verwaltung und Gerichte (Legislative, Exekutive und Judikative) sollen ausschließlich in ihre Hand kommen und ihren egoistischen Standes- *und* Patriarchen-Interessen dienen. Sie erklären sich allein nicht nur zur Menschheit an sich, sondern selbst zum Volk, zur höchsten Souveränität im Staat. Sie haben damit die komplexen sozialen, ökonomischen, politischen, bürgerrechtlichen und staatsrechtlichen Gegensätze unter der Gesamtheit der Bevölkerung reduziert auf ihre eigenen Interessen und den Interessen-Antagonismus zu Adel, Klerus und Königtum. Die große Mehrheit der Bevölkerung – und uns interessiert hier primär die sozial-ökonomische und politische Situation der weiblichen Bevölkerung – existiert für die Klasse der Bürger-Patriarchen überhaupt nicht. Stellt man ihr Gesellschafts- und Staatsmodell graphisch dar, so wird deutlich, wie reduziert und simplistisch ihre Ideen von »Gesellschaft« sind: bürgerlich-patriarchaler Egoismus und Alleinwohl sind deklariert zum »Gemeinwohl«. Die komplexen sozial-ökonomischen und politischen Gegensätze der Gesamtgesellschaft sind reduziert auf den Gegensatz (männliche) Bürger-Patriarchen versus adlige und klerikale Patriarchen: ein Machtkampf unter zwei Männer-Klassen um die Staatsgewalt.

Soweit Frauen überhaupt in der Lage sind, sich an den politischen Auseinandersetzungen, sei es in öffentlicher Diskussion, sei es in handgreiflichen Aktionen (z. B. der Erstürmung der Bastille) zu beteiligen, *werden sie für diese fremden Interessen benutzt.* Soweit sie jedoch Fraueninteressen ökonomischer, bürgerrechtlicher und politischer Art anmelden, werden sie ins Gefängnis und in Irrenanstalten geworfen und im Namen der »Freiheit« massenhaft auf der Guillotine hingerichtet.[2]

Diese historisch-politischen Ereignisse sind Frauen heute fast völlig unbekannt: die Wahrheit über diese berühmte »Revolution« wird systematisch unterschlagen. Die »Information« über die Ideen und Ereignisse ist gekennzeichnet von patriarchaler Propaganda und Geschichtsfälschung, die Frauen heute noch über den welthistorischen politischen Skandal, daß die Revolutionäre und Errichter des »bürgerlichen Rechtsstaates« *sie* von Beginn an aus der Menschheit hinausdefiniert und -politisiert und jegliches Menschen- und Bürgerrecht gewaltsam vernichtet haben, hinwegtäuschen soll.

Das marxistisch-patriarchale Klassen-Modell

Während und nach den »bürgerlichen Revolutionen« hat der vierte Stand seine bürgerrechtlichen, ökonomischen und politischen Forderungen gegenüber dem dritten Stand angemeldet und die Teilhabe an den Errungenschaften des »Rechtsstaates« verlangt und schrittweise durchgesetzt. Auch die »Plebejer« betrachteten es als selbstverständlich, daß *männliche Geschlechtszugehörigkeit* das *erste* und ausschließende Kriterium des Mensch- und Bürger-Seins ist. Als Männer verfügten sie, wie die Bürger-Patriarchen, im »Privatbereich« über ihre Frauen, und ihr Herrschaftsinteresse war in dieser Hinsicht mit denen der Bürger identisch. Als Kleinbürger, Handwerker und Lohnarbeiter hatten sie zwar bedeutend weniger ökonomische Macht, aber die Mehrheit hatte als Privateigentum wenigstens ein jährliches Einkommen, war folglich Steuerzahler und erfüllte damit das Eigentums-Kriterium als Voraussetzung des bürgerlichen und staatsbürgerlichen Status. Schon während der Revolutionsjahre wurde in Frankreich die Mehrheit des vierten Standes *rechtlich* in die bürgerliche (Männer-)Klasse integriert: als Menschen und Bürger hatten sie die gleichen Rechte, die gleichen Herrenrechte auch gegenüber den völlig rechtlosen Frauen. Deshalb nenne ich sie *bürgerliche Lohnarbeiter-Patriarchen*. Außerhalb des Hauses, unter »Brüdern« genießen sie Freiheit und Gleichheit, im Verhältnis zu ihren Frauen sind sie, wie die Kapital-Eigentümer-Patriarchen Familienväter mit unbeschränkter Verfügungsgewalt. Auch ihre Frau ist ihr menschliches Eigentum: ihre Arbeitskraft und ihr eventueller Lohn gehören ihm. Auf ökonomischer Ebene blieb der Gegensatz zwischen Kapital-Eigentümern und Lohn-Eigentümern erhalten, aber bürgerrechtlich hatten *alle Männer das Privileg vor allen Frauen,* Bürger zu sein. 1830 hatten in Frankreich alle Männer, auch Ausländer und Juden, freigelassene bäuerliche Leibeigene und sogar ehemalige Sklaven das Wahlrecht, alle Frauen aber waren und blieben ausgeschlossen: die Geschlechtsschranke war absolut.

Der vierte Stand setzte seine politischen Interessen sehr bald durch und konnte dadurch auch seine ökonomischen Belange verteidigen. Die ökonomischen Interessengegensätze werden in den Theorien der Frühsozialisten, Sozialisten und später durch Marx thematisiert: aber eben nur die unterschiedlichen Eigentumsverhältnisse zwischen Lohnarbeitern und Kapitaleigentümern. Die Begriffe »dritter« und »vierter Stand« werden nun ersetzt durch »kapitalistische« und »proletarische Klasse«. Die komplexen sozial-ökonomischen, bürgerrechtlichen und politischen Probleme der *Gesamt*gesellschaft werden wie zuvor durch die Klasse der Bürger-Patriarchen wiederum reduziert auf den Gegensatz zwischen diesen beiden Männer-Klassen. Frauen existieren wiederum nicht als soziale Kategorie, als Gegenstand der Politökonomie.

Im Laufe des 19. Jahrhunderts gelingt es den Lohnarbeiter-Patriarchen mithilfe einer eigenen Partei, zunehmend am Rechtsstaat und damit an der Gesetzgebung teilzunehmen. Durch Organisation in Gewerkschaften setzen sie ökonomische Verbesserungen durch. Zugleich begreifen sie sich als Familienväter, die ihre ökonomischen und bürgerrechtlichen Privilegien gegenüber den Frauen sichern. Dennoch sprechen ihre Ideologen und politischen Führer vom »Gemeinwohl«: »Die Internationale erkämpft das Menschenrecht« – unter Ausschluß aller weiblichen Menschen.

Soweit Frauen überhaupt zu Arbeiterparteien und Gewerkschaften zugelassen werden, werden sie für die *Interessen der Lohnarbeiter-Patriarchen benutzt:* ihre eigenen bürgerrechtlichen und ökonomischen Interessen sind weder Bestandteil der politökonomischen Theorie noch der Parteiprogramme. Abbildung 2 stellt das Gesellschafts- und Staatsmodell der Sozialisten/Marxisten dar: Ziel ist die Ergreifung der Staatsgewalt (»Diktatur des Proletariats«, d. h. der Klasse der Lohnarbeiter-Patriarchen), um die ökonomische Macht der Kapital-Eigentümer-Patriarchen abzuschaffen. Es handelt sich wiederum nur um einen ökonomischen und politischen Machtkampf zwischen zwei Männer-Klassen. Die weibliche Bevölkerung ist keine politische Kategorie, keine ausgebeutete Klasse. Sie verschwindet weiterhin im »Privatbereich« der Familienväter. Die Hausherrschaft gilt weiterhin als »natürlicher« Zustand, nicht als Politikum. Hausarbeit der Frauen ist keine politökonomische Kategorie: das Verhältnis »Lohnarbeit und Kapital« betrifft lediglich männliche Lohnarbeiter und männliche Kapitaleigentümer. Die Politökonomie beschränkt sich auf die Probleme unter Patriarchen.

Die Verfassungsstaaten, die sich seit Ende des 18. Jahrhunderts in Amerika und Europa entwickeln, hier namentlich die als vorbildlich gepriesenen »Demokratien« Englands und die Republiken Frankreichs – Deutschland folgt mit historischer Verspätung – sind exklusive Patriarchen-Demokratien:[3] die »Demokratie« der Familienväter unter Ausschluß des gesamten weiblichen Volkes wird selbstherrlich und selbstverständlich praktiziert. Wie einst die Sklavenhalter der antiken »Demokratien« die Sklaverei als ihr »Recht« und als »natürlich« für die niedere Klasse Menschen, die sie versklavten, betrachteten, so betrachteten die Patriarchen-Demokraten der modernen Verfassungs- und »Rechtsstaaten« die eheliche Sklaverei, in der sie *alle* Frauen hielten, als berechtigt, weil »natürlich«, und daher unveränderlich und keineswegs im Widerspruch zu ihren eigenen demokratischen Prinzipien: »Frauen sind überhaupt nicht Menschen, sie sind Frauen«, so noch um 1910 ein Berliner Universitätslehrer.

Der deutsche Naturrechts-Philosoph Samuel Pufendorf (1632-1694) hatte diese angeblich so revolutionäre Staatsidee auf ihren Nenner gebracht, als er schrieb, daß das höchste Organ des Rechtsstaates die Versammlung der Familienväter sein müsse. Das entsprach (und entspricht noch heute) dem politischen Selbstverständnis der bürgerlichen *und* der proletarischen »Revolutionäre«. Kant, Fichte und Hegel haben diese Staatsidee später erneut ideologisch abgesichert; Marx, Engels, Lassalle und viele Epigonen dachten in dieser strikt patriarchalen Denktradition. Je eindringlicher feministische Theoretikerinnen das »väterliche Regiment« in Familie und Staat kritisieren und je breiter Frauen sich organisieren, desto grotesker wird die Propaganda und Verteidigung des »männlichen Staates« als exklusiv männliches Organ zu exklusiv männlichen Zwecken: »Der Staat ist in erster Linie ein Produkt männlicher Initiative und Kraft und bedarf zu einer gesunden Fortentwicklung des spezifisch männlichen Geistes« (so deutsche Oberlehrer noch 1910 in einer Petition an ihren Staat, mit dem Ziel, die Gleichstellung der Lehrerinnen zu verhindern). Die patriarchal-bürgerliche Männergesellschaft insgesamt (von politisch rechts bis links) sieht mit nicht zu überbietender Verachtung, voll Haß, ja Ekel, auf die Klasse der degradierten Frauen *unter* ihnen, deren Forderungen nach Menschen-und Bürgerrechten, nach Lohn und Bildung »zu einer allgemeinen großen Gefahr für das Staatswohl werden«, die »das Mannesgefühl in höchstem Grade beleidigen«, ja »mit den Staatsgrundgesetzen in Widerspruch stehen«.

Gegen dieses politische Unrechtssystem, das die moderne menschliche Gesellschaft gewaltsam aufteilt in »Menschen«(= Männer) und »Frauen« (= Nicht-Männer, Untermenschen), oder wie S. Firestone schreibt, in »Sexualklassen«, befinden sich Frauen seit zweihundert Jahren im Aufstand. Die Geschichte und Ideengeschichte dieses Widerstandes der entrechteten Frauen-Klasse ist freilich so gut wie ausradiert (wie die Geschichte des Matriarchats) und überwuchert von patriarchaler Propaganda und Ideologie von der »Naturbestimmung« des weiblichen Volkes. Unter dem Legitimationsdruck feministisch-politischer Autorinnen (und sehr vereinzelter solidarischer Männer, wie Condorcet, Hippel und J. S. Mill), dem Druck immer erneuter Organisationsversuche und zunehmenden individuellen wie kollektiven Widerstandes gegen die patriarchale Hausherrschaft, das »väterliche Regiment« über Ehefrauen und Töchter im Haus, außer Haus (in der »Gesellschaft«) und im Staat, wurde die Ideologie und Apologie *dieses* Klassengegensatzes im Laufe des 19. Jahrhunderts geradezu perfektioniert. Theologische, »philosophische«, gar naturwissenschaftlich legitimierte Propaganda von der naturgegebenen intellektuellen, moralischen, physischen und psychischen »Minderwertigkeit« *aller Frauen* gegenüber der naturgegebenen »Überlegenheit« *aller Männer* beherrschten alle Ebenen des »privaten«, des öffentlichen und politischen Lebens. Diese »wissenschaftliche« politische Ideologie verschleiert die absolute Eigentumslosigkeit und Rechtlosigkeit der Frauen unter der patriarchalen Hausherrschaft auch für die betroffenen Frauen selbst bis zur fast völligen Unerkennbarkeit. Dennoch bricht sich seit Ende des 18. Jahrhunderts schrittweise die Erkenntnis feministischer Denkerinnen Bahn, daß die grenzenlose Unterdrückung und Ausbeutung der Frauen kein Naturereignis, sondern sozial und politisch verursacht ist und mit allen Mitteln personaler und politischer Gewalt von Männern, Vätern und Ehemännern aufrechterhalten wird: durch die Familienoberhäupter, die Bürger, ob nun Lohnarbeiter oder Kapitalbesitzer, und durch den Staat und seine Institutionen in Männerhand. Feministisch engagierte Frauen haben die rechtlose Lage der Frauen immer wieder kritisch diskutiert (es gab mehr politische Frauen-Literatur als den Frauenfeinden noch heute recht ist), und ihre unabhängigen politischen Aktivitäten im Laufe des 19. Jahrhunderts haben die Sozialisten und Marxisten zu einer Modifikation ihrer patriarchalen Ideologie gezwungen: Frauen als verelendeter und politisch unruhiger Teil der Bevölkerung konnten nicht mehr ignoriert werden – wie bisher in der »Theorie«. Ohne die *reale* sozial-ökonomische und »rechtliche« Lage der Frauen zu analysieren, wird seither behauptet, die Ehefrauen und Töchter der Bürger-Patriarchen wären *Teilhaberinnen* an eben dieser Klasse, die Ehefrauen und Töchter der Lohnarbeiter-Patriarchen hingegen Teilhaberinnen an deren Klasse. Das ist selbstredend ein unhaltbares, ja absurdes Verfahren, aber damit wollte man die Zwei-Klassen-Theorie aufrechterhalten und die dergestalt ideologisch *aufgespaltene Frauenklasse* (die Unterworfenen der Familienväter) *jeweils in die Klasse ihrer Väter* integrieren, sie unter *den patriarchalen Klassenbegriff subsumieren.* Das ideologische Verfahren geht vorbei an der Tatsache, daß Frauen weder ökonomisch (Kapital-Eigentum oder Lohn-Eigentum) noch bürgerrechtlich und politisch mit ihren Familienvätern auf gleicher Stufe stehen. Alle objektiv bestehenden eklatanten Differenzen zwischen Frauen und Männern werden mit einem Schlag weg-ideologisiert, als nicht existent erklärt, als nichtig betrachtet. – Diese grobe Ideologie erwies sich politisch als außerordentlich nützlich für die frauenfeindlichen Männer-Klassen, denn sie spalteten damit die Frauenklasse ideologisch und politisch auf und *hetzten sie gegeneinander,* benutzen sie für ihren eigenen Klassenkampf: seither ist ideologisch die Rede von den angeblich »bürgerlichen« oder »proletarischen« Frauen, die politisch im »kapitalistischen« oder im »proletarischen« Lager zu fremden politischen Zwecken eingesetzt werden. (Die Sozialdemokraten und Marx-Epigonen in Deutschland haben dieses politische Machtspiel bis zur Perfidie und Perfektion betrieben. In keinem anderen westlichen Land ist die alte feministische Frauenbewegung so gründlich unterminiert und geschwächt worden.) Allein die radikal-feministischen Frauen, die auf eigener (Männer-Partei-) unabhängiger Frauenorganisation beharrten und eigenen politisch-theoretischen Erkenntnissen folgten, vertreten noch das Interesse der Frauen, der von Patriarchen entrechteten Klasse. (Welche politische Kraft eine solche feministische Organisation werden kann, hat die englische und amerikanische Suffragettenbewegung bewiesen.) Die Machtkämpfe zwischen Männer-Klassen sind wiederum zum politischen Hauptproblem erklärt. Der viel schwerer wiegende Klassenkonflikt zwischen Familienvätern und Frauen wird von patriarchalen Ideologen (Sozialdemokraten, Sozialisten, Kommunisten, Leninisten) als nicht-existent erklärt (»Wir anerkennen gar keine Frauenfrage«). Bestenfalls gerät dieser grundlegende soziale Antagonismus zum unbedeutenden »Nebenwiderspruch«, zur politischen Nebensache, die auf unbestimmte Zeit vertagt werden kann, eine Kleinigkeit, die »nach der Revolution« vom »Proletariat« gelöst werden wird. (Daß das keineswegs der Fall ist, beweist die Lage der Frauen in den »sozialistischen« Ländern: der Patriarchalismus ist auch nach dieser »Revolution« ungebrochen.) – Diese »linke«, neo-marxistische Ideologie hat in den letzten Jahrzehnten wieder so viel Verbreitung und blinden Glauben selbst unter Frauen gefunden, daß feministische historische Analyse erneut nachweisen muß, daß »bürgerliche« Frauen niemals Angehörige der Klasse der Bürger-Patriarchen und »proletarische« Frauen niemals Angehörige der Klasse der Lohnarbeiter-Patriarchen waren: in beiden Fällen wird ihre *Familienzugehörigkeit* mit *Klassenzugehörigkeit* verwechselt. Dieses ideologische Verfahren ist in etwa so primitiv und absurd, als würde man die bäuerlichen Leibeigenen zur Klasse des Adels zählen, weil sie in dessen *Häusern* Dienste verrichten.

Namhafte »Revolutionstheoretiker«, z. B. J.-J. Rousseau in Frankreich,[4] und ganz in seinem Geiste J. G. Fichte (neben Kant und Hegel) in Deutschland, haben *alle Frauen* unterschiedslos der »absoluten Herrschaft« des Hausherrn in Ehe und Familie unterworfen, wo sie nichts anderes sein sollten als »menschliches« Eigentum, der »Privatgewalt« des Patriarchen ausgeliefert, ohne jegliches Recht. Denn – so will es diese Revolutionstheorie – im »Privatbereich« gilt weder Menschenrecht noch Gesetz, sondern wie eh und je, wie zur Zeit des Feudalismus, die schrankenlose

Gewalt des Hausvaters.

Die Person, die Arbeitskraft, die Kinder, der eventuelle Lohn oder Besitz (Mitgift, Erbteil) der Frauen, sind vom Staat geschütztes *Privateigentum des Familienvaters*. Durch die Institution Ehe kann er sich alles aneignen, was ihr gehört. Die so zum Eigentumsobjekt degradierten Frauen sind bürgerlich nicht-existent, sie haben lediglich ein »Dasein« im Hause: total eigentumslos, rechtlos, machtlos.[5] Frauen sind also Eigentum der bürgerlichen Patriarchen-Klasse. Das gleiche gilt für die Frauen der Lohnarbeiter-Patriarchen, denen ja ebenfalls diese Herrenrechte über ihre Frauen eingeräumt sind (die Rede von der »Form« der »bürgerlichen« Familie im Gegensatz zur »proletarischen« Familie ist unhaltbar: es gibt *nur eine Form* der Familie, nämlich die patriarchale mit der grundsätzlichen Unterordnung der Frau unter den Mann). Daß die Lohnarbeiter-Familienväter weniger ökonomische Machtmittel haben als die Kapitaleigentümer ist für ihr Verhältnis zu ihren Frauen nicht ausschlaggebend, denn ihnen gegenüber sind sie ökonomisch privilegiert (Lohn). Relevant ist ihre mindere ökonomische Kraft insofern, als sie sich zu noch rigoroserer Ausbeutung *ihrer* Frau berechtigt fühlen. Zweifellos ist der Ausbeutungsgrad, dem diese Frauen unterworfen werden, am extremsten: diese Frauen sind des »kleinen Mannes« Arbeitstier, während der »große Mann«, der außer seiner Frau noch ein Dutzend Domestiken hat, sie nicht in dieser extremen Weise ausbeutet, sondern eher dazu neigt, sie als schönes Objekt zu benutzen. Die Behauptung jedenfalls, daß die »proletarische« Frau mit dem »proletarischen Mann« auf gleichem Fuß steht, ist absurd. Ehefrauen und Töchter der Lohnarbeiter-Patriarchen werden nicht nur durch schwerste Hausarbeit ausgebeutet, sondern (von Kapitaleigentümern *und* Lohnarbeiter-Aristokraten auf dem Arbeitsmarkt zu einem typisch weiblichen Subproletariat gemacht) doppelt ausgepreßt, weil sich der *Familienvater* auch noch *ihren* elenden *Lohn aneignet*.[6] Der Lohnarbeiter-Patriarch ist, weil Mann, Bürger in der bürgerlichen Männergesellschaft, seine Frau ist — wie die Frauen anderer Patriarchen — bürgerlich nicht-existent.

Vorläuferinnen autonomer Theorie

Neben dieser feministischen Ideologiekritik an bürgerlich-patriarchaler »Philosophie« und »Politökonomie« ist die Rekonstruk-

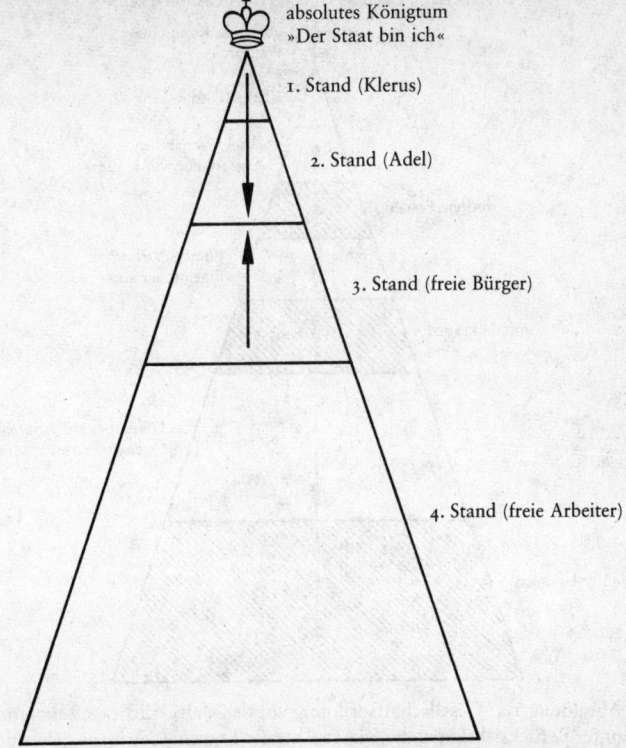

absolutes Königtum
»Der Staat bin ich«

1. Stand (Klerus)

2. Stand (Adel)

3. Stand (freie Bürger)

4. Stand (freie Arbeiter)

Abbildung 1: Gesellschaftsordnung gemäß der Theorie der Naturrechts-Philosophen vor der bürgerlichen Revolution. (Die Pfeile geben den Interessen-Antagonismus der Stände an)

tion der frühen feministischen Gesellschaftskritik am komplexen System des Patriarchalismus, etwa seit der französischen Frauenrevolution, von großer politischer Bedeutung. Denn Generationen von Feministinnen haben fast alle sozial-ökonomischen, bürgerrechtlichen und politischen Aspekte des Verhältnisses Frauen-Familienväter (ansatzweise) thematisiert. Da dieses Verhältnis primär festgeschrieben und politisch gesichert ist durch die Institution der patriarchalen Ehe, richten sich die Kritik und der Wi-

FEMINISTISCHES MODELL DER PATRIARCHALEN GESELLSCHAFTS- UND STAATSORDNUNG

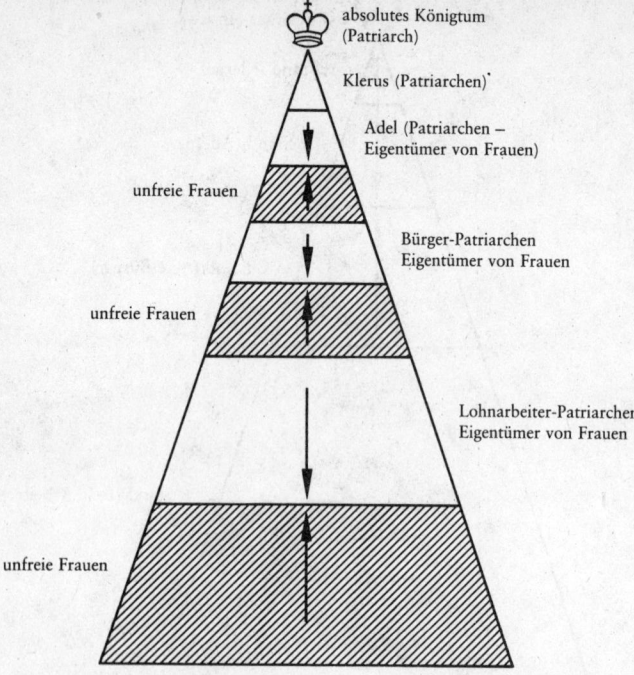

absolutes Königtum
(Patriarch)

Klerus (Patriarchen)*

Adel (Patriarchen –
Eigentümer von Frauen)

unfreie Frauen

Bürger-Patriarchen
Eigentümer von Frauen

unfreie Frauen

Lohnarbeiter-Patriarchen
Eigentümer von Frauen

unfreie Frauen

Abbildung 1 a: Gesellschaftsordnung vor der »bürgerlichen« Revolution unter Berücksichtigung der Klassenlage der Frauen. (Die Pfeile geben den bürgerrechtlichen und sozial-ökonomischen Klassengegensatz zwischen unfreien, eigentumslosen Frauen und den Patriarchen an)

derstand der Frauen notwendiger- und logischerweise primär gegen diese ökonomische und politische Einrichtung: die gewaltsame patriarchale ideologische Aufteilung in »Gesellschaft« (d. h. bürgerliche Männergesellschaft und ihr Staat) und »Privatbereich« (d. h. nicht-bürgerliche, eheliche Hausherrschaft der Patriarchen über die weibliche Bevölkerung) wird als Herrschaftsideologie durchschaut und die Legitimierung als »natürliches Verhältnis« nicht mehr hingenommen. Die feministische Theorie und

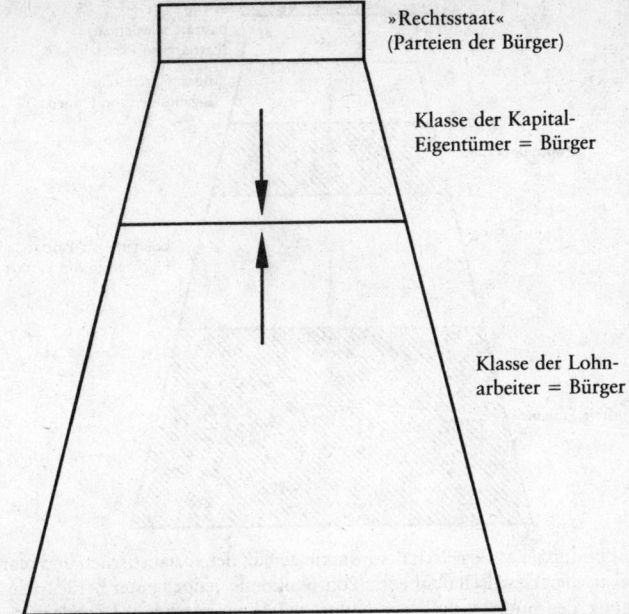

»Rechtsstaat«
(Parteien der Bürger)

Klasse der Kapital-
Eigentümer = Bürger

Klasse der Lohn-
arbeiter = Bürger

Abbildung 2: Gesellschaftsordnung gemäß der sozialistischen und marxistischen Gesellschaftstheorie/Politökonomie, *nach* der bürgerlichen, aber *vor* der sozialistischen Revolution. (Die Pfeile geben den polit-ökonomischen Interessen-Antagonismus der Klassen an)

Praxis macht den »Privatbereich« seit zweihundert Jahren zum *Politikum.* Das ist politisch logisch und historisch folgerichtig, wenn man sich vor Augen führt, daß viele Jahrhunderte lang auch die Sklaverei und die feudale Leibeigenschaft als »Privatangelegenheit« der Hausherren (Oikosdespoten, adlige Grundherren) galt. Bürgerliche Emanzipation heißt Befreiung aus der personalen Gewalt des Herrn, heißt Abschaffung dieser Institution und dieser Form der Arbeit, der persönlichen Dienste für einen Herrn. Im Falle der Frauen heißt das: Befreiung aus der personalen Gewalt des Eheherren, Abschaffung dieser Institution (Ehe) und die-

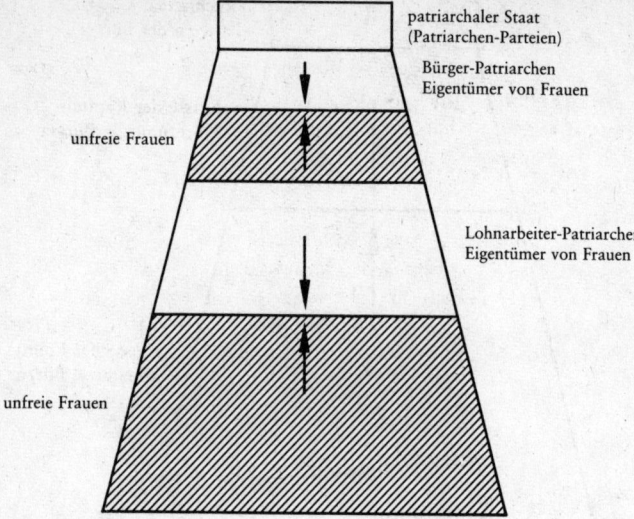

Abbildung 2 a: Gesellschaftsordnung gemäß der sozialistischen und marxistischen Gesellschaftstheorie/Politökonomie, jedoch unter Berücksichtigung der bürgerrechtlichen und sozial-ökonomischen Klassenlage der Frauen. (Die Pfeile geben den Klassengegensatz zwischen unfreien, eigentumslosen Frauen und ihren Patriarchen an)

ser Form der Arbeit, der persönlichen Dienste für den Ehemann, die Abschaffung der patriarchalen Form der Hausarbeit.

Die Theorie-Fragmente des Frühfeminismus stellen selbst in ihrer noch unvollkommenen Form das patriarchale Klassenverhältnis und damit die übrige, darauf beruhende »Gesellschafts- und Staatsordnung« infrage.

Eines der frühesten und radikalsten politischen Dokumente feministischen Widerstandes ist die »Deklaration der Rechte der Frau und Bürgerin« von 1791: ihre Autorin, O. de Gouges, forderte schon damals die Abschaffung des ehelichen Herrschaftsverhältnisses. Die sozialen Beziehungen zwischen Frauen und Männern sollen in einem contrat social, einem Vertrag zwischen zwei *glei-*

chen Rechtssubjekten, geregelt werden. Auf der Grundlage dieser radikalen Veränderung der *Basis der Gesamtgesellschaft,* der Revolutionierung des *Klassenverhältnisses Familienväter-Frauen,* ergibt sich dann selbstverständlich und folgerichtig ihre Einbeziehung in die Menschen- und Bürgerrechte mit allen ökonomischen, juridischen und politischen Konsequenzen. Folge ist eine egalitäre Eigentumsverteilung zwischen Frauen und Männern und vor allem der Zugang zu allen Erwerbsquellen für Frauen, ihr Zugang zur Legislative (durch das aktive und passive Wahlrecht), zur Exekutive und Judikative. Dieses radikale Programm beinhaltet eine ökonomische und bürgerrechtliche Revolution für die weibliche Bevölkerung. Es beinhaltet die Befreiung *aller* Frauen aus der patriarchalen Hausherrschaft, die Befreiung von der Hausarbeit, von den persönlichen Diensten, und den Fortschritt auf das höhere Niveau der *freien* Lohnarbeiterin mit freier Verfügung über ihre Person (Rechtssubjekt) und Selbstbestimmung über ihren Leib, und damit über ihr Leben: von der häuslichen Leibeigenen zur freien Arbeitskraft und Bürgerin.

Allerdings wurde zu diesem historisch frühen Zeitpunkt noch kein Konzept für die sozial-ökonomischen Bedingungen befreiter Mutterschaft entwickelt. Das bleibt dringende Aufgabe der heutigen Theoriebildung.

Indem die frühen Feministinnen[7] Frauen als rechtlose *soziale* Gruppe (Klasse, Kaste) begreifen, die in *patriarchalen* Gesellschaftstheorien und -modellen überhaupt nicht in Erscheinung tritt, machen sie den borniert-beschränkten Charakter dieser Theorien und deren zugleich größenwahnsinnige und einfältige Vorstellung von der menschlichen Gesellschaft sichtbar (siehe Abbildung 1 und 2).

In diese Modelle der Patriarchen-Gesellschaft – will man zunächst noch von ihnen ausgehen – wird von den Feministinnen die soziale Existenz der weiblichen Bevölkerung *hineingeschrieben: Jeder* Patriarchen-Stand (außer dem katholischen Klerus) hat durch die patriarchale Ehe und Familie einen Teil der weiblichen Bevölkerung in personaler Abhängigkeit an sich gebunden. Diese *unfreien Frauen* sind – so zeigt die graphische Darstellung (Abbildung 1 a und 2 a) – *alle* in der gleichen sozialen Position, lediglich die sie beherrschenden Familienväter gehören *verschiedenen* Ständen oder Klassen an. Durch die »bürgerliche Revolution« wird die feudale soziale Hierarchie eingeebnet und die

Lohnarbeiter-Klasse in die bürgerliche Rechtsordnung integriert. Die Frauen bleiben alle *unverändert* in der von Patriarchen abhängigen Position. Der Staat, der sich allmählich zum Parteien-Staat entwickelt, ist Monopol in den Händen verschiedener Patriarchen-Parteien, einschließlich der Arbeiterpartei. Alle Frauen sind und bleiben ausgeschlossen und damit Gesetzen unterworfen (vor allem dem Ehe-»Recht«), die von ihren Herren erlassen und praktiziert werden. Diese durch feministische, historisch-politische Erkenntnisse komplettierten Sozialmodelle machen – im Vergleich mit den patriarchalen Modellen (Abbildung 1 und 2) – auf den ersten Blick deutlich, wieviel komplexer die gesamtgesellschaftliche Realität sich darstellt – wenn man die weibliche Hälfte der Menschheit nicht einfach eskamotiert, wie das in den patriarchalen Modellen der Fall ist. Sie machen auch deutlich, daß feministische Theoretikerinnen sich Gesellschaftsanalyse nicht so einfach machen, und auch nicht machen können, wie männliche »Theoretiker«; sie machen ferner deutlich, welche differenzierten Analysen von Feministinnen geleistet werden müssen, um die sozial-ökonomische, historische und politische Lage der Frauen theoretisch adäquat zu erfassen.

Radikal-feministische, historisch-materialistisch und politökonomisch vorgehende Gesellschaftstheorie bleibt nicht dabei stehen, in die von Patriarchen vorgegebenen, auf Männer beschränkten Gesellschaftstheorien die sozial-ökonomische Existenz der Frauen einzuzeichnen. Damit freilich werden sie schon prinzipiell verändert, wie die graphischen Darstellungen (Abb. 1 a und 2 a) zeigen.

Feministische Gesellschaftstheorie geht davon aus, daß *alle* Frauen der Klasse der häuslichen Leibeigenen angehören und die Basis darstellen, auf der sich die Patriarchen-Gesellschaft, ihre Institutionen und ihr Staat schmarotzerhaft nähren. Männer insgesamt eignen sich die Hausarbeit, die personalen Dienste, die Produktion von Gebrauchswerten, den Lohn der Frau (bei Doppelarbeit im und außer Haus) und vor allen Dingen die Produktion von Menschen selbst durch die Leistungen der Mutterschaft gewaltsam, ohne rechtliche Schranke, ohne Entschädigung und gegen den Willen der Enteigneten an. Es gibt in diesem Verhältnis keine Schranke von Mein und Dein. Es ist das erste und letzte Eigentumsverhältnis, in welchem Menschen Menschen besitzen.

Feministische Gesellschaftstheorie geht zudem davon aus, daß seit der Zerstörung der matriarchalen Gesellschaftsordnungen Frauen die historisch erste und am extremsten ausgebeutete und versklavte Klasse wurden, es die längste Periode der Geschichte waren und noch sind. Generell gilt noch immer, daß alle Männer als Familienväter, individuell und kollektiv, Eigentümer der Frauen sind: durch Verfügungs- und Entscheidungsmacht, durch Nutzung und Aneignung ihres Körpers als Produktivkraft der menschlichen Arbeit (oder zu sexuellen Zwecken), als unbezahlte Arbeitskraft in seinem Haus, in seinem Betrieb und zusätzlich durch Lohnarbeit. Wer aber über seinen Körper und über seine Arbeitskraft nicht frei verfügen kann, ist eine unfreie »Person« und gehört zu einer Klasse, die man Sklaven oder Leibeigene nennt. Alle Männer sind heute frei, verfügen über ihren Körper, ihre Arbeitskraft, über ihre Person – und haben das Verfügungsrecht über Frauen. Sie sind die Klasse, die prinzipiell über alle Frauen verfügt. Sie haben alle ökonomischen Machtmittel und den Staat als ihr Monopol und Instrument in der Hand, um die *patriarchale* Klassenordnung zu sichern und fortzusetzen. Dieses Ergebnis feministischer Analyse ist graphisch in Modell Abb. 3 dargestellt. Der Hauptwiderspruch der gegenwärtigen Gesellschaft geht daraus deutlich hervor (die unterschiedlichen ökonomischen Interessen unter Patriarchen sind nur ein Nebenwiderspruch).

An dieser grundsätzlichen Situation hat die Vergabe des Wahlrechts an die häuslichen Leibeigenen nichts geändert, eben weil dieser feudale Zustand nicht abgeschafft wurde. Bei unveränderter patriarchaler Abhängigkeit hat das Wahlrecht etwa den politischen Stellenwert der Vergabe *eines partiellen* Rechts an Sklaven oder leibeigene Bauern, unter Beibehaltung der Sklaverei oder Leibeigenschaft. Ein grotesker Widerspruch. Ein Hohn auf Freiheit, Gleichheit, Rechtssicherheit und ökonomische Unabhängigkeit. Leibeigene Bauern mit Wahlrecht – stellen wir uns diese groteske politische Situation einmal vor – könnten, bei Leibesstrafe vermutlich, nur ihre Grundherren wählen.

Häusliche Leibeigenschaft im 20. Jahrhundert

Mit der verspäteten und höchst widerstrebenden Zuerkennung des Wahlrechts an die weibliche Bevölkerung hat Demokratie – in

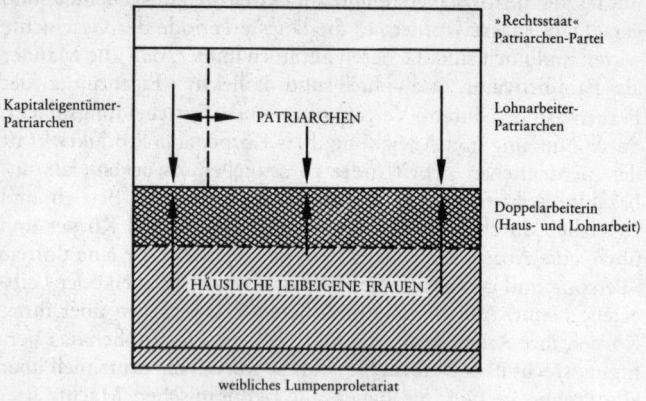

weibliches Lumpenproletariat
Herrenlose Frauen: Sozialhilfeempfängerinnen
wie ledige Mütter, geschiedene Frauen, arbeitslose Frauen, Witwen, Prostituierte

Abbildung 3: Der bürgerrechtliche und sozial-ökonomische Widerspruch zwischen der Patriarchen-Klasse und der leibeigenen Frauen-Klasse wird als Hauptwiderspruch sichtbar. (Der ökonomische Gegensatz zwischen Kapitaleigentümer-Patriarchen und Lohnarbeiter-Patriarchen erscheint als Nebenwiderspruch.) Etwa ein Drittel der häuslichen Leibeigenen verausgaben ihre Arbeitskraft doppelt. Da sie nicht frei sind, fließt ihr Lohn dem Hausherrn zu. Sie sind am extremsten ausgebeutet. Als minderwertige Lohnarbeiterinnen unterliegen sie zudem erhöhter Ausbeutung durch »Frauenlöhne«.

des Wortes radikaler und feministischer Bedeutung – noch immer nicht begonnen, ist das Zeitalter des Patriarchalismus keineswegs beendet. Generell ist festzuhalten, daß ein *formell* zugestandenes Recht nur ein Stück Papier ist: die praktische Wahrnehmung eines Rechts kann durch *viele andere Maßnahmen verhindert, unterlaufen, pervertiert* werden. Frauen, politisch noch nicht sehr erfahren, hielten die formelle verfassungsrechtliche Verankerung des Wahlrechts zu schnell für *politische, praktische* Realität (der gleiche Denkfehler unterläuft noch heute, wenn Frauen annehmen, das Gleichheits*gebot* der Verfassung *sei Realität:* »Gleichberechtigung – die haben wir doch«). Wahlrecht damals – wie heute, Frauen *haben* es nicht, ›haben‹ im Sinne eines konkret handhabbaren Mittels der demokratischen Selbstbestimmung. Wir stehen vor dem scheinbaren Widerspruch, daß den Frauen mit der Weimarer Verfassung das Wahlrecht *gegeben* – und doch *genommen* wurde. Diese These, daß den Frauen 1919 das Wahlrecht genommen wurde und es heute folglich nicht zu ihren konkreten Rechten gehört – ja daß seither der Prozeß der Wegnahme des Wahlrechts ständig fortschreitet – klingt ungewöhnlich und soll daher im folgenden begründet werden. Es handelt sich dabei um ein verfassungsrechtliches, politisches, ökonomisches und historisches Problem von großer Komplexität, das hier nur angedeutet werden kann:

1. Die Grundidee des Wahlrechts und die minimalsten Voraussetzungen seiner Ausübung sind im Falle der Frauen nicht erfüllt. Dazu gehören

a) ein Minimum an ökonomischer Selbständigkeit (das mindeste ist ein Männerlohn)

b) ein Minimum an persönlicher Freiheit (das die Frauen als Ehefrauen und Mütter nicht haben)

c) ein Minimum an allgemeiner und politischer Bildung oder zumindest Institutionen und Medien der Selbstaufklärung

d) ein Minimum an Freizeit zwecks politischer Arbeit.

Vor allem die Beibehaltung der *patriarchalen Ehe,* die ökonomische Verelendung der Masse der Hausfrauen, der Status der lohnarbeitenden Frauen als Subproletariat, die Doppelarbeit, der *kein* Mann ausgesetzt war, und die Zwangsschwangerschaften, die Gesundheit und Energie ständig unterminierten, waren die *materiellen Ursachen* dafür, daß sich die Frauen das Wahlrecht nicht tatsächlich zu eigen machen konnten.

2. Die organisatorischen Voraussetzungen für die praktische Anwendung des Wahlrechts der Frauen waren *nicht* gegeben. Bekanntlich war es Frauen bis 1906 gesetzlich verboten, sich in *politischen* Vereinigungen zusammenzuschließen. Als das Verbot aufgehoben wurde, erkannten die Frauen noch nicht, daß nun die historische Stunde der Gründung einer Partei zwecks Durchsetzung ihrer politischen Interessen gekommen war. War bis dahin die Parteiorganisation ein *Männermonopol* gewesen, so wirkte diese Tatsache ideologisch fort. Ja selbst bis zur Gegenwart hält sich die Ideologie unhinterfragt, daß nur Männer das Recht haben, eine politische Partei zu gründen.

Sozialdemokraten z. B. hätten sich schärfstens dagegen verwahrt, wenn man ihnen Ende des vorigen Jahrhunderts (oder 1919, als alle Männer das Wahlrecht erhielten) ernsthaft vorgeschlagen hätte, doch auf eine eigene Partei zu verzichten, in die Partei des politischen Gegners einzutreten und einen Abgeordneten zu wählen, der gar nicht daran dachte, sozialdemokratische Interessen zu vertreten. Zu diesem Zeitpunkt hatten zudem fast alle zugelassenen Parteien Strategien entwickelt, wie sie »ihre« Frauen an die Partei binden, sie für die Partei ausnützen und arbeiten lassen konnten, *ohne* daß es politisch etwas kostete. So haben die der sozialdemokratischen Partei nahestehenden Frauen – erst der Partei lose assoziiert, später als Mitglieder – viele Jahrzehnte lang Wahlhilfe für männliche Abgeordnete geleistet, ohne selbst das Wahlrecht zu haben, und diese Praxis ging in der Weimarer Republik weiter. Zu Beginn des Jahrhunderts hatten die politisch aktiven Frauen noch keine Kenntnis von der Funktion einer politischen Partei für eine sozial unterprivilegierte Klasse, sie hatten daher auch kein Parteiprogramm entwickelt und die politische Theorie der Frauenemanzipation vernachlässigt: durch Mangel an akademischer Bildung waren sie noch nicht imstande, die Klassentheorie und den Sozialdemokratismus durch eine autonome Gesellschaftstheorie zu überwinden.

3. Das *passive* Wahlrecht wird den Frauen in der Praxis genommen. Als, nach der formellen Gewinnung des Wahlrechts, Frauen es praktisch wahrnehmen wollten, waren sie gezwungen, in die existierenden Parteien einzutreten: diese waren ausschließlich in der Hand von Männern, und die Parteiprogramme formulierten *Männerinteressen* – keineswegs Fraueninteressen. Die Partei bestimmte die Kandidaten für die Wahlen – und *Männer bestimmten dafür Männer: damit schafften sie das passive Wahlrecht der Frauen praktisch fast ab*. Um sich der Macht, die das *aktive Frauenwahlrecht* darstellt, zu versichern, um Frauenstimmen anzuziehen, wurden auch einige Frauen als Kandidatinnen aufgestellt, aber nur solche, die der Männerpartei genehm waren, d. h. wenig oder keine politischen Forderungen für Frauen aufstellten. Wenige Frauen nur erreichten so den Reichstag, obwohl *Frauen mehr als fünfzig Prozent der Bevölkerung ausmachten* und folglich auch so viele *Vertreterinnen im Parlament hätten haben müs-*

sen. Und diese wenigen Frauen wurden auch noch durch die ihnen auferlegte Parteidisziplin als Vertreterinnen von Frauenpolitik *praktisch ausgeschaltet*. Diese frauenfeindliche Parteipolitik wurde immer stärker: waren zu Beginn der Weimarer Republik noch etwa 9-10% der Abgeordneten Frauen, so wurden es im Laufe der Jahre bis 1933 immer weniger! Die Nationalsozialisten entfernten die Frauen ganz, nahmen den Frauen das *passive* Wahlrecht völlig weg. Eine wirklich demokratische Erneuerung nach dem zweiten Weltkriege hätte eine zahlenmäßig große Rückkehr der Frauen in die Parlamente mit sich bringen müssen, aber wiederum verhinderte die Parteienpolitik die Ausübung des passiven Wahlrechts durch Frauen: zwischen Sozialdemokraten und Christdemokraten ist keine Differenz festzustellen, beide große Parteien wirken dahin, den Anteil der weiblichen Abgeordneten *laufend zu vermindern*, nicht etwa zu steigern. Die »Vertretung« des weiblichen Volkes im Parlament nahm in der Nachkriegsära stetig ab, erreichte den Tiefstand von *knapp fünf Prozent*,[8] und es ließe sich ausrechnen, wann die Frauen *ganz entfernt* sein würden, wenn nicht durch die Kritik aus der zweiten Frauenbewegung dieser skandalöse politische Zustand in die Diskussion gekommen wäre.

4. Das *aktive Wahlrecht* der Frauen ist mißbraucht zur Stützung der Männermacht im Staat und in der Gesellschaft.

Es ist die Grundidee der Demokratie, daß die Regierten und die Regierenden identisch sind – mittels des Wahlprozesses. In der Massengesellschaft ist eine *direkte Demokratie* nicht mehr möglich: daher werden Repräsentanten der Regierten gewählt, d. h. die Angehörigen eines Gemeinwesens wählen Abgeordnete, die ihre Interessen im Parlament vertreten. Es ist selbstverständlich, daß eine soziale Gruppe oder Klasse ihre *eigenen Vertreter wählt* und nicht etwa aus den Reihen der *politischen Gegner*, die andere, *entgegengesetzte Interessen* haben. Erschwerend kommt freilich hinzu, daß politisch nicht geschulte Menschen große Schwierigkeiten haben, ihre *eigenen* Interessen zu artikulieren, zu erkennen und an die richtigen Vertreter zu delegieren. Generell muß man jedoch festhalten, daß die Interessen der *Frauen* und Kinder von der parteiunabhängigen *Frauen*bewegung vertreten wurden. Viele Frauen wollten denn auch nach Erreichung des Wahlrechts in diesem Sinne im Parlament arbeiten – aber es fehlte ihnen die Partei. Sie traten daher in eine *Männerpartei* ein, in der Hoffnung, über diesen Weg Abgeordnete für *Fraueninteressen* werden zu können. Die Erfahrung der letzten *sechzig Jahre* zeigt, daß dieser Weg *nicht* gangbar ist. – Gleichzeitig fanden sich die *weiblichen Wähler* in der unerwartet schwierigen Situation, daß sie zwar das *aktive* Wahlrecht hatten und Vertreterinnen ihrer Interessen wählen *wollten,* das aber *nicht durchführen konnten,* weil *fast keine Kandidatinnen aufgestellt waren.* Sie waren so *gezwungen,* entweder gar nicht zu wählen oder *Kandidaten zu wählen, die ihre Interessen mit Sicherheit nicht wahrnehmen würden – Männer.* Die Männer aber konnten so Männer- und Frauenstimmen für ihren Aufstieg ins Parlament nutzen: die Frauen waren – und sind – so auch um ihr aktives Wahlrecht geprellt. Das ist eine historisch und politisch einmalige Konstellation, die noch gar nicht gründlich untersucht worden ist. Das aktive Wahlrecht des weiblichen Volkes, das dazu dienen könnte, eigene Volksvertreterinnen in demokratischer Weise und nennenswerter Quantität in das gesetzgebende Organ des Staates zu wählen, um dort eine egalitäre Rechtsreform einzuleiten, ist auf diese Weise mißbraucht zur Ausschaltung der Frauen und zur *weiteren Monopolisierung des Gesetzgebungsprozesses.* Es ist politisch logisch, daß aus den solchermaßen zustandegekommenen Parlamenten *keine* Gesetzgebung und Maßnahmen kommen, die der Gleichberechtigung der Frauen wirklich dienen.

Frauen beginnen in zunehmendem Maße, diesen anhaltenden politischen Betrug zu durchschauen: in den letzten Jahren hat es mehrere Versuche zur Nutzung des Frauenwahlrechtes im Fraueninteresse gegeben: so z. B. die Initiative »Frauen wählen Frauen«. Die Grundidee ist richtig, aber in der Praxis funktioniert das nicht, solange Frauen *in Männerparteien* kandidieren müssen. Viel interessanter und politisch brisanter sind die Versuche zwecks Aufbau von Frauenparteien; in der Bundesrepublik gab es mehrere Ansätze, die leider noch nicht ausgereift waren, und zur Zeit gibt es mindestens eine neue Initiative (Vorbereitung einer Frauenpartei, *Courage,* 8/79). Auch im Ausland wird mit dieser Idee experimentiert: in Frankreich stellte eine parteiartige Frauenorganisation Kandidatinnen auf; selbst in Spanien gibt es Bestrebungen dieser Art.

Die Eroberung des *Frauenwahlrechts für Frauen* wird möglicherweise in den kommenden Jahren ein vieldiskutiertes politisches Thema werden. Und erst wenn Frauen gemäß ihrem Volksanteil Gesetzgeberinnen sind, wird eine frauen-, mütter- und kinderfreundliche Gesetzgebung *beginnen*. Die Männer sind seit, sagen wir, dreitausend Jahren Gesetzgeber: sie haben den Frauen kein gleiches und gerechtes Gesetz und Recht gegeben. Und sie werden es in Zukunft nicht tun. Soll auch weiterhin »Vaterrecht auf unserer Männererde« (L. G. Heymann) herrschen?

Anmerkungen

1 Siehe dazu das Ergebnis der neuesten feministischen Matriarchats- und Patriarchatsforschung: Heide Göttner-Abendroth, *Die Göttin und ihr Heros,* München 1980.

2 Siehe dazu meine Untersuchung und Wiederentdeckung der »Deklaration der Rechte der Frau und Bürgerin« von 1791: Zur politischen Theorie des Feminismus, in: Beilage zur Wochenzeitung *Das Parlament* B 48/77, Bonn, 3.12.1977, die wie zu erwarten von der etablierten Wissenschaft nicht zur Kenntnis genommen wird und keineswegs zur Korrektur des patriarchalen Geschichtsbildes führt.

3 Siehe dazu die Einleitungen zu den von mir herausgegebenen feministischen Theorien: »*Die Frau ist frei geboren*« Texte zur Frauenemanzipation, Band I: 1789-1870, Band II: 1870 bis 1918, München 1979 und 1981 (C. H. Beck).

3a Wie die Zitate im folgenden Satz entnommen aus: Gertrud Bäumer, Eine reformierte Mädchenschulreform, in: *Die Frau,* Hrsg. Helene Lange, 17. Jg., H. 4, Berlin 1910, S. 203-210.

4 Jean-Jacques Rousseaus *Staat und Gesellschaft (Contrat Social)* sowie der Erziehungsroman *Emile* sind Beispiele des extremen Patriarchalismus der sogenannten Aufklärung. Während er Menschen-, Bürgerrechte und Eigentum auch für den kleinen Mann fordert, selbst für Sklaven, fordert er für den Familienvater despotische Rechte über die Frau, die kein Teil der »Gesellschaft« ist, sondern ein rechtloser und gehorsamer Domestik, ein frommes, infantiles, willenloses und dummgehaltenes Objekt seiner Herrschaft.

5 Siehe meine Untersuchung: *Die Rechtlosigkeit der Frau im Rechtsstaat,* Dargestellt am Allgemeinen Preußischen Landrecht, am Bürgerlichen Gesetzbuch und an J. G. Fichtes Grundlage des Naturrechts, Frankfurt/New York 1979 (Campus Forschung).

6 Den komplexen Ausbeutungszusammenhang, von dem gerade auch

der »proletarische« Hausvater profitiert, habe ich skizziert in meiner Vorlesung: Unbezahlte Hausarbeit, Leichtlohnarbeit, Doppelarbeit: Zusammenhänge und Folgen. Überlegungen zu einer politischen Ökonomie des Hauses, in: *Frauen als bezahlte und unbezahlte Arbeitskräfte,* Beiträge zur 2. Berliner Sommeruniversität für Frauen, Oktober 1977, Berlin 1978.

7 Um sich einen ersten Eindruck von ihren Leistungen auf politisch-theoretischem Gebiet zu verschaffen, seien die folgenden Quellensammlungen empfohlen: Margrit Twellmann, *Die Deutsche Frauenbewegung,* Ihre Anfänge und erste Entwicklung, Quellen 1843-1889, Meisenheim am Glan 1972; Renate Möhrmann (Hrsg.), *Frauenemanzipation im deutschen Vormärz,* Stuttgart 1978 (Reclam); Theorien aus Frankreich, England, USA, Holland und Deutschland habe ich systematisch gesammelt und kommentiert in: *Die Frau ist frei geboren,* Texte zur Frauenemanzipation, Band I: 1789-1870, und Band II: 1870-1918, München 1979, 1981 (C. H. Beck).
Da aus Platzmangel hier die Problematik nur sehr verkürzt dargestellt werden kann, verweise ich auf eine frühere Abhandlung:
Hannelore Schröder, Zum politischen und ökonomischen System des Patriarchalismus, in: Beilage zur Wochenzeitung *Das Parlament,* B 31/76, Bonn 1976.

8 In der Wahlperiode 1972/1976 waren von 518 Bundestagsabgeordneten nur 35 Frauen (*Informationen für die Frau,* Bonn, Januar 1976). Dennoch wurden zur Bundestagswahl in diesem Jahr (1976) SPD-Frauen von ihrer Partei eklatant benachteiligt, Männer bevorzugt: So wurde bei der Göttinger SPD nicht die hochqualifizierte Professorin Dr. Ingeborg Nahnsen für den Bundestag nominiert, sie wurde als Frau und als Intellektuelle diskriminiert und lieber ein nichtqualifizierter Mann als Kandidat aufgestellt. (Nahnsen ist Professorin für Sozialpolitik und hat sich zu Frauenfragen problembewußt geäußert.)

Hannelore Schröder
Das »Recht« der Väter

Herrenrecht –
Die Gesetze sind *gegen* die Frau, weil *ohne* sie.
Wer die Macht hat, hat die Neigung sie schrankenlos auszuüben.
Nicht an dem Recht des anderen, sondern an der tapferen Gegenwehr des Rechtlosen findet der despotische Wille des Machtinhabers eine Grenze . . . Entreißt dem Mann das Monopol der Gesetzgebung.

Hedwig Dohm, 1908

Am Beginn der patriarchalen Geschichte steht der Frauenraub und Frauenkauf, der zur Institution gemacht wird: zur Raub- und Kaufehe. Raub geschieht gewaltsam, in Gruppen, selbst mit Waffengewalt, beinhaltet Verschleppung, Vergewaltigung und Versklavung. Kauf ist die »mildere« Form: Väter verkaufen ihre Töchter, oft Kinder noch, an andere Väter, die dafür einen »Brautpreis« zahlen. Das Ergebnis ist das gleiche: der weibliche Mensch als Besitz und Eigentum des Mannes. Patriarchale Rechtsgelehrte rechtfertigen die Versklavung der Frau heute noch als Naturereignis:
»Tief in der männlichen Natur liegt der Wunsch begründet, eine Frau im Wege der Eigenmacht zu gewinnen (!) ohne Rücksicht auf den Willen der Frau (!) und ihrer Verwandten. Dieser Trieb steht in Widerspruch mit der Institution der Sippe . . .«[1]
Hier wird die sexuelle Machtdemonstration durch Raub und Vergewaltigung nicht nur mit der »männlichen Natur«, dem »Trieb« entschuldigt, wobei der Wille, die verletzte körperliche Integrität der Frau, ihre Verschleppung und Freiheitsberaubung, ihre Demütigung und gewaltsame sexuelle Benutzung mit allen Folgen einer erzwungenen Schwangerschaft nicht ins Gewicht fallen, hier sieht ein patriarchaler Wissenschaftler lediglich einen »Widerspruch« zu der »Institution der Sippe«, an deren Spitze ein Patriarch steht, der seinen Besitz geraubt sieht. Hier wird nur ein Widerspruch zwischen den Frauenräubern und den »rechtmäßigen« Frauenbesitzern einer Sippe gesehen.
Ein juridisches Problem nur insofern, als der »rechtmäßige« Frauenbesitzer für den Verlust seines Gutes entschädigt werden muß. Also einigt man sich unter Frauenbesitzern friedlich: man verzich-

tet auf wechselseitigen Frauenraub zugunsten von Kauf und Verkauf.

In diesem Kaufvertrag unter Familienpatriarchen ist die Frau verhandeltes Objekt. Aus der *Hand* des einen Mannes geht sie in die eines anderen. Die Besitzergreifung gilt als vollzogen, wenn die Frau sexuell in Besitz genommen ist. Vollzogener Kauf- und Sexualakt gilt als vollzogene Ehe.

Es ist deutlich, daß die Institution der Sklaverei sich analog zu diesen Praktiken bildete: durch Menschenraub und Menschenkauf. Aber während die Sklaverei in allen »Rechtsstaaten« abgeschafft und moralisch verurteilt wurde, blieb die eheliche Sklaverei der Frauen als Institution erhalten und wurde weiterhin moralisch gerechtfertigt. Der historische Ursprung und der wahre Charakter der Ehe wurden verschleiert durch »Natur«- und »Liebes«-Ideologie, und die gegenwärtige offizielle Ehe-Diskussion ist gekennzeichnet durch eine penetrante Partnerschafts-Ideologie, die die jahrtausendealte, wahre Geschichte der Ehe unterschlägt und unterstellt, die moderne Ehe sei ein Verhältnis unter gleichen Vertragspartnern, mit gleichen Rechten und Pflichten. Unkenntnis und naiver Glaube können die betroffenen Frauen freilich über den wahren Charakter der Ehe auch in der Gegenwart nicht lange hinwegtäuschen. Trotz aller beschworenen vermeintlichen Wandlungen hat diese Institution noch immer grundlegende Charakteristika der ursprünglichen Raub- und Kaufehe: die Frau als (sexuelles) Eigentum des Ehemannes. Nichts beweist diese Tatsache eindeutiger als sein »Recht« auf Vergewaltigung *seiner* Frau, sein »Recht« auf gewaltsame Schwängerung, das unterstützt und geschützt wird durch das patriarchale Eherecht und das Strafrecht, das nicht ihn straft, sondern sein Opfer, die Frau, wenn sie sich weigert, die Frucht der ehelichen Vergewaltigung auszutragen.

Nicht allein feministische Kritik des aktuellen »Rechts«, der Rechtswissenschaft, der Gesetzgebung und Rechtspraxis ist eine dringende, leider vernachlässigte Aufgabe engagierter Juristinnen; notwendig ist auch die kritische Aufarbeitung der Rechtsgeschichte der patriarchalen Ehe als politischer und ökonomischer Institution.

Ehe und Geschlechtsvormundschaft

Im Hause befindet sich die Frau in der Gewalt, in der *Hand* des Familienvaters. Diese Gewalt bestand ursprünglich vor allem auch in der Waffengewalt, institutionalisiert, legalisiert und begrifflich definiert durch die Rechtsfigur »mancipatio« (lateinisch), »munt« (germanisch) oder Vormundschaft. Diese Institution ist weitgehend identisch mit der Ehe. »Ex-mancipatio« bedeutet infolgedessen Befreiung aus der Hand des Familienvaters. Dieser allein ist Rechts*subjekt*, die unterworfenen Frauen, Kinder und anderen Hausangehörigen wie das Gesinde sind seine Rechts*objekte*. Ältere Rechtshistoriker räumen denn auch unverhüllt ein, »daß alles Recht auf dem Boden der Macht oder der Gewalt (im Sinne von potestas ...) erwächst, indem es die im Zusammenleben der Menschen erzeugten Machtverhältnisse zunächst normiert und sie eben dadurch sichert ... Im deutschen Privatrechte ist dieser Gewaltbegriff, dessen Unterwerfung unter das Recht den Anfang aller Rechtsordnung (d. h. der patriarchalen, H. S.) bezeichnet, der Begriff der Munt.«[2] Diese Muntgewalt wird direkt aus der Waffengewalt hergeleitet (munt ist »die manus vestita, die mit dem Handschuh bekleidete, bewehrte Hand, die Hand, über die der Fechthandschuh gestülpt wird«, so Heusler, also die, mit der der Mann die Waffe führt) und ist, wie das »Recht«, an männliches Geschlecht gebunden. Männergewalt, Waffengewalt und Muntgewalt sind identisch: Munt »... ist die Herrschaft, welche das Haupt des Hauses über sein Hauswesen und alles, was darein gehört, ausübt.«[3] »... es gab eine Zeit, und *gewichtige Reste ragen noch in die Geschichte hinein*, wo das Recht ... die Herrschaft sogar über Weib und Kind derjenigen über die Sklaven gleichstellte: alles, was unter der Herrschaft des Hausvaters stand, war von *Rechts* wegen der freien Verfügung desselben anheim gegeben.«[4]

Wenn hier eingeräumt wird – selbst noch im Jahre 1885! –, daß gewichtige Reste der Sklaverei der Frauen noch in diese Zeit hineinragen, so erhebt sich die Frage, *wann* sie abgeschafft worden sind, *ob* sie überhaupt abgeschafft wurden. Die Rede von der »bürgerlichen Ehe« oder gar vom »Ehevertrag« ist jedenfalls platte Ideologie; die Realität des geltenden »Rechts« und seine Auswirkungen für *alle* Frauen erfüllen den Tatbestand der ehelichen Sklaverei oder Leibeigenschaft. Ich habe das im einzelnen nachgewiesen in meiner ausführlichen Kritik des Allgemeinen Landrechts der Preußischen Staaten (ALR), das bis 1900 in Kraft war.[5] Die Eigentumsrechte des Familienhauptes sind dort drastisch und in allen Einzelheiten festgelegt:

1. Er hat ein unbegrenztes *Eigentumsrecht am Körper* der Frau zwecks sexueller und generativer Verfügung und Nutzung. Über ihre Kinder hat er die väterliche Gewalt. Elterliche oder mütterliche Gewalt kennt dieses »Recht« nicht.

2. Er hat ein unbegrenztes *Eigentumsrecht an ihrer Arbeitskraft*: die Frau ist zu allen denkbaren Diensten in seinem Haus und Gewerbe verpflichtet. An dem Erworbenen hat sie kein Anrecht.

3. Er hat ein unbegrenztes Eigentumsrecht an ihrem Besitz: Mitgift, Erbteil, selbst Geschenke und sogar ihr Lohn aus eventueller Erwerbsarbeit, die sie nur mit Zustimmung des Mannes aufnehmen darf, fallen »durch die Vollziehung der Ehe« in sein Eigentum.

Die Frau ist folglich völlig eigentumslos, eigentumslos sogar an sich selbst. Sie ist folglich keine Rechtsperson, kann kein Rechtsgeschäft vollziehen. Trotz dieser Eigentumslosigkeit und Rechtlosigkeit behauptet das Allgemeine Landrecht:

»Die Rechte beider Geschlechter sind einander gleich, soweit nicht durch besondere Gesetze ... Ausnahmen bestimmt werden.« (§ 24)

Dieser eklatante Widerspruch – behauptete Gleichheit bei tatsächlicher Ungleichheit der Frau – wird uns noch öfter begegnen:

– Die Verfassung der Weimarer Republik enthielt das Gleichheitsgebot, aber das Ehe- und Familienrecht, der geltende § 218 StGB und viele andere Rechtsbereiche enthielten weiterhin die gesetzliche Ungleichheit der Frau.

– Die Verfassung der Bundesrepublik nahm wiederum das Gleichheitsgebot auf, aber das patriarchale Eherecht, das Strafrecht des § 218 StGB und die gesetzliche Ungleichheit der Frau in vielen Rechtsbereichen blieben bestehen.

– Das sogenannte Gleichberechtigungsgesetz der Ära Adenauer sollte nun endlich die gesetzliche Gleichberechtigung der Frauen in allen Rechtsgebieten gemäß dem Verfassungsgebot durchführen. Doch das Eigentumsrecht des Mannes am Körper seiner Frau blieb erhalten: noch immer hat er ungestraft das alte »Recht« der

Vergewaltigung seiner Frau, noch immer ist die Frau durch die Strafandrohung des § 218 StGB gezwungen, in diesem Falle von Notzucht, wie in anderen Fällen auch, bei Gefahr für ihre Gesundheit und selbst in extremer sozialer Notlage, die Frucht auszutragen. Auch das Eigentumsrecht des Mannes an der Arbeitskraft seiner Frau bleibt erhalten.

– Die sogenannte Reform des Ehe-, Familien- und Scheidungsrechts der sozialliberalen Koalition, 1977 in Kraft getreten, begleitet von jahrelanger Propaganda hinsichtlich der nun geplanten gesetzlichen »Partnerschafts-Ehe«, schafft das Vergewaltigungsrecht des Ehemannes nicht ab, stellt Vergewaltigung in der Ehe noch immer nicht unter Strafe. Folglich trifft das Opfer, die Frau, das Strafgesetz des § 218 StGB nach wie vor mit voller Härte. Sie wird gezwungen, die Frucht der ehelichen Vergewaltigung auszutragen, mit der Folge, daß sie das Kind durch Hausarbeit und finanzielle Beiträge aus Erwerbsarbeit aufziehen muß. Der Hausherr kann mit seiner Frau noch immer verfahren, wie er will, hat immer noch unbeschränktes Verfügungsrecht über ihren Leib, ihr Leben, ihre Arbeitskraft, ihre Person. Auch in dieser sogenannten Partnerschaftsehe hat die Frau nicht einmal ein Recht auf die Integrität ihres Körpers. Daraus wird deutlich, wie sich der Gewaltcharakter der Institution Ehe fortpflanzt und gesetzlich festgeschrieben wird – von patriarchalen Gesetzgebern.

Frauen, in politischer und juristischer Unkenntnis gehalten, manipuliert durch Gleichheitspropaganda und »Liebes«-Ideologie, erkennen ihre Rechtlosigkeit und Schutzlosigkeit erst dann, wenn sie Opfer von Gewalttätigkeit ihres »Partners« geworden sind. Von Polizei, Rechtsanwälten, Richtern und Gesetzgebern im Stich gelassen, in der Regel ohne finanzielle Mittel, erkennen sie zu spät, daß sie getäuscht worden sind, daß der Stärkere, der Vergewaltiger und Schläger, das »Recht« auf seiner Seite hat. Dieses »Recht« wird nach wie vor und auf allen Ebenen von Familienvätern praktiziert, es ist millionenfacher Alltag, und es wird durch den gesamten Staatsapparat aufrechterhalten: durch die Legislative, die Exekutive und die Judikative, außerdem durch die Rechtswissenschaft, die Kirchen, die Massenmedien, die alle zusammen sogenannte öffentliche Meinung produzieren – im Sinne patriarchaler Interessen. Alle diese Machtmittel sind noch in der Gegenwart fast ausschließlich in der Hand der Patriarchen, die das äußerste Interesse daran haben, die patriarchale Ehe wie bisher aufrecht zu erhalten: Frauen sind die *Objekte* dieses Machtmißbrauchs im Staat, wie sie es in der Ehe sind, denn die Familien*väter* und die *Väter* der Staatsgewalt sind identisch. Noch nie in der Geschichte haben Inhaber der Macht ihre Willkür selbst beschränkt.

»Bürgerliche Ehe« gleich »patriarchalische Familienordnung«

Als im Jahre 1900 das Bürgerliche Gesetzbuch (BGB) für das gesamte Deutsche Reich in Kraft trat, hatten Frauen bekanntlich nicht einmal das Wahlrecht. Jahrzehntelang, seit 1865, hatten Autorinnen der Frauenbewegung die für Frauen geltenden Gesetze kritisiert, hatten die Frauenvereine Petitionen an den Reichstag gesandt. Vergebens, denn sie waren keine politische Gegenmacht. Es gab in den Jahren der Vorbereitung dieses Gesetzeswerkes nicht einmal studierte Juristinnen, denn Frauen waren generell vom Studium ausgeschlossen. Das *Monopol* der Gesetzgebung und der richterlichen Gewalt wurde also noch unterstützt durch das *Monopol* auf die Rechtswissenschaft.

»In den Kämpfen um das Bürgerliche Gesetzbuch hat man von Vertretern der historischen Rechtsschule geltend machen hören, die patriarchalische Familienordnung entspreche dem deutschen Volksempfinden. Ein Bruch mit ihr hieße das Recht aus dem Boden des Volkstums losreißen.«[6] Dieses »Volksempfinden« ist das des deutschen Mannes, er allein ist das »Volk«, und er allein ist auch Gesetzgeber. Das weibliche Volk kann er ignorieren. So kommt es nicht zu einem »Bruch« mit der patriarchalen Ordnung zwischen Mann und Frau in den Ehen.

Die im Reichstag vertretenen Männerparteien, einschließlich der Sozialdemokratie (»Wir erkennen gar keine besondere Frauenfrage an ...«), übernehmen weite Teile des Familienrechts einfach aus dem Allgemeinen Preußischen Landrecht in das »neue« Gesetzbuch, zum Teil in verschleierter Sprache: das Eigentumsrecht des Familienoberhauptes am Körper seiner Frau bleibt selbstredend unangetastet. Sein Eigentumsrecht an ihrer Arbeitskraft zwecks Ausbeutung im Haus wird nun gesetzlich so formuliert:

».. . daß die Frau zu häuslichen Arbeiten insoweit verpflichtet ist, als dies nach dem Stande des Mannes für die Frau üblich ist, (das) folgt aus dem Wesen der ehelichen Lebensgemeinschaft und aus dem der Frau obliegenden Berufe.«[7]

Die häuslichen Zwangsdienste der Frau werden nun in Verschleierung ihres ausbeuterischen Charakters, als eines Verhältnisses zwischen Eheherrn und unbezahlter Magd, zum angeblichen Beruf umgebogen, im Widerspruch dazu, daß *alle* Kriterien eines Berufes fehlen: freie Verfügung über die eigene Arbeitskraft und Tausch dieser gegen Lohn, begrenzte Arbeitszeit, Kranken-, Renten- und Unfallversicherung usf. Aus der »ehelichen Lebensgemeinschaft« wird die *Pflicht* und der gesetzliche *Zwang* der Frau zu unbegrenzten Diensten für den Mann hergeleitet, und als ein »der Frau obliegender Beruf« bestimmt, ein »Beruf«, zu dem kein Ehemann gezwungen wird. Diese Demagogie wird noch heute allgemein verbreitet und nur noch überboten durch die Rede von der »Wahlfreiheit«, die die Frau nun hat.

Das BGB hat auch die *doppelte Ausbeutung* der weiblichen Arbeitskraft durch den Ehemann zum gesetzlichen Zwang für seine Frau gemacht: »Der Hauptberuf (sic) der Ehefrau bezieht sich auf das Innere des Hauses ... Soweit aber die Hilfeleistung im Geschäft des Mannes nach dem Stande des letzteren üblich ist, darf sie auch solchen Verrichtungen gegenüber dem Verlangen des Ehemannes sich nicht entziehen.«[8]

Es gibt hier überhaupt keine Beschränkung des Ausbeutungsgrades: wenn der Ehemann es verlangt, dann muß seine Frau 10 oder 12 Stunden in *seinem* Geschäft unbezahlt für ihn arbeiten: er spart die Kosten für eine bezahlte Arbeitskraft, und außerdem hat sie ihrem »Hauptberuf« im Innern des Hauses nachzukommen. Diese Arbeit muß sie dann in die Nachtstunden verlegen. Der Ehemann kann einen 16- bis 18-Stunden-Tag von seiner Frau verlangen. Das Gesetz berechtigt ihn dazu. Da ihm auch die sexuelle Nutzung zusteht, kann er sie jederzeit zu sexuellen Diensten zwingen, mit zahlreichen Schwangerschaften als Folge. In seinem Haus und in seinem Geschäft gilt nicht einmal ein Schutz der schwangeren Frau. Und alles, was sie durch ihre Arbeit produziert, ist sein alleiniges Eigentum. Der Eheherr darf seine Frau zu Tode schinden, sie ist sein Eigentum. Die enorme Mütter- und Kindersterblichkeit, die Millionen Frauen, die an Abtreibung sterben, die früh verbrauchten Frauen sind das soziale Ergebnis seiner Eheherrschaft. Ist eine Frau an Erschöpfung gestorben, heiratet er eine zweite und dritte. »Die absolute Natur der ... dem Manne zustehenden Rechte« (BGB) wird nicht angetastet.

Die Frau hat nicht die geringste Chance, über ihre Arbeitskraft selbst zu verfügen: denn »zu jedem Rechtsgeschäfte, durch das die Ehefrau zu einer in Person zu bewirkenden Leistung sich verpflichtet, ist die Einwilligung des Mannes erforderlich« (§ 1277, Abs. 1). Es ist nämlich der »Zweck des Gesetzes, dem Ehemanne Schutz gegen Entfremdung der Ehefrau durch die Eingehung solcher Rechtsgeschäfte zu gewähren, welche mit dem § 1272 aus der Ehegemeinschaft sich ergebenden persönlichen Pflichten der Frau gegenüber dem Manne nicht vereinbar sind ...« (§ 1277, Abs. 1). Sie ist sein Eigentum, das ihm nicht – etwa durch ihre eigene Entscheidung – »entfremdet« werden darf. Sie steht unter seiner gesetzlichen Vormundschaft und ist nicht in der Lage, »Werk-, Dienst- oder Gesellschaftsverträge« zu schließen. Die »eheliche Vormundschaft oder Bestimmungen des gesetzlichen Güterrechts« sichern dem Manne die alleinige Verfügung über *alles* Eigentum (und diese »Rechtslage« dauert bis 1957 an).

Feministische Rechtskritik an § 218 StGB

Die Kontinuität patriarchalen Rechts im sogenannten egalitären Rechtsstaat wird außer am Ehe- und Familienrecht überaus deutlich am Strafrecht, das der Patriarchen-Staat über das weibliche Volk verhängt. Und hier wiederum ist es besonders das Strafrecht des § 218, der allen Frauen bei schwerster Strafe verbietet, sich dem sexuellen und generativen Eigentumsrecht ihres Eheherrn zu entziehen. Camilla Jellinek, autodidaktische Juristin und Leiterin einer Rechtsschutzstelle in Heidelberg, ist die Verfasserin einer »Petition des Bundes Deutscher Frauenvereine zur Reform des Strafgesetzbuches und der Strafprozeßordnung – dem Deutschen Reichstag, dem Bundesrat und dem Reichsjustizamt eingereicht im Juni 1909«. Der Petition ist ein Anhang beigefügt, eine »Gegenüberstellung der geltenden Gesetzesparagraphen und der vom Bund deutscher Frauenvereine erbetenen Änderungen«. Hier wird bereits eine Neufassung des berüchtigten § 218 verlangt und vorgelegt: »eine Herabsetzung der Strafe im allgemeinen, nämlich Abschaffung der Zuchthausstrafe und Festlegung des Höchstma-

ßes von 2 Jahren Gefängnis«, und Straffreiheit:
»1. wenn die Vollendung der Schwangerschaft mit Gefahr für
Leben und Gesundheit der Mutter verbunden ist;
2. wenn zu erwarten ist, daß das Kind geistig und körperlich
schwer belastet ins Leben treten würde;
3. wenn nachgewiesenermaßen die Schwangerschaft infolge von
Vergewaltigung eingetreten ist . . .«
Diese feministische Reformforderung war im Jahre 1909 sehr radikal, aber sie war noch nicht die radikalste Position, die vom
unantastbaren Selbstbestimmungsrecht der Frau als Mutter aus-
ging wie die Gisela von Streitbergs. In ihrer politischen Protest-
schrift »Die Beseitigung keimenden Lebens. § 218 des Reichs-
Straf-Gesetzbuches in neuer Beleuchtung« (1910) nimmt sie
engagiert Stellung gegen die über die Frau verhängte Zuchthausstrafe von 5 Jahren und weist auf den grotesken Widerspruch hin,
der darin besteht, daß das patriarchale *Strafrecht* die Frau als
Verantwortliche schwer straft, während das *Familienrecht* sie zu
einem willenlosen *Objekt* degradiert: ». . . da ihr im Ehestande
hinsichtlich des Mutterwerdens keine freie Selbstbestimmung,
keine Berücksichtigung ihrer individuellen Wünsche und Bedürfnisse, ja nicht einmal die Abwehr mißbräuchlicher Ausnutzung
ihrer Lebenskraft gesetzlich gewährleistet ist, so ergibt sich der
auffallende Widerspruch, daß die Frau von Rechts wegen behandelt wird wie eine Sache, aber verantwortlich gemacht und eventuell bestraft wird wie eine zurechnungsfähige Person.«
Sie argumentiert schon wie 1975 die Bundesverfassungsrichterin
W. Rupp-von Brünneck in ihrem Veto gegen die Mehrheit des
Bundesverfassungsgerichts in Sachen Reformgesetz § 218 (Fri-
stenlösung): »Die im § 218 unter Strafandrohung an sie (die
Frau) gestellte Forderung, eine keimende Leibesfrucht in ihrem
Schoße unter allen Umständen auszutragen und auf die Welt zu
bringen, ist ein unwürdiger Eingriff in die allerintimste Privatan-
gelegenheit eines Weibes.« Während im Kaiserreich, in der Wei-
marer Republik, in der Zeit des Faschismus und seit Bestehen der
Bundesrepublik bis in unsere Gegenwart den Frauen das Recht
auf ihre Person, ihren Körper und damit auf ihr Leben verweigert
ist, wird »einem unentwickelten menschlichen Fötus« der
»Schutz eines mit Persönlichkeitsrechten (und Grundrechten, H.
S.) ausgestatteten Wesens« zugebilligt; . . . »die strafrechtliche
Verfolgung wegen Vernichtung jedes erst nur keimenden Lebens

... ermangelt aller Berechtigung.« So Streitberg schon vor über 70 Jahren.

Der gewaltsam verhängten Gebär*pflicht* der Mutter steht *kein Recht* auf materielle Ansprüche für sie gegenüber: »Die Ungerechtigkeit des § 218, Absatz 1, leuchtet ganz besonders ein, wenn man in Betracht zieht, daß der Staat keiner noch so armen Mutter eine Beihilfe zum Aufziehen ihrer Kinder gewährt ... Und nun gar die ledige Mutter! Die Empfängnis – und zwar nur dieser vom Zufall abhängige Umstand – wird ihr als Sünde und Schande angerechnet, gleichzeitig aber das Leben des entstehenden Kindes als heilig genug angesehen, um vor der Geburt unter staatlichen Schutz gestellt zu werden. Nach der Geburt wird der Bastard als nicht existenzberechtigt den Enterbten zugezählt. Die unverehelichte Mutter muß als ›bescholtene Person‹ ihrem Kinde meistens ohne die nötigste Fürsorge und Pflege das Leben geben ... sie muß ferner zu seiner Unterhaltung ungleich größere Opfer bringen ... und dennoch wird die Erfüllung dieser streng von ihr geforderten Pflicht ihr durch Gesetz und Brauch auf alle denkbare Weise erschwert, während man dem außerehelichen Vater mehr als einen Ausweg zur Umgehung seiner Schuldigkeit offen läßt.« Eine verhängnisvolle Kette von Folgen aus juristischen, sozialen und moralischen »Widersprüchen unterhalten Staat und Kirche mit größtem Eifer, unter dem Vorgeben, daß die gesellschaftliche Ordnung ohne sie nicht bestehen könne!«

Gisela von Streitberg fordert das Selbstbestimmungsrecht der Frauen über ihren Leib und begründet es wie folgt: »Da die Frau allein die Lasten und Schmerzen der Geburt trägt und ohne Vergeltung von Seiten der Nation ihre Kinder unter tausendfachen Mühen und Sorgen für dieselbe aufzieht, so ist sie allein zuständig zu entscheiden, wie oft sie diese Aufgabe erfüllen will.«[9]

Sie verlangt folgerichtig die Straffreiheit in den ersten *fünf* Monaten und nähert sich mit dieser Forderung der Gesetzgebung in den USA, die in der Gegenwart endlich den Frauen den Schutz ihrer intimsten Privatsphäre und folglich die freie Entscheidung in den ersten *sechs Monaten* zuerkannt hat. In Deutschland aber sind über 70 Jahre vergangen, ohne daß Frauen dem patriarchalen Staat wenigstens dieses essentielle Recht, das Menschen- und Grundrecht auf den eigenen Körper, abringen konnten. Noch immer stehen sie vor der politischen Aufgabe »bei der Reform des Strafrechts laut ihre Stimme zu erheben, auf daß ihnen das Mutterrecht künftig ebenso gewährt werde, wie ihnen bisher nur die Mutterpflicht auferlegt war«. Aber die Patriarchen-Parteien hören nicht auf die Stimme des weiblichen Volkes: es herrscht weiterhin Vaterrecht.

1918 – keine Revolution für Frauen

Die »Revolution« von 1918 brachte keineswegs eine Umwälzung der patriarchalen Verhältnisse in Gang. Die in der Verfassung erwähnte »Gleichberechtigung der beiden Geschlechter« in der Ehe (Art. 119) und im öffentlichen Recht war nichts als ein Stück wertlosen Papiers: das alte patriarchale Eherecht blieb erhalten. Die Gesetze die Frau betreffend blieben in allen Rechtsbereichen ungleiches Recht. Zwischen Verfassungs*programm* und Gesetzes*texten* klaffte der schärfste politische Widerspruch, demagogisch verschleiert durch die ins Absurde getriebene Ideologie: daß die Rechtlosigkeit und Eigentumslosigkeit der Frau eben *ihre* spezifische Form von Gleichheit sei. Max Horkheimer sprach jedoch von der »häuslichen Leibeigenen« (1937), die die Frau noch immer sei. Die Parteien der Weimarer Republik hielten nicht einmal die Reform des § 218 StGB für nötig; die Sozialdemokraten ließen die seit 1920 im Reichstag vorliegende Gesetzesvorlage fallen. In jenen Jahren starben jährlich mindestens 20 000 bis 40 000 Frauen infolge unsachgemäß ausgeführter Abtreibungen. Nach dem Kriege war die finanzielle Lage vieler Frauen so verzweifelt, daß sie lieber die Gefahr eines qualvollen Todes in Kauf nahmen, als sich dem Gebärzwang und noch größerer Verelendung auszusetzen. Die rücksichtslose Durchsetzung des Gebärzwanges wird nun im Namen der »in ihrer Macht auf Masse angewiesenen Arbeiterschaft«, so der sozialdemokratische Mediziner und Gebärpropagandist Grotjahn, von der Sozialdemokratie ebenso betrieben wie von den anderen Patriarchen-Parteien. Der sozialdemokratische Justizminister Radbruch legt 1922 einen Gesetzentwurf vor: darin übernimmt er den § 218 in *unveränderter Form* (die »Fristenregelung« hat er fallen lassen). Da alle Zuchthausstrafen durch Gefängnis ersetzt werden, betrifft das auch die verurteilten Frauen. Im übrigen ist keine Veränderung geplant (Novellierung des § 218 vom 18. 4. 1926, RGBl 239). Dieser erste sozialdemokratische Justizminister mit starker Neigung zum Katholizismus stellt auch die Verbreitung von Präventivmitteln unter Strafe. Die eheliche Vergewaltigung hingegen ist weiterhin straflos.

Radbruch erteilt den Frauen und vor allem den Feministinnen der Frauenbewegung eine Lektion in »Sozialismus«: »Völlig fern liegt uns die individualistische (!) Begründung für die Aufhebung der Abtreibungsstrafe: daß jedermann unbedingt freier Herr seines Körpers sei. Der sozialistische (!) Gedanke fordert Verantwortung gegenüber der Volksgemeinschaft auch für den eigenen Körper.« (Radbruch 1921) Der Leib der Frauen gehört nicht den Frauen, ihnen stehen keine individuellen Entscheidungsrechte über sich selbst zu, sie sollen nicht freie Herrin über sich selbst sein: der Körper der Frauen gehört dem sozialdemokratischen Männerstaat und nicht etwa den betroffenen Individuen. Familienväter und Staat haben nun im Namen des »Sozialismus« und der »Volksgemeinschaft« weiterhin das Eigentumsrecht am Leib der Frauen. Diese Sprache und diese politische Praxis unterscheiden sich nur noch in Nuancen von der der Nationalsozialisten.[10]

Die Zeit des Nationalsozialismus ist nur die extremste politische Ausformung des deutschen Patriarchalismus und aggressiven Antifeminismus, der generell und fast ausnahmslos von der deutschen Männerwelt vertreten wurde. Die Vertreter des Systems proklamierten und praktizierten ihren Antifeminismus offen, ohne Gleichberechtigungs-Etiketten. »Die Emanzipation der Frau von der Emanzipation« war das erklärte Ziel und die politische und gesetzgeberische Praxis. Rigoroser denn je wurde die Frau als Gebärobjekt definiert, aber diese militaristische Bevölkerungspolitik wäre nicht durchsetzbar gewesen ohne die Mitwirkung der deutschen Familienväter, deren Herrenrechte über die Frau uneingeschränkte Bestätigung fanden. Denn die kritischen Frauenstimmen, die Frauenorganisationen wurden ausgelöscht. Die katastrophalen Auswirkungen des Faschismus für die weibliche Bevölkerung zu untersuchen ist eine weitere dringende Aufgabe kritischer Frauenforschung. Die etablierte Faschismus-Forschung hat daran bezeichnenderweise kein Interesse.

Wie aber gestaltet sich der angeblich »demokratische Neubeginn« für die Frauen nach 1945? Zunächst tritt ein Ehegesetz des

Kontrollrates (1946) in Kraft. Jahre vergehen, bis die »Väter« des Grundgesetzes, wie sie sich gern nennen, hervorgegangen aus den verschiedensten neu errichteten Parteien, die Verfassung der Bundesrepublik ausarbeiten. Im »Parlamentarischen Rat« ist nur eine verschwindende *Minderheit* von Frauen vertreten, alle parteilich gebunden. Aber nur ihnen ist zu verdanken, daß Art. 3 (Gleichheitsgrundsatz) überhaupt in die Verfassung aufgenommen wurde, denn die christlichen Parteien wie die liberale und auch die Sozialdemokraten hätten diese Deklaration am liebsten vermieden.

Als Grundsatzerklärung konnte man sie noch tolerieren, wenn man sie wie in der Weimarer Republik *folgenlos* für die Gesetzgebung ließ. Für die Verhinderung des Gleichheitsprinzips in den Gesetzen konnte man Vorsorge treffen durch einen weiteren Artikel des Grundgesetzes, nämlich Art. 6, betreffend Ehe und Familie . . ., die »unter dem besonderen (!) Schutze der staatlichen Ordnung« stehen. Hier haben die »Väter« selbstredend an die alte patriarchale Familie gedacht. Und damit ist der Widerspruch zwischen Gleichheitsgebot und gesetzlicher Ungleichheit schon in die Grundrechte eingearbeitet.

Heißt es in Artikel 3, (3), »Niemand darf wegen seines Geschlechts . . . benachteiligt oder bevorzugt werden«, so war doch keineswegs geplant, die gesetzliche *Benachteiligung* der Frau und die gesetzliche *Bevorzugung* des Mannes im Ehe- und Familienrecht, wie in all den anderen Rechtsbereichen, namentlich auch im Arbeitsrecht, zu eliminieren. Jahre vergingen denn auch ohne Gesetzesänderungen bis zum sogenannten Gleichberechtigungsgesetz des Jahres 1957, verabschiedet von der Adenauer-Regierung mit ihrer Mehrheit von katholischen und protestantischen »Volksvertretern«. Im wesentlichen greift man zurück auf das BGB, verfaßt im Jahre 1896! Die »Verpflichtung zur ehelichen Lebensgemeinschaft« wird nicht angetastet, auch nicht das übliche »Recht« des Mannes auf Vergewaltigung seiner Frau. § 218 StGB bleibt unverändert. Nach wie vor ist Gesetz: »Der Ehe- und Familienname ist der des Mannes.« »Das Gleichberechtigungsgesetz übernimmt diese Regelung«, obwohl sie eine Bevorzugung des Mannes darstellt. Die Gebärpflicht ist festgeschrieben. Sie allein macht die deklarierten Grundrechte der Frau zunichte.

Wie aber ist die Rechtslage für die Frau hinsichtlich ihrer Arbeitskraft? Das »Gleichberechtigungsgesetz« der christlichen Patriarchen hat die Verfügungsgewalt des Mannes über die weibliche Arbeitskraft grundsätzlich beibehalten: die Frau ist noch immer nicht frei, über ihre eigene Arbeitskraft zu verfügen. Die gesetzliche Pflicht der Frau zur Hausarbeit ist in § 1356 BGB weiterhin ausdrücklich festgehalten. Eine Pflicht des Mannes gibt es nicht, er hat weiterhin ein Anrecht auf die unbegrenzten Dienste seiner Frau. »Sie ist berechtigt, erwerbstätig zu sein, soweit dies mit ihren Pflichten in Ehe und Familie vereinbar ist«. (§ 1356 BGB) Das Recht auf Arbeit, und das heißt auf Lohnarbeit, die freie Entscheidung über ihre eigene Arbeitskraft, ist damit für die Frau immer noch gesetzlich unterbunden. Denn ihre »Pflicht«, der Zwang zu unbezahlter Hausarbeit ist das Primäre. Ein »Recht« auf Lohnarbeit hat sie nur, wenn sie sie *zusätzlich* zur Hausarbeit, die sie in die Nachtstunden verlegen kann, übernimmt, die Einwilligung des Ehemannes vorausgesetzt! Das bedeutet: wenn sie überhaupt außer Haus arbeiten darf, dann nur unter den Bedingungen der *Doppelarbeit* (»Doppelrolle«), nur unter der Bedingung, daß sie einen 16-Stunden-Arbeitstag absolviert. (Einen 16-Stunden-Arbeitstag gibt es für männliche Arbeitskräfte seit der Abschaffung der bäuerlichen Leibeigenschaft nicht mehr.) Aber selbst bei doppelter Verausgabung ihrer Arbeitskraft als Hausarbeiterin *und* Lohnarbeiterin gehört *ihr Lohn nicht* ihr, sondern sie muß ihn – zusätzlich zur Hausarbeit – auch noch der »Familie« zur Verfügung stellen, d. h. dem Familienvater, dem der Gewinn aus der *Doppelarbeit* seiner Frau zufließt.

Dieses Gesetz über die Arbeitskraft der Ehefrau – mit seinem Zwang zu unbezahlter Hausarbeit, der Entscheidungsmacht des Mannes über die weibliche Arbeitskraft (Erlaubnis zur Lohnarbeit) und der »Vereinbarkeit« von primären ehelichen Pflichten mit Lohnarbeit als Voraussetzung der Erlaubnis – gilt, das ist offensichtlich, nur für die Frau. Es stellt eine eklatante Benachteiligung der Frau und Bevorzugung des Ehemannes dar. Kein Ehemann ist durch Gesetz verpflichtet, derartig willkürliche und weitgehende Eingriffe hinsichtlich seiner eigenen Arbeitskraft zu akzeptieren, die seine Freiheit vernichten und ihn in eine extreme Ausbeutungssituation zwingen. Diese Bestimmungen gelten *nicht* für den Mann, sind also ein klarer Verstoß gegen das Gleichheitsgebot des Art. 3 – und doch wurden sie Gesetz! Der Grundsatz »Alle Menschen sind vor dem Gesetz gleich« (Art. 3 GG) ist allein durch den § 1356 BGB pervertiert zur totalen Ungleichheit der

Frau. Zur Entschuldigung können die Kommentatoren des »Gleichberechtigungsgesetzes«, F. Massfeller und D. Reinicke, nichts vorbringen, als daß es immer so war.

Die »... Pflicht der Frau, den Haushalt zu führen, (ergibt) sich aus der herkömmlichen (d. h. der patriarchalen, H. S.) Aufteilung der Funktionen zwischen Mann und Frau«:[11] wenn man die herkömmliche, das heißt durch patriarchale Eheherrschaft erzwungene Arbeitsteilung zwischen Hausherrn und ehelicher Magd beibehalten will, kann man logischerweise kein egalitäres Recht schaffen. Den Gesetzgebern und Exegeten gelingt das Unmögliche, nämlich das patriarchale »Recht« den Unterworfenen fortan unter dem Etikett »Gleichberechtigungsgesetz« zu verkaufen. Dieser fortgesetzten Zwangs- und Dienstpflicht der Frau zu unentgeltlicher und unbeschränkter Arbeit »entsprechen Recht und Pflicht des Mannes, erwerbstätig zu sein«.[12] Hiermit wird allen Ernstes unterstellt, es sei das gleiche, wenn *ein* Mensch zu unbezahlten Hausdiensten und *der andere* zu Erwerbsarbeit und Geldeinnahmen verpflichtet ist. Daß derjenige, dem finanzielle Mittel gesichert sind, sich die andere, die durch ihre Arbeit keinerlei Ansprüche auf Bezahlung erhält, die sich folglich durch ihrer Hände Arbeit nicht ernähren kann, als persönlich Abhängige zu Diensten hält wie eine Sklavin oder leibeigene Magd, wird unterschlagen, ja sogar als »Gleichberechtigung« beider unterstellt! Es ist offensichtlich und eindeutig, daß *nach wie vor* dem »Gleichberechtigungsgesetz« von 1957 die Verfügungsgewalt des Mannes über die Arbeitskraft seiner Frau uneingeschränkt erhalten bleibt. Das ist der Gesetzesstand des BGB aus dem Jahre 1896. Die patriarchalen Juristen behaupten dennoch: »Es besteht also ... kein Bestimmungsrecht des Mannes« und strafen sich sogleich selbst Lügen: »... allerdings ergibt sich aus § 1353 BGB die Verpflichtung, auf die Wünsche des Mannes Rücksicht zu nehmen«.[13]

Auch wieviel Hausarbeit die Frau leisten muß, wird wider ihren Willen, wird gesetzlich festgelegt: »Ob die Frau sich auf die Leitung des Haushaltes beschränken darf (!) oder ob sie die Hausarbeit selber verrichten muß (!), bestimmt sich nach den Lebensverhältnissen der Ehegatten.«[14] D. h., was und wieviel sie an Hausarbeit leisten muß, bestimmt der Ehemann, der darüber sogar die (von anderen Ehemännern) besetzten Gerichte anrufen kann, wenn er der Auffassung ist, seine Frau leiste nicht genug Hausarbeit. Das Quantum an Hausarbeit bestimmt der Ehemann oder der Richter! »Verletzt die Frau ihre Verpflichtung, so kann der Mann auf Herstellung des ehelichen Lebens ... klagen«,[15] denn es ist *einklagbarer* Bestandteil des »ehelichen Lebens«, daß die Frau unbezahlte Hausarbeit zu leisten hat, und zwar was und wieviel der Mann wünscht. Während für jeden freien männlichen Lohnarbeiter *arbeitsrechtlich* geregelte Bedingungen, z. B. begrenzte Arbeitszeit, gelten, kennt der Hausarbeitszwang für die weibliche Arbeitskraft keine Grenze! Daß derart feudal-patriarchale Willkür unter dem Etikett »Gleichberechtigung« firmieren kann, ist Beweis für die Perversion des Grundrechtes in sein Gegenteil – auf Gesetzesebene.

»Bei schweren Pflichtwidrigkeiten« von seiten der Frau stehen dem Manne Sanktionen zur Verfügung: Scheidung oder Ausschluß von der Beteiligung am ehelichen Zugewinn. Welche Sanktionen der *Frau* bei schweren Pflichtwidrigkeiten des Mannes zur Verfügung stehen, wird bezeichnenderweise nicht gesagt: die ökonomisch Beraubte hat keine.

Ist die Frau, zusätzlich! zur Hausarbeit, erwerbstätig, so entscheidet gegebenenfalls der Richter, »ob die Pflichten in Ehe und Familie (Führung des Haushalts, Sorge für Mann und Kinder) die Ausübung der Erwerbstätigkeit gestatten«.[16] Der patriarchale Gesetzgeber nötigt die Frau zur Doppelarbeit – nie den Mann! – und kontrolliert dann, durch in der Regel patriarchale Richter, die selbst ihre hausarbeitenden Frauen ausbeuten, »ob die Frau von ihrem Recht einen angemessenen Gebrauch gemacht hat«.[17] Wenn die Herrschaft des Ehemannes in Form der physischen und ökonomischen Gewalt über die weibliche Arbeitskraft nicht ausreicht, kommt ihm die patriarchale Justiz *gegen* die Frau zu Hilfe!

Der Ehemann hat noch immer ein geradezu lückenloses Eigentumsrecht an der Arbeitskraft der Frau.

Dieses »Recht« ist nie konsequent, sondern unlogisch und widersprüchlich, weil es ihm immer darum geht, dem Manne Vorteile zu sichern und der Frau neue Pflichten aufzubürden: die Frau ist nicht allein zur Hausarbeit, sondern auch, und zusätzlich, zur Erwerbsarbeit *verpflichtet*, »soweit die Arbeitskraft des Mannes und die Einkünfte der Ehegatten zum Unterhalt der Familie nicht ausreichen« (§ 1360 BGB). Die Frau wird gesetzlich wider Willen verpflichtet, *doppelt* zu arbeiten, um die Hausherrschaft des

Mannes auch dann noch aufrechtzuerhalten, wenn er finanziell so bankrott ist, daß er *seine* Frau, deren Arbeitskraft er verwertet, nicht einmal mehr mit den Subsistenzmitteln zur Erhaltung ihrer Arbeitskraft »versorgen« kann.

Aber die weibliche Arbeitskraft wird in der Ehe nicht nur zwangsweise verausgabt durch das sexuelle und generative Eigentumsrecht des Mannes an ihrem Körper, durch Schwangerschaften und Arbeit für die Kinder, durch Hausarbeit für den Mann und zusätzliche Erwerbsarbeit, sondern auch noch durch die gesetzliche Pflicht zur unbezahlten Mitarbeit der Ehefrau »im Beruf oder Geschäft des (anderen) Ehegatten, ... soweit dies nach den Verhältnissen, in denen die Ehegatten leben, üblich (!) ist.« (§ 1356, Abs. 2)

Der Unternehmer-Ehegatte kann mithilfe der Arbeitskraft seiner Frau sein Geschäft aufbauen und ausbauen, eine bezahlte Arbeitskraft einsparen, ohne verpflichtet zu sein, seiner Frau Lohn oder einen »Bereicherungsausgleich« zu zahlen. Was »üblich« ist, bestimmen der Mann oder die Gerichte, üblich ist ja seit Jahrhunderten die schrankenlose Ausnutzung der Ehefrau. In dieser Konstellation wird nun auch die *mehrfache* Ausbeutung der Ehefrau durch den Mann und der feudal-patriarchale Charakter dieser Ausbeutungsform überdeutlich: eine fremde Arbeitskraft erhält Lohn, aber die *eigene*, das ist die im Eigentum des Mannes befindliche Arbeitskraft seiner Frau, braucht nicht bezahlt zu werden! Diese Ausbeutung ist so extrem, daß selbst einzelne Juristen zu der Auffassung gekommen sind, es müsse ein »Bereicherungsausgleich« vorgenommen werden. Damit ist öffentlich eingestanden, daß sich der Ehemann durch die Ausbeutung seiner Frau bereichert.

1945 – kein Ende des Vaterrechts

Nach 1945 und im Zuge der 50er Jahre vollzieht sich eine Restauration der patriarchalen Ehe und Staatsgewalt, wobei der politische Katholizismus, »ehemalige« Nationalsozialisten im Beamtenapparat und in den Parteien und die Nachwirkungen der faschistischen Weiblichkeits-Ideologie eine fatale Rolle spielen. Generell sind die Frauen in den Nachkriegsjahren so überbürdet, so erschöpft von Aufbauarbeiten unter schwersten materiellen

Bedingungen, daß sie an politische Arbeit für sich selbst nicht denken können. Die frauenfeindliche Politik der Adenauer-Regierungen ist eine äußerst repressive Familienpolitik und vor allem eine rigorose Bevölkerungspolitik. Auch aus außenpolitischen, antikommunistischen Gründen streben die christlichen Demokraten »Bevölkerungswachstum« an, und solche Politik geht zu Lasten der Frauen. Frauen, die vergewaltigt werden, vom eigenen Ehemann oder selbst von Fremden, müssen gebären. Kirchliche Patriarchen ersticken die Diskussion. Die 50er und 60er Jahre sind denn auch gekennzeichnet durch katastrophale Lebensbedingungen für Mütter – Armut, Wohnungsnot, ungewollte Schwangerschaften, ungewollte Kinder – und infolgedessen Abtreibungselend epidemischen Ausmaßes:

»Man schätzt, daß auf eine Geburt 2-4 Abtreibungen entfallen; das wären heute 2-4 Millionen Abtreibungen pro Jahr. Man schätzt, daß jährlich mindestens 15 000 Frauen an Folgen verbotener Abtreibung sterben (Schätzungen gehen bis zu 40 000 Toten pro Jahr). Spätfolgen bei Nichtversterben sind unübersehbar und vielschichtig.«[18] Geht man von der realistischen Schätzung von 40 000 toten Frauen pro Jahr aus, so ergeben *zwei* Jahrzehnte Bundesrepublik Deutschland die Bilanz von 800 000 toten Frauen – durch Abtreibung: das ist systematischer, bewußter politischer Gynocid.

Versprachen nicht die Sozialdemokraten und Liberalen »mehr Demokratie« und »Lebensqualität«? Als Frauen sich kollektiv gegen das massenhafte Abtreibungselend und den noch immer geltenden Paragraphen 218 erhoben, reagierten sie typisch autoritär und patriarchal, ausgesprochen antifeministisch und reaktionär. An die von Frauengruppen geforderte ersatzlose Streichung dachten sie nicht im entferntesten. In jahrelangen Diskussionen stritten sie in Parteien und Parlament über Modalitäten einer Indikationen- oder Fristenregelung. Das Selbstbestimmungsrecht der Frauen über ihren eigenen Leib und damit über ihr Leben war ihnen dabei kein relevantes Kriterium. Eher geneigt, Vertretern der Kirchen, der reaktionären Ärzteschaft und sogenannten »Experten« ihr Ohr zu leihen, geleitet von ihren eigenen patriarchalen Ideologien und Interessen, verzögerten sie jahrelang eine Gesetzesreform und damit lebenswichtige Hilfe für Millionen Frauen, obwohl sie mit den Stimmen dieser Frauen an

494

die politische Macht gekommen waren.

Es ist bekannt, daß die Gesetzesvorlage zu einem reformierten § 218 StGB, der nur in den ersten drei Monaten die freie Entscheidung der betroffenen Frau vorsah, im Bundestag nur mit sehr knapper Mehrheit die Hürde nahm. Eine ganze Gruppe von SPD-Abgeordneten verweigerte die Zustimmung und wurde durch den Fraktionsvorsitzenden auch nicht unter Hinweis auf die sonst übliche Fraktionsdisziplin aufgefordert, das Gesetz zu unterstützen. Die Sozialdemokratie profilierte sich als patriarchale Partei und Regierungsmacht. Frauen waren an der »demokratischen« Gesetzgebung praktisch nicht beteiligt: 5% weiblicher Abgeordneter in den verschiedensten Patriarchen-Parteien sind machtpolitisch *kein* Faktor.

Aus dem Blickwinkel patriarchaler Machtpolitik über Frauen verkommt rechtspolitische Argumentation zu übler Demagogie: nicht das Leben realer, leidender Frauen steht unter dem Schutz des Grundgesetzes und muß geschützt werden (in diesem Falle vor dem Abtreibungstod), sondern das »ungeborene Leben« hat angeblich Anspruch auf Schutz durch das Grundgesetz. Jedenfalls wird das nun gewaltsam hineininterpretiert. Und so kann der patriarchale Gesetzgeber die Ova (erst im 3. Monat kann man von Foetus sprechen) eilfertig schützen, mit der Konsequenz, den Frauen weiterhin das Recht auf ihren eigenen Körper zu nehmen und sie weiterhin bis in das Innere ihres Leibes zu kontrollieren. Damit werden Frauen weiter dem Abtreibungstod preisgegeben. Das nimmt der Gesetzgeber in Kauf. SPD-Patriarchen werfen sich zu Schützern des *ungeborenen* Lebens auf, Frauen lassen sie massenhaft sterben.[19] Dieser brutale Zynismus und diese Menschenverachtung – Frauen sind keine Menschen – vereinigt sie im Geiste mit den CDU-Patriarchen, die durch ihre Verfassungsklage auch diese bescheidene und historisch sehr verspätete Reform eines Gesetzes, das Millionen Frauen das Leben gekostet hat, vernichten. In der Entscheidung des Bundesverfassungsgerichts, besetzt mit Patriarchen reaktionärster Denkart, heißt es:

»a) Das sich im Mutterleib entwickelnde Leben steht als selbständiges Rechtsgut unter dem Schutz der Verfassung (Art. 2 II 1, Art. 1 GG). Die Schutzpflicht des Staates verbietet nicht nur unmittelbare staatliche Eingriffe in das sich entwickelnde Leben, sondern gebietet dem Staat auch, sich schützend und fördernd vor dieses Leben zu stellen.

b) Die Verpflichtung des Staates, das sich entwickelnde Leben in Schutz zu nehmen, besteht auch gegenüber der Mutter.

c) Der Lebensschutz der Leibesfrucht genießt grundsätzlich für die gesamte Dauer der Schwangerschaft Vorrang vor dem Selbstbestimmungsrecht der Schwangeren und darf nicht für eine bestimmte Frist in Frage gestellt werden.«[20]

Was hier zum Grundrechtsträger avanciert und »grundsätzlich« »Vorrang vor dem Selbstbestimmungsrecht« erwachsener Frauen genießt, was demagogisch »ungeborenes Leben«, an anderer Stelle sogar »menschliches Leben« genannt wird, ist das ovum nach dem 13. Tag der Empfängnis. Dieses hat angeblich ein durch die Verfassung gebotenes Recht auf Leben, das die Freiheit der Person (die freiheitliche Selbstbestimmung der Mutter in ihrem intimsten Bereich, nämlich ihrem Körper) verletzen, ja vernichten kann. Die Freiheit der Person ist unverletzlich, Art. 2, (2), Satz 2, aber sie kann sehr wohl verletzt werden, wenn die Person eine Frau ist, und zwar von einem »Grundrechtsträger«, der *nicht* Person, sondern ein ovum von 13 Tagen ist. Und wenn die erwachsene Person sich gegen diese Verletzung ihrer Freiheit und Vernichtung ihrer körperlichen Unversehrtheit wehren will, weil sie für sich das Recht der Selbstbestimmung über ihren eigenen Körper geltend macht, dann droht ihr der Staat mit dem Strafrecht. Er glaubt sich irrigerweise nicht nur berechtigt, sondern sogar »verpflichtet, zur Sicherung des sich entwickelnden Lebens das Mittel des Strafrechts einzusetzen«.

Um diesen staatlichen Übergriff auf das fundamentalste Persönlichkeitsrecht der Frau zu rechtfertigen, greifen die höchsten Richter zu phantastischen Behauptungen: z. B., das ovum sei »vom 14. Tage nach der Empfängnis« ein »menschliches Individuum«! Oder, der von diesem Tage an »begonnene Entwicklungsprozeß ist ein kontinuierlicher Vorgang, der keine scharfen Einschnitte aufweist« – eine absurde Behauptung, weil damit dem wichtigsten Ereignis im Leben eines Menschen, nämlich seiner Geburt, jegliche Relevanz abgesprochen wird: die Geburt ist nicht einmal ein »Einschnitt«! Das ist eine medizinisch wie philosophisch groteske Argumentation, aber auch ein eklatanter Widerspruch zu grundsätzlichen Rechtsprinzipien, wie dem: »Die Rechtsfähigkeit des Menschen beginnt mit der Vollendung der Geburt« (§ 1), womit bekanntlich das Bürgerliche Gesetzbuch beginnt. Das 14tägige Ovum ist weit entfernt davon, rechtsfähig zu sein, ist keinesfalls ein »Jeder«, der Grundrechte geltend machen kann. Doch unbeirrt fahren die obersten Richter fort mit der Behauptung: »Das ungeborene Leben ist ein Rechtsgut, das geborenem grundsätzlich gleich zu achten ist.« Und gemäß solchen »Grundsätzen« und willkürlichen Gleichsetzungen kann man dann auch behaupten, daß dem ovum selbst das Grundrecht der Menschenwürde (Art. I GG) zukommt. Die Sicherung der Menschenwürde weiblicher Menschen ist dem Gericht keine Sorge, im Gegenteil, es polemisiert gegen das »Selbstbestimmungsrecht« und die »Emanzipation der Frau« und geht sogar so weit, Frauen die Achtung vor dem Menschenleben abzusprechen.

Es ist das historische Verdienst der Richterin W. Rupp-von Brünneck und des Richters Simon, ihre abweichende Meinung zu diesem politischen Urteil und seiner »Begründung« dargelegt zu haben: »Aus der Verfassung kann unter keinen Umständen eine Pflicht des Staates hergeleitet werden, den Schwangerschaftsabbruch in jedem Stadium der Schwangerschaft unter Strafe zu stellen ... Eine entgegengesetzte Verfassungsauslegung ist mit dem freiheitlichen Charakter der Grundrechtsnormen nicht vereinbar.«

Das ist eine deutliche Zurückweisung der patriarchal-antifeministischen Exegese-Praktiken der Richter-Mehrheit, die sich ja allen Ernstes selbst auf eine »Schöpfungsordnung« berufen. – »Die Mehrheit« der Richter »würdigt nicht hinreichend die vom Gesetzgeber vorgefundene soziale Problematik«.

»Unser stärkstes Bedenken richtet sich dagegen, daß erstmals in der verfassungsgeschichtlichen Rechtsprechung eine objektive Wertentscheidung dazu dienen soll, eine *Pflicht* des Gesetzgebers zum *Erlaß von Strafnormen*, also zum stärksten denkbaren Eingriff in den Freiheitsbereich des Bürgers zu postulieren. Dies verkehrt die Funktion der Grundrechte in ihr Gegenteil. Wenn die in einer Grundrechtsnorm enthaltene objektive Wertentscheidung zum Schutz eines bestimmten Rechtsgutes genügen soll, um daraus die Pflicht zum Strafen herzuleiten, so könnten die Grundrechte unter der Hand aus einem Hort der Freiheitssicherung zur Grundlage einer Fülle von freiheitsbeschränkenden Reglementierungen werden«, was zweifellos in eklatantem Maße geschehen ist. Denn der Frau bleibt kein noch so geringer »Bereich freier und eigenverantwortlicher Lebensgestaltung«, wo der Staat selbst in das Innere ihres Leibes hineinregiert. So hat der Supreme Court der Vereinigten Staaten die *Bestrafung* von Schwangerschaftsabbrüchen, die mit Einwilligung der Schwangeren im ersten Drittel der Schwangerschaft durch einen Arzt vorgenommen werden, sogar als »Grundrechtsverletzung« angesehen, weil er das *Grundrecht der Frauen auf den Schutz* ihres persönlichsten Freiheitsraumes als unabdingbares Gebot der Verfassung erachtete.

Die scholastische Grundrechtsinterpretation des obersten deutschen Gerichts hat also zu einer Perversion der Idee der Grundrechte geführt: sie hat den Anspruch der weiblichen Bevölkerung auf auch den minimalsten Grundrechtsschutz vernichtet und sich damit selbst ad absurdum geführt.

Aus der Entstehungsgeschichte des Grundgesetzes geht außerdem eindeutig hervor, daß die seinerzeit »beantragte Aufnahme einer ausdrücklichen Bestimmung über den Schutz des keimenden Lebens abgelehnt worden ist«, so Rupp-von Brünneck und Simon. Entschieden verwahrt sie sich dagegen, daß Frauen, die die Straffreiheit begehren, in einem Atemzuge genannt werden mit den »staatlichen Maßnahmen«, der »Ideologie und Praxis des nationalsozialistischen Regimes« und seiner Massenvernichtung menschlichen Lebens, das ja bekanntlich sogar die Todesstrafe für Abtreibung einsetzte – *gegen Frauen.* »Vielmehr gebietet die mit dem Grundgesetz vollzogene, entschiedene Abkehr vom totalitären nationalsozialistischen Staat eher umgekehrt Zurückhaltung im Umgang mit der Kriminalstrafe, deren verfehlter Gebrauch in der Geschichte der Menschheit schon unendlich viel Leid angerichtet hat.«

Mit dieser Entscheidung der Mehrheit ist nun allerdings nicht die Abkehr, sondern die Rückkehr zum totalitären patriarchalen Staat für die weibliche Bevölkerung besiegelt. »Die Rechtsordnung darf nicht das Selbstbestimmungsrecht der Frau zur alleinigen Richtschnur ihrer Regelungen machen. Der Staat muß grundsätzlich von einer Pflicht (!) zur Austragung der Schwangerschaft ausgehen ...« Solche apodiktischen Behauptungen provozieren die Frage nach der Qualität dieser Rechtsordnung: wenn sie Frauen als Grundrechtsträger respektieren würde, *müßte* sie das Selbstbestimmungsrecht über ihren Körper zur alleinigen Richtschnur der Gesetzgebung machen. Was sind es für »Grundsätze«, die gegen den Willen der existentiell Betroffenen von Staats wegen »Pflichten« aufzwingen, Gebärpflichten, die die Integrität des eigenen Leibes zerstören, Pflichten zudem, denen *kein Recht* ge-

genübersteht.

»Sie (die Frau) soll nicht nur die mit dem Austragen der Leibesfrucht verbundenen tiefgreifenden Veränderungen ihrer Gesundheit und ihres Wohlbefindens dulden, sondern auch die Eingriffe in ihre Lebensgestaltung hinnehmen, die sich aus Schwangerschaft und Geburt ergeben, besonders die mütterliche Verantwortung für die weitere Entwicklung des Kindes nach der Geburt tragen«, so die Verfassungsrichterin, die an anderer Stelle fortfährt, schwerwiegende materielle Gründe aufzulisten: »etwa unzulängliche Wohnverhältnisse, nicht ausreichendes oder ungesichertes Einkommen der vielleicht schon vielköpfigen Familie, Notwendigkeit einer Erwerbstätigkeit beider Ehegatten … der Wunsch oder die Notwendigkeit, eine begonnene Ausbildung fortzusetzen oder einen Beruf weiter auszuüben, Schwierigkeiten in der Ehe, das Gefühl, der Betreuung weiterer Kinder physisch oder psychisch nicht mehr gewachsen zu sein, bei Alleinstehenden auch die Ablehnung einer nicht zu verantwortenden Heimerziehung des Kindes. Die Angst der Schwangeren, daß die ungewollte Schwangerschaft zu einem irreparablen Einbruch in ihre persönliche Lebensgestaltung oder den Lebensstandard der Familie führen wird, das Empfinden, daß sie beim Austragen ihrer Leibesfrucht nicht auf eine wirksame Hilfe der Umwelt rechnen kann, daß die nachteiligen Folgen eines nicht nur von ihr zu verantwortenden Verhaltens sie allein treffen«, und, so ist hinzuzufügen, der Abstieg auf das Niveau von Sozialhilfeempfängern. »Auch haben Staat und Gesellschaft bisher noch keine hinreichenden Einrichtungen und Lebensformen entwickelt, die es der Frau ermöglichen, Mutterschaft und Familienleben mit einer chancengleichen persönlichen Entfaltung, besonders auf beruflichem Gebiet, zu verbinden.« Mehr noch, Unterhaltsansprüche unehelicher Kinder sind lächerlich niedrig und werden bei der herrschenden Gerichtspraxis nur höchst mangelhaft durchgesetzt. Geschiedene Mütter mit Kindern sind in der gleichen elenden Situation. Die Jahre des Kinderaufziehens, der Einsatz der weiblichen Arbeitskraft führt zu keiner Kompensation des jahrelangen Verdienstausfalles, sondern zur völligen materiellen Abhängigkeit vom Ehemann oder zur Doppelarbeit. Der Staat, der die Gebärpflicht auferlegt, gewährt der Mutter nicht einmal einen Rechtsanspruch auf Altersversorgung für diese Arbeitsjahre – für die Anerkennung auch nur einiger »Babyjahre« hat der »soziale Rechtsstaat« angeblich keine finanziellen Mittel, und die mütterliche Arbeitskraft bleibt ohne Arbeitslosenversicherung und hat, selbst wenn sie später arbeitslos ist, keinen Anspruch auf Arbeitslosenhilfe – im Gegensatz z. B. zu Bundeswehrsoldaten –, weil die Arbeit des Aufziehens von Kindern nicht als Arbeit gilt: sie hat nur Pflichten, Rechte hat sie nicht. Mutterschaft bedeutet materielle Verelendung und Abhängigkeit: das »soziale Netz« besteht nicht für Mütter. »Fehlt es daran, dann ist auch das Strafrecht nichts anderes als ein Alibi für das Defizit wirklicher Hilfen: Verantwortung und Lasten werden allein auf die schwächsten Glieder der Gesellschaft abgewälzt ...« Stattdessen wird »zum Einsatz der Strafgewalt als des stärksten staatlichen Zwangsmittels« gegen Frauen gegriffen, »um soziale Pflichtversäumnis durch Strafandrohung zu kompensieren. Dies entspricht gewiß nicht der Funktion des Strafrechts in einem freiheitlichen Sozialstaat« (Rupp-von Brünneck und Simon).

»Der Rigorismus der Mehrheit« des Bundesverfassungsgerichts, einer Handvoll alter, repressiver und hochbezahlter Männer, gegenüber der weiblichen Bevölkerung hat im Jahre 1975 unverhohlen die staatlich verfügte Gebärpflicht und damit die Fortsetzung der patriarchalen Leibeigenschaft der Frauen verkündigt. Von einem freiheitlichen Sozialstaat für die weibliche Bevölkerung kann überhaupt keine Rede sein. Sieht man diese rigorose Strafandrohung, mit der die »Pflicht zum Austragen einer Schwangerschaft« den Frauen aufgezwungen wird, in Verbindung mit der andererseits strafrechtlich noch immer nicht geahndeten Vergewaltigung in der Ehe, so wird der totalitäre Charakter dieses »Rechtsstaates« vollends deutlich. Frauen sehen sich »gegenüber der Allmacht des totalitären Staates, der schrankenlose Herrschaft über alle Bereiche des sozialen Lebens für sich beansprucht und dem bei der Verfolgung seiner Staatsziele die Rücksicht auch auf das Leben des einzelnen grundsätzlich nichts bedeutet ...« (wenn es sich um das Leben von Frauen handelt). Und das ist nicht nur faschistische Vergangenheit.

Die staatlich verfügte Gebärpflicht beinhaltet nicht allein die Verfügung und Fremdbestimmung über den Körper der Frauen, sondern auch über ihre Arbeitskraft, aus dem ersteren folgt das zweite zwangsläufig: die Arbeitspflicht der Mutter, das Kind aufzuziehen (unter Verzicht auf Lohnarbeit, Altersversicherung, Arbeitslosenversicherung, einen 8-Stunden-Tag und Urlaub). Ungewollt belastet mit dieser Pflicht, hat sie die »Wahl«, ob sie das in der Ehe (als materiell Abhängige vom Familienvorstand) oder außerhalb der Ehe als ledige Mutter (als materiell Abhängige vom Sozialamt und seinen Armengroschen) tun will. Es ist blanker Zynismus, von »Wahlfreiheit« zu sprechen. Die Gebärpflicht und diese sozialökonomischen »Alternativen« machen die Frauen zu unfreien Arbeitskräften, die eben nicht – wie der freie männliche Lohnarbeiter – ihre Arbeitskraft gegen Lohn und Sozialleistungen tauschen können.

Frauen unterliegen aber nicht nur einer einfachen Arbeitspflicht – ohne Recht auf Lohn – sondern einer *doppelten*, denn es wird ihnen qua Gesetz noch zusätzlich eine Unterhaltspflicht für die Kinder (und sogar für den Mann) auferlegt. Um dieser Unterhaltspflicht nachzukommen, sind sie gezwungen, zusätzlich zur unbezahlten Arbeit für Kind (und Mann) auch noch Lohnarbeit zu verrichten, um mit ihrem (ungleichen, niedrigen) Frauenlohn ihrer Unterhaltspflicht nachzukommen. Aus der gesetzlichen Gebärpflicht und Unterhaltspflicht ergibt sich der gesetzliche und materielle Zwang zur Doppelarbeit, zu einem 16-Stunden-Tag.

Es ist eine Verhöhnung, daß das den Frauen auch noch als »Partnerschaft« und »Gleichberechtigung« verkauft wird. Eine Ideologie, mit welcher die seit Ende der sechziger Jahre so genannte Reform des Ehe- und Scheidungsrechts Frauen als »Fortschritt« angepriesen wird. Solange die patriarchalen Machtmonopole in Legislative, Exekutive, Judikative und Rechtswissenschaft fast unangetastet fortbestehen, wäre es eine politische Illusion zu glauben, daß diese Instanzen der Staatsgewalt tätig werden, an der gesetzlich und materiell eklatant ungleichen Situation der weiblichen Bevölkerung auch nur marginal etwas zu verändern. Die historisch gewachsene patriarchale Gesellschaftsordnung wird von denen, die sie vertreten und von ihr profitieren, überhaupt nicht als Politikum zur Kenntnis genommen – gleich welcher Partei sie angehören. Eine politische und ökonomische Neuordnung ist daher nicht ihr Ziel, sondern die Erhaltung des status quo. Um die Benachteiligten, die Betroffenen, ruhig zu halten, produziert man Scheinreformen und Gleichberechtigungspropaganda.

Die Abschaffung der unbezahlten Hausarbeit und der Doppelarbeit der Frauen ist genau so wenig geplant wie die Abschaffung der Gebärpflicht. Der Interessenantagonismus zwischen Frauen und Männern besteht nicht. Die sozialen Mißstände, die Realität der Frauenverelendung und Rechtlosigkeit existieren nicht: der Gesetzgeber kann sie ignorieren, weil ihn keine Gegenmacht der Betroffenen wirkungsvoll daran erinnert. Im Vollbesitz seines Machtmonopols kann er es sich erlauben, die ansatzweise in Gang gekommene Problematisierung der Frauenverelendung als Politikum mithilfe seines »Rechts« zu entpolitisieren, zu re-privatisieren, an die Machtlosen und Rechtlosen als ihr persönliches Problem zurückzureichen. Er kann das auch tun, weil er getrost davon ausgehen kann, daß jeder Familienvater, ausgestattet mit ökonomischer und physischer Überlegenheit und patriarchaler Autorität, sein »Recht« gegenüber seiner unwilligen Frau mit Sicherheit verteidigen wird, ja er unterstellt sogar – wider besseres Wissen – daß gleich starke »Partner« einvernehmlich und individuell regeln werden, was er politisch zu regeln sich weigert: die Abschaffung der patriarchalen Ausbeutung der Frau und eine egalitäre Ordnung der materiellen Lebensbedingungen der Frauen als Mütter.

Die »Neufassung« des § 1356 BGB ist für diese patriarchale Machtpolitik ein typisches Beispiel (sie hat freilich im Vergleich mit der alten Fassung den propagandistischen Vorteil, daß die vielfältige Ausbeutung der weiblichen Arbeitskraft durch den Familienvater nicht mehr so deutlich sichtbar ist). Sie lautet nun:

»§ 1356 (Haushaltsführung und Erwerbstätigkeit) (1) Die Ehegatten regeln die Haushaltführung im gegenseitigen Einvernehmen. Ist die Haushaltführung einem der Ehegatten überlassen, so leitet dieser den Haushalt in eigener Verantwortung.

(2) Beide Ehegatten sind berechtigt, erwerbstätig zu sein. Bei der Wahl und Ausübung einer Erwerbstätigkeit haben sie auf die Belange des anderen Ehegatten und der Familie die gebotene Rücksicht zu nehmen.«

Will man dem Gesetzgeber glauben, dann handelt es sich um das friedvolle und ausbeutungsfreie Verhältnis geschlechtsloser Ehegatten, die in »gegenseitigem Einvernehmen«, d. h. wie gleichberechtigte und gleich starke Vertragspartner »die Haushaltführung« regeln. Ist dem einen die »Haushaltführung« (fürwahr ein Euphemismus für die mehr als 8stündige Dreckarbeit! Man ersetzte das Wort *Arbeit* durch *Führung*) überlassen, so erhält er dafür »eigene Verantwortung« (nicht etwa einen Rechtsanspruch an den Einkünften des anderen, der seine hausarbeitsfreie Arbeitskraft für Lohn tauscht).

Es handelt sich um geschlechtslose Ehegatten und folglich auch um kinderlose, wenn ich dem Gesetzgeber glaube. So sind denn auch beide berechtigt, erwerbstätig zu sein. Wenn nun beide von diesem Recht Gebrauch machen, wer »führt« denn dann die Hausarbeit durch? Und beide haben sicher auch das Recht, ihre Erwerbstätigkeit auf dem Arbeitsmarkt zu gleichem Lohn zu realisieren. »Bei der Wahl und Ausübung einer Erwerbstätigkeit haben sie« – offenbar alle beide – »auf die Belange des anderen Ehegatten und der Familie« (Wer ist die Familie? Sollten die geschlechtslosen Ehegatten doch Kinder in die Welt gesetzt haben, die über Jahre Tag und Nacht eine erwachsene Arbeitskraft für ihre Betreuung absorbieren, und sollte das die »Haushaltführung« und die »Erwerbstätigkeit« beider nicht enorm komplizieren?) lediglich »die gebotene Rücksicht zu nehmen«, mehr nicht. Keiner ist – laut diesem Gesetzestext – zur Doppelrolle verpflichtet, sie existiert überhaupt nicht. Es herrscht generell »gegenseitiges Einvernehmen«.

Der Geist dieses Gesetzes ist der Geist der bewußten politischen Lüge, die die tägliche Realität von Millionen Frauen, ihre Erniedrigung, Ausbeutung und Unterdrückung in der Ehe weglügt. Denn in diesem Verhältnis, das gesetzlich egalitär geregelt werden muß, steht die bisher rechtlose Frau dem ihre Rechte vernichtenden Mann, dem Familienvater gegenüber:

– die Gebärpflichtige demjenigen, dessen Arbeitskraft und Leistungsfähigkeit durch keine Pflicht beeinträchtigt ist
– die Mutter mit einem oder mehreren Kindern mit »Mutterpflichten« demjenigen, dem keine Vaterpflichten auferlegt sind
– die (einkommenslose) Hausarbeiterin demjenigen, der nicht zur Hausarbeit verpflichtet war und ist
– die materiell abhängige Ehefrau und Mutter dem materiell von ihr unabhängigen Mann, der seine Arbeitskraft für (Männer-)Lohn tauschen kann
– die physisch in der Regel Schwächere dem physisch Stärkeren
– oft die Vergewaltigte gegenüber dem Vergewaltiger
– die Geschlagene ihrem Schläger
– die verachtete Frau dem mit irrationaler Autorität ausgestatte-

ten Mann
— die »minderwertige« Frau dem »überlegenen« Mann
— die um Bildung und Ausbildung geprellte Frau dem höchst privilegierten Mann
— die Frau mit dem Frauenlohn dem Mann mit dem Männerlohn
— die Doppelarbeiterin dem Mann mit dem 8-Stunden-Tag
— die im Geschäft/Betrieb mithelfende Ehefrau gegenüber dem Inhaber-Ehemann, der noch immer nicht verpflichtet wird, ihr Lohn zu zahlen
— die arbeitslose Frau dem, der das Monopol auf Lohnarbeit, auf geistige Arbeit und alle unverdienten Privilegien auf seiner Seite hat.

Und angesichts dieses Verhältnisses von Machtlosigkeit und Macht sagen die »Volksvertreter« (und Familienväter) zu den Machtlosen: Regelt dieses Machtverhältnis in »gegenseitigem Einvernehmen« und mit der »gebotenen Rücksicht«! Von Seiten der Mächtigen erfolgt die Regelung des Verhältnisses durch Drohung, Einschüchterung, brutalste Prügel und Vergewaltigung. Millionen Familienväter praktizieren die »gewaltsame Bemächtigung« ihrer Frau mit allen Mitteln — mit Gürteln, Messern, zerschlagenen Flaschen.[21] Sie ist ja ihr menschliches Eigentum.

Anmerkungen

1 A. Erler/E. Kaufmann (Hrsg.), *Handwörterbuch zur Deutschen Rechtsgeschichte* (HRG), Berlin 1971, Band I, Artikel »Frauenraub« von A. Erler.
2 Andreas Heusler, *Institutionen des Deutschen Privatrechts*, Leipzig 1885, Zweites Buch, S. 95.
3 ibid., S. 93. Den Muntunterworfenen, Frauen, Leibeigenen und Sklaven, war es verboten, Waffen zu besitzen.
4 ibid., S. 98.
5 Siehe dazu meine Arbeit: *Die Rechtlosigkeit der Frau im Rechtsstaat*, dargestellt am Allgemeinen Preußischen Landrecht, am Bürgerlichen Gesetzbuch und an J. G. Fichtes Grundlage des Naturrechts, Frankfurt/New York 1979 (Campus Forschung), I. Kapitel: Der Widerspruch von patriarchalem »Recht« und bürgerlich-egalitärem Recht.

6 Gertrud Bäumer, *Die Frau in Volkswirtschaft und Staatsleben der Gegenwart*, Stuttgart und Berlin, 1914, S. 307/308.

7 B. Mugdan (Hrsg.), *Die gesamten Materialien zum Bürgerlichen Gesetzbuch*, Berlin 1899, Band IV, 2. Titel: Wirkungen der Ehe, § 1275, Abs. 2.

8 ibid., § 1275.

9 Alle Zitate aus: Gisela von Streitberg (Pseudonym), *Die Beseitigung keimenden Lebens*, § 218 des Reichs-Straf-Gesetz-Buches in neuer Beleuchtung, Oranienburg–Berlin 1910.

10 Die Problematik ist ausführlich dargestellt in meiner Arbeit: *Die Rechtlosigkeit der Frau im Rechtsstaat*, Kapitel I.2. Zum Beispiel § 218 StGB, S. 55 ff.

11 F. Massfeller/D. Reinicke, *Das Gleichberechtigungsgesetz*, Mit Erläuterungen, Köln, Berlin 1958, S. 103 (Der erstere war Ministerialrat im Bundesjustizministerium, der zweite Bundesrichter).

12 ibid.

13 ibid., S. 103.

14 ibid.

15 ibid.

16 ibid., S. 104. Vor Inkrafttreten des sogenannten Gleichberechtigungsgesetzes (also bis 1958) »konnte der Mann mit Ermächtigung des Vormundschafts(!)gerichts ein Arbeits- oder Dienstverhältnis der Frau unter bestimmten Voraussetzungen kündigen« (ibid. S. 107). Daran wird noch einmal sehr deutlich, daß die Arbeitskraft der Frau nicht frei ist wie die des männlichen Lohnarbeiters, sondern Objekt der patriarchalen Vormundschaft.

17 ibid.

18 Rudolf Wiethölter, *Rechtswissenschaft*, Frankfurt 1968, S. 133.

19 Siehe dazu meine Arbeit: *Die Rechtlosigkeit der Frau im Rechtsstaat*, Frankfurt 1979 (Campus), besonders I. Kapitel, 2.

20 Entscheidungen: Verfassungsrechtliche Grenzen der Strafbarkeit des Schwangerschaftsabbruchs (m. abw. Meinung von Rupp-von Brünneck u. Simon, S. 578 f.) in: *Neue Juristische Wochenschrift*, 13. Heft, 26. März 1975, München und Frankfurt. Alle folgenden Zitate sind der Entscheidungsbegründung durch die Mehrheit bzw. der »Abweichenden Meinung«, S. 582 f., entnommen. Das Studium dieses Dokuments ist allen Frauen, Juristinnen, Sozialwissenschaftlerinnen und Journalistinnen dringend empfohlen. Selbst in feministischen Publikationen trifft man auf die Behauptung von der Liberalisierung. Diese Einschätzung beruht auf Unkenntnis dieses Textes oder auf einem unbewußten politischen Selbstbetrug. Auch die Vertreterinnen der neuen Mutterideologie sollten sich damit kritisch auseinandersetzen, da sie Gefahr laufen, genau im Sinne dieses Urteils zu funktionieren.

21 Siehe dazu: Dagmar Ohl/Ursula Rösener: *Und bist du nicht willig
. . .*, Ausmaß und Ursachen von Frauenmißhandlung in der Familie,
Berlin 1979. Ihre apologetischen Erklärungen zu Gunsten der Fami-
lienväter-Verbrecher kann ich allerdings nicht teilen.

Petra Karin Kelly
Frauen-Friedenspolitik
angesichts der drohenden
Weltvernichtung

Global 2000, ein Bericht von weit über tausend Seiten, den noch
Präsident J. Carter in Auftrag gegeben hat und der als umfassend-
stes Szenario seit *Die Grenzen des Wachstums* vom Club of Rome
gilt, zeichnet ein Schreckensbild von dieser Welt, von diesem Planeten Erde ohne Notausgang im Jahre 2000: 6,3 Milliarden Menschen bevölkern dann die Erde; fünf Milliarden davon leben in
Entwicklungsländern; ausgetrockneter, ausgelaugter Boden fast
überall; abgeholzte Wälder; die Wüsten wachsen; Aufwärmung
des Klimas aufgrund von Luftverschmutzung; zwei Millionen
Tierarten sind ausgestorben; Hunderttausende Tonnen Atom-
müll fallen an. Die Spannungen, die zu weltweiten ABC-Kriegen
führen können, werden sich aufgrund der knappen Ressourcen
verschärfen. Und wenn der »harte« Energieweg gegangen wird
(Verdopplung des Energieverbrauchs, Förderung von Millionen
Tonnen Kohle, mehrere hundert Atomkraftwerke, Schnelle Brü-
ter usw.), dann werden die Auswirkungen auf die Umwelt und
auf die Gesundheit der Menschen katastrophal sein. »Die Zeit
zum Handeln, um solchen Ereignissen vorzubeugen, geht zu
Ende«, ist das Fazit dieser Studie.
Und während wir über die begrenzte Belastbarkeit dieser ausgebeuteten Erde diskutieren, während wir uns auf den gewaltfreien
Weg nach Brokdorf und Kalkar machen, wird immer noch viel zu
wenig über die Zerstörungen, die die Rüstung und das Militär
bereits in sogenannten »Friedenszeiten« verursachen, gesprochen. Natürliche Reservate und Schutzgebiete werden zu Übungs-
plätzen umfunktioniert, Straßenbahnen, Bahnlinien und Flughä-
fen werden so ausgebaut und angelegt, daß sie militärisch genutzt
werden können, und wenig wird über die Verschmutzung durch
waffenproduzierende Atomanlagen und Rüstungsbetriebe diskutiert. Tag und Nacht, während Millionen Menschen entfremdet
an ihren Fließbändern stehen, Tag und Nacht, während Millionen Menschen ihre Kinder zu Bett bringen, kreisen »Killer-Satel-

liten« mit Mini-Atomkraftwerken und nuklear gerüstete Einsatz-flotten über unseren Köpfen und in den Meeren. Wie Gerda Zellentin so treffend schreibt: »Die ständige Bereitschaft für den Krisen- und Ernstfall verschlingt Unmengen von menschlicher und physikalischer Energie.« Die verheerenden Wirkungen des ungezügelten Wachstums zeigen sich in allen sozialen Bereichen. Ökologische und soziale Verelendung, Militarisierung und die weltweite Verstärkung staatlicher Zwangsapparate sind die Folge.

Auf diesem Konfliktfeld hastet das Krisenmanagement der Regierenden (97% Männer, zu denen übrigens auch Margaret Thatcher gehört, die sich wie ein etablierter männlicher Politiker benimmt und deshalb aufgenommen ist in diese Männerbünde) gleich einer Feuerwehr von einem Brandherd zum anderen, ohne die Ursache der Gefahren unter Kontrolle zu bringen. Unsere Gesellschaft droht an Hoffnungslosigkeit langsam zu ersticken. Es fehlt die Hoffnung, daß es Wege aus den Gefahren gibt.

Ingeborg Drewitz, Schriftstellerin und meine Mitverbündete im Frauen- und Friedenskampf gegen Militarismus und phallokratische Politik, hat in einem Brief geschrieben: »Der Krieg, der Frieden. Seitdem am 6. August 45 die erste Atombombe abgeworfen wurde, ist das kein Thema mehr, weil es den Frieden nicht gibt. Nur noch die Angst. Sind deshalb anderthalbhundert Kriege seitdem (noch ohne Atombombeneinsatz) mit der Zahl von Toten, die der des Zweiten Weltkrieges gleichkommt, nur noch Spiel mit der Angst, denn das Atomwaffenpotential in den verschiedenen politischen Lagern ist ja nicht auf Halde, wird ständig modernisiert, also verbessert. Und was das heißt, weiß jeder. Und darum kann ich nichts zum Frieden sagen, weil das Wort nicht mehr taugt. Weil Politik nur noch taugt, die Balance der Angst zu halten. *Weil die Verweigerung aller, rings um die Erde, der Weltgeneralstreik (leider) viel weniger vorstellbar ist als das Antreten zum 3. (endgültigen) Weltkrieg.*« Und Ingeborg Drewitz bringt es auf den Punkt, wenn sie schreibt: »Ich habe gegen die Angst anzuleben und nur noch das Vertrauen zum Piloten, zu dem an der Abschußrampe, der die Radarsignale beachtet, ein bescheidenes, von politischen Zufällen begrenztes Vertrauen. Denn wer kann sich mit denen in der Radarstation denn noch verständigen? So muß ich also passen. Zum Frieden, über den Frieden, für den Frieden, da fällt mir nichts mehr ein. Nur noch Angst. Und die

Trauer um die Menschen, um die Schönheit der Welt, um meine Kinder.«

Viele junge Frauen und Männer meiner Generation, die der Nachkriegszeit, sie alle, wir alle stoßen überall auf feste, oft starre patriarchalische Strukturen und Apparate, sei es in Parteien, Gewerkschaften, in Verbänden, Universitäten und Kirchen – Apparate voller Männer und Hierarchien, gegenüber denen wir uns hilflos und ohnmächtig vorkommen. Alle etablierte Politik scheint auf ein Ziel zuzusteuern: die Wiederherstellung einer möglichst reibungslos funktionierenden Wohlstandsgesellschaft mit hohen Wachstumsraten, mit Anreiz für Konsum und Investition – eine seelenlose, lieblose Gesellschaft, die wir nicht wollen. Die tägliche Erfahrung zubetonierter Landschaft, stumpfsinniger Arbeit und einer dahinsiechenden Umwelt, sie beeinträchtigt unser Leben. Die Eskalation der Rüstung und die Gewalteinsätze überall auf dieser Welt gegen unsere Schwestern und Brüder, sie machen uns krank. Wir haben diesen weltpolitischen *Machismo*-Wahn (Männlichkeitswahn) satt!

Und damit sind wir beim Problem, das die Frauenbewegung heute hat – nämlich, daß sie nicht frühzeitig und nachdrücklich genug in die offizielle Politik eingegriffen hat. Ein Leitspruch der Frauenbewegung – »Das Persönliche ist politisch« – spiegelt durchaus die Notwendigkeit der individuellen Emanzipation und der gesellschaftlichen Veränderung ... aber dieser Leitspruch sollte auch umgekehrt angewandt werden: »Das Politische ist persönlich.« Dies besonders in einer Zeit, in der ein dritter Weltkrieg, ein atomares Holocaust, fast wie ein unvermeidliches Naturereignis hingenommen wird. Generäle aller Militärblöcke reden darüber (natürlich im Namen der Sicherheit!), Verteidigungsminister verhandeln darüber und viele, viele Menschen stehen betroffen da, haben Angst und fühlen sich ohnmächtig.

Viel ist in den letzten zwei Jahren über Abrüstung, über Stationierung von neuen Nato-Mittelstreckenraketen in Europa, von atomwaffenfreien Zonen und von einer Aggressionspolitik des US-Präsidenten Reagan und Weinberger und Co. gesprochen worden. Viele Frauen, viele Feministinnen innerhalb der Friedens- und Frauenbewegung meinen jedoch, daß viel zu wenig über den Krieg gegen uns, die Frauen, gesprochen und diskutiert worden ist. Krieg auf den Falkland-Inseln, Krieg im Libanon, begrenzter atomarer Krieg, vorbereitet auf den grünen Tischen des Pentagons, und der Zweitschlag, vorbereitet im Kreml, diese Kriege lassen den einen Krieg vergessen, den Krieg, den Männer täglich und nächtlich gegen uns Frauen führen. Dieser Krieg der Herrschenden gegen Unterdrückte wird geführt mit Hilfe von Vergewaltigung und Schlägen, Demütigungen und Morden.

Johanna Dohnal, Staatssekretärin in Kreiskys Bundeskanzleramt und zuständig für allgemeine Frauenfragen, erklärte jüngst auf dem Hamburger Treffen der Sozialistischen Fraueninternationale: »Ich wage zu behaupten – auch bei Friedensmärschen marschieren (potentielle) Vergewaltiger mit! Daher müssen wir auch in der Friedensbewegung jene Männer als Verbündete erst suchen, die gegen jede Gewalt sind, auch gegen die Gewalt an Frauen!« Und sie appelliert, daß wir Frauen uns nicht auf die Friedenserziehung allein abdrängen lassen dürfen – so wichtig sie ist. Johanna Dohnal erklärt leidenschaftlich, daß wir Frauen in die Domänen der Männer gehören und daß wir uns auseinanderzusetzen haben mit neuen ideologischen, politischen und wirtschaftlichen Gedanken.

Sie hat recht: wir müssen auftreten – gewaltfrei und phantasievoll – gegen das herz- und hirnlose Gebaren von Computerchips und sogenannten Experten, gegen das phantasielose und sterile Gehabe sogenannter Realpolitiker und Abrüstungsexperten, erst recht gegen brutale militaristische Gewaltanwender. Wenn wir in diese Domänen der Männer eindringen wollen, so sollten wir das nicht blind und auf gehorsame Weise tun, d. h., wir sollten wissen, in welche Domänen wir eintreten wollen. Meiner Meinung nach sollten wir Frauen nicht das Rückgrat der kriegführenden Nationen bilden, d. h., wir sollten keinen Zugang zur Bundeswehr suchen, wir sollten für den Verteidigungsfall unsere Dienstleistungen im Sanitäts- und Heilwesen verweigern, wir sollten uns nicht bei Kriegsvorbereitungen als Krankenschwestern und Sanitätshelferinnen einplanen lassen. Wenn wir Frauen uns mit den neuen ideologischen und politischen Gedanken innerhalb der Friedensbewegung auseinandersetzen, so sollten wir zuallererst sehen, daß wir nicht dazu da sind, die Verwundeten gesund und somit schnellstmöglich wieder kriegstauglich zu pflegen. Wer das Nato-Handbuch liest, weiß genau, was es heißt, bei der Kriegsvorbereitung und im Verteidigungsfall, wie im Artikel 12 a, Abs. 4 und 6 des Grundgesetzes vorgesehen, mitzumachen, d. h. jemanden im atomaren Kriegsfalle gesund zu pflegen. Das Nato-

Handbuch spricht von der dringlichen Kriegschirurgie, was bedeutet: Schwerverletzte sind zuletzt zu behandeln, weil »die Aufwendungen von Zeit und Mühe nicht gerechtfertigt sind«. Speziell Frauen, die zu Schwesternhelferinnen ausgebildet werden, sind für diesen Kriegsdienst eingeplant. Die Bundesregierung rechnet mit 200 000 Frauen, die so zum Einsatz kommen, vor allem als Ärztinnen, Krankenschwestern, als Putzfrauen, Köchinnen und Bedienungspersonal. Sollten diese 200 000 Frauen den Einsatz verweigern und dies heute schriftlich zum Ausdruck bringen, würden sie einen großen Teil der Militarisierungsmaschine lähmen und so aktiv eine Friedenspolitik voranbringen können. Bis jetzt haben uns die etablierten Politiker mit unserem Hilfswillen in einen Kriegsfall einplanen können: Wir müssen gemeinsam klarmachen, daß sie mit uns nicht rechnen können.

In vielen feministischen Zeitschriften und Artikeln ist zu lesen, daß eine starke Frauen-Friedensbewegung vor und während des Ersten Weltkriegs diesen nicht hat verhindern können. Nach den Kriegen war oft die Frauenbewegung geschwächt oder gar gelähmt. Die Frage wird immer aktueller: Können Frauen innerhalb der Friedensbewegung und innerhalb der Frauenbewegung die Aufrüstungspolitik in ihren eigenen Ländern und grenzüberschreitend aufhalten, und können sie durch ihren gewaltfreien Widerstand Veränderungen der seelenlosen etablierten Politik bewirken?

Ich habe die Geschichte der vielen Frauenkämpferinnen und Friedenskämpferinnen in den Vereinigten Staaten und in Europa nachgelesen. Jean Addams zum Beispiel trat zum ersten Mal 1899 öffentlich für die Friedensbewegung ein, als sie sich an der antiimperialistischen Agitation gegen die Annexion der Philippinen durch die Vereinigten Staaten beteiligte. Von daher rührte ihre Grundüberzeugung als Friedenskämpferin, daß Frieden und Antiimperialismus zusammengehören. Eine andere Wurzel für ihre Überzeugung von der Möglichkeit friedlicher Koexistenz war ihre Arbeit in den Elendsvierteln von Chicago. Was sie dort kennenlernte, war der Internationalismus der Slums. Jean Addams brachte in ihren Schriften eine neue Vorstellung von Pazifismus zum Ausdruck, die mit taubenhaftem Wohlverhalten und passivem Friedenswillen nichts zu tun hatte. Im Mittelpunkt ihres Denkens stand nicht mehr nur die Vermeidung des Krieges, sondern der aktive und permanente gewaltfreie Kampf für ein neues

Wertsystem, das an die Stelle der gefeierten militärischen Tugenden rücken sollte. Jean Addams forderte ein moralisches Äquivalent für den Krieg und einen Patriotismus, der sich auf die ganze Erde beziehen sollte.

Viele Frauen in der Frauenbewegung haben lange argumentiert, »Nur keine Macht, weil Macht männlich ist«, und sie haben deswegen auch den Marsch durch die Institutionen (Parteien, Gewerkschaften, Verbände usw.), durch die etablierten Männerbünde abgelehnt, haben sich in Frauenzentren, Frauenhäusern, autonomen Frauengruppen und Frauencafés wiedergefunden. Viel consciousness-raising hat sich in den Lesbengruppen, in den Frauenzentren abgespielt, und dies war gut so; es hat vielen von uns geholfen, den Weg der individuellen Emanzipation einzuschlagen, es hat uns mutiger und selbstbewußter gemacht, und es brachte uns weiter in der Theorie und Praxis der Frauenbewegung (siehe § 218-Kampagne oder den Aufbau der Zufluchtstätten für Frauen und Kinder usw.).

Ein Teil dieser Frauenbewegung jedoch droht widersprüchlich zu werden, denn er will auf der einen Seite den Aufbau einer autonomen Frauenbewegung und Frauenstruktur (z. B. eine feministische Partei) und strebt auf der anderen Seite die Gleichberechtigung »um jeden Preis« an, wenn ich das so nennen darf. Diese Frauen (z. B. Alice Schwarzer) meinen, daß sie Gleichberechtigung erkämpfen, wenn sie Frauen Zugang zur Bundeswehr verschaffen. Haben Frauen nicht schon genügend für Militarismus und phallokratische Politik getan? Zahlen wir denn nicht weiterhin die Kriegssteuern, arbeiten wir denn nicht weiterhin als Sekretärinnen und Assistentinnen in Rüstungsbetrieben, bei der Nato, beim Warschauer Pakt, in der Rüstungsindustrie, bei der KWU, beim Siemens-Elektrokonzern usw.? Und gebären wir nicht genügend junge Männer, die später zu Soldaten werden und die eines Tages entweder als »Helden« oder als vergessene unbekannte Soldaten auf den Friedhöfen liegen? Müssen wir Frauen in der Bundeswehr beweisen, daß wir auch mit einer Pistole umgehen, daß wir an Manövern teilnehmen, daß wir den Feind B oder A besiegen können auf einem Übungsgelände irgendwo in der Lüneburger Heide oder am Vogelsberg?

Als Jean Addams und Emmeline Pethick-Lawrence zu der Überzeugung gekommen waren, daß eine eigene Friedensorganisation der Frauen notwendig sei, wurde 1915 die Women's Peace Party in Washington gegründet. Die wichtigsten Programm-Punkte waren unter anderem: Einberufung einer Konferenz neutraler Nationen zur schnellen Herbeiführung des Friedens, Begrenzung von Aufrüstung, Verstaatlichung der Waffenproduktion, organisierte Opposition gegen den Militarismus im eigenen Land, demokratische Kontrolle der Außenpolitik, Humanisierung der Regierungen durch die Ausdehnung des Stimmrechts auf Frauen, Einrichtung einer internationalen Schutzpolizei zur Kontrolle rivalisierender Armeen und Flotten und die Beseitigung ökonomischer Ursachen für Kriege. Dieses Programm der Frauen-Friedenspartei war sehr umfassend und ebnete den Weg für Präsident Wilsons späteres internationales Programm.

In der Geschichte werden viele politische Höhepunkte der Frauenfriedensbewegung ignoriert, unterdrückt; sie werden in Schulen und Universitäten kaum gelehrt. So ist zum Beispiel eine Reihe der Forderungen der Internationalen Frauenliga für Frieden und Freiheit später von Politikern aufgegriffen worden. Die Impulse zur Gründung des Völkerbundes oder der UNO gingen mit von der energischen Propaganda und Massenaufklärung der pazifistischen Frauenorganisationen aus. Dahinter stand ein bestimmtes weibliches Selbstverständnis, nämlich daß Frauen aufgrund ihrer biologischen Fähigkeit, Leben zu geben, ein unmittelbareres Interesse als Männer an der Austragung von Konflikten mit friedlichen Mitteln haben. Frauen, so argumentierten die feministischen Pazifistinnen, besitzen keinerlei ökonomische, politische oder Prestigeinteressen, die sie in Kriegen befriedigen können. Gleichzeitig erkannten sie ihre Aufgabe bei der praktischen Mobilisierung auf der Straße gegen den Militarismus und gegen die Hochrüstungspolitik der Männer. Solche feministischen Pazifistinnen, oder feministischen Gewaltfreien, habe ich überall in den letzten Monaten in den Vereinigten Staaten wie auch in Großbritannien wiedergetroffen, und es sind gerade diese Frauen, die mir Hoffnung machen, die mir Kraft und Mut geben weiterzuarbeiten und weiterzukämpfen. Ich begrüße auch die Rede der Feministinnen auf der Bonner Anti-Nato-Kundgebung vom 10. Juni 1982, da diese klar aufzeigten, daß die Forderungen der Feministinnen auch in die Friedensbewegung gehören. Wir müssen deutlich machen, daß wir keinen Krieg wollen, keinen Militarismus und keine Männerherrschaft. Krieg ist immer die Unterwerfung eines Schwächeren durch den Stärkeren. Krieg ist der Versuch, ein Ungleichheitsverhältnis neu festzulegen. Kriege werden geführt, um Macht und Ohnmacht neu festzulegen und Mächtige und Ohnmächtige neu einzuteilen.

Die weltweiten Knechtschaftsverhältnisse, diese Selbstverständlichkeit von Herrschaft über Menschen, spiegelt sich auch in unserem Alltag wider, in den Betrieben, in den Parteien, in den Gewerkschaften, im Umgang mit den Ausländern und Wanderarbeitnehmern, im Umgang mit Kindern und mit Minderheiten und – im Umgang mit Frauen. Ich warte immer noch auf den Tag, an dem die engagierten Männer der Friedensbewegung, die sogenannten Experten dieser neuen alternativen und Friedensszene in der Bundesrepublik, endlich auch unsere Forderungen vertreten: keine Einbeziehung von Frauen im Militär und in der zivilen Verteidigung, keine Dienstpflicht im Rahmen der Notstandsgesetze, Abschaffung des Kriegsspielzeugs, Aufklärung über den Zusammenhang von »Mann-sein« (Männertum) und Gewaltanwendung, keine Verherrlichung von Militär und Gewalt usw. Die, die wie Alice Schwarzer meinen, daß wir Frauen gleiche Rechte und Pflichten auch innerhalb der Bundeswehr auszuüben haben und daß wir uns zugleich auch konsequent verweigern könnten, müssen wissen, daß die Integration der Frauen in die Bundeswehr einen Kampf um Macht ohne Bewußtseinsebene bedeuten würde. Dies ist meiner Meinung nach schlimmer als ein Kampf auf der Bewußtseinsebene ohne Kampf um Macht. Die, die Zugang zu der Bundeswehr fordern, scheuen die politische Auseinandersetzung in der Frage, was Militär eigentlich bedeutet. Meiner Meinung nach sind aktive Gewaltfreiheit und Pazifismus im radikalen Sinne nicht getrennt vom Feminismus zu verstehen. Feminismus und Pazifismus müssen beide aktiver gewaltfreier Kampf gegen die Kriegsmaschinerie, gegen die Produktion von »Helden«, gegen Unterdrückung und Gewalt und Vergewaltigung sein. Wenn wir Frauen innerhalb der alternativen Bewegung direkte und indirekte Gewalt ablehnen, so hat dies nichts mit natürlicher Friedfertigkeit zu tun. *Es hat damit zu tun, daß wir die Macht der Ausgeschlossenheit aus diesem Bereich nutzen werden, um das Militär und den Militarismus zu bekämpfen.*

Viele, die ich in der Friedens- und Frauenbewegung kennengelernt habe, sind nicht bereit, die Gleichberechtigung um jeden Preis zu akzeptieren, denn dieser Preis wäre der Zugang zu Waffen, der Zugang zum Militär, Unterwerfung und Indoktrination.

All dies sind und können keine feministischen Forderungen sein. Frauen haben es satt, die Lückenbüßer der Gesellschaft zu sein. Emanzipation heißt für mich nicht nur Selbstbestimmung und Selbstbefreiung, sondern auch: die Männerherrschaft, ihre Mittel der Politik und der Konfliktlösung sowie ihre »Errungenschaften« in Frage zu stellen. Die Armeen in der Welt und die Gewalt, die von ihnen ausgeht, haben unermeßliches Elend, Unfreiheit und Unterdrückung mit sich gebracht. Armeen in aller Welt sind Auswüchse einer patriarchalischen Ordnung. Es ist ein gefährlicher Irrtum, irgendeinen Anteil am Machtbereich Militär für Frauen zu fordern. Dies ist kein neuer Machtbereich für uns Frauen, sondern einfach nur ein Machtbereich für Militaristen! Die Teilhabe an dieser Art von Macht ist uns Frauen in der Geschichte immer wieder zum Verhängnis geworden. Wir sind die Reservearmeen der Wirtschaft, unterbezahlt und diskriminiert und ohne Schutz, und wir werden wieder zu Reservearmeen, wenn diese Richtung eingeschlagen wird, wie das schon Minister Apel vorhatte.

Ich persönlich will eine Gleichberechtigung, die auch den Männern das Soldatsein verbietet. Statt »Frauen in die Armee« – »Keine Armeen mehr«! Armeen haben immer patriarchalische Strukturen gefestigt, und darum sollten wir auch hier in keiner Weise neue (Männer-)Rollen übernehmen wollen. In einer Armee neben einem Mann zu stehen, hat nichts mit Gleichberechtigung und Emanzipation zu tun. Aber es hat für viele mit dem Töten und mit dem Sterben zu tun, es hat auch sehr viel mit Unterwerfen und Anpassung und Leistung zu tun und mit Disziplin, Gehorsam und Ordnung. Dies alles sind Qualitäten, die wir nicht verinnerlichen wollen. Die Frauen, an die appelliert wird (denkt an die Bundeswehr!), werden zu zusätzlichen Bausteinen einer ideologischen Schutzmauer und militärischer Denkweise. Die heutige Gesellschaft ist in allen Ländern der Welt militarisiert, und während wir uns tagtäglich für soziale Belange einsetzen und bei jeder Verminderung des sozialen Haushalts aufschreien, habe ich noch keinen General gesehen, der für einen Leopardpanzer oder für einen Tornado um Spenden bitten mußte.

Wir Frauen sind überall eine chronisch rechtlose »Minderheit« und haben kein Kapital, keine Waffen, keine etablierte politische Macht in einer Gesellschaft, die letzten Endes auf der männlichen Macht (Faustrecht) aufgebaut worden ist. Unsere Chance liegt darin, daß wir die »Macht der Ausgeschlossenen« nutzen müssen, um Militarismus, männliche Gewaltpolitik, Kriege und Ausbeutung zu bekämpfen. Wir wollen keine Gleichberechtigung in einer Politik oder innerhalb von Strukturen (etablierte Parteien, Bundeswehr usw.), die zur Ausbeutung des Individuums, zu Gewalt und Krieg führen können. Unsere Devise muß sein: weder Kochtopf noch Stahlhelm.

Vor einigen Jahren waren es die Winzerfrauen im Kaiserstuhlgebiet, die das Bleiwerk in Markolsheim zusammen mit ihren französischen Freundinnen verhindert haben, und es waren die Winzerinnen und die tapferen Hausfrauen, die bis jetzt das Wyhler Atomkraftwerk gewaltfrei bekämpft und die Initiative bei den Bauplatzbesetzungen ergriffen haben. Und meine Hoffnung wächst, wenn ich an den heißen Frauensommer '82 denke, den Frauensommer, in dem ich diesen Artikel schreibe.

Vor einigen Wochen habe ich die Frauen vor dem Militärstützpunkt Greenham-Common/Newbury getroffen. Diese Frauen haben seit Dezember ein Frauencamp eingerichtet, um die Stationierung von 96 Cruise-Missiles im Dezember '83 zu verhindern. Im März hat mit einer 24stündigen gewaltfreien Blockadeaktion ein großes Frühlingsfest des Lebens stattgefunden. 34 der 150 angeketteten Frauen sind am folgenden Tag verhaftet worden. Inzwischen hat der Stadtrat von Newbury die Frauen von seinem Land auf die andere Seite verjagt, die zur Grafschaft Berkshire gehört. Dort können sie zur Zeit bleiben. In Waddington-Lincoln wurde Anfang April '82 ein weiteres Frauencamp vor der Basis der Nimrod-Frühwarnflugzeuge errichtet, die voraussichtlicher Stützpunkt für mit Atomwaffen bestückte Tornado-Jagdflugzeuge sein wird. Und ein weiteres Frauencamp soll vor den Toren der Royal-Airforce-Basis bei Brawdy-Cardiff in Wales errichtet werden. Auch die Schweizer Frauen haben aus diesen Beispielen in Großbritannien gelernt. Schweizer Frauen werden in der Nähe des Waffenplatzes Frauenfeld (!) ein Frauen-Friedenscamp aufbauen. Dort findet am 20.-22. August eine Waffenschau der Schweizerischen Offiziersgesellschaft statt. Die private Schweizerische Offiziersgesellschaft will auf ihrer Waffenmodenschau neue Modelle vorführen, deren Anschaffung sie verlangt. Die Schweizer Frauen erklären, daß sie einerseits gewaltfrei protestieren werden gegen die weiteren Aufrüstungspläne in der Schweiz und andererseits dieses Camp nutzen wollen, um zusammenzuleben, zu diskutieren, Ideen entstehen zu lassen, Aktionen zu planen und durchzuführen und um Zeit zu haben. Für sich.

Wir Frauen in Europa lernen, glaube ich, sehr viel von den Beispielen der pazifistischen Feministinnen in den Vereinigten Staaten, unter anderem von Molly Rush. Molly Rush hat sechs Kinder und wird bald Großmutter sein. Sie gehört zum Kreis um die Berrigan-Brüder und leitet das Thomas-Merton-Center in Pittsburgh, ein Pfarrzentrum für Gerechtigkeit und Frieden. Molly Rush war eine der acht Aktivisten und Aktivistinnen der Atlantic-Life-Community, die am 9. September 1980 die General-Electric-Firma betraten, sich an den unbewaffneten Wachtposten vorbeidrängelten und an der Kugelspitze einer Mark 12 A Interkontinentalrakete zu schaffen machten. Sie zerstörten zwei Kugelspitzen dieser Interkontinentalraketen mit einem Hammer, schütteten Blut über Zeichnungen, Pläne und Ausrüstungsgegenstände. Sie wurden von den Wachtposten festgenommen, der lokalen Polizei übergeben, verhaftet. Es wurde ihnen Einbruch, unbefugtes Betreten, kriminelle Verschwörung, aufrührerisches Verhalten, strafbare Unruhestiftung, einfacher Raub und Nötigung vorgeworfen. In ihren Äußerungen gegenüber der Presse stellten die Gruppe und Molly Rush fest: »Wir begehen zivilen Ungehorsam gegen die General-Electric, weil dieses mörderische Ding der fünfte unter den führenden Waffenproduzenten in den USA ist. ... Durch die Mark 12 A Rakete kommt die Bedrohung eines atomaren Erstschlages bzw. Gegenschlages immer näher. Auf diese Weise fördert die General-Electric die mögliche Ermordung von Millionen Unschuldiger. Diese Waffe ist so giftig und unmenschlich, sie produziert unnötiges Leiden und unermeßliche Zerstörung, sie ist allein durch ihre Existenz aggressiv und offensiv.« Und ferner erklärte Molly Rush: »Die in der Aktion am 9. September zerstörte Mark 12 A wird niemals eine H-Bombe von 335 t zu ihrem Ziel bringen!« Molly Rush, eine tapfere Feministin und Gewaltfreie innerhalb der Friedensbewegung in den Vereinigten Staaten, hat unter anderem in einem Artikel mit der Überschrift »Wir sind alle verwundbar« geschrieben: »Das Paradoxon der immensen nuklearen Aufrüstung, die weltweit das Niveau von 1,3 Millionen Hiroshimas erreicht hat, ist die unermeßliche Macht und dennoch totale Unfähigkeit der USA und UdSSR im nuklearen Wettlauf. Sie können weder ihre Bevölkerung vor Dezimierung, noch ihre größten Städte vor totaler Zerstörung schützen. Dies«, so Molly Rush, »ist das Endergebnis eines jahrtausendelangen Strebens nach irdischer patriarchalischer Macht, die als eine Verteidigung gegen Verwundbarkeit, ein Schutz gegen Verwicklung umschrieben werden kann«. Molly Rush fährt fort: »Für mich ist die erschreckendste Wirkung des nuklearen Wettlaufs die Bereitschaft, unser Leben dem fast sicheren Tod des nuklearen Holocaust auszuliefern, anstatt dieser Wirklichkeit entgegenzutreten. Ob die Bombe fällt oder nicht, die Antworten sagen uns, daß man uns und unseren Kindern die Zukunft bereits genommen hat. Wir müssen sie zumindest in unser Leben zurückholen. Wenn wir die Bomben schon nicht aufhalten können, ist es jedoch möglich, unser Leben wiederzugewinnen, indem wir nicht mitlaufen. Wir können den patriarchalischen Alptraum verweigern. Dieses führte mich letztendlich . . . zu der General-Electric Firma: eine Verweigerung, mich unterzuordnen, mich abzufinden mit einer tiefen Verzweiflung, die der alltäglichen Realität zugrundeliegt.«

Molly Rush fragt die richtigen Fragen, und sie hat auch sehr richtige Antworten bereit. Die Weigerung, sich unterzuordnen, und die Weigerung, sich mit einer tiefen Verzweiflung abzufinden, das ist es, was uns stärken kann, das ist es, was uns Hoffnung geben kann. Molly Rush spricht als Feministin von den Bedingungen, die wir stellen müssen, Bedingungen, die im Einklang mit der Liebe zu unseren Feinden, zu unseren Nachbarn, mit der Selbstliebe, mit der Liebe zum Schöpfer stehen. Statt Suche nach Macht und Unverwundbarkeit, die in die Sackgasse führen, sucht Molly Rush mit den Berregan-Brüdern zusammen einen neuen Weg. Sie zeigte durch ihre Aktion, daß es sich doch noch lohnen kann, sich einzusetzen, Strafe in Kauf zu nehmen, auch wenn unser Leben bereits auf der Kippe in einer Welt der Macht und Eroberung steht, die zum *Omnizid* führt, zum Tode aller. Die Zeichen unserer Verwundbarkeit, die Zeichen unserer realen Ängste, sind zugleich auch Zeichen unserer gemeinsamen Menschlichkeit, und dies sollten auch die Männer in der Friedensbewegung endlich lernen: ihre eigene Verwundbarkeit.

Wir Frauen lernen auch in Europa: Der Aufruf zum internationalen Friedenszug der Frauen nach Wien vom 24. Juni bis 6. August 82 macht mich froh und macht mich stark, um trotz der Resignation, der periodischen Hoffnungslosigkeit weiterzukämpfen. Frauen durchziehen Europa für Frieden und Abrüstung von

Sizilien durch Italien nach Wien, vom Schwarzwald entlang der Donau nach Wien, von Amsterdam durch die BRD nach Wien, von Berlin, von Kopenhagen durch Osteuropa nach Wien. Frauen widersetzen sich der Schleichwerbung für Krieg, den die Politiker und Rüstungsexperten Verteidigung nennen, sie widersetzen sich der langsamen Vergiftung ihrer Köpfe durch Mißtrauen, sie widersetzen sich dem Mißbrauch der Wissenschaft und der Technik, dem, was in der Politik ›Sachzwänge‹ heißt. Sie widersetzen sich der Schizophrenie der Politiker, die Rüstungsausgaben als »Friedenssicherung« definieren, sie widersetzen sich den Waffen, die immer doppelt töten: durch Hunger und Vernichtung! Und sie widersetzen sich der strategischen Verplanung der Menschen auf den Kartentischen der Nato- und Warschauer-Pakt-Generäle.

Wir müssen Positionen und Zielsetzungen entwickeln, die mit einem radikalen Feminismus (Ökologie) und mit einer »weichen« Gesellschaft vereinbar sind. Diese Positionen können aber nicht nur andeuten, wogegen wir sind und wogegen wir eintreten, sie müssen auch deutlich machen, wohin wir wollen ... welche Gesellschaft wir anstreben.

Die Bereitschaft zum Frieden ist nicht voraussetzungslos, und wir wissen, sie hat anzukämpfen gegen scheinbar festgeronnene, erdrückende Strukturen der Macht, gegen Gewalt in der Familie, in Kindergärten und Schulen, an den Arbeitsplätzen und im öffentlichen Leben, gegen eingeschliffenes Konkurrenzdenken, Machtstreben und Egoismus. Bereit zum Frieden ist die, die gelernt hat, sich in einer Konfliktsituation in andere Menschen hineinzuversetzen, sie akzeptiert, die Hintergründe erfragt und versteht. Mit Konflikten leben heißt auch: Widerstand, den gewaltfreien Widerstand leisten, sich konstruktiv streiten, sich versöhnen und vergessen können, besser noch: empfindsam, ja empfindlich sein für das Leiden am Unrecht, an der Mißachtung, der Gleichgültigkeit, den Schmerzen und Ängsten, die anderen und mir widerfahren, lange bevor sie zur Gewalt drängen. Frieden schaffen kann nur der und die, die das Wechselspiel von Gewalt und Gegengewalt durchbrechen, von sich aus kündigen, auch wenn der andere solche Bereitschaft noch lange nicht zeigt. Und wer den Frieden will, muß lernen und gelernt haben, ungehorsam zu sein, muß in der Lage sein, gewaltfrei handeln zu können, denn die geltende Ordnung ist nichts anderes als die Festschreibung des Übels, die Verleugnung des tatsächlichen Skandals. So kann ziviler Ungehorsam Bereitschaft bedeuten, Bereitschaft, sich zu ändern und den anderen zu akzeptieren. Gegen versteinerte Landschaften, gegen die phallokratische Macht der Etablierten, gegen die eigene Ohnmacht, so sagt ein Philosoph, ist *ein* Kraut nur gewachsen: Kreativität und Phantasie, die die Verhältnisse zum Tanzen bringen. Man kann im kleinen Rahmen als Mutter sofort hier anknüpfen: in der Friedenserziehung, die radikal sein kann. Zum Frieden erziehen dadurch, daß Kinder das richtige Spielzeug erhalten, Spielzeug, das zum gemeinsamen Spiel anregt, gegenseitige Rücksichtnahme, Phantasie und Unternehmungsgeist fördert statt den Kampf gegeneinander. Doch der Frieden kann nicht auf die Kinder und auf die Kindererziehung und auf die gute Kinderstube verdrängt werden. Dort findet er nur seine Fortsetzung. Wir, die wir erwachsen sind, im Hier und Jetzt, müssen uns selbst erst bereit machen zum echten Frieden.

Für mich ist es die Friedensfrage, die zu einem Bündnis neuer Qualität in der Frauenbewegung geführt hat und beachtlich zur Politisierung der Frauenfrage beiträgt. Wenn wir von Frieden reden, so meinen wir damit nicht nur die dringend nötige Kursänderung der großen Politik, sondern auch den Frieden im zwischenmenschlichen Bereich. Doch wie die dänischen Friedensfrauen erklärt haben: »Das Wissen um eine mögliche elektronisch-technische Vernichtung der Erde raubt uns Frauen die Lebenslust, die Hoffnung und damit auch die Energie: wir müssen nun ›Schluß, es ist genug‹ sagen und gewaltfrei handeln.« Und eine grüne Mitschwester von mir, Anni Pott aus Rheinland-Pfalz, schrieb vor kurzem: »Ich habe Angst, daß sich Zukunftspläne schmieden nicht mehr lohnt, weil die Wahnsinnsaufrüsterei in West und Ost eskalieren könnte, die für die UdSSR verbleibende Vorwarnzeit von 6 Minuten zur Aufklärung eines Computerdefekts vielleicht nicht mehr reichen könnte, wenn die neuen Mittelstreckenraketen in Mitteleuropa stationiert sind. Die Amerikaner brauchen immerhin 7 Minuten zur Aufklärung des falschen Alarms. Ich habe Angst, weil durch die Verfeinerung der Waffensysteme Kriege von Generalstäben als kalkulierbar, als begrenzt führbar gehalten werden könnten, und es macht mir Angst, daß das Wort ›Krieg‹, über Jahre aus der Sprache verbannt, schon wieder so fest in Alltagsallerlei integriert ist.« Und darum hat die Theologin Dorothee Sölle recht, wenn sie sagt: »Wir wollen nicht so werden wie die Männer in unserer Gesellschaft, verkrüppelte

Wesen unter Leistungsdruck, emotional verarmt, zu Bürokraten verzweckt, zum Karrieremachen verdammt. Wir wollen nicht lernen, was die Männer können, herrschen und kommandieren, bedient werden, erobern, jagen, erbeuten und unterwerfen.« Die Ökologie- und Friedens- und Frauenbewegung hat viele von uns hellhörig gemacht, nicht nur für die Mechanismen der Unterdrückung, für das Frauendasein im Konsumzeitalter, sondern auch für die Bedingungen einer von Profit und Leistungsstreben und von Fortschrittsgläubigkeit getränkten Umwelt, die wir in unserem Alltagsbereich hautnah erfahren. Der Weg zum Frieden muß ein emanzipatorischer sein. Eine Friedensbewegung, die das nicht erkennt oder begreift, kann nicht weit kommen. Sie ist nicht konsequent und sie ist nicht radikal, wenn sie nicht die Wurzeln der Kriegsideologie erkennt. Wir können nicht an der herrschenden Ideologie der Herrschenden hängen, wir können nicht nur halbherzige Schritte gehen. Wir müssen zusammen in der Lage sein, nicht nur nach den Ursachen der Aggressivität bei uns zu Hause gegen *uns* zu forschen, sondern wir müssen dem Zusammenhang zwischen patriarchalischen Strukturen und der Entwicklung zu Militarismus und Hochrüstung nachgehen. Der Frieden im Patriarchat, so die Feministinnen in Bonn am 10. 6., ist Krieg für Frauen. Wir nennen es Alltagskrieg. Hier ist das Ungleichverhältnis zwischen Männern und Frauen, hier gibt es den minderwertigen Hausfrauenbereich, hier gibt es die Ideologie vom schwächeren und dümmeren Geschlecht, die Ideologie von der sexuellen Ausbeutbarkeit und von der sexuellen Verfügbarkeit der Frauen. Hier gibt es Vorschriften, ob eine Frau erwerbstätig sein darf oder alleine aus dem Haus gehen oder über eigenes Geld verfügen darf. Hier gibt es Prügel und Vergewaltigung. Macht und Ohnmacht bestimmen weiterhin die Beziehungen zwischen Männern und Frauen. Und das ist der Bogen zur Weltpolitik!

Frauen in der Friedens- und Frauenbewegung sollten deshalb nicht nur eine außerparlamentarische Rolle spielen und die Initiative ergreifen, sondern sie sollten auch auf der parlamentarischen Ebene ihre Strategien verfolgen. Dabei sehe ich die Parlamente nicht als Ziel, sondern als Teil einer gewaltfreien Strategie, als Teil einer Fundamentalopposition. Innerhalb der Bundespartei ›Die Grünen‹ habe ich mich seit langem eingesetzt für Parität, die jedoch in vielen Fällen Theorie bleibt und noch nicht zur allgemeinen Praxis geworden ist. Immerhin ist die Parität oder der

Versuch zur Parität in verschiedenen Landes- und Bundesgremien in unserer Satzung festgeschrieben, obwohl sie nicht überall angewendet wird. Auf der einen Seite haben wir nur zwei Frauen im Landtag in Niedersachsen, doch auf der anderen sind von den 9 Plätzen der GAL in Hamburg 4 von aktiven und sehr engagierten Frauen besetzt, die als Feministinnen in der Öffentlichkeit agieren und mobilisieren. Es muß uns gelingen, unsere Ziele in diese verkrusteten Institutionen hineinzutragen, doch dürfen wir dabei nicht kaputtgehen, dabei unsere Seele nicht verkaufen und unseren außerparlamentarischen Kampf nicht schwächen. Das Parlament ist *eine* Möglichkeit, um unsere Ziele, unsere Wünsche und Träume und Utopien konkret auszudrücken, um Zugang zu den etablierten Medien zu finden und um die vielen finanziellen Mittel der Parlamentsarbeit für unsere Bewegung und unsere Zielsetzungen einzusetzen. Das Prinzip der Parität, je 50% Männer und Frauen in politischen Ämtern und auf Kandidatenlisten, muß eine Realität innerhalb der alternativen grünen Wahlbewegung werden, und eine kommende alternative und grüne Bundestagswahlliste müßte und soll von einer aktiven Feministin angeführt werden! Männer müssen viele ihrer Vorrechte und Privilegien abgeben, und wenn sie uns nicht Platz machen, so müssen wir diesen Platz nehmen! Frauen sollten in Wahlkämpfen deutlich machen, daß sie nicht nur für Konsum und Gesundheit und Soziales zuständig sind, daß sie auch zuständig sind für die Wirtschaftsordnung zwischen der reichen und der armen Welt, daß sie zuständig sind für Wissenschaft und Forschungsmittel, daß sie zuständig sind für die Verteidigungs- und Sicherheitspolitik, daß sie zuständig sind für die Finanz- und Haushaltspolitik. Wir müssen nicht nur gegen Rüstung und Krieg antreten, sondern wir müssen auch politisch die Ursachen von Rüstung und Krieg untersuchen und bekämpfen: auf den Zufahrtsstraßen zu den Raketenbasen, auf den Marktplätzen und in den Parlamenten. Es sollte uns zu denken geben, daß in der letzten Minute vor der Demonstration am 10. 6. 82 Kanzler Schmidt nichts mehr gegen diese Demonstration einzuwenden wußte, sondern nur von dem großen Friedenswillen der vielen Menschen gesprochen hat. Das war, nachdem die Frauenorganisation seiner eigenen Partei, die Arbeitsgemeinschaft sozialdemokratischer Frauen (AsF), erklärt hatte, sie werde an der Demonstration teilnehmen.

Es wäre sehr gut, wenn uns die Männer nicht länger in Schutz nehmen würden, auch nicht in Schutz nehmen mit ihrer perversen Sicherheitspolitik, mit ihren Erstschlagwaffen, mit ihren Trident- und Polaris-Systemen, mit ihren SS-20, wenn sie ihr Fasziniertsein von der Technik grundsätzlich überdenken würden. Wenn sie einmal wieder Berührung mit der Erde bekommen würden, mit ihren Kindern, mit dem Leben. Ihre Art von Schutz- und Sicherheitsdenken akzeptieren wir nicht. Auch keine Teilhabe an dieser Form von Macht, Herrschaft, Unterdrückung. Den Totentanz der Rüstungslobbies, der etablierten Politiker, der alten Herren im Weißen Haus und im Kreml machen wir nicht mit. Und darum werden wir zurückkehren zu unseren Schwestern aus vergangenen Jahren, zu Bertha von Suttner, Rosa Luxemburg, Käthe Kollwitz, Alexandra Kollontai, weil sie uns Orientierungshilfe geben können gegen Militarismus und Arroganz der Macht. Wir bleiben auch nicht im Schatten der ›großen Männer‹ der Friedensbewegung. Mit dem jetzigen Vorrang des Friedensthemas bringt Ihr uns nicht zum Schweigen über unsere eigene Unterdrückung. Uns bleibt nichts anderes übrig, als nur jene Männer als Verbündete zu akzeptieren, die gegen jede Gewalt sind, auch gegen die Gewalt an Frauen.

Herrad Schenk
Feminismus und Pazifismus

Die Gruppen heißen »Frauen für Frieden«, »Frauen gegen Krieg und Militarismus«, »Entrüstung – Frauen für Abrüstung«, »Frauen in die Bundeswehr – Wir sagen Nein« und ähnlich mehr. Seit dem Ende der 70er Jahre entstehen sie im Umfeld von Ökologie- und Anti-Atomkraft-, von Frauen- und Friedensbewegung. Sie arbeiten nach innen und außen, als Diskussions- und als Aktionsgruppen; die Frauen bereden ihre Ängste vor einem kommenden Krieg und informieren sich über die politischen, ökonomischen und soziologischen Hintergründe der Gefahr; sie organisieren öffentliche Informationsstände und Demonstrationen; in ihren zahlreichen Aktionen entfaltet sich der ganze Ideenreichtum der alternativen Szene: Friedensmärsche und Fahrrad-Rallyes, Hungerstreiks und Straßentheater, Go-ins bei verschiedenen Ämtern, um die vorsorgliche Verweigerung aller militärischen und zivilen Dienste für den Kriegsfall anzukündigen, Die-ins auf Marktplätzen und in Fußgängerzonen, Umtauschaktionen für Kriegsspielzeug, Straßenfeste mit Friedensliedern und -gedichten, Protestbriefe an die Ministerien für Arbeit und Verteidigung gegen die geplante Einbeziehung der Frauen ins Militär, Aufrufe zum partiellen Steuerboykott durch Einbehaltung des Prozentsatzes, der im Gesamtbudget für Verteidigung aufgewendet wird.

Zwar sind Frauen als Rednerinnen bei den großen Veranstaltungen, als Autorinnen in der Flut der Veröffentlichungen zum Thema Frieden deutlich unterrepräsentiert. Aber zugleich ist nicht zu übersehen, daß sie in den Basis-Aktivitäten der Friedensbewegung eine wichtige Rolle spielen, in gemischtgeschlechtlichen wie in reinen Frauengruppen, sowohl von der Zahl her als nach dem Ausmaß ihres Engagements.

Das pazifistische Engagement von Frauen hat eine Tradition, die bis ins 19. Jahrhundert zurückreicht.[1] Sie verbindet sich zunächst mit dem Namen Bertha von Suttners, die mit ihrem weltberühmt gewordenen Buch *Die Waffen nieder!* (1889) für die damalige Friedensbewegung warb. Der gefühlvoll geschriebene politisch-programmatische Roman erschien in 27 Sprachen und zahlreichen Auflagen; er verschaffte den seit Beginn des Jahrhunderts bestehenden nationalen und übernationalen Friedensgesellschaften neuen Zulauf und trug mit zur Gründung einer Deutschen Friedensgesellschaft (1892) bei. Bertha von Suttners Pazifismus war Teil einer humanistisch-aufklärerischen Weltanschauung und nicht feministisch oder frauenspezifisch begründet. Zwar ist die Hauptfigur ihres Romans eine Frau, Offizierstochter und -gattin, die sich zur Pazifistin entwickelt. Aber Bertha von Suttner war keineswegs der Ansicht, daß Frauen aufgrund ihrer Natur oder ihrer erlernten Geschlechtsrolle besonders empfänglich für die Idee des Friedens wären. Frauen waren deswegen für sie auch keine bevorzugte Zielgruppe.

Um die Jahrhundertwende, als die Friedenshoffnungen mit dem Manifest des russischen Zaren (1898) und der Einberufung der Ersten Haager Friedenskonferenz, ein Jahr später, einen Höhepunkt erreichten, fühlten sich auch weite Kreise der Frauenbewegung der Friedensarbeit verpflichtet. Die Haager Konferenz wurde zum Anlaß für eine große internationale Friedenskundgebung der Frauen. Gleichzeitig mit der Eröffnung der Konferenz fanden in 18 europäischen und außereuropäischen Ländern insgesamt 565 öffentliche Frauenversammlungen statt, in denen die Teilnehmerinnen ihre Zustimmung zu den Friedensgesprächen zum Ausdruck brachten. Margarete Lenore Selenka, die sich dem radikalen Flügel der bürgerlichen Frauenbewegung zugehörig fühlte, hatte diese Aktion initiiert; gemeinsam mit Bertha von Suttner überbrachte sie der Haager Konferenz Grußbotschaft und Unterschriftensammlung der Frauen. In den Folgejahren wurde dieser Aktion noch ein paar Mal mit Friedenskundgebungen gedacht, doch mit der Verschlechterung des internationalen politischen Klimas in der Vorkriegszeit ließen die Bemühungen nach.

Wiederbelebt wurde das pazifistische Engagement – und nicht nur das der Frauen – erst, als der Weltkrieg schon ausgebrochen war. Eine Minderheit radikaler Frauen in der sozialistischen und in der bürgerlichen Frauenbewegung brach den »Burgfrieden«, kritisierte den Krieg und die nationale Politik und suchte durch die Aufrechterhaltung internationaler Organisationen und durch Aufklärungsarbeit im eigenen Land auf den Frieden hinzuwirken.

Kriegsgegnerinnen unter den sozialistischen Frauen waren Rosa

Luxemburg und Clara Zetkin, die sich allerdings – trotz punktueller Zusammenarbeit während des Kriegs – nachdrücklich vom bürgerlichen Pazifismus wie vom Feminismus abgrenzten. Sie bekämpften den imperialistischen Krieg, in dem die Kapitalisten verschiedener Länder ihre Rivalität um Absatzmärkte und Profite austragen, aber sie bekannten sich nicht grundsätzlich zum Prinzip des gewaltfreien Kampfes. Waffengewalt in Revolutionen und Befreiungskriegen, zur Abschaffung der Klassengesellschaft, sahen sie als unumgänglich an. Erst in der klassenlosen Gesellschaft könnte die Idee des Friedens verwirklicht werden. Rosa Luxemburg wandte sich nicht speziell an Frauen, während Clara Zetkin, die langjährige Herausgeberin der sozialistischen Frauenzeitschrift *Gleichheit*, gezielt Frauen und Mütter aufrief, ihre Männer und Söhne vom »Brudermord für kapitalistische und dynastische Interessen« abzubringen.[2]

In der bürgerlichen Frauenbewegung entwickelte sich in kleinen Kreisen des radikalen Flügels, die sich in den Vorkriegsjahren vor allem mit der Forderung nach dem politischen Stimmrecht befaßt hatten, ein aktiver Widerstand gegen den Krieg. Hier wurde die Position des feministischen Pazifismus vertreten, vor allem von Lida Gustava Heymann und Anita Augspurg, die dann in den ersten Jahren nach dem Krieg die Ausrichtung der Internationalen Frauenliga für Frieden und Freiheit bestimmte. Nach dieser Ansicht sind Gewalt und Krieg Merkmale patriarchalischer Kulturen. Männer sind es, die Kriege führen und Waffen erfinden, die Wissenschaft und Technik mißbrauchen, um immer wirksamere Waffen herzustellen. »Diesem männlichen zerstörenden Prinzip ist das weibliche aufbauende Prinzip der gegenseitigen Hilfe, der Güte, des Verstehens und Entgegenkommens diametral entgegengesetzt.«[3] Moralisch hoch entwickelte Männer haben dieses Prinzip in sich ausgebildet; bei den Frauen entspricht es ihrer natürlichen Veranlagung, sofern sie nicht die männlichen Wertmaßstäbe verinnerlicht haben. Erst die Frauenbefreiung und eine neue Phase des Mutterrechts werden friedliche Formen des Zusammenlebens bringen. Feminismus und Pazifismus waren für Lida Gustava Heymann und Anita Augspurg nicht voneinander zu trennen; Pazifismus bedeutete aber für sie grundsätzliche Ablehnung von bewaffneter Gewalt, auch von revolutionärer Gegengewalt.

Ihre Argumente wurden allerdings nicht von allen Radikalfeministinnen geteilt. Die Soziologin Mathilde Vaerting wies in ihrem Buch über die *Weibliche Eigenart im Männerstaat und die männliche Eigenart im Frauenstaat* (1921) die These zurück, daß Frauen friedfertiger und nur männerbeherrschte Staaten kriegerisch wären. »Die Geschichte ... zeigt, daß es sowohl friedliebende als kriegerische und eroberungslustige Frauenstaaten gegeben hat, ebenso wie es auch bei den Männerstaaten der Fall ist.«[4]

Pazifistisches Engagement und radikalfeministische Einstellung waren in der Frauenbewegung während des Ersten Weltkriegs wie in den Zwischenkriegsjahren ohnehin nur noch bei Außenseiterinnen zu finden, in Deutschland wie in anderen Ländern. Die gemäßigte Mehrheit der Frauenbewegung zeigte sich überall staatsloyal und nationalistisch.[5]

Auch im Widerstand gegen Hitler und den Zweiten Weltkrieg spielten einige Frauen eine wichtige Rolle. Doch es war antifaschistischer Widerstand auf humanistischer und christlicher oder sozialistisch-kommunistischer Basis, der nicht frauenspezifisch begründet wurde. In den Organisationen, die nach 1945 in der Bundesrepublik gegen die Wiederaufrüstung und den NATO-Beitritt, gegen allgemeine Wehrpflicht und atomare Bewaffnung protestierten, rückte der Frauenstandpunkt wieder in den Vordergrund. Sowohl der Demokratische Frauenbund Deutschlands, der 1957 als »kommunistische Tarnorganisation« verboten wurde, als auch die Westdeutsche Frauenfriedensbewegung, 1951 entstanden und von Frauen beider Konfessionen wie von sozialistischen Frauen getragen, wandten sich besonders an Frauen und riefen sie in ihrer Eigenschaft als Mütter auf, Widerstand gegen den Militarismus zu leisten.[6]

Ende der 70er Jahre ist im Umfeld von Frauen- und Friedensbewegung ein besonderes Engagement von Frauen gegen den Krieg und für den Frieden wieder aufgelebt. Die weltanschaulichen Begründungen sind ebenso unterschiedlich wie die Aktionsformen vielfältig. Wieder gibt es einen marxistisch-sozialistischen Widerstand gegen den Militarismus, der nicht notwendig mit einem grundsätzlichen Bekenntnis zur Gewaltlosigkeit verbunden ist; wieder gibt es humanistischen, religiös-christlichen, sozialistischen oder diffus alternativen Pazifismus von Frauen, der nicht in Verbindung mit ihrer Geschlechtsrolle gebracht wird, und wieder gibt es einen Pazifismus, der vom Frauenstandpunkt aus begründet wird, ohne dabei immer feministisch zu sein.

»Es ist bezeichnend, als es – nach der biblischen Geschichte – auf Erden nur zwei Männer gab (Kain und Abel), da hat der eine schon den anderen umgebracht. Heute stehen sich Millionen von Männern gegenüber und sie versuchen, sich millionenfach umzubringen. Dieses ist nicht das Geschäft der Frauen ...« schreibt eine *Emma*-Leserin.[7] Männlich ist der »technologische Unsinn«, der sich verselbständigt und ins Destruktive gewandt hat: »Elektronisch gesteuert zur Menschenvernichtung in globalem Ausmaß. Raffinierten männlichen Kopfjägerhirnen entsprungen, von Politikern unter fadenscheinigen Hinweisen auf Sachzwänge akzeptiert und von den zukünftig von ihm Zerfetzten, Verbrannten oder Verseuchten beifallklatschend bezahlt«, schreibt Charlotte Maack von der Initiative »Frauen in die Bundeswehr – Wir sagen Nein«.[8] »Die Frau ist von Natur aus friedfertig ..., sie hat das Rad erfunden – der Mann ist aggressiv, er erfand und entwickelte die Waffen«, heißt es in einem Bericht über die Gruppe »Frauen und Mütter gegen Atom und für den Frieden« auf dem Seminar »Frauen und Militarismus« im Herbst 1981 in Saarbrücken »Konsequenz ...: Da der Frieden nur von den Frauen kommen kann, müssen sie auch allein in und an einer solchen Bewegung arbeiten – ohne Männer.«[9] Und Eva Rath, ebenfalls von der Initiative »Frauen in die Bundeswehr – Wir sagen Nein«, ist der Überzeugung, »... daß die Frauen einen Weg in eine andere Zukunft bereits beschritten haben. Nicht alle, aber viele: den Weg in eine Zukunft, in der Mitmenschlichkeit, Mitfühlen, Mitleiden gelten, nicht Versachlichung, Erstarrung, Macht- und Imponiergehabe.«[10]

Gewalt und Krieg, menschenfeindliche Wissenschaft, Rüstungstechnologie sind männlich; Frauen sind friedfertig, aufgrund ihres biologischen Geschlechts oder ihrer weiblichen Sozialisation. Ihre Geschlechtsrolle und/oder ihre Mutterrolle macht Frauen zu besonderen Anwältinnen des Friedens. Eine Gesellschaft, in der sie tonangebend wären, würde friedlich sein. – So lautet ein zentraler, immer wiederkehrender Gedankengang, auf die einfachste Formel gebracht.

Doch wird diese Ansicht keineswegs von allen Feministinnen geteilt. Alice Schwarzer, die sich von Anfang an sehr kritisch über die »Friedensfrauen« äußerte, meint demgegenüber: »Ich glaube nicht an die angeborene Friedfertigkeit von Frauen. Ich glaube nicht daran, daß Frauen ›von Natur aus‹ besser sind als Männer! Ich glaube nicht, daß es in einer Gesellschaft, in der Frauen die (oder mehr) Macht hätten, automatisch auch friedfertiger zugehen würde!«[11]

Alice Schwarzers Forderung, den Soldatenberuf auch für Frauen zugänglich zu machen, wird in der Frauenbewegung der Bundesrepublik nur von einer Minderheit geteilt. Viele Feministinnen stimmen ihr aber darin zu, daß der Ausschluß der Frauen aus dem Militär diskriminierende Ursachen hat und keineswegs mit einer etwaigen größeren weiblichen Friedfertigkeit zusammenhängt.

In den Stellungnahmen zum Thema »Frauen in die Bundeswehr« und zum Friedensengagement von Frauen überhaupt brechen jahrhundertealte Kontroversen über die Natur und die Rolle der Frau wieder auf. Wegen ihrer Implikationen für das Verhältnis der Frauen zu Macht und Gewalt, für Strategien feministischer Gesellschaftsveränderung ist die Auseinandersetzung um Feminismus und Pazifismus von zentraler theoretischer und politischer Bedeutung für die Frauenbewegung. Sind Frauen tatsächlich weniger aggressiv und gewalttätig, friedfertiger und friedliebender als Männer? Haben Frauen aufgrund ihrer Geschlechtsrolle eine besondere Verantwortung für den Frieden? Impliziert der Feminismus Strategien des gewaltfreien Kampfes?

Die Vorstellung, daß Frauen weniger aggressiv und gewalttätig, daß sie friedfertiger und friedliebender seien als Männer, findet sich innerhalb wie außerhalb der Frauenbewegung verbreitet, obwohl sie selten so direkt und extrem zum Ausdruck kommt wie noch 1922 bei Lida Gustava Heymann: »... weibliches Wesen, weiblicher Instinkt sind identisch mit Pazifismus«.[12] Meistens wird der Schluß größerer weiblicher Friedfertigkeit indirekt dadurch nahegelegt, daß Männer als gewalttätig, das männliche System als zerstörerisch bezeichnet wird. Für einige Feministinnen ist Gewalt oder gar Liebe zur Gewalt ein charakteristisches Merkmal männlicher Weltordnung. Wenn auch Frauen sich gewalttätig zeigen, so deuten sie dies (wie in der Ersten Frauenbewegung Lida Gustava Heymann) als Ergebnis einer Verformung durch patriarchalische Strukturen.[13] Andere Feministinnen sehen gerade umgekehrt die weibliche Friedfertigkeit, so vorhanden, als Ergebnis der Frauenunterdrückung im Patriarchat an. »Wir Frauen sind nicht von Natur aus friedfertig. Der weibliche Pazifismus ist

Friedfertigkeit um jeden Preis. Sie ist uns seit jeher von den Männern auf den Leib geschrieben worden.«[14]

Es gibt manche Anzeichen dafür, daß Frauen weniger aggressiv sind als Männer. Mädchen prügeln sich weniger als Jungen, Frauen begehen weniger Gewaltverbrechen als Männer. Männer neigen nicht nur untereinander mehr zur physischen Gewalt, sondern sie zeigen auch mehr Gewalttätigkeit gegenüber dem anderen Geschlecht: für das Phänomen der Vergewaltigung und der geschlagenen, mißhandelten Ehefrauen gibt es umgekehrt keine Entsprechung. – Auf der anderen Seite steht eine Reihe von Beispielen, die zumindest nicht in das Bild von der sanften und friedfertigen Frau passen. Die Amazonen mögen ein Mythos sein, aber es hat in der Geschichte immer wieder Kämpferinnen und Kriegerinnen gegeben, nicht nur vereinzelte – wie Jeanne d'Arc, die Soldatinnen der französischen Revolutions- und der amerikanischen Unabhängigkeitskriege –, sondern auch Kriegerinnen in reinen Frauenverbänden – wie die des afrikanischen Königreichs Dahomé.[15] Herrscherinnen und Regentinnen haben sich der Kriegführung nicht enthalten; die Terroristinnen im Rußland des 19. Jahrhunderts wie die deutschen der RAF unterschieden sich in der Wahl der Gewaltmittel nicht von den männlichen Terroristen. In Mythen und Sagen wird weibliche Gewalttätigkeit und Grausamkeit kaum seltener thematisiert als männliche, und ein Beispiel aus der Wirklichkeit der jüngsten Geschichte liefern die Prozesse gegen die ehemaligen KZ-Aufseherinnen.

Manchmal werden Verhaltensforschung und empirische Psychologie angeführt, um zu belegen, daß solche Phänomene Ergebnisse einer Verformung, daß sie so selten, weil eben »unnatürlich« seien. In der Tat besteht in der empirisch ausgerichteten, meist experimentellen Psychologie eine hohe Übereinstimmung, daß weibliche Personen weniger zu aggressiven Reaktionen neigen als männliche; dies gilt als einer der wenigen gesicherten Geschlechtsunterschiede.[16] Im allgemeinen wird – wegen der Ähnlichkeiten im Verhalten höherer Primaten und der vermuteten Universalität dieses Geschlechtsunterschieds – eine angeborene Grundlage angenommen. Die höhere bzw. niedrigere Aggressionsneigung ist mit dem Geschlechtshormon Testosteron in Verbindung gebracht worden, das am männlichen Hormonspiegel einen größeren Anteil hat als am weiblichen. Ein direkter Zusammenhang ist allerdings bisher nur für sexuelle Gewalttätigkeit nachgewiesen worden. Für andere Formen von Aggression und Gewalt scheint er so kompliziert und vermittelt, daß eine direkte Voraussage über aggressives Verhalten aus einem bestimmten Testosteronspiegel nicht möglich ist. Besonders wichtig ist es aber, in diesem Zusammenhang daran zu erinnern, wie eng der Aggressionsbegriff der empirischen Psychologie ist. Aus dem, was in psychologischen Experimenten als aggressives Verhalten untersucht wird, können bestimmt keine direkten Schlüsse für die Zusammenhänge zwischen Geschlecht und Gewalt, Krieg und Frieden gezogen werden.

Mit Sicherheit ist das, was in solchen Experimenten als »geringere Aggression« von Frauen bezeichnet wird, nicht identisch mit der »weiblichen Friedfertigkeit«. Friedfertigkeit muß keineswegs das Ergebnis fehlender oder geringer Aggressionsneigung sein; sie ist immer auch Sozialisationsprodukt, und als Anpassungs- oder Kompromißbereitschaft ist sie sicher auch ein Ergebnis der sozial abhängigen oder unterdrückten Stellung der Frauen. Friedfertigkeit bedeutet, sich sehr schnell dazu zu finden, seinen Frieden mit einem anderen zu machen, und die Wahrscheinlichkeit für eine solche Bereitschaft ist groß, wenn der andere übermächtig ist und ich damit rechnen muß, meine Interessen auf dem Weg der direkten Konfrontation ohnehin nicht durchsetzen zu können. Vieles deutet darauf hin, daß Frauen im Rahmen ihrer traditionellen Geschlechtsrolle indirekte Formen der Interessendurchsetzung, der Manipulation von Männern und manchmal auch von Kindern erlernen – durch Jammern und Bitten, Schöntun und Schmeicheln, durch moralischen Druck, alles Formen, die auch aus dem Verhaltensrepertoire von anderen Unterdrückten ihren Unterdrückern gegenüber bekannt sind, so zum Beispiel von Sklaven.[17]

Aus dieser Form der »Friedfertigkeit« auf eine größere »Friedensliebe« der Frauen zu schließen ist genauso wenig gerechtfertigt, wie sie mit geringer Aggression gleichzusetzen. Die Geschichte bietet Beispiele von Kriegerinnen wie von Friedenskämpferinnen, aber die weitaus häufigste Rolle, die Frauen im Zusammenhang mit Kriegen gespielt haben, war die der Stütze und Helferin des Kriegers, der Pflegerin, Köchin, Geliebten. Das heißt, Frauen haben im Krieg im allgemeinen genau dieselben Handlangerfunktionen dem Mann gegenüber ausgeübt, die sie im Rahmen der geschlechtsspezifischen Arbeitsteilung auch im Frieden übernehmen; statt seine Arbeitskraft zu reproduzieren haben sie dann seine Kraft, andere zu töten, reproduziert. Wenn es trotzdem zahlreiche Beispiele gibt, die bekunden, daß Frauen kriegerische Auseinandersetzungen und Militär negativer bewerten als Männer, dann drückt sich darin zunächst weniger eine aktive Friedensliebe als eine größere Distanz zu Krieg und Militär aus. Während Frauen in vielen Gesellschaften und auch in den längsten Phasen der mitteleuropäischen Geschichte im Troß der Heere präsent waren, sind sie seit dem 18. Jahrhundert ganz aus dem Bereich des Militärischen ausgeschlossen worden; erst im späten 19. Jahrhundert wurden sie über das Lazarettwesen teilweise wieder einbezogen.[18] Frauen hatten ein geringeres Interesse am Krieg, sofern sie durch ihn viel zu verlieren hatten: den Verlust ihrer männlichen Angehörigen, von denen teilweise ihr ökonomisches Überleben abhing, den Verlust von Haus und Besitz; sie waren dem Risiko von Vergewaltigung, Mißhandlung, Verschleppung ausgesetzt. Selbst wenn sie nicht direkt Opfer waren, konnten sie vom Krieg in der Regel weniger profitieren als Männer: sie konnten sich seltener an ihm bereichern oder über kriegerische Taten sozialen Aufstieg und Beförderung erzielen, ihnen wurde im allgemeinen nicht zugebilligt, ihre Abenteuerlust im Krieg zu befriedigen, und sehr viel seltener waren direkte Machtinteressen von Frauen in Kriege verwickelt. Doch da, wo sie es waren, bei Fürstinnen und Herrscherinnen zum Beispiel, waren Frauen ähnlich interessiert an Krieg und Sieg wie Männer. Von daher wäre es besser, statt von der größeren »Friedensliebe« der Frauen von einem im allgemeinen größeren Desinteresse am Krieg, von einer größeren Distanz zum Militärischen zu sprechen.

Frauen haben ein anderes Verhältnis zum Krieg als Männer – dieses andere Verhältnis ist historisch gewachsen und zunächst auf die geschlechtsspezifische Arbeitsteilung zurückzuführen. Mit einem »natürlichen Pazifismus«, einem aktiven Engagement für den Frieden hat das noch nichts zu tun. »Es gibt da offenbar ein Ablehnungs-Einverständnis unter uns, das gar nicht mehr ausgesprochen werden muß; das sich fahrlässig auf ›natürliche Geschlechtseigenschaften‹ verläßt: Frauen haben mit Töten, mit Krieg nichts im Sinn. Weil das aber so gedankenlos-selbstverständlich der Fall ist, haben sie eben auch nichts dagegen im Sinn.«[19]

Unabhängig von der Frage, ob Frauen friedfertiger seien als Männer, muß die Frage beantwortet werden, ob ihnen bei der Bemühung um den Frieden eine besondere Aufgabe zukommt. Wenn sich Frauen in Frauenfriedensgruppen zusammenfinden, dann steht im allgemeinen ein Einverständnis dahinter, daß sie als Frauen aufgrund ihrer Sozialisation, ihrer Geschlechtsrolle oder ihres spezifischen Verhältnisses zum Krieg eine besondere Verantwortung oder Fähigkeit für den Frieden und zur Friedensarbeit haben.

Nur gelegentlich wird die besondere Rolle der Frauen in der Friedensbewegung in erster Linie aus ihrem historischen Verhältnis zum Krieg abgeleitet: »Wir fragen uns . . ., ob wir hier nicht einen der seltenen Fälle vor uns haben, wo wir diese bisherige Ausgeschlossenheit aus der Macht- und Kriegsmaschinerie zu unserem und zum öffentlichen Guten wenden können.«[20]

Häufiger wird die Aufgabe der Frauen als Friedensmittlerinnen, wenn nicht aus »natürlichen« Geschlechtseigenschaften, dann aus ihrer Mutterrolle und der damit verbundenen Verantwortung für das Leben abgeleitet. Diese Bewertung der Mutterschaft ist, entgegen verbreiteten Vorstellungen, nicht nur eine Begleiterscheinung politisch konservativen Denkens; sie findet sich in allen weltanschaulichen Lagern und im Zuge der Neuen Mütterlichkeit auch in der Frauenbewegung. Schon im Ersten Weltkrieg und später orientierte sich nicht nur der konservative Flügel der bürgerlichen Frauenbewegung, sondern auch die sozialistische Frauenbewegung am Leitbild der Mütterlichkeit; die linksstehende Westdeutsche Frauenfriedensbewegung operierte in den 50er Jahren ebenso mit der Mutterideologie wie viele autonome Frauenfriedensgruppen heute. Mutterschaft enthält demnach die Verpflichtung zur »Mütterlichkeit«, das heißt, sie bedeutet nicht nur Leben zu geben, sondern auch, es zu schützen, zu hegen, zu pflegen. Weil sie Mütter sind, heißt es, sind Frauen Gegnerinnen des Kriegs. »Menschenleiber sind die Kunstwerke von uns Frauen. Gebt uns die Macht, es zu hindern, und wir werden sie nie achtlos hinwerfen, um damit die Risse auszufüllen, die durch internationalen Ehrgeiz oder Habgier in den menschlichen Beziehungen entstanden sind«,[21] sagte die Schriftstellerin, Pazifistin und Feministin Olive Schreiner 1911. Und wenn dies in der Gegenwart auch selten mit solchem Pathos ausgesprochen wird, dann steht doch ein ähnliches Verständnis von Mütterlichkeit hinter Aufrufen, die sich an Frauen als Mütter wenden, um Krieg zu verhindern.

Problematisch ist diese Orientierung an der Mutterschaft nicht nur wegen der darin enthaltenen Festschreibung von Frauen auf eine bestimmte Rolle, die feministischer Gesellschaftsveränderung im Weg steht. Diese Ideologie ist auch deswegen bedenklich, weil sie sich als Versatzstück in sehr unterschiedliche Zusammenhänge einfügen läßt. Unser in den letzten zwei bis drei Jahrhunderten entstandenes Bild von Mütterlichkeit[22] hat neben der »Fürsorglichkeit« immer auch eine Konnotation von »Aufopferung« gehabt, und zwar nicht nur der Aufopferung der Mutter selbst für das Leben des Kindes, sondern auch der Aufopferung des Liebsten, nämlich des Kindes, für einen größeren Zusammenhang. Nicht nur im Nationalsozialismus wurde von der Mutter die Bereitschaft erwartet, ihre Söhne zu opfern.

Zu Beginn des Ersten Weltkriegs schrieb Gertrud Bäumer, Vorsitzende des Bundes Deutscher Frauenvereine, der Dachorganisation der gemäßigten Frauenbewegung, daß der Krieg für die Frau eine schlimmere Erfahrung sei als für den Mann, weil »... sie die berufene Hüterin und Pflegerin des Lebens gegen die Zerstörung von Jugendblüte und Manneskraft ist«. Aber: »Es ist ein mütterliches Grunderlebnis, daß Leben und Kraft hingeopfert werden muß, damit neues Leben um so schöner erblühen kann ... (Die Mutter) versteht von innerstem Herzen, daß es einer Generation beschieden ist, mit ihrem Blut den kommenden ein reiches und wertvolleres Leben zu erkaufen.«[23] Nicht nur bei Bäumer, der ihre Auffassung der Frauenrolle als Wegbereitung für den Nationalsozialismus oft zum Vorwurf gemacht worden ist, finden sich solche Töne. Auch Clara Zetkin, politisch eine Gegenspielerin Gertrud Bäumers, die die Frauen nicht etwa zur Unterstützung, sondern zum Widerstand gegen den imperialistischen Krieg aufruft, erinnert gleichzeitig an die mütterliche Opferbereitschaft. Von diesem Krieg sollen sie Männer und Söhne abhalten, nicht aber vom revolutionären Krieg: »Uns ist die Stärke zu Opfern gekommen, die viel schwerer fallen als die Hingabe unseres eigenen Blutes. Darum können wir die Unsrigen kämpfen und fallen sehen, wenn es die Sache der Freiheit gilt. Für diesen Kampf wollen wir dafür sorgen, daß die Frauen der Massen erfüllt werden von dem Geiste jener sagenhaften antiken Mütter, die ihren Söhnen den Schild reichten mit den Worten: ›Entweder mit ihm oder auf ihm!‹«[24] – So läßt sich der Wert »Leben hüten und schützen« innerhalb der Mutterideologie genau in sein Gegenteil, nämlich

Leben zu opfern, pervertieren.

Auch aus der jüngeren Vergangenheit gibt es Beispiele dafür, wie gut sich der Appell an die Mütterlichkeit in politisch gegensätzliche Argumentationszusammenhänge einbauen läßt: so verteidigte 1952 im Bundestag die CDU-Abgeordnete Brauksiepe im Namen der Mütter die Wiederaufrüstung, während die KPD-Abgeordnete Thiele sie ebenfalls im Namen der Mütter aufs heftigste verurteilte.[25]

Natürlich beziehen sich die Friedenskämpferinnen, die ihr Engagement aus der Mutterrolle herleiten, auf den Wert, Leben schützen zu wollen. Doch sie machen sich häufig nicht klar, daß auch in unserem kulturellen Verständnis Mutterschaft und Mütterlichkeit keinesfalls identisch sind mit Pazifismus.

»Take the toys/from the boys!« – Nehmt den Jungs das Kriegsspielzeug weg! Das ist der Wunsch vieler Friedensfrauen. Im »Lied der Mütter« von Elisabeth Burmeister kommt die Vorstellung zum Ausdruck, daß durch die Macht der Mütter eine friedliche Gesellschaft geschaffen werden kann:

Mütter kommen nicht gewaltsam,
bringen kleine Kinder mit,
doch sie kommen unaufhaltsam,
unaufhaltsam Schritt für Schritt!
Mütter kommen ohne Waffen,
still wie Gras wächst über Nacht!
Um dem Leben Recht zu schaffen,
kommen Mütter an die Macht.
Jetzt gemeinsam, nicht gefackelt!
Ruhig Schritt für Schritt gemacht!
Kehrt die Welt um, bis sie wackelt!
Bringt die Mütter an die Macht![26]

Die Utopie von den Frauen, die in ihrer Eigenschaft als Mütter die Macht ergreifen und mit ein paar mütterlichen Handgriffen die Welt wieder in Ordnung bringen, ist auch in einem Gedicht von Erich Kästner beschrieben. In diesem Gedicht schließen die Frauen, »als der nächste Krieg begann«, ihre Männer und Söhne einfach zu Hause ein, sie tun sich zusammen, ziehen zu den Häusern der Kriegsverantwortlichen und legen Minister und Generäle kurzerhand übers Knie. Nachdem diese so zur Raison gebracht sind, kehren sie nach Hause zurück und teilen ihren schweigend zum Fenster hinaussehenden Männern mit, daß der Krieg jetzt aus sei. Dieses Gedicht, das sicher nicht zufällig neuerdings viel abgedruckt wird, stellt eine seltsame Mischung aus Geschlechtsrollenkonformität und Geschlechtsrollenüberschreitung dar. »In Kästners Traum handeln Frauen als Frauen in ihren Geschlechtsrollen. ... Aber sie tun etwas, das die ihnen zugeschriebene Geschlechtsrolle verfremdet. Sie verlassen die Wohnung, in die sie die Männer eingeschlossen haben, und handeln außerhalb des Hauses. Sie handeln wie Mütter, denen angesichts unverantwortlicher Kinder die Geduld reißt.«[27] Dieser Ansatz enthält wohl eine Kritik an der gesellschaftlichen Machtlosigkeit der Mutterrolle, nicht aber an ihren Inhalten selbst und an ihrer Festschreibung auf das weibliche Geschlecht. In Bezug auf die Dimension Krieg und Frieden überschreiten die Frauen ihre Kompetenzen, aber unabhängig davon bleibt die geschlechtsspezifische Arbeitsteilung unangetastet. Frauen wehren sich nicht dagegen, nur Mütter zu sein, sondern sie wollen als Mütter mitreden und mitentscheiden können. »Ich habe einige Wochen lang die Fenster nicht geputzt, die Knöpfe nicht angenäht und das Essen öfter ›lieblos‹ aus der Dose gemacht«, beschreibt eine Frau die Auswirkungen ihres Engagements für den Frieden auf ihren Haushalt. »Daran ist meine Familie nicht zugrunde gegangen. Ich habe auch Augenblicke des Glücks, der Zweisamkeit, der Freude geopfert, unwiederbringliche Augenblicke. Das ist schon schlimmer. Aber diesen Preis will ich (und sollen auch meine Kinder, mein Mann) dafür zahlen, daß ich jetzt Widerstand entwickle, jetzt, ehe das Glück, die Freude aller, in einem neuen Krieg dem Profit der Konzerne geopfert wird«.[28]

Abgesehen davon, daß in solchen Wunschvorstellungen unerwähnt bleibt, wie die Frauen als Mütter gesellschaftliche Macht erlangen wollen, ohne die geschlechtsspezifische Arbeitsteilung in Frage zu stellen, klingt oft auch ein grundsätzliches Einverständnis mit der bestehenden Aufgabenteilung zwischen Mann und Frau durch. Dies ist ein Hauptgrund, warum manche Feministinnen sich dagegen wehren, eine besondere Verantwortung von Frauen für den Frieden anzuerkennen.

Vor allem Alice Schwarzer und Ingrid Strobl von der *Emma* weisen darauf hin, daß das Engagement vieler Frauen in der Friedensbewegung durchaus rollenkonform sei; es bleibe oft bloße Friedensrhetorik, die von den Herrschenden wohlwollend gebilligt werden könne, da sie von gesellschaftlicher Machtlosigkeit begleitet sei. Mit der Verpflichtung auf das Friedensthema würden Frauen wieder einmal von der Beschäftigung mit ihren eigenen Anliegen abgelenkt, um sich aufopfernd für die Sache aller einzusetzen. Der Frieden würde zum Haupt-, die Emanzipation der Frauen zum bloßen Nebenproblem erklärt; die Frauen würden von den Organisationen der Friedensbewegung, wie schon vorher von denen der Ökologiebewegung, aufgesaugt, ihr Engagement ausgenutzt. »Netter Nebeneffekt: Wo Frauen Petitionen für den Weltfrieden sammeln, haben sie für den Geschlechterkrieg keine Zeit.«[29] – In der Tat engagieren sich in der Frauenfriedensbewegung zahlreiche Frauen, die vorher nicht in der Frauenbewegung waren, die vielleicht schon lange das Bedürfnis hatten, sich gesellschaftspolitisch zu betätigen, aber die Gruppen der Frauenbewegung aus Angst vor deren vermuteter Männerfeindschaft mieden. Die Friedensbewegung bietet ihnen die Möglichkeit, etwas anerkannt Wichtiges zu tun, das nicht gegen den eigenen Partner gerichtet ist, sondern vielleicht sogar von ihm positiv bewertet wird. Vieles im Umfeld der Friedensbewegung spielt sich im Rahmen der traditionellen Geschlechtsrollenauffassung ab: die Frauen sind die Seismographen der allgemeinen Angst, sie bringen Gemüt und Gefühl ein; die Männer haben den Sachverstand, sie beschäftigen sich mit den technologischen Daten und den politischen Fakten. Gerade diese Aufteilung ermöglicht es immer wieder, den Pazifismus der Frauen als besonders naiv abzutun.

Ähnlich kontrovers wie bei der Frage nach der weiblichen Friedfertigkeit und nach der besonderen Rolle der Frau als Friedenskämpferin sind die Ansichten in einem dritten Punkt: Ist die Frauenbewegung, sind Feministinnen der Strategie des gewaltfreien Kampfes verpflichtet? – Über die Öffnung des Soldatenberufs für Frauen wurde nicht zuletzt deswegen in der Frauenbewegung so heftig gestritten, weil dahinter die Frage nach dem Verhältnis der Frauen zur bewaffneten Gewalt steht. Die Auseinandersetzung mit Gewalt und Macht wiederum, ohne die wirksame Strategien gesellschaftlicher Veränderungen kaum entworfen werden können, ist in der Frauenbewegung bisher eher umgangen und gemieden worden.

Zunächst hat die Diskussion zur Klärung des Gewaltbegriffs beigetragen. Wenn im Zusammenhang mit der Friedensbewegung von Gewalt gesprochen wird, so ist damit im allgemeinen bewaffnete militärische Gewalt gemeint, die sich im Krieg zwischen Nationen oder im Bürgerkrieg äußert; beim Kampf für die Erhaltung des Friedens ist in erster Linie die Abwesenheit dieser Form von Gewalt gemeint. Viele Feministinnen weisen darauf hin, daß die Kriege von Männern erklärt und geführt werden und daß der Frieden zwischen Nationen noch lange kein Frieden für die Frauen sei: »Für uns Frauen herrscht doch heute kein Frieden – der Krieg gegen uns findet alltäglich statt. Krieg und Frieden, das sind Kategorien der männlichen Verbündeten, auf meinen, auf unseren Alltag treffen sie nicht zu. Mein Alltag als Frau ist ein beständiger Krieg, Straßenkrieg, Hauskrieg: Vergewaltigung meiner Lust, Entwürdigung meiner Gefühle, Verstümmelung meiner Fähigkeiten, Vernichtung meiner Kraft, Ermordung, Verstümmelung, Vergewaltigung meiner Kinder ... täglich, nächtlich. Die Männergewalt hat sich in meinem Körper eingenistet ...«[30] Das ist eine Erweiterung des Gewaltbegriffs um die Dimension der Alltagsgewalt, der Frauen ausgesetzt sind und die sich sowohl als personale Gewalt einzelner Männer an einzelnen Frauen als auch als strukturelle Gewalt des männlichen Systems an allen Frauen manifestiert.[31] Die Erhaltung des Friedens im engeren Sinn, als Vermeidung eines bewaffneten Konflikts zwischen den Nationen, würde für die Alltagsgewalt nur die Wahrung des Status Quo bedeuten. Wenn Frauen statt dieses bloßen »negativen Friedens« den »positiven Frieden« anstreben, der soziale Gerechtigkeit voraussetzt, dann müssen sie sich gleichzeitig für die Beseitigung der Frauenunterdrückung einsetzen.

Es gibt in der Frauenbewegung zahlreiche Pazifistinnen und in der Friedensbewegung viele Feministinnen; einige von ihnen machen deutlich, daß für sie Feminismus und gewaltfreies Handeln einander bedingen. Neben den schon erwähnten Begründungen, die vom vermeintlichen Wesen der Frau, von sozialisationsbedingten weiblichen Eigenschaften oder einem bestimmten Verständnis der Mutterrolle ausgehen, gibt es eine weitere, die die Strategie der Gewaltlosigkeit als den Frauen besonders vertraut und zugleich als wirkungsvollste Kampfmethode für gesellschaftlich unterprivilegierte Gruppen ansieht.

Doch nicht alle Feministinnen sprechen sich grundsätzlich gegen Gewalt aus. Alice Schwarzer, die den Ausschluß der Frauen aus dem militärischen Bereich als Sexismus kritisiert hat, bezeichnet einen absoluten Pazifismus als »politische Dummheit«: »Es gibt

Unterdrücker-Gewalt und es gibt Gegengewalt Unterdrückter. Darum ist Pazifismus um jeden Preis unpolitisch ...«.[32] Auch viele ihrer vehementen Gegnerinnen in der Frage »Frauen zur Bundeswehr?« meinen mit der Ablehnung des Soldatinnenberufs keineswegs eine grundsätzliche Absage an die bewaffnete Gewalt; sie bringen damit zum Teil ihre Kritik an Bundeswehr und NATO zum Ausdruck, billigen aber zum Beispiel durchaus Frauen in den Befreiungsarmeen der Dritten Welt.

Oft steht hinter der Auseinandersetzung um das Problem der Gewaltanwendung die Frage nach dem Zusammenhang zwischen Macht und Gewalt, der bisher in der Frauenbewegung noch viel zu wenig diskutiert worden ist. Vielfach werden Macht und Gewalt als identisch angesehen, und Macht wird zurückgewiesen, wenn sie nur durch Gewalt erreichbar scheint – »Nein danke, dann bleibe ich lieber machtlos,« schreibt eine *Emma*-Leserin.[33] Manchmal wird die Macht zugleich mit der Gewalt abgelehnt, wenn die Utopie eines gänzlich herrschaftsfreien Zusammenlebens entworfen wird:

Es gilt nicht, die Macht zu ergreifen,
ob als Minderheit oder nicht,
ob bewaffnet oder gewaltlos,
es gilt, die Macht zu zerstören,
damit wir lachen, lieben, leben können.[34]

»Das Gegenteil von Macht ist Ohnmacht«, heißt es dagegen im Faltblatt der »Fraueninitiative 6. Oktober«. »Wenn wir nichts mit Macht zu tun haben wollen, können wir auch an unserer Situation nichts verändern ... Macht heißt Einflußnahme. Wir wollen nicht länger dem Handeln der anderen zusehen und den Dingen ihren Lauf lassen.«[35]

Nur selten findet sich in der Frauenbewegung die Überzeugung, daß das Patriarchat durch Waffengewalt der Frauen abgeschafft werden müßte. Wohl rufen Frauen manchmal zur physischen Gegengewalt gegen einzelne Unterdrücker, zum Beispiel Vergewaltiger, auf; doch auch in satirischen und utopischen Entwürfen wird der bewaffnete Konflikt als Strategie kaum ins Auge gefaßt. In den Anfangszeiten der Neuen Frauenbewegung erregte das S.C.U.M.-Manifest (»Society for Cutting up Men« – Gesellschaft zur Vernichtung der Männer) von Valerie Solanas großes Aufsehen, eine Polemik voll verbaler Gewalttätigkeit, die rasch zum vielzitierten Dokument feministischen Männerhasses avancierte.[36] In jüngster Zeit fand in der Frauenbewegung ein Roman von Françoise d'Eaubonne viel Beachtung, die sich auch als feministische Theoretikerin dagegen ausgesprochen hat, Feminismus und Pazifismus gleichzusetzen.[37] In diesem utopischen Roman wird u. a. ein Tribunal beschrieben, das die siegreiche Armee eines Frauenstaates über die Männer eines besiegten Dorfes abhält: die Soldatinnen richten alle Männer hin, gegen die auch nur eine einzige von den »befreiten« Frauen des Dorfes Anklage vorzubringen hat – lediglich der Dorftrottel und eine Handvoll anderer Männer überleben. Diese Geschichte ist nichts weiter als die Übertragung der Formen von Gewalt, die aus männerdominierten bewaffneten Konflikten bekannt sind, auf das Verhältnis zwischen Frauen und Männern. Ein Abdruck des bisher nicht übersetzten Romans, der nach langen Vorgesprächen innerhalb der Redaktion von der *Courage* zur Diskussion gestellt wurde, war begleitet von einem kritischen Kommentar Sibylle Plogstedts, einem Plädoyer für die Strategie des gewaltfreien Kampfs: »... über den Text selbst gibt es keine Unstimmigkeiten. Er ist furchtbar, brutal, faschistoid ... Ich glaube nicht, daß wir eine neue Gesellschaft auf einem Gewaltverhältnis aufbauen können ... In einer auf Gewalt basierenden Frauengesellschaft möchte ich nicht leben. Ich will, daß Frauen dominieren, aber nicht durch Gewalt.«[38]

Das Aufsehen, das solche Veröffentlichungen erregen, zeigt, daß es sich um Ausnahmen handelt. Ich möchte behaupten, daß es keine andere Befreiungsbewegung gibt, in der so selten die Möglichkeit bewaffneter Gewalt als Strategie gegen die Unterdrücker erwogen wird wie in der Frauenbewegung; sowohl in den verschiedenen nationalen Befreiungsbewegungen, in rassischen, ethnischen, religiösen Gruppenkonflikten als auch in der Arbeiterbewegung war und ist dies weitaus häufiger der Fall. Mancher Leserin und manchem Leser mag diese Überlegung lächerlich erscheinen, liegt doch der Grund auf der Hand: zwischen Frauen und Männern bestehen nicht nur enge räumliche, soziale und ökonomische Verflechtungen (das ist bei anderen sozialen Gruppen, die ihre Konflikte bewaffnet austragen, auch häufig der Fall), sondern emotionale und sexuelle, die auch wechselseitige Befriedigung bringen. Diese Gründe, die Waffengewalt zwischen den Geschlechtern absurd erscheinen lassen, machen sie zu einem Schulbeispiel für den gewaltfreien Kampf. Strategien der gewaltfreien Auseinandersetzung empfehlen sich vor allem da, wo der Konflikt nicht damit gelöst werden kann, die andere, die »gegnerische« Gruppe, zu dezimieren oder zu liquidieren, sondern wo am Ende der angestrebten gesellschaftlichen Veränderungen die Gruppen weiterhin in Gemeinschaft leben wollen und müssen. Solche Kämpfe haben das Ziel, der anderen Gruppe Privilegien abzunehmen, sie zu einer Veränderung ihrer Rollen, zu einer Umverteilung von Rechten und Pflichten, zu einer anderen Definition ihrer Identität zu bewegen, um die Grundlagen des Zusammenlebens neu gestalten zu können.[39] Ein solcher Kampf – und nicht »Krieg« – findet zur Zeit im Verhältnis der Geschlechter statt. Ob er für die Frauen erfolgreich sein wird, steht noch dahin, aber die Erfahrungen einer kämpferischen Frauenbewegung im gewaltfreien Kampf könnten auch anderen sozialen Bewegungen in ihren Bemühungen um einen positiven Frieden zugute kommen.

Feminismus bekämpft die Unterdrückung des weiblichen durch das männliche Prinzip, die insbesondere in der geschlechtsspezifischen Arbeitsteilung betoniert ist. Feministischer Pazifismus bedeutet für mich, das Prinzip des gewaltfreien Kampfes, das der Auseinandersetzungen zwischen den Geschlechtern angemessen ist, auf andere soziale Konflikte zu übertragen.[40]

Anmerkungen

1 Einen guten Überblick bietet die Einleitung zur Textsammlung *Frauen gegen den Krieg* von Gisela Brinker-Gabler, Frankfurt, Fischer Taschenbuch Verlag 1980.

2 Clara Zetkin, Frauen gegen den imperialistischen Krieg! Rede aus dem Jahre 1912, in: Brinker-Gabler, a.a.O., S. 141.

3 Lida Gustava Heymann, Weiblicher Pazifismus, 1922, in Brinker-Gabler, a.a.O., S. 65.

4 Mathilde Vaerting, *Die weibliche Eigenart im Männerstaat und die männliche Eigenart im Frauenstaat*, Karlsruhe, Braunsche Hofbuchdruckerei 1921 (Nachdruck Frauenzentrum Berlin 1975), S. 123.

5 Vgl. Marielouise Janssen-Jurreit, *Sexismus*, 13. Kap., S. 254-275, München, Hanser Verlag 1975, und Herrad Schenk, Pazifismus in der ersten Frauenbewegung, in: Ruth-Esther Geiger und Anna Jo-

hannesson (Hrsg.), *Nicht friedlich und nicht still*, Streitschriften von Frauen zu Krieg und Gewalt, München, Frauenbuchverlag 1982, S. 156-169.

6 Vgl. die Textsammlung von Florence Hervé, *Frauenbewegung und revolutionäre Arbeiterbewegung*, Frankfurt, Verlag Marxistische Blätter 1981, Kap. IV.

7 *Emma* 8/1978, S. 30.

8 Pressemitteilung Nr. 4 der Initiative »Frauen in die Bundeswehr – Wir sagen Nein« vom 9. 8. 1979.

9 Dokumentation Seminar »Frauen und Militarismus«, in: Lila Distel, *Saarbrücker Frauenzeitung*, Dez. 1981, S. 39.

10 Pressemitteilung Nr. 6, »Frauen in die Bundeswehr – Wir sagen Nein«, vom 6. 9. 1979, auch abgedruckt in: Renate Janßen, *Frauen ans Gewehr?*, Köln, Pahl-Rugenstein Verlag 1980, S. 126.

11 *Emma* 12/1980, S. 21.

12 Lida Gustava Heymann, in: Brinker-Gabler, a.a.O., S. 66.

13 Vgl. das Gespräch der Feministin Gabriele Dietze mit der Schriftstellerin Doris Lessing in *Neue Rundschau*, 3/1981, S. 10/11.

14 Dorothea Brockmann, Wider die Friedfertigkeit, in: *Courage* 3/1981, S. 20; eine erweiterte Fassung dieses Aufsatzes ist abgedruckt in Geiger und Johannesson, a.a.O., S. 105-116.

15 Vgl. Material bei Pierre Samuel, *Amazonen, Kriegerinnen und Kraftfrauen*, München, Trikont Verlag 1979.

16 Vgl. Herrad Schenk, *Geschlechtsrollenwandel und Sexismus*, Zur Sozialpsychologie geschlechtsspezifischen Verhaltens, Weinheim, Beltz Verlag 1979, Kap. 2.2, S. 15-28 zur Übersicht; zum Zusammenhang Testosteron und Aggression: Heino F. L. Meyer-Bahlburg, Geschlechtsunterschiede und Aggression: Chromosomale und hormonale Faktoren, in: Norbert Bischof und Holger Preuschoff (Hg.), *Geschlechtsunterschiede*, Entstehung und Entwicklung, München, Beck Verlag 1980, S. 123-145.

17 Vgl. Herrad Schenk, *Geschlechtsrollenwandel und Sexismus*, a.a.O., Kap. 4.5.2, S. 129-135.

18 Vgl. Georg Liebe, *Soldat und Waffenhandwerk*, Leipzig 1899; Nachdruck 1972 im Diederichs Verlag, Düsseldorf; außerdem Michael Howard, *Der Krieg in der europäischen Geschichte*, München, Beck Verlag 1981.

19 »Frauen ins Militär?«, in: *Courage* 9/1979, S. 4.

20 Sabine Zurmühl, Fragen konnte ich besser als zuhören, in: *Courage*, Sonderheft 3/1980, Alltag im 2. Weltkrieg, S. 6.

21 Olive Schreiner, Frauen zahlen die Hauptkosten (1911), in: Brinker-Gabler, a.a.O., S. 48.

22 Vgl. Edward Shorter, *Die Geburt der modernen Familie*, Reinbek, Rowohlt 1977; Herrad Schenk, *Die feministische Herausforderung*,

München, Beck Verlag 1980, Kap. I.1 und II.5.

23 Gertrud Bäumer, Der Krieg und die Frau, in: Jäckh, Ernst (Hrsg.), *Politische Flugschriften*, Heft 15, Stuttgart/Berlin, Deutsche Verlagsanstalt 1914, S. 9/10.

24 Clara Zetkin, Frauen gegen den imperialistischen Krieg (1912), in: Brinker-Gabler, a.a.O., S. 141.

25 Deutscher Bundestag, Protokoll der 191. Sitzung vom 8. 2. 52, S. 8166-8168 und S. 8182-8183.

26 Elisabeth Burmeister, Lied der Mütter, in: Elisabeth Burmeister (Hrsg.), *Frauen machen Frieden*, Lesebuch für Großmütter, Mütter und Töchter, Gelnhausen, Laetare Verlag 1981, S. 164/165.

27 Eva Senghaas-Knobloch, Anmerkungen zu Kästners Traum: Frauen und der Wandel des Kriegsbildes, in: *links*, Sozialistische Zeitung, Okt. 81, S. 45.

28 Vom Trotz gegen die Entmündigung, in: Elisabeth Burmeister, a.a.O., S. 107.

29 Alice Schwarzer, Der Generalsekretär und die Friedensengel, in: *Emma* 5/1980, S. 7.

30 Dorothea Brockmann, a.a.O., S. 21.

31 Der erweiterte Gewaltbegriff der Feministinnen entspricht in gewisser Weise dem Galtungs: »Gewalt liegt dann vor, wenn Menschen so beeinflußt werden, daß ihre aktuelle somatische und geistige Verwirklichung geringer ist als ihre potentielle Verwirklichung«; vgl. Johan Galtung, *Strukturelle Gewalt*, Beiträge zur Friedens- und Konfliktforschung, Reinbek, Rowohlt 1975, S. 9.

32 Alice Schwarzer, Frauen ins Militär?, in *Emma*, 12/1980, S. 21/22.

33 Barbara Findler, Leserinnen-Brief in *Emma*, 8/1978, S. 31.

34 Seminar »Frauen und Militarismus«, a.a.O., S. 90.

35 Faltblatt der »Fraueninitiative 6. Oktober«, Bonn, Postfach 120401, Mai 1982. – Beim ersten Öffentlichen Bundeskongreß der »Fraueninitiative 6. Oktober« diskutierten die ca. 400 Teilnehmerinnen fast einen Vormittag lang darüber, ob politische Macht für Frauen überhaupt ein wünschenswertes Ziel sei; vgl. Protokoll, Mai 1981.

36 Valerie Solanas, *S.C.U.M.* – Manifest der Gesellschaft zur Vernichtung der Männer, Darmstadt, März Verlag 1969.

37 Vgl. Françoise d'Eaubonne im Vorwort zu Pierre Samuel, a.a.O., S. 12-14; außerdem: *Feminismus und ›Terror‹*, München, Trikont Verlag 1978; der Titel des noch nicht übersetzten Romans: *Les Bergères de l'Apocalypse*, Paris 1977.

38 Sibylle Plogstedt, Ist die Gewalt in der Frauenbewegung angekommen?, in: *Courage* 9/1981, S. 33; auch abgedruckt in: Geiger und Johannesson, a.a.O., S. 80-95.

39 Vgl. Theodor Ebert, *Gewaltfreier Aufstand: Alternative zum Bür-*

gerkrieg, Waldkirch, Waldkircher Verlagsgesellschaft, erg. Neuaufl. 1980.

40 Diese Überlegungen sind weiter ausgeführt in Herrad Schenk, *Frauen kommen ohne Waffen*, München, Beck, 1983.

Die Autorinnen

Cheryl Benard
Geboren 1953 in USA. Dr. phil. in Politikwissenschaft, 1982 habilitiert mit der Arbeit *Die geschlossene Gesellschaft und ihre Rebellen*. Die internationale Frauenbewegung und die schwarze Bewegung in den USA, Syndikat, Frankfurt 1982.

Edit Schlaffer
Geboren 1950 in Österreich. Dr. phil. in Soziologie.
Leiterinnen der Ludwig Boltzmann Forschungsstelle für Politik und zwischenmenschliche Beziehungen und Koordination der Menschenrechtsorganisation »Amnesty for Women« in Wien.
Gemeinsame Veröffentlichungen: *Die ganz gewöhnliche Gewalt in der Ehe*, Texte zu einer Soziologie von Macht und Liebe, rororo Frauen aktuell 4358; *Der Mann auf der Straße*, Über das merkwürdige Verhalten von Männern in ganz alltäglichen Situationen, rororo Frauensachbuch 7305; *Notizen über Besuche auf dem Land*, Ein grauer Blick ins Grüne, rororo Frauensachbuch 7462; *Liebesgeschichten aus dem Patriarchat*, Von der übermäßigen Bereitschaft der Frauen, sich mit dem Vorhandenen zu arrangieren, Rowohlt 1981.

Ilse Brehmer
Geboren 1937 in Hamburg. Erstes Studium: Kunstgeschichte, Archäologie, Germanistik (Abbruch wegen des zweiten Kindes). Vier Kinder. Zweites Studium: Deutsch, Geschichte für das Lehramt an Realschulen. Promotion in Pädagogik (Geschichte, Psychologie). Lehrtätigkeit an Realschulen in der Erwachsenenbildung, Deutsch als Fremdsprache, seit 1979 Wissenschaftliche Assistentin an der Universität in Bielefeld.
Themenschwerpunkte: Geschlechtsspezifische Sozialisation.
Forschungsprojekte: Qualitative Analyse des Alltags von Lehrerinnen Frauenalltag in Bielefeld um 1900; Geschichte der weiblichen Bildung.
Publikationen: Herausgeberin, *Lehrerinnen*, München 1980; Herausgeberin, *Sexismus in der Schule*, Weinheim/Basel 1982.
Mitarbeit an der Geschäftsstelle Frauenforschung der Frauenstudien in Nordrhein-Westfalen und des Vereins für sozialwissenschaftliche Theorie und Praxis für Frauen e. V.

Marliese Dobberthien
Geboren 1947 in Lübeck. Studium der Soziologie, Politischen Wissenschaft, Pädagogik, Promotion, seit den »Weiberräten« (1967) in der Frauenbewegung aktiv, Leiterin der Abteilung Frauen beim DGB-Landesbe-

zirk Baden-Württemberg, hauptsächlich befaßt mit Problemen erwerbstätiger Frauen sowie medienpolitisch tätig. Lehraufträge an der Universität Hamburg. Eine Tochter (3 Jahre).
Zahlreiche Publikationen zu § 218, Frauenerwerbsarbeit, Frauenarbeitsschutz, Frauenarbeitslosigkeit.

Christiane Erlemann

Dipl.-Ing. Stadtplanerin, geboren 1953. Arbeitet innerhalb der Frauenbewegung mit Technikerinnen und Naturwissenschaftlerinnen zusammen. Lebt in Westberlin.
Veröffentlichungen: Frauen und Technik, Referat und Diskussion auf der 2. Berliner Sommeruniversität, in: *Frauen als bezahlte und unbezahlte Arbeitskräfte*, Beiträge zur 2. Berliner Sommeruniversität für Frauen – Oktober 1977, Berlin 1978; Stationen – Die Geschichte eines Weges zur Dipl.-Ing., in: Frauen, Räume, Architektur, Umwelt, *Beiträge zur feministischen Theorie und Praxis*, Band 4, München 1980; Frauen als Verkehrsteilnehmerinnen, Arbeitsgruppe auf der 4. Berliner Sommeruniversität, in: *Autonomie oder Institution*, Beiträge zur 4. Sommeruniversität der Frauen – Berlin 1979, Berlin 1981.

Esther Fischer-Homberger

Geboren 15. 5. 1940, aufgewachsen am rechten Zürichsee-Ufer und in Basel. Frühes Schreiben in jeder Lebenslage, entsprechende Schattenwürfe. Medizinstudium, Psychiatrie (1-2 Stunden Psychotherapie bis heute), Geschichte der Psychiatrie, Medizingeschichte, Heirat, Kinder, schließlich seit 1978 a. o. Prof. für Geschichte der Medizin an der Universität Bern.
Publikationen: *Das zirkuläre Irresein*, Zürich, Juris 1968; *Hypochondrie. Melancholie bis Neurose*, Krankheiten und Zustandsbilder, Huber, Bern–Stuttgart–Wien 1975; *Die traumatische Neurose*, Vom somatischen zum sozialen Leiden, Huber, Bern–Stuttgart–Wien 1975; *Geschichte der Medizin*, Berlin–Heidelberg–New York; Springer 1975; *Krankheit Frau und andere Arbeiten zur Medizingeschichte der Frau*, Bern–Stuttgart–Wien, Huber 1979. Medizin vor Gericht, Gerichtsmedizin von der Renaissance bis zur Aufklärung, liegt in Vorbereitung bei Huber, Bern, enthält viel Geschichte der Frau.

Heide Göttner-Abendroth

wurde 1941 in Thüringen geboren und lebt heute mit ihrer Familie in München. Sie promovierte 1973 an der Universität München in Philosophie mit der Arbeit »Logik der Interpretation« (1973). Seitdem lehrt sie in München Philosophie und Ästhetik und publizierte weitere wissenschaftstheoretische Arbeiten, u. a. das Buch *Der logische Bau von Literaturtheo-*

rien (1978). Seit einigen Jahren arbeitet sie engagiert in der Frauenforschung. Sie veröffentlichte etliche Frauenforschungsartikel und die Bücher *Die Göttin und ihr Heros* (1980), eine Studie zur matriarchalen Mythologie, und *Die tanzende Göttin* (1982), Essays zur matriarchalen Ästhetik. Außerdem schreibt sie Literatur und veröffentlichte den Gedichtband *Landschaften aus der Gegenwelt* (1982).

Marlies Gummert (Pseudonym)

Magdalene Heuser
Geboren 1937 in Dahlerau/Wupper. 1956-62 Studium der Germanistik, Philosophie und Kunstgeschichte in Berlin, Marburg, Bonn. 1. und 2. Staatsexamen in Germanistik und Philosophie. 1967 Promotion an der RU Bochum mit einer Arbeit über »Formen der Personenbeschreibung im Roman«. 1962 Lektorin für deutsche Literatur in Aarhus/Dänemark. 1963-68 wiss. Assistentin bei Prof. Schrimpf in Münster und Bochum. 1968-70 Lektorin für deutsche Sprache und Literatur an der Universität Oxford/England. 1970-72 Visiting Assistant Professor an der Indiana University, Bloomington/Indiana/USA. Seit 1973 Hochschuldozentin für deutsche Sprache und Literatur und ihre Didaktik an der Päd. Hochschule Göttingen, jetzt FB Erz. wiss. der Universität Göttingen, ab 1980 als Professorin.
Veröffentlichungen: *Formen der Personenbeschreibung im Roman*, 1970. – Aufsatz zu Fontane, 1973. – Ab 1977 mehrere Aufsätze zum Thema »Frauen, Sprache, Literatur« und zu »Fragen der Behandlung geschlechtsspezifischer Probleme im Deutschunterricht«. – 1982 Herausgeberin eines Bandes *Frauen – Sprache – Literatur*, Paderborn 1982 (= ISL 38). – Ab 1981 Aufsatz (in: *DD* 68/1982) und Buchprojekt zu »Tagebuchschreiben und Adoleszenz« (voraussichtlich 1984).

Petra Karin Kelly
Geboren in Günzburg/Donau (Schwaben). 34 Jahre alt, ledig. Eine der drei gleichberechtigten Bundesvorsitzenden der Grünen (1980-1982). Kandidierte für den Bundestag auf Platz 1 der bayerischen Landesliste. Seit 1972 Verwaltungsrätin bei der Europ. Gemeinschaft im Wirtschafts- und Sozialausschuß in Brüssel (zuständig für europäische Sozial- und Gesundheitsfragen, Bildung, Sicherheit am Arbeitsplatz, Gleichbehandlung von Frauen und Männern usw.). Gründungsmitglied der Grünen. Mitinitiatorin des Krefelder Appells und des Bertrand Russell Aufrufs für ein atomwaffenfreies Europa. Seit 1970 aktiv in der europäischen Anti-Atom-Frauen-Friedensbewegung. Autorin zahlreicher Artikel über Niedrig-Strahlung, Kinderkrebs, Ökologie, Feminismus, Friedenspolitik, Alternative Produktion.

Berta Lösel-Wieland-Engelmann

Geboren am 25. 1. 1924 in Nordböhmen, 1943 deutsches Abitur in Böhmisch Leipa. Arbeits- u. Kriegshilfsdienst (u. a. Dresdner Straßenbahn). 1945–50 Bauernmagd, Hausgehilfin und Stenotypistin in amerikanischen Büros. 1950–58 tätig für Britisch European Airways in München. Ab 1958 u. a. Sekretärin für eine Importfirma in Alberta, ein Nickelbergwerk in Manitoba und Iberia in Toronto. Der Versuch, an der dortigen Universität Germanistik zu studieren, wurde von Prof. Bauer vereitelt, der meine Deutschkenntnisse schlicht ableugnete. Meine Beschwerde scheiterte an männlicher Solidarität. Seit 1977 arbeite ich als Teilzeitschreibkraft für die Wilfrid Laurier University in Waterloo, Kanada – bessere Stellungen wurden mir verweigert. Es könnte eine »Strafe« sein für meine Tätigkeit in der Nibelungenliedforschung, die bisher zu zwei wissenschaftlichen Veröffentlichungen führte. – Ich bin zum zweiten Male verheiratet und habe einen Sohn, der Englischprofessor ist.

Renate Möhrmann

In Hamburg geboren, zur Schule gegangen, Abitur gemacht. Kurz darauf: verliebt, verlobt, verheiratet, zwei Kinder. Dann, mit einigem Kraftaufwand, Studium der Germanistik, Romanistik und Philosophie in Hamburg und Lyon. 1968 Übersiedlung in die USA. Einarbeit in die Medienwissenschaft. In New York promoviert zum Dr. phil. und Assistententätigkeit. 1973 Rückkehr nach Deutschland. Akademische Rätin an der Universität Duisburg. 1976 Habilitation. 1977 Ruf an die Universität Köln. Dort Professorin am Institut für Theater-, Film- und Fernsehwissenschaft.
Buchveröffentlichungen: *Der vereinsamte Mensch*, Studien zum Wandel des Einsamkeitsmotivs von Raabe bis Musil (1973); *Die andere Frau*, Emanzipationsansätze deutscher Schriftstellerinnen im Vorfeld der Achtundvierziger Revolution (1977); *Frauenemanzipation im deutschen Vormärz* (1978); *Die Entwicklung des internationalen Films seit 1945* (1979); *Die Frau mit der Kamera* (1980); Herausgeberin der Reihe: Studien zum Theater, Film und Fernsehen (1981).

Judith Offenbach (Pseudonym)

Geboren 1943. Professorin an einer deutschen Universität.
Veröffentlichungen: *Sonja – Eine Melancholie für Fortgeschrittene*, Suhrkamp-Taschenbuch 688, 1981. (Eine Art Doppelbiographie in Tagebuchform, geschrieben 1976-79: Die Geschichte der Liebe zwischen Sonja und Judith 1965-1976.) – *Was mann uns unterschlagen hat oder So war es wirklich*. Feministische Comics-Serie zur »Kultur«geschichte (Zeichnungen von Christine Tergen) im *Simplicissimus*. Zehn Folgen April bis Juni 1981.

Luise F. Pusch

Geboren 1944 in Gütersloh. Promotion in Anglistik, Hamburg 1972. Habilitation für Sprachwissenschaft, Konstanz 1978. Seit 1979 Heisenberg-Stipendiatin. 40 Aufsätze und 2 Bücher zur Grammatik des Deutschen, Englischen, Italienischen und Lateinischen. Spezialgebiete: Kontrastive Linguistik, Übersetzungswissenschaft, feministische Linguistik. Veröffentlichungen zur feministischen Linguistik seit 1979 in der Zeitschrift *Linguistische Berichte* (Hefte 63, 69 und 71). Seit Februar 1982 monatlich eine Sprachglosse in *Courage*.
1983 sollen zwei Bücher erscheinen: *Das Deutsche als Männersprache – Aufsätze zur feministischen Linguistik* sowie *Alle Menschen werden Schwestern – Frauenbewegung und Sprachwandel*.

Janet Radcliffe Richards

ist Dozentin für Philosophie an der Open University in England, wo sie sich auf Wissenschaftsphilosophie spezialisiert hat, und sie ist die Autorin des 1980 erschienenen Buches *The Sceptical Feminist: a philosophical enquiry*. Sie wurde 1944 in Yorkshire, England, geboren, besuchte die Henrietta Barnett Schule in London, machte ihr Bakkalaureat in Philosophie und Englisch an der Universität von Keele, ihren Magister in Philosophie an der Universität von Calgary in Kanada und ein weiteres Bakkalaureat in Philosophie an der Universität Oxford. Seither hat sie an den Universitäten Oxford, Surrey und Southampton und an der City University in London Philosophie gelehrt. – Ihr Interesse am Feminismus begann durch Zufall, als sie auf Anregung ihres Verlegers ihr Buch zu schreiben begann. Die Auseinandersetzung mit den Argumenten hatte zur Folge, daß sie an vielen verbreiteten feministischen Auffassungen ernsthafte Kritik übte, sie bewirkte aber auch ein starkes und anhaltendes Engagement für die Bewegung. Ihre Arbeit an diesem Thema sowie in Wissenschaftsphilosophie und allgemeinen Fragen gesellschaftlicher und politischer Philosophie dauert an.

Eva Rieger

Dr. phil., geboren 1940, Insel Man (Großbritannien). Protestantisches Pfarrhaus mit allen Vor- und Nachteilen. 1953 Übersiedlung von London nach Berlin. Nach dem Abitur sechs Jahre lang Angestellte im RIAS-Musikarchiv. 1967-1971 Studium der Schulmusik, 1973-1977 Wiss. Assistentin an der Hochschule der Künste Berlin sowie Studium der Musik- und Erziehungswissenschaft. Seit 1978 Akademische Rätin für Musikerziehung an der Universität Göttingen.
Buchveröffentlichungen: *Schulmusikerziehung in der DDR* (Frankfurt 1977); *Die Frau in der Gesellschaft. Frau und Musik* (Quellentexte, Frankfurt 1980); *Frau, Musik und Männerherrschaft* (Berlin 1981). Seit 1973 in der autonomen Frauenbewegung tätig. Mitherausgeberin der

Sammlung: *Frauenliebe*, Texte aus der amerikanischen Lesbierinnenbewegung (1975).

Rosemarie Rübsamen

Geboren 1947; Studium der Physik; begonnene Doktorarbeit in der Theoretischen Physik; 1975-79 Mitarbeit bei Studienreformprojekten in der Physik (Weiterentwicklung der Orientierungseinheit etc.); seit 1977 Engagement gegen Atomenergie, besonders Erarbeitung naturwissenschaftlicher Kritikpunkte; ebenso seit 1977 verschiedene Aktivitäten bei den jährlichen Treffen der Naturwissenschaftlerinnen und Technikerinnen und Mitarbeit in lokalen und überregionalen Gruppen; Lehraufträge in Physik und Chemie an Schulen für medizinisches Personal.

Heidrun Sarges

Geboren 1944, aufgewachsen in einer Kleinstadt, Unterschicht. Als Kind »eigentlich ein Junge«. Besuch eines Mädchengymnasiums, mäßige Schülerin. Nach dem Abitur Kindermädchen in Italien, verschiedene Jobs. 1964-68 Studium der Mathematik und Physik in Marburg und Berlin. Heirat mit 22, Diplom mit 24, Kind mit 25, Promotion mit 29. Zwölf Jahre wissenschaftliche Mitarbeiterin an der Universität Marburg; Gastdozentin in Sydney/Australien. Zweites Kind mit 34. Seit 1981 Studienrätin.

Herrad Schenk

1948 geboren, Sozialwissenschaftlerin. Studium in Köln und York/England. 1972-1980 wissenschaftliche Assistentin an der Universität Köln, Promotion im Fach Sozialpsychologie. Seit 1980 freie Schriftstellerin in Bonn. Veröffentlichungen: Erzählungen und Romane (*Abrechnung*, Rowohlt 1979; *Unmöglich ein Haus in der Gegenwart zu bauen*, Luchterhand 1980); Aufsätze und Sachbücher (*Geschlechtsrollenwandel und Sexismus*, Beltz 1979; *Die feministische Herausforderung*, Beck 1980; *Frauen kommen ohne Waffen*, Beck 1983).

Christiane Schmerl

Jahrgang '45, Psychologiestudium in Bonn und Hamburg, seit '72 in der Frauenbewegung, Mitbegründerin des Bielefelder Frauenhauses und des Universitätsschwerpunkts Frauenforschung, verschiedene Bücher zu sozialpsychologischen und Frauenthemen, Promotion und Habilitation in Sozialpsychologie, Hochschullehrerin an der Universität Bielefeld.

Hannelore Schröder

Dr. phil.; geboren 1935. Dozentin für Frauenstudien/Politische und soziale Philosophie, Universiteit van Amsterdam.

Publikationen: *Die Rechtlosigkeit der Frau im Rechtsstaat* (Diss., Frankfurt 1975; Campus Forschung Bd. 91); Zum politischen und ökonomischen System des Patriarchalismus, in: Beilage *Das Parlament*, Bonn B 31/76; Zur politischen Theorie des Feminismus: Die Deklaration der Rechte der Frau und Bürgerin von 1791, ebenda, B 48/77.; »*Die Frau ist frei geboren*«, Texte zur Frauenemanzipation, Bd. I: 1789-1870, Bd. II: 1870-1918, eingeleitet und kommentiert, München 1979/81; Menschenrechte – auch für weibliche Menschen? in: *Zeitschr. f. Didaktik der Philosophie*, 4/80; Unbezahlte Hausarbeit – Leichtlohnarbeit – Doppelarbeit. Zusammenhänge und Folgen. in: *Frauen als bezahlte und unbezahlte Arbeitskräfte*, Berlin 1978.; J. S. Mill, H. Taylor Mill, H. Taylor; *Die Hörigkeit der Frau*, hrsg. und eingeleitet, Frankfurt 1976; *Probleme und Ziele einer feministischen Sozialphilosophie*, Leusden 1979.

Dorothee Sölle

Geboren 1929 in Köln. Studium der klassischen Philologie, Philosophie, Theologie und Germanistik in Köln, Freiburg und Göttingen. 1972 Habilitation in Köln mit einer Arbeit über die Zusammenhänge von Literatur und Theologie nach der Aufklärung. Seit 1975 Professorin am Union Theological Seminary in New York. Dort lehrt sie jeweils ein Semester im Jahr; während der übrigen Zeit lebt sie in Hamburg.
Veröffentlichungen im Kreuz Verlag Stuttgart: *Aufrüstung tötet auch ohne Krieg; Wählt das Leben; Leiden*, Themen der Theologie; *Die Hinreise*, Zur religiösen Erfahrung, Texte und Überlegungen; *Sympathie*, Theologisch-politische Traktate; *Phantasie und Gehorsam*, Überlegungen zu einer künftigen christlichen Ethik. – Veröffentlichungen im Fietkau Verlag Berlin: *Fliegen lernen*, Gedichte; *Spiel doch von Brot und Rosen*, Gedichte.

Ulrike Stelzl

1949 in Berlin geboren. Nach dem Abitur Studium am Institut für Bibliothekarausbildung der Freien Universität Berlin, 1972 Diplom-Bibliothekarin. Seit 1972 Studium der Kunstgeschichte, Germanistik und Mittlerer und Neuerer Geschichte. 1975-1977 Mitarbeit an der Ausstellung »Künstlerinnen International. 1877-1977« der Neuen Gesellschaft für Bildende Kunst (1977 in Berlin und Frankfurt a. M. gezeigt), Artikel im Katalog. Seit 1977 Lehraufträge, Gastdozenturen und Vorträge an verschiedenen Hochschulen der Künste und Kunstgeschichtlichen Instituten des In- und Auslandes, Thema: Künstlerinnen der Vergangenheit und Gegenwart. Abschluß einer kunsthistorischen Dissertation Ende 1982, Titel: »Was der Hexen Welt im Innersten zusammenhält. Hexendarstellungen in der Kunst um 1900«. Interessen: eigene künstlerische Arbeit, afrikanischer Tanz und italienische Volksmusik.

Senta Trömel-Plötz

Prof., Ph. D., M. A., geb. 1939 in München, Studium der Anglistik, Germanistik und Linguistik in München, Studium der Linguistik in Washington, D. C. und Philadelphia, Pa. Promotion 1969 in formaler Linguistik an der University of Pennsylvania, Philadelphia. Nach sechs Jahren »graduate«-Studium, fünf davon an einer Ivy-League-Universität, nach einem Studium der Sprachwissenschaft, das wenig mit Menschen zu tun hatte, mußte die Emanzipation folgen: Ich verfolgte mein Interesse an Psychoanalyse und Psychotherapie – Gegengewicht, Ausgleich, eigentliche Faszination, früheste Zuneigung. Zur Wissenschaft kam – endlich – die Kunst. Kreatives Spiel mit Sprache, mit Einfällen, mit Intuition, mit Lachen. Zauberei mit Worten. Zunächst habe ich, was bleibt einer Wissenschaftlerin anderes übrig, die Zauberinnen-mit-Worten (die Zauberer sind eingeschlossen) linguistisch analysiert. Es entstand meine Habilitationsschrift: Linguistische Charakterisierung des psychotherapeutischen Gesprächs mit besonderer Berücksichtigung der Interpretation (Konstanz 1978). Aber viel mehr Spaß macht es, lustvoll ist es, selber zu zaubern, zu spielen, die eigene Kreativität zu spüren. Und damit zu heilen: psychotherapeutische Ausbildung. Kunst versus Wissenschaft. Von der Kunst ist es nur ein kleiner Schritt zu den Frauen: Meine kreativsten Momente, meine lebendigsten Ideen, meine größte Präsenz spürte ich in Therapiegruppen hauptsächlich mit Frauen: die Kunst der Frauengespräche. Feministische Linguistik verbindet für mich die Gegenpole Wissenschaft und Kunst – Kreativität – Frauen – Sprache.
Veröffentlichung: *Frauensprache – Sprache der Veränderung*, Fischer Taschenbuch, 1982.

Marianne Wex

Meine Mutter Ingeborg Magdalena gebar mich 1937 in Hamburg am 13. Juli. Sie lebte in großem Elend, in einer Situation, die Familie genannt wurde. Ich lernte, daß es da grundsätzlich zwei Arten gab. Die eine, zu denen ich gehörte, wurde ›Frau‹ genannt und, wenn sie erwachsen wurde, mit ›Frau‹ oder ›Fräulein‹ angesprochen. Der Unterschied zwischen diesen beiden Anreden beinhaltete eine wichtige Kontrollfunktion. Diese bestand darin, daß eine Frau nur dann als Frau anerkannt, und damit so angesprochen wurde, wenn sie sich der gesetzgebenden Macht der anderen Art, genannt ›Mann‹, unterwarf und sich als einem einzelnen Mann zugehörig kennzeichnen ließ. Es gab dafür auch einen speziellen Ausdruck, den hab' ich mittlerweile vergessen. Irgendwas mit – rat – kam darin vor. Wenn diese andere Art erwachsen war, wurde sie mit ›Herr‹ angesprochen. Ich lernte, daß dieses Wort etwas mit Herrschen zu tun hat und daß die Macht der Herren etwas Fürchterliches ist. Heute weiß ich, daß diese Art das Leben auf unserem Planeten zum großen Teil bereits verseucht und zerstört hat und daß es vielleicht sehr bald schon überhaupt kein Leben mehr auf unserer Mutter Erde geben wird. Ich habe inzwischen erfahren, daß diese Männer im Verhältnis zu dem Zeitraum, in dem es Frauen und Männer hier gibt, noch nicht sehr lange herrschen. Doch leider weiß ich bis heute nicht genau, wie es dazu kommen konnte, daß sie soviel tötende Macht über uns Frauen und alles Lebende entwickeln konnten. – Seit drei Jahren bin ich auf Reisen. Wie in der BRD, so treffe ich auch sonst überall Frauen, die es wie ich aufgegeben haben, unter dieser anderen Art Ausnahmen zu suchen und ihnen zu vertrauen. Wir glauben, daß wir diesen Fehler bereits ein paar Jahrtausende zu lange begangen haben. Wir versuchen all unsere physischen und psychischen Energien so ausschließlich wie möglich uns selbst und anderen Frauen zukommen zu lassen, um so zur Macht der Harmonie des Lebens auf unserem Planeten zurückzufinden. Vielleicht ist es schon zu spät.

Nachweise

Christiane Erlemanns Beitrag erschien zuerst 1981 in der Zeitschrift *arch+*.

Bei dem Beitrag von *Esther Fischer-Homberger* handelt es sich um die erweiterte Fassung eines Vortrags, den die Autorin 1981 auf dem Internationalen Kolloquium »Der Mensch und sein Körper in der Geschichte der Neuzeit« (organisiert von Arthur E. Imhof) in West-Berlin gehalten hat.

Der Beitrag von *Heide Göttner-Abendroth* erschien zuerst in der Zeitschrift *religion heute*, informationen zum religionsunterricht 3/81; er wurde gekürzt.

Marlies Gummerts Rede erschien zuerst in *Kursbuch* 58.

Petra Karin Kelly veröffentlichte Anfang 1983 als Lamuv Taschenbuch 29 *Um Hoffnung kämpfen – Gewaltfrei in eine grüne Zukunft*. Ihr Beitrag gehört in den Zusammenhang dieses Buchs.

Der Beitrag von *Berta Lösel-Wieland-Engelmann* beruht auf einem Artikel der Autorin, der in *Emma* 1/83 veröffentlicht wurde.

Janet Radcliffe Richards schrieb ihren Beitrag für diesen Band. Er wurde von Brigitte Stein aus dem Englischen übersetzt.

Alle anderen Artikel sind Originalbeiträge.

edition suhrkamp. Neue Folge